法 学 阶 梯
INSTITUTIONES

普通高等教育**法学规划教材**

中国法律史

Chinese Legal History

主　编　朱　勇

撰稿人　朱　勇　王银宏　赵晓耕
以撰写章节先后为序　王　健　李启成　张　生
宋　玲

法律出版社
始创于1954年

www.lawpress.com.cn
好书,同好老师和好学生分享

出 版 说 明

法律出版社在其奋进发展的六十年光辉历程中，秉精诚之心，集全社之力，服务于我国法学教育事业，致力于法学教材出版。尤其在改革开放三十余年间，本社以“传播法律信息，推进法制进程，积累法律文化，弘扬法治精神”为宗旨，协同司法部法学教材编辑部，规划并组织出版了国家“八五”“九五”期间的法学规划教材，为我国改革开放之初的法学教育和法治建设作出了开创性贡献；进入 21 世纪之后，法律出版社又根据教育部的部署和指导，相继规划并组织出版了“十五”、“十一五”和“十二五”法学规划教材，为我国法学教育事业的发展与改革付出了艰辛努力。

承蒙法学教育领域专家作者的信任，以及广大法律院校师生的支持，法律出版社经过三十年的发展与积累，相继出版各类法学教材达四百余种。在学科范围方面，完成以法学核心课程为重心，涉及法学诸学科的“全品种”横向结构；在培养层次方面，健全以本科教育为根本，兼顾职业教育和研究生教育的“多层次”纵向结构，进而打造“法律版”法学教科书体系，以期更好地为法学教育服务，为法治建设贡献绵薄之力。

近年来，法律出版社应因法学教育的发展变化，在教材编写体例及系列安排方面作出相应调整。在教材编写体例方面，结合当前教学实际与培养方案，将系统、全面的理论知识讲授与灵活、丰富的法律实践和能力训练相结合，倡导教材内容差异化，增加教材可读性，以期更好地培养法科学生的思维能力和法学素养。在教材系列安排方面，全力推进新品教材编写与注重既有教材修订相结合，根据教材风格与特色进行适当的套系整合，集中现有的国家级规划教材和在编的规划教材，形成以“普通高等教育法学规划教材”为名的全新教材系列。

本系列教材多为出版多年并广受好评的经典教科书。此次全新推出，既是向长期以来关心支持法学教育出版事业的专家作者的崇高致敬，也是法律出版社为中国当代法学教育事业发展拳拳努力之情的真诚表达。法律出版社将以高度的精品意识和质量标准，不断丰富、完善本系列教材的结构和内容；除教材文本之外，还将配有多层次、多形式的教辅材料，更好地为广大师生服务。

“好书，同好老师和好学生分享”，法律出版社愿与法律共同体诸同仁，分享好书，分享智识，分享法治进程中的点点滴滴！

法律出版社　谨识

2014 年 10 月

作者简介

（以撰写章节先后为序）

朱　勇｜法学博士，教育部人文社会科学重点研究基地中国政法大学法律史学研究院教授、博士生导师。

王银宏｜法学博士，教育部人文社会科学重点研究基地中国政法大学法律史学研究院副院长、副教授、博士生导师。

赵晓耕｜法学博士，中国人民大学法学院教授、博士生导师。

王　健｜法学博士，西北政法大学副校长、教授、博士生导师。

李启成｜法学博士，北京大学法学院教授、博士生导师。

张　生｜法学博士，中国社会科学院法学研究所研究员、博士生导师。

宋　玲｜法学博士，中央民族大学法学院副院长、教授、博士生导师。

编 写 说 明

中华法律文明源远流长、博大精深，在中华民族五千年发展历史中发挥着重要作用，也在人类法律文明史上独树一帜，展现出璀璨的民族之光。在历史发展的不同时期，中国的思想家和政治家基于国家治理、社会管理的现实需要，通过丰富的政治实践和深邃的理论思考，构建并完善富有特色、符合国情的法律理论与法律制度。这一法律理论体系与法律制度体系在维护国家统一、助力经济发展、促进文化繁荣、推动社会进步等方面作出了重要贡献。1840 年以后，由于西方列强的入侵，中国逐渐沦为半殖民地半封建社会。随着社会转型与制度变革，中国法律也走上艰难的近代改革之路。新民主主义革命时期，中国人民在中国共产党的领导下，积极推进新型政权建设与法制建设，并探索出一条适合中国国情的现代法治发展之路。

本教材基于制度与思想的结合，系统阐述中国历史上法律制度和法律思想的产生、演变、发展、变革的历史脉络，并全面分析其主要内容、内在规律、基本特征及社会作用。

本教材是编写组的合作成果。按各章顺序，具体分工如下：

朱　勇　第一章、第二章、第三章、第九章、第十章、第十一章；
王银宏　第四章、第五章、第六章、“中国法律史大事年表”；
赵晓耕　第七章、第八章；
王　健　第十二章、第十三章；
李启成　第十四章、第十五章；
张　生　第十六章、第十七章、第十八章、第十九章；
宋　玲　第二十章、第二十一章。

编　者
2021 年 1 月

目　　录

第一章　华夏文明与中国法律起源 …………………………………………（1）
第一节　华夏文明的起源 ……………………………………………………（1）
第二节　中国法律的起源及其特征 …………………………………………（3）

第二章　夏商法律 ……………………………………………………………（13）
第一节　夏朝法律 ……………………………………………………………（13）
第二节　商朝法律 ……………………………………………………………（16）

第三章　西周法律 ……………………………………………………………（20）
第一节　立法思想与立法活动 ………………………………………………（20）
第二节　“家国一体”的宗法政权体制 ………………………………………（22）
第三节　刑事法律 ……………………………………………………………（24）
第四节　民事法律 ……………………………………………………………（26）
第五节　司法制度 ……………………………………………………………（29）

第四章　“百家争鸣”与法律儒家化 …………………………………………（32）
第一节　春秋战国时期的“百家争鸣” ………………………………………（32）
第二节　古代法律的儒家化 …………………………………………………（44）

第五章　春秋战国时期的法律 ………………………………………………（50）
第一节　立法思想与立法活动 ………………………………………………（50）
第二节　春秋时期的法律 ……………………………………………………（53）
第三节　战国时期的法律 ……………………………………………………（55）
第四节　司法思想与司法制度 ………………………………………………（60）

第六章　秦朝法律 ……………………………………………………………（63）
第一节　立法思想与立法活动 ………………………………………………（63）
第二节　行政法律 ……………………………………………………………（66）
第三节　刑事法律 ……………………………………………………………（68）
第四节　民事经济法律 ………………………………………………………（71）
第五节　司法制度 ……………………………………………………………（73）

第六节 社会法律思潮 …… (75)

第七章 汉朝法律 …… (77)
第一节 立法思想与立法活动 …… (77)
第二节 行政法律 …… (84)
第三节 刑事法律 …… (89)
第四节 民事经济法律 …… (92)
第五节 司法思想与司法制度 …… (96)
第六节 社会法律思潮 …… (100)

第八章 魏晋南北朝时期的法律 …… (102)
第一节 立法思想与立法活动 …… (102)
第二节 主要法律内容 …… (106)
第三节 司法思想与司法制度 …… (115)
第四节 社会法律思潮 …… (118)

第九章 中华法系的形成与特点 …… (121)
第一节 中华法系的形成 …… (121)
第二节 中国传统法律的基本特征 …… (124)

第十章 隋朝法律 …… (133)
第一节 立法思想与立法活动 …… (133)
第二节 行政法律 …… (136)
第三节 刑事法律 …… (137)
第四节 司法思想与司法制度 …… (139)
第五节 社会法律思潮 …… (141)

第十一章 唐朝法律 …… (143)
第一节 立法思想与立法活动 …… (143)
第二节 行政法律 …… (149)
第三节 刑事法律 …… (153)
第四节 民事法律 …… (167)
第五节 司法思想与司法制度 …… (173)
第六节 社会法律思潮 …… (177)

第十二章 宋朝法律 …… (181)
第一节 立法思想与立法活动 …… (181)
第二节 行政法律 …… (184)

第三节 刑事法律 …………………………………………………………………………(188)
第四节 民事经济法律 ……………………………………………………………………(191)
第五节 司法思想与司法制度 ……………………………………………………………(199)
第六节 社会法律思潮 ……………………………………………………………………(202)

第十三章 辽、金、元法律 ……………………………………………………………(205)
第一节 立法思想与立法活动 ……………………………………………………………(205)
第二节 行政法律 …………………………………………………………………………(209)
第三节 刑事法律 …………………………………………………………………………(213)
第四节 民事法律 …………………………………………………………………………(217)
第五节 司法思想与司法制度 ……………………………………………………………(221)
第六节 社会法律思潮 ……………………………………………………………………(224)

第十四章 明朝法律 ……………………………………………………………………(225)
第一节 立法思想与立法活动 ……………………………………………………………(225)
第二节 行政法律 …………………………………………………………………………(231)
第三节 刑事法律 …………………………………………………………………………(233)
第四节 民事法律 …………………………………………………………………………(236)
第五节 司法思想与司法制度 ……………………………………………………………(237)
第六节 社会法律思潮 ……………………………………………………………………(243)

第十五章 清朝法律(上) ………………………………………………………………(247)
第一节 立法思想与立法活动 ……………………………………………………………(247)
第二节 行政法律 …………………………………………………………………………(251)
第三节 刑事法律 …………………………………………………………………………(252)
第四节 民事经济法律 ……………………………………………………………………(255)
第五节 司法思想与司法制度 ……………………………………………………………(257)
第六节 社会法律思潮 ……………………………………………………………………(263)

第十六章 传统与变革:中国法律近代化 ………………………………………………(266)
第一节 法律近代化的基本内涵 …………………………………………………………(266)
第二节 法律近代化的历史进程 …………………………………………………………(267)
第三节 法律近代化的成就与失败的原因 ………………………………………………(269)

第十七章 清朝法律(下) ………………………………………………………………(272)
第一节 立法思想与立法活动 ……………………………………………………………(272)
第二节 “预备立宪”与宪法性法律 ……………………………………………………(274)
第三节 官制改革与行政法律 ……………………………………………………………(277)

第四节 民商事法律 ……………………………………………………………… (278)
第五节 刑事法律 ………………………………………………………………… (281)
第六节 司法思想与司法制度 …………………………………………………… (283)
第七节 社会法律思潮 …………………………………………………………… (287)

第十八章 南京临时政府时期的法律 ………………………………………… (295)
第一节 立法思想与立法活动 …………………………………………………… (295)
第二节 宪法性法律 ……………………………………………………………… (297)
第三节 推进社会改革的法令 …………………………………………………… (300)

第十九章 北洋政府时期的法律 ……………………………………………… (302)
第一节 法律思想与法律修订 …………………………………………………… (302)
第二节 宪法性法律与法统的废弃 ……………………………………………… (306)
第三节 刑事法律 ………………………………………………………………… (310)
第四节 民商事法律 ……………………………………………………………… (313)
第五节 司法思想与司法制度 …………………………………………………… (315)

第二十章 南京国民政府时期的法律 ………………………………………… (318)
第一节 立法思想与立法活动 …………………………………………………… (318)
第二节 宪法与宪法性文件 ……………………………………………………… (320)
第三节 行政法律 ………………………………………………………………… (323)
第四节 刑事法律 ………………………………………………………………… (325)
第五节 民商事与经济法律 ……………………………………………………… (327)
第六节 司法制度 ………………………………………………………………… (331)
第七节 社会法律思潮 …………………………………………………………… (335)

第二十一章 新民主主义革命时期人民民主政权的法律 ……………………… (338)
第一节 立法指导思想与立法活动 ……………………………………………… (338)
第二节 宪法性文件 ……………………………………………………………… (340)
第三节 刑事法律 ………………………………………………………………… (346)
第四节 民事经济法律 …………………………………………………………… (350)
第五节 司法制度 ………………………………………………………………… (353)

附录 中国法律史大事年表 …………………………………………………… (357)

第一章 华夏文明与中国法律起源

本章要点

1. 中华古文明的特点。
2. 中国法律起源的基本特征。
3. 中国古代思想家对于法律的解释。

第一节 华夏文明的起源

一、华夏部落的兴起

根据历史传说,在距今约五千年至六千年的新石器时代后期,生活在黄河流域和长江流域的华夏先人先后形成三个相对稳定的部落联盟:华夏部落联盟、东夷部落联盟和苗蛮部落联盟。华夏部落联盟包括炎帝、黄帝、有虞氏(舜)及商人等部落,以黄河中上游为主要活动范围;东夷部落联盟包括太皋、蚩尤等部落,以中原东部为主要活动范围;苗蛮部落联盟包括三苗、伏羲、女娲等部落,以长江以南的地域为其主要活动范围。

为了资源的获取和分配,同时出于早期人类所特有的原始激情和本能,三大部落联盟在发展自身力量以及相互交往中较多地依赖体力上的搏击和军事力量的征伐。三大部落联盟之间先后发生三次规模较大的群体暴力冲突。第一次征战发生于东夷联盟和华夏联盟之间。东夷联盟的蚩尤部落向属于华夏联盟炎帝部落的共工氏发动进攻,共工氏战败。炎帝部落因共工氏战败而向黄帝部落求援,与其结成炎黄大联盟,并与东夷联盟展开第二次征战。炎黄联盟于涿鹿之野大战蚩尤部落,蚩尤被杀。第三次,炎黄联盟内部发生分裂,黄帝部落与炎帝部落大战于阪泉,最终炎帝兵败,黄帝获胜。

在这种金戈铁马、血肉搏击的时代,部落联盟要维系自身的存在与发展、保持在相互征战中不被消灭,其首要任务在于实现其内部成员的组织化和相互关系的有序化,并通过组织化、有序化提升自身的力量。不同部落之间各自相对稳定的地域、部落自身所具有的排外心理使人类本身的血缘关系在作为部落联盟内部联结纽带方面发挥着不可替代的重要作用。

黄帝部落在先后战胜蚩尤、炎帝部落之后,迅速拓宽疆域,扩展力量,散落于各地的诸多小部落、氏族纷纷拥戴黄帝为中原盟主,因而在黄河流域形成了以黄帝部落为核心的部落大联盟。这一较为巩固的部落大联盟采取对外征战的方式继续扩展势力，东征夷族，南伐苗蛮，向长江流域发展，先后形成陶唐氏、有虞氏、有夏氏的部落联盟。作为黄帝的后代，尧、舜、禹相继成为这个中央部落联盟的首领。

在生产、生活方式上，主要活动在黄河流域和长江流域的华夏先民已从狩猎、采集经济进入以种植业、养殖业为主的原始农耕经济，黄河流域土地肥沃、气候适宜、资源丰富，为发展种植业和养殖业提供了便利条件。原始农业的发展使原先因渔猎、采集而经常处于迁徙状态的原始人群有了相对固定的生活栖息地，也使他们有了相对过剩的生活资料，进而促使私有财产和私有观念的形成。

由于进行战争和组织生产的需要，部落联盟内部形成越来越多的公共职能，并且通过以血缘关系作为基础的原始共同体加以安排。随着公共职能的不断强化，社会分工渐趋细致，血缘关系也具有社会共同体联结纽带和社会成员等级身份划分标准的双重性质。

二、中华古文明的特点

华夏文明起源过程中所涉及的地理、气候、资源环境以及相关的家庭、群体、社会等条件决定了中华古文明的基本特点。

特殊的地理因素及相关交往方式孕育出富有特色的“多元一体天下观”。新石器时代后期，以三大部落联盟为主体的早期东亚人类群体主要活动于黄河、长江流域。就其外部地理而言，东、南有大海，西、北有沙漠和山脉。《尚书·禹贡》称：“东渐于海，西被于流沙。”就其内部地理而言，虽然有山川河流，但多不是不可逾越的障碍。在这种外部有天然屏障、内部无根本性阻隔的地理环境中，早期人类群体相互之间展开了包括征战、结盟、迁徙、掳掠等多种多样的交互活动。这种相互往来既在一定程度上解决了部落间力量不平衡、资源不均衡的问题，又推动了意识、习俗、行为方式的交流、比较与同化，进而孕育出“六合同风”的“多元一体天下观”。

作为中华古文明发源地的黄河流域，土地肥沃、资源丰富。在如此优越的自然环境下，人类对生活资料的需求与自然界所能提供的数量之间的矛盾并不突出。人类竞争的基本形态是部落共同体之间的相互征战，而部落共同体内部个体之间的竞争并没有充分展开；较早地出现以自给自足自然经济为主体的经济形态、财产交换与经济交往被限制在极为有限的范围内；农耕经济的发展进一步把社会个体固着于土地之上，形成人地相连、安土重迁的社会习俗。在这一特定的文明背景下，社会个体未能从血缘家庭家长统治之下的家属身份解放出来，也未成为新型社会共同体统治之下相对独立的社会个体。相反，部落共同体不仅继续以血缘关系和婚姻关系作为联结纽带，紧紧地拴住所有亲属成员，而且随着内部职能的增加，不断完善和发展自身的内在结构，加强其统辖和管理功能，并逐渐向早期的国家形态转变。

西周时期关于“绝地天通”的思想深刻影响着中国古代的观念意识。周人认为，上古时期，天地相通，神人杂处。三大部落联盟相互征战之时，蚩尤甚至率领天地众神、山精水怪参与征战，并残害生民、作乱人间。黄帝之孙颛顼在继承权位之后，认为天地相连、神人相通，导致人类秩序难以维系，民间社会也难以管理，因此实施“绝地天通”，以整顿混乱的天地秩序。颛顼让自己的两个孙子重和黎将“天”与“地”分开，并对“天”“地”分别实施管理。《尚书·吕刑》记载：“乃命重、黎，绝地天通，罔有降格。”从此，天地相隔，神人分处，天上之神与地上之人不得自由交往;在生活方式上,神与人也不再相互干扰。人类只能依靠自身的力量解决所面对的所有问题,地上生民开始根据自己的需要构建秩序、创设文明。

在"绝地天通"、神人分立的同时,华夏先人基于对自然力的畏惧和对先辈、长者的尊崇在一定程度上保持着对自然神的信仰,并培育、发展起对祖先的崇拜。人们把已故的祖先当作超人的英雄,当作氏族、部落的保护神,希望通过对先祖的崇拜,求得先祖对后世子孙的保护。之后,对祖先的崇拜活动逐渐定期化,并形成固定的祭祀仪式。随着经常性的祭祀活动,以确定祭祀活动的程序与方式等为主要内容的习惯也逐渐更加具体、明确,形成为部落社会所接受的行为规范——"礼"。在早期华夏文明中,"国之大事,在祀与戎",祭祀活动在华夏先民那里占有极其重要的地位。人们的饮食、起居、交往、婚姻都应获得先祖的认可和保佑,都应向先祖负责。因此,与祭祀相联系并随着祭祀活动的发展而发展起来的"礼"也从确定祭祀的程序、仪式等扩散,逐渐涉及人们生活的各个方面。

中原大地频繁发生的部落联盟之间的相互征战是中华古文明发生与发展的重要契机。部落联盟时期的三大联盟为拓宽领地、发展势力,只有一个可争取的空间——黄河中下游以及黄淮之间区域。三大联盟以及无数个小部落、氏族在这一地区展开以相互征战为主要内容的生存竞争活动。在部落间相互征战的过程中,不同的民俗和习惯、不同的观念和意识在接触与混杂中相互参照,逐渐融合,并萌生出中华古文明的初始形态。受其产生过程的影响,初始形态的中华古文明带有明显的军事征战特征。

第二节　中国法律的起源及其特征

农耕经济的发展、血缘家庭的演进、天人相隔的观念意识、普遍流行的祖先崇拜以及频繁的军事征战等诸多方面影响着中华早期文明,对起源与形成过程中的国家与法律产生重大影响。

一、法律的起源

中国法律的产生经历了一个漫长的演进过程。新石器时代后期,三大部落联盟出于对外扩张以及在相互征战中维系自身生存与发展的需要,更加注重内部秩序的建立和维持。部落联盟在职能机构的设置以及对不同类型社会关系的调整等方面已形成大量处理争端的判决以及确定某些事项的决定,进而形成性质各异、功能不同的规范体系。其中相当一部分已为社会所承认和接受,具有普遍适用性和一定程度的强制性,从而已初步具备法律的特征。

首先,确定部落联盟首长指挥权以及规制联盟各机构职责的管理规范逐步形成并发挥效力。为共同生活及进行战争和组织生产而确立的、以承担不同公共职能为直接目的的部落联盟内部机构逐渐分化,形成各有分工、相对独立,又相互配合的不同职能部门。为使各部门在履行其职能过程中能够相互协调,必须使在实践中形成的、旨在确定各部门职能及履行职能的程序的原始习惯进一步明确、固定,并且适应情况的变化而不断充实新内容,其中包括部落联盟首长地位的确立以及联盟首长对各职能部门的指挥权。

根据史书记载，三大部落联盟时期，黄帝部落已在其内部设立官职。《史记·五帝本纪》载，黄帝“以师兵为营卫，官名皆以云命，为云师。置左右大监，监于万国……举风后、力牧、常先、大鸿以治民”。帝尧时，根据职能的不同又分设不同的职官。尧的哥哥少皋挚根据部落机构职掌的不同，分设司分、司至、司启、司闭、司徒、司马、司空、司寇、司事、历正以及五工正、九农正等官。[1]

舜受禅让任部落首领以后，在建立部落机构、确立部落管理制度、加强部落公共管理职能等方面采取一系列措施，使原已具有国家雏形的部落联盟机构进一步向具有典型意义的国家机构转化。[2] 据《史记·五帝本纪》载，舜任用了由其直接统辖的高级职官22名，包括治水平土的司空、播时百谷的后稷、敬敷五教的司徒、分管狱讼的士、管理百工的共工、分管祭祀的秩宗、分管律吕音乐的典乐、分管出纳帝命的纳言、分管十二州事务的州牧等。在职官的任用方式方面，舜还较大程度地听从部落长老“四岳”的意见，但舜自己已拥有职官任用的最终决定权，而且就职后的职官也直接向舜负责。舜与他所任用的职官之间已形成初步的君臣关系。据《尚书·益稷》记载，帝舜要求重臣禹忠于自己，作其股肱耳目，并具体规定了他的职责。[3] 随着部落联盟管理机构的扩大和内部职能的增加，用以确定管理机构行为方式的规范也逐渐完备。《淮南子·氾论训》记载：“昔者神农无制令而民从。唐虞有制令而无刑罚。”

其次，要求部落成员以及臣服部落定期缴纳财物的贡赋制度及相关规范逐步形成。部落联盟内部机构在职能上的分化直接导致机构数量增加，逐渐衍生出一个脱离生产、脱离战争的专职管理群体。部落联盟要求部落成员交纳一定数量的物质产品，为管理人员提供必要的生活资料，以确保职能机构的正常运转，同时为保证部落联盟在整体上协同行动，解决一些特殊需求。这种要求从最初的临时性、不定期性，逐渐固定化、定期定量化，进而形成一种在适用上具有普遍性和强制性的习惯与制度。不仅部落成员承担交纳物质产品的义务，在部落间相互征战中战败并臣服的部落也必须承担向战胜部落交纳物质产品的义务。

黄帝在其盟主地位确立后，即要求臣服于其的部落定期交纳财物，否则干戈相见。《史记·五帝本纪》载：“黄帝乃习用干戈，以征不享。”禹受帝舜之命，继承父业而平土治水。历时十年左右，禹用疏导的方法终于治理了水患。帝舜命禹平土治水的目的不仅在于治水，更重要的是在于平土。在治理水患的同时巡察四方，将已臣服的部落作地理上的区划，分为九州。同时，依据土地的肥脊程度、依据与帝舜的臣服关系，确定不同标准的贡赋等级。为保证帝舜的命令顺利到达臣服的部落，加强中央部落与臣服部落的联系，尤其是保证贡赋的顺利交纳，禹还疏通了通往臣服部落的道路。[4]

依据土地肥沃的程度以及与中央部落距离的远近，禹将九州的土地划分为九等，同时将应

---

[1] 参见《左传·昭公十七年》。

[2] 《尚书·周官》：“曰唐虞稽古，建官惟百……夏商官倍，亦克用乂。”《礼记·明堂位》：“有虞氏官五十，夏后氏官百，殷二百，周三百。”

[3] 《尚书·益稷》：“帝曰：‘臣作朕股肱耳目。予欲左右有民，汝翼；予欲宣力四方，汝为……予欲闻六律五声八音，在治忽，以出纳五言，汝听；予违，汝弼。’”

[4] 《尚书·禹贡》：“禹别九州，随山浚川，任土作贡。”

向中央部落交纳贡赋的数量也划分为九等。[5]《礼记·王制》记载,虞舜时,就已有"市廛而不税,关讥而不征,夫圭田无征"的制度。《史记·夏本纪》称:"自虞、夏时,贡赋备矣。"可见,在帝舜之时,规定臣服部落向中央部落交纳财物的贡赋制度以及与贡赋相关的各项规范就已相当完备。

最后,针对侵害部落群体或部落成员行为及行为人施以惩罚的规范逐步形成并体系化。随着部落联盟势力的扩大,其内部事务也逐渐繁杂。原先以成员自身对群体依赖的信念以及群体舆论的评价来维系部落秩序的习俗已难以继续奏效,某些成员的行为对部落内部既定的秩序造成严重的损害。为维持部落内部正常的社会秩序,处理那些严重侵害他人或部落群体的行为,以部落机构的名义对行为人施以某种报应性惩罚的做法逐渐固定化。惩罚的目的在于使行为人遭受切实的痛苦,以致不敢再次实施侵害行为,同时让部落其他成员了解实施侵害行为的后果,进而起到一般性威慑作用。类似惩罚措施在多次施行之后渐而形成一种新的行为规范。

部落联盟时期,在南方的苗蛮部落以及中原的黄帝部落分别产生方法各异的刑事处罚种类。生活于长江流域的苗民基于其独特的生活习性,创造了以割鼻、割耳、破坏生殖功能以及在脸上刺字等残酷的刑罚种类。《尚书·吕刑》载:"苗民弗用灵,制以刑,惟作五虐之刑曰法。杀戮无辜,爰始淫为劓、刵、椓、黥,越兹丽刑并制,罔差有辞。"在中原地区,黄帝之时也已形成作为实施惩罚根据的强制性行为规范。《商君书·画策》载:"神农之世,男耕而食,妇织而衣,刑政不用而治,甲兵不起而王。神农既没,以强胜弱,以众暴寡……内行刀锯,外用甲兵。"以刀、锯为工具实施的惩罚均为身体性惩罚,多直接对行为人身体的某个器官或肢体加以破坏性重创,既给被罚者造成痛苦,也消除或减弱其身体功能。帝尧之时,沿用这种体罚方式。[6]

帝舜之时,原已具有国家雏形的部落联盟机构进一步向具有典型意义的国家机构转化,各机构的公共管理职能进一步分化,维护占据统治地位的阶级、群体的利益成为各机构的首要任务。而有关机构设置、职能确定、人员选任和考核等制度的建立以具有普遍适用性和强制性的行政法律规范为前提,这些规范或以命令的方式,或以惯例的方式存在。同样,以划分土地等级、确定贡赋类别为主要内容的经济法律规范也初步形成,并在协调中央部落与臣服部落关系、维系中央部落各机构的运转等方面发挥重要作用。规定犯罪与处罚的刑事法律更是受到特别重视,因而有重大发展。因此,帝舜之时,以规范行政管理机构和管理职能,与土地品级相关的贡纳、赋献等级以及规定犯罪与处罚等内容的强制性行为规范体系已初步形成,较为完备的法律制度随着社会的进步与文明的发展在华夏国家中产生和发展。

二、法律起源的基本特征

中国地理环境及华夏先民生产方式、生活方式的特殊性造成国家产生与民族形成道路的特殊性,导致中国法律的起源具有自身的独特性。

---

〔5〕据《史记·夏本纪》,九州及其土地、贡赋等级分别为:冀州,田:中中,赋:上上;兖州,田:中下,赋:下下;青州,田:上下,赋:中上;徐州,田:上中,赋:中中;扬州,田:下下,赋:下上;荆州,田:下中,赋:上下;豫州,田:中上,赋:上中;梁州,田:下上,赋:下中;雍州,田:上上,赋:中下。

〔6〕《国语·鲁语上》:"尧能单均刑法以仪民。"

(一)战争与法律

中国法律的起源,首先具有“兵刑合一”、刑法受到特别重视的特点。

中华古文明发生与发展的重要契机是部落联盟之间的相互征战。通过征战,加强了交流、沟通与融合,推进了文明的演变与进步。征战的历史是漫长的。不仅在华夏、东夷、苗蛮三大部落联盟时期,即便是在黄帝部落联盟屡屡获胜、取得中央盟主地位后,部落之间的征战仍然频繁发生。在黄帝部落联盟取得中央盟主地位以后,中央部落的统治者即已初步形成唯我独尊、外邦臣服的观念。这一观念在华夏联盟尧、舜、禹统治时期进一步强化。作为向中央盟主臣服的部落,所有的外邦必须尊崇中央盟主,听从中央盟主的号令和调遣,并且按时向中央盟主交纳贡赋。如有违反,即为作乱。对于作乱的部落,中央盟主有权讨伐。在中央盟主看来,讨伐作乱的部落不是两个平等部落之间的战争,而是自己以中央盟主的身份对臣服部落不服从管理的讨伐。讨伐、镇压作乱部落的目的既在于削弱作乱部落的力量、迫使其臣服,也在于杀一儆百、威慑其他部落,以巩固自身中央盟主地位。

在部落联盟早期,部落内部秩序的维系主要通过个体对群体的依赖,依靠部落的舆论,或者通过行为方式、财产分配方面的制裁。剥夺生命以及肉体处罚主要实施于部落之间的征战以及对待异族俘虏。随着部落联盟的扩大,部落事务逐渐繁杂,特别是随着部落首领以及管理集团的特殊利益受到重大挑战之时,原先只是针对异族俘虏的处罚方式也被引入部落内部管理。强制性行为规范中最能有效保护部落联盟贵族特殊利益的“刑法”渐具雏形。

无论是外部讨伐之“兵”,还是内部处罚之“刑”,其主要目的都是维护部落联盟首领以及管理集团的特殊地位与特殊利益;其手段也在一定程度上吻合:剥夺生命、残害肢体,二者的主要区别在于被处罚对象及处罚规模。前者处罚的是部落或氏族整体,是其全部成员,因此是“大刑”;后者处罚的对象是个体,因而是“中刑”或“薄刑”。《汉书·刑法志》称:“大刑用甲兵,其次用斧钺;中刑用刀锯,其次用钻凿;薄刑用鞭扑。大者陈诸原野,小者致之市朝。”《商君书·画策》称:黄帝之治,“内行刀锯,外用甲兵”。对内以刀锯施刑,对外以甲兵讨伐,目标的一致性、方法上的相互参照体现了兵刑合一、刑起于兵的刑法起源特点。

与此同时,由于相互征战在确定部落之间关系中的特殊作用,以甲兵、斧钺为惩罚手段的“大刑”频繁实施,因而有关适用“大刑”的相关规范也逐渐确立,包括在何种情况下实施“大刑”,实施“大刑”的机构、程序以及具体方法等。这又在很大程度上带动“中刑”与“薄刑”相关规范的发展。与其他规范相比,刑事规范受到特殊重视。法律观念、法律制度随着中华文明的进步而逐步确立,在这一过程中,与刑法相关的观念和制度一直处于法律发展的前沿。

(二)血缘与法律

中原地区肥沃的土地与四季分明的季节使以种植业、养殖业为主的农耕经济迅速发展。各部落逐渐形成聚族而居、安土重迁的生活习俗。在这一基础之上发展起来的部落管理机制较多地融入血缘因素。同时,在三大部落联盟之中,华夏先民自发形成对于祖先的崇拜与祭祀,而未产生完全超脱于人自身的自然神。基于上述因素,中国法律的起源与国家起源一样,在很大程度上受到血缘、婚姻因素的影响,也表现出与血缘、婚姻因素的密切关联。

中国国家的起源和国家职能的演进,走了一条通过部落联盟机构的职能分化和完善内在结构的方式使其直接转化为国家机构的特殊道路。新国家机构与旧部落联盟机构的直接传承关系,使旧机构中联结个体成员的血缘、婚姻纽带继续在新机构中发挥重要作用,并成为新社会结构的基本骨架。形成过程中的法律也受到血缘、婚姻因素的影响,而作为新社会结构基本骨架的血缘、婚姻关系也受到法律的特殊保护。根据史料记载,黄帝部落联盟主导中原大地之时就根据内部社会结构明确君臣、父子、兄弟、婚姻等关系。[7]

(三)祭祀与法律

西周时期,基于"绝地天通"的观念,统治者致力于人、神相隔的人间秩序构建。在这一秩序之中,人类主宰自身的命运并安排自身的关系,神的因素逐渐淡化。而在人、神之间,先世祖宗承担着抚慰现世子孙心灵、护佑现世子孙未来的作用与功能,并由此产生具有普遍意义的祖先崇拜。

在华夏先人中产生的祖先崇拜意识,通过一定的典礼、仪式逐渐演化为具有宗教性质的祖先祭祀。在华夏先民看来,祖先作为部落的英雄,死后成为具有超人力量的神灵;现世子孙通过定期的崇拜、祭祀活动沟通与祖先之间的情感,祈求祖先对自己的保护。部落联盟时期,部落首领掌握祭拜祖先的主导权,部落首领以与祖先直接对话的方式固化自己对于部落联盟的统领与管理。

由于祭祀活动与现世子孙的安全、生活直接联系,又成为部落联盟首领强化自己地位的有效手段,因此祖先祭祀活动受到华夏先民的特别重视。直到战国时期,人们仍保持这一传统,将祭祀与战争相提并论,称"国之大事,在祀与戎"[8]。

祭祀是向一种看不见、摸不着的精神与力量的崇敬与祭拜,是一种在祭拜时没有反馈的活动。因此,祭拜是否得体、是否符合被祭拜对象的要求,只能通过严格的礼仪、程序来确定,在部落联盟首领与长老的推动下逐渐形成一整套礼仪、程序规则。从参与祭祀者的身份限制到祭祀现场参与者的位置,从祭拜语言到祭拜动作,从祭拜管理的分工到违反礼仪的处理,所有这一切都逐步形成严格的习俗、规则。

祭祀折射世俗。作为部落联盟时期全部落的大事,祖先祭祀活动受到全体部落成员的重视与参与。在祭祀现场参与者所展现的身份、地位、作用正是部落社会世俗身份、地位、作用的真实反映。在部落联盟首领以及长老的推动下,祭祀活动所形成的习俗、规则,特别是祭祀规则中反映部落成员不同地位、身份、作用的差别也逐渐扩散至部落社会世俗的生活、管理之中。部落联盟同样以强制力保证上述习俗与规则的实施。随着部落联盟后期国家机构与职能的逐渐成形,这些与祭祀相关的行为规范以"礼"的形式进一步发展,并受到国家强制力的保护。

(四)裁判与法律

中国法律的产生与其他文明中法律的起源一样,也体现了"由裁判到立法"的特点。在初民社会,人们并未意识到需要一个统一的、具有强制性约束力的行为规范体系来维系社会的存在和发展。只是在社会实践中,不断出现一些需要某个权威机构加以协调、处理,甚至作出裁决的事件。这些协调、处理的结果以及裁决不断积累,一方面成为其后处理同类事件的参照,

---

〔7〕《商君书·画策》:"故黄帝作为君臣上下之义,父子兄弟之礼,夫妇妃匹之合。"
〔8〕《左传·成公十三年》。

另一方面为从所有裁决中抽象出一些基本标准或原则创造了条件。[9]

法律产生于判决和相关决定。从因财产交易的争执而作出的判决中逐渐抽象出一系列带有普遍性的标准或原则,进而固化为民事法律;同样,从对严重破坏社会秩序、侵害统治阶级利益者的惩罚判决中逐渐产生刑事法律规范;而从有关公共职能机构的设置及其运作方式的决定和有关民众及社会共同体应向中央机构缴纳贡赋的决定中分别产生出具有行政法、经济法性质的法律规范。

史书记载,帝舜任用皋陶为"士",执掌刑罚。皋陶的直接任务有二:一是审案断狱,对于各种严重违反部落联盟秩序的行为以及侵害部落联盟首领和长老利益者给予刑事处罚;二是收集、整理各类犯罪行为以及相对应刑事处罚的案例,作为今后处理此类行为的参照与依据。[10]《尚书·大传》称,"夏刑三千条"。夏朝尚属于国家和法律产生的早期,不可能形成如此数量的规范性刑事法律条款,因此,"夏刑三千条"应该指有关刑事处罚的判决数。

(五)民族融合与法律

中国法律的起源还表现出民族大融合的特征。三大部落联盟之间的相互征战,促成了不同部落之间的相互交往。不同的生活习俗、不同的管理方法在相互接触中交流、融合。史书记载,不同的部落存在不同的刑事惩罚方式。

黄帝之时,中原部落联盟实行"兵刑合一"之制,刑事惩罚方式以使用的工具区分,包括五种:甲兵、斧钺、刀锯、钻笮、鞭扑。[11] 尧舜之时,尚有流、放、窜、殛等刑事惩罚。[12] 在长江流域的苗蛮部落则独立地产生另一种风格的刑事惩罚方法,即所谓"五虐之刑"。[13] 受苗蛮部落刑事处罚的启发,帝舜时期将早期仅限于战争时期或者和平时期对待异族俘虏的肉体刑也适用到本部落内部成员,但具体实施方式只是采取"异其章服"的"象刑",以示对于受罚人的处罚与羞耻。

苗民所创制的"五虐之刑"极端残酷,但由于能够更有效地起到惩罚犯罪、维持秩序,特别是维护统治阶级利益的作用,因而也为中原部落所采用,并从"异其章服"的"象刑"逐渐发展到实际执行。中国历史上形成的奴隶制五刑以及与五刑同时实施的其他刑事惩罚方法以来自不同部落联盟实行的惩罚方法为原型。

三、法律的基本功能

在法律的起源及早期发展过程中,思想家从不同角度概括描述法律,并形成不同的法律概

---

[9] 英国法律史学家梅因(Henry Maine)这样描述法律的产生:"可以断言,在人类初生时代,不可能想象会有任何种类的立法机关,甚至一个明确的立法者。法律还没有达到习惯的程度,它只是一种惯行。用一句法国成语,它还只是一种'气氛'。对于是或非唯一有权威性的说明是根据事实作出的司法判决,并不是由于违犯了预先假定的一条法律,而是在审判时由一个较高的权力第一次灌输入法官脑中的。"[英]梅因:《古代法》,沈景一译,商务印书馆1959年版,第5页。

[10] 《尚书·尧典》:"舜曰:'皋陶,蛮夷猾夏,寇贼奸宄,汝作士,五刑有服,五服三就,五流有度,五度三居,维明能信。'"《竹书纪年》:"帝舜三年,命皋陶作刑。"

[11] 《国语·鲁语上》。

[12] 《汉书·刑法志》。

[13] 《尚书·吕刑》。

念。古代与“法律”相关的概念有“法”“律”“刑”“令”“典”等。[14] 各个概念在含义上有时略有区别，有时又相通使用。历代思想家结合法律的起源及法律的功能，并基于各自的理解对法律作了不同的解释。

（一）强制性行为规范

中国古代思想家认为，“法律”的基本含义是具有强制性的行为规范，通过法律的实施将所有社会成员的行为统一于国家所限定的范围之内。

社会的存在与发展、国家统治的稳定与延续以其自身的内部有序性为基本前提。而作为社会个体的人，由于对切身利益的考虑，也由于思想、意识的差异以及自身生理、心理素质和情绪水准的不同，其个体行为会千差万别。一方面，社会个体基于自身利益考虑或受情绪冲动影响的自觉行为各有区别；另一方面，对于一定的外部行为，不同的社会个体可能产生不同的反应。个体行为与反应的区别均有可能对社会有序性造成一定的破坏，进而从整体上影响社会的存在与发展，危害国家统治秩序。为了防止个体行为对社会有序性的破坏，国家必须确定一定的行为界限，规定统一的行为规范，并以国家强制力保证这些行为规范的有效实施。

《尔雅·释名》称，“法，逼也。逼而使之，有所限也”；“律，累也。累人心使不得放肆也”。法律以“逼”与“累”的方式限制个体的行为，使个体的行为符合国家所确定的界限。个体的行为如果违反准则、超出界限，即构成对法律的侵害，因而须受到国家强制力的制裁。

《管子》称：“法者，天下之程式也，万事之仪表也。”[15] 该书还这样定义“法”：“尺寸也，绳墨也，规矩也，衡石也，斗斛也，角量也，准概也，谓之法。”[16] 根据这一解释，法律成为社会上各类行为的基本程式，成为测定体积、容积、重量、长度、角度、方圆的基本规范。而这一程式或规范均成为国家所作出的强制性约定，受到国家强制力的保障。

作为维持政权统治、稳定社会秩序、规范个体行为的强制性行为规范，古代法律在内容上是多方面的，既包括以刑杀为极端性惩罚措施的刑事法律，也包括规定国家管理机构在设置、职能、程序等方面内容的行政性法律，规定编户齐民缴纳贡赋、租税的经济性法律，还包括一些涉及婚姻、继承及民间财产流转、交易的民事性法律。与中国传统习俗相联系，古代法律中还有大量的规定祭祀资格与程序的祭祀类法律。

（二）实现社会公正的准绳

社会的存在与发展需要建立在一定的秩序之上。秩序的内涵既包括与统治阶级利益的吻合，也包括一定程度上的社会公正。在早期人类文明中，社会公正的基本要求是资源的平均分配与权利义务的一体对待。

夏、商、周三代处于国家初建时期。与世界其他文明古国一样，在国家产生初期，等级制度是最基本的政治、社会制度。全体社会成员以血缘、政治、经济、军事等标准被分为不同的社会群体，并分别处于不同的社会地位，享有不同权利，承担不同义务。与国家初建相适应，法律制度也处于初步发展期。由于法律自身的特性，其自身发展过程中逐渐显现对公平、正义的要

---

〔14〕《尔雅·释诂》：“典、彝、法、则、刑、范、矩、庸、恒、律、嘎、职、秩，常也。柯、宪、刑、范、辟、律、矩、则，法也。”

〔15〕《管子·明法》。

〔16〕《管子·七法》。

求。法律的实施需要借助国家强制力;但法律本身应该具有为社会所认可、为社会所接受的内部条件。这一条件就是法律具有公平对待全体社会成员、确定全体社会成员基本相当的权利和义务关系。法律只有在其同时具备外在强制性、内在一定程度的公正性时,才能更有效地起到维持国家统治、稳定社会秩序、调整社会关系的作用。中国历史上法律概念的发展,在体现其外在强制性的同时,也表现出对内在公正性的要求。

图1 獬豸

《慎子》论述法律设置的目的在于“立公弃私”。“故蓍龟所以立,公识也;权衡所以立,公正也;书契所以立,公信也;度量所以立,公审也;法制礼籍所以立,公义也。凡立公,所以弃私也。”[17] 为了体现对法律公正性质的要求,中国古代思想家以水的公平无偏来描述法律的特征。《说文解字》在解释“法”的古字“灋”时说:“灋,刑也。平之如水,从水;廌,所以触不直者去者,从去。”“廌”,又名“獬豸”(参见图1),相传为一种独角兽,能够分辨人与人之间相互冲突中谁有理、谁无理。对于无理者,用其独角触抵。

战国时期成书的《淮南子》从法律应对社会成员一体对待的角度进一步论述了法律的公正性。根据《淮南子·主术训》,法律是民众必须遵守的规范,是君主实施统治的准绳。对于违反法律者,必须给予惩罚;而对于守法者,则应给予奖励。对于违法者,即使其身份尊贵,也不能减轻处罚;同样,对于违法者,不能因为当事人身份卑贱而加重处罚。只有这样,才能实现社会公道。[18]

等级制度下对法律公正性的要求,主要体现在以下两个方面:第一,对于处在同一等级的社会成员,赋予相同权利,并要求履行相同义务,进而实现等级内部的相对公正。第二,对于全体社会成员,包括具有不同社会地位、处于不同等级群体的社会成员,在某些权利、义务方面要求一体对待,从而淡化或者不考虑等级间的区别。在中国等级制度相沿数千年、等级观念渗透在社会各个方面的特定背景下,法律正是通过等级内部的均平和等级之间的一体对待实现其相对公正性,以有限的方式起到实现社会公正准绳的作用。

(三)兴功惧暴,扬善抑恶

人的本性之一是趋利避害。基于这一本性,社会个体的行为对国家统治和社会秩序会产生不同的作用。为维护国家统治、稳定社会秩序,国家统治者赋予法律兴功惧暴、扬善抑恶的作用。统治者以是否有利于国家统治、是否有利于社会稳定为标准,确定个体行为的“功”与“暴”、“善”与“恶”,进而以法律的强制力分别对待:镇压、打击危害国家统治和危害社会秩序的犯罪行为,进而对民众起到威慑作用;奖赏、鼓励维护国家统治和维持社会秩序的行为,为整

---

〔17〕《慎子·威德篇》。

〔18〕《淮南子·主术训》:“法者,天下之度量,而人主之准绳也。悬法者,法不法也;设赏者,赏当赏也。法定之后,中程者赏,缺绳者诛。尊贵者不轻其罚,而卑贱者不重其刑;犯法者虽贤必诛,中度者虽不肖必无罪,是故公道通而私道塞矣。”

个社会树立榜样，从总体上达到巩固统治基础、推动社会进步的目的。

商鞅认为，人口的增加导致邪恶、争斗的产生，因此制定法律，以禁奸止邪。[19] 韩非认为，只有法律，才能禁止邪恶的发生，统一民众的行为。[20] 韩非还说："法者，宪令著于官府，赏罚必于民心，赏存乎慎法，而罚加乎奸令者也。"[21]《管子》称："古者未有君臣上下之别，未有夫妇妃匹之名，兽处群居，以力相征。于是智者诈愚，强者凌弱，老幼孤独不得其所。故智者假众力以禁强弱，而暴人止。"[22]

（四）定分止争，确定权利归属

社会秩序所面临的最大挑战是人们对权与利的追逐。受利益原则的驱动，不同的社会群体或个人会采取种种手段，以争取各种利益。当这种行为超出国家与社会所允许的范围，就会造成对现实秩序的危害。当某种权力或利益尚没有明确的归属，每一社会群体、每一社会个体都有可能成为该项权力或利益的拥有者时，对该项权力或利益的追逐将会异常激烈。相反，若某项权力或利益已有明确的所有人，其他社会力量对其追逐的激烈程度就会相对较弱。基于这一认识，中国古代立法者重视法律在确定权利归属问题方面的作用。

韩非作了一个比喻，郊外发现一只兔子，很多人均跟随追逐，以图占为己有；市场上卖兔者遍地，但无一人去抢兔。为什么？韩非说，原因在于市场上所卖之兔已有主人，其所有权的名分已定；而郊外之兔尚为无主物，其所有权的名分未定，谁能抓住即归谁所有。名分不定，权利归属不定，即易引起争执；若名分已定，权利已有其主，则争执会减少。《管子》说："律者，所以定分止争也。"[23] 荀子说："人生不能无群，群而无分则争，争则乱，乱则离，离则弱，弱则不能胜物。"[24] 因此，需要立法建制，确定并保护名分。

（五）实施国家管理的工具

实施国家管埋、巩固现实政权是法律的首要任务。法律以其强制性、可操作性而成为重要的统治工具。荀子说，法律是治理国家的工具；[25] 实现国家统治秩序和社会秩序的稳定，关键在于有效利用"礼"与"刑"（法）这两项工具。[26]

维持国家稳定、维护社会秩序的重要任务在于维护国家最高权力机构的权威性，并通过最高权力机构权威性的确立，确保政治实体的完整性以及社会秩序的稳定性。中华文明多元一体天下观的形成对于发展过程中的国家观、法律观产生深刻影响。从部落联盟时期到夏商周文明发展早期，国家管理上的集权意识就随着多元一体天下观的形成而产生。据《国语·鲁语》记载，禹作为部落联盟首领，为树立自身权威，在召集部落首领之时，对于迟到的防风氏，

---

〔19〕《商君书·君臣》："民众而奸邪生，故立法制为度量以禁之。"

〔20〕《韩非子·定法》："矫上之失，诘下之邪，治乱决缪，绌羡齐非，一民之轨，莫如法；属官威民，退淫殆，止诈伪，莫如刑。"

〔21〕《韩非子·定法》。

〔22〕《管子·君臣》。

〔23〕《管子·七臣七主》。

〔24〕《荀子·王制篇》。

〔25〕《荀子·礼论》："法者，治之端也。"

〔26〕《荀子·成相》："治之经，礼与刑。"

"杀而戮之"。[27] 商代第十九王盘庚即位后,基于维系统治集团内部秩序和避免水患灾害的双重目的,将都城迁至殷(今河南安阳境内),对于以各种理由反对迁都的贵族以及民众,盘庚充分发挥其作为"王"的地位与权威予以警告,如果不服从,将处以严厉的刑罚。[28] 迁都之后,既减少了统治集团内部贵族之间的争斗,也避免了此前连年不断的水患威胁。相对优越的社会、自然环境使商代进入政治稳定、经济发展、文化发展的重要时期。

在国家治理方面,法律的功能还在于使构成社会主体的民众安于现状,满足于在现政权统治下的生活;使国家机构的主体——百官群僚忠于现实制度,忠于君主,实现以君主为首的统治集团对整个社会的统治意图。因此,古代立法者和思想家从这两个方面设计法律的功能,强调法律在治理百姓万民与统辖百官群僚两方面的工具作用:"夫法令者,人君之衔辔棰策也,而民者,君之舆马也"[29];"明主之所道制其臣者,二柄而已矣。二柄者,刑、德也。何谓刑、德?曰:杀戮之谓刑,庆赏之谓德。为人臣者畏其诛罚而利其庆赏,故人主自用其刑德,则群臣畏其威而归其利矣"。[30]

思考题

1. 试述"兵刑合一"的内涵。
2. 试述法律起源方面"由裁判到立法"的特点。
3. 简述法律的"定分止争"作用。

---

[27] 《国语·鲁语下》:"昔禹致群神于会稽之山,防风氏后至,禹杀而戮之。"

[28] 《尚书·盘庚》:"无有远迩,用罪伐厥死,用德彰厥善";"乃有不吉不迪、颠越不恭、暂遇奸宄,我乃劓殄灭之"。

[29] (东汉)王符:《潜夫论·衰制》。

[30] 《韩非子·二柄》。

第二章　夏商法律

（约公元前21世纪至约公元前11世纪）

本章要点

1. 夏朝法律概况。
2. 商朝法律概况。

第一节　夏朝法律

《史记》记载，中国历史从“五帝”开始。根据《史记》，夏朝为中国历史上的第一个王朝。基于文献记载以及考古发现，夏朝的历史脉络以及法律状况逐渐明晰。

“夏传子，家天下。”公元前21世纪，夏禹改变部落联盟的禅让习惯，将帝位传给其子启，形成“家天下”的政治格局，并推动中国社会进入一个文明时期。

在夏王朝建立之初的一百多年中，各种反对力量尚有较强势力。通过多次征伐，夏王朝统治者逐渐巩固了政权。夏王朝统治后期，夏王桀暴虐无度，对内残害异己，大肆掠夺，对外频繁用兵，征伐邻国。与此同时，原居于黄河下游、臣服于夏王的小国商国则建立了自己的国家机构和军队，并不断发展自身势力。随着夏、商力量的消长，不少原臣服于夏王的诸侯国转而拥戴商王汤。最后经过鸣条之战，商兵大败夏兵，夏朝灭亡。夏王朝自启开始，至商灭桀止，共经历四百多年。

一、国家的产生与行政建制

夏朝的国家机构属于国家的早期形态。夏王朝国家机构直接由此前的部落联盟机构转变而来，因而表现出与部落联盟机构相关的特征。第一，国家直接管辖的范围仅限于本族部落内部。超出夏族本部落之外的其他部落首领在各自的领地上享有较为独立的管理权和统治权；对于夏王，他们则以臣服和纳贡的方式体现其相互关系。第二，在政权形式及管理制度方面具有专制、民主二重性，表明了国家制度由氏族民主政体向君主政体的过渡。

启作为中央部落联盟的首领，建立了名义上统辖天下的盟主之国，从而进入了新型的政治文明时期。与此同时，分布于黄河、长江流域的众多中小部落也陆续设官立制，建立政治文明。

这种中央盟主之国与众多小国并存的局面一直维持到商、周时期。夏王名义上为天下共主，他们所建立的国家为天子之国。对于天子之国以外的土地，则以天下共主的名义，封邦建国。部分受封而为方国君主者是夏王的宗亲或姻亲，但在多数情况下，直接承认原有部落首领在其统辖范围之内的统治权。作为方国君主的诸侯，向天下共主的夏王表示臣服，并拱卫天子之国；同时，按期纳贡并服从夏王的号令，参加夏王主持的盟会。诸侯在自己的国度内部则独立行使统治和管理之权。

进入"家天下"的政治统治时期，阶级统治与阶级压迫进一步尖锐化、公开化。由部落联盟机构演变而来的国家机构在其职能上产生重大转变。维护"家天下"的政治统治和统治阶级的特殊利益成为国家机器的基本任务。启继王位后，原先臣服于夏部落的有扈氏拒绝继续臣服，因而遭到启的大规模征伐。出征之前，启召集六卿诸官，宣布讨伐理由以及征战规则和赏罚原则。[1] 为了维护新型王权，启不惜大动干戈，并要求部下严格遵守王命，否则加以处罚。但刚刚诞生的新体制与旧制度之间还存在千丝万缕的联系。其中，原始的议事民主制仍在新体制中占有一定地位。启出征有扈氏时还召集六卿，说明征伐理由。这种议事民主制的风格在新型王权产生后仍保持了相当长的一段时间。

部落联盟管理机构在职能上更多地侧重于维持"家天下"的政治格局，保护居于统治地位的社会群体的特殊利益。在这一过程中，新的管理机构不断形成，机构新的职能不断明确，"国家"的轮廓逐渐明晰。史料记载，夏有"三宅制度"，即事宅、牧宅、准宅，掌管中央、地方和宗教事务；军队有六卿，另有牧正管理畜牧业，车正管理车辆制造业，庖正管理王室膳食，穑夫管理奴隶耕作和作物收获等。从河南偃师二里头发掘的宫殿遗址来看，该宫殿坐北朝南，由堂、庑、门、庭四部分组成，其面积有一万多平方米，其中主殿约三百五十平方米；[2] 夏桀被商汤放逐时，其随从有五百多人，可见夏王朝以王为中心的国家管理机构已有相当规模。

二、法律概况

夏代国家机构及其管理制度处于早期发展阶段。夏朝法律也直接体现法律发展的早期特征。

夏代盛行的天命神权观直接决定了法律制定与实施的指导原则。夏人认为，人间社会的一切为天神所安排；统治者的权力也来自天神。《尚书·召诰》称："有夏服天命。"同样，法律的制定与实施是统治者遵循天意。启讨伐有扈氏时即称，有扈氏行为不道，触怒上天；现在天欲其亡，并由启来"行天之罚"。[3]

由部落联盟机构演变而来的早期国家机构，其重要职责之一是作为行使阶级统治职能和社会管理职能的机关，对各项具体事件、争执、纠纷提出具有权威性的解决和处理方案。某些事件、争执、纠纷反复发生，其解决方式也多次重复。在这一过程中，对于某些具有同样性质事件的处理标准和解决方式也逐渐固定化。具有一般性、普遍性、抽象性的处理原则、处理标准

---

〔1〕 参见《尚书·甘誓》。

〔2〕 参见孙淼：《夏商史稿》，文物出版社 1987 年版，第 121 页。

〔3〕《尚书·甘誓》："有扈氏威侮五行，怠弃三正。天用剿绝其命，今予惟恭行天之罚。"

渐次形成。具体判决与一般原则作为具有强制约束力的行为规范,同时作为国家法律的主要形式是夏朝法律的基本特征。

“夏有乱政,而作禹刑。”[4]“禹刑”是夏朝刑法的总称。为了维持社会秩序、保护统治阶级的利益,统治者整理此前作出的各项判决、决定及一般原则名之为“禹刑”。《尚书·大传》称“夏刑三千条”,多为处理具体案件的判决。这些判决又成为其后处理同类案件的依据或标准。汉朝学者郑玄称“夏刑三千条”为:“大辟二百,膑辟三百,宫辟五百,劓、墨各千。”[5]

在具体判决之外,夏朝法律在其发展过程中也形成一些具有抽象意义和普遍适用性的法律原则。史书记载,在夏朝司法活动中实行“与其杀不辜,宁失不经”的原则[6],要求裁判官在处理刑事案件过程中宁可违反法律,宁可与以前的判决不相符合,也不得错杀无辜者。

礼作为法律内容的一部分,在社会生活中起到重要作用。祭祀活动是夏朝社会的重要活动。在祭神祀祖、祈福求佑活动中,有关祭祀的方式、程序,祭祀者的身份、等级等要求逐渐固定,形成“礼”的规范。在社会演进过程中,礼不仅在祭祀活动中发挥作用,而且对于规范个体行为、确定等级身份也起到重要作用,从而开始具有一般性社会意义,并对社会生活产生广泛影响。夏朝的“礼”对于后世也产生重要影响。孔子说:“殷因于夏礼,所损益可知也;周因于殷礼,所损益可知也。”[7]

刑事法律的发展早期尚没有形成完整的罪名体系。对于何种行为给以处罚,多采取因事而议、因案定罚的方式,即所谓“议事以制,不为刑辟”[8]。但在长期的实践过程中,对于某些反复出现的严重侵害统治阶级利益或危害社会秩序的行为,逐渐形成相对确定的对应性处罚,因而出现一些定型的罪名。《左传·昭公十四年》称:“己恶而掠美为昏,贪以败官为墨,杀人不忌为贼。”而对于此三种行为,法律已明确规定属于犯罪,必须给以刑事处罚。《夏书》曰:“‘昏、墨、贼,杀’,皋陶之刑也。”君王的诰命是国家政策的集中体现。法律确定“弗用命”“不恭命”之罪,对于不执行君王命令的人,依法给以处罚。构成“弗用命”“不恭命”之罪的行为较为广泛,其中包括军事征伐中不听军令的行为。[9] 血缘关系作为夏朝社会重要的社会关系受到法律的重点保护。《孝经》记载,“不孝罪”是夏朝法律中的重要罪名,“五刑之属三千,而罪莫大于不孝”。[10]

夏朝已初步形成较为固定的刑种:大辟、膑、宫、劓、墨。大辟为死刑,膑刑为割除膝盖骨,宫刑为毁坏生殖器,劓刑即割鼻,墨刑为在面部刺痕后涂墨。在此五刑之外,还有流刑、鞭刑、扑刑等刑罚。

在司法方面,夏朝中央司法官称“大理”,地方司法官称“理”“士”“正”“史”等。囚禁罪犯

---

[4] 《左传·昭公六年》。

[5] 《周礼·秋官·司寇》。

[6] 《左传·襄公十六年》。

[7] 《论语·为政》。

[8] 《左传·昭公六年》。

[9] “左不攻于左,汝不恭命;右不攻于右,汝不恭命;御非其马之正,汝不恭命。”《尚书·胤征》也记载:“其或不恭,邦有常刑。”

[10] 《孝经·五刑章》。

的监狱为“圜土”。史书记载,夏朝第七代王芬设立“圜土”,专门用以关押罪犯。[11]

第二节 商朝法律

夏朝末年,夏王桀暴虐无道,导致国力衰弱,矛盾激化。原臣服于夏朝、处于黄河中下游地区的商部落扩大自己的力量,最终灭夏朝而建商朝。商王朝自成汤灭夏建商至商纣王被周武王所灭,先后有三十一王,历时约六百年。

一、神权与王权相结合的国家体制

商朝统治者建立国家后,以此前商部落联盟以及夏朝国家机构的职能和管理原则为基础建立了新的国家体制。商国家政权在统治方式上集中体现了神权与王权相结合的特征。

商朝统治时期保持着方国林立的格局。商王的直接管辖地区以王畿地区为主。王畿以外的地方,主要为各方国。史料记载,商汤之时,有方国三千多个。这些方国各自建立了自己的管理机构,具有较强的独立性。就国家形式而言,商朝更类似于以商王国为主体、以商王为盟主的方国联盟。各方国在自己管辖范围行使管理权。

商王国与地方方国的关系形式多样,多数方国长期臣服,但也不时有方国反叛。臣服于商王国的各方国必须履行定期纳贡、听从召唤的义务。从商汤建国到盘庚迁殷,再到武丁中兴,商朝统治者始终通过两条渠道强化王权。其一,加强商王国内部管理,建立各项制度,防止贵族作乱,镇压奴隶造反。其二,加强对于各方国的控制,不断加重方国对于商王国应该履行的义务;对于反叛的方国,则直接实施武力征伐。商朝统治者强化王权的双重措施体现了华夏民族早期建立国家时所秉持的基本理念,也初步展示了“多元一体天下观”的重要内涵。

在商朝,天命神权思想流行。商汤讨伐夏桀即号称尊天命而伐夏,所谓“有夏多罪,天命殛之”。[12] 商王还告诫商民,商朝受天命而建立,并受到上天的保护。商民只有服从商朝的统治,才能表现对天命的服从。

崇拜祖先、以祖先的名义实行现世统治也是商王朝政治统治的特点之一。商统治者借助部落联盟时期重视祖先崇拜和血缘联系的习惯,将政治统治与祖先崇拜相联系。商统治者提出,“天帝”是商王的祖宗神,商王是“天帝”的子孙。商王的祖先与商民的祖先即已构成统治、被统治关系。商王与商民分别继承其祖先的相互关系,在现实社会中重建新的秩序。

商朝是王位继承制度变革的重要时期。早期王位继承,实行“兄终弟及”为主、“父死子继”为辅的制度。兄死后由其弟继承王位;最年少的弟死后,再由长兄之子继承王位。随着王地位的提升,弟之子在其父死后趁机攫取王位,而不愿意将王位让给兄之子。盘庚迁都以后,在“兄终弟及”与“父死子继”两种制度并存体制中,“父死子继”制逐渐成为王位继承制度的

---

〔11〕《竹书纪年》:“夏后芬三十六年作圜土。”《释名·释宫室》:“狱又谓之圜土,筑其表墙,其形圜也。”

〔12〕《尚书·汤誓》。

主流。到商晚期,完全确立"父死子继"的王位继承制度。商朝统治共十七世三十一王,其中,"兄终弟及"者十四王,叔侄相继者四王,"父死子继"者十二王。从王位继承方式的时间分布来看,前期以"兄终弟及"为主,而后期,特别是"武丁中兴"之后,王的地位与权力得到前所未有的强化,王位继承则主要采取"父死子继"方式。

商的疆域,东自大海,西达秦岭,北至今河北北部,南到长江流域,其面积远远大于夏朝统治范围。其中心区域则以山东、河南、河北为主。疆域的扩大不仅决定了管理模式的调整,也直接影响统治理念的内涵。一方面,疆域的扩展,要求作为统治核心的中央管理机构能够实施更为有效的统治。商初名相伊尹,辅佐汤王灭夏建商,并协助汤之后几任商王建章立制,以实现有效治理。伊尹提出"居上克明,为下克忠",[13]要求为王者体察下情,明察世情;为臣者则忠于君王,尽职履责。另一方面,广袤的疆域、日渐复杂的管理机构需要一个强有力的统治核心。商朝前期,王权初立,中央管理机构也在逐步建立之中。无论是商王的权威,还是管理机构的效力都不能满足有着广袤疆域的国家治理需要。"父死子继""兄终弟及"双重王位继承制度的存在,导致王位争夺,贵族作祟,酿成"九世之乱",极大地影响着中央王权的权威与管理效率。盘庚迁都的重要目的之一在于强化王权,整顿秩序,提高管理效率。事实证明,盘庚通过迁都为构建强有力的王权、实现经济发展和社会稳定创造了良好的条件。盘庚之侄武丁即商王之位后,内部完善管理机制,外部继续开疆辟土,政治清明,百姓富裕,商朝统治进入"武丁盛世"的鼎盛时期。

二、法律概况

基于神权与王权相结合的国家治理原则,商代法律也集中体现神权指导与维护王权的基本特征。

"商有乱政,而作汤刑。"[14]"汤刑"被视为商朝刑法的总称。从历史资料来看,商朝历史上有两次规模较大的刑法制定、整理活动。第一次在商灭夏之后,为了建立新的统治秩序,确立稳定的社会关系,商朝统治者以夏朝"禹刑"为基础,删并修改,初步形成商朝的刑法。第二次在商朝后期,由于社会关系的变化,旧有的刑法已不再适应统治的需要,因而对刑法作全面修改、补充。史书记载:商祖甲二十四年,修订汤刑。

商代统治者强调,法律的制定与实施均是"天命""神意"的体现。商汤在讨伐夏桀之时,即提出夏朝君主为非作歹,违反了代表天意的法律;现在上天命令对其给予处罚。因商汤相信天命,畏惧天命,因此必须遵循天意,对其征讨、处罚。[15] 商朝统治者,从商王到各级机构首领多以占卜方式进行决策。通过占卜,领会上天的意图,以决定人间的行为。在定罪量刑方面也采取占卜的方式了解天意。在已发现的甲骨中,有卜辞"兹人井(刑)不",即占卜询问是否处刑;也有关于量刑具体数量的卜辞,如"贞,刖百"[16]。

---

〔13〕《尚书·伊训》。

〔14〕《左传·昭公六年》。

〔15〕《尚书·汤誓》:"王曰:格尔众庶,悉听朕言。非台小子敢行称乱。有夏多罪,天命殛之……夏氏有罪,予畏上帝,不敢不正。"

〔16〕蒲坚主编:《中国法制通史》(第一卷),法律出版社1999年版,第175页。

商代法律的重要任务在于维护王权，保证以王权为代表的国家最高权力的有效行使。商汤在动员商民讨伐夏桀时，特别提出王令的权威性：如果有人不听从王令，即会被处罚。[17] 盘庚之时，发布迁都令，要求商贵族与商民必须严格遵守。盘庚特别提出，不遵守王令者，一律定罪，甚至处死。[18]

"汤刑"沿用夏朝"禹刑"的部分罪名，同时根据商朝统治的特点形成一些特殊的罪名。"违反天命""不遵天命"成为"汤刑"中的重要罪名。作为对"禹刑"的直接继承，且体现对祖先崇拜制度的保护，"汤刑"设立"不孝"罪。《商书》称："（汤）刑三百，罪莫重于'不孝'。"[19] 此外，"乃有不吉不迪、颠越不恭、暂遇奸宄，我乃劓殄灭之，无遗育，无俾易种于兹新邑"。[20]

据史料记载，商朝为加强对各级官吏的管理，设立"官刑"。商汤之孙太甲即王位后，其相伊尹作训，以教诫太甲："制官刑儆于有位曰：敢有恒舞于宫，酣歌于室，时谓巫风；敢有徇于货、色，恒于游畋，时谓淫风；敢有侮圣言、逆忠直、远耆德、比顽童，时谓乱风。"无论是邦君，还是卿士，都不得有上述"巫""淫""乱"三风行为，违者要受到惩处。各级官吏承担辅佐邦君、卿士，匡正其行为的责任。邦君、卿士有三风行为，官吏未履行匡正责任者，处以墨刑。[21]

商王享有最高司法权，在中央及地方还分别设有专司审判案件的官吏。在中央设有"司寇"，在地方则有"正""史"等官。商朝司法审判同样体现神权法思想。商王及各级司法官对于案件的审判多以占卜方式加以确定。商沿夏制，以圜土作为囚禁犯人的监狱。（参见图2）

图2　羑里城

---

〔17〕《尚书·汤誓》："尔不从誓言，予则孥戮汝，罔有攸赦。"

〔18〕《尚书·盘庚上》："无有远迩，用罪伐厥死，用德彰厥善。邦之臧，惟汝众；邦之不臧，惟予一人有佚罚。凡尔众，其惟致告：自今至于后日，各恭尔事，齐乃位，度乃口。罚及尔身，弗可悔。"

〔19〕《吕氏春秋·孝行》。

〔20〕《尚书·盘庚中》。

〔21〕《尚书·伊训》。

思考题

1. 简析“与其杀不辜，宁失不经”原则。
2. 简述商朝王位继承制度的变化。
3. 试析商朝统治者的天命法律观。

第三章　西周法律

（约公元前11世纪至公元前770年）

本章要点

1. 西周统治者关于天命观的变化。
2. “家国一体”的宗法政权体制。
3. 西周的刑事原则与法定五刑。
4. 西周的司法机构与诉讼制度。

周文明是中华文明发展史上的重要阶段。夏商两朝属中华文明发展的早期阶段，社会结构、政权组织、法律规范等均处于初建状态。在夏商文明的基础上，周朝进入社会文明系统发展的新阶段，各项制度均衡发展，社会秩序全面建立，在法律方面具有鲜明特色的中华法系初见端倪。

周部落原处于黄土高原岐山南麓，依渭水中游。至文王姬昌时期，其力量逐渐强盛，并形成对整个渭水流域的统治。商王朝为笼络周部落，封周文王姬昌为西伯侯。文王去世后，其子姬发继位，称周武王。周武王在继续吸收商文化的同时，进一步积蓄力量。公元前11世纪，乘商王朝内部倾轧、奴隶暴动，武王率部进军商都朝歌，经过牧野之战，歼灭商主力军队，推翻商朝统治，建立周王朝。周朝统治分两个阶段。第一阶段，自公元前11世纪周王朝建立，建都镐京（今陕西西安），到公元前770年东迁都城，史称“西周”。西周共十二王，历时二百五十七年。第二阶段，自公元前770年周平王迁都洛邑（今河南洛阳），至公元前256年被秦所灭，史称“东周”。自平王东迁后，周朝势力减弱，中国历史进入春秋战国时代。因此，周朝法律以西周时期的法律为代表。

第一节　立法思想与立法活动

西周时期是华夏文明中典章制度、思想文化逐步走上理性化发展的重要时期。经过夏商文明近千年的发展，西周时期总结国家治理、社会管理的经验教训，各项制度进一步完备，涉及制度构建与运行的思想、理论、原则也逐渐发展、完善。西周统治者在国家治理方面的“天下一体”“敬天保民”“礼治天下”等思想对西周法律制度的构建产生重要影响。

自夏商时期即已初步形成的“天下一体观”，为西周统治者所继承、强化。武王伐纣过程中，庞大的商王朝短时间内土崩瓦解，原来臣服于商王的方国，不仅未能保护商王，而且纷纷倒戈，加速了商王朝的灭亡。此前也表示臣服于商王的“小邦周”，对于商王朝与方国的关系更有深刻理解。西周初期的统治者认识到，若要建立国力强盛、统治持久的政权，不能简单按照商王朝对于臣服的部落以建立方国的方式实施统治，而必须建立中央王朝与地方诸侯国更为紧密的关系，以强盛的王权为基础全面加强对于诸侯国的实际控制。以这一理念为基础，周初统治者创制并实施“分封同姓诸侯国”“联姻异姓诸侯国”的控制原则，进而构建了以周王为中心、诸侯国拱卫的政治格局，使“天下一体观”得到更为稳固的制度支撑，实现“溥天之下，莫非王土；率土之滨，莫非王臣”。[1]

西周统治者沿用商朝信奉天命、以神权支持王权的观念，但同时看到，商王朝始终强调其统治得到天命的认可，但在商朝末年却很快失去民心，在军事较量中灭亡。基于这一事实，西周统治者认识到，不能简单地再以“得天命”为理由实施统治。周人创造性地将“天”与“德”相结合，提出上天对于人世间统治政权的支持是有条件的；这一条件就是统治者是否有“德”，是否得到民心。“皇天无亲，惟德是辅”，[2]有“德”者，得民心，实现“以德配天”，因而能得“天命”，得到“天”的支持。“以德配天”理论既解释了商王朝统治在初期与中期的建立、兴盛与发展，也解释了“殷周革命”前因后果的合理性。基于这一理论，西周统治者认为，商王朝的迅速覆灭与商朝末期统治者实施残酷、暴虐的统治方式直接相关。商朝统治者忽视了“天”与“民”的关系，商朝晚期残酷、暴虐的统治方式使自己从有“德”者变成无“德”者，因而使上天改变了对其支持的态度。西周统治者还认为，上天具有保护百姓万民的品性。统治政权能否获得天命的认同和支持，其关键在于这一政权能否保护民众、造福于民众。统治者在治理方针方面，必须“敬天保民”，既注重敬重上天，又注重保护民众，才能实现“以德配天”，才能始终作为有“德”者，得“天命”而长久。西周统治者提出“以德配天”“敬天保民”的思想，使夏商以来的天命观具备一定的人文伦理色彩，朝着社会理性方向跨出重要一步。

对于西周统治者而言，“天下一体”的国家理念、“以德配天”的天人关系初步明确了整体性国家政治格局与统治政权的合法性基础，但如何具体实现有效的国家治理、如何构建并维系“普天之下”的社会秩序仍是西周统治者面临的重大题目。以周公为首的周初统治集团，继承夏商关于天神崇拜与祖先祭祀的礼节仪式，创造性地提出“礼治天下”的国家治理原则。西周统治者认为，秩序出自等级，无等级则无秩序。从天子到诸侯，从大宗到小宗，从官民到父子，相互之间有着明确的上下高低之别，各有其位，各守其“分”，各自适用不同的行为规范。在这样一个礼治社会框架之中，处于每一层次的人都会产生相对于较低层次的优越感；即便处于礼治框架最底层，基于“以德配天”的统治原则，也能够获得维持生计的最低保障。从这一意义上说，西周统治者探索着礼治与德治相结合的国家治理理念，以“敬天保民”的德治思想维系等级身份性礼治社会，减少利益纷争，稳定社会秩序，“偃武修文”，实现“礼治天下”的理想社

---

〔1〕《诗经·北山》。

〔2〕《左传·僖公五年》引《周书》。

会。西周初年关于“天下一体”“敬天保民”“礼治天下”的思想对于立法活动产生重要影响。以天下一体理论为指导，西周法律从政治、经济、军事等方面全面强化王权，强化相对于诸侯国的中央权力；基于“以德配天”的天人关系，西周法律贯彻“明德慎罚”原则；从礼治天下的国家治理主张出发，西周统治者制定各项礼治规范，将礼的规制范围扩展到社会生活各方面，全面构建并维护礼治秩序。

基于国家管理与社会秩序维系的需要，西周在沿用商朝一些制度、习惯的同时，进行了大规模的立法建制活动。

周在灭商之前，即已初步建立国家体制并制定了相应的法律。史料记载，周文王之时，即有“有亡荒阅”之法，规定对于逃亡的奴隶实行大规模搜捕。[3] 西周初年，为了迅速建立稳定的社会秩序，巩固王朝统治，即以商朝“汤刑”为基础，确立自己的刑事法律制度。《左传·昭公六年》称：“周有乱政，而作《九刑》。”《九刑》的内容已不可考，一般认为，《九刑》是指刑书九篇，为周武王之弟周公摄政时所作。

周初在确立刑事法律制度的同时，进行了大规模的“制礼”活动。《左传·文公十八年》记载：“先君周公制礼。”

西周中叶，随着社会关系的复杂化，社会矛盾趋于尖锐，原有的《九刑》已不敷运用。司寇吕侯奉穆王之命，制定新的刑法，名之为《吕刑》(又称“甫刑”)。《吕刑》的内容主要涉及当时实施的赎刑及其他一些刑事政策。

除《九刑》《吕刑》之外，周王所发布的各项命令，包括诰、誓、命等，均具有法律效力。

第二节 “家国一体”的宗法政权体制

出于维护王权、强化统治的需要，西周在很大程度上保留血缘关系的氏族组织，并在此基础上建立血缘关系、政治关系高度一致的宗法政治制度。

西周时期以政治、血缘的双重标准，构建“家”“国”一体的宗法政权体制。“家”是西周社会的基本组成单位。以血缘上的亲疏和血统上的嫡庶为标准，整个社会被划分成不同层次的“大宗”“小宗”系统。一方面，周天子作为姬姓宗族的宗主，为天下大宗，为西周统治疆域血缘上的最高尊长。另一方面，周天子的同姓兄弟，作为天下的小宗，被分封到各诸侯国。诸侯作为天下小宗，处于周天子统辖之下。同时，诸侯在其封国内又是封国大宗，具有血缘上的最高身份。卿大夫作为诸侯国内的小宗，受诸侯节制。而卿大夫又在其采邑内作为大宗。与这种大宗、小宗关系相适应，天子、诸侯、卿大夫又是政治上的等级关系。以血缘、政治为双重标准，西周社会形成一个严格区分大宗小宗、分别享受不同权利、承担不同义务的宗法政治等级身份体制。

周天子在政治上作为天下共主，掌握国家最高权力；在血缘上，周天子又作为姬姓宗族的

[3] 《左传·昭公七年》：“周文王之法：有亡荒阅。”

大宗,拥有天下宗主的身份。政治上的“共主”与血缘上的“大宗”的双重身份使周天子得以通过行使政治、血缘两方面的最高权力,实现对国家的统治。

在西周政权体制中,周天子直接统治的地区被称为王畿地区。中央官僚机构对王畿地区实行直接管理。《通典》记载夏、商、周三代官员人数为:“夏百二十员,商二百四十员,周六万三千六百七十五员。”[4]这一数字不甚准确,但反映出西周时期的政府管理机构在规模上与夏商两朝相比已有重大变化。

中央管理机构以周天子为核心,下设不同官职。中央管理机构主要有三个系统:辅弼官、宗教官、行政官。辅弼官职责为辅佐天子,建言政务,一般称“三公”,包括太师、太保、太傅等。“三公”多由德高望重的贵族成员担任。周武王时,姜子牙任太师,周公旦任太傅,召公为太保。武王去世后,他们三人又受命辅佐成王。宗教官职责为沟通人神关系,了解神意,解释天象,为周天子及其辅弼官、行政官决策作参考。同时,作为中央政府的文史机构,宗教官还兼管册命、天时、历法、文化、图书、档案等相关职责。行政官作为中央管理机构的主体,主持日常事务。中央行政官主要设有司徒、司马、司空、司寇等。司徒为民政官,又名司土,主要职掌为管理土地与人口。与土地相关,其职责涉及属于周天子所有的王田、公田、山林等;与人口相关,职责涉及赋税征收、劳役征发等。司马为军政官,主管与军队、军事征伐相关的事务,包括军事行政、军赋征缴、军队指挥、武器监制与管理等。司空管理百工及工程营建,具体职掌包括城郭、宫殿、陵墓、宗庙的营建,交通、水利设施的规划、施工,日用百器的制作等。司寇为司法官,主掌全国司法审判事务。司徒、司马、司空合称为“三司”,在中央管理机构中占重要地位。

西周采用“封邦建国”的分封制,对于姬姓宗亲以及有功之臣授以封国,所谓“封建亲戚,以藩屏周”[5]“选建明德,以藩屏周”[6],以实现中央对地方的统治。西周初年,大小封国约一千八百个。受封的诸侯国、卿大夫封邑作为地方机构也仿照周天子的中央政府,设官分职。诸侯国设“三卿”,卿之下设立司徒、司空、司马、司寇、太吏、大宰等职,分别管理相关事务。卿大夫的封邑因其地域较小,事务相对简单,一般没有具体的职官设置,多以家臣直接管理。

在行政区划方面,西周时期实行“国”与“野”、“都”与“鄙”分别管理的方式。“国”和“都”为规模较大的城市,贵族与平民作为“国人”而居住其中,少数直接为国人服务的奴隶也居住在国、都之中。“野”与“鄙”为乡村,为众多的庶人以及大量奴隶所居住。国、都、野、鄙之中均设相应的管理机构。

区别于后世的选举、考试制下官僚体制,西周时期的职官多实行“世卿世禄”制。从中央的“三公”到诸侯国的“卿”均父死子继,世代相传,体现了宗法政权体制的典型特征。

---

〔4〕《通典》卷一九《职官一》。
〔5〕《左传·僖公二十四年》。
〔6〕《左传·定公四年》。

第三节 刑事法律

西周法律较夏、商法律已有明显进步。在内容上,法律的文明化程度加强,以军事征伐代替刑事处罚的方法逐渐受到抑制,杀戮刑在整个刑罚体系中的比重有所降低,"敬天保民""明德慎罚"思想对刑事法律产生重大影响,形成一些较为合理的刑法原则。在形式上,较为固定的罪名渐渐形成,刑种体系也逐渐稳定。

一、罪名

西周时期的罪名尚不成体系,对于罪名的设立也缺少一定的规范性,但已形成一些相对固定的罪名。

抗命罪。西周政治体制已具有较强的专制色彩。为保证各级政治首领在行政、军事、宗教、财政等方面的权威,法律要求各级机构严格遵守上级机构颁发的各项命令,尤其必须遵守周天子之命,违者给以重罚。[7] 各诸侯国也规定相应罪名,以惩罚封国内不服从诸侯之命的人。

不孝罪。在宗法制度下,宗子以血缘上的嫡传尊长身份和行政上的首领身份,行使对本宗范围内的血缘、行政双重管理。服从血缘尊长、接受血缘尊长的教令成为西周时期对宗法体制下社会个体的基本要求之一。法律要求父子相亲,兄弟相友,并设立"不孝"等涉及血缘亲属关系的罪名。[8] 子应孝父,父亦应爱子,弟应恭顺兄,兄则念弟,否则有伤亲情。对于不孝之子、不友之弟,法律将给予严惩。[9]

作为维护宗法政治体制的两大罪名,抗命罪与不孝罪在西周刑事法律中占有重要地位。除此之外,西周法律还设立一些其他罪名,主要包括杀人罪、伤害罪、侵夺财产罪、违反礼制罪、违背盟誓罪、淫乱罪等。

二、刑事原则

西周法律在刑事原则方面主要体现西周统治者"敬天保民""明德慎罚"的统治思想,其中某些原则表现出立法技术的进步。

(一)矜老恤幼

《礼记·曲礼》记载:"七年曰悼,八十、九十曰耄。悼与耄,虽有罪,不加刑焉。"七岁以下、八十岁以上的幼童和老人,犯罪不给予刑事处罚。这一规定,一方面体现了"明德慎罚""矜老恤幼"的政策,另一方面也表明,立法者开始注意到联系动机与后果来确定行为的性质。七岁

---

〔7〕《左传·昭公二十一年》记载:"有君不事,国有常刑。"《国语·周语》称:"犯王命必诛。"

〔8〕《尚书·康诰》:"元恶大憝,矧惟不孝、不友。"

〔9〕《左传·昭公二十一年》记载:"凡杀其亲者,焚之。"

以下、八十岁以上的幼童与老人，由于智力与体力的欠缺可能导致在没有犯罪动机前提下的犯罪行为。基于一般情况下行为人没有犯罪恶意以及智力与体力的欠缺，对其犯罪行为不加以刑事处罚，有利于实现惩罚犯罪、维持社会秩序的立法目的。“矜老恤幼”原则的实施为后世刑事责任制度、刑事责任年龄的确定打下了基础。

（二）罪疑从赦

对于罪证不确的疑案，采取交纳赎金、宽免刑罚的处理原则。《礼记·王制》载：“附从轻，赦从重。”“附”指实施刑罚，“赦”指通过交纳赎金而免予刑事处罚。该项规定是指对于可轻罚、亦可重罚的犯罪，若具体实施刑罚则以轻为准；若通过赎罪的方式给予赦免时，则以重为准。《尚书·吕刑》载：“五刑之疑有赦，五罚之疑有赦。”其中还具体规定了不同刑罚因罪疑而交纳罚金、获取赦免的数额：“墨辟疑赦，其罚百锾；劓辟疑赦，其罚惟倍；非辟疑赦，其罚倍差；宫辟疑赦，其罚六百锾；人辟疑赦，其罚千锾。”

（三）区分故意与过失、惯犯与偶犯

西周刑法在立法技术上的进步还表现在区分故意犯罪、过失犯罪，区分惯犯、偶犯方面。根据《尚书·康诰》的记载，西周刑法区别对待“眚”与“非眚”、“惟终”与“非终”。“眚”为过失，“非眚”为故意；“惟终”为惯常，“非终”为偶发。行为人所犯虽为小罪，但如果是“非眚”“惟终”，则须重罚；所犯虽为重罪，但若为“眚”“非终”，仍应轻罚。

（四）上下比罪

《尚书·吕刑》提出“上下比罪”原则，即要求审判案件时，如果法无正条可援引，则比照在罪与刑两方面相关的法条作为依据进行审判。“上下比罪”原则扩大了刑事惩罚的范围，使审判者在定罪量刑时有较大的随意性。但在刑事法律发展早期，由于作为审判活动法定依据的法律条款严重不足，为有效调整社会关系、维持社会秩序并从总体上维护统治阶级利益，“上下比罪”原则的实施在很大程度上弥补了法条不足的缺陷。

（五）贵族特权

西周时期，从血缘、政治相结合的宗法政治体制中已经产生具有典型意义的等级身份制度。在血缘、政治两方面具有优越地位的贵族享有一系列社会特权，包括一些刑法特权。第一，西周中晚期，贵族所享有的司法特权逐渐固定化，并初步形成“八辟”制，即具有特殊身份或特殊经历的贵族在犯罪以后享有法定的宽宥、减免刑特权。在“八辟”制基础上，后世形成著名的“八议”制度。第二，对贵族的行刑也区别于普通人，由特定的机构在特定的场所秘密行刑。[10]

三、刑种

西周在刑罚种类方面沿用夏、商初步形成的五刑制。但区别于夏商两朝，其刑罚种类逐渐固定化，较大程度上克服“五刑”之外刑事处罚的随意性，尤其是在一定程度上改变了商朝末年滥杀无辜、乱定刑罚的情形。

---

〔10〕《礼记·文王世子》：“公族其有死罪，则磬于甸人。”

西周的法定“五刑”为墨、劓、剕、宫、大辟。史料记载，五刑之罪共有三千种，[11]其中，墨罚一千，劓罚一千，剕罚五百，宫罚三百，大辟二百。

（一）墨刑

墨刑，又称黥刑，为五刑中的最轻刑。被施墨刑者，首先在面部用刀刻痕，再施涂墨色，待刀疮痊愈后，墨色深入皮下，造成洗擦不去的标记。墨刑作为一种肉刑，一方面对身体造成伤害，为受刑人带来肉体上的痛苦；另一方面，墨刑更主要的是作为一种羞辱刑，让受刑人感受在身份、品性上与普通人的差别。根据西周赎刑制度，对于墨刑之罪证据不确者，可通过交纳罚金以赎罪。墨刑所交罚金为一百锾铜。

（二）劓刑

劓刑在五刑中重于墨刑，而轻于其他刑。被施劓刑者，割去鼻子。与墨刑不同，劓刑在形成对受刑人羞辱的同时，造成对其人体器官功能的损害。根据赎刑制度，对于劓刑之罪证据不确者，可交纳二百锾铜，以赎其罪、免其刑。

（三）剕刑

剕刑，又称刖刑，重于墨刑、劓刑，而轻于宫刑、大辟。被施剕刑者，砍去腿脚。受刑者既遭受肉体上的痛苦，更丧失部分劳动、行动能力。对于剕刑之罪证据不确者，可交纳五百锾铜，以赎罪免刑。受剕刑者常被作为罪奴，承担守门护舍的任务。[12]

（四）宫刑

宫刑，又称腐刑、淫刑，源于苗民“五虐之刑”中的“诼刑”。在五刑之中是仅次于死刑的重刑。被施宫刑者，“男子去势”“女子幽闭”。被处宫刑者，以犯淫乱罪为主。对于宫刑罪证据不确者，可交纳六百锾铜，以赎罪免刑。

（五）大辟

大辟，即死刑，是五刑中的最重刑。“辟”的原意指罪，大辟指最重罪。大辟刑的执行方式有多种，包括磬、斩、焚等。“磬”的执行方式为缢死，适用于有贵族身份的死刑犯。“斩”为斩首或腰斩，适用于普通死刑犯。“焚”为用火烧死，一般适用于杀死尊亲属、奸淫等重大犯罪。除了上述执行方式外，还有“踣”“辜”“磔”等。死刑之罪证据不确者，可交纳一千锾铜，以赎罪免刑。

第四节　民事法律

西周初期的民事关系尚不活跃。以土地为主体的不动产归周天子所有，婚姻、继承及家庭制度严格遵循宗法礼制，买卖、交换行为仅限于少量生活用品。到西周中、后期，随着经济的发展，社会关系渐趋复杂，涉及财产移转和交换行为的民事关系也进一步活跃。适应这一变化，

---

〔11〕《尚书·吕刑》：“五刑之属三千。”

〔12〕1976年陕西出土一件铜方鬲，其造型为受刖刑处罚的奴隶守门。参见胡留元、冯卓慧：《长安文物与古代法制》，法律出版社1989年版，第34页。

以调整财产关系和婚姻、家庭关系为主要内容的民事法律规范在社会生活中起到越来越重要的作用。

一、所有权

农业社会中最重要的财产是作为生产资料的土地。西周实行土地国有制，周天子代表国家享有对全国土地的所有权。在周天子直接统治的王畿地区，所有土地归周天子直接所有。同时，基于"封邦建国"的国家结构，周天子还把王畿以外地区的土地通过分封的方式授予同姓、异姓诸侯。

根据西周分封制，受封诸侯并未获得完全意义上的受封土地所有权，而只是获得对该土地的使用权。第一，诸侯不得任意处分受封土地，该土地也不得进入流通领域〔13〕。第二，受封土地的诸侯必须按照所受封土地的数量向周天子缴纳贡赋，并承担其他相应义务。第三，周天子有权以"削地"的方式收回已分封给诸侯的土地。

西周时期另一种重要财产是同样作为生产资料的奴隶。奴隶常常与土地相联系，附着于土地，共同构成可为占有人带来经济利益的财产。西周在实施土地国有的同时，实施奴隶国有制度。周天子拥有大量的奴隶。在王畿地区国有土地上，大量的国有奴隶从事农业生产，为周天子创造财富，支持周王室及国家统治机器的运作。根据分封制，周天子在把土地分封给各地诸侯的同时，将附着于土地的奴隶一并授予。诸侯既享有对受封土地的使用权，也同样享有对附着奴隶的使用权。

西周初期，受国有制的限制，无论是土地还是奴隶均不得进入流通领域。但随着经济的发展、社会分工的扩大，尤其是诸侯势力的增长，周天子对各地诸侯的约束力相对减弱，土地、奴隶不得买卖的限制逐渐被打破。西周中后期，各地经常出现以土地、奴隶为对象的买卖、交换和赠与。出土的西周铭器中关于赔偿、赠与、买卖、交换的事件和案例多有涉及土地与奴隶。〔14〕（参见图3）

图3　格伯簋

总之，西周时期，土地和奴隶作为最重要的生产资料，是财产的主要内容。土地和奴隶的国有制保证了西周国家机器的正常运作和宗法分封制的实施，但也限制了经济的发展与社会的进步。西周中后期，这种制度在社会经济生活中逐渐被打破，大量的土地和奴隶被当作私有财产，进入交换、流通领域，私有经济在社会生活中逐渐加大比重。西周财产所有权制度面临着重大挑战。

二、契约

随着私有制的产生，有关财产的买卖、交换行为出现。西周初期，盛行土地、奴隶国有制，

〔13〕《礼记·王制》："田里不鬻。"

〔14〕例如，出土的西周铭器《曶鼎》等记载。参见胡留元、冯卓慧：《长安文物与古代法制》，法律出版社1989年版，第42页及以下。

买卖、交换行为多限于生活资料和动产。自西周中期开始,诸侯国将私有制扩展到土地、奴隶等不动产领域,以买卖、交换、赠与、借贷、租赁为主要形式的民事关系普遍发生。为规范此类民事行为,确定双方当事人的权利义务,西周中后期基于民间习俗逐渐形成名目不同的民事契约。

(一)买卖契约

根据买卖标的物的性质,西周时期的买卖行为分为"大市"与"小市"。"大市"指标的大、价值高的买卖行为,包括买卖奴隶、牛马等;而"小市"则指标的小、价值低的买卖行为,包括买卖兵器、珍玩等。大市买卖以较长的券书作为契约,名之为"质";小市买卖则使用较短的券书作为契约,名之为"剂"。[15] 因买卖行为而发生诉讼时,必须提交原订契约,官府以契约作为判决的主要依据。[16]

(二)债务契约

西周时期称债为"责"。严格意义上的债权债务关系须有正式的债务契约。债务契约的名称包括"判书""傅别"等。债务契约写明债的标的、返还期限以及双方当事人的权利、义务。契约书于木简或竹简上,完成后从中剖分为二,债权人与官府各执一份。一旦因债权、债务关系而发生纠纷,债权人必须出示契约的一半,与官府所藏一半相比吻合,方可由官府受理。债务契约不仅是官府是否受理债务诉讼的前提条件,也是官府处理债务纠纷、作出判决的主要依据。[17]

三、婚姻、家庭和继承制度

在西周典型的宗法政治体制下,婚姻、家庭和继承制度具有明显的宗法特征。西周宗法性婚姻、家庭和继承制度为秦汉以后的历代封建王朝所效仿、采纳。

(一)婚姻制度

根据宗法制度,婚姻的目的在于延续宗法血脉,"合二姓之好,上以事宗庙,下以继后世"。[18]

经过长期的人类生育史,人们发现,相互具有血缘关系的男女产生的后代在体力和智力上多出现缺陷。[19] 因此,西周时期已明确禁止有血缘关系者缔结婚姻。同姓不婚原则的实施还有社会、政治目的。异姓男女通过婚姻关系联结两姓宗族,进而扩大对外联络,壮大宗族力量。

婚姻关系的成立既要得到家庭的认可,也必须昭告社会。就家庭而言,首先必须经父母同意,没有父母的同意,男不得婚,女不得嫁;就社会而言,男女缔结婚姻,必须经媒人说合,由媒人沟通男女家庭,以作为社会第三方的婚姻缔结见证人。[20] 这一原则为后世所沿用,缔结婚姻需以"父母之命、媒妁之言"为基础。

---

[15] 《周礼·秋官·质人》:"凡买卖者质、剂焉。大市以质,小市以剂。"
[16] 《周礼·秋官·士师》:"凡以财狱讼者,正之以傅别、约(质)剂。"
[17] 《周礼·秋官·朝士》:"凡有责者,有判书以治则听。"《周礼·天官·小宰》:"听称责以傅别。"
[18] 《礼记·昏义》。
[19] 《左传·僖公二十三年》:"男女同姓,其生不蕃。"
[20] 《诗经·南山》:"娶妻如之何,必告父母","娶妻如之何,匪媒不得"。《礼记·曲礼》:"男女非有行媒,不相知名。"

婚姻关系的成立须履行一定仪式。后人总结，西周婚姻关系的成立须经过六个步骤，即所谓“六礼”：纳采、问名、纳吉、纳征、请期、亲迎。

（二）家庭制度

家庭内部实行严格的等级制。一是夫妻之间地位不平等。中国传统社会对妇女的“三从四德”要求在西周时期已初步形成。[21] 二是父母与子女之间地位不平等。父母对子女享有教令权；作子女者，必须履行“孝”的法定义务。[22] 父母在世，子女不能享有独立的财产权。

（三）继承制度

西周的继承制度在财产继承与身份继承方面分别实行不同原则。在财产继承方面，一般实行诸子均分制。在身份及祭祀继承方面，则实行嫡长子继承制。所谓“立嫡以长不以贤”。对于贵族的身份特权，只有其嫡长子享有法定继承权。无论是贵族还是平民，其祭祀祖宗的主祭权也只有嫡长子方能继承。财产继承方面的诸子均分制表现出私有制下血缘家庭兼有生产、生活单位的特点。而身份、主祭权方面的嫡长子继承原则既顾及身份、主祭权的不可分性，也可避免因争夺身份、主祭权而导致诸子相互残杀的局面，因而起到“定分止争”的作用。

第五节　司 法 制 度

西周时期的司法机构、诉讼审判程序、监狱管理等方面均已形成一定制度。

一、司法机构

在西周宗法政治体制下，各级行政官既是相应宗法群体的宗子，也是同级行政管辖区域的最高司法官。

在中央，形成以周天子为首的司法机构。周天子作为天下大宗和周王朝统治区域的最高行政官，也是最高司法官。“三公”作为周天子的辅官，作为中央管理机构主持日常行政事务的最高官吏，以行政官员的身份辅佐周天子，审理、复核各类重大案件的审理。而“大司寇”则是专职的最高司法官，以审理各类重大案件、处理全国司法事务为职掌。[23]

在地方，一般也建立相应的司法机构。在诸侯国，诸侯本人掌握本国最高司法权，同时设立专职司法官，辅佐诸侯管理司法事务并主持审判。

周文王之子姬奭，因辅佐武王伐纣灭商有功，受封于蓟，而采邑于召（今陕西境内），故又名召公。召公经常巡行乡邑，就地处理政务及争讼。为不打扰地方，召公曾在一棵棠梨树下搭茅屋居住，并处理争讼；因案件处理公平，受到贵族与平民的广泛认同。后人为纪念召公，保留这棵棠梨树并咏歌称颂。周武王去世后，召公先后辅佐成王、康王成就了“四十年刑措不用”

〔21〕《礼记·郊特牲》：“男帅女，女从男，夫妇之义，由此始也”；女子“幼从父母，嫁从丈夫，夫死从子”。

〔22〕《礼记·内则》：“父母怒不说（悦），挞之流血，不敢疾怨，起敬起孝。”

〔23〕《礼记·王制》：“大司寇以狱之成告于王，王命三公参听之。三公以狱之成告于王，王三宥然后制刑。”

的“成康之治”。

二、诉讼制度

西周时期已初步形成一些基本的诉讼原则和诉讼制度。(参见图4)

图4 𠑇匜及其铭文

(一)“狱”与“讼”

西周时期对刑事诉讼与民事诉讼已有一定区别。在有关西周的历史文献中,常“狱”“讼”并称。“狱”与罪名相关,类似于后世的刑事诉讼;而“讼”则与财产相关,类似于后世的民事诉讼。但对于“狱”与“讼”分别涉及的罪名、财产案件的处理则以刑事处罚为基本手段。

(二)诉讼限制

为维护宗法等级制度、确保贵族和家长的身份特权,西周法律规定,诉讼活动不得破坏上下名分。法律对诉讼双方的身份作了限制性要求。《国语·周语》记载:在诉讼活动中,臣不得告君,子不得告父,奴不得告主,否则为“无上下也”。

(三)口供与证据

西周审理案件,首重口供,法律要求审判官“听狱之两辞”[24],以原告、被告双方的供词作为审判案件的主要依据。为了保证口供的真实性,西周确立了通过注意当事人神情状态而分析、认定其口供真实与否的原则。《尚书·吕刑》称:“以五声听狱、讼,求民情。”

(四)司法官责任

西周对司法官的责任已有一定要求。周穆王时制定的《吕刑》规定了强化司法官责任的“五过”制度。“五罚不服,正于五过。五过之疵,惟官,惟反,惟内,惟货,惟来。”[25]司法官若在审判案件过程中对于掌握一定权力的官员、自己的亲属以及行贿者等给予特殊照顾,而造成徇私枉法、不能罚当其罪或者有失公允者,均应受到相应的处罚。

---

〔24〕《尚书·吕刑》。

〔25〕《尚书·吕刑》。

（五）死刑执行

对于死刑的执行，西周时期已初步形成两条基本原则。第一，公开执行，即在公开场合执行刑罚。一方面，以残酷的断肢体、毁生命的刑罚结果向全社会发出警告，以起到刑法的威慑作用；另一方面，让被处刑者处于公众的注目之下，表明其受到全社会的唾弃。公开执行刑罚的原则一般仅适用于普通平民。贵族犯罪，因其身份原因，必须秘密行刑。妇女犯罪一般也不在公开场合执行刑罚。第二，时令限制。西周时期注重顺天道立法，顺天时行刑。按照时令理论，春夏为万物生长季节，秋冬则以萧条、肃杀为时令特征。刑罚的执行不能违背天时，因此，只能于秋冬行刑。《左传》记载，执行刑罚应在秋冬季节，以与天时相符。[26]《礼记·月令》也记载，死刑于三秋季节（孟秋、仲秋、季秋）执行。

西周统治者接受商朝灭亡的教训，从理论原则到制度构建全面强化以王权为基础的国家治理与社会管理，西周法律也全面注入以人文伦理为主的理性主义内涵。从“天下一体”的政治理念到“家国一体”的宗法政权结构，从“敬天保民”“明德慎罚”的法律观到“礼治天下”的礼治观，西周政治家与思想家所建立的国家制度以及蕴含于制度之中的文化精神，不仅为西周政权的发展提供了保障，也对此后两千多年中华文明的发展繁荣提供了富有特色的文化支撑。

思考题

1. 简述西周统治者的天命法律观。
2. 简述西周“家国一体”宗法政权体制的主要内容。
3. 简述西周的刑事原则。

〔26〕《左传·襄公二十六年》：“顺天道肃杀之威”，“刑以秋冬”。

第四章　“百家争鸣”与法律儒家化

本章要点

1. 儒家法律思想的主要内容。
2. 法家法律思想的主要内容。
3. 中国古代法律儒家化的发展。

第一节　春秋战国时期的“百家争鸣”

公元前770年，周平王东迁洛邑，开始了中国历史上五百余年的春秋战国时期。在这个剧烈的转型发展时期，人们对于社会发展和制度变革有着诸多不同的认识和看法，儒家、法家、墨家、道家、阴阳家、杂家等学术流派提出了各自的理论学说和思想主张，形成了中国历史上思想文化领域活跃、繁荣的“百家争鸣”局面。

在春秋战国时期，人们所关注的主要是“人”和人所生活的现实世界本身，传统的宗法等级秩序和神权观念受到冲击和批判，人们对“礼治”“法治”“德治”“人治”等社会治理方式进行了深入讨论和反思。虽然“礼崩乐坏”，但是“礼”的思想和观念并未遭到摒弃，同时“法”的思想和观念成为国家和社会治理基础，其结果是井田制遭到破坏，原来的礼制经常被僭越，郡县制逐渐取代分封制，同时贵族世卿世禄制度也逐渐被“任贤尚能”的官吏管理制度所取代。在历史发展的过程中，先秦诸家的思想与观念之间既有批判，也相互影响，在互相批判和影响的过程中不断发展。

一、儒家的法律思想

儒家是春秋末期的孔子（公元前551年至公元前479年）创立的一个学派，由其弟子予以传承发展。由孔子的弟子及再传弟子编成的《论语》记述了孔子及其弟子的诸多言论和活动，是研究孔子思想及儒家思想的重要文本。“仁”和“礼”是《论语》涉及的重要内容。[1] 孟子（约公元前372年至公元前289年）继承和发展了孔子的诸多重要思想，是儒家学派的另一个

〔1〕 根据杨伯峻先生的研究，《论语》中论及“礼”75次、“仁”109次。

重要代表人物,与孔子并称“孔孟”。孟子及其弟子所编的《孟子》记载了孟子及其弟子的思想观点及相关活动,是儒家重要经典。南宋朱熹将《孟子》与《论语》、《大学》、《中庸》合称“四书”,进一步提升了《孟子》的经典地位。战国末期的荀子(约公元前313年至公元前238年)在前期儒家学说的基础上吸收了其他学派的一些内容,表现出儒法合流、礼法合一的思想倾向。现存《荀子》一书,其中内容大部分是荀子所作,涉及哲学、伦理、政治、经济、法律、教育等诸多方面。

儒家在继承和发展西周“礼治”“以德配天”“明德慎罚”等思想的基础上,主张“德主刑辅”,提倡“德治”和“教化”。儒家重视“人治”和统治者在治国理政中的重要作用,主张“圣贤”治国,注重维护以“君臣父子”关系为基础的宗法伦理及法律制度和道德观念。春秋战国时期,以孔子、孟子、荀子为主要代表的儒家思想对后世中国及周边国家产生了重要影响。

(一)孔子的法律思想

孔子所处的春秋末期,“礼崩乐坏”,社会动荡不安,违背礼制和伦常的事件时有发生。孔子(参见图5)推崇周礼,重视礼的作用,向往西周时期那种“别亲疏,序长幼”和“别贵贱,序尊卑”的“礼治”社会,提出“礼治”的主张。孔子认为,“天下有道,则礼乐征伐自天子出”[2],若各国“为国以礼”[3],“能以礼让为国”[4],就不会出现各国互相侵夺和政局动荡不安的情况。“礼”不仅是为国理政所必需,而且是个人为人处世的准则,要求人们“非礼勿视,非礼勿听,非礼勿言,非礼勿动”[5]。在“礼”与“刑”的关系上,孔子强调“礼”的根本性和基础性,因为“礼乐不兴,则刑罚不中;刑罚不中,则民无所措手足”[6]。

图5 孔子像

孔子的“礼治”思想的精神内核是“仁”,“仁”是“礼”存在的基础。孔子提出,“人而不仁,如礼何?”[7]同时,“仁”是“礼”的价值追求和实现目标,即“克己复礼为仁”。因此,人们要按照“仁”的精神要求去践行礼制,做到“君君,臣臣,父父,子子”,在君臣关系方面做到“君使臣以礼,臣事君以忠”[8]。

孔子继承了西周“以德配天”“明德慎罚”等思想,主张“德治”,即“为政以德”,提出要充分发挥德教在国家治理中的作用。实行“德治”的基础是“惠民”“富民”,即“养民以惠”,“惠

〔2〕《论语·季氏》。
〔3〕《论语·先进》。
〔4〕《论语·里仁》。
〔5〕《论语·颜渊》。
〔6〕《论语·子路》。
〔7〕《论语·八佾》。
〔8〕《论语·八佾》。

则足以使人"[9]。孔子提出"先富后教"的主张，认为富民是教民的基础，在民众富足之后，更为重要的是教育问题。针对冉有提出"既富矣，又何加焉"的问题，孔子明确回答"教之"[10]。

孔子重视道德教化的作用，认为"道之以德，齐之以礼，有耻且格"。[11] 只有实施"德礼之治"，才能真正实现道德教化的目的。为此，孔子主张"有教无类"，要不分高低贵贱和等级差别对民众进行教育。孔子反对"不教而杀"，认为不进行教化就对民众实施刑罚的统治是一种暴政。[12] 所以，在国家治理中，好的统治者可以通过长期的道德教化而达到不使用和弃置刑罚的目的，即"善人为邦百年，亦可以胜残去杀矣"。[13] 与此相关，孔子追求"无讼"的社会理想，即《论语·颜渊》所记载的"听讼，吾犹人也，必也使无讼乎"。虽然孔子主张"德礼之治"，但是并不否定"政刑"在国家治理中的作用，在他看来，"政刑"是"德礼之治"的补充和辅助手段，不以"德礼"为基础的国家治理很难实现预期的秩序目的。

（二）孟子的法律思想

孟子在继承孔子思想的基础上提出了较为系统的国家治理理论，其核心是"仁政"学说。孟子主张"性善论"，认为人生而具有"恻隐之心""羞恶之心""辞让之心""是非之心"[14]，"仁、义、礼、智"是人所固有的品性[15]，"人皆有不忍人之心"，"以不忍人之心，行不忍人之政，治天下可运之掌上"。[16] 所以，孟子提出要"施仁政于民"，做到"老吾老，以及人之老；幼吾幼，以及人之幼"。[17]

孟子在孔子"惠民""富民"的思想基础上明确提出"民为贵，社稷次之，君为轻"[18]，将"民本"视为国家治理的基础。所以，"明君"治理国家，一方面要"制民之产"，使"民有恒产"，使其"仰足以事父母，俯足以畜妻子，乐岁终身饱，凶年免于死亡"[19]；另一方面要施行道德教化，使"父子有亲，君臣有义，夫妇有别，长幼有序，朋友有信"[20]。此外，施行"仁政"还要"省刑罚，薄税敛"[21]，即减轻刑罚，减少赋税徭役，以此获得民心，得到民众的支持，否则"暴其民甚，则身弑国亡"。[22]

孟子重视贤能之人在治国理政中的重要作用，提出"尊贤使能"的主张，要使"贤者在位，

[9] 《论语·阳货》。
[10] 《论语·子路》。
[11] 《论语·为政》。
[12] 《论语·尧曰》："不教而杀，谓之虐。"
[13] 《论语·子路》。
[14] 《孟子·公孙丑上》："恻隐之心，仁之端也；羞恶之心，义之端也；辞让之心，礼之端也；是非之心，智之端也"；"人之有是四端也，犹其有四体也"。
[15] 《孟子·告子上》："仁、义、礼、智，非有外烁也，我固有之也。"
[16] 《孟子·公孙丑上》。
[17] 《孟子·梁惠王上》。
[18] 《孟子·离娄上》。
[19] 《孟子·梁惠王上》。
[20] 《孟子·滕文公上》。
[21] 《孟子·梁惠王上》。
[22] 《孟子·离娄上》。

能者在职”[23],因为“徒善不足以为政,徒法不能以自行”[24],必须通过贤能之人为政理事才能实现“仁政”。所以,孟子提出“惟仁者宜在高位,不仁者在高位,是播其恶于众也”[25]。在君臣关系方面,孟子提出,“君之视臣如手足,则臣视君如腹心;君之视臣如犬马,则臣视君如国人;君之视臣如土芥,则臣视君如寇仇”[26]。

(三)荀子的法律思想

荀子继承和发展了孔孟的“礼治”和“德治”思想,同时吸收法家的“法治”思想,在诸国政治法律实践的基础上使诸家思想结合起来,并提出自己的政治法律主张。荀子的法律思想被视为儒法合流的先声,对后世产生重要影响。

与孟子主张的“性善论”不同,荀子主张“性恶论”,认为人生而具有恶的本性,即“人之性恶,其善者伪也”,“好利而欲得者,此人之情性也”[27],所以必须通过后天的礼义、法律等方式教化、训导人的本性,使之弃恶从善,即所谓“化性起伪”。《荀子·性恶》载:“故圣人化性而起伪,伪起而生礼义,礼义生而制法度。”

荀子推崇“礼治”,将“礼”视为国家治理的根本。荀子认为,“礼者,治辨之极也,强固之本也,威行之道也,功名之总也,王公由之所以得天下也”[28],“礼”能确定和区别“贵贱之等,长幼之差,知愚能不能之分,皆使人载其事,而各得其宜”[29],同时,“礼”也是君主评判群臣的标准:“礼者,人主之所以为群臣寸尺寻丈检式也。”[30]所以,“礼”在国家治理中能发挥重要作用,从“正国”到“治民”,“礼”都是不可或缺的,“国之命在礼”[31],“国无礼则不正,礼之所以正国也,譬之犹衡之于轻重也,犹绳墨之于曲直也,犹规矩之于方圆也”[32],“为政不以礼,政不行矣”[33],“治民不以礼,动则陷矣”[34]。

荀子不仅推崇“礼治”,还重视法律的重要作用,即通常所说的“隆礼重法”:“隆礼尊贤而王,重法爱民而霸”[35],“隆礼重法则国有常”[36]。在荀子看来,“礼”和“刑”都是国家治理的重要手段,即“治之经,礼与刑”。但是,“礼义”和“法度”具有不同的功能和作用:“明礼义以化之,起法正以治之,重刑罚以禁之,使天下皆出于治。”[37]虽然“礼义”和“法度”都是“化性起伪”的重要方式,但是要根据不同情况予以区别适用:“由士以上则必以礼乐节之,众庶百姓则

---

[23]《孟子·公孙丑上》。
[24]《孟子·离娄上》。
[25]《孟子·离娄上》。
[26]《孟子·离娄下》。
[27]《荀子·性恶》。
[28]《荀子·议兵》。
[29]《荀子·荣辱》。
[30]《荀子·儒效》。
[31]《荀子·天论》。
[32]《荀子·王霸》。
[33]《荀子·大略》。
[34]《荀子·大略》。
[35]《荀子·大略》。
[36]《荀子·君道》。
[37]《荀子·性恶》。

必以法数制之”[38]，“以善至者待之以礼，以不善至者待之以刑”[39]，但荀子也强调“礼”的灵活适用，认为若庶人之子孙“积文学，正身行，能属于礼义，则归之卿相士大夫”[40]，对其可以“以礼乐节之”。

荀子强调“人治”，指出“有乱君，无乱国；有治人，无治法”[41]。同时，“礼”与“法”都是“圣人”因人性之恶而创制的，《荀子·性恶》载：“然则礼义法度者，是生于圣人之伪，非故生于人之性也。”《荀子·君道》也说：“君子者，法之原也。”法律的实施也需要治国理政的能人才能实现，“故有良法而乱者，有之矣，有君子而乱者，自古及今未尝闻也”[42]。

在“礼”与“法”的关系上，荀子强调“礼”的根本性，即“礼义者，治之始也”[43]，“礼者，法之枢要也”[44]，“礼义生而制法度”。在“礼”与“法”的实施上，荀子强调先教后刑，既反对“不教而诛”，也反对“教而不诛”，《荀子·国富》载：“故不教而诛，则刑繁而邪不胜；教而不诛，则奸民不惩。”只有礼刑并用，才能“奸邪不作，盗贼不起”[45]。

二、法家的法律思想

法家是春秋战国时期主张“以法治国”的一个学派，其重视具有强制性的法律在国家治理中的重要作用，主张“事断于法”和“刑无等级”等观念。法家的代表人物多是当时主张“变法”“改革”的政治家、思想家。春秋时期的管仲被视为法家的先驱，之后的李悝、商鞅、慎到、申不害以及战国末期的韩非、李斯等均是法家的代表人物。

从早期法家的代表人物管仲到法家思想的集大成者韩非，都强调法律的“同”和“一”，主张“不别亲疏，不殊贵贱，一断于法”[46]。法家厉行法治是以君主和国家的利益为依归的，对于加强君主的专制统治具有重要意义。战国时期，各国通过变法在很大程度上实践了法家的思想观念，法家思想在秦帝国统一的过程中发挥了重要作用。

（一）管仲的法律思想

管仲（约公元前725年至公元前645年），世称“管子”，曾在齐国任相，辅佐齐恒公改革，使齐国富国强兵，齐桓公“九合诸侯”，为“春秋五霸”之首。《管子》一书为后人所撰，内容涉及政治、经济、法律、军事等诸多方面，是研究先秦法律思想的重要著作。

《管子》一书首次提出“以法治国”的表述[47]，强调法律的重要性，将法律视为治理国家的重要工具。管仲说：“法者，天下之程式也，万事之仪表也。”[48]“法度者，主之所以制天下而禁

---

[38] 《荀子·国富》。
[39] 《荀子·王制》。
[40] 《荀子·王制》。
[41] 《荀子·君道》。
[42] 《荀子·王制》。
[43] 《荀子·王制》。
[44] 《荀子·王霸》。
[45] 《荀子·国富》。
[46] 《史记·太史公自序》。
[47] 《管子·明法》：“威不两措，政不二门，以法治国，则举措而已。”
[48] 《管子·明法解》。

奸邪也，所以牧领海内而奉宗庙也。”[49]他对法、律、令的不同作用予以区分：“法者，所以兴功惧暴也。律者，所以定分止争也。令者，所以令人知事也。法律政令者，吏民规矩绳墨也。”[50]因此，管仲认为，“治国使众莫如法，禁淫止暴莫如刑”[51]。

管仲重视发展农业生产，认识到“富民”的重要性，将“富民”视为国家治理的基础。他指出，“仓廪实而知礼节，衣食足而知荣辱”[52]，“凡治国之道，必先富民。民富则易治也，民贫则难治也”，“是以善为国者，必先富民，然后治之”[53]。从法的现实来源看，法律源于统治者。《管子·任法》载：“有生法，有守法，有法于法。夫生法者君也，守法者臣也，法于法者民也，君臣上下贵贱皆从法，此谓为大治。”《管子·明法解》：“明主之治天下也，威势独在于主，而不与臣共；法政独制于主，而不从臣出。”这也确认了君权至上的原则，君主颁布的法令必须得到一体遵循，而遵行法令的最终目的是“尊君”和“安国”。《管子·重令》载：“凡君国之重器，莫重于令。令重则君尊，君尊则国安。”

管仲强调顺应民心的重要性，认为法令顺民心、合民情，民众才能切实遵行法令。管仲提出：“政之所兴，在顺民心；政之所废，在逆民心。”[54]“人主之所以令则行，禁则止者，必令于民之所好，而禁于民之所恶也。民之情莫不欲生而恶死，莫不欲利而恶害，故上令于生利人，则令行；禁于杀害人，则禁止。”“法立而民乐之，令出而民衔之，法令之合于民心，如符节之相得也。”[55]同时，统治国家要合乎天道。《管子·四时》谓：“得天之道，其事若自然……其功顺天者天助之，其功逆天者天违之。”因此，“刑德合于时则生福，诡则生祸”[56]。

管仲不仅重视法律的作用，而且重视礼义和道德的作用。《管子·权修》载：“凡牧民者，欲民之有礼也。”他把礼、义、廉、耻视为“国之四维”，亦即治国理政的基本原则。管仲的结论是：“四维张，则君令行”，“四维不张，国乃灭亡”。[57]此外，管仲主张根据民风、民俗制定法律，认为治理天下“必先观国政，料事务，察民俗，本治乱之所生，知得失之所在，然后从事，故法可立而治可行”，所以，推行法令需“随时而变，因俗而动”。[58]

（二）商鞅的法律思想

商鞅不仅在秦国的变法卓有成效，而且对法家的思想理论作出了重要贡献。《商君书》是研究和了解商鞅法律思想的基础。

“好利恶害”的人性观是商鞅变法思想的基础，也是商鞅法律思想的出发点。商鞅认为，“饥而求食，劳而求佚，苦则索乐，辱则求荣，此民之情也”[59]，“人情好爵禄而恶刑罚”[60]，因

---

〔49〕《管子·明法解》。
〔50〕《管子·七臣七主》。
〔51〕《管子·明法解》。
〔52〕《管子·牧民》。
〔53〕《管子·治国》。
〔54〕《管子·牧民》。
〔55〕《管子·形势解》。
〔56〕《管子·四时》。
〔57〕《管子·牧民》。
〔58〕《管子·正世》。
〔59〕《商君书·算地》。
〔60〕《商君书·错法》。

此,统治者根据人的“趋利避害”的本性,依据法律进行刑罚和奖赏,可以达到治理国家和富国强兵的目的。

商鞅非常重视法律在治理国家中的作用,认为法律是治理国家的基础和根本,《商君书》载:“法者,国之权衡也”[61],“法令者,民之命也,为治之本也”[62]。商鞅强调法律要明白易知,官吏和民众皆知法,那么官吏就会奉公为治,不敢枉法妄为,《商君书·定分》载:“圣人为法,必使明白易知……万民皆知所避就,避祸就福,而皆以自治也。故明主因治而治之,故天下大治也。”同时,在官民皆知法的情形下,则“吏不敢以非法遇民,民不敢犯法以干法官也”,因此,“天下之吏民,虽有贤良辩慧,不敢开一言以枉法”。

商鞅强调法律的权威性,要严格执行法律,才能实现“国治”“兵强”“君尊”的目的。《商君书·君臣》载:“君尊则令行,官修则有常事,法制明则民畏刑。法制不明,而求民之从令也,不可得也”,故“明王之治天下也,缘法而治”,则“国治而地广,兵强而主尊,此治之至也”。此外,商鞅认为,无论是君主还是臣下都不以私害法、废公立私,才能实现“国之治”。《商君书·修权》载:“法者,君臣之所共操也……君臣释法任私,必乱。故立法明分,而不以私害法,则治。”

商鞅主张“刑无等级”,但是“刑无等级”原则的实施是以维护等级制和等级特权为前提的。商鞅重视刑罚及其威慑作用,因此主张“重刑”,即使轻罪也要施以重刑。商鞅认为,“禁奸止过,莫若重刑”[63],因为“行刑,重其轻者,轻者不生,则重者无从至矣”[64],这就是所谓的“以刑去刑”[65],即通过重刑来达到不适用刑罚的目的。

(三)韩非的法律思想

韩非(约公元前280年至公元前233年),战国末期韩国人,他和李斯同为荀子的学生,后遭李斯陷害而死。《史记·老子韩非列传》记载:“韩非者,韩之诸公子也。喜刑名法术之学,而其归本于黄老。非为人口吃,不能道说,而善著书。与李斯俱事荀卿,斯自以为不如非。”韩非是先秦法家思想的集大成者,他系统、深刻地阐述了法家思想,传世的《韩非子》一书基本是韩非所著,对于中国传统政治法律思想具有重要影响。

人性恶以及人的趋利避害本性也是韩非法律思想的基础。他说:“夫安利者就之,危害者去之,此人之情也。”[66]“凡治天下,必因人情。人情者,有好恶,故赏罚可用;赏罚可用,则禁令可立,而治道具矣。”[67]因此,韩非重视法律在国家治理中的重要作用,提出“以法为本”[68]的思想。韩非提出:“国无常强无常弱,奉法者强则国强,奉法者弱则国弱。”[69]“治民无常,唯治

---

〔61〕《商君书·修权》。
〔62〕《商君书·定分》。
〔63〕《商君书·赏刑》。
〔64〕《商君书·说民》。
〔65〕《商君书·勒令》。
〔66〕《韩非子·奸劫弑臣》。
〔67〕《韩非子·八经》。
〔68〕《韩非子·饰邪》。
〔69〕《韩非子·有度》。

为法。法与时转则治,治与世宜则有功”,“故法者,王之本也”〔70〕。韩非进一步指出立法的一些基本要求:“圣王之立法也,其赏足以劝善,其威足以胜暴,其备足以必完法”〔71〕,“明主之法必详尽事”〔72〕,“夫法令者,以废私也。法令行而私道废矣”〔73〕。此外,还要求法律明白易知、具有稳定性等。

韩非批判了儒家的“德治”主张和“贤人政治”思想,主张“不务德而务法”〔74〕。因为法律和刑罚是国家“禁暴”“止乱”的工具,并且人的自私自利的本性不可能通过“化性起伪”的方式得到改变,所以不可能通过“恩爱”“德厚”来实现“禁暴”“止乱”的目的。韩非说:“严家无悍虏,而慈母有败子,吾以此知威势之可以禁暴,而德厚之不足以止乱也。”〔75〕所以,“母积爱而令穷,吏用威严而民听从”,因而要求明主“不养恩爱之心,而增威严之势”。〔76〕在此基础上,韩非指出,“先王胜其法,不听其泣,则仁之不可以为治亦明矣”〔77〕。通过“贤人政治”和“尚贤”的方式治理国家反而会引起国家的衰乱,《韩非子·忠孝》载:“废常上贤则乱,舍法任智则危。故曰:‘上法而不上贤。’”

韩非重视官吏在国家治理中的重要作用,提出“明主治吏不治民”的思想主张。韩非论道:“闻有吏虽乱而有独善之民,不闻有乱民而有独治之吏,故明主治吏不治民。”〔78〕韩非提出,君主应利用好“刑”和“德”这“二柄”以“导制其臣”,应当注意的是,韩非这里所说的“德”不同于儒家的“德”。《韩非子·二柄》载:“何谓刑德?曰:杀戮之谓刑,庆赏之谓德。”在韩非看来,君主实行“法治”巩固自己的权势和统治,需要有一套驾驭臣下的“术”〔79〕,需要将“法”“术”“势”结合起来,仅重视某一方面均非“尽善”之治。针对慎到重“势”的观点,韩非指出:“贤者用之,则天下治;不肖者用之,则天下乱”,“抱法处势则治,背法去势则乱”〔80〕。同时,韩非批判了申不害“徒术而无法”以及商鞅“徒法而无术”的做法,指出“二子之于法术,皆未尽善也”〔81〕。

韩非主张“法不阿贵”,执法严明,应做到“赏誉同轨,非诛俱行”〔82〕,要求执法不能因私废公,《韩非子·有度》载:“能去私曲就公法者,民安而国治;能去私行行公法者,则兵强而敌弱。”同时,君主要做到“必明于公私之分,明法制,去私恩”,实现“令必行,禁必止”〔83〕。

韩非继承了商鞅严刑重罚的思想,指出严刑重罚是治国的必要手段:“夫严刑重罚者,民

---

〔70〕《韩非子·心度》。
〔71〕《韩非子·守道》。
〔72〕《韩非子·八说》。
〔73〕《韩非子·诡使》。
〔74〕《韩非子·显学》。
〔75〕《韩非子·显学》。
〔76〕《韩非子·六反》。
〔77〕《韩非子·五蠹》。
〔78〕《韩非子·外储说右下》。
〔79〕《韩非子·定法》:“术者,因任而授官,循名而责实,操杀生之柄,课群臣之能者也,此人主之所执也。”
〔80〕《韩非子·难势》。
〔81〕《韩非子·定法》。
〔82〕《韩非子·八经》。
〔83〕《韩非子·饰邪》。

之所恶也，而国之所以治也。”[84]《韩非子·奸劫弑臣》详细解释道：“夫严刑者，民之所畏也；重罚者，民之所恶也。故圣人陈其所畏以禁其邪，设其所恶以防其奸。是以国安而暴乱不起。吾以是明仁义爱惠之不足用，而严刑重罚之可以治国也。”因此，韩非认为，通过严刑重罚可以实现国家的有效治理。[85]

三、墨家的法律思想

墨家的创始人墨子（公元前468年至公元前376年），名翟，战国时期鲁国人。《淮南子》记载：“墨子学儒者之业，受孔子之术，以为其礼烦扰而不说，厚葬靡财而贫民，久服伤生而害事，故背周道而用夏政。”[86]墨子的学说在战国初期影响很大。孟子曾言：“杨朱、墨翟之言盈天下。”[87]《韩非子·显学》记载：“世之显学，儒墨也。”墨子的学说反映出社会下层民众的愿望和利益，其成员“墨者”多出身于社会下层，特别是小手工业者。

墨家的思想集中体现在《墨子》一书中，涉及政治、军事、法律、伦理等诸多方面，其思想主要体现在“兼爱”“非攻”“尚同”“尚贤”“节用”“节葬”“非乐”“天志”等方面。墨子把天下的“祸篡怨恨”归因于人与人之间的“不相爱”，即人性之恶，其结果是“强必执弱，众必劫寡，富必侮贫，贵必傲贱，诈必欺愚”[88]。因此，墨家提倡“兼相爱，交相利”，希望以具有普遍性和平等性的“兼爱”为基础，建立一个“天下之人皆相爱”的理想社会。“兼爱”是墨家思想的核心。为实现“兼爱”的理想社会，墨家提出以下几个主要方面的法律思想：

（一）“以天为法”

要实现“天下之人皆相爱”的理想社会，墨子提出要“以天为法”，将“天”视为具有人格意志的最高的主宰，因为“天之行广而无私，其施厚而不德，其明久而不衰”[89]，“天必欲人之相爱相利，而不欲人之相恶相贼”[90]。同时，“天”拥有赏罚之权，对于“顺天意者，兼相爱，交相利，必得赏；反天意者，别相恶，交相贼，必得罚”[91]，“爱人利人者，天必福之；恶人贼人者，天必祸之”[92]。即使对于天子，“天”也能进行赏罚，“天子为善，天能赏之；天子有暴，天能罚之”[93]。所以，从普通人到天子都必须“法天”，“动作有为，必度于天。天之所欲则为之，天之所不欲则止”[94]。只有“以天为法”，才能实现“兼爱”的理想社会。

（二）“尚同”

墨子认为，“古者民始生，未有刑政之时”，每个人都有着自己对事物的理解和是非标准，

---

〔84〕《韩非子·奸劫弑臣》。
〔85〕《韩非子·六反》：“重一奸之罪而止境内之邪，此所以为治也。”
〔86〕《淮南子·要略》。
〔87〕《孟子·滕文公下》。
〔88〕《墨子·兼爱中》。
〔89〕《墨子·法仪》。
〔90〕《墨子·法仪》。
〔91〕《墨子·天志》。
〔92〕《墨子·法仪》。
〔93〕《墨子·天志中》。
〔94〕《墨子·法仪》。

“一人则一义,二人则二义,十人则十义”,因此人们“各是其义,以非人之义”,其结果就是,“天下之百姓皆以水火毒药相亏害”,“天下之乱,若禽兽然”。[95] 为结束天下的这种混乱局面,需要“选天下之贤可者,立以为天子”,并且将天下划分为“万国”,为其立“诸侯国君”,“又选择其国之贤可者”,立以为“正长”“乡长”等各级官长。然后,“天子发政于天下之百姓”,天下的百姓都要以天子之所是为是,以天子之所非为非,“举天下之万民以法天子……唯以其能壹同天下之义”,实现“天下之治”。实现“国治”“乡治”也是如此,需要“壹同其国之义”“壹同其乡之义”。[96] 因此,天子可以用“尚同”来“治天下”,诸侯可以用“尚同”来“治其国”,家君可以用“尚同”来“治其家”,[97] 通过这种自上而下的方式,最终统一于“天”,达到“天下治”的目的。因此,《墨子·尚同下》强调,“圣王皆以尚同为政”,“尚同,为政之本而治要也”[98]。此外,墨家对于上述“贤可者”也提出一些具体的要求,例如,要“为仁义”,上要符合“圣王之道”,下要符合“国家百姓之利”[99]等。

(三)“尚贤”

墨家认为,当时国家治理不好的原因,主要在于“不能以尚贤事能为政”,没有认识到“尚贤”是“为政之本”[100]。要将国家治理好,必须“尚贤使能”。对于“贤者”,要“察其所能而慎予官……可使治国者,使治国;可使长官者,使长官;可使治邑者,使治邑”[101]。因此,只有任用“贤者”治国,人尽其才,才尽其用,才能实现“国家治而刑法正”、“官府实”与“万民富”[102]。墨家的“尚贤”主张还要求,不能任人唯亲,要做到“不党父兄,不偏贵富,不嬖颜色。贤者,举而上之,富而贵之,以为官长;不肖者,抑而废之,贫而贱之,以为徒役”[103]。因此,“官无常贵而民无终贱”[104],即使“天”也不分“贫富、贵贱、远迩、亲疏”,唯“贤”是举。[105] 基于此,墨家以“尚贤”为基础,反对贵族世袭制和世卿世禄制。此外,在墨家看来,为政不仅要“尚贤”,还要顺从“天意”施政,“天人同道”才能实现“刑政治,万民和,国家富,财用足,百姓皆得暖衣饱食,便宁无忧”[106]。

(四)赏罚得宜

在治理国家方面,墨家还强调综合运用赏罚进行统治,做到赏罚得宜,其基本原则是,“赏当贤,罚当暴,不杀不辜,不失有罪”[107]。同时,统治者还要了解下情,“得下之情则治,不得下

---

[95] 《墨子·尚同上》。
[96] 《墨子·尚同上》《墨子·尚同中》。
[97] 《墨子·尚同下》。
[98] 《墨子·尚同下》。
[99] 《墨子·尚同下》。
[100] 《墨子·尚贤上》。
[101] 《墨子·尚贤中》。
[102] 《墨子·尚贤中》。
[103] 《墨子·尚贤中》。
[104] 《墨子·尚贤上》。
[105] 《墨子·尚贤中》。
[106] 《墨子·天志中》。
[107] 《墨子·尚同中》。

之情则乱”[108]。在此基础上，“得善人而赏之，得暴人而罚之”，“富贵以道其前，明罚以率其后”，如此为政，“则国必治”。[109] 如果“上之所赏，则众之所非”，“上之所罚，则众之所誉”，那么“赏誉不足以劝善，而刑罚不足以沮暴”，[110]赏和刑就会失去效用。因此，赏罚要公平、公正，即“赏贤罚暴，勿有亲戚弟兄之所阿”[111]。

据《吕氏春秋·去私》记载：“墨者之法，杀人者死，伤人者刑。”但是，并非所有的杀人行为都是犯罪行为，墨家区分了“正义的”杀人行为与“为恶的”杀人行为，提出“杀盗人，非杀人”[112]的主张。虽然“盗人”也是人，但是这并不能否定墨家的“兼爱”主张，因为这跟“恶多盗，非恶多人”[113]的观念是相通的。

墨家不仅主张“兼爱”与“尚同”，还崇尚“天志”与“鬼神”，这是墨家思想区别于儒家和法家思想的一个重要方面。墨家指出，“古圣王治天下也，故必先鬼神而后人”，“古圣王必以鬼神，为赏贤而罚暴”，因为他们担心“后世子孙不能知也”，所以就将“鬼神”之事记载下来，“书之竹帛”，“琢之槃盂，镂之金石以重之”。[114]

四、道家的法律思想

道家是以老子、庄子为代表的一个学派，因其思想的核心概念为“道”，故称“道家”。多数学者认为，老子即老聃，姓李，名耳，楚国人，曾任“周守藏室之史”[115]。据载，孔子曾“问礼于老子”[116]，“学于老聃”[117]。据考证，《老子》(又称《道德经》)并非老子所著，但反映了老子的思想主张。

庄子(约公元前369年至公元前286年)，名周，宋国人，曾与魏相惠施交游。据载，楚威王曾以庄子之“贤”而欲聘其为相，但庄子不想“为有国者所羁”，选择“终身不仕，以快吾志”。[118]一般认为，《庄子》一书由庄子及其弟子后学所作，基本承续了《老子》的思想主张。道家之“道”是万物之本，“先天地生……独立不改，周行而不殆，可以为天下母”，是一种绝对的客观存在，其基本规律是“人法地，地法天，天法道，道法自然”[119]。基于此，道家在政治和法律上主张“无为而治”，反对违反自然的“人定之法”。

(一)主张“道法自然”“无为而治”

在老子看来，天地的万事万物都源于自然之“道”，都要顺应自然，效法自然，即“道法自然”。由“道”而产生的自然法则是约束万事万物的法则，统治者在治理国家时也要顺应自然，

---

[108]《墨子·尚同下》。
[109]《墨子·尚同下》。
[110]《墨子·尚同中》。
[111]《墨子·兼爱下》。
[112]《墨子·小取》。
[113]《墨子·小取》。
[114]《墨子·明鬼下》。
[115]《史记·老子韩非列传》。
[116]《史记·老子韩非列传》。
[117]《吕氏春秋·当染》。
[118]《史记·老子韩非列传》。
[119]《老子》二十五章。

即“我无为而民自化，我好静而民自正，我无事而民自富，我无欲而民自朴”[120]。“圣人处无为之事，行不言之教”，[121]所以，统治者治理国家的最好方式是“清净无为之治”，但是，“无为而治”并不意味着统治者完全消极地无所作为，而是要放弃有意的操纵和干预行为，顺应自然，最终达到“无为而无不为”的目的。[122] 统治者要约束和限制民众的心智和欲望，使民众无所知、无所欲，即“不尚贤，使民不争；不贵难得之货，使民不为盗；不见可欲，使民心不乱。是以圣人之治，虚其心，实其腹，弱其志，强其骨，常使民无知无欲”[123]。所以，“绝圣弃智，民利百倍；绝仁弃义，民复孝慈；绝巧弃利，盗贼无有”[124]。老子将民众的饥苦和“难治”归因于统治者的“有为”和过度剥削。[125] 在老子描述的“小国寡民”的社会中，人们“甘其食，美其服，安其居，乐其俗。邻国相望，鸡犬之声相闻，民至老死，不相往来”[126]。

庄子进一步发展了老子的思想。他构想出一个“至德之世”：人们“同与禽兽居，族与万物并……同乎无知，其德不离；同乎无欲，是谓素朴”。[127] 在这种“素朴”的“至德之世”，“鱼相忘于江湖，人相忘于道术”，[128]人们摆脱了现实生活中的社会束缚和社会关系的羁绊，达到了一种“自然状态”。

在老子“无为而治”的思想基础上，庄子进一步主张绝对“无为”，认为“虚静恬淡寂漠无为者，万物之本也”，“帝王之德，以天地为宗，以道德为主，以无为为常。无为也，则用天下而有余；有为也，则为天下用而不足”。[129] 统治者只有“虚静恬淡寂漠无为”，才能实现“天地之平，而道德之至”[130]，“不赏而民劝，不罚而民畏”[131]。庄子批评了“圣人”之治，指出黄帝、尧、舜、禹等圣人都有道德上的缺点：“黄帝尚不能全德，而战涿鹿之野，流血百里。尧不慈，舜不孝，禹偏枯……”[132]认为社会秩序之乱主要是因圣人而起：“圣人生而大盗起”，“重利盗跖，而使不可禁者，是乃圣人之过也”，所以“掊击圣人，纵舍盗贼”，合乎自然之道，才能实现天下之治。[133]

（二）反对礼治、法治，拒斥人定之法

道家不仅主张“无为而治”，而且反对礼治、法治，对礼、法等人为制定的规则持批判和否定态度。老子认为，儒家提倡的仁义、慧智、孝慈、忠信是社会的病态现象，不符合人类的本性，也不符合“道”，即“大道废，有仁义；慧智出，有大伪；六亲不和，有孝慈；国家昏乱，有忠

---

[120] 《老子》五十七章。
[121] 《老子》二章。
[122] 《老子》四十八章。
[123] 《老子》三章。
[124] 《老子》十九章。
[125] 《老子》七十五章。
[126] 《老子》八十章。
[127] 《庄子・马蹄》。
[128] 《庄子・大宗师》。
[129] 《庄子・天道》。
[130] 《庄子・天道》。
[131] 《庄子・天地》。
[132] 《庄子・盗跖》。
[133] 《庄子・胠箧》。

臣”。[134] 统治者依靠“德礼”进行统治本身就是社会“失道”“失德”“失仁”“失义”的表现：“失道而后德，失德而后仁，失仁而后义，失义而后礼。夫礼者，忠信之薄，而乱之首。”[135] 道家也反对法家的“法治”主张，否定人定之法的作用，认为“法令滋彰，盗贼多有”，[136] 统治者颁布的法令越多，就越会导致产生更多的“盗贼”和社会的混乱。老子也批评法家的重刑主义，认为严刑峻法并不能使民众服从法令，因为“民不畏死，奈何以死惧之”，所以，庄子认为，“赏罚利害，五刑之辟，教之末也；礼法度数，刑名比详，治之末也”[137]。

道家主张“不以智治国”。在老子看来，“绝圣弃智”，“绝仁弃义”，才能实现国家和社会的治理，因为国家和社会难以治理的一个重要原因在于民众之“智”，贪争诈伪，皆因“智”而起，所以，老子认为，“以智治国，国之贼；不以智治国，国之福”[138]，治理国家需要“寡欲去智”。庄子认为，智慧、礼义、道德以及百工技巧都是自然赋予人的，既然受于自然，那么人的“有为”就是不必要的。[139] 在庄子看来，所谓的“仁义”都是虚伪的，会造成社会的动荡不安，引起社会的矛盾和冲突，因为“彼窃钩者诛，窃国者为诸侯。诸侯之门，而仁义存焉”[140]。

道家的“无为而治”思想表现出对和平安宁的社会生活的向往，这源于对社会现实的不满，但是他们轻视甚至完全否定礼法在社会治理中的作用和价值，这种法律虚无主义的思想倾向对后世法律思想的发展具有消极影响。道家反对统治者多欲多求的“有为”统治，对于警醒统治者不要一味地实施严刑重罚和过多地压迫、剥削民众具有积极的意义。因此，在道家看来，治国之要在于君主顺应自然，通过“无为而治”“垂拱而治”，达至天下大治。

第二节　古代法律的儒家化

春秋战国时期，诸侯列国之间争霸、称雄，实现“富国强兵”是列国的重要追求和目标。在“百家争鸣”的诸多流派中，儒家和法家思想对社会和政治思想观念具有重要影响，儒家和法家对于法律和治国理政的认识等方面的思想主张具有代表性。儒家主张“为政在人”和“圣贤”治国，重视“德”“礼”以及道德教化在治国理政中的重要作用，但并不否定法律和刑罚所具有的功能与作用。法家主张“以法治国”和“缘法而治”[141]，重视法律在国家治理中的重要作用，认为只有通过“法治”才能实现富国强兵的目的。虽然儒家和法家在“人治”与“法治”、法律强制与道德教化的作用等方面的认识有着区别，但是荀子主张的“隆礼重法”、礼刑并用等思想将儒家的“德礼之治”与法家的“法治”思想结合起来，为之后的“儒法合流”奠定基础。

---

〔134〕《老子》十八章。
〔135〕《老子》三十八章。
〔136〕《老子》五十七章。
〔137〕《庄子·天道》。
〔138〕《老子》六十五章。
〔139〕《庄子·德充符》。
〔140〕《庄子·胠箧》。
〔141〕《商君书·君臣》。

一、儒法合流与秦汉时期的法律实践

在春秋战国时期激烈的竞争中,法家思想特别是其基于人性“好利恶害”的刑罚观和“法治”主张适应当时的社会和政治现实,为战国时期各国的变法奠定思想和理论基础。秦国通过商鞅变法逐步实现了富国强兵,并最终统一六国。但是,秦朝以严刑峻法治国,“专任刑罚”[142],最终“二世而亡”。这体现出法家过于重视法律和“重刑”的威慑作用、相对轻视伦理道德和宗法观念作用的弊端,体现出法家思想本身在国家治理中的局限性。[143]

汉初的统治者、政治家对于秦朝“二世而亡”的教训进行了深刻反思,陆贾和贾谊的看法具有代表性。陆贾认为,秦亡的主要原因在于法网繁密,刑罚严酷,即“法逾滋而奸逾炽……秦非不欲为治,然失之者,乃举措暴众,而用刑太极故也”。[144] 此外,陆贾还指出,“马上”得天下,但是不能以“马上”治天下,即“居马上得之,宁可以马上治之乎?且汤武逆取而以顺守之,文武并用,长久之术也”[145]。贾谊同样认为,“取与守不同术也”,即“得天下”与“治天下”应采取不同的策略,前者应采“攻势”,后者应采“守势”,“秦离战国而王天下,其道不易,其政不改,是其所以取之守之者无异也。孤独而有之,故其亡可立而待也”。贾谊还指出,秦二世统治时,“繁刑严诛,吏治刻深,赏罚不当,赋敛无度”,“奸伪并起,而上下相遁,蒙罪者众,刑戮相望于道,而天下苦之”[146]。概言之,秦朝“二世而亡”的根本原因在于,“仁义不施而攻守之势异也”。[147]

鉴于秦“二世而亡”的历史教训,加之政权初建、社会经济凋敝,西汉初年的君臣上下多采“黄老之学”。《汉书·刑法志》记载,萧何、曹参为相时,“填以无为,从民之欲,而不扰乱,是以衣食滋殖,刑罚用稀”。后来为相的陈平也“好黄帝、老子之术”[148]。因此,西汉初年的基本政策是约法省刑,轻徭薄赋,恢复经济和社会生产。虽然“汉承秦制”,但是这些政治措施与儒家所主张的“仁政”“德治”等思想具有内在的一致性。司马谈在《论六家要旨》中论述了儒家思想和法家思想之间的区别,[149]但是他也指出,儒家主张的“君臣父子之礼”“夫妇长幼之别”,“虽百家弗能易也”;法家主张的“尊主卑臣”“君臣上下之分”,“虽百家弗能改也”。[150] 由此可以看出,在汉武帝“独尊儒术”之前,司马谈等人就同时接受了儒法两家的思想主张。“这也是当时各学派互相接近,互相调和的一种表现”,亦可由此概见“秦汉思想界大混合的形势”。[151]

---

〔142〕《史记·秦始皇本纪》。

〔143〕秦朝奉行法家思想,但并不意味着绝对排斥其他各家的思想主张,儒家、阴阳家等学派的思想在秦律及秦朝的政治和法律实践中均有体现。参见第六章“秦朝法律”的相关内容。

〔144〕《新语·无为》。

〔145〕《史记·郦生陆贾列传》。

〔146〕(汉)贾谊:《过秦论》。

〔147〕(汉)贾谊:《过秦论》。

〔148〕《史记·陈丞相世家》。

〔149〕“儒者博而寡要,劳而少功,是以其事难尽从,然其序君臣父子之礼,列夫妇长幼之别,不可易也”;“法家严而少恩,然其正君臣上下之分,不可改矣。”

〔150〕《史记·太史公自序》。

〔151〕嵇文甫:《春秋战国思想史话》,北京出版社 2016 年版,第 123 页。

经过西汉初期几十年以黄老思想为主导的政治实践和“文景之治”,西汉的国力逐渐发展强盛,“都鄙廪庾皆满,而府库余货财”〔152〕。到汉武帝时期,黄老思想已经不能适应帝国的发展和汉武帝的雄才大略及加强中央集权统治的需要。汉武帝“举贤良文学之士”,采纳董仲舒的意见,“罢黜百家,独尊儒术”,西汉初年以来以黄老思想为主的统治思想转变为以儒家思想为主的统治思想。这时的儒家思想经过了西汉儒家学者的发展和改造,融合了法家、道家、阴阳家等学派的思想。在此,儒家所主张的纲常伦理、“德主刑辅”等思想与阴阳五行等学说结合在一起:“王道之三纲,可求于天”,“君臣、父子、夫妇之义,皆取诸阴阳之道。君为阳,臣为阴;父为阳,子为阴;夫为阳,妻为阴”。〔153〕“德教”与“刑罚”的关系也是如此,“故圣人多其爱而少其严,厚其德而简其刑,以此配天”〔154〕。《汉书·董仲舒传》也记载道:“王者欲有所为,宜求其端于天。天道之大者在阴阳。阳为德,阴为刑;刑主杀而德主生。是故阳常居大夏,而以生育养长为事;阴常居大冬,而积于空虚不用之处。”因此,“阳不得阴之助,亦不能独成岁功。王者承天意以从事,故务德教而省刑罚”〔155〕。汉宣帝也曾批评太子:“汉家自有制度,本以霸王道杂之,奈何纯任德教,用周政乎?”〔156〕

汉武帝“罢黜百家,独尊儒术”,确立了儒家思想的“正统”地位,融合了法家、阴阳家等学派思想的儒家法律思想逐渐发展成为后世的正统法律思想,对后世的政治、法律制度和治国理政理念产生重要影响。

二、法律的儒家化发展

春秋战国至魏晋南北朝时期在中国法律发展史上具有重要地位,是中国法律发展的重要阶段,从《法经》、《九章律》到《北齐律》,从春秋战国时期的“百家争鸣”、秦朝崇尚“法治”到汉武帝时“独尊儒术”、晋律规定“准五服以制罪”,中国法律的发展不仅逐渐实现了“体系化”,而且逐步实现法律的儒家化,儒家思想逐渐融入律典、法令之中,成为立法、司法的指导思想和基本原则。在秦汉时期法律实践的基础上,法律的儒家化成为这一时期法律发展的主要方向和重要内容,到“一准乎礼”的《唐律疏议》,中国古代法律的儒家化取得实质性成果。

陈寅恪先生在20世纪40年代提出“刑律的儒家化”的观点。他在《隋唐制度渊源略论稿》论道:“古代礼律关系密切,而司马氏以东汉末年之儒学大族创建晋室,统制中国,其所制定之刑律尤为儒家化,既为南朝历代所因袭,北魏改律,复采用之,辗转嬗蜕,经由(北)齐隋,以至于唐,实为华夏刑律不祧之正统。”〔157〕瞿同祖先生对“法律的儒家化”问题进行了系统论述,认为“中国法律之儒家化可以说是始于魏、晋,成于北魏、北齐,隋、唐采用后便成为中国法律的正统”,而“儒家以礼入法的企图在汉代已开始”,“实肧胎酝酿于此时,时机早已成熟,所

〔152〕《史记·平准书》。
〔153〕《春秋繁露·基义》。
〔154〕《春秋繁露·基义》。
〔155〕《汉书·礼乐志》。
〔156〕《汉书·元帝纪》。
〔157〕陈寅恪:《隋唐制度渊源略论稿》,生活·读书·新知三联书店2001年版,第111~112页。

以曹魏一旦制律,儒家化的法律便应运而生”。[158] “法律之儒家化是逐渐形成的”,“儒家化是中国法律发展史上一个极为重要的过程,中国古代法律因此而产生了重大、深远的变化”。[159] “准五服以制罪”“八议”“官当”“重罪十条”(十恶)等内容均是中国古代法律儒家化发展的重要体现。

中国古代法律的儒家化发展及其影响是多方面的,既体现在立法和司法方面,也表现为引经注律等方面。这些方面在法律儒家化进程中相互影响,不断融合,又共同促进了法律的儒家化发展。

(一)研习儒家经典与引经注律

《汉书》记载,汉武帝建元五年(公元前136年),“初置五经博士”,[160]“开弟子员,设科射策,劝以官禄”,[161]“宣帝黄龙元年稍增员十二人”,[162]之后逐渐发展兴盛,“支叶藩滋,一经说至百余万言,大师众至千余人,盖禄利之路然也”[163]。儒家经学不仅成为“官学”,而且研习儒家经典成为文人士子进入仕途的“禄利之路”。据记载,在刘歆研究传习《左氏春秋传》之前,“学者传训故而已”,而刘歆则“引传文以解经,转相发明,由是章句义理备焉”。[164]

西汉中后期,律令条文及作为断案依据的“决事比”的数量繁多,数不胜数。《汉书·刑法志》记载:“律令凡三百五十九章,大辟四百九条,千八百八十二事,死罪决事比万三千四百七十二事。文书盈于几阁,典者不能遍睹。”此外,律令与“决事比”等内容之间驳杂不一,相互抵触者甚多。《晋书·刑法志》记载,这些内容杂乱交错,“轻重乖异”,“《盗律》有贼伤之例,《贼律》有盗章之文,《兴律》有上狱之法,《厩律》有逮捕之事,若此之比,错糅无常”。[165] 加之,门阀士族对儒家经学的重视,引经注律在东汉、魏晋时期颇为流行,同时促进了魏晋律学的发展。《晋书·刑法志》记载:“后人生意,各为章句。叔孙宣、郭令卿、马融、郑玄诸儒章句十有余家,家数十万言。凡断罪所当由用者,合二万六千二百七十二条,七百七十三万二千二百余言。”由于当时注律“言数益繁,览者益难”,魏明帝时曾下诏,“但得用郑氏章句,不得杂用余家”。[166] 这都为儒家思想融入律典法令创造了条件。

西晋时,张斐、杜预本着“礼乐崇于上”“刑法闲于下”的原则对晋律进行注释,以实现“尊卑叙,仁义明,九族亲,王道平”为目标[167]。由于他们的注解“兼采汉世律家诸说之长,期于折衷至当”[168],因此张斐、杜预所作注解亦由晋武帝下诏颁行,与律文具有同等法律效力,晋律因而也被称为“张杜律”。

---

[158] 瞿同祖:《瞿同祖法学论著集》,中国政法大学出版社1998年版,第381页。

[159] 瞿同祖:《瞿同祖法学论著集》,中国政法大学出版社1998年版,第360页。

[160] 《汉书·百官公卿表》。这里的“五经”是指《诗》《书》《礼》《易》《春秋》,《乐》的一些内容已经包括在《诗》《礼》之中。

[161] 《汉书·儒林传》。

[162] 《汉书·百官公卿表》。

[163] 《汉书·儒林传》。

[164] 《汉书·楚元王传》。

[165] 《晋书·刑法志》。

[166] 《晋书·刑法志》。

[167] 《晋书·刑法志》。

[168] 程树德:《九朝律考·晋律考序》,中华书局2006年版,第225页。

(二)引礼入律与儒家思想对立法的影响

基于汉朝法律条文的繁杂及其相互之间的冲突问题,东汉时期的陈宠就提出以儒家精神作为主导思想修订律令,以“经义”和“礼”作为删定律令的原则,使律令条文“应经合义”,“与礼相应”。《后汉书·陈宠传》记载:“汉兴以来三百二年,宪令稍增,科条无限,又律有三家,其说各异。宜令三公、廷尉平定律令,应经合义者,可使大辟二百,而耐罪、赎罪二千八百,并为三千,悉删除其余,令与礼相应,以易万人视听,以致刑措之美,传之无穷。”曹魏时期开始以儒家思想为基本原则较为系统地修改和制定法律。《三国志·刘劭传》记载,刘劭崇奉儒家经典,“以为宜制礼作乐,以移风俗”,他为官期间,“敦崇教化,百姓称之”,“受诏集五经群书”,“与议郎庾嶷、荀诜等定科令,作新律十八篇”。[169] 体现官僚贵族特权的“八议”入律,是魏律儒家化的重要体现。

晋武帝时,“以魏制峻密,又诏车骑贾充集诸儒学,删定《名例》为二十卷,并合二千九百余条”[170]。魏晋时期,儒生参与律令的制定,使儒家思想不可避免地融入律典之中。晋律在法律儒家化过程中具有承上启下的重要作用,“峻礼教之防,准五服以制罪”是法律儒家化的集中体现。

北朝的政权虽为少数民族政权,但是其律典的制定者仍以中原的儒生为主。“博览经史”“研精义理”的崔浩、“博通经史天文术数,尤好《春秋公羊》”的高允等均为北魏时期制律的重要人物。经过这些儒生的工作,体现儒家思想原则的“矜老恤幼”“留养其亲”以及“以官爵除刑”等内容规定在《北魏律》中。[171] 由诸多儒者参与制定的《北齐律》继承了《北魏律》的相关内容,《隋书·刑法志》记载:“河清三年,尚书令、赵郡王睿等,奏上《齐律》十二篇……又上《新令》四十卷,大抵采魏、晋故事。”《北齐律》的体例及诸多儒家化的内容又被隋唐律所继承。在《北齐律》规定的“重罪十条”的基础上,隋《开皇律》规定了“十恶”的内容,为此后的历代律典继承相沿。

(三)经义决狱及儒家思想对司法的影响

经义决狱(也称“引经决狱”“春秋决狱”“春秋断狱”“春秋折狱”等)是儒家思想对司法活动影响的典型体现。经义决狱是指以儒家经典“故事”或“微言大义”作为指导原则来处理特定案件的司法活动。在董仲舒等人的推动下,儒家的精神原则逐渐贯彻到司法和立法活动之中。《后汉书·应劭传》记载:“胶东相董仲舒老病致仕,朝廷每有政议,数遣廷尉张汤亲至陋巷,问其得失,于是作春秋决狱二百三十二事,动以经对,言之详矣。”《汉书·董仲舒传》也记载:“仲舒在家,朝廷如有大议,使使者及廷尉张汤就其家而问之,其对皆有明法。”

援引《春秋》决狱实际上只是“经义决狱”的一个方面,除《春秋》外,还可援引《诗》《书》《礼》《易》等儒家经典断案。司马迁对《春秋》等儒家经典有着高度评价:“礼以节人,乐以发

---

〔169〕《三国志·刘劭传》。

〔170〕《魏书·刑罚志》。

〔171〕《魏书·刑罚志》:“王官阶九品,得以官爵除刑。妇人当刑而孕,产后百日乃决。年十四已下,降刑之半,八十及九岁,非杀人不坐。”“《法例律》:‘五等列爵及在官品令从第五,以阶当刑二岁;免官者,三载之后听仕,降先阶一等。’”“案《法例律》:‘诸犯死罪,若祖父母、父母年七十已上,无成人子孙,旁无期亲者,具状上请。流者鞭笞,留养其亲,终则从流。不在原赦之例。’”

和，书以道事，诗以达意，易以道化，春秋以道义。拨乱世反之正，莫近于春秋。春秋文成数万，其指数千。万物之散聚皆在春秋。”[172]班固评价道：“六学者，王教之典籍，先圣所以明天道、正人伦、致至治之成法也。”[173]由于实践中援引的经典以《春秋》为主，因此常以“春秋决狱”指谓“经义决狱”。

两汉时期“春秋决狱”之风盛行，司法活动受到儒家伦理道德思想的影响。例如，公孙弘“习文法吏事，而又缘饰以儒术”。[174] 出身于法律世家的陈宠，“及为理官，数议疑狱，常亲自为奏，每附经典，务从宽恕，帝辄从之，济活著甚众”[175]。自汉朝以来，儒法合流、礼主刑辅成为国家法制的指导原则，儒家的纲常之礼被视为最重要的准则，中国古代的国家治理综合考虑天理、国法、人情的内在要求。在司法实践中，为实现天理、国法、人情的协调统一，要求司法官员处理案件时注重伦常秩序和宗法伦理，实现“上不违法意，下不拂于人情”[176]。法律的儒家化发展及其司法实践使道德与法律相合、亲情义务与法律义务相统一，对中国古代法律的发展产生了深远影响。

“中国法律之儒家化经魏、晋南北朝已大体完成。”[177]在此过程中，中国古代的律典也渐趋体系化、系统化。基于“德礼为政教之本，刑罚为政教之用”的原则而制定的《唐律疏议》是中国古代法律儒家化的集大成者，“八议”、“十恶”、官当、存留养亲、亲属相隐、依服制定罪等体现儒家精神的制度均规定在律典之中。《唐律疏议》充分体现了儒家的思想和理念，实现了“礼法合一”，因此，后世对《唐律疏议》的评价是“一准乎礼，而得古今之平”。

思考题

1. 简述儒家法律思想的主要内容。
2. 简述法家“法治”理论的主要内容。
3. 试述中国古代法律儒家化发展的主要体现。

---

[172] 《史记·太史公自序》。
[173] 《汉书·儒林传》。
[174] 《史记·平津侯主父列传》。
[175] 《后汉书·陈宠传》。
[176] 《名公书判清明集》卷九。
[177] 瞿同祖：《瞿同祖法学论著集》，中国政法大学出版社 1998 年版，第 368 页。

第五章　春秋战国时期的法律

（公元前770年至公元前221年）

本章要点

1. 春秋时期公布成文法的活动及其意义。
2.《法经》的主要内容及其历史地位。
3. 商鞅变法的主要内容及其历史意义。

春秋战国时期是我国历史上社会变革和制度转型的一个重要时期。在春秋时期，虽然周王室衰微，“礼崩乐坏”，但周天子在名义上仍是“天下共主”，列国在攻伐时仍然打着“尊王攘夷”的旗号；然而，战国时期，各国“争于气力”[1]，各国为求富国强兵而实行变法，战争是各国不得不面对的事情。在春秋战国时期，社会动荡，制度变革，旧的政治、经济、社会制度已经不适应当时的情势，政治、经济、社会关系发生巨大变化。在当时的时代背景下，不仅思想文化领域出现了“百家争鸣”的局面，法律制度也处于变革发展之中。

第一节　立法思想与立法活动

一、社会发展与制度变革

春秋战国时期，随着社会生产力的发展以及社会结构的改变，政治、经济、法律制度都处于历史上的重大转型和变革时期，人们的思想观念以及对政治、经济、社会的认知都发生了巨大变化。

首先，经济发展，社会变化。随着春秋战国时期社会生产力的发展，特别是冶铁技术的进步和铁制生产工具的广泛使用在一定程度上促进了土地的开垦、农耕技术的进步，农业产量和生产效率大大提高，经济的快速发展促进了社会生产方式的变革。同时，田地逐渐私有化，出现大量“私田”，原来的井田制逐步瓦解，产生了新的地主阶级、农民阶级及工商业者等社会阶层，社会的身份等级与阶层结构发生变化。

---

〔1〕《韩非子·五蠹》。

其次，"礼崩乐坏"，制度变革。春秋战国时期，周王室的权力和威望日益衰微，原来以血缘关系为基础的宗法制、分封制遭到破坏，随着诸侯国实力的增强，"礼乐征伐自天子出"转变为"礼乐征伐自诸侯出"，逐渐发展为"诸侯争霸"的局面，"诸侯专天子，大夫专诸侯"，"陪臣执国命"的现象时有发生，有实力的大夫成为诸侯国的实际统治者。据司马迁记载，"春秋之中，弑君三十六，亡国五十二，诸侯奔走，不得保其社稷者不可胜数"〔2〕。在这种情形下，加之各国之间战争频仍，原来的政治体制和统治方式已不能适应当时的发展需要，各国的土地、赋税、官制、法律等制度均发生变革。在此意义上，春秋战国时期的变革就是由"礼"到"法"的变革，在政治法律思想方面就是由"礼治"到"法治"的变革。〔3〕

最后，文化发展，"百家争鸣"。春秋战国时期，列国谋求在动荡的社会变化中实现发展和"自强"，在激烈的竞争中实现"富国强兵"，如何实现这种目标成为各国面临的重要问题。当时的思想家、政治家从社会和政治现实出发，基于不同的立场和理论前提，对人性、国家、政治、法律、社会等方面的问题进行深入思考和探讨，著书立说，建言献策，儒家、法家、墨家、道家、阴阳家等学派纷纷登上历史舞台，使这一时期成为中国历史上思想文化的"百家争鸣"时期。

二、立法活动与立法原则

（一）立法活动

春秋战国时期，社会经济的发展推动政治转型与法律变革，转型后的政治和变革后的法律制度又为当时社会经济的发展提供了保障。在春秋时期，楚国、晋国等诸侯国陆续进行法律变革，制定和实施新法。

楚国是春秋时期较早制定新法的诸侯国。公元前689年至公元前677年，楚文王"作仆区之法"，即"隐匿亡人之法"，用来惩治那些隐匿逃亡之人以及窝藏盗贼赃物的行为，"盗所隐器，与盗同罪"。〔4〕公元前613年至公元前591年，楚庄王制定"茆门之法"，主要规定宫廷警卫方面的内容。〔5〕

晋国在春秋时期曾多次制定新法。公元前633年，晋文公制定"被庐之法"。〔6〕公元前621年，晋襄公命执政赵宣子制定"常法"，内容涉及定罪量刑、追捕逃犯、官吏管理等国家和社会治理的诸多方面。〔7〕公元前554年至公元前547年，执政范宣子修订"常法"，制定新的"刑书"。〔8〕

这些立法活动确立了一些新的制度，促进了春秋时期法律制度的进一步发展与变革，为战国时期各国的变法奠定了基础。

（二）立法原则

春秋战国时期的立法原则，主要表现在以下几个方面。

---

〔2〕《史记·太史公自序》。

〔3〕张国华：《中国法律思想史新编》，北京大学出版社1998年版，第35页。

〔4〕《左传·昭公七年》及杜预注。

〔5〕《韩非子·外储说右上》。

〔6〕《左传·僖公二十七年》《左传·昭公二十九年》。

〔7〕《左传·文公六年》。

〔8〕《左传·昭公二十九年》。

1. 公开易知

春秋时期的“公布成文法运动”在一定程度上打破了贵族统治阶层垄断法律的特权，法律规定的内容为民众普遍知晓。战国时期，各国在变法过程中，要求“行法令，明白易知”，这样民众可以知道何者可为，何者不可为，可以“避祸就福”，[9]更好地发挥法律的规制作用。韩非子也认为，将法律“布之于百姓”是制定和实施法律的必然要求。[10]

2. “事断于法”

在法家看来，法律是明断是非曲直的标准，也是衡量人们的行为是否违法犯罪的标准，亦即邓析所提出的“事断于法”[11]的观念。早期法家的代表人物管仲认为，“法者，天下之程式也，万事之仪表也”，[12]“尺寸也，绳墨也，规矩也，衡石也，斗斛也，角量也，谓之法”，[13]要求“君臣上下贵贱皆以法”[14]。商鞅明确主张“缘法而治”[15]，“垂法而治”[16]。韩非也强调法律的统一适用性，主张“言不二贵，法不两适”[17]，“明君使其群臣，不游意于法之外，不为惠于法之内”[18]。

3. “刑无等级”

商鞅明确提出“刑无等级”的观念，主张“自卿相将军以至大夫庶人，有不从王令、犯国禁、乱上制者，罪死不赦”，即使有功之人、为善之人以及“守法守职之吏”违反法律，也要按照法律的规定进行处罚，不因其功而“损刑”，不因其善而“亏法”。[19] 韩非进一步提出，“法不阿贵”，“刑过不避大臣，赏善不遗匹夫”。[20] 虽然法家主张“刑无等级”，但是并不意味着绝对没有等级特权的存在，[21]相反，“刑无等级”原则的实施是以维护等级特权和君主的专制统治为前提的。

4. “轻罪重刑”

法家非常重视刑罚的威慑作用，主张即使对于轻罪也应适用重刑进行惩罚，由于人性是趋利避害的，因此“民不以小利蒙大罪，故奸必止者也”。[22] 因而，商鞅认为，“禁奸止过，莫若重刑”[23]，只有实施重刑才能达到“以刑去刑，刑去事成”[24]的目的。韩非也认为，“重一奸之罪

---

[9] 《商君书·定分》。

[10] 《韩非子·难三》：“法者，编著之图籍，设之于官府，而布之于百姓者也。”

[11] 《邓析子·转辞》。

[12] 《管子·明法解》。

[13] 《管子·七法》。

[14] 《管子·法法》。

[15] 《商君书·君臣》。

[16] 《商君书·壹言》。

[17] 《韩非子·问辩》。

[18] 《韩非子·五蠹》。

[19] 《商君书·赏刑》。

[20] 《韩非子·有度》。

[21] 例如，《史记·商君列传》记载：商鞅变法时，太子犯法，“刑其傅公子虔，黥其师公孙贾”。

[22] 《韩非子·六反》。

[23] 《商君书·赏刑》。

[24] 《商君书·勒令》。

而止境内之邪,此所以为治也"[25]。因此,只有严刑重罚,才能禁止奸邪,遏止犯罪,最终可以不适用刑罚而实现国家治理和维护社会秩序的目的。

第二节　春秋时期的法律

一、"礼崩乐坏"的国家与社会

"礼崩乐坏"是春秋时期国家与社会的一个重要特征,也是对西周以来的礼仪和典章制度逐渐遭到废弃的一种描述。但是,"礼"在国家和社会治理方面仍然发挥着重要作用,"周礼"仍被视为立国之本。《左传·闵公元年》记载,齐桓公想趁鲁国内乱之际,攻取鲁国,但是仲孙湫认为不可以攻打鲁国,因为"(鲁)犹秉周礼。周礼,所以本也……鲁不弃周礼,未可动也"[26]。由此可见,"周礼"是一国的立国之本,是一国存在的"正当性"和"合法性"基础,并且在当时亲近"秉周礼"的国家被看作实现称霸称王的一种策略。[27]

尽管如此,僭越礼制和违反"礼"的现象层出不穷。随着社会的发展和宗法制度的衰微,春秋时期各国的政治、经济和法律制度发生重大变革。在中国传统的农耕社会中,土地是最重要的社会生产基础和统治基础。各国在土地和赋税制度方面进行了不同方式和不同程度的改革,例如,齐国"相地而衰征",晋国"作爰田",鲁国"初税亩",郑国作"丘赋"等。

由于各国之间的激烈竞争,当时出现了"尚贤主义"。招贤纳士、"任贤使能"成为各国不可避免的选择。例如,郑国的子产执政时,任用贤能,"择能而使之"[28],对于大夫中的"忠俭者,从而与之;泰侈者,因而毙之"[29]。春秋战国时期,国君不拘一格任用人才的事例亦多见于史书记载,例如,齐桓公重用与其有一箭之仇的管仲,秦穆公任用出身低下的百里奚,吴王阖闾重用楚国的亡臣伍子胥,越王勾践重用范蠡,等等。原来的世卿世禄制度已经不能适应政治和社会现实的发展,选贤任能成为春秋战国时期任用官吏的重要方式。与这种任用贤能的官制相适应,官吏的俸禄制度、考课制度也发展并完善起来。

同时,随着社会生产力的提高和经济的发展,社会阶层结构也发生重大变化,原来的贵族阶层衰落,新兴地主阶级兴起,这导致新的阶级矛盾凸显。在政治和法律层面上,新兴地主阶级反对旧贵族的政治和法律特权,要求改革原来的法律制度。

二、郑国"铸刑书"与晋国"铸刑鼎"

(一)郑国"铸刑书"和邓析作"竹刑"

春秋时期,郑国因地处晋、楚两国之间,外部受到两国的经济和军事压力,内部大夫专权,

[25]《韩非子·六反》。
[26]《左传·闵公元年》。
[27]《左传·闵公元年》。
[28]《左传·襄公三十一年》。
[29]《左传·襄公三十年》。

内乱迭出。大夫子产执政时，认识到民心的向背和"得民"的重要性[30]，认为"道之以教，乃迹天地、逆顺、强柔，以咸全御"[31]，采取一系列措施进行改革，意图破除旧制度中的一些弊病和习俗，"使都鄙有章，上下有服"[32]，得到民众的称颂。公元前536年，执政子产"铸刑书于鼎，以为国之常法"[33]。郑国"铸刑书"被视为春秋时期"公布成文法"活动的重要内容。

在"铸刑书"之后，郑国的邓析于公元前501年作"竹刑"，即邓析"私造刑法"，因其将法律条文书写在竹简之上，所以被称为"竹刑"。[34] 邓析对子产推行的一些改革不满，曾"数难子产之治"[35]，并且邓析教人诉讼，"以非为是，以是为非，是非无度"，[36]"巧辩而乱法"[37]，因而"子产患之，于是杀邓析而戮之，民心乃服，是非乃定，法律乃行"[38]。邓析利用统治阶级的法律，"以非为是，以是为非"，破坏了社会统治秩序，而这正是下文所述的叔向等人当时所担忧的问题之一。

（二）晋国"铸刑鼎"

晋国在经历了诸子争权夺位的内乱之后，特别是晋献公时的"骊姬之乱"之后，不再立公子为贵族，晋国从此"无公族"，政治权力逐渐落入异姓卿大夫之手，导致"政在大夫"，但是"大夫多贪，求欲无厌"[39]，他们之间相互争斗，争权夺利。到春秋晚期，在晋国形成了韩、魏、赵、范、知（智）、中行六大族，即所谓的"六卿"。当时的晋国，"宫室滋侈"，"政刑之不修，寇盗充斥"，被认为"晋君将失政矣"。[40] 为整顿秩序，加强统治，晋国于公元前513年在执政赵鞅、荀寅的主持下，"铸刑鼎，著范宣子所为刑书焉"[41]，即把之前的执政范宣子所作的刑书公布于鼎上。

春秋时期，郑国"铸刑书"与晋国"铸刑鼎"等活动是中国法律史上具有重要意义的历史事件。在当时的社会变化和制度转型时期，这些事件引起了很大的争论。

（三）"铸刑书"与"铸刑鼎"引起的争论

1. 晋国叔向反对郑国子产"铸刑书"

在郑国"铸刑书"之后，出身晋国公族的叔向派人送给子产一封信，在信中针对此事谈了自己的看法："昔先王议事以制，不为刑辟，惧民之有争心也……民知有辟，则不忌于上，并有争心，以征于书，而徼幸以成之，弗可为矣……民知争端矣，将弃礼而征于书，锥刀之末，将尽争之。"叔向还说道，"国将亡，必多制，其此之谓乎！"[42]在叔向看来，贤明的统治者"仪刑文王"，并不依靠法律来进行统治，以前之所以不公布法律，是因为老百姓知道了法律规定之后，就会

[30] 李学勤主编：《清华大学藏战国竹简》（六），中西书局2016年版，第137页。"得民，天殃不至，外仇否（无）。"
[31] 李学勤主编：《清华大学藏战国竹简》（六），中西书局2016年版，第138页。
[32] 《左传·襄公三十年》。
[33] 《左传·昭公六年》及杜预注。
[34] 《左传·定公九年》及杜预注。
[35] 《列子·力命》。
[36] 《吕氏春秋·离谓》。
[37] 《淮南子·诠言训》："邓析巧辩而乱法。"
[38] 《吕氏春秋·离谓》。《左传·定公九年》记载："郑驷歂杀邓析，而用其竹刑。"
[39] 《左传·襄公三十一年》。
[40] 《左传·襄公三十一年》。
[41] 《左传·昭公二十九年》。
[42] 《左传·昭公六年》。

"弃礼用法"，抛弃"礼""义""仁""信"，导致争讼滋繁，所以他认为，一个国家将要灭亡之时，必定是会多发布政令、颁布法律。所以，在叔向看来，"礼"仍应是社会统治的根本和基础，"刑辟"只是"礼"的辅助。对此，子产的回复是："侨不才，不能及子孙，吾以救世也。"[43] 言下之意，子产发布和实施的政令，包括"铸刑书"在内，只是用以挽救当时郑国的政治统治，但是子产并未摒弃"礼治"，仍将"礼"视为统治的重要基础。[44]

《左传·昭公六年》还记载了晋臣士文伯对此事的预言。他说，当大火星（心宿）出现时，郑国就要遭受火灾，因为刑器是用火铸造出来的，其中还包含着能引起争端的法律，这并非吉兆。[45] 后来，士文伯的预言应验了："六月丙戌，郑灾。"

2. 鲁国孔子反对晋国"铸刑鼎"

晋国"铸刑鼎"之后，遭到鲁国孔子等人的反对。基于维护身份和等级秩序的"礼"，孔子说道："晋其亡乎！失其度矣……贵贱不愆，所谓度也……今弃是度也，而为刑鼎，民在鼎矣，何以尊贵？贵何业之守？贵贱无序，何以为国？"[46] 在一定意义上追求形式平等的"法"与区别等级贵贱的"礼"之间产生了矛盾，贵族的等级身份和阶层特权受到一定的限制，有些贵族的身份与特权甚至不复存在。通过"公布成文法运动"，等级秩序遭到破坏，贵族特权受到限制，因而遭到失去特权的贵族阶层的反对。此外，孔子也指出："且夫宣子之刑，夷之搜也，晋国之乱制也，若之何以为法？"[47] 由此可见，孔子并非反对法律的存在和"铸刑鼎"本身，而是因为晋国所铸的"刑书"是"夷之搜"和"晋国之乱制"，公布和实施这样的法律并非长治久安之道。

（四）郑国"铸刑书"与晋国"铸刑鼎"的意义

郑国"铸刑书"与晋国"铸刑鼎"作为当时"公布成文法运动"的重要活动，在一定程度上革除"临事制刑"的恣意性，破除"刑不可知，则威不可测"的司法专擅。这在一定程度上促进了"礼崩乐坏"，限制了贵族的特权。

相对于夏商时期的"神权统治"和西周时期的"礼治"，此后的"法律之治"成为国家统治与社会治理的一种重要方式，这种转变适应当时政治形势的发展和社会的需求，是各国在当时激烈的竞争和斗争环境中的选择，客观上体现出中国古代法制文明的发展。

第三节　战国时期的法律

一、诸侯国的变法活动

战国时期，各国为谋求富国强兵，在攻伐争斗中立于不败之地，纷纷进行变法，"法治"思

[43] 《左传·昭公六年》。

[44] 《左传·昭公二十五年》："吉也闻诸先大夫子产曰：'夫礼，天之经也，地之义也，民之行也。'天地之经，而民实则之。则天之明，因地之性，生其六气，用其五行……"

[45] 《左传·昭公六年》："火未出而作火以铸刑器，藏争辟焉。"

[46] 《左传·昭公二十九年》。

[47] 《左传·昭公二十九年》。

潮兴盛,法家思想对各国的变法产生重要影响。各国"变法"均将富国强兵作为第一要务,其实质是"改变旧制度""建立新制度"。虽然各国基本是受法家思想的影响而进行变法改革,但是各国所采取的变法措施和进行的变法内容不尽相同,改革成效也各不相同。

魏文侯在公元前445年即位之后,任用李悝实行变法,使魏国富强起来。公元前403年,赵烈侯任用相国公仲连进行变法改革,制定颁行《国律》,实现了"人众兵强"的改革目标。[48]公元前402年,楚悼王任用吴起实行变法,改革官制和世卿世禄制度,实行"损其有余而继其不足"[49]的变法措施,"使封君之子孙三世而收爵禄,绝灭百吏之禄秩",裁撤无能、无用的官员,用节省下来的这些贵族和官员的俸禄"以奉选练之士"[50],同时整顿吏治,取得一定的成效。公元前357年,齐威王任用邹忌进行改革,重视选用人才,整顿吏治,"修法律而督奸吏"[51]。此外,韩昭侯任用申不害进行改革,颁布法令,"见功而与赏,因能而授官"[52],试图以"术"来加强对官吏的任用、考核和监督。公元前356年,秦孝公任用商鞅开始实行变法。

战国时期各国的变法与改革虽然遇到很多阻力,但是都取得一定的成效。其中,魏文侯任用李悝进行变法以及秦孝公任用商鞅实行变法,取得很大成效,使魏国和秦国富强起来,特别是商鞅变法为秦最终统一六国奠定了重要基础,在历史上影响深远。

二、李悝变法与《法经》

(一)李悝变法

图6 李悝像

魏文侯在位期间(公元前445年至公元前396年)为实现魏国的富强,任用李悝(公元前455年至公元前395年)进行变法,在政治、经济、法律等方面都取得了一定的成果。(参见图6)

在政治方面,废除世卿世禄制度,实行"食有劳而禄有功,使有能而赏必行,罚必当"的制度,即根据功劳进行赏赐,根据罪过进行处罚,同时"夺淫民之禄,以来四方之士",[53]以才能作为任用官员的主要标准,身份和等级因素退居次要地位。

在经济方面,一是"尽地力之教",调动农民的耕作积极性,鼓励开垦荒地,增加农业产量。二是实行"善平籴"的政策,由国家对出产的粮食进行宏观调控,在丰收之年平价收购粮食,即"大孰则上籴三而舍一,中孰则籴二,下孰则籴一",遇有饥荒或者粮食歉收时,则平价出售之前存收的粮食,即"小饥则发小孰之所敛,中饥

[48]《韩非子·饰邪》。
[49]《说苑·指武》。
[50]《韩非子·和氏》。
[51]《史记·田敬仲完世家》。
[52]《韩非子·外储说左上》。
[53]《说苑·政理》。

则发中孰之所敛,大饥则发大孰之所敛而粜之",国家通过这种"取有余以补不足"的调控方式来达到平抑粮价、防止商人囤积居奇的目的,同时保障农民的经济利益,维护社会经济秩序。[54]

在法律方面,李悝在总结各国立法经验的基础上,编撰《法经》,以法律的形式维护社会秩序和统治阶级的利益。《法经》本身已佚失,但是根据《晋书·刑法志》《唐律疏议》等文献典籍的记载,可了解其篇目结构和内容的梗概。

(二)《法经》

根据《晋书·刑法志》和《唐律疏议》的记载,《法经》由六篇构成,分别为"盗法"、"贼法"、"囚法"(也作"网法")、"捕法"、"杂法"、"具法"。《法经》是一部以刑事法律为主的比较系统的法典。

《法经》的前四篇,即"盗法""贼法""囚法""捕法"主要是惩治盗和贼这两种犯罪行为的法律规定。根据《荀子》的解释,"窃货曰盗","害良曰贼"[55],"盗"主要是关于侵犯财产的犯罪行为,"贼"主要是关于侵犯人身的犯罪行为。按照《晋书·刑法志》的记载,"以为王者之政,莫急于盗贼,故其律始于'盗'、'贼'。盗贼须劾捕,故著'网'、'捕'二篇"。由此可见,"盗"和"贼"是当时重点惩治的两种严重犯罪行为,而"囚法""捕法"是关于关押、抓捕犯罪之人的相关规定。

第五篇"杂法"主要是惩治盗贼以外的其他犯罪行为的规定。根据《晋书·刑法志》的记载,这些犯罪行为主要是六种,即"轻狡、越城、博戏、借假不廉、淫侈、逾制"。其中,"轻狡"是指盗兵符、玺或私议国家法令、政治狡诡等犯罪行为;"越城"是指非法翻越城池,偷渡关津、要塞等犯罪行为;"博戏"是指赌博等犯罪行为;"借假不廉"是指欺诈、贪污、贿赂等犯罪行为;"淫侈"是指生活奢侈淫靡等犯罪行为;"逾制"是指违法僭越等级特权或僭越享用服饰、器物等犯罪行为。

第六篇"具法"主要是关于定罪量刑及相关原则的规定,类似于现代刑法中的总则部分。《晋书·刑法志》记载,"以《具律》具其加减","具法"主要是关于量刑中加刑或减刑的规定。

根据文献典籍的记载,《法经》具有如下特点:一是在编纂体例上,将国家重点惩治的盗贼犯罪的相关规定列于篇首,将类似于现代刑法中总则部分的"具法"置于最后。二是将惩治的不同犯罪行为分类规定,除关于"盗"和"贼"两种严重犯罪行为的规定以外,以"杂法"规定其他类型的犯罪行为。三是《法经》的六篇"皆罪名之制"[56],即"以罪统刑",改变了之前"以刑统罪"的法律传统。四是贯彻法家的重刑主义原则,其中规定的处罚方式基本是肉刑和死刑。

《法经》被看作我国"封建社会"历史上第一部较为系统的成文法典,在中国法律史上具有十分重要的地位。《晋书·刑法志》记载,李悝"撰次诸国法,著《法经》",《法经》是在总结当时各国立法经验的基础上编撰制定的,推进了魏国的改革和发展,对于巩固和维护新确立的诸项制度具有重要意义。《法经》所确立的法典体例奠定了此后法典编纂的基础,汉朝的《九章律》就是在《法经》六篇的基础上,增加户、兴、厩三篇而编成的,[57]对中国古代法律的发展具有重要影响。

---

〔54〕《汉书·食货志》。

〔55〕《荀子·修身》。

〔56〕《晋书·刑法志》。

〔57〕《唐律疏议》载:"汉相萧何,更加悝所造户、兴、厩三篇,谓九章之律。"

三、商鞅变法

图7 商鞅像

商鞅(约公元前390年至公元前338年),卫国人,故称卫鞅或公孙鞅,“少好刑名之学”,[58]曾为魏相公孙痤的门客,熟悉李悝、吴起等人的变法主张。(参见图7)秦孝公即位以后,决心变法图强,下令求贤,商鞅遂入秦。秦孝公赞同其变法主张,“以卫鞅为左庶长”,进行变法。因变法有功,他受封于商(今陕西商县东南),故号商君,世称商鞅。[59]

(一)商鞅的变法思想

《商君书·更法》篇记载了秦孝公召见商鞅、甘龙、杜挚讨论变法问题的情形,商鞅阐述了自己的变法主张。商鞅说道:“法者,所以爱民也;礼者,所以便事也。是以圣人苟可以强国,不法其故;苟可以利民,不循其礼。”针对甘龙提出的变法应“循秦国之故”的意见,商鞅反驳道:“三代不同礼而王,五霸不同法而霸。故知者作法,而愚者制焉。贤者更礼,而不肖者拘焉。”针对杜挚提出的“法古无过,循礼无邪”的观点,商鞅反驳道:“前世不同教,何古之法?帝王不相复,何礼之循?”商鞅还指出,伏羲、神农、黄帝、尧、舜以及周文王、周武王都是“各当时而立法,因事而制礼。礼法以时而定,制令各顺其宜”。因此,商鞅的结论是:“治世不一道,便国不法古。故汤、武之王也,不修(循)古而兴;殷、夏之灭也,不易礼而亡。然则反古者未必可非,循礼者未足多是也。”

商鞅所持的是一种进步的发展史观。他认识到,社会是不断发展变化的,不同世代的不同国家所面临的现实情况是不一样的,因而要根据国家和社会的实际情况,因时、因事而立法,“不法古,不修今,因世而为之治,度俗而为之法”[60],国家治理不能拘泥于古代和先王的古法与古礼,也不能拘守当下,只有根据时势,适应时代的需要而变法,才能实现“强国”与“利民”。

“好利恶害”的人性观是商鞅法治思想的出发点和变法思想的基础。商鞅认为,“人情好爵禄而恶刑罚”,[61]“民勇则赏之以其所欲,民怯则刑之以其所恶。故怯民使之以刑则勇,勇民使之以赏则死。怯民勇,勇民死,国无敌者,必王”。[62] 因此,统治者可以充分利用人“趋利避害”的本性,依据法律进行刑罚和奖赏,但是还要做到取信于民,“信赏必罚”,因为“民信其赏,则事成功;信其罚,则奸无端”。[63] 只有这样才能使民众勤于农耕,勇于战争,达到治理国家和

[58] 《史记·商君列传》。
[59] 《史记·商君列传》。
[60] 《商君书·壹言》。
[61] 《商君书·错法》。
[62] 《商君书·说民》。
[63] 《商君书·修权》。

统御民众的目的,[64]进而实现国富兵强的目的。商鞅的这些思想主张适应战国时期的社会发展需要,为秦国实施变法提供了理论基础。

(二)商鞅变法的主要内容

据载,商鞅分别于公元前356年和公元前350年先后两次进行变法,变法的内容涉及法律、政治、经济、文化、军事等诸多方面。

1. 改法为律

商鞅以李悝的《法经》为基础制定秦国的法律,即通常所说的"改法为律"。秦律的内容更为丰富、系统,适用范围更加广泛,更为适应当时变法改革和社会发展的需要。"改法为律"的变化体现出法家所主张的法律具有的稳定性、普遍性和权威性的观念。此后,直至清朝,"律"成为中国历代王朝基本法典的主要称谓和法律形式。商鞅"改法为律"是中国法律史上的重大事件。[65]

2. 奖励耕战

"国之所以兴者,农战也。"[66]在商鞅看来,鼓励民众从事农业生产、增加国家的赋税收入和鼓励士兵奋勇杀敌、增强军队的战斗力,是实现富国强兵的两个重要方面,因此,"入令民以属农,出令民以计战",[67]"农"与"战"是相辅相成,互相促进的。在鼓励耕织方面,一方面"开阡陌封疆",[68]废除井田制,鼓励民众开垦土地,同时采取相应的措施激励民众积极从事农业生产,增加耕地的数量和粮食的产出;另一方面,"平赋税",令民"分户"而居,规定"民有二男以上不分异者,倍其赋",并在第二次变法时,再次重申"父子兄弟同室而息者为禁"。[69]经过改革,家庭成为征赋税和服兵役的基本单位,有利于以一家一户为单位的小农经济的发展,增加国家的税收和赋役。在奖励军功方面,建立军功爵制,"国以功授官予爵",[70]将军功与官位、爵位紧密联系在一起,"使有功者显荣","宗室非有军功论,不得为属籍"[71],"利禄官爵专出于兵,无有异施也"。[72]这种军功制度的实施具有制度化的客观规定和实施标准,即"明主使法择人,不自举也;使法量功,不自度也"。[73]军功和刑赏之制能极大地提高军队的战斗力和国家的竞争力,是实现"富国强兵"的一种有效途径。

3. 轻罪重刑

商鞅坚持"禁奸止过,莫若重刑"[74]的观念,认为"去奸之本,莫深于严刑"[75],因此实行"法治",要充分发挥刑罚的威慑作用,即使对犯轻罪者也要施以重刑,最后达到制止、消除犯

---

[64] 《商君书·错法》:"人性有好恶,故民可治也。"
[65] (清)沈家本:《历代刑法考·律令考》。
[66] 《商君书·农战》。
[67] 《商君书·算地》。
[68] 《史记·商君列传》。
[69] 《史记·商君列传》。
[70] 《商君书·靳令》。
[71] 《史记·商君列传》。
[72] 《商君书·赏罚》。
[73] 《韩非子·有度》。
[74] 《商君书·赏刑》。
[75] 《商君书·开塞》。

罪和“以刑去刑”的目的。基于此,除实施腰斩、车裂、枭首等严酷的刑罚之外,商鞅在第一次变法时,还实行连坐之法,惩治那些与犯罪者有特定关系的人,并将连坐分为邻伍连坐、家庭连坐、军事连坐等,一人犯罪时株连其家庭、家族、乡邻和其他相关之人。同时,鼓励告奸,规定“不告奸者腰斩,告奸者与斩敌首同赏,匿奸者与降敌同罪”。[76]

4. 设立县制

商鞅在第二次变法时,设立县制和县一级官僚机构,“集小(都)乡邑聚为县,置令、丞,凡三十一县”。[77] 县一级官僚机构的长官由中央直接任命。县制的推行,加强了中央对地方的控制,使地方的政权、军权等集于中央,有利于巩固君主的专制集权统治。

(三)商鞅变法的意义

商鞅变法在秦国取得了很大的成效,具有深远的影响和意义。

首先,商鞅变法适应秦国当时的具体情况和社会发展的需要,促进了秦国的发展和强盛,为秦统一六国奠定基础。商鞅变法损害了旧贵族的特权和利益,开始时遇到很大的阻力,“言初令之不便者以千数”,但是“行之十年,秦民大悦,道不拾遗,山无盗贼,家给人足……乡邑大治”。[78] 虽然在秦孝公死后,商鞅被车裂,但是“秦法未败也”[79],秦国仍继续推行商鞅变法所采取的奖励耕战、严刑重罚等政策。

其次,“改法为律”对于秦国法制的发展具有重要意义,为秦法在全国统一推行奠定了基础。此后,“律”的形式和内容得到传承和发展,“律”成为中国历代王朝的基本法典形式。

最后,商鞅提出的“法治”理论和推行“法治”的方式有利于确立和维护中央集权的君主政权,成为秦始皇建立“大一统”的政治制度和法律制度的基础。正如东汉王充所论,“商鞅相孝公,为秦开帝业”[80]。

第四节 司法思想与司法制度

一、司法思想和司法原则

(一)循“情”则“礼”

春秋战国时期,虽然“礼崩乐坏”,但是在政治和司法实践中,“礼”仍受到重视,案件的处理一般循“情”、依“礼”进行审断。《左传·庄公十年》记载,鲁庄公曾说道:“小大之狱,虽不能察,必以情。”[81]易言之,大大小小的案件,虽然不能详尽审察,但是一定要按照实际情况,依“情理”进行处理。公元前541年,郑国的子产在处理公孙黑与公孙楚“争室”一案时也适用

[76]《史记·商君列传》。
[77]《史记·商君列传》。
[78]《史记·商君列传》。
[79]《韩非子·定法》。
[80]《论衡·书解》。
[81]《左传·庄公十年》。

“礼”的基本精神和原则予以解决。子产说，“直钧，幼贱有罪”，意即在双方都有“理”的情况下，年幼和地位低的人有罪。子产还指出，“国之大节有五……畏君之威，听其政，尊其贵，事其长，养其亲。五者所以为国也”。[82] 子产在这里所说的“国之大节”和“国之为国”的五个方面，正是“礼”的基本要求。

（二）“同罪同罚”

《左传·僖公二十八年》记载，曹共公的仆人贿赂晋国的筮史，请其劝告晋文公，强调晋文公“合诸侯而灭兄弟，非礼也……同罪异罚，非刑也。礼以行义，信以守礼，刑以正邪，舍此三者，君将若之何？”[83] 这里不仅指出，“同罪异罚”不符合“刑”的基本原则，而且“礼”“信”“刑”三者同为君王统治的基本手段。《左传·襄公六年》记载，宋国的乐辔因怒而在朝堂上用弓套着华弱的脖子，宋平公认为，官居司马的华弱会因此难以在战斗中取胜，因而将华弱驱逐出国。司城子罕认为：“同罪异罚，非刑也。”在他看来，在朝堂上专横地侮辱他人是很大的罪过，被侮辱之人被驱逐，因而基于“同罪同罚”的原则，侮辱他人的乐辔也应被驱逐。[84]《左传》中多处提到“同罪异罚，非刑也”。因此，“同罪同罚”应是当时各国普遍实行的一项司法原则，这也是公正刑罚的基本要求。但是，该原则是基于礼教等级制度的“同罪同罚”原则。战国时期，各国普遍以法家思想为指导而实行“变法”，该原则也在很大程度上得到了贯彻。

（三）“顺天则时”的司法时令观

春秋战国时期的司法思想还体现为“顺天则时”的司法时令观，即庆赏之事应在春夏进行，刑罚之事应在秋冬实施。春秋时期的蔡国大夫公孙归生曾说道：“古之治民也，劝赏而畏刑，恤民不倦。赏以春夏，刑以秋冬。”[85]《礼记·月令》中有关于司法时令之制的详细记载。例如，仲春之月，应“命有司省囹圄，去桎梏，毋肆掠，止狱讼”；孟夏之月，应“断薄刑，决小罪，出轻系”；孟秋之月，“命有司修法制，缮囹圄，具桎梏，禁止奸，慎罪邪，务搏执……戮有罪，严断刑”；仲秋之月，“命有司申严百刑，斩杀必当，毋或枉桡”；季秋之月，“趣狱刑，毋留有罪”；孟冬之月，“是察阿党，则罪无有掩蔽”。据此，不同的司法活动应在不同的时月进行，以适应“春生、夏长、秋收、冬藏”的自然规律，这也是古代中国人的宇宙观和秩序观的反映。尽管如此，《左传》中还记载有不少在春夏行刑的事例。根据文献记载，“秋冬行刑”作为一种制度应是确立于西汉时期。

二、司法制度

春秋时期，不仅“礼乐征伐自诸侯出”，周天子所曾享有的最高司法权实际也由各诸侯国行使，诸侯掌握着诸侯国内的最高司法权，是实际上的最高司法官。各诸侯国设有专门的司法机构和司法组织，但是其称谓各异。例如，晋国、郑国、鲁国、卫国等设有“司寇”，宋国设有“司城”，楚国、陈国等设有“司败”，掌司法之权。

---

〔82〕《左传·昭公元年》。

〔83〕《左传·僖公二十八年》。

〔84〕《左传·襄公六年》。

〔85〕《左传·襄公二十六年》。

关于当时争讼案件的处理，《左传》中多有记载。例如，公元前632年，“卫侯与元喧讼”，即卫成公与卫大夫元喧在晋国处理争讼，因无君臣同庭对质之理，故卫成公由他人代替出庭。质证辩论之后，卫成公一方被判败讼。卫成公被拘捕押往国都，关在另外设立的囚室中，由卫大夫宁武子负责卫成公的衣食供应。[86] 这里记载的是争讼的双方当事人都属于同一个诸侯国的情形，并且作为当事双方的卫国人在晋国处理争讼。《左传》中的记载展现出当时诉讼双方从代理出庭、质证辩论，到判决和执行的全过程。

此外，还有双方当事人不属于同一个诸侯国的情形。例如，公元前587年，晋国“救许伐郑”，楚国的子反率军救郑，于是，“郑伯与许男讼焉”，郑伯（郑襄公）由郑国的皇戌代表，而子反无法作出裁决，就建议他们一起向楚王寻求解决，由楚王及其臣子共同听取两位君王的意见、知晓两国之间的是非之后，对此作出正确的判断。[87] 第二年，“许灵公诉郑伯于楚。六月，郑悼公（注：郑襄公之子）如楚，讼，不胜”。楚国就拘押了郑国的皇戌及子国。郑悼公回国后，派公子偃向晋国请和。[88] 再如，公元前613年，周匡王“使尹氏与聃启讼周公于晋”。[89] 这类事件在《左传》中有不少记载。这些事例表明，在春秋时期，曾经属于周天子的最高司法权力已经转移到诸侯国的诸侯手中，诸侯之间的争讼不再由周天子进行裁决，而是由较为强大的诸侯国进行调解或者审断。同时，司法公开、质证辩论和依法、依情理断案成为共同接受的原则。公布成文法活动和各国的变法活动为此奠定了基础。

战国时期，各国的中央司法机构也称谓不一，如在秦国为廷尉，在齐国为大理，在魏国为司寇。随着“郡县制”的推行，郡、县等地方也设立了相应的司法机构，一般由郡、县的行政长官兼理司法。

思考题

1. 简述春秋时期的“公布成文法运动”及其历史意义。
2. 简述《法经》的主要内容及其法律史意义。
3. 简述商鞅变法的主要内容及其历史意义。
4. 简述春秋战国时期司法思想的主要体现。

---

〔86〕《左传·僖公二十八年》。
〔87〕《左传·成公四年》。
〔88〕《左传·成公五年》。
〔89〕《左传·文公十四年》。

第六章 秦朝法律

（公元前221年至公元前207年）

本章要点

1. 秦朝的主要法律形式。
2. 秦朝的刑法原则。
3. 秦朝刑罚的种类。
4. 秦朝的诉讼制度。

秦国自商鞅变法之后，奉行法家思想，实行一系列变法图强的改革，国力发展强盛，为统一六国奠定了基础。公元前221年，秦始皇统一六国，建立起“大一统”的中央集权官僚帝国，统一度量衡、货币和文字，“法令由一统”[1]。公元前209年，陈胜吴广起义；公元前207年，刘邦率领的农民起义军攻占咸阳，秦亡。秦朝法律作为中国第一个封建王朝的法律，以法家思想为指导，其制度构建与法律实施为后世法律的发展提供了深刻的经验与教训。

第一节 立法思想与立法活动

一、立法思想与立法原则

秦国在商鞅变法之后，迅速实现了富国强兵的目的，商鞅、韩非、李斯等人的法律思想对秦国和秦朝的法律发展有着直接的影响。秦朝法律是在继承战国时期秦国法律的基础上发展而来的。在秦始皇统治时期，秦仍崇尚“法治”，奉行商鞅、韩非等法家“以法治国”的主张。秦始皇非常推崇韩非的学说和思想主张，他在统一六国之前看到韩非的《孤愤》《五蠹》等论述时曾说道：“嗟乎，寡人得见此人与之游，死不恨矣！”[2]在法家“法治”思想的基础上，秦始皇的立法思想主要体现为“事皆决于上”和“事皆决于法”两个方面。

《史记·秦始皇本纪》记载，秦始皇统治时，“天下之事无大小，皆决于上”，实现了君主的

[1] 《史记·秦始皇本纪》。
[2] 《史记·老子韩非列传》。

独断专制统治。为维护君主的权力和权威,秦始皇(参见图8)除称"皇帝"之外,还改"命"为"制",改"令"为"诏",皇帝的"制"和"诏"具有最高效力,最高立法权属于皇帝,实现了"法出于一"。基于法家的"法治"理念,法制的统一推行和实施是实现"法治"的基础,因而,"法令由一统"与"事统上法"[3]是必然的选择。公元前219年,秦始皇"上泰山","刻所立石",有辞曰:"治道运行,诸产得宜,皆有法式。"[4]之后,秦始皇登琅琊,"立石刻,诵秦德",其上有言:"端平法度,万物之纪","欢欣奉教,尽知法式"。[5]公元前218年,秦始皇"登之罘,刻石",其辞曰:"大圣作治,建定法度,显著纲纪","普施明法,经纬天下,永为仪则"。[6]这些内容体现出秦始皇对法家"法治"思想的奉行和重视,通过"事皆决于法"的"法治"之具来实现"事皆决于上"的皇帝之治。

图8 秦始皇像

基于上述思想,秦朝的立法原则主要体现在以下方面:

第一,法自君出,权尊于法。秦始皇统一六国之后,为维护皇帝的至高地位和特权,建立起较为完善的"皇帝"制度,使皇权制度化、法律化,以"制""敕"指挥国家机构的活动,[7]官吏须遵从皇帝的诏令。所以,法自君出,言出法随,皇帝的诏令和权力实际凌驾于法律之上。

第二,以法为本,以刑为威。秦朝的建立依赖于法家的"法治"实践,秦始皇十分重视法律所发挥的作用,以法律作为刑赏的基础和根据,并且继续推行"轻罪重刑"的原则,"专任刑罚"[8],以刑为威,因其过于迷信法律和刑罚的作用而走向了极端。

第三,"皆有法式"。秦朝立法细密,既涉及国家和社会治理的宏观方面,也涵括官民社会生活的诸多细节性规定。现已出土的睡虎地秦墓竹简、岳麓书院所藏秦简等记载的秦律、令的内容涉及国家管理和社会治理的诸多方面,法律调整的内容和范围十分广泛,是"皆有法式"的具体体现。

二、法律形式

秦朝的法律形式主要有以下几种:

[3]《史记·封禅书》。
[4]《史记·秦始皇本纪》。
[5]《史记·秦始皇本纪》。
[6]《史记·秦始皇本纪》。
[7] 张晋藩:《中国法律的传统与近代转型》(第三版),法律出版社2009年版,第128页。
[8]《汉书·刑法志》。

律。在商鞅变法时“改法为律”之后，律成为秦朝的基本法律形式。睡虎地秦墓竹简中有《秦律十八种》《效律》《秦律杂抄》等，具体有《盗律》《贼律》《田律》《厩苑律》《仓律》《金布律》《关市律》《工律》《军爵律》《置吏律》等，涉及国家治理和社会管理的诸多方面。

令。令是皇帝发布的诏令，具有最高的法律效力。秦始皇时，改“命”为“制”，改“令”为“诏”。岳麓书院所藏秦简《秦令杂抄》中令的数量和种类均较多。

式。式主要涉及案件处理的程序、程式。睡虎地秦墓竹简中的《封诊式》包括《治狱》《讯狱》《群盗》《告臣》《告子》《出子》等，涉及案件的审判程序以及案件的调查、勘验、审讯、诉讼文书的格式等内容。

法律答问。法律答问是官方作出的具有法律效力的法律解释。睡虎地秦墓竹简中的《法律答问》是官方以问答的形式对秦律内容所作的解释，主要涉及犯罪、刑罚、刑罚适用原则和诉讼制度等方面。

廷行事。廷行事是司法机关的判案成例。睡虎地秦墓竹简中有多处提到“廷行事”，司法官员可依“廷行事”定罪量刑。这说明，廷行事是司法机关在司法实践中可以参照援引的一种审判依据。

三、出土的律令简牍

我国传统的文献记载较少涉及秦朝的法律、司法制度及相关内容，而近几十年地下出土的文物资料为我们了解和研究秦朝的法律制度、经济与社会文化等领域提供了重要的参考和依据。睡虎地秦墓竹简、里耶秦简、岳麓书院藏秦简等涉及秦朝法律制度、行政制度的相关内容。

（一）睡虎地秦墓竹简

睡虎地秦墓竹简，又称睡虎地秦简、云梦秦简，是1975年12月在湖北省云梦县的睡虎地秦墓（第十一号墓）出土的一批竹简。（参见图9）这批竹简一共一千一百五十五只，残片八十片，记载的内容涵括战国晚期到秦始皇时期的法律、历史、文化等诸多方面，[9]为我们研究当时的政治、经济、文化、军事、法律的历史提供了丰富的材料，对于古文字学、考古学等学科也具有重要的学术价值。这些竹简的内容已经由睡虎地秦墓竹简整理小组整理出版[10]，其内容包括《编年记》《语书》《秦律十八种》《效律》《秦律杂抄》《法律答问》《封诊式》《为吏之道》等，共十种。《秦律十八种》包括《田律》《厩苑律》《仓律》《金布律》《关市律》《工律》《工人程》《军爵律》《置吏律》等，内容涉及农业、仓储、货币、贸易、徭

图9　睡虎地秦墓竹简图片

〔9〕　有学者认为，这些秦简所反映的时期主要是战国晚期，不包括秦始皇统一后的秦朝时期。即便如此，因为统一后的秦朝直接沿袭了战国时期秦国的相关法律制度，所以睡虎地秦墓竹简也在很大程度上反映出秦朝法律制度的内容。

〔10〕　睡虎地秦墓竹简整理小组编：《睡虎地秦墓竹简》，文物出版社1990年版。

役、手工业等诸多方面。而《封诊式》除包括《治狱》《讯狱》《群盗》《告臣》《告子》《出子》之外,还有《有鞫》《封守》《盗马》《争牛》等,涉及审判程序及对于案件的调查、勘验等诸多方面的内容。睡虎地秦墓竹简记载的内容涉及法律制度和法律原则的许多方面,如关于定罪量刑的一般原则、数罪并罚、共同犯罪加重处罚、自首减免刑罚、诬告反坐等,对于研究和了解当时的法律制度及相关内容具有很高的史料价值和文物价值。

（二）里耶秦简

里耶秦简包括2002年出土于湖南省湘西土家族苗族自治州龙山县里耶镇里耶古城遗址一号井的三万八千余枚简牍和2005年出土于里耶镇北护城壕十一号坑的五十一枚简牍。这些简牍为秦洞庭郡迁陵县的公文档案,所涉年代为秦始皇二十五年(公元前222年)至秦二世二年(公元前208年)。里耶秦简内容丰富,涵括当时的户口、土地、物产、田赋、徭役、粮储、兵甲、邮驿、刑徒管理、祭祀、教育、医药等相关政令和文书,对于了解和研究当时的公文制度、基层社会结构及其具体运作具有重要意义。〔11〕

（三）岳麓书院藏秦简

岳麓书院藏秦简系湖南大学岳麓书院于2007年12月从香港收购的一批珍贵秦简,其中竹简、木简共两千零九十八枚,比较完整的有一千三百余枚。2008年8月,一位香港收藏家又捐赠给岳麓书院七十六枚竹简,其中三十余枚较为完整。这些秦简对于研究秦朝的历史、法律、数学等方面具有非常重要的意义。经整理,这批秦简的主要内容大致可分为六类:《日志》《官箴》《梦书》《数书》《奏谳书》《律令杂抄》。其中,《奏谳书》是对有关刑事案例奏谳、审议和判决的记录。《律令杂抄》的竹简数量较多,一千余枚,是针对某种事件或案例所节抄的律令条文,其中令的名称有内史官共令、内史仓曹令、内史户曹令、辞式令、尉郡卒令、郡卒令、廷卒令、卒令、县官田令、赎令、迁吏令、捕盗贼令、挟兵令等二十余种,为研究秦朝法制史提供了重要资料。〔12〕

第二节 行政法律

秦统一后建立起中央集权的君主专制制度,在全国确立和推行郡县制及以此为基础的官僚制度。这适应"大一统"政治统治的需要,对后世两千余年的中国政治制度和行政管理体制产生了重要影响。

一、行政制度

秦朝在中央设"三公",即丞相、太尉、御史大夫。丞相为皇帝之下的最高行政长官,协助

---

〔11〕 里耶秦简的相关内容,详见《里耶发掘报告》(湖南省文物考古研究所等编著,岳麓书社2006年版)、《里耶秦简》(壹)(湖南省文物考古研究所编著,文物出版社2012年版)、《里耶秦简》(贰)(湖南省文物考古研究所编著,文物出版社2017年版)等。

〔12〕 岳麓书院藏秦简的相关内容,详见上海辞书出版社于2010年至2017年出版的《岳麓书院藏秦简》(壹至伍)。

皇帝负责全国的行政事务；太尉主管军事；御史大夫除负责监察百官之外，还参与处理朝廷政事。“三公”以下为诸卿，分执具体事务，主要有：奉常，掌宗庙礼仪；郎中令，掌宫廷警卫；卫尉，掌率卫士守卫宫禁；太仆，掌宫廷车马；廷尉，掌司法刑狱；典客，掌外交与民族事务；宗正，掌皇族宗室事务；治粟内史，掌国家租税财政；少府，掌皇室财政。

地方实行郡县制。郡设郡守，“掌治其郡”；设郡尉，为郡守的佐官，“掌佐守典武职甲卒”；设监御史，“掌监郡”，隶属御史中丞，对郡县官吏行监察之职。郡下设县，县设县令（或县长），也称“县啬夫”，为一县之长；设县尉，分掌武事，令下有佐。县也设监御史，掌监察。县还设主簿以职掌文书，少内管一县的财务；又设分管各种事务的曹，如《里耶秦简》所载的迁陵县设有尉曹、司空曹、仓曹、户曹等。县下设乡，其最高主管为啬夫。乡又分为若干里，里有典。乡以外还有亭，亭设校长、求盗等职。此外，还有涉及教育、医疗等职能的吏员或机构设置。[13]

二、官吏管理

秦朝形成了一整套对官吏进行任免、管理、考核、监督和处罚的制度，秦简中《置吏律》《除吏律》《除弟子律》《军爵律》《行书律》等均是关于任免官吏、教育和任用贵族官僚子弟以及行政管理的相关法律。睡虎地秦墓竹简中的《为吏之道》中记载了当时为官、为吏的一些准则和要求，包括官吏的处世哲学等。《为吏之道》的开篇就指出：“凡为吏之道，必精洁正直，慎谨坚固，审悉毋私，微密纖察，安静毋苛，审当赏罚。”《为吏之道》中还记载了为吏的“五善”和“五失”。“吏有五善：一曰中（忠）信敬上，二曰精（清）廉毋谤，三曰举事审当，四曰喜为善行，五曰恭敬多让。五者毕至，必有大赏。”为吏的“五失”则包括奢侈过度、傲慢自大、擅断处刑、犯上逾制、贪恋钱物等方面。[14]

秦朝要求官吏忠于职守，严格执行律令的各项规定，例如《睡虎地秦墓竹简·法律答问》载：“令曰勿为，而为之，是谓‘犯令’；令曰为之，弗为，是为‘法（废）令’也。”对于“废令”“犯令”者，即使已经被免职或调任的，也要追究其责任。

官吏既可因其履行职务过程中的过失、错误而受处罚，也可因上司或下级的违法犯罪行为而被追责。对官吏的处罚，根据其责任的轻重，分别有谇、赀、免、废、迁等。（1）谇，即斥责，主要是针对责任轻微者，例如，粮仓里有两个以下老鼠洞的，“谇”。（2）赀，即罚交财物，文献资料中多见“赀一盾”“赀二盾”“赀一甲”“赀二甲”，例如，粮仓里有三个以上老鼠洞的，“赀一盾”；仓房门闩不紧密，可以容下手指或用以撬动的器具，或者门扇不紧密，导致粮食漏出的，均“赀一甲”。[15]（3）免，即免除官职，之后可以继续任用，例如，发弩啬夫射不中目标的，“赀二甲，免”。[16]（4）废，即革职后永不叙用，例如，发给军卒兵器。质量不好的，丞、库啬夫和吏均“赀二甲，法（废）”。[17]（5）迁，即流放，例如，佐、史以上的官吏有驮运行李的马和看守文书

〔13〕参见湖南省文物考古研究所编著：《里耶秦简》（壹），文物出版社2012年版，“前言”第5页。
〔14〕睡虎地秦墓竹简整理小组编：《睡虎地秦墓竹简》，文物出版社1990年版，第167～169页。
〔15〕睡虎地秦墓竹简整理小组编：《睡虎地秦墓竹简》，文物出版社1990年版，第128页。
〔16〕睡虎地秦墓竹简整理小组编：《睡虎地秦墓竹简》，文物出版社1990年版，第79页。
〔17〕睡虎地秦墓竹简整理小组编：《睡虎地秦墓竹简》，文物出版社1990年版，第82页。

的私卒,用以贸易牟利的,“皆迁”。[18]

第三节 刑事法律

一、刑法原则

(一)以身高作为承担刑事责任的标准

秦律以身高作为判断成年人与未成年人的标准,一般认为,男身高六尺五寸、女身高六尺二寸以上为成年人,成年人犯罪需要负刑事责任。《睡虎地秦墓竹简》多处记载犯罪人因身高“未盈六尺”,没有达到六尺五寸,而无须承担刑事责任的内容。

(二)区分故意与过失

根据犯罪者的主观动机,秦律将故意犯罪和过失犯罪予以区分,故意为“端”,过失为“不端”。对于故意犯罪,要从重处罚;对于过失犯罪,则可以从轻处罚。例如,《睡虎地秦墓竹简·法律答问》载:“甲告乙盗牛若贼杀人,今乙不盗牛、不杀人,问甲可(何)论?端为,为诬人;不端,为告不审。”在这个案例中,故意则为诬告,过失则为控告不实。

(三)共犯加重刑罚

按照秦律规定,五人以上犯罪为重大犯罪,因其社会危害性较大,故处罚较重;五人以下犯罪的,则处罚较轻。例如,《睡虎地秦墓竹简·法律答问》载:“五人盗,赃一钱以上,斩左止(趾),有(又)黥以为城旦;不盈五人,盗过六百六十钱,黥劓以为城旦。”

(四)自首减免刑罚

秦律规定,犯罪后主动自首的,可以减免刑罚。例如,《睡虎地秦墓竹简·法律答问》载:“把其假以亡,得及自出,当为盗不当?自出,以亡论。其得,坐赃为盗;盗罪轻于亡,以亡论。”在这个案例中,携带所借用的官方物品逃亡的,若“自出”(自首),以逃亡论罪;若被抓获,则按盗窃论罪;若按照盗窃论罪轻于按照逃亡论罪处罚的,则仍以逃亡论罪。

(五)诬告反坐

诬告反坐,即故意诬告他人的,以所诬告之罪来处罚诬告者。例如,《睡虎地秦墓竹简·法律答问》载,应判处耐为司寇者,以应耐为隶臣的罪名诬告他人,则诬告者应被耐为隶臣。应判处完城旦的人,以应黥城旦的罪名诬告他人,则诬告者应被处以黥城旦。

(六)连坐

连坐,即一人犯罪而致他人受牵连得罪。秦时,基于与犯罪者不同的关系,连坐可分为邻伍连坐、家庭连坐、军事连坐、职务连坐等。例如,《睡虎地秦墓竹简·效律》载:“尉计及尉官吏节(即)有劾,其令、丞坐之。”此外,任用者也要对被任用者的违法犯罪行为承担相应的责任,《史记·范雎蔡泽列传》记载:“秦之法,任人而所任不善者,各以其罪罪之。”

---

[18] 睡虎地秦墓竹简整理小组编:《睡虎地秦墓竹简》,文物出版社 1990 年版,第 82 页。

二、主要罪名

刑事法律是秦律规定的重要内容,其中规定的罪名大致可分为以下几类:

(一)危害皇权和统治秩序的犯罪

危害皇权和皇帝统治的犯罪被视为最为严重的犯罪,这类犯罪主要有:(1)谋反。据《史记》记载,李斯等人以谋反罪被处以死刑。(2)不敬皇帝。《睡虎地秦墓竹简·秦律杂抄》载:"为(伪)听命书,法弗行,耐为侯;不辟(避)席立,赀二甲,法(废)。"(3)以古非今。《史记·秦始皇本纪》载:"以古非今者,族。吏见知不举者,与同罪。"(4)妄言。《史记·项羽本纪》记载:"秦始皇游会稽,渡浙江,(项)梁与(项)籍俱观,籍曰:'彼可取而代之也'。梁掩其口,曰:'毋妄言,族矣!'"(5)非所宜言。《史记·刘敬叔孙通列传》:"陈胜起山东,使者以闻,二世召博士诸儒生问……诸生或言反,或言盗。于是二世令御史案诸生言反者下吏,非所宜言。诸言盗者皆罢之。"

(二)破坏社会秩序的犯罪

破坏社会秩序的犯罪主要有:(1)投书,即投匿名书信。《睡虎地秦墓竹简·法律答问》载:"有投书,勿发,见辄燔之,能捕者购臣妾二人,系投书者鞫审谳之。"(2)偶语诗书。《史记·秦始皇本纪》载:"有敢偶语诗书者,弃市。"

(三)侵犯人身的犯罪

《睡虎地秦墓竹简》记载的这类犯罪主要有杀伤、强奸、殴打、拔人头发等,还区分了贼杀伤(故意杀人、伤人)、斗杀伤(斗殴杀人、伤人)、盗杀、擅杀等情形。[19]

(四)侵犯财产的犯罪

这类犯罪主要有:(1)盗窃。秦律严厉惩治盗窃犯罪,并将盗窃区分为普通的盗窃、共同盗窃等。例如,《睡虎地秦墓竹简·法律答问》载:"盗采人桑叶,赃不盈一钱,可(何)论?赀徭三旬。"即偷采他人的桑叶,赃值不到一钱的,要被罚服徭役三十天。(2)盗徙封,即私自变动田界。《睡虎地秦墓竹简·法律答问》载:"盗徙封,赎耐。"

(五)逃避赋税徭役的犯罪

这类犯罪主要有:(1)逋事,即接到征发徭役的命令,但是逃避官府徭役的行为。(2)乏徭,即到达服徭役的地点后又逃亡或者没有服足徭役的时间就逃亡的行为(妨害社会管理)。(3)匿户,即隐藏人户,不征发其徭役,不命其缴纳户赋的行为。[20]

(六)破坏婚姻家庭的犯罪

这类犯罪主要有:(1)不孝。对于子孙不孝的,父母或祖父母可向官府控告并予以处罚。例如,六十岁以上的老人控告不孝、要求判处死刑的,可不经过三次原宥的程序,应立即拘捕。[21] (2)去夫亡,即妻子擅自离夫私逃的行为。(3)娶人亡妻,即娶他人私逃的妻为妻。(4)弃妻不书,即休妻而不向官府报告登记的行为。对这种行为的处罚是"赀二甲",所休之妻

---

〔19〕 睡虎地秦墓竹简整理小组编:《睡虎地秦墓竹简》,文物出版社1990年版,第109~114页。

〔20〕 睡虎地秦墓竹简整理小组编:《睡虎地秦墓竹简》,文物出版社1990年版,第132页。

〔21〕 睡虎地秦墓竹简整理小组编:《睡虎地秦墓竹简》,文物出版社1990年版,第117页。

也受到“赀二甲”的处罚。[22] (5)擅杀子。对这种行为的处罚是,黥为城旦舂。[23] (6)通奸。例如,《睡虎地秦墓竹简·法律答问》载:“同母异父相与奸,可(何)论? 弃市。”

(七)关于官吏的犯罪

这类犯罪涉及官吏管理的诸多方面,主要有:

官吏的失职渎职犯罪,包括官吏失职造成经济损失的犯罪、军职罪以及有关司法官吏渎职的犯罪等。

司法官吏的犯罪,包括“见知不举”“不直”“纵囚”“失刑”等犯罪行为。“不直”,即犯人罪重而故意轻判或罪轻而故意重判。“纵囚”,指应当论罪而故意不论罪,以及设法减轻罪情而判无罪的情形。“失刑”,指司法官员因过失而量刑不当。

三、主要刑种

秦帝国在继承前代刑罚制度的基础上形成了一套较为完整的刑罚体系,包括死刑、肉刑、劳役刑、耻辱刑、财产刑、流放刑等刑种,并且有主刑、附加刑之分。

(一)死刑

秦朝的死刑种类繁多,执行死刑的方式包括:枭首,即斩首后悬首示众;戮,即对罪犯刑辱后斩首;坑,即活埋;具五刑,即先黥、劓、斩左右趾,而后笞杀、枭首、菹(剁成肉酱)。[24] 此外,还有车裂、腰斩、弃市、镬烹等。

(二)肉刑

肉刑主要有:黥、劓、斩左右趾、宫刑以及针对诽谤詈骂而予以处罚的割舌等。肉刑多与劳役刑并施,如黥为城旦舂、斩左趾为城旦等。

(三)劳役刑

劳役刑,即强制犯人劳作的刑罚,主要有:(1)城旦、舂。男犯为城旦,为筑城的劳役;女犯为舂,为舂米的劳役。(2)鬼薪、白粲。男犯为鬼薪,即砍柴;女犯为白粲,即择米。鬼薪、白粲较城旦、舂为轻。(3)隶臣妾。男为隶臣,女为隶妾,即罚为官府仆人、奴婢。(4)司寇、作如司寇。男犯为司寇,即伺察寇盗,女犯为作如司寇,即服相当于男犯司寇的劳役。(5)候,即在边地服役,侦察伺望敌情。

(四)耻辱刑

耻辱刑是一种带有羞辱性质的刑罚,主要有髡、耐等。髡,即剃断犯人的头发和鬓须。耐,即只剃鬓毛、胡须。耻辱刑可作为独立的刑罚使用,也可作为附加刑使用,如耐为鬼薪、耐为司寇等。

(五)财产刑

财产刑即剥夺犯人财产的刑罚,主要有:(1)赀,即判处罚缴纳财物或服劳役,其对象可以是钱物,也可以是劳役,如赀甲、赀盾、赀徭、赀戍等。(2)没,即没收犯人的财产。

---

〔22〕 睡虎地秦墓竹简整理小组编:《睡虎地秦墓竹简》,文物出版社 1990 年版,第 133 页。
〔23〕 睡虎地秦墓竹简整理小组编:《睡虎地秦墓竹简》,文物出版社 1990 年版,第 109 页。
〔24〕 《汉书·刑法志》。

此外,秦时还有“赎”的相关规定,即可以钱物等抵原判刑罚,包括赎耐、赎黥、赎宫、赎死等。在严格的意义上,“赎”并非一种刑罚,而是以钱物换取犯罪者免于应受刑罚的方式。

(六)流放刑

流放刑的主要形式是迁,将犯罪人迁离故土至边远地区,其家属一般多随之而迁。“秦法,有罪迁徙之于蜀汉。”[25]

第四节　民事经济法律

秦朝的民事、经济法律涉及所有权、赋税、农业生产和手工业管理、婚姻家庭制度等方面的内容。

一、所有权

秦时的所有权可分为国家所有和私人所有,包括土地以及其他财物的国家所有和私人所有。秦统一全国后,在公元前216年,“使黔首自实田”,[26]农民需向政府报告其所有的土地,这反映了当时土地私有的既存事实。《睡虎地秦墓竹简·法律答问》记载有关于“盗徙封”的处罚规定,私自变动田界构成对官私土地所有权的侵犯。秦律确认了国家对山林树木、水流以及林产、水产的保护,如《睡虎地秦墓秦简·秦律十八种·田律》记载:“春二月,毋敢伐材木山林及雍(壅)隄水……”秦律也保护个人的财产所有权,《睡虎地秦墓竹简》记载了对盗窃他人的金钱、牛、羊、桑叶等财物在不同情形下的处罚规定。

对于百姓“有责(债)于公”和“公有责(债)百姓未赏(偿)”,秦律也规定了相应的处理措施。对于百姓欠官府之债的,应发文书到其所居住的县,由该县索缴;对于官府欠百姓之债而未偿还的,也应发文书给百姓所在的县,由该县偿还。此外还规定,若“百姓叚(假)公器及有责(债)未赏(偿)”,在其人死亡的情形下,“令其官啬夫及吏主者代赏(偿)之”。[27]

二、赋税制度

中国古代社会经济制度的一个主要特征是赋税与徭役并行,秦朝也是如此。从史籍和秦简的记载来看,秦朝的赋税包括田赋、户赋、口赋等。[28] 田赋,秦汉时称为“田租”,是根据耕种土地的多少而征收的赋税。根据汉朝人可能夸大的记载,秦朝的田赋是“收泰半之赋”。[29] 而

---

〔25〕《汉书·高帝纪上》颜师古注。

〔26〕《史记·秦始皇本纪》裴骃《集解》引徐广语。

〔27〕睡虎地秦墓竹简整理小组编:《睡虎地秦墓竹简》,文物出版社1990年版,第38页。

〔28〕参见刘海年:《战国秦代法制管窥》,中国社会科学出版社2017年版,第70~71页。

〔29〕《史记·淮南衡山列传》记载:“往者,秦为无道,残贼天下。兴万乘之驾,作阿房之宫,收太半之赋……”《汉书·食货志上》载:“至于始皇,遂并天下……收泰半之赋。”根据颜师古的解释,“泰半,三分取其二”。

根据《里耶秦简》记载的迁陵县三个乡关于田租征收的情况,[30] 秦时从耕种的田地中划出一定数量作为"税田",耕种"税田"的收成全部作为田租上缴。[31] 此外,根据《睡虎地秦墓竹简》《里耶秦简》的记载,秦时还征收刍稾税[32] 和按户征收的"户刍"。《里耶秦简》载:"户刍钱六十四,卅五年□。"[33]

户赋是按户征收的一种赋税。《里耶秦简》记载:"卅四年启陵乡见户当出户赋者志:见户廿八户,当出茧十斤八两。"[34] 当时的启陵乡百姓缴纳蚕茧以充当户赋,即以实物折纳户赋。《睡虎地秦墓竹简》中有关于"匿户"的规定,"匿户"即"弗徭、使,弗令出户赋之谓也"。[35] 可见,"匿户"的一个重要目的是逃避缴纳户赋。

口赋,即人口税,是按照人口数而缴纳的一种赋税。秦律简文中没有关于口赋的事例记载,但是有禁止人口外流的相关规定。[36] 《汉书·食货志上》记载,秦自商鞅变法之后,"田租、口赋、盐铁之利,二十倍于古"。

三、农业和手工业管理

《睡虎地秦墓秦简》中的《田律》《厩苑律》《仓律》《徭律》《效律》等内容中有相当一部分涉及农业生产、畜牧及经济管理的规定,这些规定确认和巩固了当时的经济基础和经济制度,并且详细规定了农业生产的诸多方面。例如,《田律》规定,当地下了及时雨和谷物抽穗,官吏应即书面报告受雨、抽穗的耕地顷数和已开垦而没有耕种的田地顷数;庄稼生长后下了雨,要立即报告雨量的多少和受益的田数;如有旱涝灾害、蝗虫及其他害虫等灾害,也要报告受灾的顷数。

秦朝的手工业主要由官府经营。[37] 《睡虎地秦墓秦简》中的《关市律》《金布律》《工律》《均工律》《工人程》等内容表明,秦时对市场交易、手工业生产等管理已经制度化、规范化。其中,《金布律》对货币流通、市场交易等作了规定。例如,在货币流通方面,《金布律》规定,质量不好、长宽不合标准的布不得流通,规定一布折合十一钱,并且百姓在交易时,质量好的和坏的钱币一起通用,不准选择;商贾和官家府库的吏都不得对钱和布这两种货币有所选择,"择行钱、布者,列伍长弗告,吏循之不谨,皆有罪"。[38]

四、婚姻家庭制度

秦时加强了对婚姻家庭关系的管理和控制。根据秦简的内容,经官府登记认可的婚姻关

---

〔30〕 湖南省文物考古研究所编著:《里耶秦简》(壹),文物出版社 2012 年版,第 75 页。

〔31〕 据《里耶秦简》中关于迁陵县三个乡的记载,"税田"约占垦田总数的 8.62%。参见于振波:《秦简所见田租的征收》,载《湖南大学学报》(社会科学版)2012 年第 5 期。

〔32〕 《睡虎地秦墓竹简·秦律十八种·田律》记载:"入顷刍稾,以其受(授)田之数,无垦不垦,顷入刍三石、稾二石。"刍即饲草,稾为禾秆,征收刍稾主要是供皇室、官府等饲养的马匹、牲畜之用。

〔33〕 湖南省文物考古研究所编著:《里耶秦简》(壹),文物出版社 2012 年版,第 62 页。

〔34〕 湖南省文物考古研究所编著:《里耶秦简》(壹),文物出版社 2012 年版,第 37 页。

〔35〕 睡虎地秦墓竹简整理小组编:《睡虎地秦墓竹简》,文物出版社 1990 年版,第 132 页。

〔36〕 参见刘海年:《战国秦代法制管窥》,中国社会科学出版社 2017 年版,第 71 页。

〔37〕 湖南省文物考古研究所编著:《里耶秦简》(壹),文物出版社 2012 年版,"前言"第 4 页。

〔38〕 睡虎地秦墓竹简整理小组编:《睡虎地秦墓竹简》,文物出版社 1990 年版,第 35 ~ 37 页。

系受到国家法律的保护。《睡虎地秦墓秦简·法律答问》载,身高不满六尺的女子为人妻,私逃后被抓捕以及自首的,若其婚姻关系曾由官府认可,应当受到处罚,若未经官府认可,则不予论处。因此,当时法律规定了对“去夫亡”“娶人亡妻”等行为的处罚,以维护正常的婚姻家庭关系。

在家庭关系中,夫权和父权并非处于绝对的支配地位,法律对夫权和父权均作了一些限制性规定。例如,丈夫休妻需向官府报告登记,否则构成“弃妻不书”,夫妻都要受到“赀二甲”的处罚。即使妻子凶悍,丈夫也不得随意责打,若折断妻子的四肢、手指或者造成脱臼,则丈夫应被处以耐刑。[39] 此外,妻子可告发丈夫的犯罪行为,“夫有罪,妻先告”,不予没为官奴婢,妻陪嫁的奴婢、衣物等也不应没收。[40] 秦时也禁止丈夫淫泆。秦始皇在三十七年(公元前210年)“上会稽,祭大禹”,立石刻,其上载:“防隔内外,禁止淫泆,男女絜诚。夫为寄豭,杀之无罪。”[41]意即要求男女洁身以诚,若“夫淫他室”,杀之无罪。此外,秦时虽维护父权家长制,但是“擅杀、刑、髡其后子”(嗣子)的,均应定罪处罚,[42]而对擅杀其子的处罚一般是黥为城旦舂。[43]

第五节 司法制度

一、司法机构

(一)中央司法机构

史载,秦始皇“躬操文墨,昼断狱,夜理书”[44],“天下之事无大小,皆决于上”。皇帝实际上行使最高司法权力。在皇帝之下,廷尉为秦朝中央最高司法机关。李斯曾任秦朝的廷尉。据《汉书·百官公卿表》:“廷尉,秦官,掌刑辟,有正、左右监,秩皆千石。”颜师古注:“廷,平也,治狱贵平,故以为号。”对于“尉”,韦昭的解释是:“凡掌贼及司察之官皆曰尉。尉,罚也,言以罪罚奸非也。”[45]廷尉的主要职责主要是审理皇帝交办的“诏狱”和地方上报的重大、疑难案件。此外,御史大夫虽掌监察,但也参与一些重大案件的审理。

(二)地方司法机构

地方司法由地方行政长官郡守、县令(县长)兼理。《汉旧仪》载:“汉承秦,郡置太守治民,断狱都尉治狱……”在郡,秦朝可能在郡守之下设断狱都尉一职,掌治狱。在县,县丞辅佐县令(县长)处理狱讼也是其职责之一,《后汉书·百官志》载:“丞署文书,典知仓狱。”在县丞之

〔39〕 睡虎地秦墓竹简整理小组编:《睡虎地秦墓竹简》,文物出版社1990年版,第112页。
〔40〕 睡虎地秦墓竹简整理小组编:《睡虎地秦墓竹简》,文物出版社1990年版,第133页。
〔41〕《史记·秦始皇本纪》。
〔42〕 睡虎地秦墓竹简整理小组编:《睡虎地秦墓竹简》,文物出版社1990年版,第110页。
〔43〕 睡虎地秦墓竹简整理小组编:《睡虎地秦墓竹简》,文物出版社1990年版,第109页。
〔44〕《汉书·刑法志》。
〔45〕《太平御览》卷二三一引。

下,还有狱掾(吏)、令史等人员,参与案件的审理等工作。在基层,还设有亭长、游缴、啬夫、三老等,以处理民间纠纷或协助案件的调查、追捕案犯等。

二、诉讼审判制度

(一)诉讼的提出

在秦朝,依据诉讼的主体,诉讼的提出可分为两种:一为“自告”或“自出”,相当于现在的自诉,《睡虎地秦墓竹简·封诊式》中的《告子》《告臣》《甲告》《乙告》等记载的属于此类;二为官吏代表国家提出控告,如御史及其他官吏纠举犯罪等。秦时有“公室告”和“非公室告”之分。依据《睡虎地秦墓竹简·法律答问》,“贼杀伤、盗他人为公室告。子盗父母,主擅杀、刑、髡其子、臣妾,是谓非公室告。子告父母,臣妾告主,非公室告,勿听”。依此,儿子告父母、奴仆告主人受到限制。对于“公室告”,官府应予受理;而对于“非公室告”,官府不予受理,若坚持行告,则告者有罪。

(二)案件证据与调查勘验

依据出土文献的有关记载,官府在发现犯罪或者接到报案后,须立即派人赶赴现场进行侦查和勘验。《睡虎地秦墓竹简·封诊式》中的《贼死》《经死》《穴盗》等详细记载了案件现场的勘验情况,例如,《贼死》中详细记载了现场的方位、死者的性状、衣着、死者的伤口大小、出血情况等,《经死》中记载了检验“经死”(缢死)尸体应注意的事项等,具有较强的科学性。这说明,秦时较为重视案件的证据及其检验和运用。

(三)审讯和判决

在审讯过程中,司法官员最好不以“笞掠”的方式获取口供,而是要反复讯问犯罪嫌疑人,若反复狡辩,不述实情的,则可以“笞掠”的方式获取口供,并将此以“爰书”的形式记录下来。《睡虎地秦墓竹简·封诊式·讯狱》载:“凡讯狱,必先尽听其言而书之,各展其辞,虽智(知)其訑,毋庸辄诘。其辞已尽书而毋(无)解,乃以诘者诘之。诘之有(又)尽听书其解辞,有(又)视其它勿(无)解者以复诘之。诘之极而数訑,更言不服,其律当治(笞)谅(掠)者,乃治(笞)谅(掠)。笞掠之必书曰:爰书:以某数更言,毋(无)解辞,治(笞)讯某。”这里的“爰书”是指“傅囚辞而著之文书”。但是《睡虎地秦墓竹简》中的“爰书”意义较为广泛,包括司法案件的供词、记录、报告书等。[46] 从上述秦简的内容可以看出,秦时实行有条件的刑讯,并且认识到刑讯可能带来的不良后果。《睡虎地秦墓竹简·封诊式·治狱》记载:“治狱,能以书从迹其言,毋治(笞)谅(掠)而得人请(情)为上;治(笞)谅(掠)为下,有恐为败。”

审讯之后,对案件作出判决,并宣读判决,为“读鞫”。若当事人服从案件的判决,则执行判决;若当事人不服从判决,允许其申请复审,为“乞鞫”。根据《睡虎地秦墓竹简·法律答问》的记载,“乞鞫”可以由当事人自己提出,也可以由他人代为提出。

(四)司法责任

秦时要求司法官员依法审讯和判决,不得徇私枉法,否则要受到相应的处罚。若司法官员因过失而致定罪量刑不当,则为“失刑”。若存在徇私枉法的主观故意而轻罪重判或重罪轻

---

〔46〕 睡虎地秦墓竹简整理小组编:《睡虎地秦墓竹简》,文物出版社 1990 年版,第 148 页。

判,则为“不直”,如《睡虎地秦墓竹简·法律答问》记载:“赀盾不直,何论?赀盾。”若有罪轻判或判无罪,则为“纵囚”。

第六节　社会法律思潮

秦朝崇尚“法治”,法家思想构成秦朝政治法律制度的重要理论基础。李斯全面吸收法家思想,并结合秦朝政治需要,推动法家思想的社会实践。

一、“尊君”,以“定一尊”

秦统一六国之后,秦始皇在李斯等人提出的“泰皇”基础上采“皇帝”之谓,成为“始皇帝”。[47] 李斯认为,“徇人者贱,而人所徇者贵”,君主因“身尊而势重”[48],所以要确立和维护君主至高的尊贵地位。在“臣主之分定,上下之义明”的情况下,天下之人“莫敢不尽力竭任,以徇其君”。[49] 从这方面来看,“法令一统”也是君主尊贵地位的重要体现。

公元前214年,针对淳于越再次提出的“封子弟功臣”的主张,李斯予以反驳,同时也强调,需要在教育、思想言论等方面维护皇帝的至尊地位,确立意识形态等方面的统一性:“今皇帝并有天下,别黑白而定一尊。私学而相与非法教,人闻令下,则各以其学议之,入则心非,出则巷议……”[50]为维护皇帝的专制统治和法令的统一,李斯主张禁止“私学”,并提出焚《诗》《书》的建议,得到秦始皇的认可。[51] 李斯提出的这些意见和措施有利于维护君主的至上地位和加强君主的专制统治。

二、“集权”,以“制天下”

在秦统一后实行分封制还是郡县制的问题上,李斯力主实行郡县制,认为郡县制有利于皇帝的集权统治:“今海内赖陛下神灵一统,皆为郡县,诸子功臣以公赋税重赏赐之,甚足易制。天下无异意,则安宁之术也。置诸侯不便。”秦始皇采纳了李斯的意见,遂行郡县制。李斯在给秦二世的上书中曾写道:“明君独断,故权不在臣也。”[52] 在李斯看来,君主进行统治不仅要“明申韩之术”“修商君之法”,还要操“独断”之权。“独断”意味着君主“独操主术以制听从之臣”“独制于天下而无所制”。因此,李斯认为,贤明的君主应当知晓在郡县制的基础上行“集权”“独断”之制的好处:“能穷乐之极矣。”[53]

---

〔47〕《史记·秦始皇本纪》。
〔48〕《史记·李斯列传》。
〔49〕《史记·李斯列传》。
〔50〕《史记·秦始皇本纪》。
〔51〕《史记·李斯列传》。
〔52〕《史记·李斯列传》。
〔53〕《史记·李斯列传》。

三、"行督责","则所欲无不得"

李斯在给秦二世的上书中明晰了君主"行督责之道"的重要性:"夫贤主者,必且能全道而行督责之术者也。督责之,则臣不敢不竭能以徇其主矣。""明主圣王之所以能久处尊位,长执重势,而独擅天下之利者,非有异道也,能独断而审督责、必深罚,故天下不敢犯也。"[54] 所谓"督责",即以刑罚督察臣下。唐司马贞《索隐》:"督者,察也。察其罪,责之以刑罚也。"李斯还指出了"行督责"的好处:"督责之诚,则臣无邪,臣无邪则天下安,天下安则主严尊,主严尊则督责必,督责必则所求得,所求得则国家富,国家富则君乐丰。"[55] 李斯虽然夸大了"督责"的作用,但是在他看来,"督责之道"与"独断"之权、"申韩之术"、"商君之法"一样,皆为贤主明君进行统治之必需。因此,李斯的结论是:"督责之术设,则所欲无不得矣。"[56]

四、"深督轻罪",则"民不敢犯"

李斯承续了商鞅"严刑重罚""以刑去刑"的思想,认为只有"深督轻罪",才能治理好国家。李斯以商鞅曾施行的"刑弃灰于道者"为例阐明了"深督轻罪"和"严刑重罚"的必要性:"商君之法,刑弃灰于道者。夫弃灰,薄罪也,而被刑,重罚也。彼唯明主为能深督轻罪。夫罪轻且督深,而况有重罪乎?故民不敢犯也。"[57] 所以,君主进行统治需要以重刑来慑服臣下和民众。这种重刑主义思想也体现在秦朝的政治实践中。秦二世接受李斯的意见,"行督责益严",结果是"刑者相半于道,而死人日成积于市"。[58] 然而,历史不断地重演,李斯最终从曾经的施刑者变为了受刑者,推行严威酷刑的李斯最后也身受酷刑。

秦朝奉行法家的"法治"思想,但也兼采其他各家之说,并不意味着绝对排斥其他各家的思想主张,儒家、阴阳家等学派的思想观念在秦律及秦朝的政治和法律实践中均有体现。但是,秦朝统治者"繁刑严诛""赋敛无度",导致社会矛盾严重激化,成为秦帝国迅速灭亡的重要原因。《史记·秦始皇本纪》载:"故秦之盛也,繁法严刑而天下振;及其衰也,百姓怨望而海内畔矣。"

思考题

1. 简述秦朝的法律形式。
2. 简述秦朝的主要刑法原则。
3. 论述秦朝诉讼制度的主要内容。

---

[54] 《史记·李斯列传》。
[55] 《史记·李斯列传》。
[56] 《史记·李斯列传》。
[57] 《史记·李斯列传》。
[58] 《史记·李斯列传》。

第七章 汉朝法律

（公元前202年至公元220年）

本章要点

1. 汉律儒家化的重要发展和特点。
2. 汉朝的刑法适用原则。
3. 汉朝的刑罚改革。
4.《春秋》决狱。
5. 汉朝的司法制度。

汉朝分为西汉与东汉两个政权。公元前202年，秦末农民义军首领刘邦击败楚霸王项羽，建立“汉朝”，定都长安，史称“西汉”。其后，公元9年，汉外戚王莽夺取政权称帝，建立“新”朝，西汉灭亡。公元24年，新莽政权覆灭。公元25年，汉室宗亲刘秀重新建汉，定都洛阳，史称“东汉”。公元220年，东汉工朝被权臣曹操之子曹丕所建立的魏国取代，汉王朝正式终结。两汉王朝前后存续共四百余年。“汉承秦制”，汉朝继承和发展了秦朝开创的中央集权法律制度，纠正了秦朝严刑峻法、专任刑罚的弊端。在法律指导思想方面，汉初奉行黄老之学、“无为而治”的思想，汉武帝“罢黜百家，独尊儒术”，在司法领域以经义决狱，开启了法律儒家化的进程，对后世法制发展产生深远影响。

第一节 立法思想与立法活动

一、两汉法律儒家化的历史成因

两汉四百多年间，虽然从思想到体制几经反复，但法律儒家化的进程不断发展，其历史成因可以从思想意识形态和法律主导思想两个方面加以阐释。

（一）思想意识形态的转变——秦亡与法家学说的变化

秦末严刑峻法、专任刑罚，导致民不聊生，起义不断，最终刘邦脱颖而出，建立西汉帝国。汉朝在政治体制上承继秦制，但在法律体系上又有所变化，尤其是法制指导思想发生巨大变化。

在先秦诸子百家中,儒家和法家都提出了积极的治国方略。长于进取的法家学说助力秦国迅速强盛,最终统一全国,法家学说成为秦统治者的指导思想。但法家思想存在苛酷太露、难以守成的弊端,无法维持长治久安,最终法家思想随秦二世而亡。此后,好商、韩之术者虽代有其人,却改头换面打着儒家的招牌出现。这也为儒法合流(前者吸收与吞并后者)创造了条件。此外,先秦儒家中荀子的思想即已儒法杂糅,讲求"隆礼重法",后来成为统治思想的儒学,被视为"荀儒",甚至有"汉代经师……皆出荀卿"的说法。

秦汉之时,"王者法天"是统治者解释政权合法性和权威性的重要理由,即使是皇帝亦要遵守天道。阴阳五行和天人感应等阴阳家的思想受到统治者重视。"阴阳家者流,盖出于羲和之官,敬顺昊天,历象日月星辰,敬授民时,此其所长也。及拘者为之,则牵于禁忌,泥于小数,舍人事而任鬼神。"[1]秦始皇信奉阴阳家的五德终始说,使当时不少儒生为取得合法地位不惜与阴阳家合流,成为儒生兼方士,使儒学中掺入大量阴阳五行和天人感应的内容。汉初得到官方扶植的今文经学,讲天人感应、阴阳灾异,在武帝后逐渐上升为官方哲学。

(二)法律主导思想的变化——从"无为而治"到"独尊儒术"

经过秦末的农民战争,汉朝建立之初,经济凋敝,国库空虚,人民流离失所,社会动荡不安。对于统治者而言,如何快速恢复生产发展、缓和社会矛盾、稳定民心成为当务之急。同时,秦二世而亡的教训使统治者反思、探索适应社会需要的治国方略。统治者逐渐认识到,秦朝轻罪重罚、法网严密的治理模式难以维持国家的长治久安,唯有轻徭薄赋、约法省刑、与民休息,才能稳定社会秩序,恢复社会经济的发展。在这种情况下,黄老学派"无为而治"的思想逐渐被统治者所采用。

黄老学派是道家的一个分支,兼容道家、法家等诸家学说,具有很强的包容性。黄老学派在思想上主张清净无为,重德轻刑,经济上轻徭薄赋,休养生息,法律上宽简刑罚,削除繁苛。经过汉初的发展,国家"从民之欲,而不扰乱,是以衣食滋殖,刑罚用稀"[2]。"无为而治"收到了良好的效果,国家逐渐积累了财富,人民生活日益稳定、富足。黄老思想的包容性使儒、法、阴阳等学说亦有所发展。

经过汉初几十年的发展,政权逐渐稳定,经济日益繁荣,"无为而治"的思想已不能适应社会需要。同时,地方诸侯实力逐渐膨胀,甚至威胁中央的政权,农民脱逃户籍现象严重,逃税现象频发。对外关系上,匈奴在北方虎视眈眈,和亲政策无法满足需要。在内忧外患的境况下,探索新的治国之道就成为必要。汉武帝登基后,加强中央集权的需求更加强烈。此时,集合了诸家思想、适应大一统需求的新儒学适应当时社会的需要,在董仲舒的建议下,汉武帝"罢黜百家、独尊儒术",儒家学说逐渐成为官方的法律思想。

二、汉朝法律体系的形成

虽然"汉承秦制",但汉律在立法内容、立法技术以及法律表现形式等方面都比秦律有明

[1]《汉书·艺文志》。
[2]《汉书·刑法志》。

显的发展和进步。一般来说,汉朝的主要立法集中在汉初高祖、吕后及文景之世,至中期武帝时立法更为全面。经过汉朝初、中期的全面立法,形成了汉朝法律体系的主要内容和风格,后虽随着时代变迁有不断删修更补,汉初和武帝时期所制定的主要法律规范作为祖宗成宪在两汉四百余年中仍被遵循。

(一)西汉的立法活动

1.“约法三章”

高祖元年(公元前206年),汉高祖刘邦率军占领咸阳后,为争取民心,召集诸县豪杰,宣布“与父老约法三章”:“杀人者死,伤人及盗抵罪,余悉除去秦法。”[3]“约法三章”在政治上是为赢得民心,但从法制上来说,无疑是破旧立新之举。秦法以“繁于秋荼,而网密于凝脂”著称,而“约法三章”公开宣布废除秦朝残酷法律制度,并确定当时具体的法律原则,在当时天下未定的情况下对于赢得民心、稳定政权起到重要作用。

2.《九章律》

刘邦称帝后,“天下既定”,“三章之法不足以御奸”[4]。“约法三章”已不适应管理国家和调节社会关系的需要。汉初统治者开始全面的立法活动,其中最重要的是相国萧何作《九章律》。史载,相国萧何“捃摭秦法,取其宜于时者,作律九章”[5]。《九章律》是汉朝法典的主要组成部分。《九章律》原文已亡佚,据《唐律疏议》载,《九章律》是以李悝所撰《法经》中盗、贼、囚、捕、杂、具六篇为基础,增加户、兴、厩三篇,合为九篇,故称为《九章律》。[6] 内容上,户律主要规定户籍、赋税及婚姻之事,兴律主要规定征发徭役、城防守备等事,厩律主要规定牛马畜牧和驿传之事。《九章律》在秦律的基础上有所损益,构成了汉律的核心和基础。

3.《傍章》

《傍章》是汉高祖时制定的有关宫廷礼仪方面的法律。高祖刘邦即位以后,深感文臣武将缺乏朝堂礼仪,即命儒生叔孙通召集儒生三十余人,依儒家礼仪制度作成《傍章》十八篇[7],集中规定君臣朝请及宫廷各种礼制,“以正君臣之位”[8]。史载:“今叔孙通所撰礼仪,与律令同录,藏于理官。”[9]

4.《越宫律》《朝律》

汉武帝即位以后,为适应“大一统”的高度中央集权的君主专制制度,在法律制定方面,除继承汉初制定的基本法典以外,命廷尉张汤作《越宫律》二十七篇,规定关于宫廷警卫方面的内容;赵禹作《朝律》(《朝会律》)六篇,专门规定诸侯、百官朝贺制度。《越宫律》与《朝律》成为武帝时期制定的重要法律,与《九章律》《傍章》合称“汉律六十篇”。

---

〔3〕《汉书·高帝纪》《史记·高祖本纪》。
〔4〕《汉书·刑法志》。
〔5〕《汉书·刑法志》。
〔6〕《唐律疏议·名例》。
〔7〕《汉书·叔孙通传》《史记·刘敬叔孙通列传》。
〔8〕《汉书·礼乐志》。
〔9〕《汉书·礼乐志》。

（二）东汉的立法活动

光武中兴建立东汉，史载："至天下已定，务用安静，解王莽之繁密，还汉世之轻法。"[10] 虽然光武帝复汉，号称基本沿用西汉的法律，但实际上，"光武承王莽之余，颇以严猛为政，后代因之，遂成风化"[11]。因此，建武中（公元25年），桓谭曾建议："校定科比，一其法度，班下郡国，蠲除故条。"[12] 但光武帝并未采纳。

汉章帝时，法律形式多样，刑罚复杂，法律解释的内容杂乱，史书上称"宪令稍增，科条无限"[13]。是时，由于律文与决事比两类法律规范间存在众多矛盾，讼狱难决的状况不计其数，久者竟达十余年，司徒鲍昱曾奏定《辞讼比》七卷、《决事都目》八卷，以期"齐同法令，息遏人讼"[14]。和帝时采纳廷尉陈宠"宜隆先王之道，荡涤烦苛之法"的建议，对法律删繁就简，进行修订，史书载："绝钻钻诸惨酷之科，解妖恶之禁，除文致之请谳五十余事，定著于令。"[15] 此后陈宠又进行法律修订，史书载："钩校律令条法，溢于甫刑者除之。"[16] 两汉时期的最后一次修律是在献帝建安元年（公元196年）。因董卓之乱，法令日益兹酷，此次删修法律"典宪焚燎，靡有孑遗"[17]。此外，随着法律儒家化日益深入，经学大儒马融、郑玄等对律令的解释也被认为具有法律效力而在司法审判中适用。

终汉之世，自武帝以降，法律几经删减，但未能改变法律的繁密状况，所谓"文书盈于几阁，典者不能遍睹"[18]。

（三）简牍所见汉律的发展变化

20世纪以来，以简牍为代表的秦汉法律文献不断出土，为汉律的认识和研究提供了丰富的研究资料。20世纪初的敦煌汉简以及20世纪30年代居延汉简的面世进一步开拓了法律研究的空间。

1983年，湖北省江陵县（今荆州市）出土的张家山汉简（247号墓）中包含《二年律令》五百二十六枚，它的发现使亡佚已久的汉律得以重现，简文含二十七种律（贼律、盗律、具律、告律、捕律、亡律、收律、田律、金布律、史律等）和一种令（津关令），通说认为是吕后二年（公元前186年）施行的法律；《奏谳书》二百二十八枚，是秦汉时期司法诉讼的直接记录，是议罪案例的汇编，包含了春秋至西汉时期的二十二个案例，不少案例是完整的司法文书。[19] 1988年，张家山汉墓竹简（336号墓）与247号墓出土竹简的律令大致相同。[20] 此外还有1993年的尹湾汉简、2004年的长沙东牌楼东汉简牍等。

---

〔10〕《后汉书·循吏传》。
〔11〕《后汉书·第五伦》。
〔12〕《后汉书·桓谭传》。
〔13〕《后汉书·陈宠传》。
〔14〕《后汉书·鲍昱传》，李贤注。
〔15〕《后汉书·陈宠传》。
〔16〕《后汉书·陈宠传》。
〔17〕《后汉书·应邵传》。
〔18〕《汉书·刑法志》。
〔19〕张家山二四七号汉墓竹简整理小组编著：《张家山汉墓竹简二四七号墓·释文修订本》，文物出版社2006年版。
〔20〕荆州地区博物馆：《江陵张家山两座汉墓出土大批竹简》，载《文物》1992年第2期。

2006年,湖北省云梦县睡虎地77号西汉墓出土了一批内容丰富的简牍,该批简牍有两千余枚,分为二十二组,据推断其时代应在文帝末年至景帝时期,内容包括法律、质日、官府文书、私人簿籍与律典、算数、书籍、日书等。[21] 律典竹简共计两卷(V组和W组),V组三百零六枚,有盗、告、具、贼、捕、亡、杂、囚、兴、关市、复、校、厩、钱、迁十五种律文,W组五百四十四枚,有金布、均输、户、田、徭、仓、司空、尉卒、置后、傅、爵、市贩、置吏、传食、赐、史、奔命、治水、工作课、腊、祠、赍、行书、葬二十四种律文。睡虎地汉简律典的内容多见于张家山汉简,二者互相对应有助于《二年律令》的进一步整理和研究,同时亦有首次出现的律篇,如《葬律》等。此外,与张家山汉简《二年律令》中各种律篇呈平行格局不同,睡虎地汉简律典分作两卷,并且其总题之一作"旁律",为汉律是否存在正律与旁章的讨论提供了新材料。[22] 2013年,湖南益阳兔子山遗址九号井出土简牍七百八十枚,其中有字简牍五百七十九枚,内容以簿籍为主,并首次发现战国时期县级衙署档案文书,为研究战国秦汉时期基层政府行政运作提供了重要资料。[23]

2018年10月至2019年3月,湖北荆州胡家草场西汉墓12号墓出土四千余枚简牍,初步判断属西汉早期,内容分为岁纪、历日、法律文献、日书、医方、簿籍、遣册七类。其中,法律文献主要是律典和令典,约三千枚。律典分三卷,其中第1卷内容与睡虎地77号汉墓出土律典"□律"基本相对应;第2卷卷题"旁律甲";第3卷卷题"旁律乙"。三卷皆有目录,目录有小结,分别记"凡十四律""凡十八律""凡十三律",亦出现以往简牍中未见的律名,如《外乐律》《蛮夷诸律》《蛮夷士》等六种律。《外乐律》有助于推进西汉宗庙乐舞制度的研究,《蛮夷诸律》有助于研究汉初少数民族政策,并在简牍中首次发现令典。令典的发现有助于推进汉令分类、编辑与令典形成的研究。[24]

三、汉朝的法律形式及其法律儒家化的特点

(一)汉朝的法律形式

汉朝的法律形式主要有律、令、科、比。

律仍是汉朝的基本法律形式。《九章律》《傍章律》《越宫律》《朝律》等,合称"汉律六十篇"。张家山汉简中有《告律》《收律》《田律》《金布律》《史律》等法律。此外,据古籍记载,汉朝还有《尉律》《酬金律》《上计律》《左官律》《大乐律》《田律》《田租税律》《尚方律》《除钱律》等。

令是皇帝发布的法外文告,是汉律的补充形式。所谓"天子诏所增损,不在律上者为令"[25]。令的内容灵活多变,可以适应社会发展变化,但也导致令的数量浩繁,内容庞杂,至宣帝时不得不把令按时间顺序分类编成"令甲""令乙""令丙"等,但这种编纂远比不上唐宋时

[21] 湖北省文物考古研究所等:《湖北云梦睡虎地M77发掘简报》,载《江汉考古》2008年第4期。

[22] 熊北生等:《湖北云梦睡虎地77号西汉墓出土简牍概述》,载《文物》2018年第3期。

[23] 湖南省文物考古研究所等:《湖南益阳兔子山遗址九号井发掘简报》,载《文物》2016年第5期。

[24] 《湖北荆州胡家草场西汉墓出土大批简牍》,载国家文物局网,http://www.ncha.gov.cn/art/2019/12/12/art_723_157844.html,访问时间:2020年1月19日。

[25] 《汉书·宣帝纪》,文颖注。

“编令”“编敕”之严格,因此有“魏晋以后,律令之别极严,而汉则否”的说法。[26] 汉朝律令在内容上并无明确界限分工,汉朝法律中既有《田令》也有《田律》,《金布律》又叫《金布令》。史籍中有记载的汉令名有《金布令》《品令》《田令》《马复令》《胎养令》《任子令》《缗钱令》《廷尉挈令》等。

科又称“科条”或“事条”,是关于特别犯罪的刑事处罚规定。《后汉书》记载萧何曾协助高祖制定“宁告之科”[27],武帝时“重首匿之科”,以破朋党,以惩罚隐匿的行为。[28]《晋书·刑法志》记载,汉朝还有“异子之科”“投书弃市之科”等。科作为律令的补充,在汉朝的司法实践中运用广泛,史书上有“宪令稍增,科条无限”的说法。但是科条数量的急速发展,在司法实践中又产生适用难题,造成了“一律两科,失省刑之意”[29]的混乱局面。

“比”一般称“决事比”,来源于“比附”,是指用来作为断案依据的典型判例。汉朝“决事比”是从秦的“廷行事”发展而来的。史书中对于“比”的定义为:“若今律,其有断事,皆依旧事断之。其无条,取比类以决定之。”[30] 武帝以后,“比”作为一种法律形式在司法中大量适用,由于“比”在适用中具有极强的便利性,在司法实践中适用极广,随着时间的推移,“比”的数量越积越多,仅武帝时的“死罪决事比”即有一万多件。适用典型判例比照断案的做法虽然可以弥补法律法令之不足,但在实际使用过程中具有一定随意性,出现了“奸猾巧法,转相比况,禁网寖密”[31]的情况,成为汉朝中后期司法黑暗的重要原因之一。

此外,儒家思想成为汉朝正统法律思想以后,引用儒家经义解释法律亦具有权威性。由于汉朝律、令、科、比等法律形式庞杂,内容重复,使法律解释成为必要,但各家对于法律又存在不同的解释。到东汉时,引经注律十分兴盛,但法律解释的繁复,又造成其在适用上的困难。引经注律使汉律的概念更为准确,所援引的儒家思想逐渐融入法律之中,促进法律儒家化,同时为魏晋律学的发展奠定了基础。

(二)汉律的儒家化发展和特点

自汉武帝确立“德主刑辅”为正统法律指导思想后,引经注律、礼律混杂[32]的情况是一种“有意识”的成果。汉初礼律混杂,叔孙通所制《礼仪》(《傍章律》)与赵禹所制《朝律》均是关于“朝觐宗庙之仪,吉凶婚丧之典”[33]。在汉律六十篇中,礼仪制度几居半数,达二十四篇之多。这种以礼为律的做法,大概是由于“汉沿秦制,顾其时去古未远,礼与律之别,犹不甚严”[34]。

汉初以降,经与律尚未合而为一,而是在表现形式上视礼为法,西汉真正将经律融合则是

---

〔26〕 程树德:《九朝律考》卷一,中华书局 2006 年版,第 11 页。

〔27〕 《后汉书·陈忠传》。《资治通鉴·卷五十·建光元年》。

〔28〕 《后汉书·梁统传》。

〔29〕 《汉书·冯野王传》。

〔30〕 《周礼·秋官·大司寇》注疏。

〔31〕 《汉书·刑法志》。

〔32〕 以往“礼律混杂”“引礼入法“等表述有不准确及概念混淆之嫌,以“经(儒家经典)律(汉律)混杂”“引经入律”等表达为宜。

〔33〕 程树德:《九朝律考》卷一,中华书局 2006 年版,第 11 页。

〔34〕 程树德:《九朝律考》卷一,中华书局 2006 年版,第 11 页。

司法领域的《春秋》决狱。武帝时期,董仲舒等人融合吸收阴阳家、法家、道家等诸家学说。汉初儒学的影响通过道、法、阴阳兼收并蓄的方式体现在汉初“经律混杂”的法律发展之中,这也使得汉朝法律具有伦理法制的特性,主要体现为以下方面:

第一,“天人感应”理论。商周以来在神权法思想影响下的“君权神授”说与阴阳学说、先秦儒家学说融合在一起,形成了“天人感应”理论,成为维护君主专制制度的基础。为维护“受命之君,天意之所予”[35]的绝对权威,设有一系列有关侵犯皇帝尊严和人身安全的罪名,如“不敬”“大不敬”罪,矫制、废格罪,祝诅、巫蛊罪,盗宗庙陵园罪和腹非罪等。在汉朝,“触讳”往往被视为“大不敬”,对于重视等级礼仪制度的正统法律而言,大不敬是对尊卑制度的破坏,往往会受到严惩,自汉以后,后世帝王无不袭用。等级制度构成伦理道德对汉朝法制的外在维护,在法制上表现为官僚特权,如“上请”“赎刑减刑”等。西周以降,伦理道德与等级制度就是密不可分的,伦理道德被用作维护等级制度的有效措施。而董仲舒用阴阳五行来解释等级制度,使之更加具有正当性。

第二,阴阳之道与德主刑辅。“德主刑辅”作为伦理道德与汉朝法制外在关系的理想模式,在汉初尚未被统治者接受。汉武帝后,儒学所倡导的以“三纲”为主的伦理道德逐渐成为法制的指导思想,德优于刑的关系逐渐被统治者所接受,并且对于德刑关系的认识不断发展。董仲舒将“德主刑辅”与阴阳五行相联,以“天人感应”的阴阳学说作为“德主刑辅”的哲学基础。董仲舒认为,“阴,刑气也,阳,德气也”[36],上天有好生之德,“务德而不务刑”[37],以此论证德主刑辅符合阴阳之道,成为以后历代法制指导思想之一。

第三,以三纲作为正统法律思想的立法原则。在自然经济结构下,家既是生产单位,又是生活单位,家长、族长作为社会组成单位的首脑,被法律赋予相应的特权与责任。父亲作为一家之主,法律赋予其对全家人的教导惩戒之权。这从“父”字的古义中也可略见一二。《说文解字》说:“父,矩也,家长率教者,从又举杖。”其中的“矩也”“率教者”“从又举杖”,都说明家长对子孙的管教之意。另外,家长作为一家之主,对于家族成员的犯罪行为应当承担法律责任,如匿户、逃税等,这促使家长有效地“齐家”,对法律和国家负责。所谓“欲治其国者,先齐其家”,以家作为社会管理的单位,既是自然经济结构的要求,也是上层建筑和政治统治的要求。

董仲舒从“天道”出发,论证“君、父、夫为阳”“臣、子、妻为阴”的阳尊阴卑的结论,从法律对于“三纲”的维护合乎天意,论证全面维护君权、父权、夫权的合法性与合理性。具体而言,对君权的维护是“王道之三纲,可求于天”[38],具有至高无上的正当性。对夫权的维护突出表现在“七出”[39]的规定上。对父权的维护集中反映在法律对“孝”的维护,汉朝规定不孝罪,为“导民以孝”,汉朝皇帝谥号均挂以“孝”字,宣扬“以孝治天下”。“孝道”成为汉朝法制内在精神。汉律中规定众多的不孝罪和对不孝的严刑惩罚也说明了对孝道的维护。注重“孝道”目

---

〔35〕《春秋繁露·深察名号》。

〔36〕《春秋繁露·阳尊阴卑》。

〔37〕《春秋繁露·阳尊阴卑》。

〔38〕《春秋繁露·基义》。

〔39〕《大戴礼记·本命篇》。“七出”又称“七去”“七弃”,分别为“不顺父母”“无子”“淫”“妒”“恶疾”“多言”“窃盗”。

的在于从维护父权上升至对于君权的维护,从而维护统治的稳定。如孔子所言:“其为人也孝悌,而好犯上者鲜矣;不好犯上而好作乱者,未之有也。”〔40〕

以家族主义为基础,亲属间的法律责任体现为亲属相犯、亲属相隐、族刑与荫亲等方面。

对于亲属相犯,依据伦常宗法关系,卑幼犯尊长,处刑重于常人,反之则轻。甚至子告父谋反,也不免有杀身之祸,因为“告父不孝”〔41〕。此外,汉律将亲属间不正当性行为视“禽兽行”予以严惩。即使以尊奸卑,处刑也较常人为重。如琅琊王刘泽之孙“与父康王姬奸,生子男一人,又夺弟妻为姬,并与子女三人奸”,结果“诏下公卿,皆议曰:‘定国禽兽行,乱人伦,逆天,当诛’,上许之”〔42〕。而依汉律,常人相奸仅处“耐为鬼薪”的三岁刑。

“亲属相隐”入律是从儒家“子为父隐,父为子隐”的伦理观念在法律中的体现。宣帝地节四年(公元前66年)以诏书形式确立了“亲属相隐”的法律原则,这是法律伦理化的重要表现。但是,屈法伸情是有条件的,如遇谋反、大逆等情形,则要以尽忠为首,不能“亲属相隐”。

族刑与荫亲也是基于伦理关系,所谓“一损俱损,一荣俱荣”。族刑在汉朝几度废兴,但终汉之世常有“夷三族”。而荫亲在汉朝统治者手中又曾以“推恩”的方式起到打击地方诸侯的作用。

第二节　行 政 法 律

一、行政管理体制

汉朝基本因袭了秦朝的政治制度,但在新的形势下也制定了大量法律,进一步完善中央与地方行政权力的组织架构。

(一)进一步加强皇权

汉朝最高统治者继续沿用皇帝称号,提出“君权神授”说,竭力宣扬“王者承天意以从事”〔43〕,进一步把皇权神秘化、法律制度化。统治者采用董仲舒的论证,宣扬天是支配一切的主宰,而沟通天与人的中介正是帝王,因为皇帝是“天之子”,皇帝对臣民的统治完全是“天意之所予”〔44〕,为皇权披上了神的外衣,显示其神圣不可侵犯的合法性。

皇帝掌握国家权力,立法、司法、行政大权均操于皇帝一人之手。为了把皇帝至尊至圣的地位法律化、制度化,保障皇帝在传统帝制政权机构中处于绝对权威的地位,规定:“汉天子正号曰皇帝,自称朕,臣民称之曰陛下。其言曰制诏、史官记事曰上。车马衣服器械百物曰乘舆,所在曰行在所,所居曰禁中,后曰省中,印曰玺,所至曰幸,所进曰御。其命令一曰策书,二曰制

---

〔40〕《论语·学而》。

〔41〕《汉书·淮南衡山济北王传》载:武帝时,“太子雍坐告王父不孝……弃市”。

〔42〕《史记·荆燕世家》。

〔43〕《汉书·董仲舒传》。

〔44〕《春秋繁露·深察名号》。

书,三曰诏书,四曰戒书。”[45]

(二)中枢机关的变化

汉朝沿用秦朝“三公九卿”制,以三公九卿构成中央重要的决策机关和行政管理机关。“三公”分别是丞相、太尉和御史大夫,丞相“掌丞天子,助理万机”[46],权大位尊;太尉掌管军事;御史大夫是副相之职,掌管监察。丞相之下设“九卿”,即太常、光禄勋、卫尉、太仆、廷尉、宗正、大鸿胪、大司农、少府,分管礼仪、宫廷守卫、皇室事务、司法、外交、财政、赋税等行政事务。

西汉中期,为了加强皇权,同时解决丞相权力过大、政事繁杂的弊端,汉武帝将丞相改为大司徒,掌管民政、财政、教育;太尉改为大司马,仍掌管军事;御史大夫改为大司空,掌管土木营造。新的三公互不统属而总隶属于皇帝。九卿也由丞相一人统辖而改为三公分管。这一变化不仅是皇权膨胀的结果,同时,“分职授政,以考功效”[47],便于发挥政权组织的统治效能。

随着皇权专制的加强,皇帝侍从机构开始参政,最直接的表现是尚书的权力和组织机构逐渐扩大。尚书原本只在内廷掌管图书、秘籍、章奏,由于尚书与皇帝接触的机会多,大多成了皇帝的心腹,于是常被委以处理军国大事的重任。这样不仅扩大了尚书的职权,而且扩充了组织机构。由尚书、中书、侍中等组成“中朝”,决策国家大事,随后建立尚书台,在主管尚书令之下设尚书仆射、尚书丞、尚书郎等职。东汉光武帝时,尚书台组织日趋庞大,增设常侍曹、二千石曹、户曹、三公曹、南主客曹、北主客曹等六曹,分管中央和地方的人事、社会治安、司法审判、外交和土木工程等;从此以“三公”为首的外朝形同虚设,而尚书台却成了“出纳王命,敷奏万机”[48]的主要行政机关。尚书台的建立是传统帝制的一个重要发展,终汉之世,宦官外戚借此秉政专权,后期政治日益腐败。

(三)地方行政制度

汉初在承袭秦代郡县制的基础上,又广建封国,形成了郡县制与封国制并存的局面。当时全国分为五十郡,诸侯王的封地就占了三十九郡。封国具有很大独立性,形成地方割据,严重地影响着中央集权的统治。汉高祖刘邦错误地认为秦亡原因之一是外无同姓相助,于是大封刘氏王,结果造成各诸侯王“乃益骄溢……诱天下亡人,谋作乱”[49]。随着地方势力的日益膨胀,削弱诸侯国的势力成为当务之急。文帝时把封国由大划小,景帝采纳晁错“削藩”的建议,削夺王国部分土地归中央管辖。“七国之乱”被平定以后,景帝再次削减了诸侯王的土地和权力,使诸侯仅食租税不得与政。武帝时,随着中央集权的加强,注重以严刑峻法削减封国势力,设“阿党附益之法”与“左官律”对侯国交结、私任属官的行为予以严惩,设“酎金律”以限制侯国财政,又推行“推恩令”削减诸侯势力,最终结束了藩国对中央的威胁。

西汉在地方设郡县两级行政机关。郡是直属于中央的地方机构,其长官为郡守,在所辖县内负责督促农业生产,征收徭役赋税、考核官吏、举荐人才,并负责本郡的司法审判和组织军

〔45〕(汉)蔡邕:《独断》卷上。
〔46〕《汉书·百官公卿表上》。
〔47〕《汉书·朱博传》。
〔48〕(唐)杜佑撰:《通典》卷第二十二《尚书省》,王文锦等点校,中华书局1988年版,第588页。
〔49〕《史记·吴王刘濞列传》。

队。县的行政长官称令或长,下设县丞,掌管司法审判,设尉,掌管军事。县以下设乡、里、亭。东汉末年,把原来的各监察区确立为州,至此,州成为最高的地方行政组织,即形成州、郡、县三级制。

二、职官管理制度

两汉时期已建立起一整套适应中央集权统治需要的职官管理制度,主要包括对职官的选拔任免、考课奖惩和弹劾等。

(一)职官的选拔和任免

汉朝统治者为了解决官吏的来源,形成了选拔任用官吏以荐举和考试结合的基本方法,以"功之高下为先后之次"[50]为基本原则,重视对官吏的选拔工作,把符合统治阶级要求的德才兼备的官员看作"治国之器","则材能德行,国之针药也"[51]。

察举制度即由皇帝下诏责成中央和地方各级长官选贤举能,向朝廷推荐官吏。高祖刘邦在去世前一年曾下"求贤诏"布告天下:"贤士大夫有肯从吾游者,吾能尊显之。"[52]惠帝和文帝时进一步规定,公卿郡守以及王侯每年要向中央选荐"贤良方正"、"孝廉"和"直言极谏"之士。

武帝更加重视人才的选拔工作,规定每年要在二十万人中举荐一人,送中央以备录用,其后成为定制。武帝还下令"议不举孝廉者罪诏",强调"进贤受上赏,蔽贤蒙显戮"[53],同时将推荐的范围扩大到"茂材"(有特别才干和奇异能力的人)。汉时对于选拔人才的程序亦有规定,进贤要通过乡里地主阶级代表人物的评议,被选荐的"贤良"还要经过皇帝亲自"策试",即所谓"对策""射策"。汉朝通过察举制度选拔了一大批社稷之材,如董仲舒即以对策问官,何武以射策甲科为郎。

除察举制度外,两汉录用官吏还有征辟、上书拜官、任子和荫袭、赀选等方式。

征辟是直接聘任士人为官的一种方法。皇帝直接聘任士人为官叫征召;大臣聘任士人为官叫辟召。《史记·酷吏列传》载,武帝发兵征大宛国曾"诏征豪吏",而作过廷尉和御史大夫的张汤到中央任司法官吏,即是由"武安侯为丞相、征汤为史(相府长史)"[54]。

上书拜官是通过上书皇帝,提出有利于统治的措施,受到赏识而得官,即所谓"公车上书"之制。但这是一种个别现象。

任子和荫袭是指二千石以上官吏,任满三年可保举一人为郎。文景时期有名的酷吏周阳由就以"宗家(宗室)任为郎"[55]。名臣苏武、刘向均以荫袭为郎。

赀选制度是从武帝时开始的为解决财政困难而实行的"卖官鬻爵",多是临时性的选拔途

---

〔50〕《汉书·高后纪》,颜师古注。

〔51〕(汉)桓谭撰:《新辑本桓谭新论》卷三《求辅篇》,朱谦之校辑,中华书局2009年版,第9页。

〔52〕《汉书·高帝纪》。诏书具体规定了以下几点:被荐举的对象是年富力强的所谓智能之士;荐举的方法是由丞相传达到诸侯封国,由御史中丞传达到各郡守,知有贤能要劝他们到相国府登记准备录用;如果地方官吏发现人才没有呈报,要受到免职处分。

〔53〕《汉书·武帝纪》。

〔54〕《史记·酷吏列传》《汉书·张汤传》。

〔55〕《史记·酷吏列传》。

径。任子、荫袭和赀选为官反映了传统帝制选官制的阶级性和腐败性。

另外,汉武帝时开始设“太学”。博士弟子学习儒家经典,每年考试一次,合格者可以为官。这是儒家思想成为正统思想在选官制度上的表现。

汉初选拔任用官吏曾有身份限制,规定商人子弟、入赘之婿以及因贪赃被免官者不得为官,宗室子弟不得任公位高官。《后汉书·章帝纪》载:“一人犯罪,禁至三属,莫得垂缨士宦王朝,如有贤才而没齿无用。”[56]为解决国家荐举官吏过程中弄虚作假、情况不实等行为,法律规定朋比为奸均要治罪。哀帝建平二年(公元前5年),嗣侯王勋“坐选举不以实,骂廷史,大不敬,免”[57]。此外,张谭为御史大夫,“坐选举不实,免”[58]。《汉书》记载的官吏因相互举荐被罢免甚至被杀者不乏其例。虽然规定了严厉的惩罚,但由于传统帝制社会的腐败,贿赂请托和以特权取得高官厚禄的行为在选官过程中仍旧无法避免。

两汉官吏的任期没有具体规定,从史籍记载看,任职有以下情况:有的被选中后先不上任称为“待诏”;上任后要经过一定试用期称为“守”,时间一般为一年,称职者才能转称为“真”,发给全俸。在任职官的助理称为“平”;位尊而行卑官之事,称为“行”;一身兼二职,称为“兼”;以一官为主而兼任他职,称为“领”。东汉时,为了防止官员朋比为奸,曾实行“三互法”,规定官员的回避制度:“婚姻之家,及两州人士不得对相监临。”[59]

汉朝还规定了官吏的休假制度。汉高祖时就曾制定了所谓“宁告之科”,“告”分为“予告”和“赐告”。“予告”是对有功之臣给予省亲的假期,即所谓“在官有功最,法所当得也”[60]。“赐告”即命令官吏归家养病,所谓“病满三月,当免”[61]。例如,《汉书·卫绾传》载:“上废太子,诛栗卿之属,以绾为长者,不忍,乃赐绾告归。”[62]因此,“赐告”亦是皇帝变相罢官的一种方法。

(二)职官的考课与奖惩

两汉时期极为重视对官吏政绩的考课,以作为官吏升迁贬黜的依据,有助于保持官吏队伍的整体素质,是“尚贤”思想的具体表现。当时认为:“官长不考功,则吏怠傲而奸宄兴;帝王不考功,则直贤抑而□伪胜。”[63]

汉朝通过“上计律”对官吏进行考核。就现存史料看,所谓上计,即每到年终时,各郡郡守派上计掾和上计吏各一人,把本郡内农业生产状况、户口的增减、治安情况等写在计簿上,到中央向丞相(东汉时为司徒)汇报。有成绩的可以逐级迁升,称为“平升”,如政绩卓著可越级迁升,称为“巨升”。对毫无成绩者,轻则申诫,重则罢黜。地方官吏为避免考课不合格而被贬受罚,“则择便巧史书习于计簿能欺上府者,以为右职”[64],就连皇帝也哀叹:“上计簿具文而已。

---

〔56〕《后汉书·章帝纪》。
〔57〕《汉书·外戚恩泽侯表》。
〔58〕《汉书·百官公卿表》。
〔59〕《后汉书·蔡邕传》。
〔60〕《汉书·高帝纪》。
〔61〕《汉书·高帝纪》。
〔62〕《汉书·卫绾传》。
〔63〕(汉)王符撰:《潜夫论笺校正》卷二《考绩第七》,(清)汪继培笺,彭铎校正,中华书局1985年版,第63页。
〔64〕《汉书·贡禹传》。

务为欺谩,以避其课。"[65] 官吏工作认真,所谓"积劳"也能得到升迁的褒奖。武帝时,"赵禹以刀笔吏积劳,稍迁为御史"[66]。宣帝时,颖川太守黄霸因"养视鳏寡,赡助贫穷"[67] 而获得升迁。"明达法令"也是加官晋爵的原因。如薛宣"以明习文法诏补御史中丞"[68],张汤因谙熟法律而连连升官。

官吏贪赃枉法,一旦被发现即处以严刑,其行动要受到严格的控制。《后汉书·苏不韦传》载:"免罢守令,自非诏征,不得妄到京师。"[69]

三、监察制度

随着汉朝中央集权的进一步强化,汉朝的监察制度在承袭秦制的基础上逐渐形成中央与地方两大监察体系。自汉朝以后,监察制度不断发展完善,成为中国传统政治体制中的重要部分。

在中央,御史大夫及御史中丞主管的御史台为最高监察机关,"内承本朝之风化,外佐丞相统理天下"[70],御史大夫总领百官,纠举官吏犯罪,"典正法度,总领百官,上下相监临"[71],并可奉诏参与审判。御史大夫甚至有权弹劾丞相。弹劾者和被弹劾者可以在皇帝面前据理争辩,但监察权完全附属于皇权,弹劾的内容是否属实,最终由皇帝裁决。

在地方,为强化对地方官吏的监察,汉朝改由丞相派出"丞相史",行使监察数郡的职权。武帝时把全国分为十三个监察区,称州部,设刺史专事监察。刺史在御史中丞的领导下,按皇帝规定的"六条问事"行使监察权。[72] 法律明确规定了监察官员的职责和行使权力的范围,刺史监察的主要内容是:地方官吏是否田宅逾制,是否遵行诏令,是否执法公平,有无其他违法乱纪等。汉朝在京师地区则设司隶校尉,"以掌徒隶而巡察"[73],负责对京师地区的监察。

在监察体系中,刺史享有"选第大吏,所荐位高至九卿,所恶立退"[74] 的大权。御史中丞和司隶校尉的权势极大。这些监察官员是皇帝的耳目,极受皇帝的倚重。在朝会时,同尚书令、御史中丞一样,专席设座,称为"三独坐"。至东汉,监察机关地位日隆。御史台仅名义上归九卿之一的少府,实际上与尚书台、谒者台一样,独立行事,时称"三台"。

---

[65] 《汉书·宣帝纪》。

[66] 《史记·酷吏列传》。

[67] 《汉书·循吏传》。

[68] 《汉书·薛宣传》。

[69] 《后汉书·苏不韦传》。

[70] 《汉书·薛宣传》。

[71] 《汉书·朱博传》。

[72] 《汉书·百官公卿表》颜师古注。"六条问事"之内容:"一条,强宗豪右田宅逾制,以强凌弱,以众暴寡。二条,二千石不奉诏书遵承典制,倍公向私,旁诏守利,侵渔百姓,聚敛为奸。三条,二千石不恤疑狱,风厉杀人,怒则任刑,喜则淫赏,烦扰刻暴,剥截黎元,为百姓所疾,山崩石裂,祆祥讹言。四条,二千石选署不平,苟阿所爱,蔽贤宠顽。五条,二千石子弟恃怙荣势,请托所监。六条,二千(石)违公下比,阿附豪强,通行货赂,割损正令也。"

[73] 《汉书·百官公卿表》,颜师古注。

[74] 《汉书·朱博传》。

第三节　刑事法律

一、刑事法律对君主中央集权的维护

两汉刑事法律全面维护以君主为核心的中央集权制度，重点打击危害皇权的行为。西汉时期以削弱以藩王为代表的地方势力为典型，东汉时期以维护社会安定为特征。

（一）"大逆不道"与"不敬"罪

"大逆不道"与"不敬"罪是汉朝为了保障皇帝的权力、权威和安全而设立的罪名。大逆不道主要包括谋反、恶言、妖言惑众等危害皇权的行为，大逆不道被视为严重的犯罪，"大逆不道，宜极重诛"[75]。犯此罪一般处以死刑，且经常殃及亲人。史书记载："躬母圣，坐祠灶祝诅上，大逆不道。圣弃市，妻充汉兴家属徙合浦。"[76]"不敬"罪主要包括"逆天道，非所遗言"[77]"戏殿上"[78]"不崇礼仪，疾言辨讼，惰谩亡状"[79]"奉诏不谨"[80]等行为，范围极广，犯"不敬"罪，重则死罪，轻则削爵。

（二）"非所宜言"与"腹诽"罪

"非所宜言"与"腹诽"罪均为汉朝针对思想言论方面的犯罪。"非所宜言"即说了不该说的话，往往按照大不敬、大逆不道等进行惩治，如"丞相御史奏汤惑众不道，妄称诈归异于上，非所宜言大不敬"[81]。"腹诽"即对皇帝或朝政虽未明确反对，但持有异议或心怀不满而有所表露的行为。《汉书·食货志》载，汉武帝时大农令颜异在与客人交谈时，"客语初令下有不便者，异不应，微反唇"，即被御史大夫张汤奏称"见令不便，不入言而腹诽，论死"，后遂有"腹诽之法比，而公卿大夫多谄谀取容"。[82]

（三）"左官"与"阿党附益"罪

"左官"与"阿党附益"罪均是为了削弱和打击地方诸侯的势力而设立的罪名。[83]左官罪，即舍弃朝廷官职而仕于诸侯，依据《左官律》进行惩处。汉初高祖刘邦大封同姓宗亲子弟为王，使各地藩王势力逐渐强大，对皇帝与中央政府构成极大威胁。汉武帝前后曾制定一系列法律，以打击地方诸侯的势力，巩固皇帝与中央的权力地位。《汉书·诸侯王表》载，武帝时"作左官之律，设附益之法，诸侯惟得衣食税租，不与政事"。颜师古注曰："汉时依上古法，朝廷之列以右为尊，故谓降秩为左迁，仕诸侯为左官也。"

---

〔75〕《后汉书·孔融传》。

〔76〕《汉书·息夫躬传》。

〔77〕《汉书·律例志》。

〔78〕《汉书·申屠嘉传》。

〔79〕《汉书·龙胜龙舍传》。

〔80〕《汉书·翟方进传》。

〔81〕《汉书·陈汤传》。

〔82〕《汉书·食货志》。

〔83〕《汉书·诸侯王表》。

"阿党"谓"诸侯有罪,傅相不举奏",[84]即官员知晓诸侯犯罪而不及时检举或奏报的行为;"附益"谓"言欲增益诸侯王也",[85]即官员与诸侯相互勾结,为其谋取政治经济等利益的行为,犯"阿党附益"罪皆处以重刑。

二、主要刑法原则

两汉四百余年间,中国传统法律在内容、形式、理论和制度上都有了发展与创新,特别是自西汉中期以后,由于儒家学说影响加深,汉朝逐渐在立法和司法领域中形成了一系列与秦朝法制迥异的原则与制度。在刑罚适用原则方面,儒家"德主刑辅"思想的影响极为明显,其中最有代表性的是"上请"、"亲亲得相首匿"和"恤刑"原则。

(一)"上请"制度

所谓"上请",是指一定范围内官僚、贵族及其子孙犯罪,不交一般司法机关处理,而应奏请皇帝裁决的制度。这种上请制度正是儒家思想中"尊尊"原则的要求,也是"刑不上大夫"原则的具体体现。在汉朝,自汉高祖以下,平帝、宣帝以及东汉光武帝时都有与上请制度相关的诏令,享受上请特权的范围也逐渐由汉初的郎中一级官吏扩大到东汉时几乎所有的官员。

(二)"亲亲得相首匿"原则

所谓亲亲得相首匿,是指汉朝法律所规定的有血缘或姻亲关系的亲属之间,有罪应相互包庇隐瞒,不得向官府告发,对于此类容隐行为,法律不追究其刑事责任。亲属之间犯罪后相互包庇是儒家的基本伦理要求之一。基于"亲亲得相首匿"原则,血缘关系影响到定罪与量刑制度,也是中国古代法的伦理特色的典型表现。

秦朝深受法家法治主义及国家至上原则的影响,鼓励告奸。汉初亦有"重首匿之科"的规定,禁止父子相隐的行为。西汉中期以后,儒家思想开始冲破原有的樊篱而影响整个社会,亲属相互为隐的观念为当时社会所接受,正式成为一种法律观念。汉宣帝时正式下诏:"父子之亲,夫妇之道,天性也。虽有祸患犹蒙死而存之,诚爱结于心而仁厚之至也,岂能违之哉!自今子首匿父母,妻匿夫,孙匿大父母。皆勿坐。其父母匿子,夫匿妻,大父母匿孙,罪殊死,皆上廷尉以闻。"[86]自此以后,亲属相容隐在中国古代沿袭了近两千年。

(三)恤刑原则

所谓恤刑,即老幼废疾者或妇人犯罪,在定罪量刑或刑罚执行上予以优待。恤刑原则继承了西周时期矜老恤幼的法律原则,是汉朝统治者宣扬仁政的体现。汉朝统治者在西周"三宥之法"的基础上,对特殊人群犯罪予以优待,亦是儒家仁政爱民思想的实践,但汉朝每个时期恤刑原则适用年龄、适用范围的具体规定有所不同。汉惠帝时期,即有"民年七十以上若不满十岁有罪当刑者,皆完之"[87]。到汉景帝时,著令曰:"年八十以上,八岁以下,及孕者未乳,师(乐师盲瞽)、朱儒当鞠击者,颂(容)击之。"[88]汉宣帝元康四年春,下诏曰:"朕惟耆老之人,发

---

[84]《汉书·高五王传》。
[85]《汉书·高五王传》。
[86]《汉书·宣帝纪》。
[87]《汉书·惠帝纪》。
[88]《汉书·刑法志》。

齿堕落，血气衰微，亦亡暴虐之心，今或罹文法，拘执囹圄，不终年命，朕甚怜之。自今以来，诸年八十以上，非诬告杀伤人，它皆勿坐。”[89]汉成帝鸿嘉元年，定令：“年未满七岁，贼阄杀人及犯殊死者，上请廷尉以闻，得减死。合于三赦幼弱老耄之人。此皆法令稍定，近古而便民者也。”[90]汉平帝时期规定：“其明敕百寮，妇女非身犯法，及男子年八十以上七岁以下，家非坐不道，诏所名捕，它皆无得击。”[91]

（四）复仇的限制

情与法的两难问题是每个时代的统治者都需要考虑的。“罢黜百家，独尊儒术”的基本理念将法律伦理化，汉宣帝确立了“亲属相隐”原则，是屈法伸情的重要表现。复仇是情法两难的另一个体现。

从维护国家公权力的角度，复仇是违反法律的行为，破坏了国家法律制度，有损国家公权力之尊严。因此，对于复仇行为，汉朝在立法观念上予以否定和禁止。东汉时复仇之风盛行，时人桓谭即建议重申旧令，严禁复仇行为，“今人相杀伤，虽已伏法，而私结怨仇，子孙相报，后忿深前，至于灭户殄业，而俗称豪健，故虽有怯弱，犹勉而行之，此为听人自理而无复法禁者也。今宜申明旧令，若已伏官诛而私相伤杀者，虽一身逃亡，皆徙家属于边，其相伤者，加常二等，不得雇山赎罪”。[92] 然而，从道德的观念而言，复仇被认为是遵循孝道的表现。从司法实践来看，由于受到董仲舒《春秋》决狱，尤其是原心定罪原则的影响，复仇者往往会受到极为宽大的处理，甚至褒扬，整个社会舆论也大都对复仇行为采取同情与支持的立场。《后汉书·烈女传》载，赵娥为父报仇，最终“遇赦得免，州郡表其闾，太常张奂嘉叹，以束帛礼之”[93]。正是在此种背景下，东汉章帝时期曾颁布《轻侮法》，以宽宥复仇行为。[94]

总之，复仇行为本身包含着情与法的冲突，汉朝把儒家所倡导的礼义规范纳入法律、法令之中，把儒家经典条文化和法律化，把维护以“亲亲”“尊尊”为核心的社会政治等级秩序作为首要任务，特别是汉朝中期以后逐步确立了儒家思想在立法和司法中的地位，对中国传统法律特别是刑事立法制度的发展产生深远影响。

三、文景时期的刑罚改革与废除肉刑

在中国古代刑罚发展史上，西汉文帝、景帝时期所进行的刑罚改革是一个极为重要的转折过渡。这次刑罚改革标志着刑罚体系从早期的野蛮逐渐转变为相对文明。

（一）原因与背景

在汉文帝实施刑罚改革以前，汉朝的刑罚制度按“汉承秦制”的原则，基本上承袭了秦朝残酷的刑罚体制，不仅刑罚的方法、体系、刑种混乱，且肉刑、徒刑常结合使用，使整个刑罚体系严酷混乱。西汉初期由于政治上和经济上条件的限制，无法对继承而来的秦代刑罚体系中的

---

[89]《汉书·宣帝纪》。
[90]《汉书·刑法志》。
[91]《汉书·平帝纪》。
[92]《后汉书·桓谭传》。
[93]《后汉书·烈女传》。
[94]《后汉书·张敏传》。

弊端进行改革。经过西汉初期一段时间的“休养生息”以后，文帝、景帝之际，汉朝政治稳定，经济繁荣，文明程度也大大提高，这为刑罚改革提供了良好的社会条件。

（二）过程与内容

此次刑罚改革始于汉文帝十三年，直接起因为少女缇萦上书。缇萦之父有罪当处肉刑，缇萦上书皇帝，痛陈肉刑之弊：“夫刑至断肢体，刻肌肤，终身不息”[95]，表示愿自纳为官婢以赎父刑。文帝知道后“甚怜之”[96]，即下令大臣拟定具体办法改革旧有的刑罚体制，主要内容是用徒、笞、死三刑取代黥、斩左趾、斩右趾等肉刑；将黥刑改为髡钳城旦舂，劓刑改为笞三百，斩左趾改为笞五百，斩右趾入于死刑，并相应确定徒刑的固定刑期。此次改革虽然以徒刑、笞刑取代了黥、劓、斩左趾等肉刑，但所定笞数太高，实际上经常杖人至死，将斩右趾改为死刑，则直接加重刑罚，故时人有“外有轻刑之名，内实杀人”[97]之评。为此，景帝元年和中元六年两次下诏再行改革，减少笞数，将原来劓刑笞三百最终定为笞一百，斩左趾笞五百改定为笞二百，并颁布“箠令”，确定笞刑的刑具、行刑方法等。限制笞杖规格及受笞部位使“加笞与重罪无异，幸而不死，不可为人”的景况得以改变，“自是笞者得全”[98]。景帝时还曾规定：“改磔曰弃市，勿复磔。”[99]至此，西汉中期的刑罚改革始告完成。

（三）局限与意义

文帝和景帝刑制改革初步改革了野蛮的刑罚，但改革并不彻底，并没有彻底废除肉刑。例如，在此次改革中并未明确规定废除宫刑。同时，此次改革以后不久，斩右趾又复施行。

尽管此次刑罚改革有其局限性，但极大地推进了中国刑罚的文明化发展。此次刑罚改革以后，肉刑已不复作为刑罚的主体，残酷的刑罚执行方法有所改变。经过此次刑罚改革，徒刑、笞杖刑成为刑罚的主体，并逐渐完善。经过魏晋南北朝时期的发展与完善，为隋唐时期的笞杖徒流死新五刑体例奠定了基础。

第四节　民事经济法律

汉朝法律注重维护传统民事和经济关系，保护国家经济的利益。从现存的历史资料来看，两汉统治者都或多或少地运用法律、法令手段调整国家的民事和经济问题，汉朝法律中涉及土地、赋税、契约、借贷等民事法律关系的规范也逐渐丰富。

一、土地与赋税制度

借用现代土地所有权的概念，汉朝的土地所有形式可分为“国有制”和“私有制”，通说认

---

[95]《汉书·刑法志》《史记·孝文本纪》。

[96]《汉书·刑法志》《史记·孝文本纪》。

[97]《汉书·刑法志》。

[98]《汉书·刑法志》。

[99]《汉书·景帝纪》。

为汉朝两种性质的所有权并存。“国有制”土地，亦称为“公田”，是由汉朝官府直接占有的土地，主要包括山林、江海等无主土地、“没官田”、“户绝田”以及新开垦之地。汉朝实行国有土地下的授田制，张家山汉简《二年律令》中即有授田的规定。[100]“私有制”土地既包括归皇室所有的私田，也包括宗藩、皇亲、达官、富商大贾以及民间私人所有的土地。从商鞅“为田开阡陌”[101]到秦朝“使黔首自实田”[102]，汉朝仍有私有制土地的存在。《汉书·食货志上》记载：“古井田法虽难卒行，宜少近古，限民名田，以澹不足，塞并兼之路。”颜师古注曰：“名田，占田也。各为立限，不使富者过制，则贫弱之家可足也。”“名田”就是把土地归于私人名下，即一种土地私有制。

土地作为统治基础和社会经济基础，官方非常重视运用法律的手段保护国有土地所有权，其重要表现就在于惩处侵害国有土地所有权的行为，主要是对占田的限制和禁止买卖公田。汉武帝时设立监察官，命其以“六条问事”，首条就是惩处“强宗豪右田宅逾制，以强凌弱，以众暴寡”[103]。《后汉书·仲长统传》载：“今者土广民稀，中地未垦；虽然，犹当限以大家，勿令过制。”所谓“制”就是占田的限额，说明法律限制“逾制”“过制”的行为。成帝时期，“右扶风温顺为少府，二年坐买公田与近臣下狱论”。[104]

军功授田和君主赏赐是汉朝私有土地所有权取得的主要方式。买卖也是私田的取得方式之一。史书中有秦国“除井田，民得卖买”[105]的记载，但汉朝之前，土地买卖的史料存留不多。出土史料为汉朝土地买卖提供了佐证。《二年律令·户律》规定：“代户，买卖田宅，乡部、田啬夫、吏留弗为定籍，盈一日，罚金各二两。”[106]这条法律表明官府对于买卖田宅行为的合法性予以承认，并介入买卖的管理。此外，继承也是取得私有土地的方式。《二年律令·置后律》中就有继承田宅的规定和继承标准。

汉朝重视以法律形式对赋税进行管理，有《田租税率》《田律》《租挈》等。汉初采取“十五税一”[107]的政策，汉文帝曾下令减免一半田租，东汉曾实行过“三十税一”的政策。西汉多为实物地租，即缴纳谷米，东汉末年改为货币地租。另外，汉朝还征收算赋，汉高祖时曾规定：十五岁至五十六岁的人，“出赋钱，人百二十为一算”[108]。汉惠帝时“唯贾人与奴婢倍算”[109]，以削弱商人及蓄奴婢者的利益。东汉光武帝时，曾规定妇女生子者可免三年算赋，这是为增加人口而采取的措施。汉朝还有口赋，七岁至十四岁者每年缴纳二十钱。户赋是每户缴纳二百钱。汉武帝时还曾下达过算缗告缗令，算缗是向工商业者征收财产税，告缗是一种鼓励揭发不如实

---

[100] 张家山二四七号汉墓竹简整理小组编著：《张家山汉墓竹简二四七号墓·释文修订本》，文物出版社2006年版，第52～53页。

[101] 《史记·商君列传》。

[102] 《史记·秦始皇本纪》。

[103] 《汉书·百官公卿表上》，颜师古注。

[104] 《汉书·百官公卿表下》。

[105] 《汉书·食货志》。

[106] 张家山二四七号汉墓竹简整理小组编著：《张家山汉墓竹简二四七号墓·释文修订本》，文物出版社2006年版，第53页。

[107] 《汉书·食货志》。

[108] 《汉书·高帝纪》。

[109] 《汉书·惠帝纪》。

向政府申报财产的工商业者的一项措施。这些措施给工商业者的利益带来重大损害。

二、禁榷与“困”“辱”商人

禁榷即国家专营制度。这是传统社会中“重农抑商”的结果。与农业相比,商人流动性强,管理困难,且具有不稳定因素。所以,汉朝历代统治者普遍实行重农抑商的政策,具体做法就是将盐铁等社会生活与生产必需品由官府垄断经营。

为了遏制商业的发展,贬低商人的社会地位,自汉初始就颁有贬低商人身份、限制商贾发展的诏令,并且重收商税打击商贾。[110]《史记·平准书》载:“(汉初)天下已平,高祖乃令贾人不得衣丝乘车,重租税,以困辱之。”[111]这段记载用“困”“辱”二字概括了汉朝的抑商政策。自汉以后,历代王朝的抑商政策与立法主旨也不外“困”“辱”两途。

“困”商即对商人实行经济打击,并以法律加以规范。为阻止富商大贾与国家争利,朝廷实行盐铁茶酒等官营政策,禁止民营;为减少商业争夺农业劳动力及对农业的威胁,“重征商税使无利自止”[112]。因此,汉朝“困”商的方式主要有:(1)官营禁榷。盐铁等商品的官营制度能够增加国家收入,加强对工商业的管理,且防止商人争利。汉武帝时,实行盐铁官营;为了维护国家“专利”,朝廷以严刑峻法打击与朝廷争利的商人。汉律规定:“敢私铸铁器、煮盐者,钛左趾,没入其器物。”[113](2)重征商税。汉高祖对商人“重租税”;武帝时发布“缗钱令”“告缗令”,采用重征商税和鼓励告发不如实申报财产的方式打击商贾,“得民财以亿万计”[114],“使商贾中家以上大率破产”[115]。汉朝征收人头税,明定“贾人倍算”[116](双倍征税)。自汉以后,历代王朝皆奉行“寓禁于征”的做法,重征商税,限制商贾占田和土地兼并,并通过加强对外贸易和货币管理来控制国内商品市场和商业活动。(3)改变币制。汉武帝时,“更钱造币以赡用,而摧浮淫并兼之徒”[117]。两汉多次通过改变铸币的金属成分、重量、发行量来使货币贬值,以达到搜刮民财的目的,特别是商人之财。

“辱”商即对商贾进行政治上的打击。如果商人封官晋爵,让其凭富厚衣丝帛服文绣,上僭贵族(宗法血缘贵族)官僚之特权,下蚀庶民百姓之美德,则百姓皆弃农经商,不务本业。只有采取种种措施使“农尊而商卑”“农逸而商劳”[118],作为国家基础的小农经济才能巩固。汉朝“辱”商的方式主要有:(1)直接实行人身制裁。汉武帝“发七科谪”(遣七种罪犯戍边)中有“贾人”一科。[119](2)禁止商人入仕,限制商人阶级流动。“锢商贾不得宦为吏。”[120]这是历代

---

[110] (明)李贽《藏书》:“重征商税使无利自止”,《商君书》:“重关市之赋”,使“农恶商,商有疑惰之心”,使商“无裕利,则商怯,商怯则欲农”。

[111] 《史记·平准书》。

[112] (明)李贽:《藏书·富国名臣总论》。

[113] 《史记·平准书》。

[114] 《史记·平准书》。

[115] 《史记·平准书》。

[116] 《汉书·惠帝纪》六年条,应劭注引汉律。

[117] 《汉书·食货志》。

[118] 《商君书》。

[119] 《汉书·开帝纪》。

[120] 《汉书·贡禹传》。

常见的抑商之法。汉初,"贾人不得名田为吏,犯者以律论"[121];孝惠高后时虽"弛商贾之律","然市井子孙,犹不得仕宦为吏"[122];文帝时"贾人赘婿及吏坐赃者,皆禁锢不得为吏"[123]。(3)从服饰方面进行限制。汉高祖令贾人"不得衣丝乘车",汉律明定:"贾人勿得衣锦绣……乘骑马。"[124]

此外,商业使人奸诈,农业使人厚朴。《盐铁论》云:"商则长诈,工则饰骂,内怀窥觎而心作,是以薄夫欺而敦夫薄。"[125]因此,重农抑商即可抑奸诈之俗、长厚朴之风。

三、契约制度

(一)买卖契约

汉朝的买卖契约包括土地买卖、重要货物的买卖等。从现有史料来看,土地买卖契约分布在全国各个地区,范围较广。为方便永久保存,契约常被刻在砖、石、铁、铅等物之上。土地买卖契约中常标注立契年月、界址、交易双方户名、籍贯等信息。罗振玉的《贞松堂集古遗文》中载有《王未卿买地铅券》:"(东汉灵帝)建宁二年八月,庚午朔廿五日甲午,河内怀男子王未卿,从河南河南街邮部男子袁叔威,买睾门亭部十三陌西袁田三亩,亩贾钱三千一百,并直九千三百钱,即日毕。时约者袁叔威沽酒半,即日丹书铅券为约。"[126]居延汉简中也有关于土地买卖契约的内容。[127]

(二)借贷契约

从现存的史料来看,汉朝的借贷契约中完整的借贷契约原件并不多,但敦煌、居延等地出土的残简和《二年律令》的规定能反映出借贷关系的存在。借贷契约内容通常要写明借贷双方的籍贯、姓名、借钱日期、数量、理由用途等信息。居延汉简中就有写明借钱理由和用途的契约。[128]汉朝对于欠债不还的行为予以惩处,即使是贵族也不能免责。史书有"侯信坐不偿人责过六月,夺侯,国除"[129]的记载。同时,汉朝还运用法律管束民间的债务关系、规范借贷行为。汉初的《二年律令》规定:"诸有责(债)而敢强质者,罚金四两。"[130]

四、家长制与婚姻继承法律制度

(一)维护家长权

随着法律儒家化的逐渐深入,汉朝法律把维护、加强、巩固父权家长制以及社会等级制度

---

[121]《汉书·哀帝纪》引汉初之律。
[122]《史记·平准书》。
[123]《汉书·贡禹传》。
[124]《汉书·高帝纪下》。
[125]《盐铁论·力耕》。
[126]罗振玉编纂:《贞松堂集古遗文》(下),北京图书馆出版社2003年版,第346~347页。
[127]谢桂华、李均明、朱国炤:《居延汉简释文合校》,文物出版社1987年版,第653页。
[128]谢桂华、李均明、朱国炤:《居延汉简释文合校》,文物出版社1987年版,第662页。
[129]《史记·高祖功臣侯者年表第六》。
[130]张家山二四七号汉墓竹简整理小组编著:《张家山汉墓竹简二四七号墓·释文修订本》,文物出版社2006年版,第33~34页。

作为基本任务之一。汉朝法律承袭了秦代以前法律中维护父权家长制及等级社会秩序的内容,同时适应社会发展的需要,把儒家所主张的"亲亲""尊尊"的一系列伦理原则纳入法律规范之中。特别是自西汉中期儒家思想成为正统法律思想后,儒家学说中有关家长制及等级秩序的内容通过各种途径上升为法律制度或法律原则。汉朝法律保护家长在家庭中的绝对权威。父亲是一家之主,对子女的婚姻、家庭的财产拥有绝对的支配权。子女需要顺从父亲的支配,法律对于卑幼侵犯尊长等不孝行为处以重罚。汉朝对于不孝行为予以严惩。对于孝的遵守与强调为传统依名分占有处分财产制度及后世依服制论刑原则的形成产生重要影响。

(二)婚姻制度

汉朝重视婚姻关系对社会稳定运行所发挥的功用。婚姻关系延续了西周以来"一夫一妻多妾"制的传统,婚姻的目的在于"合二姓之好,上以事宗庙,下以继后世也"[131],家族祭祖嗣续的重要性远胜于婚姻关系中的当事人。受到以儒家为主导的正统思想的影响,婚姻关系强调对于父权和夫权的维护,强调个人利益服从家族利益。例如,维护夫权的"七出",其中除窃盗涉及个人外,其余均与家、族有关。但对广大老百姓来说,"七出"在汉朝的实际生活中并不十分普遍,一方面是经济原因,严格"六礼"的结婚程序使他们"出"不起;另一方面,还存在"三不去"的限制条件。但作为一项基本法律原则,其精神上的作用是不可低估的。

(三)继承制度

汉朝区分身份继承和财产继承两个方面。在身份继承方面仍是嫡长子继承,并以严格的"妻妾位"的法律来保证。对于财产继承主要是"诸子均分",即男性子嗣平均分配财产,其中也包括一部分女子获得家产的情况。

第五节　司法思想与司法制度

一、司法思想

(一)儒家思想与《春秋》决狱

《春秋》决狱是指西汉时期的董仲舒等人提倡以儒家思想为断狱的指导思想,用儒家经典特别是《春秋》一书的"微言大义"作为分析案情、认定犯罪的根据,并按经义的精神解释和适用法律的司法活动。

《春秋》原是孔子编纂的鲁国编年史,记述了自周平王东迁以后鲁国以及周边诸侯国的史实,通过叙述历史阐发各种政治、哲学及伦理观点。因此,《春秋》被后世儒生奉为经典著作,书中的观点被当作教条而被代代遵循。《春秋》决狱之风始于西汉中期以后,盛于武帝一朝,在董仲舒的倡议下盛行于司法实践领域。昭帝赞赏说:"公卿大臣,当用经术,明于大谊。"[132]董仲舒撰写的《春秋决事比》(以《春秋》决狱的案例)成为汉朝遇到疑难案件时定罪量刑的法

[131] 《礼记·昏义》。
[132] 《汉书·隽不疑传》。

律依据之一。

《春秋》决狱是汉朝司法制度的特点之一。西汉中期，社会的发展给儒学的传播提供了良好的条件。但此时的主要法典制定于汉初和武帝独尊儒术之前，受秦朝法家影响极大，而这些基本法典作为祖宗成法又不可遽然改变。作为法律的指导思想的儒学与现实法律之间的矛盾亟待解决。因此，以董仲舒（参见图10）为代表的汉朝儒生便开始以《春秋》中的“微言大义”作为判断罪之有无、罪之轻重的依据，由此开启对中国传统法律影响极深的《春秋》决狱之风。后世的引经注律即肇端于此。

图10　董仲舒像

《春秋》决狱的基本精神是“论心定罪”。董仲舒认为，“《春秋》之断狱也，必本其事而原其志，志邪者不待成，首恶者罪特重，本直者其论轻”[133]。也就是说，遇到疑难案件需要以《春秋》之义定罪量刑，应考虑行为人的主观动机。动机不正，即使没有产生危害后果也要处罚，对于首恶应从重处罚，动机纯正，没有主观恶性的，应从轻处罚。汉儒将董仲舒的上述观点归纳为“论心定罪”，所谓“志善而违于法者免，志恶而合于法者诛”。[134] 史书记载：汉朝上洛有盗墓者，虽救活墓主，但仍以其“意恶”，诏“论笞三百，不齿终身”[135]。“论心定罪”原则着重考察的是主观上“心”的善恶，而善恶的标准又是儒家的伦理规则。

可以看出，儒学对汉朝法律的影响最初是从司法开始的。《春秋》决狱兴盛于汉朝受如下因素的影响：一是《春秋》决狱所宣扬的“罪止其身”“以功覆过”原则，利于缓和矛盾，稳定统治秩序。汉朝的族刑仅限于谋反等少数重罪，与此不无关系。二是“论心定罪”，可依据统治的需要解释文意深奥的经书，以便更好地服务于统治者。三是对法制的补充。《春秋》决狱缓解了汉朝的法律制度与儒家思想之间的冲突，因此，自西汉中期在司法领域被广泛采用。

《春秋》决狱作为汉朝中期以后盛行的一种特殊的审判方法，在客观上折中了立法和社会现实需要的冲突，促进了儒家伦理道德观念与法律制度的结合，经过长时期的《春秋》决狱活动，许多儒家的道德观念融入法律之中，推进了中国传统法律的儒家化。但《春秋》决狱的基本特点在于“论心定罪”，即以主观因素来确定罪之有无、刑之轻重，在司法实践中很容易把主观归罪推向极端，造成司法的随意性。

（二）阴阳五行思想与秋冬行刑

基于“天人感应”理论，董仲舒认为，庆赏罚刑与四时是对应关系，王者要顺应天意，庆赏刑罚不能违反天道的四时变化。如果统治者违反司法时令，就会出现灾异、寒暑失当等现象。

---

〔133〕《春秋繁露·精华》。

〔134〕《盐铁论·刑德》。

〔135〕《太平御览》引《汉记》，参见程树德：《九朝律考》卷一，中华书局2006年版，第111页。

董仲舒谓:“天之道,春暖以生,夏暑以养,秋清以杀,冬寒以藏。暖暑清寒,异气而同功,皆天之所以成岁也。圣人副天之所行以为政,故以庆副暖而当春,以赏副暑而当夏,以罚副清而当秋,以刑副寒而当冬。庆赏罚刑,异事而同功,皆王者之所以成德也。庆赏罚刑与春夏秋冬,以类相应也,如合符。故曰王者配天,谓其道。天有四时,王有四政,四政若四时,通类也,天人所同有也。”[136]

秋冬行刑是在“天人感应”的指导下,把司法活动与阴阳运行、四时更替相联系,使司法具有了天道基础,从而强化司法的权威性与正当性,对汉朝的司法制度产生了直接影响,汉武帝以后“汉法,以冬月行重刑,遇春则赦若赎”[137]。章帝二年将冬三月执行死刑的制度改为只在十月执行。除极个别的死刑案件外,一般案件若在十月外执行死刑会被视为暴政。同时,董仲舒的司法时令理论是正统法律思想的组成部分,在以农业为本的社会中,客观上有利于农业生产和社会秩序的稳定,对后世影响很大。“司法时令说”不仅使秋冬行刑成为定制,也为明清时期的朝审、秋审制度提供了理论支撑。

二、司法制度

汉朝司法制度以秦制为基础,经过发展,在司法机构、诉讼制度等方面都达到了新的水平。汉武帝“罢黜百家、独尊儒术”以后,儒家思想作为正统法律思想逐渐渗透到司法领域之中,影响汉朝的司法原则与司法制度,其中以《春秋》决狱、“录囚”制度等最为突出,对后世影响深远。

(一)司法机关

在中央,除皇帝总揽最高司法权以外,丞相、御史大夫、廷尉总理司法。丞相作为行政长官,御史大夫作为监察长官,位列三公,也有司法审判之权,与中央其他高级官吏一道参与司法审判,名曰“杂治”。廷尉(又称大理)[138],作为中央九卿之一,是中央最高专职司法官吏,全面负责全国法律、司法事务。同时,廷尉也是中央最高司法机关。

在地方,主要以郡、县两级行政机关兼理司法。东汉末年形成州、郡、县三级行政机关,州、郡、县的行政长官兼理司法审判,同时设有专职的司法属吏,如郡设“决曹椽”为专职司法官。两汉时期,郡县的司法权很大,具有死刑案件审判和执行的权力。《陔余丛考》记载:“刺史守令杀人不待奏。”[139]地方遇到疑重案时呈报廷尉,由廷尉裁决,或丞相大臣共议后由皇帝裁决。

汉朝监察机关对司法活动的参与和监督具有一定的积极意义。一方面,监察机关的监督行为是对司法官吏的有效制约,有助于审判制度的完善;另一方面,监察官吏参与审判工作可以在一定程度上纠正错案,保证审判质量。

(二)诉讼审判制度

1. 告诉及诉权的限制

汉朝的诉讼形式主要分为官吏纠举与当事人自告两类。汉朝告讼称“告劾”。汉承秦制,

---

[136] 《春秋繁露·四时之副》。

[137] 《资治通鉴·汉纪十》。

[138] 景帝、哀帝时曾一度称大理。宣帝时增廷尉平。

[139] (清)赵翼撰:《陔余丛考》卷十六,商务印书馆 1957 年版,第 303 页。

仍鼓励“告奸”。律定:“其见知而故不举劾,各与同罪。”[140] 但同时法律对诉讼权加以一定限制:其一,规定按照司法审级逐级告诉,一般不得越诉或直诉。其二,禁止卑幼控告尊长、奴卑控告主人。特别是汉宣帝直接规定“亲亲得相首匿”制度以后,亲属之间的诉讼权限制更为严格。其三,禁止诬告、告不审的行为。《告律》规定:“诬告人以死罪,黥为城旦舂;它各反其罪。告不审及有罪先自告,各减其罪一等。”[141]

2. 刑讯制度

汉朝在刑讯上注重口供的获取,普遍对罪犯实行刑讯逼供。在景帝时定有《箠令》,规定刑讯器具的规格和执行方法。但终汉之世,司法实践中多奉行的是“缓深故之罪,急纵出之诛”,“深(从重论罪)者获功名,平者多后患”[142]。由于对口供的重视,治狱之吏多以严苛著称,残酷的对囚犯可罚立考讯,这大概是后世梁陈时“测立法”的源头。特别是武帝之时,提倡“论心定罪”,司法愈加严苛。“奸吏因缘为市,所欲活则傅生议,所欲陷则予死比,议者咸冤伤之。”[143]

3. 上报、复审及录囚

在继承秦代法律成果和长期司法经验积累的基础上,汉朝形成了比较完善的审判制度。在审判程序上有“读鞠”(宣读决书)和“乞鞠”(请求复审)的规定。有上报、复审及录囚的专门制度。

上报即地方司法机关判决的死刑案件和重大疑难案件,必须上报廷尉,转呈皇帝批准,或交由高级官员慎重讨论。

复审即当事人如不服判决,可在法定时间内请求再审,也称“乞鞫”。“乞鞫”以三个月为限。不服判决逐级上诉,禁越级申诉。东汉顺帝时,有宁阳县主簿为其县令申冤,六七年不得审理,于是上书皇帝陈述冤屈,结果被尚书“劾以大逆”。[144]

录囚即皇帝或指定的机关审录罪囚,检查审判是否合法、是否有差错,以便及时平反冤案、纠正案件的制度。自汉初开始,录囚成为常制,作为传统帝制国家标榜“恤刑”“仁政”的重要措施而被各朝代所承袭。

4. 大赦

大赦并非是汉朝首创,在先秦时期即有“眚灾肆赦,怙终贼刑”[145] 的说法,西周时期有“三赦、三宥”之法。汉朝的大赦制度一般是在特殊时期(皇帝登基、册立皇后、皇帝安葬、灾伤等吉凶之事)由皇帝发布赦令,对罪犯予以赦免。例如,汉元帝时期,“孝宣皇帝葬杜陵……大赦

[140] 《晋书·刑法志》。

[141] 张家山二四七号汉墓竹简整理小组编著:《张家山汉墓竹简二四七号墓·释文修订本》,文物出版社2006年版,第26页。

[142] 《晋书·刑法志》。

[143] 《汉书·刑法志》。《史记·酷吏列传》所记十人,九人出自武帝一朝。从昭帝至平帝六代间,每年处死刑者平均千分之一。史载:“郡国被刑而死者岁以万数,天下狱二千余所。其冤死者多少相覆,狱不减一人。”(《汉书·刑法志》)及至东汉,滥用刑讯更为普遍:“不堪痛楚,死者太半……掠考五毒,肌肉消烂”,“体生虫蛆”(《后汉书·独行列传》)。其他如烧斧挟腋、大针刺指、以土窒口等苦不堪言的非法刑讯(《东汉会要》卷三五:“大狱以来,掠考多酷,钻钻之属,惨苦无极”),代有所载。

[144] 《后汉书·虞诩》。

[145] 《尚书·尧典》。

天下"[146]。大赦制度是统治者应现实需要颁布敕令,其目的在于缓和社会矛盾,奉行"仁政",体现"仁德""孝悌"等思想。

第六节 社会法律思潮

一、"德主刑辅"思想

自汉武帝采纳董仲舒"罢黜百家、独尊儒术"的建议,逐渐形成了正统法律思想。"德主刑辅"的法律思想是董仲舒在继承孔孟儒家思想的基础上,兼采先秦阴阳家、法家以及汉初黄老等派的思想建立的儒家理论体系。董仲舒从天道与人性两个方面论证了"德主刑辅"的基础和合理性,进一步强化了"德主刑辅"的权威性。

董仲舒从天人感应的"阴阳五行说"出发,论证了"德主刑辅"的合理性,他说:"天道之大者在阴阳。阳为德,阴为刑,刑主杀而德主生。是故阳常居大夏,而以生育养长为事;阴常居大冬,而积于虚空不用之处。"[147]天道有阴阳,那么人世间也应当德刑兼备,"王者承天意以从事,故任德教而不任刑"[148],应当以德教为本,以刑杀为辅,"德主刑辅"是天道使然。

此外,董仲舒还从人性方面进一步论证了"德主刑辅"的合理性。董仲舒提出了"性三品"理论,他依据善恶,将人性区分为三种,即圣人之性、中民之性、斗筲之性,即"圣人之性,不可名性。斗筲之性,又不可以名性。名性者,中民之性"[149]。董仲舒认为,"圣人之性"是极善的,天生性善无恶,无须教化;"斗筲之性"是极恶的,天生有恶无善,虽经教化亦不能善;"中民之性"则是既可为善,亦能为恶,须经过教化。通过德教可使占大多数的"中民之性"为善,而刑罚只是辅助的手段,由此社会秩序才能安定,正如董仲舒所言,"教,政之本也;狱,政之末也"。[150]

二、"外儒内法"思想

"外儒内法"是指制度表面的意识形态为儒家,而实质上则是以法家思想为主导。汉宣帝提出:"汉家自有制度,本以霸王道杂之。"[151]在董仲舒等人的努力下,儒家思想成为正统法律指导思想。但西汉统治者也认识到,单纯依靠儒家思想并不能完全实现加强中央集权的目的,通过儒法结合能够弥补儒家思想的不足。因此,"外儒"为传统帝制统治者包装了德礼的外衣,"内法"则进一步满足了传统帝制统治者的统治需求,所谓"内多欲而外施仁义"[152],利用

---

[146] 《汉书·元帝纪》。
[147] 《汉书·董仲舒传》。
[148] 《汉书·董仲舒传》。
[149] 《春秋繁露·实性》。
[150] 《春秋繁露·精华》。
[151] 《汉书·元帝纪》。
[152] 《汉书·汲黯传》。

儒家尊君卑臣理论缘饰内在的“法治”。“外儒内法”的思想在一定程度上适应了君主专制中央集权统治的需要，有利于维护统治秩序和国家长治久安，影响了后世的治国思想。

思考题

1. 简述西汉的立法活动。
2. 试论汉律儒家化的重大发展和特点。
3. 简述汉朝的刑法适用原则。
4. 简述西汉刑罚改革的主要内容。
5. 论述《春秋》决狱及其基本精神。

第八章　魏晋南北朝时期的法律

本章要点

1. 魏晋南北朝时期律典体例结构的变化。
2. 魏晋南北朝时期法律形式的变化。
3. 魏晋南北朝时期“法律儒家化”的具体表现。

东汉末年,各地军阀混战,汉家天下被魏、蜀、吴三家鼎足而分。此后,曹魏强大,灭刘蜀,但大权旁落于司马氏。司马炎夺魏平吴,使全国重归统一,史称“西晋”。“八王之乱”爆发后,西北各族乘虚而入,灭西晋,残存政权南迁建康(南京),史称“东晋”。东晋末年,权臣刘裕篡位建宋,此后又为齐、梁、陈取代,史称“南朝”。灭掉西晋的北方少数民族的一支拓跋氏创建北魏,以后分裂为东魏、西魏,不久分别被北齐、北周取代,史称“北朝”。此后,隋取代北周、灭南陈,重新一统天下。魏晋南北朝时期是中国传统法律发展的重要历史时期,前承汉制后启隋唐。魏晋以降,随着经学的去玄学化与思辨学说的发展,深刻影响律学发展,律典体例趋于完备,条文规定简约明晰,律令门类细致有序,理念上礼、律、令并重,法律体系内律令分离;此外,律学原理、制令规范与法律形式都得到极大发展,为隋、唐法制的完备奠定了基础。

第一节　立法思想与立法活动

在政权交替频仍的状况下,统治者为在对峙中求生存和发展,在政治上多有改易,同时,整个社会思想层面也发生了许多变化,表现在法律方面则是立法思想变化,立法活动频繁,律学思想活跃。

一、立法思想

(一)正统儒家思想的变化

魏晋南北朝时期,除了西晋曾短暂地统一全国以外,各地基本处于南北分裂、对抗的状态。朝代更迭频繁,社会动荡多变是这个时期的主要态势。葛兆光先生对混乱和转型期的理论重塑作过清晰的解释:“一个动荡的时代,常常使人们对既定的价值发生疑惑,时时变动的秩序,则往往使人们对固有的结构产生疑问，‘天经地义’本来说的是无须怀疑的道理，但是‘天崩地裂’则使这些不言而喻的道理失去了基础。”[1]魏晋南北朝时期大分裂的社会状态为各方思想的喷涌碰撞和法律思想的整合创造了条件，也促成了正统儒家思想的调适与转变。

自“罢黜百家，独尊儒术”以后，被确立为官方哲学的儒家思想在统治阶级的使用中日益僵化，烦冗刻板的教条禁锢了思想，固化的纲常名教和社会现实需求之间的矛盾使正统儒家思想的转变成为必要。人们开始探索纠正儒家固化的经学教义的办法，以解决实际问题。正统儒家法律思想不得不接受来自多方面的挑战，而“治乱世、用重典”的理念深入人心，治世的政治家们纷纷祭起了法术势的大旗，期望整顿吏治，重振政纲；玄学思潮挟“越名教而任自然”而倡言思想解放之风甚嚣尘上；律学作为古代专门研究法学的学问，在多种思潮与相对自由学风的影响下，不论是在理论还是在实践上都取得了长足发展。

魏晋南北朝时期，法律思想整合的迹象非常明显。玄学兴盛、佛道争竞、文赋绮丽、律学昌明，各种力量、诸多思想都在整合中等待着新的“大一统”的到来。经过这一时期的融合与发展，进一步杂糅了更多思想因子的正统儒家法律思想在涅槃后重生，最终迎来“一准乎礼”的唐律统治时代。

（二）门阀士族思想

两汉时期，家业世承、利害与共的家族团体逐渐形成，宗族势力得到发展，出现了世代为官的士族阶层，为魏晋南北朝时期门阀士族的壮大奠定了基础。魏晋时期，门阀士族的地位不断上升，政治地位不断膨胀，形成了以血缘家族为基础的特定社会群体。据统计，当时有高门、势家、世家、士族等二十八种称谓[2]，其中最为通用的则是士族。魏晋南北朝的世家大族虽然人数仅占总人数的很少一部分，但由于他们占据国家政权中的高位，在社会上具有很大的影响力，因而成为这一时期具有代表性的家族。他们以血统高贵为说辞，推行不与寒门、贫民通婚交往的政策。在经济上的“品官占田荫客制”和政治上的“九品中正制”的双重作用下，门阀士族与国家统治阶层开始融为一体，通过制定法律将各种经济与政治特权规范化与法律化，并逐渐控制了国家政权。此外，门阀士族阶层在思想层面的一个显著特质是重视儒家经学的发展。他们直接参与法律的制定，进一步将儒家的宗法观念、礼仪习俗和道德观念以法律的形式固定下来，成为重要的法律原则与法律观念，实现了法律与礼义道德的融合。儒家思想与法律制度的结合既是门阀士族地位的重要依托与保障，也是法律儒家化的具体呈现。

在正统儒家思想的影响下，经过门阀士族的努力，法律儒家化在魏晋南北朝时期得到进一步发展，中国传统法的伦理特点得到了充分表达，主要表现在：

第一，以血缘和官阶为基础，强化对伦理等级的维护。中国传统法所体现的伦理是一种等级伦理，不仅以血缘关系为基础，而且以统治位阶为基础，处于不同地位的人所享受的法律权利及承担的法律义务均不相同，最典型的是“准五服以制罪”“八议”“官当”以及亲属相隐和族诛连坐等制度。这些制度在魏晋南北朝时期创立或得到完善，到唐朝定型后为以后各朝代所沿袭。

---

[1] 葛兆光：《中国思想史：七世纪前中国的知识思想与信仰世界》（第一卷），复旦大学出版社2001年版，第82页。

[2] 毛汉光：《中国中古社会史论》，上海书店出版社2002年版，第141页。

第二，以家族为本位，严惩“不孝”，维护家长特权。父权制家族本位的伦理法在中国传统法中占有重要地位，秦汉以来的法律都以严刑峻法来调整家族成员间的权利义务关系。“不孝”罪的历史悠久，是传统法律重点打击的犯罪之一。魏晋南北朝时期，“不孝”被列入“重罪十条”，同时“不孝”犯罪的行为也在逐步细化。那些严重侵犯家族亲伦关系的行为，如殴打及谋杀祖父母、父母与伯叔父母等尊长的行为，构成了较“不孝”更为严重的“恶逆”之罪；强奸、通奸小功以上亲、父祖妾构成“内乱”之罪，与“不孝”一起构成破坏家族伦理的重罪，都会受到法律的严惩。

第三，以伦理为中心，强化法律对儒家伦理的保护。沿袭中国传统法律“出礼入刑”“礼之所去，刑之所取”的传统，魏晋南北朝时期首创的“重罪十条”就是对儒家“三纲五常”伦理加以特别法律保护的制度，其规定的需要严加惩治的犯罪主要就是侵犯皇权与特权的犯罪以及违反伦理纲常的犯罪。

二、立法概况

（一）三国时期的立法

蜀国定都成都后，着手制法。史载，诸葛亮、法正等人“共造蜀科”[3]，称其科条严明，“刑政虽峻而无怨者，以其用心平而劝戒明也”。除散见的部分军令外，蜀科及其他法律均已佚失难考。

吴国“律令多依汉制”[4]，立法活动主要有两次：一是黄武五年（公元226年），陆逊上书“劝以施德缓刑，宽赋息调”。孙权“于是令有司尽写科条……令损益之”[5]。这是对科条的一次较为全面的修订。二是嘉禾三年（公元234年），孙权征新城，命孙登留守总理政务，“时年谷不丰，颇有盗贼，及表定科令”[6]。此外还有军令性质的“誓众之法”[7]，但均已失传。1996年在湖南长沙发现大量吴简，简牍内容涉及政治、军事、经济、法律等方面，这批简牍促进了对这一时期法律制度的研究。

魏国立法较蜀、吴卓有成效。“魏之初霸，术兼名法”，早在曹操被封魏王时，就针对汉律繁芜和不适于动乱年代的状况有所改易。但迫于汉臣名分，遂有“科”这一独立性的临时法律形式的出现，当时制定有“新科”和“甲子科”。魏明帝太和三年（公元229年），诏令陈群、刘邵、韩逊等着手制定新律，史载：“删约旧科，傍采汉律，定为魏法，制新律十八篇。”[8]此外，还颁定《州郡令》《尚书官令》《军中令》《新律》共一百八十多篇。[9] 较东汉末年以来“律令紊乱，科比冗杂，章句歧义，览者艰难”的汉律，这些法律显得“文约而例通”，直接影响了晋律的制定。

---

〔3〕《三国志·蜀书·伊籍传》。
〔4〕（元）马端临：《文献通考》。
〔5〕《三国志·吴书·吴主传》。
〔6〕《三国志·吴书·孙登传》。
〔7〕《晋书·姚兴开传》。
〔8〕《晋书·刑法志》。
〔9〕《晋书·刑法志》。

（二）两晋的立法

曹魏末年，晋王司马昭即命贾充、羊祜、杜预、裴楷等人以汉、魏律为基础修订律令，历时四年，至晋武帝司马炎泰始三年（公元 267 年）完成，次年颁行全国，即《泰始律》，史称“晋律”。该律经张斐、杜预作注释，为武帝首肯“诏颁天下”，与律文同具法律效力，故又称晋律为“张杜律”。这一形式成为与以唐朝《永徽律疏》为代表的律疏并行的先河。《泰始律》共二十篇，620 条。[10] 同时颁行的还有《晋令》四十篇，2306 条，此外还有《晋故事》三十卷，与律令并行。“式”作为一种法律形式也已出现。晋律为东晋、宋、齐沿用，至南朝梁武帝改律共承用达二百余年，是魏晋南北朝时期行世最久的一部法典，对后世立法影响深远，促进了传统法律和律学的发展。

（三）南朝的立法

宋、齐均沿用晋律。统治阶层崇尚玄学与佛学，蔑弃礼法，以清淡为高雅，以法理为俗务，优于辞章，疏于律令。刘宋五十多年未立新制，萧齐仅于武帝永明七年（公元 489 年）由王植、宋躬据晋律及张斐、杜预所作注释，抄撰同异，其旨在统一二注，成律文二十卷，史称《永明律》，共 1532 条，但终因意见不一，结果“事未施行，其文殆灭”。[11]

梁武帝萧衍代齐，于天监元年（公元 502 年）诏蔡法度、沈约等人依照《永明律》修订《梁律》，次年成二十篇，共 2529 条。但与晋律相比，篇目次第依旧，仅名称有所改易，作了些删削辞句、统一注释的工作，但未超出晋律范围。同时还颁有《梁令》《梁科》各三十卷。梁季丧乱，陈霸先废梁敬帝萧方智，自立为帝，认为梁律“纲目滋繁”“宪章遗紊”，[12] 诏尚书删定郎范泉等修订律令，撰成《陈律》、令、科各三十卷，皆早失传。史载，《陈律》“条流冗杂，纲目虽多，博而非要”，其“篇目条纲，轻重繁简，一用梁法”。因此，陈律实质上仍是晋律的继续。

（四）北朝的立法

北魏首开北朝重视法典编纂之风。自太祖拓跋珪天兴元年（公元 398 年）到孝武帝太昌元年（公元 532 年）诏议改条格的百多年中，大大小小的立法活动见于记载的有九次，前八次均是修订《北魏律》，至孝文帝太和年间（公元 477—499 年）始告成，这大约是中国历史上修订最久的一部法律。以后虽续有纂修，但变化不大。《北魏律》共二十篇（今篇目可考者十五篇），其颁行改变了魏初“礼俗纯朴，刑禁疏简”，“临时决遣”的状况。因参与修律的崔浩、高允等人均是当时汉族中著名律学家，加之北魏历代君臣都重视法律[13]，使《北魏律》能“综合比较，取精用宏”，冶汉、魏、晋律于一炉，开北系诸律之先河。

东魏孝静帝兴和三年（公元 541 年）命群臣议定新法，天平年间（公元 534—537 年）曾诏高澄与封述定新格，史载：“以格代科，于麟趾殿删定，名为《麟趾格》，颁行天下。”[14] 西魏大统

〔10〕《晋律》篇目与条文的文献记载曾颇有出入，篇目有二十篇和二十八篇的记载，条文有的记载为 620 条，有的为 630 条，还有的为 1530 条。通说多采《晋书·刑法志》所载二十篇，620 条。

〔11〕《隋书·刑法志》。

〔12〕《隋书·刑法志》。

〔13〕《魏书·刑罚志》载：孝文帝主持修定，多次诏群臣聚议，有疑议“亲临决之”，并亲自下笔“润饰科旨，刊定轻重”。他认为，律是礼的体现，应“齐之以法，示之以礼”。

〔14〕《唐六典·刑部》卷六注，中华书局 1992 年版。

元年(公元535年)着手制定新法,大统十年命苏绰编定《大统式》[15],“总为五卷,颁于天下”[16]。

公元550年,东魏权臣高洋自立为帝,改东魏为北齐,初沿用《麟趾格》,至武成帝河清三年(公元564年)在封述等人主持下,以《北魏律》为蓝本,校正古今,省并篇名,务存清约,编成《北齐律》十二篇,949条,以“法令明审,科条简要”著称。《北齐律》上承汉魏律之精神,下启隋唐律之先河,成为隋唐法典的蓝本。近人程树德说:“南北朝诸律,北优于南,而北朝尤以齐律为最。”[17]

西魏权臣宇文觉于公元557年废魏恭帝自立,改国号周,史称北周,初用制诏,至武帝保定三年(公元563年),命越肃、拓跋迪等撰定法律,仿《尚书·大诰》谓之《大律》,共二十五篇,1537条,原文早佚。因《大律》仿《尚书》《周礼》,杂采魏、晋诸律,使“今古杂糅,礼律凌乱”,不合时宜。《隋书·刑法志》评其“大略滋章,条流苛密,比于齐法,繁而不要”。因此,隋虽承周立国,但在立法上以《北齐律》为本。

第二节 主要法律内容

魏晋南北朝时期,律仍是主要法律形式,变化较大的是律典的篇章体例和逻辑结构。

一、法典结构的变化

(一)魏《新律》对汉律的革新

第一,在篇章体例方面有所调整。一般认为,汉《九章律》中《具》律在第六篇,《具》律类似现代刑法总则,放在中间不恰当,故魏《新律》将其改称《刑名》列于律首。这一改动为以后的晋律、北齐律所肯定。《刑名》后又增《法例》一篇,北齐律则将二者合为《名例》一篇,此后相沿未改,直至于清。此外,对新增篇目与“故五篇”的统一调整,其中的《告劾》《捕》《系讯》《断狱》四篇的先后排列顺序,正与当时的司法程序相吻合,体现立法技术的进步。魏《新律》成为三国时期具有代表性的法典,成为晋律的直接渊源。

第二,在篇目篇幅方面有所调整。针对汉律“一章之中或事过数十,事类虽同,轻重乖异”以及篇章间“错糅无常”的庞杂状况,魏《新律》加以损益调整。例如,汉《九章律》的《盗》律中有劫略、恐吓等项,皆非盗事,魏律增《劫略律》一篇;汉《贼》律有欺谩、矫制、诈伪等项,《囚》律有诈伪生死,《令丙》有诈自复免,事类众多,因此魏律增《诈伪律》一篇[18]。魏《新律》整体较

---

[15] “以太祖前后所上二十四条及十二条新制”损益而成。

[16] 《周书·文帝纪》。

[17] 程树德:《九朝律考·北齐律考序》,商务印书馆2010年版,第521页。

[18] 此外还吸收律外的傍章科令中的相关内容。

《九章律》多了九篇[19]，基本解决了汉末“篇少则文荒，文荒则事寡，事寡则罪漏”[20]的缺陷。

(二)晋律的体例结构变化

统一律典的立法体制有利于法制统一，晋《泰始律》在曹魏《新律》的基础上继续发展完善，主要体现在以下两点：

第一，篇章体例更为合理，分魏律《刑名》为《刑名》《法例》两篇。所谓“刑名所以经略罪法之轻重，正加减之等差，明发众篇之多义，补其章条之不足……名例齐其制”[21]。因关津交往频繁，贸易活动发展，救火防火，分封侯王、郡国并行，晋律增设《关市律》《水火律》《诸侯律》。晋律共分二十篇，分别为刑名、法例、盗律、贼律、诈伪、请赇、告劾、捕律、系讯、断狱、杂律、户律、擅兴、毁亡、卫宫、水火、厩律、关市、违制、诸侯。晋时，“凡律令合二千九百二十六条，十二万六千三百言，六十卷，故事三十卷”。晋律令将多达七百余万字的汉末律令精简到约十二万六千字，由繁入简，称得上是“蠲其苛秽，存其清约”。

第二，严格区别律令界限，把律与令分开，使其分工协调，使整个律令体系大幅精简。这是晋律较魏律的重大进步。

此外，张斐、杜预二人对晋律律文的注释亦促进了传统法制和律学的发展。

(三)南北朝时期律的发展变化

南北对峙后的东晋和宋、齐、梁三代均承用晋律，继晋律之后有所进取的是北朝《北魏律》和《北齐律》。

《北魏律》共二十篇，篇目可考者有：刑名、法例、宫卫、违制、户律、厩牧、擅兴、贼律、盗律、斗律、系讯、诈伪、杂律、捕亡、断狱十五篇。其中《捕亡律》似是晋律中《捕律》与《毁亡律》的合并，同时从晋律的《系讯律》中分出《斗律》。

《北齐律》进一步改革体例，省并篇目确定十二篇[22]，将《刑名》《法例》合为一篇，称《名例》，冠于律首，增强了法典结构上的科学性。此外，改《宫卫》为《禁卫律》，将原来宫廷警卫扩及关禁；增加《违制律》，完善吏制的法律规定。其他篇章也多有损益。

三国两晋南北朝时期律学成果为后世法典所吸收。这一时期的律典结构体例发生了很大变化，形成了总则在前、分则在后的体例，为隋唐律《名例》总则在前，《卫禁》《职制》等实体法居中，《捕亡》《断狱》等诉讼程序法律在后的传统律典十二篇的经典体例奠定了基础。律典的篇目篇幅亦趋于合理。曹魏《新律》共十八篇，与汉律六十篇相比，大大减少。晋《泰始律》共二十章，620条，《北齐律》在晋律基础上再次进行大的调整，共十二篇，较晋律更为精简。

中国传统律典经过魏晋南北朝数百年的探索，在篇目和体例方面对后世的唐、宋、元、明、清诸朝产生了深远影响。

---

[19] 魏《新律》十八篇，计：刑名、盗、劫略、贼、诈伪、毁亡、告劾、捕、系讯、断狱、杂、产、户、兴擅、令留、惊事、偿赃、免坐，其中盗、贼、捕、杂、户乃“故五篇”。

[20] 《晋书·刑法志》。

[21] 《晋书·刑法志》。

[22] 十二篇为：名例、禁卫、婚户、擅兴、违制、诈伪、斗讼、贼盗、捕断、毁损、厩牧、杂律。

二、法典内容的变化

（一）“重罪十条”

北魏律严惩不孝罪。北齐则将此列入“重罪十条”，即使属八议，亦不减免。南北朝时，进一步发展，《北魏律》规定：“大逆不道腰斩，诛其同籍，年十四以下腐刑，女子没县官”，并且将“害其亲者”视为大逆之重，将“为蛊毒者”视为不道，“男女皆斩，而焚其家”[23]。

北齐时，“重罪十条”正式入律，将直接危害朝廷根本利益的最严重的十种犯罪置于律首。“重罪十条”分别是：“一曰反逆，二曰大逆，三曰叛，四曰降，五曰恶逆，六曰不道，七曰不敬，八曰不孝，九曰不义，十曰内乱。其犯此十者不在八议论赎之限。”[24]隋唐律在《北齐律》规定的“重罪十条”基础上发展为“十恶”，并为宋、元、明、清历代承袭。

（二）服制定罪与留养制度

依服制定罪是晋律首创，目的在于“峻礼教之防”，是指亲属间的犯罪据五等丧服所规定的亲等来定罪量刑，即“准五服以制罪”。“五服”是指按照中国古代礼制，与死者亲疏关系不同的亲属的丧服在材质、式样方面有所不同，后以丧服来指代不同的亲等关系。以丧服规定亲属之间的关系，由近及远分为斩衰、齐衰、大功、小功、缌麻五等。服制定罪的基本原则是：凡尊长杀伤卑幼，服制越重，处刑越轻；卑幼杀伤尊长，服制越重，处刑越重；对于亲属相盗的，服制越重，处刑越轻，服制越轻，处刑越重。

留养也称“存留养亲”，指犯人直系尊亲属年老应侍而家无成丁，死罪非“十恶”者，允许上请，流刑可免发遣，徒刑可缓期，将人犯留下以照料老人，老人去世后再实际执行。《北魏律·名例》规定：“诸犯死，若祖父母，父母七十以上，无成人子孙，旁无期亲者，具状上请，流者鞭笞，留养其亲，终则从流，不在原赦之例。”[25]这是中国古代法律家族化、伦理化的具体体现，也为后代法律承袭。

（三）五刑制度的形成

1. 免除宫刑

自汉文帝改革刑罚以来，宫刑兴废无常。北魏、东魏时期仍有施用宫刑记载。西魏文帝大统十三年（公元547年）诏：“自今应宫刑者，直没官，勿刑。”[26]北齐后主天统五年（公元569年）亦诏令：“应宫刑者，普免刑为官口。”[27]从此，宫刑不复为一种法定刑。

2. 缘坐范围的变化

缘坐指一人犯罪而株连亲属，使之连带受刑的制度，又称“从坐”“随坐”。秦汉以来有此类规定。《新律》规定：在室之女从父母之诛，已嫁之妇，从夫家之罚[28]，开缘坐不及出嫁女之先例，改变了自秦汉以来妇女“一人之身，内外受辟”的情况。后世多循此制。《新律》也缩小

---

〔23〕《魏书·刑罚志》。
〔24〕《隋书·刑法志》。
〔25〕《魏书·刑罚志》。
〔26〕《北史·西魏文帝纪》。
〔27〕《北齐书·后主纪》。
〔28〕《隋书·刑法志》。

缘坐范围，律定："大逆无道，腰斩，家属从坐，不及祖父母、孙。"《梁律》进一步缩小缘坐范围，规定：谋反、降叛、大逆等罪虽缘坐妇人，但"母妻姊妹及应从坐弃市者，妻子女妾同补奚官为奴婢"，创从坐妇女免处死刑的先例。梁武帝大同元年（公元546年）诏："自今犯罪，非大逆，父母、祖父母勿坐。"但是，《陈律》"复父母缘坐之刑"[29]。

《北魏律》缘坐范围广泛，至孝文帝时有缩小。延兴四年（公元474年）诏："作大逆干犯者，皆止其身。"[30]虽然法律上有缩小缘坐范围的规定，但是司法实践中往往有扩大的趋势。

3. 五刑体系的形成

这一时期刑罚变革的趋势是逐渐宽缓。魏《新律》将法定刑分为死、髡、完、作、赎、罚金、杂抵罪[31]等数种，并减轻某些刑罚，如废除投书弃市，限制从坐范围，禁止诬告和私自复仇等。晋律定刑为五种，计：死、髡、赎、杂抵罪和罚金，死刑有三，分别是枭首、腰斩、弃市；髡刑有四，分别是髡钳五岁刑笞二百和四、三、二岁刑；赎刑有五（适用于非恶意的犯罪），分别是赎死缴金二斤，赎五、四、三、二岁刑则依次缴金一斤十二两、一斤八两、一斤四两和一斤；杂抵罪和罚金也各有五等。

《北魏律》定刑为六，计：死、流、宫、徒、鞭、杖。《北齐律》承其后，最终确立死、流、徒、鞭、杖五刑，为隋唐以后死、流、徒、杖、笞的刑罚体系奠定了基础。

4. 定流刑为减死之刑

秦汉以降的死罪减等之刑——徒（迁）刑在这一时期已改为流刑。《隋书·刑法志》载，梁武帝天监三年（公元504年），建康女子任提犯拐骗人口罪，子景慈证明其母确有此行，景慈以"陷亲于极刑"之罪名流放交州，"至是复有流徙之罪"。北魏、北齐均据"降死从流"的原则，将流刑列为法定刑，作为死刑与徒刑之间的中间刑，从而填补了自汉文帝改革刑罚以来死刑和徒刑之间差距过大的不足，为隋唐时期刑罚制度的完善奠定了基础。北周律又分流刑为五等，计：二千五百里、三千里、三千五百里、四千里、四千五百里。隋唐因之。如沈家本言："开皇元年定律，流为五刑之一，实因于魏周，自唐以下，历代相沿莫之改也。"[32]

三、法律形式的变化

魏晋南北朝时期律学的发达推动了这一时期律令体系的发展，改变了秦汉以来法律形式繁杂、彼此之间难以区别的情况，为隋唐时期法律体系的发展准备了条件。

（一）律的发展与令的变化

令在汉朝实际上是律的补充形式，律令之间无严格区分，所谓"前主所是著为律，后主所是疏为令"[33]，"天子诏所增损，不在律上者为令"[34]。汉时律令的繁多庞杂造成了法制上的混乱，曹魏政权建立后对此进行改革。魏明帝下诏改定刑制，删约旧科，傍采汉律，制定魏法，

---

〔29〕《隋书·刑法志》。
〔30〕《魏书·刑罚志》。
〔31〕指以夺爵、除名、免官来抵罪的总称。
〔32〕沈家本：《历代刑法考·刑法分考》。
〔33〕《汉书·杜周传》。
〔34〕《汉书·宣帝纪》注。

最后形成《新律》十八篇、《州郡令》四十五篇、《尚书官令》与《军中令》合一百八十篇。曹魏政权在立法上的贡献之一就是初步使律与令分开,并将律与令统一起来对其法典化。但真正使律令功能分开、各司其职的是在晋朝。早在曹魏末年掌握实权的晋王司马昭有感于前代律令本注繁杂,令贾充等修定法律,经数年努力终于在晋泰始三年(公元267年)修成晋律。晋律在曹魏律的基础上明确区分律与令的功能,把相当部分原属于律的内容纳入令的范围。

魏晋南北朝时期,令和律仍为主要法律形式,但其内涵已开始有别于秦汉时代。参与晋律制定的杜预首次从学理上对律与令的功能进行区分:"律以正罪名,令以存事制。"[35]律主要是固定性的刑事法律规范,令主要是暂时性的国家制度方面的规定,违令有罪者,依律定罪处刑。

(二)以格代科

魏科作为一种变通的法律形式存在时间不长,但具有重要的历史意义。曹魏立国之初,以汉为宗,不便更替汉制,新设立颁行的法令没有以律或者令为名称,而是以"科"代之。三国时期,"科"是主要的法律形式,尤以曹魏为盛。曹魏成为三国中最强的一支,科的作用不容否认。科的制定本身也是对汉律进行重大改革的关键一步,直接为魏晋修订正式法典开辟了道路。此外,魏科对当时的蜀、吴也有影响。换言之,魏科是传统法律由不成熟走向成熟的重要一环。科在法律上的统治局面一直继续到魏明帝制定《新律》,将科按性质分列为律令才告结束。科本来从形式和内容上都带有变通的特性,在把其中有关刑罚部分抽出厘为律,其他则按类归纳为令之后,科的使命也就完成了。

这一时期,格的发展变化大致为三个阶段:北魏中期前为第一阶段,北魏后期至北齐初为第二阶段,北齐中后期为第三阶段。

北魏中期前,格刚从科演变而来,在内容上与汉晋之科没有大的区别,是作为律令的补充。

北魏后期至北齐初,为应付动乱局面和阶级、民族、统治集团内部日趋激化的矛盾,魏孝武帝太昌元年(公元532年)诏:"前主为律,后主为令,历世永久,实用滋章。""令执事之官,四品以上集于都省,取诸条格,议定一途,其不可施用者,当局停记,新定之格勿与旧制相连,务在通约,无致冗滞。"[36]从此,格取代律文成为主要法律形式[37]。时隔不久,北魏分裂为东、西魏,与南梁三分天下,当时无暇顾及律令编纂,一直沿用北魏末期的格。东魏十七年的历史中(公元534—550年)没有修定律令的记载,至兴和三年(公元541年)十月,颁定了著名的《麟趾格》。此后,北齐文宣帝时(公元550—559年)"议造齐律,积年不成"[38],又重新刊定《麟趾格》,作为正刑定罪的规范。这一阶段,格成为当时的"通制"。

北齐中后期,政局相对稳定,格虽为"通制",但律令才是人们所期待建立的制度。北齐初期司徒功曹张老就上疏,反对废律用格,他指出:"大齐受命已来,律令未改,非所以创制垂法,革人视听。"[39]经张老的反对,北齐皇帝高洋命令群官议造齐律,但经多年努力仍未完成,故

---

[35] (晋)杜预:《注律序》,转引自(宋)李昉:《太平御览》。

[36] 《魏书·出帝平阳五纪》卷十一。

[37] 《魏书·孝静帝纪》:"先是诏文襄王与群臣于麟趾阁议定新制,甲寅,颁于天下。"陈仲安认为:麟趾格制定"始于魏","作为正式颁布的法律文书则到东魏才形成"。参见《文史·麟趾格制定经过考》二十一辑。

[38] 《隋书·刑法志》。

[39] 《隋书·刑法志》。

《麟趾格》一直被用作正罪定刑的主要法典。至武帝即位，河清三年成《齐律》，以格代律局面才告衰止[40]，格复退回副法地位，在律无正条情况下暂作定刑依据。《隋书·刑法志》记载："后平秦王高归彦谋反，须有约罪，律无正条，于是遂有别条权格，与律并行。"此处的"权格"与第一阶段的"别格"类似，均为补律令的副法（临制性的律外条目）。

就以后格与律令关系来说，隋朝延续了北齐后期重律轻格的发展趋势。时人以为格令章程"颇伤烦碎""非简久之法"[41]。隋唐之后，虽然律令格式并行，但格的地位与作用远不能与律令相比。

（三）式的出现

式，最早见于秦，有《秦简·封诊式》，多属行政性法规。汉初有品式章程，西魏文帝时编定《大统式》，成为隋唐以后律令格式四种基本法律形式之一"式"的先声。

此外，这一时期仍沿用汉以来用"比"和经义断案的传统。

综上可见，魏晋南北朝时期的法律形式有较大变化，特别是律令有别、以格代科成为隋唐以降律令格式并行的渊源。

四、行政制度的发展

魏晋南北朝时期的行政制度大体上沿用汉制，但随着形势的变化也有一些不同之处。

（一）中央三省制

东汉光武末年，因忧惧朝廷失权，又憎恶强臣篡权，所以"太尉""司空""司徒"三公虽仍设置，但使三公事权归于尚书，从而使三公成了虚设之位，尚书的地位则日益重要。魏初，尚书脱离少府而独立，称为"尚书台"，掌理政务。同时，皇帝设有秘书作为侍从要职，称"秘书令"。魏文帝时，改秘书为中书。尚书的职权逐渐移至中书。随其权力的扩大，中书省形成。于是中书省与尚书台间产生了权限划分问题，结果是中书省负责起草诏令，为决策、立法机构；尚书台负责奉行诏令，为执行机构。晋朝侍中的地位日益显得重要，于是成立了以侍中为主管长官的门下省，用以钳制中书省。这样，就形成了中书、尚书、门下三省并主的制度。

在中央三省制下，九卿逐渐流为冗曹。梁武帝时为了调整职务，曾增设大府卿、大匠卿、都水卿，使九卿变成十二卿。北魏时仍为九卿。北齐改廷尉为大理，改少府为太府，并改称其官署为"寺"，于是产生了"九寺"的名称。从此，国家机关的名称不再以官衔相称，这是国家机关发展史上的一个重要变化。

总体而言，中央三省制的形成意味着政治机构分工日趋严密化、合理化，同时加强了皇权，有利于中央集权统治。

（二）地方州、郡、县三级制

东汉末年形成了州、郡、县的地方行政制度。魏承汉制，沿用未改。晋武帝时曾大封宗室二十七人为王，建立王国，又设置公、侯、伯、子、男五等爵位。王及公、侯、伯、子、男分领其"国"，各设常备军，形成了大大小小不计其数的土皇帝。这是一种行政划分。与此并行的则

---

〔40〕 参见《隋书·刑法志》《册府元龟·刑法部》等。

〔41〕《北史·苏威传》。

为州、郡、县三级行政机构，州设刺史，刺史以下设有别驾、治中、长史、司马等属官。州下设郡，郡的长官为太守，郡太守兼领兵权。郡下设县，县的长官为县令。此外还规定，重要的州刺史为持节都督，次要的为持节，不重要的州单称州牧或州刺史。北魏的州、郡、县各分上、中、下三等；北齐时，在上、中、下三等中又各有上、中、下之别，按等差设置员额不等的属吏。

两汉时期，地方的乡治组织比较发达，魏晋南北朝时期，乡治明显废弛。这与战事频繁密切相关。但是，晋朝的乡仍有啬夫，里仍有吏，北魏、北齐也有里长、里正之设。乡官之设于隋开皇十四年（公元594年）尽行罢去，乡治制度从此日渐衰落。

五、门阀士族特权的法律化

（一）确立维护贵族官员的特权制度

1.“八议”

“八议”之说源于《周礼·八辟》。曹魏总结前代经验，制定魏律时，定为“八议”。“八议”是指八种权贵人物在犯罪以后在刑罚上给予特殊照顾，所谓“大者必议，小者必赦”。这八类人分别是“亲”（皇帝宗室亲戚）、“故”（皇帝故旧）、“贤”（朝廷认为有大德行的贤人君子）、“能”（政治军事等方面有大才能者）、“功”（对国家有大功勋者）、“贵”（有一定级别的官爵者）、“勤”（为国家服务卓著有大勤劳者）、“宾”（前朝皇帝及后裔）。

“八议”入律使贵族官僚地主享有特权，凌驾于一般法律之上，为统治阶级破坏法律大开方便之门。东晋成帝时，庐陵太守羊聃为非作歹，滥施刑杀，一次错杀无辜一百九十人，“有司奏聃罪当死”，但因景献皇后是他祖姑，属“议亲”之列，竟免处死。[42] 南梁武帝时，“王侯皆长而骄蹇不法”，“或白日杀人于都街；劫贼亡命，咸于王家首匿”[43]。晋时傅玄就曾指出：“八议”是“纵封豕于境内，放长蛇于左右”[44]。

2. 官当

三国两晋南北朝时期，多行“九品中正制”，朝廷用人多以家世门第为标准，为保证世族地主在朝廷官僚体系中的地位，进一步扩大官僚的律上特权，“官当”制度应运而生。

晋律在沿用“八议”的同时，规定“除名比三岁刑”“免比三岁刑”[45]。虽不能确定晋朝以“除名”“免”抵罪，但这种相“比”的做法实为以后“官当”之制的滥觞。之后的梁朝规定，在官身犯，只处罚金[46]，《北魏律·法例》规定：公、侯、伯、子、男五等爵，每等抵三年徒刑。官品从第五品起一阶当刑二年；免官者，三年后照原官阶降一级叙用。[47]《陈律》正式使用“官当”一词，规定品官犯罪判五年、四年徒刑的，准用官职抵二年刑，余刑居作外，属公罪过误，可处罚金；判二年徒刑的，可用赎刑。[48] 及至隋、唐，“官当”制日臻完备。明、清始为加强官吏控制而

---

〔42〕《隋书·刑法志》。

〔43〕《隋书·刑法志》。

〔44〕（宋）李昉：《太平御览·傅子》卷五二。

〔45〕（晋）杜预：《注律序》，转引自（宋）李昉：《太平御览》。

〔46〕《隋书·刑法志》。

〔47〕《魏书·刑罚志》。

〔48〕《隋书·刑法志》。

取消“官当”，但“罚俸”“降级”仍适用于特权者。

(二)官吏的选任与管理制度

九品中正制创始于魏，是魏文帝黄初元年(公元220年)采纳尚书陈群的建议而定的，规定郡设小中正官，州设大中正官，中正官的职责是依照家世、才能、德行将辖区内的士人分成上上、上中、上下，中上、中中、中下，下上、下中、下下九等；由小中正将品评结果申报大中正，再经大中正申报司徒，最后由中央按品第高下任官。这一制度沿用至宋、齐、梁、陈各代，巩固了大土地所有制基础上形成起来的士族制度，保障了士族垄断政治统治权的特殊地位。由于“九品”之分标准不确定，不仅凭中正官的主观臆断，再加上请托、权势、裙带关系等影响，不但造成了“上品无寒门，下品无士族”，使士族与庶族相隔天壤，矛盾愈益加深，而且弊端丛生，贿赂公行，加速了士族、官员的腐化。

关于任官、考绩制度，魏明帝时曾令散骑常侍刘劭作“都官考课之法七十二条”，考核百官之政绩，但未施行。晋朝明令规定：“不经宰县，不得入为台郎。”[49]这是在选任方面重视基层官吏作用的表现。北魏孝明帝时，武人退役争相为官，吏部尚书崔亮创制《停年格》，规定以停解日月为断，依年资深浅而定选用的顺序。

(三)确认和保护贵族官员按等级占田的特权

1. 颁布“占田令”或“均田令”，确认土地等级占有制

曹魏时曾颁布“赐公卿以下租、牛、客户各有差”的法令，西晋进一步制定了按官品占田、占客，荫亲属的法规——“品官占田荫客令”和“占田令”[50]。“占田令”规定：男子占田七十亩，女子三十亩；丁男课田五十亩，丁女二十亩；次丁男课田二十五亩。所谓“占田”是农民可占土地数的额定指标，而“课田”则是应负田租的土地数。

北魏以降，因长期战乱，人口逃亡，土地荒芜，留居农民亦不堪沉重租调徭役，多荫附士族豪门。针对这一状况，太和九年(公元485年)颁《均田令》：十五岁以上男子授露田(植谷物)四十亩，女二十亩；男授桑田(植树)二十亩，女五亩，产麻区男授麻田十亩。桑田“皆为世业，终身不还”；露田所有权归官府，授者年老免役或死时，归还朝廷，并规定奴婢与良人一样授田；四岁以上耕牛每头授露田三十亩，以四头牛为限[51]。

2. 施行租调法令，保障朝廷财政收入

颁布均田令的目的在于保护门阀士族的经济特权，把农民束缚于土地，强制其垦荒，以保障国家财政收入和徭役来源。所以，在颁布均田令的同时要推行租调法令。租调法亦始于曹魏，史载：计亩征租，按户收调，每亩粟四升，户纳绢二匹、绵二斤，余皆不擅兴。[52] 西晋太康元

---

〔49〕《通典·职官》。

〔50〕“品官占田荫客令”颁于太康元年(公元280年)。主要内容是：一品官占田五十顷，占佃客十五户，按品级逐级减少，至九品官占田十顷，占佃客一户。此外，可依官品高低，荫其亲属，高者可荫“九族”，低者亦可荫三世；不在官府任职之世族地主，均可依门第高低享受荫庇特权，受荫庇的本属佃客不在官府立籍，不向国家纳税服役。从法律上确认豪门士族从国家总户口中割取一部分为私属，从国家总赋税中割取一部分为私租。参见(唐)杜佑：《通典·食货一》《通典·食货四》。

〔51〕《魏书·食货志》；(唐)杜佑：《通典·食货一》《通典·食货四》。

〔52〕《三国志·魏书·武帝纪》。

年颁“户调之式”：丁男之户，岁输绢三匹，绵三斤，女及次丁男为户者半输。[53] 北魏颁《均田令》，次年颁“租调法”，规定一对夫妇年纳租粟二石，调帛一匹。北齐、北周推行的租调法也大致如此。[54]

这一时期，士族豪门大量兼并土地、占有劳力使官府直接控制的农户减少，损害了赋税徭役来源。为此，朝廷颁均田令、行租调法，一方面将被兼并的民田、招募的佃户，荫庇的免役人口等予以法律承认和保护；另一方面为维持官府租调徭役来源，对官僚、士族上述特权从数量上略加限制。对普通农户则定有占田数额和相应的租调数，“督农归田”，“寓劝于课”，以保证中央财政来源。

（四）维护尊卑良贱等级关系的婚姻制度

这一时期，士族豪门操纵政权，传统尊卑良贱等级森严，在婚姻方面特别重视门第家世，严格奉行士庶不婚、良贱不婚。士庶良贱通婚被视为“失类”，受讥评、弹奏和法律制裁。例如，南朝梁士族王源嫁女与富阳满氏，被御史中丞沈约弹奏：“惟利是求，玷辱流辈，莫斯为甚”，“请以见事免源所居官，禁锢终身，辄下禁止，视事如故”。[55] 又如，权重一时的河南王侯景曾对梁武帝说要请婚于王、谢之家，武帝因侯景门第不高，明确回答：“王、谢门高非偶，可于朱、张以下求之。”[56] 此外，这一时期纳妾被认为合法。晋令规定，官员可依官品纳妾一至四人。

在继承方面，严别嫡庶，唯嫡子有继承权，庶子一般没有继承权。尤其北朝，庶子更受歧视。凡此种种都在于维护士族的团结，并以此达到巩固统治的目的。

（五）稳定财产交易的买卖、借贷等法律规范增多

汉朝以来买卖关系成立，一般要订立“券书”（契约），由买卖双方各执其一，“讼则按券以正之”[57]。到晋朝，规定买卖田宅牛马，必须订立“文券”，写明买卖成交的价值，官府按成交总额百分之四“契税”，卖方负三分，买方负一分。买卖他物则可不立文券，但依上例“契税”，叫作“散估”。此制为南朝沿用。这不仅有利于增加财政收入，而且客观上也对买卖关系加以法律确认。如有纠纷，官府依“契税”单据（“文券”上有纳税之红色印章，称“红契”）进行裁决。

关于借贷，官府常以强力助放贷者收回本利。贪官污吏往往与富户勾结，催逼无力纳赋税者借高利贷。针对此弊，北魏文成帝时（公元461年）曾诏令：“自顷每因发调，逼民假贷，大商富贾，要射时利，旬日之间增赢十倍，上下通同分以润屋……为政之弊莫过于此，其一切禁绝，犯者十疋以上皆死。”[58]

---

[53] 《晋书·食货志》。
[54] 《魏书·食货志》。
[55] 《南史·沈约传》。
[56] 《南史·侯景传》。
[57] 《周礼·秋官·士师》注。
[58] 《魏书·高宗纪》。

第三节　司法思想与司法制度

一、司法思想

(一)强化皇权与慎刑思想

魏晋南北朝时期,政局动荡,战争连绵,地方势力强大,皇权受到门阀士族的牵制。一方面,为加强皇权,摆脱强宗豪右的干扰,统治者加强了对司法的控制;另一方面,为缓和社会矛盾,巩固统治地位,统治者在司法实践中贯彻慎刑思想,宣扬仁政。皇帝直接参与司法审判、死刑复核制度的确立等体现了统治者强化控制与谨慎执行刑罚的理念。

1. 皇帝频繁直接干预和参与司法审判

魏明帝太和三年(公元229年)改"平望观"为"听讼观",史载"每断大狱,常幸观临听之"〔59〕。南朝宋武帝也常"折疑狱""录囚徒",仅永初二年(公元421年)即有五次之多。北魏孝文帝亦十分重视亲临听讼讯囚,曾于虎圈、东明观、京邑、都亭、华林园等先后七次讯问囚犯。北周武帝常"听讼于正武殿,自旦及夜,继之以烛"〔60〕。

2. 妇女犯罪行刑适用特殊规定

魏明帝时,为避免对女犯用刑使身体裸露,改妇人加笞还从鞭督之例,以罚金代之。晋律规定:"女人当罚金杖罚者,皆令半之。"《梁律》加以沿用,且扩大对女子的照顾,规定:"女人当鞭杖罚者,皆半之","女子怀孕,勿得决罚"。《北魏律》则进一步明确:"妇人当刑而孕,产后百日乃决。"〔61〕这其中有礼教因素,但也是社会文明程度提高和慎刑思想影响的结果。

3. 死刑复核制度的形成

魏明帝青龙四年(公元236年)诏:"廷尉及天下狱官,诸有死罪具狱以定,非谋反及手杀人,亟语其亲治,有乞恩者,使与奏。"〔62〕南朝曾规定:"其罪甚重辟者,皆如旧先上。"〔63〕北魏律规定:"诸州国之大辟,皆先谳报乃施行","当死者,部案奏闻",〔64〕"狱成皆呈,帝亲临问,无异辞怨言乃绝之"。〔65〕这不仅使死刑决定权归于皇帝,也体现了慎刑的思想。

4. 恢复肉刑之争

汉末曾出现旷日持久的围绕肉刑恢复的争论。肉刑恢复论者的理由大致可概括为三点:第一,肉刑乃古制,具有深厚的历史基础。第二,对犯人施肉刑,一方面可以"绝其为恶之具",

---

〔59〕《三国志·魏书·明帝纪》。

〔60〕(宋)李昉:《太平御览·后周书》卷六三九。

〔61〕《魏书·刑罚志》。

〔62〕《三国志·魏书·明帝纪》。

〔63〕《晋书·孝武帝纪》,参见《南齐书·王敬则传》:征东将军王敬则杀路氏,武帝责问:"谁下意杀之?都不启闻。"

〔64〕《魏书·刑罚志》:太祖武帝时,"人死不可复生,惧监官不能平"。

〔65〕《魏书·刑罚志》。

防止罪犯再度犯罪；另一方面，可以刑一人而儆百人，使人朝夕鉴戒，起到一般预防的效果。第三，将肉刑作为代死之刑使用，既可以宣扬帝王的仁心仁政，也可以避免因死刑导致劳动力减少，即“尚不至死，无防产育”[66]。

据《晋书·刑法志》载，汉朝最早正式提出要恢复肉刑的是东汉建安年间活跃在政坛学界的一批名士，如辽东太守崔寔、大司农郑玄、大鸿胪陈纪等，他们主张“天下将乱，百姓有土崩之势，刑罚不足以惩恶”。此后，曹操为汉相时，尚书令荀彧也有意恢复肉刑，遭到了少府孔融的反对。[67] 此后，陈纪之子陈群和太傅钟繇也曾先后提议恢复肉刑，但遭到反对。[68] 司马氏建立晋朝后，围绕恢复肉刑的争论再度升温。廷尉刘颂多次上书要求恢复肉刑，认为“今死刑重，故非命者众，生刑轻，故罪不禁奸”，造成这种局面的原因就在于没有肉刑。[69] 东晋元帝时也曾对恢复肉刑进行议论，但肉刑始终未得恢复。[70]

（二）律学思想的发展与法律解释的规范化

汉末，儒家经学在实践中渐渐流于烦琐迂腐，成为专门索隐发微的章句之学，并且其数量日渐增多。杜预从理论源头对此作出解释，他明确提出：“法者，盖绳墨之断例，非穷理尽性之书也。”[71] 由此，正式把律学与经学作了区分，奠定了律学诞生的理论基础。

此外，“名教”出于“自然”说（非董仲舒的“天意”说）的“玄学”抬头，对法学理论产生一定影响。加之汉初尚黄老之术，道学在思想意识领域的潜在影响，导致这一时期明辨之术和《易》学的盛行。在多重因素影响下，律学在魏晋时期开始从伦理政治的束缚中解脱出来。研究的对象不再仅限于对古代法律的起源、本质和作用的一般论述，而是侧重于律典的体例、篇章结构以及定罪量刑等问题的研究。

随着传统法律和律学的发展，这一时期的法律解释也趋于规范化，私家为律注疏开始成为一种新的法律解释形式，对后世立法、司法和法制的统一产生了深远影响。其中有代表性的为晋代张斐、杜预对《泰始律》中法律名词的解释。例如，“故意”是“知而犯之谓之故意”；“过失”是“不意误犯谓之过失”；“谋”指“二人对议”；“群”指三人以上；“赃”是以图利为目的；“戏”重在双方相和斗；“斗”着重在双方争执；“诈”是以背信为要件；“率”指力能指挥众人；“强”是以不和为原则；“造意”重在首先倡议；等等。他们对晋律中一些相类易混的罪名也作了解释。例如，“以威势得财”的犯罪，“不求自与为受求”，“所监求而后取为盗赃”[72]，“敛人财物积藏于官为擅赋”，“将中有恶言为恐”。此外，对刑名类别也作了简明解释，如“意善功恶，以金赎之”，“律制生罪不过十四等，死刑不过三……刑等不过一岁，金等不过四两”是对前述晋律刑罚体制通俗明白的概括。

---

〔66〕 欧阳询：《艺文类聚》卷五十四“刑法部”。

〔67〕 《晋书·刑法志》。

〔68〕 《晋书·刑法志》。

〔69〕 《晋书·刑法志》。

〔70〕 《晋书·刑法志》。

〔71〕 《晋书·杜预传》。

〔72〕 《晋书·刑法志》载：“无变斩击谓之贼……取非其物谓之盗。”

二、司法机构的变化

(一)中央司法机构的变化

三国时,吴称大理,北周称秋官大司寇。北齐改廷尉为大理,并扩建其机构为大理寺,设卿、少卿、丞各一人为主官,其下设正、监、平各一人,律博士四人,明法椽二十四人,司直、明法各十人。

东汉以后,三省制渐成,尚书台脱离少府成中央最高行政机构。这一变革对司法机构发展影响深刻。此时虽无刑部,但尚书台之下均置有负责司法行政和兼理刑狱的机构。[73] 曹魏承汉制,保留三公曹、二千石曹,又增设比部郎,"以司刑狱";晋初以三公尚书"掌刑狱",武帝太康年间以吏部尚书取代,"领刑狱",废三公尚书;南朝宋都官尚书"掌京师非违,兼掌刑狱";北齐以尚书省六尚书分统列曹,其中殿中尚书统三公曹,"掌五时读时令,诸曹囚帐、断罪、赦日建金鸡等事",都官尚书统比部曹,"掌诏书律令勾验等事"。[74]

中央行政机构兼领司法事务标志着司法制度逐渐走上司法行政与审判分离而又彼此牵制的道路,反映了传统司法机构的完善与强化的趋势。这一变化为隋唐司法机构和中央三省制的确立奠定了基础。

(二)地方司法机构的变化

地方仍沿汉制,司法权由县令、郡太守、州刺史掌理。江南各朝重视京畿地区司法职能,赋予其与中央同等的权力。例如,梁在建康设有与廷尉属官相同的正、监、平三官[75],并以廷尉寺、建康县为两大司法机构,即"廷尉寺为北狱,建康县为南狱,并置正、监、平"[76]。

三、诉讼制度的变化

(一)上诉制度的变化

曹魏时为简化诉讼、防止讼事拖延,改变汉朝的上诉之制,规定:"二岁刑以上,除以家人乞鞫之制。"[77] 晋朝允许上诉,规定:"狱结竟,呼囚鞫语罪状,囚若称枉,欲乞鞫者,许之也。"[78]《北魏律》则规定:"狱已成及决竟,经所管,而疑有奸欺,不直于法,及诉冤枉者,得摄讯治之。"[79]

(二)限制诉讼权利

《晋律》规定:"囚徒诬告人犯,罪及亲属。"[80]《北魏律》规定:"诸告事不实者,以其罪罪

---

〔73〕 曹魏之都官尚书,南北朝之都官尚书,隋唐刑部尚书源于此。
〔74〕《隋书·百官志》。
〔75〕《隋书·百官志》。
〔76〕《隋书·刑法志》。
〔77〕《晋书·刑法志》。
〔78〕《晋书·刑法志》。
〔79〕《魏书·刑罚志》。
〔80〕《晋书·刑法志》。

之。"[81]北齐文宣帝时禁止囚犯告诉,制定《案劾格》规定:"负罪不得告人事。"[82]

（三）直诉制度

直诉作为制度成于西晋。直诉是指不依诉讼等级而直接诉于皇帝或钦差大臣,是诉讼中的特别上诉程序。传说的周代路鼓、肺石之制,汉朝的缇萦上书文帝以己身赎父罪,均非定制。晋武帝设登闻鼓[83],悬于朝堂外或都城内,百姓可击鼓鸣冤,有司闻声录状上奏。此后历代相承。北魏太武帝时,于宫阙左面悬鼓,人有冤则挝之,由公车上奏其表。南朝梁也有"击鼓乞代父命"的记载。[84]

（四）刑讯

《梁律》首定测罚之制,规定凡在押人犯,不招供者均施以"测罚"之刑,其具体做法是"断食三日,听家人进粥二升,女及老小,一百五十刻乃与粥,满千刻止"。《陈律》在此基础上创立"测立"之制,对证据确凿而不招供的囚犯,戴刑具,鞭二十笞三十后,站在高一尺、上尖圆仅容两足的土堆上。首次为七刻;再次分两回,朝三刻,夕七刻。七日一行鞭,至鞭杖数满一百五十仍不招供,可免死。

四、监察机关对司法活动的监督

秦汉时郡县有权判决死刑案件,至魏晋时期,县令审判权受到限制,凡重囚,县审判后须报郡,由郡守派督邮案验。南朝宋改为将案卷及人犯一并送郡,由郡太守复审后方可执行。如郡太守不能决,再送州刺史,州刺史不能决则上交中央廷尉。对此,各代还普遍施行特使察囚制度,"如有枉滞以时奏闻",加强对地方司法审判的监督。

这一时期,中央监察机关仍为御史台,但已从少府独立出来,成为皇帝直接掌握的独立监察机关。长官仍为御史中丞(北魏称御史中尉,南朝叫南司),职权广大,"自皇太子以下,无所不纠"。因地位渐高,中丞以下设有名目繁多的御史,自魏以后,地方不设监察机关,由中央派御史监察,发展了御史出巡制度。御史甚至可"风闻言事",对各级官吏进行弹奏。但御史中丞失纠则要免官。魏晋时仍设司隶校尉,与御史中丞"分督百僚"。东晋废司隶校尉,分其行政权归扬州刺史(京师在扬州),分其监察权归御史台。

第四节　社会法律思潮

一、士人思想活跃

三国两晋南北朝时期的士族文化使汉武帝以来的儒学与经学发展并没有随着朝代的更替

---

〔81〕《魏书·韩麒麟子熙传》。
〔82〕《隋书·刑法志》。
〔83〕《晋书·武帝纪》。
〔84〕《梁书·吉翂传》。

而中断或湮没,法律指导思想在儒家化的道路上继续前进。同时,士族占有社会大部分的物质及文化资源,为其成为政治、文化上的垄断者提供了便利。士族注重家风学风的传承,法律成为他们研究的重点,无论是在立法领域、司法领域以及学术领域均出现了一批子孙世代相承的专门的法律家,使法律文化成果得到承继。"夫士族之特点既在其门风之优美,不同于凡庶,而优美之门风实基于学业之因袭。"〔85〕以门第和学术相标榜的士族文化对中国古代经学、律学发展的作用不可低估。

这一时期,士阶层地位提高,士人思想活跃。在整个社会处在分裂状态、各种势力纵横捭阖的时期,皇权衰弱与世家大族的壮大客观上促进了士阶层社会地位的进一步提高。士在先秦时代是属于分封贵族最低的一级。随着春秋战国时期宗法制的打破以及士在社会进化中的作用增加,士逐渐成为"士农工商"的"四民"之首。汉朝的元勋功臣除叔孙通、陆贾等极少数儒生外,多来自社会下层,汉武帝"罢黜百家,独尊儒术"之后,士开始与儒结合,两汉经学大盛,注重家学渊源,由此开始形成家族世袭化的特征,士阶层也逐渐兴起。

士人阶层在特定的动荡时期获得了相当程度的思想解放。这些士人或是积极入世,参与国家政治生活,建言献策;或是向往田园山水,追求宁静的精神天地;有的强调传统礼教伦理,"具孝友之行";有的关注个体价值和生命本质。

总体而言,魏晋时期社会思潮发生变化,即使是主张遵从并维护礼教伦理的士人,也不一味强调刻板的儒学正义。随着自我意识觉醒,士人开始批判虚伪的"名教",试着去探索真正的儒家精神,也有士人从道教、佛教中汲取思想精华,以"无为自然""明心见性"来改造正统儒学。在魏晋时期特定的时代背景下,士人思想渗入政治、文化和法律领域,对整个社会产生深远影响。士人探索国家、社会和自身精神出路的同时,使道家和佛家学说渐渐得到主流社会的普遍认可和接受,客观上促进了儒释道思想的融合。

二、儒释道思想的融合

与这一时期的大分裂相适应,这一时期的思想文化也具有多元性的特点,名、法、道、儒、墨等多家思想得到了"复兴"的机会,形成了又一个"百家争鸣"的局面。在此过程中,士人阶层成为各种思想发源与传播的主力军,他们结合道教、佛学思想对正统儒家思想加以改造和调整,在理论中融入了有关佛禅哲理和道法哲学,儒、道、佛思想也在互相竞争中融合。

(一)正统儒家思想

正统儒家思想在汉魏之际虽然受到了挑战,但仍然是诸多思想的底调。中国古代的诸家法律思想各有利弊,而以儒家为主、杂糅诸家是一条行得通的道路。法家主张法术势相结合,容易倒向重刑主义;道家强调"无为而治",进而走向消极遁世,容易倒向法律虚无主义。唯有儒家在当时的世局下可以包容他家,成为正统的法律思想,这固然有公孙弘、董仲舒等人的作用,主要还是其思想主张迎合了统治阶级的需要,能让统治阶级内部各种势力达成较为一致的意见,也能让各方利益达成平衡与妥协。这一时期的儒家法律思想也处在整合与调整之中。

〔85〕 陈寅恪:《隋唐制度渊源略论稿·唐代政治史述论稿》,生活·读书·新知三联书店2004年版,第260页。

(二)道家思想与儒家思想的融合

魏晋时期兴起的玄学思想是道家思想与儒家思想融合的产物。魏晋玄学继承了先秦道家尤其是秦汉以来的黄老学派道家的思想,又杂糅了儒家的一些思想,属于道家学说的新发展。玄学家们用抽象的思辨否定了烦琐的经学和汉儒“天人合一”的神学目的论,建立了以“无为”而为“为”的宇宙本体论。他们试图根据理性来探讨名教与自然的关系,企图用理性来纠正现实,使现实符合理性。这一派别的重要代表人物,魏有何晏、王弼,魏晋之际有嵇康、阮籍,西晋有向秀、郭象等。需要指出的是,不论是何王的玄学、嵇阮的玄学,还是向郭的玄学都是政治学说,不同于后世空学其形的“清谈误国”之空谈。在汉魏之际的思想意识中,刑名法术的有为与玄学的无为都可以在“道”的旗帜下并行。而名法派侧重点在主张君主有为,强调对有形有名事物之辨析,循名责实;玄学家们则侧重主张君主无为,强调研究、效仿无形无名的宇宙本体,倡导圣人无名论。

在玄学思想的冲击下,儒学一度衰落,但并未退出历史舞台,儒家的纲常名教、礼仪制度仍然是当时社会的占主导地位的正统法律思想。玄学作为一种新思潮终究还是被整合于儒家思想之下,当时的政治措施、法律制度主要还是以儒家思想为准据。

(三)佛家思想与道家、儒家思想的互动

佛教在汉朝传入中国,在魏晋南北朝动荡不安的局势下,与儒、道思想一同成为世人缓解不安、排解迷思的一剂良药。起初,佛教在中国的传播过程中与儒、道产生了种种冲突,儒、道二家作为本土哲学,对外来宗教具有排斥性。之后,佛教借助儒道思想对自身加以改进和调整。一方面,通过吸收、依附儒家思想,强化对世俗生活的重视,帮助统治者安定人心,以获得统治阶级的认可;另一方面,其“性空”理论与道家“无为”思想具有一定程度的相似性,因而获得普遍接受。在这一过程中,佛教逐渐建立起与中国传统文化和思想体系相契合的哲学体系,并反过来对儒家、道思想产生了影响。例如,佛教的因果论、善恶报应论等皆对儒、道二家产生影响,促使儒、道二家对自身理论进行反思和完善。

思考题

1. 简述魏晋南北朝时期门阀士族的发展对法律制度产生的影响。
2. 简述魏晋南北朝时期法律形式的新变化。
3. 简述魏晋南北朝时期“法律儒家化”在立法与司法中的具体体现。

第九章　中华法系的形成与特点

本章要点

1.《唐律疏议》与“五经”的关系。

2. 中国传统法律的基本特征。

中华法系是以中国传统法律为主体内容的法律系统，包括中国传统社会的法律精神、法律思想、法律制度与法律实践。中华法系发生、成长于中国传统社会，并在中华文化圈中浸润发展、发挥作用。为了适应传统中国的民族精神与社会文化，及大国治理需要，中华法系在其萌生、发展、演变过程中形成了一系列富有中华特色的理论、原则与制度。

第一节　中华法系的形成

中国古代法律从夏、商、西周三代时期初步建立，随着春秋战国、秦汉、魏晋南北朝政治格局的分分合合，其制度与思想也经历着政治实践与社会变革的历练与洗礼。隋唐时期，中国社会再次进入政治统一、经济发展、文化繁荣的历史阶段。以唐朝法律为代表，无论是其内在法律精神，还是其外在法律形式，都达到古代法律发展的新高度，以中国古代法律为核心内涵的中华法系走向成熟。

西周时期统治者注重“天下一体”“以德配天”，实施宗法政治，并推行“礼治天下”“明德慎罚”原则，将人文伦理精神融入政治、法律制度之中，奠定了中国法律的基本风格与发展方向。西汉中期汉武帝“罢黜百家，独尊儒术”，儒家思想成为国家主流思想。作为正统官学的儒学已不再简单地等同于孔子的“德治”、孟子的“仁政”，而是采众家之长，特别是吸收法家关于国家治理手段的一些理论原则，形成儒法合流、“霸王道杂之”的思想体系。

东汉以后，中国社会进入长达四百年的动荡时期。特别是南北朝时期，社会处于长期分裂局面。动荡的时局会催生蜂起的思想。在这一时期，正统儒学受到内外两方面的挑战。就外部而言，佛教传入，精密而细致的佛教理论影响思想界的一些精英。一批文人士子基于道家学说，吸收佛教的理论与方法，形成了与经学分庭抗礼的玄学理论。就内部而言，由于缺乏官方的强力推行与统一指导，儒学本身进一步分门别派，各重师承，导致派系林立，学说多元；儒家经典因战乱散失，各学派也仅仅依据自己所掌握的文本进行解读，形成对儒家经典不同的义理阐释，其中甚至包括文字方面的大量错误。儒学与玄学等学说，此消彼长，不仅直接影响儒学原有的思想支配地位，也导致整个社会在国家治理主导思想方面的混乱。

隋朝从政治上实现天下一统，同时意识到，在思想意识方面需要改变魏晋以来蜂起驳杂的理论格局，从思想与学术两个方面树立经学作为官学的地位与权威。可惜隋朝统治年限短暂，在思想理论方面未能从容推行相关变革，这一状况持续到唐初。在唐太宗主持下，实现了经学的"复位"。

就儒家学说而言，西汉即以《诗》《书》《易》《礼》《春秋》五部著作为主要经典，号称"五经"。魏晋南北朝有关经学派系林立，学说多元，主要指解读"五经"文字、阐释"五经"含义的学说驳杂。

唐朝贞观四年（公元 630 年），唐太宗下诏，由国子祭酒孔颖达主持，众多儒学大家参加，对《诗》《书》《易》《礼》《春秋》五部儒家经典进行全面统一的权威解读。[1] 贞观十六年（公元 642 年）书成，并确定书名为《五经正义》。对于已经完成的《五经正义》，有学者认为其内容尚不完备，甚至有相互冲突之处。慎重起见，太宗下令修改完善，修订工作持续到唐高宗时期。永徽四年（公元 653 年），由长孙无忌主持修订的《五经正义》[2]最终完成。长孙无忌在给高宗的《进〈五经正义〉表》中特别强调：臣等"上禀宸旨，旁摭群书，释左氏之膏肓，翦古文之烦乱，探曲台之奥趣，索连山之元言。囊括百家，森罗万有"。[3]

《五经正义》的编纂颁行标志着经学的统一，《五经正义》成为官方正统意识的文本载体。从此以后，无论是官员表达政见，还是士子备考科举，甚至文人的艺术创作，都以《五经正义》所阐发的义理为基本依据。

贞观、永徽年间正是唐朝建构法律制度的重要历史时期。唐初统治者参考历朝法律并结合唐初社会实际制定唐律，武德七年（公元 624 年）颁行天下，为《武德律》。贞观年间，唐太宗诏令房玄龄、长孙无忌主持修订《武德律》，贞观十一年（公元 637 年）颁布实施，为《贞观律》。高宗即位后，再次修订法律，令长孙无忌、李勣、于志宁等主持，永徽二年（公元 651 年）颁布实施，为《永徽律》。

从贞观四年（公元 630 年）唐太宗诏令孔颖达主持编纂《五经正义》到贞观十六年初成，再到高宗永徽四年（公元 653 年）定稿颁行，二十多年间关于儒学五经的讨论、阐释、争议、辩驳影响到朝廷上下、京城内外。这既是一次关于治国理念的大讨论，也是凝练、宣传国家主流意识的重要过程。这一过程也对正在制定、修改的唐律产生重大影响。史料记载，长孙无忌于永徽年间主持《五经正义》的修订，而同时期，他又受命主持《永徽律》的编纂。永徽三年，即《永徽律》颁行第二年，高宗即提出"律学未有定疏，每年所举明法遂无凭准，宜广召解律人条义疏

---

〔1〕《旧唐书·儒林传》："太宗以经籍去圣久远，文字多讹谬，诏前中书侍郎颜师古考订五经，颁于天下，命学者习焉。又以儒学多门，章句繁杂，诏国子祭酒孔颖达与诸儒撰定五经义疏，凡一百七十卷，名曰《五经正义》，令天下传习。"

〔2〕《五经正义》一百八十卷，包括《毛诗正义》四十卷、《尚书正义》二十卷、《周易正义》十四卷、《礼记正义》七十卷、《春秋左传正义》三十六卷。

〔3〕《全唐文》卷一三六《长孙无忌·进〈五经正义〉表》。

奏闻”。[4] 长孙无忌仍然是第一主持人。永徽四年既是《五经正义》的颁布时间，也是《永徽律疏》的颁布时间。长孙无忌既是修订《五经正义》的主持大臣，也是编纂《永徽律疏》的主持大臣。永徽四年二月，由长孙无忌主持修订的《五经正义》完成，长孙无忌专门向高宗奉《进〈五经正义〉表》。时隔九个月，长孙无忌主持编纂的《永徽律疏》完成，长孙无忌再向高宗奉《进〈律疏议〉表》。

经学的统一及其权威地位的恢复，长孙无忌一身二任的特殊身份，多种因素迅速而有效地推进了法律的经学化。甚至法律经学化的主要途径也直接采纳经学统一的方式，只是将以“义疏”阐释“经传”，改作以“义疏”阐释“律注”。[5]

《唐律疏议》中引用大量《五经》的内容，并直接采用孔颖达主持《五经正义》对于经文的阐释。在解释“十恶”之首“谋反”罪时，《疏议》分别引证《春秋公羊传》之“君亲无将，将而必诛”，以及《春秋左传》中“天反时为灾，人反德为乱”两句话，以解释为什么重惩“谋反”。[6] 在解释“十恶”之一“大不敬”罪时，《疏议》从遵礼入手，强调“礼者，敬之本；敬者，礼之舆”，并征引《礼记・礼运》的解释，“礼者，君之柄，所以别嫌明微，考制度，别仁义”。[7] 再如，《唐律疏议・斗讼》规定：“诸告祖父母、父母者，绞。”其中阐释道：“父为子天，有隐无犯；如有违失，理须谏诤，起敬起孝，无令陷罪。若有忘情弃礼而故告者，绞。”[8] 而“有隐无犯”的要求就直接来自《礼记》的规定。[9]

《永徽律疏》产生于唐初经学的“复兴”与“统一”这两大社会主题之中，又有着长孙无忌一身二任、兼顾主持《五经正义》修订以及主持《唐律疏议》编纂两大工作的具体条件。《永徽律疏》通过“疏议”这一形式，依据作为正统官学的儒学精神，引入儒家经典中的言论，有效阐述了法律的制定宗旨及其道德内涵，因而对于各级官吏审理案件、适用法律起到积极作用。但是，“经义”不能与“律文”等同，儒家经典与国家法典在功能上也有重大差别。“经义”入法对于法律的制定、解释、实施，乃至于“经义”本身的效力分化，均产生诸多消极作用。一方面，在“经义”内容的选择上具有一定的随意性，甚至一些非“经义”的著作也侧身其中；另一方面，“经义”的语言多表达一种内在精神或价值导向，将其作为行为准则，则难以确定明显的界限，因而直接导致适用的随意性。[10]

《唐律疏议》引用经文阐释法律条款，特别是引用经过孔颖达主持编纂、长孙无忌主持修订后的《五经正义》，全面采用儒家经典关于国家、社会、个人、道德、伦理、法律的基本观点。

---

[4] 《旧唐书・刑法志》。

[5] 《唐律疏议・名例》：“昔者，圣人制作谓之为‘经’，传师所说则谓之为‘传’，此则丘明、子夏于《春秋》、《礼经》作‘传’是也。近代以来，兼经注而明之则谓之为‘义疏’。”《唐律疏议》以“义疏”阐释律文、注文的含义。

[6] 《唐律疏议・名例》“十恶”。

[7] 《唐律疏议・名例》“十恶”。

[8] 《唐律疏议・斗讼》。

[9] 《礼记・檀弓上》：“事亲有隐而无犯，左右就养无方，服勤至死，致丧三年；事君有犯而无隐，左右就养有方，服勤至死，方丧三年；事师无犯无隐，左右就养无方，服勤至死，心丧三年。”

[10] 明清两朝分别制定《大明律》《大清律例》等一系列法律。在充分吸收唐朝在法律制定、法律解释、法律实施等方面经验的基础上也接受唐朝在法制方面的教训。无论是《大明律》，还是《大清律例》，更注重通过正式的法律语言将以宋明理学为代表的正统儒家的基本精神、基本价值编入法律条款之中，而排除了把儒家“经义”中的话语直接纳入法典之中的做法，既保持了法律条款的明确性、可实施性，也保证了法律的严肃性、权威性。

《唐律疏议》与《五经正义》的结合代表着中国古代在国家治理、社会管理方面取得的新成就。一方面,它使以经学内容为基础的行为准则,包括儒家经典所弘扬的价值导向,获得法律强制力的有力支撑;另一方面,它也使作为百官万民必须遵守的法律的基本内涵和具体要求符合儒家经典,符合主流意识形态,进而从法典的编纂与解释方面实现法律的经学化。《唐律疏议》的颁布实施、“德礼为政教之本,刑罚为政教之用”原则的确立,标志着自西汉中期开始的法律儒家化进程全面完成。

唐朝法律作为中国传统法律的代表,对东亚国家的法律产生重要影响。古代日本、朝鲜、越南等国制定法律多以唐朝法律为蓝本,全面借鉴其制度、体例与原则。

第二节　中国传统法律的基本特征

中国传统法律经历了漫长的演变、发展过程。夏、商、西周时期初步形成传统法律的基本风格。从西汉开始的法律儒家化过程,经过约八百年的发展,形成以唐《永徽律》为代表的中国传统法律的经典体系。宋、元、明、清各代以经典唐律为基础,结合本朝政治实践与统治需要,构建各自的法律制度,推动中国传统法律在内容、形式各方面不断进步。历代王朝法律各具自身特色,又有诸多共性。正是这些共性构成中国传统法律的基本特征。

一、维护国家“大一统”

古代中国,地域辽阔、人口众多、经济文化发展不平衡,但国家“大一统”理念始终是民族精神的主流。在漫长的历史发展过程中,“大一统”理念覆盖了政治经济、思想理论、文化艺术、疆域版图等领域,也体现于机构、职官、法律等相关制度之中。

就思想理论而言,“大一统”理念有着漫长的发展、演变过程。华夏文明早期发展阶段特殊的地理环境,特别是外部有天然屏障、内部无根本性阻隔的地理特征,孕育出多部落、多民族的“六合同风”“多元一体天下观”。在认识方式方面,人类天然具有由此及彼、整齐划一的思维倾向。华夏文化中重人事轻鬼神、重现世轻来生的人文主义倾向以及重群体轻个体的集体主义意识都对“大一统”理念的形成产生影响。受到权力扩大、疆域拓展的利益驱动,“大一统”理念也获得坚实的物质需求支撑。经过历代政治家、思想家的努力,与“大一统”相关的思想与行为被提升到民族精神、道德境界、国民责任的高度。

西周时期已有“溥天之下,莫非王土;率土之滨,莫非王臣”的观念。春秋战国时期,诸子百家观点不一,甚至相互攻讦,但在国家统一、权力统一等方面达成普遍共识。孔子主张:“天下有道,则礼乐征伐自天子出。”[11] 庄子说:“圣有所生,王有所成,皆原于一。”[12] 荀子提出:

〔11〕《论语·季氏》。
〔12〕《庄子·天下》。

“隆一而治,二而乱,自古及今,未有二隆争重而能长久者。”[13]韩非则强调:“事在四方,要在中央;圣人执要,四方来效。”[14]《吕氏春秋》称:“天下必有天子,所以一之也;天子必执一,所以抟之也。一则治,两则乱。”[15]

秦始皇平定六国,建立统一的中央集权国家,同时焚书坑儒,追求思想上的同一。秦朝在制度与思想两方面的极端化政策导致“二世而亡”,但其构建制度与文化方面的“统一”,包括书同文、车同轨均为后世所继承。汉高祖废除“异姓王”、汉景帝平定吴楚“七国之乱”、汉武帝“罢黜百家,独尊儒术”,既是对于秦朝“统一”政策的延续,更是丰富了“统一”的内涵,探索了实现、巩固国家统一的可行之道。

大一统局面的创建与巩固既需要深刻的思想力量、强大的军事力量,也需要坚定的制度力量、法律力量。

在“大一统”原则的确定方面,西汉是一个关键王朝。春秋战国时期,小国林立,各自为政。秦朝确立了建立“统一”国家的方向,但在制度构建、文化发展方面“专任刑罚”“焚书坑儒”,不仅存续短暂,而且使整个社会对于“统一”的国家发展方向产生疑虑。汉高祖统一全国后,实施“郡国并行”体制,在建立中央政权的同时,先后分封了一批异姓王、同姓王。在“郡国并行”体制下,战国诸雄所追求、秦始皇所实施推行的国家统一、中央集权制度均面临重大挑战。

汉武帝在政治上沿袭汉景帝裁抑诸侯王政策,在思想上接受董仲舒“罢黜百家,独尊儒术”建议,糅合儒、法、道、阴阳家等学说构建内法外儒的正统儒学。汉武帝的系列措施使政治上、思想上、疆域上的“大一统”格局初步形成。“大一统”成为国家主流意识的核心内涵,也成为中央地方制度构建与运行的核心原则。

随着法律儒家化的推进和中华法系的形成,“大一统”理念全面融合于国家法律与制度之中,在隋唐时期得以实现。

“大一统”原则对于政治法律的影响,首先表现在国家政权体制的设计方面。“大一统”格局需要一个在众多权力个体之上行使最高权力的特殊个体,需要一个在诸多权力群体之上行使最高权力的特殊群体。这是“皇帝集权”与“中央集权”的社会基础与制度理由。

从秦汉到魏晋南北朝,基于建立并维护“大一统”格局的目标,国家政权体制的设计经历了艰辛的尝试、探索过程。这一过程集中体现为如何构建至上皇权、如何强化中央集权这两大任务。隋唐以后的政权机构设置及其运行基本上形成了实现这两大目标的体制与机制。

皇帝作为一个政治角色,在传统政治法律框架之中处于权力顶端。皇帝统领文武百官,行使国家最高决策权与指挥权;同时,法律的制定、重大案件的审理均由皇帝掌握最终决定权。与此同时,皇帝本人的言语、行为均不受国家制定法的制约,[16]皇帝也不就其言语、行为承担

---

〔13〕《荀子·致士》。

〔14〕《韩非子·扬权》。

〔15〕《吕氏春秋·执一》。

〔16〕中国古代,皇帝不受国家制定法的管辖,但并非对皇帝无所制约。其一,正统儒学对于皇帝有着一定的道德要求,太子自幼即接受重德治、主仁政的道德教育;其二,以先皇祖训为主要内容的“祖制”,也在治国理政、为君为人等方面,约束皇帝;其三,朝廷所设史官、言官、谏官,也从不同角度,对皇帝言行产生制约作用。

法律责任。隋唐时期,“三省六部”朝廷机构的设置既确保了皇帝的最高决定权,也完善了朝廷决策机制与国务执行机构的合理分工。明太祖废除宰相,建立由皇帝直接指挥六部的新型政权体制,相沿至清中期,皇帝的专制权力走向极端。

强化中央集权、防止地方割据是建立并维护“大一统”政治格局的另一重点。国家的重要功能之一就在于建立防止内部离心、严禁地方割据的政权机制与管控能力。在幅员辽阔、人口众多、文化多元的古代中国,基于利益驱动、传统习惯乃至个体恩怨等因素,时常产生一些地方割据的意图、倾向甚至行为。从汉景帝平定吴楚“七国之乱”开始,历代中央政权均将压抑、打击地方割据势力以及维护政治、法律、疆域方面的“大一统”作为重要国策,并取得良好效果。

以“大一统”的国家格局为目标,中国古代还通过监察体制的构建,以强化皇帝集权与中央集权。隋唐时期,全面完善秦汉以来实施的监察制度。隋唐以后,监察体制重点沿着两个方向发展:监察中央与监察地方。唐朝御史台作为专门的监察机构,履行对于朝廷百官、地方州县的全面监察。在朝廷,监察御史按照皇帝旨意,对文武百官实施监督、弹劾,并参与重大案件审理,在维护皇权方面直接发挥重要作用。对于地方州县,唐朝建立了“部察”“道察”双重监察体制。一方面,唐朝按照区域划分数量不等的监察区“道”,并相应设置专门的监察官“按察使”,相对固定地实施监察权;另一方面,皇帝可以临时钦派监察御史巡视地方,奉皇命处理特定事务。明清两朝继续完善监察体制,既制定更为完备的监察法规,使监察行为规范化,也在机构设置方面进一步专门化、合理化。明朝设置六科给事中、十三道监察御史,清朝推行科道合一,并全面调整监察机制。

从制度设计的宗旨到职能的实际实施,传统监察体制的核心目标有二。其一,无论是朝廷百官,还是各级地方官,都必须严格履行职责,勤政守法,禁绝贪赃渎职。其二,所有被监察对象都必须始终保持对于皇权、中央集权的向心力,并通过这种向心力的维系,实现国家的大一统。从中国古代涉及监察制度的政治法律实践来看,后一目标居于更重要的位置。

明清法律突出体现对于皇权与中央集权更为完备的维系。对于各级官吏而言,法律统一、明确地规定其职掌权责、俸饷待遇、铨叙考绩以及履职程序、公文格式。在官员任免方面,清朝法律规定,所有官员,从正一品到从九品,都由吏部代表朝廷行使任免权;在官员管理方面,身为封疆大吏、地方主官的总督和巡抚也无权径自处分一名犯有过错的低级官员,而必须通过题参的方式咨报吏部给以处分。清朝法律还规定,户部制定《赋役全书》,确定每年各省需要向国库缴纳的赋税,而其数额则白银精确到两,粮食精确到石。所有这些规定详细而具体。法律制定者以此种方式规制官吏的行为方式,不仅仅在于为各类行为设定界限程序,确保国家财政收入,在这些规定的深处则在于养成官员的“大一统”意识,训练其对于皇权、中央集权的尊重与敬畏,确保国家与社会的集中统一管理。

对于皇权及中央集权的维系还体现在刑事法律方面。北齐设立“重罪十条”,隋朝《开皇律》以其为基础设置“十恶”,唐宋明清承习相沿。“十恶”之中,“谋反”“谋叛”都规定了对于皇权以及中央权力的严密保护。在《唐律疏议》中,基于对于皇帝人身与权力的双重保护,对于“谋反”罪设置了整部法律中最重的刑事处罚:正犯本人处最重刑罚——斩刑和范围最广、刑罚最重的亲属株连;即便是“词理不能动众,威力不足率人”,其谋反目的不可能实现,正犯同样处斩刑,并株连亲属。在强化中央集权、维护国家统一方面,《唐律疏议》也设置了相应的罪名。“谋叛”罪重点惩治图谋“背国从伪”，包括“背本朝”“投蕃国”“翻城从伪”“以地外奔”“亡命山泽，不从追唤”“抗拒将吏”等。此类行为威胁到国家统一和中央权力，因此属于刑事法律重点打击的对象。

传统社会还构建了倡导“忠君报国”、谴责分裂国家“乱臣贼子”的政治法律文化。传统中国，国君一体。在理论上，保持国家统一、维护国祚绵延是皇帝的首要职责。基于这一推定，以儒家思想为核心的主流价值观重点营造“忠君”与“爱国”高度融合以及遵守皇命与维护国家统一全然一体的道德氛围。在特定政治环境之下，如果“忠于皇帝”与“维护国家统一”之间发生冲突，传统政治法律文化更多地倡导“国家统一至上”的基本原则。南宋岳飞违君令、抗金兵，最终被陷害、受审判。但此后数百年，直至今天，无论是官方评价，还是民间舆论，岳飞都以民族英雄的形象彪炳史册，并且印证了传统道德法律观关于“国家统一至上”的原则。

华夏文明在“大一统”理念的引领下，通过与“大一统”相关联的政治、法律制度与思想、文化建设来维护国家统一与民族团结，有效地实现中国古代的大国治理，这在人类文明史上独树一帜。

二、道德、法律共同治理

中华文化以富含人文精神著称于世。西周统治者阐述“绝地天通”思想，并提出“以德配天”“敬天保民”理论，为历代王朝的政治家、思想家所传承、弘扬，并发展成一套经世济民、治国平天下的入世理论。区别于其他一些文明注重以宗教与法律相结合构建社会秩序的国家治理模式，中华文明的主旋律在于依靠人类自身的力量与智慧，解决人类所面临的问题。

国家治理、社会管理既需要精神引导，也需要制度规制。在中国古代，作为国家主流思想的正统儒学坚持人类社会的自我治理。一方面，注重精神引导，根据人性的善恶以及行为对于思想的依赖来确定道德的主导作用；另一方面，基于个体与社会的关系构建有效的规范体系与管理机制，从而实现道德、法律共同治理（以下简称“德法共治”）——以道德引导人的思想情感，以法律规制人的行为举止。

推进道德治理、提升国家管理者的道德素质首先是对于皇帝的道德要求。在中国古代的国家管理体制设计上，作为一国之君的皇帝不受以资历、能力、业绩等为衡量标准的行政考核，也超脱于以基本法典为核心的制定法体系的约束，但对于皇帝的道德要求是明确的。儒家强调“以德配位”。孟子说：“是以惟仁者宜在高位。不仁而在高位，是播其恶于众也。”[17] 唐太宗提出：“君天下者，惟须正身修德而已。”[18] 历代王朝重视对于太子储君的教育，设太傅、少傅、少师、少保等官，专司对于太子的教导、辅佐职责。根据规定，教导辅佐的重要内容之一就是道德教化。另外，中国古代言谏官、史官的设置也在一定程度上形成对于皇帝的道德制约。

在官吏治理方面，唐朝名臣魏征向太宗进言，谈及汉朝思想家刘向所划分的六种为臣者：圣臣、良臣、忠臣、智臣、贞臣、直臣；明朝理学家薛瑄提出“居官七要”的为官准则[19]，均将道

---

〔17〕《孟子·离娄上》。

〔18〕《贞观政要·慎所好第二十一》。

〔19〕“正以处心，廉以律己，忠以事君，恭以事长，信以接物，宽以待下，敬以处事。”《薛瑄全集》，三晋出版社 2015 年版，第 135 页。

德标准放在重要位置。古代社会对于官吏的管理有两个重要的制度性环节:监察与考课。在这两个环节中,个人品德与职业道德均是评价官吏的重要指标。

道德治理在基层社会也发挥重要作用。唐朝中期以后,随着均田制、租庸调制的废止以及两税法的实施,魏晋以来盛行的世族地主经济逐渐瓦解,原有的伴随一定程度人身依附性质的土地租佃关系转变为契约租佃关系。随着商品经济发展、土地买卖活跃、人口流动性增加,基层治理的重要性进一步提升。传统的道德教化不仅更加深入基层,而且在治理形式上也有新的发展。此前注重引民向善、道德说教的方式逐步朝着道德要求的规范化、具体化、可操作的方向发展。从宋朝开始,面向基层社会的道德治理逐步规范化。

北宋陕西蓝田吕氏宗族制定《吕氏乡约》,为吕氏族人设置行为规矩,民风大改。《吕氏乡约》包括四大条款:德业相劝,过失相规,礼俗相交,患难相恤。每一条款又包括诸多具体内容。南宋理学大师朱熹对于《吕氏乡约》备加赞赏,并亲自修改,形成更加符合统治阶级整体要求的《增损吕氏乡约》。王阳明则吸收《吕氏乡约》的基本精神,在江西推行《南赣乡约》,要求同约之民孝悌和谐,相助相恤,诚信向善。

明清皇帝重视对基层乡里的道德治理。明太祖朱元璋制定《圣谕六言》,并于洪武三十年(公元1397年)以诏令形式颁行天下,其内容为:"孝顺父母,尊敬长上,和睦乡里,教训子孙,各安生理,毋作非为。"明太祖要求全国各地的乡里街坊设置专人,每月向乡民宣讲《圣谕六言》。清朝康熙皇帝为强化基层社会管理,于康熙九年(公元1670年)颁行《圣谕十六条》,其内容涉及基层民众生活与生产的方方面面,从家庭宗族到保甲乡党,从崇农务本到完钱纳粮,从崇文重教到人际和谐,实际上成为官府为基层民众制定的行为守则。[20] 就《圣谕十六条》所涉及社会关系而言,真正需要通过法律规制的不足四分之一,而绝大多数社会关系主要通过道德伦理规范加以调整。

中国古代思想家认为,道德在国家治理、社会管理中能够发挥重要作用,但道德不是万能的。孔子参加鲁国蜡祭,而有"仲尼之叹",并提出理想的"大同"世界与现实中"小康"社会的差别。"小康"社会,"大道既隐,天下为家","货力为己"。个人私欲的发展导致社会之恶的形成。道德的功能,长于扬善,短于惩恶。因此,单纯的道德手段在国家治理方面已力不从心,有所不济。礼崩乐坏的社会需要借助制度和法律的规制。孔子主张德治,孟子坚持仁政,董仲舒推行"独尊儒术",朱熹强调"存天理,去人欲",他们都注重道德在国家治理中的重要作用,但也都没有排斥法律,没有否定法律。其根本原因在于,他们所面对的是现实中的"小康",而非理想化的"大同"。无法律不足以治"小康"。儒家通过区分"大同"与"小康"的差别,提出单纯道德治理的不足以及法律治理的必要。

在"德法共治"理念之下,道德手段处于治国理政的主导方面。以唐律为代表,正式形成"德礼为政教之本,刑罚为政教之用"的"德主刑辅"原则。法律的使命在于辅助道德,实现国家治理。法律的辅助作用,首先表现在法律的制定以主流价值观及道德原则为指导;其次,一

---

〔20〕 康熙《圣谕十六条》的内容为:"敦孝弟以重人伦,笃宗族以昭雍穆。和乡党以息争讼,重农桑以足衣食。尚节俭以惜财用,隆学校以端士习。黜异端以崇正学,讲法律以儆愚顽。明礼让以厚风俗,务本业以定民志。训子弟以禁非为,息诬告以全善良。诫匿逃以免株连,完钱粮以省催科。联保甲以弭盗贼,解雠忿以重身命。"

些道德规范直接融入法律之中，通过法律规范来强制实施；最后，对于法律始终给予否定性价值定位，包括“耻法”“鄙讼”“息讼”观念的盛行、法律本身限定自身作用范围以及“以刑止刑”的刑法目标的确定等。

“德法共治”的国家治理模式在规范体系建构方面体现为“礼法并用”原则。

礼起源于原始社会末期的宗教祭祀活动。早期的礼主要规定参加祭祀活动各成员的身份座次、祭拜方式、活动程序等。礼的规范具有肯定并强化成员之间身份差别和等级的功能，并能更好地融入道德伦理内涵，通过“礼治”更直接实现“德治”的效果，因而受到统治者的重视。西周统治阶级全面整合礼的规范，逐渐形成覆盖社会各方面的“周礼”。汉朝统治者确立儒家思想作为国家治理的官方意识形态，并通过“引经注律”，从内容与形式两方面开启礼法结合的进程。唐朝的国家治理方式定型、成熟，以礼为主、礼法结合的社会规范体系也进入完善阶段。《唐律疏议》中的“德礼为政教之本，刑罚为政教之用”高度概括了中国古代“德法共治”、礼法结合的国家治理模式。

“德法共治”的国家治理模式还体现为“理情法综合为治”原则。中国古代国家治理，注重综合考虑天理、国法、人情的内在要求。在“天人合一”理论框架之下，“天理”既体现为客观存在的自然秩序，也代表着引申而出的政治秩序与社会正义。朱熹说，“天理只是仁义礼智之总名，仁义礼智便是天理之件数”〔21〕；天理之弘扬，“其张之为三纲，其纪之为五常”〔22〕。古代法律从制定到实施均以代表理想政治秩序与社会正义的“天理”为最高准则。与此同时，中国古代重人本、倡伦理，饱含人本与伦理因素的“人情”在国家治理、法律调整之中也发挥着重要作用。汉宣帝吸收孔子所倡“父子相隐”原则，允许父子、夫妻等近亲属之间相互隐匿犯罪，并在后世发展成为完备的“亲属容隐”制度。董仲舒提出“经义决狱”，桑弘羊将其概括为：“春秋之治狱，论心定罪。志善而违于法者免，志恶而合于法者诛。”〔23〕伦理关系、亲属之情以及其他与行为人主观动机相关联的人情因素也都在不同程度上影响法律的制定与运行。古代州县官衙中，在州县正印官理政、审案的大堂对面，常常会悬挂一块牌匾，上书“天理国法人情”六个醒目大字。这一牌匾时刻提醒正印官，理政和审案必须融合“天理”“国法”“人情”，必须充分考虑社会正义、国家法律、伦理亲情等因素。明人薛瑄对此有着精辟的总结：“法者，因天理，顺人情，而为之防范禁制。”〔24〕而“天理”与“人情”之中包含大量涉及道德伦理的内容。通过“天理国法人情”的综合治理，实现“德法共治”的治国理政模式。

道德、法律共同治理的政治实践体现了中华文化的人文情怀，体现了中华民族的文化自信。道德与法律两大规范体系相互配合、相辅相成、共同作用，造就了不依赖人类外部力量而能有效治理国家的独具特色的中华法律文明。

三、家庭本位

中国古代早期国家的形成是通过部落联盟管理机构与管理机制的改造、转化来实现的，而

---

〔21〕《朱子语类十三》。

〔22〕《朱文公文集》卷七十《读大纪》。

〔23〕《盐铁论·刑德》。

〔24〕薛瑄：《要语》。

不是像古希腊等文明那样废止旧的部落联盟,重新构建国家机器。基于早期国家产生途径的特殊性,中国传统社会以血缘、婚姻为联结纽带的家庭在社会生活中发挥着重要作用。家庭作为社会个体生活、活动的基本单位,使每一个体各安其位,各得其所,因而也成为国家稳定社会秩序、实现社会控制的重要途径。

作用与地位相关联。家庭在传统社会中的特殊作用,决定了其在传统法律中的特殊地位。

第一,家庭自治。传统法律规定,在某些领域,家庭内部实行一定程度的自我治理。在财产方面,法律确认家庭是一个整体。家长代表家庭,对外参与经济交往和财产交换;在家庭内部,家长依法独自享有对全部家庭财产的所有权。家庭其他成员在财产关系上不具备独立的主体资格。家庭成员未得家长授权或允许,不得以家庭名义,也不能以个人名义从事经济活动,否则构成犯罪。同时,在某些刑事法律关系中,法律也视家庭为一个独立的责任主体。法律授予家长在家庭范围内一定的监管权,包括对子孙的教令权、惩戒权等。与家长权相联系,相对于家庭成员,家长也向国家承担更多的法律义务。家庭内部成员犯罪,法律通常不考虑具体的行为人是谁,而只是将家庭作为一个整体来处罚。其具体的方式是追究家庭的"法定代表人"——家长的法律责任。唐宋明清律皆规定:家庭成员共同犯罪,由尊长独立承担刑事责任,其他成员无罪;婚嫁活动违反法律规定构成犯罪且由祖父母或父母主婚者,由祖父母、父母独立承担刑事责任,婚姻当事人无罪;民户交赋税、服劳役违反法律规定,由家长独自承担法律责任。

第二,亲属等级。基于家庭成员的血缘、性别、辈分、年龄等自然因素以及婚姻等其他因素而形成的关系,法律分别确定其不同的等级身份,并赋予其不同的权利、义务。通过对于等级身份的维系,构建家庭秩序,确保家庭关系的稳定。在亲属之间的人身伤害方面,实行尊长优先原则:相对于普通伤害行为,尊长对卑幼实施伤害行为,减等处罚;而卑幼对尊长伤害,则相对于普通伤害行为要加重处罚。这一原则的家庭哲理在于:在人身方面,卑幼对于尊长必须给予较普通人更多的关切和尊重,不得侵犯,否则加重处罚。在亲属之间的财产侵权方面,亲属关系越近,对行为人的处罚越轻;亲属关系越远,对行为人的处罚越重。这一原则的家庭哲理在于:亲属关系越亲近,越需要在财产方面相互扶持,相互资助;既然亲属之间在财产方面需要承担一定的扶持义务,则亲近亲属之间的财产侵犯应该减轻处罚。

第三,亲属豁免。对于亲属之间违反法律、构成犯罪的行为,由于家庭关系或亲属关系的存在,法律规定,当事人可依据家庭关系或亲属关系的类别获得不同程度的豁免。首先,对于普通犯罪,由犯罪行为人自己承担相关刑事责任。但家庭成员共同犯罪,一般仅追责家长,其他成员免责。其次,财产关系,非同居共财家庭成员即为独立主体,如有侵犯,严格依据相关法律规范处理。但法律又规定,非家庭成员的五服亲属之间窃盗财产、构成犯罪者,可依据亲属等级获得不同程度的减等处罚。最后,对于已定罪量刑的罪犯,因其家庭成员的特定状况,可以依法获得一定豁免,包括改变判决、改变处罚方式,以满足其家庭成员的特殊要求。法律规定,犯徒、流罪者,若其祖父母、父母疾病而家中无其他成年男子侍奉,可免除执行依法应得的刑罚,或改易其他刑罚,以便该罪犯能返家侍养祖父母、父母。

四、公法发达

中华帝国,地域广博、人口众多、文化多元。为适应大国治理的特殊国情,自公元前2世纪秦王朝建立,统治机构就致力于构建一套有效的政治统治和社会控制系统。这一控制系统的基本立足点有二:第一,确保基本的统治秩序,保障统治阶级的根本利益得到严格、细致的保护,特别是针对直接危害国家统治、危害基本社会秩序的政治敌对行为和社会犯罪行为建立严厉的发现、处理、惩罚机制。在这一指导思想下,一个严密的刑法体系逐渐发展完善。第二,确保基本的管理秩序,保障最高统治者及各级管理层的统治意图得到及时、有效的实现。基于这一出发点,一个体系完备、管理严密、权责分明的文官管理体系以及行政管理程序得以建立。

规定犯罪与刑罚的刑事法律是中国传统法律最重要的部分。历代王朝建立后均以制定、颁布以刑法为主的法典作为实施合法统治的重要任务。从"夏有乱政,而作禹刑;商有乱政,而作汤刑"到秦始皇制定颁布秦律,以及其后的《九章律》《开皇律》《永徽律》《大明律》《大清律例》等,历代皇朝的主要法典均以刑事法律为主。

以唐朝《永徽律》为基础,增加一些对于律文进行正式阐释的文字、合编而成的《唐律疏议》成为中国传统刑事法律的经典,代表中国传统刑法的最高水平。《唐律疏议》共502条,细致规定了各种犯罪以及针对犯罪而确定的刑罚,构建了维护统治利益、维持社会秩序、规范社会行为、严格司法程序的刑法体系。《唐律疏议》对于各种犯罪,根据相关情节、因素的不同而分别设置不同罪名,并给予不同处罚。"杀人罪"在《唐律疏议》中有"六杀"之别,即故杀、谋杀、斗杀、戏杀、误杀、过失杀。"财产犯罪"在《唐律疏议》中有"六赃"之别,包括强盗、窃盗、受财枉法、受财不枉法、受所监临、坐赃等。唐律确定了稳定、通用的五类二十等主刑的法定刑种制度[25],同时设置了起到辅助作用的辅刑制度,主刑辅刑相结合,构成比较符合人的生活需求、生理承受力并且能够与不同犯罪相对应的惩罚体系。南宋的宋慈基于此前历朝关于伤害、人命等刑事案件的处理经验以及其本人丰富的司法实践,融合人体结构、犯罪心理、勘验心理、药物药理等知识而著《洗冤集录》一书,形成关于伤害、人命案件勘查、检验、定性的系统论述,为相关刑事案件的处理提供了定性准确、方便适用的标准与程序,为公正而科学地处理刑事案件提供了可靠的法医学依据。

中国古代法律对于政府机构的运行以及各级官吏的身份、职责等均作了详细而完备的规定,构成富有特色的行政法体系。唐朝法律体系中的行政法律,包括"令""格""式",主要涉及五方面内容:第一,各级政府机构的设置及其职能。第二,各级政府履行职责的方式和程序,包括政令上传下达、公文递送往来等。第三,各级官员的管理,包括官员的考试、选拔、待遇以及官员的考核、奖惩、升降、休致。第四,法律还特别规定,为确保官员公正履行职责,地方官任职必须进行一定的回避,包括地方官不得在其家乡任职、官员不得在一地连续任职超过一定的期限。地方官任职期间,不得在任地娶妻,其亲属不得在官员任职地从事某些行为或活动等。第五,为防止官吏贪赃、营私舞弊,各朝政府都将惩治官员贪污作为重要任务。法律设置各种罪

---

〔25〕 唐律所规定的刑种,由轻到重,分别是:笞刑(十、二十、三十、四十、五十),杖刑(六十、七十、八十、九十、一百),徒刑(半年、一年、一年半、二年、二年半、三年),流刑(二千里、二千五百里、三千里),死刑(绞、斩)。

名,以惩治官员贪污。"六赃"罪即区分受贿而枉法、受贿但不枉法、无原因收受管辖区域内他人财物等行为,根据受贿性质以及是否枉法等情节,给予轻重不等的刑事处罚。

严密的犯罪处罚机制、系统的行政管理体制构成复杂而又完备的公权体系。规范这一公权系统就是中国传统社会较为发达的公法体系。帝制时期的中国社会,中央政府以较少的公权资源维系着庞大的帝国疆域。以清中期为例,鸦片战争前的中国,帝国的版图涵盖亚洲东部约1000多万平方公里的广大区域,人口达到4.3亿人,而管理帝国的公权机构仅有约5万文官和大约80万的军队。在没有西方列强入侵的情况下,中华帝国保持着社会的基本稳定,维系着历史与文化的数千年延续和传承。在这一过程中,发达的公法体系功不可没。

文化决定制度。富有特色的中国传统文化造就了中国传统的制度体系,也直接决定了中国传统法律的内涵与特征。从维护国家"大一统"的核心目标到"德法共治"的国家治理模式,从家庭本位到公法发达,以及礼法结合、重典治吏、"天理国法人情"综合为治等,共同构建了符合国情民情、适应古代大国治理需要的中国传统法律体系。中国古代长期保持国家统一、社会稳定、文化繁荣,富有特色的中国传统法律发挥了重要作用。

思考题

1. 简述古代法律在维护国家"大一统"方面的制度表现。
2. 简述古代法律的"家庭本位"原则。
3. 论述古代法律的"公法发达"特征。

第十章　隋朝法律

（公元581年至公元618年）

本章要点

1.《开皇律》与《大业律》。

2. 隋朝的刑法原则。

3. 王通“三教可一”政治法律思想。

公元581年，掌握北周军政实权的外戚杨坚逼迫周静帝让位，建立隋朝，登皇帝位，即隋文帝。公元589年，隋军渡江南下，攻占建康，消灭陈朝。隋政权的建立，结束了长达三百多年的南北分裂，实现了全国统一。中国历史进入一个新的发展阶段。

第一节　立法思想与立法活动

一、立法思想

魏晋南北朝时期是中国古代法律思想与法律制度发展的重要时期。这一时期，随着佛教的传入与道教的兴起，崇尚本体、注重思辨的玄学应运而生。在玄学的冲击与影响下，经学吸收玄学的一些理论与方法，使自身得到进一步的发展与完善，也在一定程度上展示了区域性差别。整体而言，在理论的体系化、精细化方面，南北朝时期的经学发展体现出“南优于北”的特点。在制度构建方面，少数民族建立的北朝政权多从务实的立场出发，基于儒家学说关于治国理政的基本原则，直接采用汉魏以来国家治理与社会管理的相关制度，并继续沿着儒学方向推动各项制度的发展。南北朝时期的制度建设方面展示出“北优于南”的特点。理论与制度的区域性特色及其双重发展为实现南北统一的隋朝政权在新的基础上推动法律思想与法律制度的进步。

自西汉中期开始的法律儒家化进程，经魏晋时期的演变，至北魏、北齐，取得重要进展。正统儒家思想作为立法、司法的指导思想也长期得到历朝统治者的认可。隋初统治者以恢复中原汉文化为己任，隋朝初期即确立了儒学在立法和司法中的指导地位。

隋初统治者强调以仁、德为治国之本。开皇三年（公元583年）十一月，隋文帝颁发诏令称:本朝治理国家,将“以德代刑”。[1] 开皇初年,为废止北周旧律、除削烦苛刑罚,文帝提出,枭首、轘身之刑惨烈之极,“义无所取,不益惩肃之理,徒表安忍之怀”;而鞭刑剥肤侵体,“虽云远古之式,事乖仁者之刑”,因此,应为以仁、德治理天下者所不取。[2] 正统法律观主张,仁政、德治既是治理国家的最高目标,也是为实现这一目标而采取的基本手段;但是,实现仁政、德治还必须重视法律的作用,以刑辅德,最终达到措刑而正德的境界。隋初统治者重视法律的作用,提出军队之设在于保护国家,维持政权,不可废除;法律的实施在于治理国家,维持秩序,必须重视。[3]

基于对近三百年国家分裂、社会动荡历史的惨痛认识,隋朝统治者致力在国家统一的基础上建立一个具有实际权威的中央集权政府,维护作为中央集权核心的皇权,因而看重法律的作用。在确立融合儒家学说与法家学说的正统法律观为立法与司法的指导思想的同时,其较多地侧重于法家关于专任刑罚、严刑止奸的学说。

为防止内外官吏懈怠职责,隋文帝常命左右侍从巡访、监视,发现官吏有小的过失,即采取轻罪重罚原则,加重处罚。隋文帝时期,甚至采取诱使犯罪的方法来考验官员。例如,隋文帝曾指使人私下给官员馈送财物、金钱,如果接受,则以贪赃受贿罪处以死刑。开皇后期,还鼓励人们揭发犯罪。由于社会上在一段时间频频发生强盗案件,甚至在京城也有白日抢劫案,隋文帝于是下诏,对于纠告此类犯罪者,将所没收罪犯的家产赏给纠告之人。此举实施之后,短期内确实起到抑制犯罪的作用,但很快即引起新的问题:一些人利用这一制度谋取利益。他们故意将少量财物放在富家子弟必经之路上,待其捡拾,再将其擒获送官,以领取奖赏。隋朝实施的轻罪重罚原则尤其明显地体现在对于窃盗罪的处理上。开皇后期,对于窃盗犯罪常常加重处罚:盗一钱以上,处死刑,并暴尸市井;甚至出现“三人共盗一瓜”即并处死刑的现象。奖励纠告及轻罪重罚制的施行在很大程度上造成秩序混乱,人人自危,社会恐慌,并造成很多冤屈之案,以致有人劫持官吏,让其转告皇帝,不要再继续实行这种直接导致冤案的制度;他们还评价隋文帝的“盗一钱即处死刑”的制度,“自古以来,体国立法,未有盗一钱而死也”[4]。

隋文帝还借助阴阳五行理论为其酷刑辩护。传统阴阳五行理论认为,春夏时期,万物生长,人类必须顺应天时,一般不执行死刑。但隋文帝不顾时令限制,即使在盛夏六月也杀人无忌。大理少卿谏诤:“季夏之月,天地成长庶类,不可以此时诛杀。”但隋文帝反驳道,六月虽然是生长的季节,但也常有雷霆闪电,毁物伤人;上天以雷电表达其震怒之意,按照天道于此时行刑杀人,有何不可?[5]

隋炀帝即位之初,针对文帝后期法网严密、犯罪频仍并导致社会秩序混乱的状况采取了一些旨在宽罚恤刑的措施,以纠正偏差,社会矛盾得到一定缓和,但不久即开始大规模的营建活动。修筑长城、开凿运河、营造洛阳、缮修离宫,加上连年声势浩大的巡游以及对高丽的征战

[1] 《隋书·高祖纪》:“朕君临区宇,深思治术,欲使生人从化,以德代刑。”
[2] 《隋书·刑法志》。
[3] 《隋书·高祖纪》:“兵可立威,不可不戢;刑可助化,不可不行。”
[4] 《隋书·刑法志》。
[5] 《隋书·刑法志》:“帝(文帝)尝发怒,六月棒杀人。大理少卿赵绰固争曰:‘季夏之月,天地成长庶类,不可以此时诛杀。’帝报曰:‘六月虽曰生长,此时必有雷霆。天道既于炎阳之时震其威怒,我则天而行,有何不可。’”

等,耗费了大量的人力和财力,极大地加重了民众的负担。为防止民众因负担沉重而反抗,隋炀帝也调整法律指导思想,再次采取专任刑罚、轻罪重刑的原则。〔6〕

隋文帝和隋炀帝在运用法律手段实施统治方面有着共同的特征:始于重法,终于毁法。文、炀二帝在即位之初,均重视法律的作用,并能认识到宽法轻刑对于维系民心、稳定社会、巩固政权的重要性。在德刑并用、以德为主的思想指导下,采取了一系列措施,取得了积极的社会效果。同时,他们在各自的统治后期又都无一例外地破坏自己亲手建立起来的德刑并用、以德为主的法律原则,欲以法外重刑及高压政策维持其超出社会承受力的统治方式,而其结果又都适得其反。破坏既定法制以及专任刑罚、轻罪重刑原则不仅未能维持其残暴统治,反而迅速激化社会矛盾,严重破坏其统治基础,也加快了其政权的崩溃。

二、立法活动

隋朝重要的立法活动有两次,分别为文帝时制定《开皇律》与炀帝时制定《大业律》。

开皇元年(公元581年),隋文帝初即位就命高颎等人制定本朝法律,并要求他们总结魏晋南北朝各朝立法经验,在刑罚轻重程度方面取其折中。〔7〕 此次定律,主要以《北齐律》为蓝本,在其基础之上作了一些去重就轻、删繁为简的修改。开皇三年(公元583年),文帝阅刑部奏章,以案狱繁多为由,提出所定新律仍过于严苛,命苏威等人修订新律。新律的修订仍以去重就轻、删繁除苛为指导原则。在新律的基础上,共废除死罪81条,流罪154条,徒杖等罪一千多条。经开皇三年修订后的隋律,史称《开皇律》。

在中国古代法律制度发展、演变史中,隋朝立法者发挥了重要的制度创新作用。《开皇律》设十二篇,包括名例、卫禁、职制、户婚、厩库、擅兴、贼盗、斗讼、诈伪、杂律、捕亡、断狱。这一篇目安排,整体上体现了总则、实体、程序三大类的基本顺序,勾勒出较为缜密的逻辑布局。总条目经删减、合并,确立正式律文500条。《开皇律》在篇目设置、体例结构上的调整,使其自身在形式上进一步趋于合理。这体现出中国古代立法技术的进步和成熟。

隋炀帝即位后,下诏修改律令,大业三年(公元607年)完成对《开皇律》的修改,并颁行天下,是为《大业律》。《大业律》在条目上仍为500条。但在条目安排上改变了《开皇律》所定的分类标准,并在篇目上由《开皇律》的十二篇增为十八篇:名例、卫宫、违制、请赇、户律、婚律、擅兴、告劾、贼律、盗律、捕亡、斗律、仓库、厩牧、关市、杂律、诈伪、断狱。从内容上看,《大业律》对《开皇律》的改动不大。隋炀帝为表明自己"虚己为政,思遵旧典,推心待物,每从宽政",调整了《开皇律》中的"十恶"条款,并在一定范围内取消了犯罪者亲属不得为官任职、罪犯子弟不得任宿卫近侍之官的禁令。

隋朝的法律形式主要包括律与令。开皇、大业年间立法者先后制定《开皇律》《大业律》,也分别制定《开皇令》《大业令》。

开皇初年,高颎奉诏编定《开皇令》,共三十卷,二十七篇。令的内容多涉及职官的职责、

〔6〕《隋书·刑法志》:"帝乃更立严刑,敕天下窃盗以上,罪无轻重,不待闻奏,皆斩。百姓转相群聚,攻剽城邑,诛罚不能禁。帝以盗贼不能息,乃益肆淫刑。"

〔7〕《隋书·刑法志》:"上采魏晋刑典,下至齐梁,沿革轻重,取其折衷。"

选用、考绩及各级行政机构的议事程式等,同时包括田土赋税、军事行政、司法行政等。其二十七篇的篇目分别为官品、诸省台职员、诸寺职员、诸卫职员、东宫职员、行台诸监职员、诸州郡县镇戍职员、命妇品员、祠令、户令、学令、选举、封爵俸廪、考课、宫卫军防、衣服、卤簿、仪制、公式、田令、赋役、仓房厩牧、关市、假宁、狱官、丧葬、杂令。[8] 大业初年,又编定《大业令》三十卷。

隋朝立法者总结秦汉以来在立法、司法以及刑事、行政、经济、教育等制度上的经验和教训,结合统一的中央集权国家在政治、经济、文化等方面新的需要,确立了以《开皇律》为代表的法律制度。《开皇律》在内容上较为平允,在形式上也更为合理。中国古代律典先后采用两种较为成熟的篇章体例,一是主要按内容设置的十二篇体例,二是主要按机构设置的七篇体例。前者为隋、唐、宋律典所采用,后者则主要体现在元、明、清律典之中。按内容设置的十二篇律典体例由隋《开皇律》开其端,而《唐律疏议》《宋刑统》则承其绪。《开皇律》的制定标志着中国古代立法技术的成熟,并为法律制度在总体上进入鼎盛发展时期奠定了基础。

第二节 行政法律

隋朝是在中国社会经历了南北分裂后建立起来的统一的中央政权。隋朝初年,统治者致力于通过强化中央集权、强化皇权,以维持并巩固全国统一的政治格局。为实现此目的,隋文帝从政治、经济、军事、教育等方面对政权体制实行全面改革,包括建立中央三省六部制和地方州县制、废除九品中正制、建立科举制、推行均田制等,同时还制定、完善相关法律,以规范各项制度的内容,保障制度的有效实施。新型制度的建立与运行表明封建的政治、经济、教育制度走向成熟,并推动中国社会进入一个崭新的发展阶段。

在中央,隋朝设尚书省、门下省、内史省[9],分掌国家政务,三者长官共同行使宰相之权。尚书省为最高行政机关,皇帝的诏旨及中央各部门的政令均由尚书省组织实施。门下省职掌在隋朝前、后期有较大变化。隋初,门下省主掌供奉与谏议,侍奉皇帝起居,并兼谏议职责。大业年间,隋炀帝改革官制,门下省转为专掌封驳。内史省的主要职掌为出纳王命,起草诏令。由内史省奉旨起草的诏令,须经门下省审阅;若门下省认为其内容有不妥,可封还驳回。尚书省、门下省、内史省三省在职责上互有分工,相互制约,又共同配合,初步形成在皇帝统领下共同行使中央权力的分权体制。但隋朝的三省分权、配合的政权体制尚属雏形,在职责分工、相互制约等方面尚不完备。三省之外,中央还设有秘书省、内侍省。

因尚书省政务繁杂,历朝均于其内部设立一些机构。隋朝仿《周礼》关于天、地、春、夏、秋、冬六官的设置,在尚书省内设吏、礼、兵、刑、户、工六部。[10] 每部又下设四司,分别执掌不

〔8〕《唐六典·刑部郎中令》。
〔9〕内史省原称中书省,隋朝因避讳,改称此名。
〔10〕大业年间,六部的排列改为吏、户、礼、兵、刑、工的顺序。

同事务。隋朝六部二十四司的名称及主要职掌、分工标准基本为唐朝所保留,并为唐以后历朝所参照沿用。

在地方,隋初设州、郡、县三级体制。管理层级繁复,机构与官员设置臃肿。据统计,隋初全国有二百零一州,五百零八郡,一千一百二十六县。为强化中央集权,减少地方行政层次,同时也为理顺由于长期战争而形成的州、郡、县统辖混乱的行政关系,开皇三年(公元583年)基于“存要去闲,并小为大”的原则,裁撤“郡”的行政层级,并整合一些州、县。经过改革,裁撤五百多个郡机构及相关官员,改州、郡、县三级地方行政体制为州、县二级体制,既优化了行政层级管理,也减轻了中央财政负担。在调整中央、地方行政体制的同时,隋朝制定法律,全面改革官吏任免制度。汉魏以来,在官吏任免方面并行两种制度:“命官制”与“辟署制”。前者指朝廷直接任命官吏,后者则制由朝廷命官,尤其是地方官自主任免僚属。

魏晋南北朝时期实行的九品中正选官制度更为门阀士族把持朝廷用人大权创造了便利条件。门阀士族通过九品中正制度在中央形成对皇权的侵削;在地方,其势力不断膨胀,作为地方割据势力对皇权和中央集权均形成直接威胁。基于强化皇权、强化中央集权的目标,隋初废止地方官辟署制,废止九品中正制,实施新的官吏任免体制:地方主要官员的任命权由朝廷统一行使,九品以上的地方官一律由吏部任免。

配合官员任免制度的改革,隋初还立法创制,设立科举制度,由国家设立科目,定期组织全国统一考试,按照考试成绩的优劣录取部分考生,并授以官职。隋文帝时,设立“秀才科”,在全国范围内组织考试,中试者再由朝廷考察,录用为官。隋炀帝时增设“进士科”,科举制度渐趋定型。科举制度的实行,使政治权力的重要内容——官吏选拔任用权——直接控制在皇帝和朝廷手中,在很大程度上能够防止皇权及中央权力的异己力量的产生和膨胀,防止地方割据势力产生。同时,科举制度的实行为封建的官僚政治制度注入了一些新的活力,为平民百姓参与政权提供了机会,既有利于扩大政权的统治基础,也有利于在较大的范围内选用人才。

隋朝继续实行北齐的均田制度。开皇二年(公元582年),朝廷颁布关于均田和租调的诏令。依据均田法,男丁每丁授露田八十亩、桑田二十亩,妇人授露田四十亩。贵族、官僚可根据其身份、官品在此之外再获得一些田亩。开皇三年(公元583年)实施输籍法。朝廷制定民户的财产等级,将所有民户,包括普通隐漏民户以及被士族豪门所隐匿的民户,确定户等,纳入编籍,成为国家编户,按照等级缴纳赋税。均田制、租调制及输籍法的实行,使大量因避战乱而逃亡他乡的农民重新被编定户籍,并重新拥有了自己耕种的土地。较轻的租调和赋役负担也在很大程度上调动了农民的生产积极性。与此同时,相关制度的实施使战乱时期的人无田、地无主的状况得以改善,使国家通过租庸调获取稳定的财政收入,并大幅度削弱了地方豪强的经济实力。

第三节 刑事法律

在刑事法律方面,隋朝统治者根据国家统一后在维护中央集权、构建社会秩序方面的新需要，总结秦汉以来的立法、司法经验，尤其是将北朝时期有关刑事法律的诸多创制加以修改、协调，使其系统化、定型化。

一、五刑制的确立

主要包含刑种与刑等的刑制自秦汉以后渐次确立，但隋以前仍处于频繁的探索、变动之中。魏律刑种有七：死刑、髡刑、完刑、作刑、赎刑、罚金、杂抵等，共三十七刑等。由晋至南陈，主刑刑种多有变化，一般有死刑、耐刑、髡钳刑、赎刑等。北魏创设死、流、徒、鞭、杖五刑，其中死刑分作辕、腰斩、斩、绞四等。北齐所设主刑刑种有五：死、流、耐、鞭、杖。其中，死刑分作辕、枭、斩、绞四等，其他刑种的等级设置不均，其流刑未再分等，一概发至边疆地区为兵卒。北周对刑制作出重要变革，确立了"五刑制"，即刑种五：死、流、徒、鞭、杖；每一刑种又分作五等，其中死刑包括磬、绞、斩、枭、裂；流刑五等：流卫服、流要服、流荒服、流镇服、流蕃服。

隋朝立法者以北朝五刑制为基础，朝着轻刑、合理、简约的方向再作变革。《开皇律》所定刑种为：死刑、流刑、徒刑、杖刑、笞刑。死刑等级减至二等：斩、绞。流刑等级亦降至三等，并明确以距离划分等级：一千里、一千五百里、二千里。徒刑仍为五等，但各等年限均已缩短，分别为一年、一年半、二年、二年半、三年。杖刑与笞刑的等级未作变动，仍各为五等：杖刑数自六十至一百，笞刑数自十至五十。

刑制的设计，包括刑种、刑等之间的量差，既涉及能否实现对于各类犯罪的惩罚及威慑，也要展示国家主流价值观，尤其是儒家"尚德慎罚""德法共治"原则，同时还需考虑人的生理结构、心理和生理承受力等因素。《开皇律》所定五刑制以其较为合理的刑种、刑等设计成为封建刑罚制度的成熟形态，为隋以后历代封建王朝的法制所采用。

二、"十恶"重惩原则

"十恶"重惩原则是封建制后期为维护皇权、强化中央集权、维护伦理纲常所确立的重要法律原则之一。隋《开皇律》在北齐"重罪十条"的基础上将其概括为"十恶"："一曰谋反，二曰谋大逆，三曰谋叛，四曰恶逆，五曰不道，六曰大不敬，七曰不孝，八曰不睦，九曰不义，十曰内乱。"[11] 由于这十种犯罪严重危害国家政权和社会秩序，破坏国家"大一统"的政治格局和封建国家赖以存在的伦理纲常关系，因而在法律上被单独列出，并在量刑及适用法定减免条款方面予以特殊规定。在量刑方面，所犯为十恶罪者，将受到严重处罚。隋律规定："大逆、谋反、叛者，父子兄弟皆斩，家口没官。"[12] 在适用减免条款方面，隋律规定，犯"十恶"罪者，不得如同一般犯罪那样适用赦令。[13]《开皇律》所确定的"十恶"重惩原则为唐律所采纳，"十恶"条目的具体规定也为唐律所援用。唐以后历朝法律也保留"十恶"的规定。

三、"八议"与官当之制

《周礼》有"八辟"之条，凡属于亲、故、贤、能、功、贵、勤、宾者犯罪，经特别审议程序可以减

---

〔11〕《隋书·刑法志》。

〔12〕《隋书·刑法志》。

〔13〕《隋书·刑法志》："犯十恶及故杀人狱成者，虽会赦，犹除名。"

免其刑。曹魏时期,"八议"正式入律。《开皇律》保留"八议制"作为一项对于贵族、官僚犯罪加以减免处罚的法定特权,规定具有八议所确定的身份者犯罪,皆例减一等处罚。

"八议"之外,官吏所拥有的犯罪减免处罚特权的还有"官当"之制。官当制始于南陈时期。北魏宣武帝亦实行官当之法。隋《开皇律》对官当制作出进一步较为具体详细的规定。据《开皇律》,官吏犯罪,可根据所犯之罪的性质、应处刑罚的种类、官吏本人的品级等,分别适用不同的抵罪方法。若所犯为私罪、应处徒刑者,五品以上官,其官位可抵徒二年刑;五品以下、九品以上官,则抵徒一年刑。若所犯为公罪,五品以上官抵徒三年刑;五品以下、九品以上官抵徒二年刑。应处流刑者,三等流刑均比作徒三年计算。

《开皇律》所确定的"八议"及"官当"制度对于官僚、贵族等给予特殊的法律保护,符合维护纲常伦理的封建法律精神,体现了法律上的等级身份制,因而为后世封建统治者所沿袭。

四、"以""准"罪名设置原则的确立

在罪名设置方面,隋朝法律引入"以""准"两项重要原则。开皇三年所定《开皇律》,将此前律典1700余条删减至500条。律典条款的减少也意味着罪名设置的压缩。律典条款是规定犯罪与刑罚的核心依据。法定罪名的减少有可能导致律典作为惩罚犯罪法定依据的覆盖面不足,进而削弱律典的功能。为解决这一问题,《开皇律》在罪名设置方面,确立"以""准"两项原则。对于类型相同、相似的犯罪,不再增设新的罪名,而是区分情形,分别采取"以(某罪)论""准(某罪)论"的方式,规定刑罚。《隋书·刘子翊传》记载:"律云'准枉法'者,但准其罪;'以枉法论'者,即同真法。"《唐律疏议》在罪名设置方面吸收隋律关于"以""准"的立法技术,通过"以"与"准"原则的运用,在不增加罪名的前提下,实现律典条款对于相关犯罪行为的有效覆盖。

第四节　司法思想与司法制度

隋朝在法律的实施和执行方面也多有建树,从思想理论与制度规范等方面推动了古代司法的进步。

一、司法思想

隋朝统治者传承正统儒家关于道德法律共同治理的理念,强调国家治理以道德为先,法律辅助道德以实现社会秩序。开皇元年,隋文帝在诏令中称:制定法律的目的,不在于执行,而在于使民众惧法而无犯,从而实现"措而不用"的目的。[14]

隋初统治者注重维护法律的严肃性。隋文帝时任用了一些执法严明的官吏。这些官吏在司法实践过程中从整体上维护国家政治秩序和社会秩序,坚持以法律条文为依据审断案件,甚

---

〔14〕《隋书·刑法志》:"先施法令,欲人无犯之心;国有常刑,诛而不怒之意。措而不用,庶或非远。"

至不惜违拗皇帝本人的意愿。隋文帝时曾明令禁止恶钱在市面上流通,后来有二人违禁,以恶钱易换好钱。此二人被抓获后,文帝命令将其处斩刑。但刑部侍郎赵绰提出,依据律文,对此类犯罪应处杖刑;判处斩刑,没有法律依据。文帝盛怒之下,斥责赵绰此事与其无关。赵绰回复,陛下任命其为刑部侍郎,主管案件审理,现在陛下要杀死不该处以死刑的罪犯,怎么能说与其无关呢?治书侍御史柳彧支持赵绰的意见,并再次提出谏言。文帝接受赵的意见后,认为赵绰敢于坚持依法办事,值得信赖,并予以重用。[15] 隋文帝的第三个儿子杨俊奢侈无度,违反规定放高利贷,引起民众不满。文帝决定对其予以处罚,但朝中一些大臣提出,杨俊所犯不重,可免予处罚。文帝却说,杨俊是其子,但难道能够因此为他专门制定"天子儿律"吗?三代之时,周公旦不念亲情,诛杀管叔、蔡叔;虽不及周公,但也不能因顾及亲情而亏枉法律。[16] 隋初在任的一些执掌司法、监察的官吏,如赵绰、苏威、柳彧等,能够秉公执法,坚持依法办事;文帝本人也基本上能够重视法律的作用,并身体力行,以树立法律的权威,同时在一定程度上接受朝臣要求自己依法行政的意见,从而较好地维护法律的严肃性。

二、司法制度

在中央,大理寺为最高审判机关,御史台主监察,都官省为最高司法行政机关。在地方,仍由州、县行政机关兼掌司法;同时设立一些司法佐吏,有户曹参军、法曹参军等。

诉讼的提起方式有两类。其一,官府代表国家提起诉讼。在中央,一般由专司监察的御史纠举各级官吏的违法犯罪行为。在地方,除了行使监察权的监察官之外,地方行政长官对于所辖范围内的犯罪行为负有监管、提起诉讼的责任。其二,当事人可直接向官府提起诉讼。

诉讼案件应首先向州、县基层机构提起。如果地方机构不受理,当事人可逐级向上级机构提起,直至到京城向皇帝提起。[17] 司法机关受理诉讼案件后,可对当事人实施拷讯。为防止审判官滥用拷讯,并防止在重刑之下冤案的发生,开皇中期明确:(1)拷讯人犯,拷打杖数不得过二百;(2)人犯所用枷及拷讯所用杖,必须按照一定规格制作,不得超限;(3)拷讯同一名人犯,行杖之人不得中途更换。[18] 死刑案件经审理、判决后,须经大理寺复核,并由皇帝批准,方可执行。开皇十二年(公元592年),文帝发布诏令:对于死罪的处理,必须严格程序。所有死罪案件均由大理寺复核,并由都官省上奏皇帝批准。[19] 开皇十五年(公元595年)又定制:对于死刑犯案件,必须上报皇帝三次,批准后方可执行。[20]

开皇后期,随着社会矛盾的加剧,统治者调整刑事政策,重刑苛政、法外用刑的现象频频发生。隋文帝于朝堂之内设置杖鞭,对于他认为犯有错罪的文武官员行刑,甚至直接处死。此外,开皇十七年(公元597年),隋文帝了解到官府机构办事效率不高,原因之一在于各级主官

---

[15] 《隋书·赵绰传》。

[16] 《隋书·杨俊传》。

[17] 《隋书·刑法志》:"有枉屈县不理者,令以次经郡及州,至省仍不理,乃诣阙申诉。有所未惬,听挝登闻鼓,有司录状奏之。"

[18] 《隋书·刑法志》:"讯囚不得过二百;枷杖大小,咸为之程品;行杖者不得易人。"

[19] 《隋书·刑法志》:"诸州死罪不得便决,悉移大理案复,事尽然后上省奏裁。"

[20] 《隋书·刑法志》:"死罪者三奏而后决。"

难以有效管辖下属,因此颁布诏令,赋予各级主官司法特权:“其诸司属官,若有愆犯,听于律外斟酌决杖”[21],允许主官超出法律规定,对于犯有错罪的属官自行斟酌,处以杖罚。史书记载,自此之后,官员之间的关系急剧恶化,“于是上下相驱,迭行棰楚,以残暴为干能,以守法为懦弱”[22]。

隋朝立法者在司法制度方面有诸多建树,尤其是死刑复奏、拷讯程式等制度在一定程度上体现了恤刑慎罚的原则。尽管隋朝统治者未能自始至终执行,但作为一项制度,其确立本身即具有重要意义。唐朝以后的历朝均不同程度地继承了隋朝法律的这些制度。

第五节 社会法律思潮

隋朝建立于长时期的南北分裂与社会动荡之后。实现国家统一、重建社会秩序为各族人民所热切期望。这一时期的社会法律思潮也具有维护统一、重构秩序的基本特征。魏晋南北朝时期,政局动荡,国家分裂,在思想文化领域则表现为正统儒学权威受到挑战、多重学术思潮与学术流派勃兴。佛教的传入推动佛学发展,道教兴起促进以老庄学说为主体内容的玄学兴盛。统一后的隋朝,从朝廷到民间都迫切需要思想理论上的统一,需要从理论上全面阐发包括政治关系、法律关系在内的国家治理模式。

魏晋至隋朝,有一些学者提出儒佛道三教理论融合、共同影响国家治理的观点,但其基本出发点各有不同,或以佛教为主,兼顾道教、儒学,或以道教为主,兼顾儒学、佛教。隋朝思想家王通基于儒学立场,包容佛教、道教思想,主张“三教可一”[23],全面阐发国家统一后正统儒学在政治思想、法律制度方面的发展方向。

王通(公元584—617年),出身于儒学世家,毕生著述讲学。其子仿《论语》体例,编《中说》十卷,记录其与学生对话,阐发其政治法律思想。

王通主张仁政、德治,并以孔子继承人自励:“千载而下,有绍宣尼之业者,吾不得而让也。”[24]王通主张,基于正统儒家立场,包容佛教与道教,在国家统一、秩序构建方面共同发挥作用。但王通也从儒学出发对佛教与道教提出批评意见。一方面,王通强调学术理论必须基于国情、符合国情,否则不可能发挥作用。王通认为,佛教来自于“西天”,与中国国情相去甚远,因此不能简单地拿来适用。他说:佛教乃“西方之教也,中国则泥”,此类不符合中国国情民风者,如“轩车不可以适越,冠冕不可以之胡”[25]。另一方面,王通也提出,治国安邦必须以儒家仁义孝悌为目标,而道教讲究长生,“仁义不修,孝悌不立,奚为长生”[26]。

---

〔21〕《隋书·刑法志》。
〔22〕《隋书·刑法志》。
〔23〕《中说·问易》。
〔24〕《中说·天地》。
〔25〕《中说·周公》。
〔26〕《中说·礼乐》。

从儒家仁政、德治出发，王通主张，国家治理应该“先德而后刑”；法律为治国理政所必需，但必须限制、抑制法律的作用，“政猛宁若恩，法速宁若缓，狱繁宁若简”[27]。以法律作为国家治理的手段，其最理想的目标是“有法无犯”而“无讼”[28]。王通批评隋炀帝，“古之为政者先德而后刑，故其人悦以恕；今之为政者任刑而弃德，故其人怨以诈”[29]。

基于正统儒家继承人的立场，对于战乱之后新建立的统一王朝，王通主张恢复礼治，通过礼治，巩固国家统一，恢复社会秩序。王通说：如果没有礼，将会导致“四民不分，五等不建，六官不职，九服不序”，社会混乱。[30] 王通还说：“冠礼废，天下无成人矣；昏礼废，天下无家道矣；丧礼废，天下遗其亲矣；祭礼废，天下忘其祖矣。”[31]

西汉董仲舒提出“罢黜百家、独尊儒术”主张，使儒学获得正统官学的地位。同时，董仲舒接受阴阳五行学说、提出“天人感应”理论也为儒学的发展铺就了一条歧路。东汉谶纬学说得到官方的认可，并有较大的发展。东汉以后，谶纬神学式微。隋朝王通，基于儒学立场，为经学继续保持人文理性风格提供了一定的理论铺垫。王通有关国家统一、秩序构建的政治法律思想，以正统儒家理论为主流，吸收佛教、道教的思想，既符合大一统王朝建立与巩固的政治需要，也适应魏晋以来儒学与佛教、道教发展的理论现状。

隋朝法律从律典的篇目结构到罪名刑名及法条数目，既凸显了正统儒学关于“德治”、“轻刑”、维护纲常伦理的基本原则，也体现了合理布局、相互衔接的逻辑关联。隋朝统治存续时间不长，但在中国古代法律制度演进方面作出重要贡献。明末清初思想家王夫之评价称“隋亡而法不亡”[32]，隋朝法律对唐宋法律产生重大影响。

思考题

1. 简述隋朝的“五刑制”。
2. 简述王通的“三教可一”政治法律思想。
3. 试析王夫之“隋亡而法不亡”的论断。

---

〔27〕《中说·关朗》。
〔28〕《中说·关朗》：“至治之代，法悬而不犯……如有用我，必也无讼乎。”
〔29〕《中说·事君》。
〔30〕《中说·关朗》。
〔31〕《中说·礼乐》。
〔32〕王夫之《读通鉴论》：“隋无德而有政，故不能守天下，而固可一天下。以立法而施及唐宋，盖隋亡而法不亡也。”

第十一章　唐朝法律

（公元618年至公元907年）

本章要点

1. 唐朝“重法”“慎罚”的立法思想。
2. 唐朝的立法活动。
3.《唐律疏议》的基本结构。
4. 唐朝的刑法原则。
5. 唐朝的身份、所有权、契约和婚姻、家庭、继承制度。
6. 唐朝的司法制度。

隋朝统治后期，统治阶级内部矛盾激化。全国范围的大规模土建工程尤其是开凿大运河、修筑长城、营建东都洛阳，以及连年征伐高丽等，极大地加重了农民在赋税和兵役方面的负担，也严重激化了社会矛盾，直接导致波及全国的农民大起义。中国社会再次陷入全国性的混乱中。在这场混乱之中，各地官僚、地主纷纷起兵，形成地方割据势力。太原留守李渊也起兵反隋，并在关中势力的支持下，迅速壮大队伍。公元618年，隋炀帝被杀，隋朝灭亡。同时，李渊在长安称帝，建立唐朝。

唐朝是中国古代的一个“盛世王朝”。经历了魏晋南北朝三百多年的社会动荡与国家分裂，以及隋朝短暂的统一，唐朝从文武百官到社会万民均崇尚国家统一，珍惜社会稳定。统治者确立“德礼为政教之本，刑罚为政教之用”的基本国策，实施“以德为主，德法并用”的国家治理模式。一方面，恢复正统儒家的官学地位，并结合其他理论，形成较为丰富的法律思想；另一方面，通过创制、优化等方式构建内容较为平允、制度更为完善的法律体系。唐朝法律不仅在建设“盛唐之世”方面发挥了重要作用，也以其先进性与完备性为东亚、东南亚一些国家所移植、借鉴。唐朝法律思想与法律制度构成“中华法系”的核心内涵。

第一节　立法思想与立法活动

隋初统治者致力于国家秩序的重建，注重发挥法律的作用，但政权仅存续三十七年。如同汉初统治者惩“亡秦之鉴”一样，唐初统治者目睹隋政权由建立、发展到动荡、灭亡的过程，进而对隋朝历史进行深刻反思。唐初统治者深切体会到，国家治理与社会管理需要借助法律的强制手段，法律的内容必须符合儒家所倡导的“仁政”“德治”原则。基于这一认识，唐朝统治者形成“重法”“慎罚”等法律思想，并以此为指导，开展一系列立法活动。

一、立法思想

先秦儒家主张“仁政”“德治”，法家则强调“以法治国”“一断于法”。汉朝统治者提出“霸王道杂之”，形成儒法合流、德法并用的国家治理主张，历朝统治者基本接受融合儒法思想于一体的正统儒学理论。但在实际的政治法律实践中，如何把握“德”与“刑”的尺度与分寸仍是需要面对的理论难题、制度难题。“仁德之治”，不能过度，否则即为迂腐庸政，既不能惩恶止奸，也不能维护善良；同样，严刑峻法，苛暴之政，也可能激化矛盾，使人铤而走险，甚至导致社会动荡，政权危机。唐朝统治者基于此前各朝正反两方面的经验教训，基于对涉及国家治理、社会管理各家思想理论的深刻理解，就法律的性质、功能、运用方式等方面提出一系列原则，包括“重法”“慎罚”“礼法并用”等，从理论上较好地把解决了“德”“刑”二柄的运用尺度。

（一）重法

唐王朝建立之初，经济凋敝，流民四起，国家各项制度多被废弃，社会秩序处于一片混乱之中。为稳定民心、恢复秩序，使国家的政治、经济生活走上正轨，统治集团在经历了短暂的因战争需要而基本废除法律的阶段后，迅速致力于法律秩序的恢复工作。李渊在太原起兵之时，为争取社会的支持，也与历朝反政府力量一样，宣布废除隋朝的法律，只是“约法十二条”。高祖称帝之后，几次修律。武德七年（公元624年），在颁布新律的时侯，高祖下诏，强调法律在国家政治生活和社会生活中的重要作用。[1] 唐太宗提出，“国家纲纪，唯赏与罚”；[2]“为国之道，必抚之以仁义，示之以威信”[3]。没有法律的强制作用，单纯依靠仁义，不可能构建并维持良好的社会秩序。

唐朝武德、贞观、永徽年间，在统治集团重视以法律手段调整社会关系的政策指导下，由朝廷重臣主持，一大批著名的朝臣、学者研核历代法律的经验和教训，结合当时社会关系的新变化，先后制定出几部著名的法典，其中包括集中体现中华法系的基本精神、在内容和编定技术上代表着中国古代法律最高成果的《永徽律疏》。

唐朝前期统治集团重视法律的作用，既表现在加强立法、以法律手段调整社会关系方面，还表现在重视法律的实施方面。在封建体制下，皇帝是最高的立法者，也是司法审判上的最高审级。作为最高立法者，所有重大的立法活动都由皇帝以诏令形式发起；已制定的法律草案也必须由皇帝批准，方能颁布施行。作为司法审判上的最高审级，所有命案及其他重大案件的判决都必须经过皇帝批准，才能正式生效。同时，皇帝作为最高审级，在具体的司法审判中对案件的处理也必须遵守法定的审判程序，并以已生效的法律作为定罪量刑的依据。但在中国历

---

〔1〕《旧唐书·刑法志》：“所以禁暴止奸，弘风阐化，安民立政，莫此为先。”

〔2〕《资治通鉴》卷一九四。

〔3〕《贞观政要》卷五《论仁义》。

史上,由于皇帝在行政地位和法律地位上的特殊性,依法审判这一法律的基本要求在皇帝这一审级上难以执行。而唐朝前期统治集团重视法律的统一实施,在皇帝这一最高司法审级上也能在一定程度上做到依法审判——作为皇帝,能够意识到依法审判的必要性,较为自觉地约束自己,避免过于随意地以个人意志取代法律;在作出未依据法律的判决并被臣下指出以后,能够收回成命,回到依法审判的程序中。同时,朝廷大臣能够在皇帝行使审判权而未能依据法律时据理、据法力争,敢于犯颜直谏,坚持维护法律的尊严。

武德元年(公元618年),高祖李渊特旨将一罪犯处死刑。监察御史李素以该罪犯依律不应处死刑为由,上书进谏,提出法律是君主与百姓共同制定、共同遵行的,法律一旦得不到执行,则百姓不知如何确定自己的行为。李素还说,陛下初定天下,尤其需要法律的完善,绝不能弃法行政。最后,李素强调,自己作为执法的监督者,不能接受高祖这一与法律不相符合的诏令。[4] 高祖接受李素的建议,收回成命。

贞观元年(公元627年),唐太宗即位,为充实各级机构,要求各地选荐人才。一些人为谋求升官,便伪造资历。对此,太宗下令:所有作假者限期自首,否则一经发现,立即处死。后来,有个伪造资历者被发现,并被提交大理寺审理。大理寺少卿戴胄依据法律的规定,对该犯判处流刑,并不接受太宗提出的改判要求。太宗对此非常生气,对戴胄说:你作为大理寺少卿,做到了依法守法,但使我作为皇帝失信于天下。戴胄回答说,法律是国家制定颁布并用以取信于天下万民的,而人的言论,包括君主的话,则受到一时喜怒之情的影响。陛下应该排除一时情绪的影响,而坚持国家法律的信誉。太宗最终接受了戴胄的意见。[5]

(二)慎罚

唐初统治者总结隋王朝迅速灭亡的另一重要原因,是隋朝后期所实行的严刑峻罚政策。唐朝名臣魏征主持编修的《隋书》,称隋文帝晚年“持法尤峻,喜怒不常,过于杀戮”[6],而隋炀帝则“益肆淫刑”,“生杀任情”[7],二人均热衷于严刑峻罚。严密的法网使民众动辄犯禁,以至于无所措手足;严酷的刑罚更使积怨加深,也严重损害了政府的形象。自汉朝统治者确立儒家思想作为治理国家、规范社会的基本方针以来,儒家理论已深入人心,为整个社会所接受,并成为人们用以评价君主与政府的基本准则。隋朝统治者恰恰是在这一问题上缺少深刻的认识,以严刑峻罚丢失了民心,导致在南北大分裂后建立的第一个统一的中央政权迅速灭亡。唐初统治者“动静必思隋氏,以为殷鉴”,确立了以儒家“明德慎罚”思想作为立法和司法的基本原则。

贞观元年(公元627年),唐太宗总结前朝统治经验时就提出,以仁义治国,国家政权将长期保持稳定;以法律治国,只能实现短期秩序,政权是不能长期保持的。[8] 因此,唐太宗即命长孙无忌、房玄龄等人以仁义为治、减少死罪、减轻刑罚的原则修改律令。首先是将五十条绞刑罪改为断右趾。不久,太宗又以断右趾仍为严酷,使受刑之人不堪忍受,因而废断趾法,改处

〔4〕《旧唐书·李素立传》。
〔5〕《贞观政要·公平》。
〔6〕《隋书·高祖纪》。
〔7〕《隋书·刑法志》。
〔8〕《贞观政要·公平》:“以仁义为治者,国祚延长;任法御人者,虽救弊于一时,败亡亦促。”

流刑。另外,自汉至隋,对于反、逆罪都实行父子、兄弟缘坐处死的制度。太宗对此提出异议,认为如此重刑,实不能体现重人命、恤刑罚的精神。太宗还强调,反、逆之罪本身也有轻重不等,一概处以死刑,实不合情理。因此,修改律条,对于反、逆罪,区别不同情节,改连坐死刑为流刑。经过唐初以减少死刑为直接目的的修律活动,死刑罪的数量减少了将近一半。

一项新制度的确立常有其具体的立法动机。但由于社会的复杂性,该制度在实施过程中不一定都能获得预期的效果,甚至有可能适得其反。唐初统治者能够以"明德慎罚"的思想作指导,检讨这些制度的实施效果。唐初继续实行"八议"制,体现了国家法律对于官吏特权的保护,也是封建法律等级特征的集中表现。唐初实行"八议"制的本意是对于犯罪的官吏给予特别的优待处理,但在实际执行中适得其反。魏征参照明德慎罚的思想原则,分析了"八议"制的实施效果:根据法律的规定,五品以上官员犯罪,司法机构必须上奏皇帝。这一制度的本意是由皇帝具体了解犯罪情节,给予宽宥的处理。但实际上,司法机构在上奏之时多夸大情节,即使是法律并无明文规定,也提出要在法律规定之外加重处罚。这种加重处罚的情况约占六七成。因此,当时官员犯罪,多担心根据八议条款上奏皇帝。如果某一案件被决定只由司法机构处理而不上奏皇帝,当事人就感到万分庆幸。[9] 魏征的分析当然有其夸大之处,但他能结合具体的司法实践,要求不仅在法律规定上而且在实施效果上实际体现明德慎罚思想,较前人是更进了一步。

唐初明德慎罚思想还体现在对审判制度的改革上。唐太宗、魏征以及唐初其他一些朝廷重臣都极为重视在司法审判中贯彻以公正求恤刑慎罚的原则。贞观十一年(公元637年),魏征在向太宗提出的一篇奏折中全面分析了司法审判中与明德慎罚思想不一致的情况。他说,司法官吏审案断狱经常以个人好恶为依据,上下其手,导致轻重失序。对于如何改变这一现象,魏征提出,审断案件必须弄清犯罪事实,严格依照法律规定定刑。[10]

唐朝法律设立了较为严格的死刑审核程序。贞观元年(公元627年),唐太宗发布诏令:对于死刑案件,由中书省、门下省四品以上官员以及尚书、九卿共议。[11] 后世著名的死刑案件"九卿会审"制,于此发端。贞观五年(公元631年),唐太宗据他人劾奏,于盛怒之下处死大理丞张蕴古,随即后悔,但已无法挽回。因此,太宗借鉴隋朝司法经验,提出对于死刑案件的执行,一定要慎而再慎,并要从程序上进一步严格限制:死刑案件在判决后,须向皇帝奏报三次,经批准后方可执行。不久,太宗又提出,将三覆奏改为五覆奏,以更加慎重地对待死刑。

在明德慎罚思想指导下,唐前期在立法、司法方面取得一定的成效。各项法律制度进一步趋于合理化,社会秩序也较为安定。据史书记载,贞观四年(公元630年),全国仅二十九人被判死刑。贞观六年(公元632年)岁末,唐太宗审核死刑案件,发现有多达三百九十名死刑犯,仁心顿起,颁布诏令,将这三百九十名死刑犯全部放回家,让他们与家人团聚,以尽孝道,并要

---

[9] 《贞观政要·公平》:"又,五品已上有犯,悉令曹司闻奏。本欲察其情状,有所哀矜;今乃曲求小节,或重其罪,使人攻击,惟恨不深。事无重条,求之法外所加,十有六七。故顷年犯者惧上闻,得付法司,以为多幸。"

[10] 《贞观政要·公平》:"取舍在于爱憎,轻重由乎喜怒。爱之者,罪虽重而强为之辞;恶之者,过虽小而深探其意。法无定科,任情以轻重;人有执论,疑之以阿伪。故受罚者无所控告,当官者莫敢正言。不服其心,但穷其口,欲加之罪,其无辞乎?"如何改变这种状况,魏征提出,"凡理狱之情,必本所犯之事以为主,不严讯,不旁求,不贵多端,以见聪明,故律正其举劾之法,参伍其辞,所以求实也,非所以饰实也,但当参伍明听之耳,不使狱吏锻炼饰理成辞于手"。

[11] 《贞观政要·刑法》:"自今以后,大辟罪,皆令中书、门下四品已上及尚书九卿议之。"

求他们第二年秋天回到监狱，执行死刑。第二年秋天，这三百九十名死刑犯各自从其家乡返回京城监狱，无一不回。唐太宗为他们的诚意所感动，再颁诏令，全部赦免。诗人白居易称颂唐朝德政，即举此“死囚四百来归狱”之例。唐高宗永徽年间，大理寺关押囚犯曾降至五十余人，其中死刑犯仅二人。

唐朝前期的慎罚思想的理论基础主要源于春秋战国时期形成的孔孟“德治”“仁政”儒家思想以及经西汉董仲舒等修正后的正统儒学。同时，先秦老、庄道家思想中的“无为而治”理论也在很大程度上为统治者所吸收。贞观时期，唐太宗多次与臣下讨论治国之道，都强调要“志在清静”，行“无为之道”。

唐朝统治者的法律思想是丰富的。除上述“重法”“慎罚”思想之外，还强调法律的重点在于维护国家统一、立法须公平、法条应简约、礼法结合等，所有这些既保证了唐朝立法的合理性及其对社会稳定的积极作用，也丰富和发展了中国传统法律思想的内容。

二、立法活动

中华法系以其鲜明的特色和久远的影响著称于世。中华法系的基本内核是以唐朝法律为主体内容的中国封建法律制度。自 7 世纪初唐王朝的建立到 8 世纪中期唐玄宗统治时期的一百多年间，在吸收此前历朝法制经验的基础上，结合当时政治、社会和经济发展的新情况，逐渐建立、完善了各项法律制度，形成了内容较为完备、立法水平较高、基本适应当时社会关系以及国情民风的法律体系。

唐朝前期法制建设经历了一个由简而繁、渐趋完备的过程。唐高祖起兵之后，废除隋朝旧律，“约法十二条”，除保留对杀人、劫盗、背军、叛逆等罪处死刑之外，其他一切旧律规定，皆废止不用。待战事稍平，即开始大规模的制定新律活动。首先，完全摒弃隋炀帝时制定的以《大业律》为中心的严刑苛法，并对隋文帝开皇年间制定的律、令加以增删修订；同时，制定新格 53 条，一并颁布施行。不久，又诏令修律，仍以隋开皇律令为基础，将 53 条新格编入新律之中，于武德七年（公元 624 年）颁布施行，是为《武德律》。《武德律》在篇目上仿《开皇律》，设十二篇：名例、卫禁、职制、户婚、厩库、擅兴、盗贼、斗讼、诈伪、杂律、捕亡、断狱，共 500 条。唐太宗即位后，命房玄龄、长孙无忌等修订《武德律》，于贞观十一年（公元 637 年）正式颁布施行，是为《贞观律》。《贞观律》在体例上与《武德律》同，仍为十二篇，500 条。唐高宗永徽年间，命长孙无忌等以《武德律》《贞观律》为基础，编修《永徽律》，于永徽二年（公元 651 年）颁行天下。其后，长孙无忌又奉命主持对于《永徽律》进行条文阐释，并将阐释文字——“疏”融入法典之中，于永徽四年（公元 653 年）颁布实施，是为《永徽律疏》，即《唐律疏议》。（参见图 11）唐玄宗开元年间，以《永徽律》为基础，又制定《开元律》，于开元二十五年（公元 737 年）颁行。上述法典中，以《唐律疏议》最有代表性。

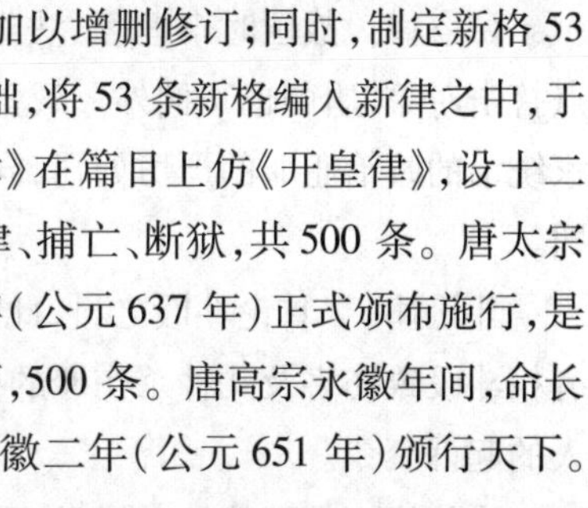

图 11　《唐律疏议》

《唐律疏议》在体例安排、篇目设置上以北齐律及隋《开皇律》为蓝本，保持着全律十二篇以及“刑名法例为首，实体犯罪居中，诉讼程序置后”的篇目格局。《唐律疏议》所设十二篇为:名例、卫禁、职制、户婚、厩库、擅兴、贼盗、斗讼、诈伪、杂律、捕亡、断狱。

名例律。“名者,五刑之罪名;例者,五刑之体例。”名例律所包含的内容多为涉及定罪、量刑的一般性原则以及律文之中有关专门术语的界定,类似于近代刑法中的总则部分,其具体内容包括五刑,十恶,八议,处理官吏、贵族犯罪的请章、减章、赎章、官当、免官,划分公罪与私罪,犯罪自首的要件,对老幼废疾者犯罪的减免等。

卫禁律。“卫者,言警卫之法;禁者,以关禁为名。”卫禁律涉及对宫殿的保卫和关津要塞的守护。宫殿为皇帝居住并与朝臣议政的场所,边防关卡及城镇墙垣事关国家主权和城镇安全,因此,唐律设专篇对这些具有特殊重要意义的事务予以重点保护。

职制律。“言职事法制。”唐朝建立了较为完备的行政法律制度,从机构设置、官吏职责到行政程序、公文递送皆有明确的法律规定。职制律确定了对于严重违反行政法律规范、构成犯罪的行为的刑事处罚。同时,对于行政官吏的非职务性犯罪,职制律也作了相应的规定。

户婚律。定“户口、婚姻”。唐朝的土地分配、赋税征收及徭役摊派均以户籍为依据。户婚律规定了对违反户籍、土地、赋税及婚姻制度行为的处罚。

厩库律。“厩者,鸠聚也,马牛之所聚;库者,舍也,兵甲财帛之所藏。”在农业社会,马与牛不仅为耕作所用,而且是重要的交通运输用具。厩库律将马与牛,尤其是官有马牛,当作一种特殊的财产加以保护,同时对于储藏官有财物的仓库也加以特殊保护。

擅兴律。“大事在于军戎,设法须为重防。”擅为擅发兵,兴为兴造。军队的控制与指挥涉及政权的巩固与社会的安定,唐律对此加以严格规范,既不允许未经批准擅自调兵遣将,亦不允许不按规定行兵备战,否则严刑处罚。兴造工程、差遣丁夫均事关人力物力的消耗,不控制在一定的限度内即可能引起社会矛盾的激化。擅兴律规定了对兴造工程、差遣丁夫等行为不依法从事的处罚。

贼盗律。战国时李悝著《法经》,即以“王者之政,莫急于盗贼”。盗与贼是历朝法律的重点打击对象,唐朝也不例外。贼盗律明确规定了对于谋反、谋大逆、谋叛、造妖书妖言等危害国家统治的政治犯罪的严厉处罚,同时规定了对于谋杀、杀害、强盗、窃盗等项重大刑事犯罪的处罚。

斗讼律。“首论斗殴之科,此言告讼之事。”斗殴之类,包括斗殴致伤、斗殴致死、不同身份者相斗殴致伤害及几种杀伤罪的处理;告讼类包括一般性起诉程序及对于特定犯罪、特定身份人的起诉禁令。

诈伪律。伪即伪造,诈似诈骗。前者限于对于皇权或政权产生直接危害的行为,包括伪造皇帝御玺及各级官印、伪造宫殿门符和发兵符等;后者涉及某些特定的欺骗行为,包括身份性欺骗和行为性欺骗。

杂律。“拾遗补阙,错综成文,班杂不同。”杂律所包含的内容涉及面较宽,主要包括涉及市场管理、债权债务、犯奸失火以及其他一些轻微危害社会秩序和经济关系的行为规范。

捕亡律。“若有逃亡,恐其滋蔓,故须捕系,以置疏网”,捕亡律是对于逃亡罪犯以及其他逃亡者的捕捉规定。捕亡律所规定的其他逃亡者包括出征或在营的兵士、服役的丁夫杂匠、入籍的官户官奴婢,甚至包括无故私逃的现任各级行政官员。

断狱律。“狱者,确也,以实囚情。”断狱律包括对于监狱管理、拷讯囚犯、审判原则、法官责任以及刑罚执行等方面的规定。

唐朝前期先后制定施行的《武德律》《贞观律》《永徽律》《开元律》构成这一时期法制建设的重要部分。在制定律典的同时,其根据不同需要制定大量的令、格、式。律、令、格、式成为唐朝法律的主要形式。在性质上,律的作用在于确定犯罪与刑罚,类似于近代刑法,但其内容也涉及一些与民事关系、行政关系及诉讼程序相关的规定。律是法律的主体部分。令、格、式主要涉及国家行政体制、各级政权机关的行政制度以及有关行政行为的程序、规范,类似于近代的行政法。

唐朝前期随着四次大的修律活动,同步进行着对令、格、式的制定、修改。唐前期制定的令、格、式主要有:《武德令》三十卷,《新格》53 条,《武德式》十五卷;《贞观令》三十卷、1590 条,《贞观格》十八卷、700 条,《贞观式》三十三卷;《永徽令》三十卷,永徽《留司格》十七卷,永徽《散颁格》七卷,《永徽式》十四卷;《开元令》三十卷,《开元前格》十卷,《开元后格》十卷,《开元式》二十卷。由于令、格、式频繁修订且数目较多,不利于各级机构及官吏遵照施行。为解决这一问题,唐玄宗开元年间由李林甫主持,将当时生效的律、令、格、式分门别类,编成《格式律令事类》,共四十卷,于开元二十五年(公元 737 年)与《开元律》同时颁布。

唐玄宗时期还编定了一部具有行政法典性质的官修政书:《唐六典》。《唐六典》采取"以官统典"的体例,汇集了当时关于政制、官规的各类规定,同时记述了各官署、职位的历史演变。从令、格、式的颁布施行到《唐六典》的分类汇纂,表明唐朝在行政法制建设方面取得重大进展。

第二节　行政法律

唐朝在法制建设上的一个重要特色是建立了较为完备的行政法律体系。唐朝四种主要的法律形式中,令、格、式多涉及国家行政体制、各级政权机关的行政制度以及各项有关行政行为的程序、规范等。

"令者,尊卑贵贱之等数,国家之制度也。"令的内容主要涉及国家行政体制、尊卑贵贱等级制度等方面。据《唐六典》记载,开元年间所定令共三十卷、1546 条,分为二十七篇,包括官品令、三师三公台省职员令、寺监职员令、卫府职员令、东宫王府职员令、州县镇戍岳渎关津职员令、内外命妇职员令、祠令、户令、选举令、考课令、宫卫令、军防令、衣服令、仪制令、卤簿令、公式令、田令、赋役令、仓库令、厩牧令、关市令、医疾令、狱官令、营缮令、丧葬令、杂令。

"格者,百官有司之所常行之事。"格作为一种重要的法律形式,主要来源于对皇帝诏敕的编纂。《新唐书·刑法志》记载,贞观时曾"删武德以来敕三千余条为七百条,以为格"。格由其适用范围的不同而分作两大类:适用于各曹司的留司格和适用于地方各州县的散颁格。《旧唐书·刑法志》称:"分格为两部:曹司常务为留司格,天下所共者为散颁格。其散颁格下州县,留司格但留本司行用焉。"唐朝历朝皇帝都重视通过编定格的方式使就一时一事所作的诏敕上升为具有一般约束力的法律,先后编定有武德格、贞观格、永徽格、垂拱格、开元格、元和格敕等。格的篇目一般按中央六部及所属各司的名称划分。

“式以轨物程事”，主要涉及中央机关内部各行政机构关于行政管理、行政程序及具体办事规则的规定。中央政府内的每一行政机构，均有相应的“式”作为其行使职权、处理政务的规章。据《唐六典》，“式”有三十三篇，包括吏部式、户部式、礼部式、兵部式、刑部式、工部式、司封式、司勋式、考功式、度支式、金部式、仓部式、祠部式、膳部式、主客式、职方式、驾部式、库部式、都官式、比部式、司门式、屯田式、虞部式、水部式、太常式、太仆式、太府式、秘书式、司农式、光禄式、少府式、监门宿卫式、计账式。

唐律设有《职制律》《卫禁律》《厩库律》《擅兴律》等，对于在行政体制、行政程序、官吏职责等方面违反法律规定并构成犯罪的行为确定相应的罪名和刑罚。另外，唐玄宗时期编定的具有行政法典性质的官修政书《唐六典》，采取“以官统典”的方式，汇集了当时关于政制、官规的各类规定。

唐朝通过不同的法律形式确定了以加强中央集权、严格行政管理、提高行政效率为目的的行政法律制度。

一、加强中央集权，严格中央、地方政权体制

唐初统治者致力于建立完备的中央和地方两级政权体制，以确保政权的巩固和社会的稳定。皇帝是政权的核心，是国家政治、经济、军事、法律等方面的最高统治者。唐朝中央和地方两级政权体制均围绕实现皇权及对皇权的维护而设立。

三师（太师、太傅、太保）及三公（太尉、司徒、司空）在中央位居文武百官之首。为防止由于官位高、权势重而形成对皇权的威胁，唐初统治者继承隋朝旧制，在中央确立三省六部制的管理体制，而使三师及三公成为地位高但无实权的虚衔。

三省六部是中央政府实际履行国务管理职能、掌握行政管理权的机构。三省为中书省、门下省、尚书省，分别掌管出令、审核、执行等职能。六部为尚书省所属的吏、户、礼、兵、刑、工部。

中书省为中枢决策及最高出令机关，掌管国家机要，负责审理其他各机关的公文奏章，起草下行文书，并根据皇帝的旨意起草诏令。门下省专司对各类文书、奏章及诏旨的审核。各级机构上报皇帝的奏章、公文首先经由门下省审阅，然后才能送达中书省。门下省还拥有重要的封驳权：以皇帝名义发出的诏令由中书省起草后，送至门下省审阅；如果门下省认为内容有不妥之处，即可封还中书省，由其重新拟定。尚书省为最高国务执行机关。皇帝的旨意及中书省、门下省议决的事项均由尚书省组织实施，由中书省起草的皇帝诏令经门下省审核后，亦由尚书省下发中央各机构及地方各级政府。

中书省长官中书令、门下省长官侍中、尚书省长官尚书令分别掌管三省，参与军国大政的议定，共同行使宰相的权力，三者既互相配合，又互相牵制。一方面提高议事、行政的效力；另一方面防止出现宰相权势过重而形成对皇权产生威胁的局面。

作为最高行政执行机关，尚书省在内部形成了职责分工明确、管理体制健全的六部二十四司行政管理机构。根据行政事务的性质，分别由不同的管理机构实施具体的管理职能。六部包括吏部、户部、礼部、兵部、刑部、工部。吏部主掌全国各级文职官员管理，包括官员的荐选、任免、考核、升降、赏罚、勋封等；户部主掌全国户婚田土管理，包括对户口、土地、财政、赋税、钱

粮、赈灾等方面的管理;礼部主掌全国礼仪教育管理,包括礼仪、祭祀、科举、学校等;兵部为全国最高的军事行政管理部门,主管武官的荐选、任免、考核、升降、赏罚及军事行政等;刑部为全国最高的司法行政管理部门,掌管全国的司法行政,并参与重大案件的审理;工部主管全国农林水利、工程营建及对各类工匠的管理。

在三省六部之外,还设有“九寺”“五监”等行政管理机关。九寺为太常寺、光禄寺、卫尉寺、宗政寺、太仆寺、大理寺、鸿胪寺、司农寺、太府寺;五监为国子监、少府监、将作监、军器监、都水监。

在地方行政体制中,唐沿袭隋州、县两级机构的设置。州设刺史,掌管全州事务,另设别驾、长史、司马、录事、司功、司仓、司户、司兵、司法、司士等属官。州以下为县,县设县令,掌管全县事务。县令之外,设属吏县丞、主簿、县尉、司户、司法、仓督、典狱、问事等,属吏的数额在大县、小县各有不同,一般在十几人至二十几人不等。

在州、县两级行政体制以外,唐朝还设立了一些临时性的地方行政机构。贞观年间,在全国设立十“道”,作为相对独立的监察区。皇帝临时派遣巡按使,考察道内所属各州、县官吏的政绩。道后来逐渐演变为高于州的一级地方行政机关。另外,唐初在边疆地区设军区,辖管数州军事防务。后来,军区演变为都督府,设立主官“都督”。唐高宗以后,部分都督改称“节度使”。在职责上,节度使也由最初的专管军事而演变为兼领行政、财政、监察等;在设置地区上,由最初的边境地区扩展到内地,成为州以上的一级地方行政机构。节度使掌管数州、乃至十几州的军政大权,逐渐形成对于中央政权及皇权具有离心力的割据势力。

唐朝统治者通过令、格、式等法律对三省六部、九寺五监以及地方州县各级机构的职掌权限、公务程序等立规设禁,既确保对于皇权的维护,也推进各机构在履行职责过程中有规可依、有章可循。

二、监察体制

为强化对行政体制运作状况的监督以及对各级官吏的督察,唐朝确立了较为完备的监察体制,并使监察活动法律化。

中央设御史台,专司监察。御史台以御史大夫为长官,御史中丞二人为辅臣。在职责上,御史台有权弹劾百官,参与重要案件的审理,监督府库收支,还负责对朝廷议事及祭祀等活动的礼仪进行纠察。《唐六典》称:御史台“掌邦国刑宪、典章之政令,以肃政朝列”,“掌以刑法典章,纠正百官之罪恶”。

按职能分工,御史台内设台院、殿院、察院。台院承担御史台在朝中的主要职责,包括纠弹百官、参加大理寺审判及处理皇帝交办的案件。台院设侍御史,在朝中实际承担御史监察的主要任务,侍御史人选多由皇帝亲自确定,或者由三省长官与御史大夫共同协商,奏报皇帝批准任命。殿院主要承担对朝仪的监察,包括对朝廷礼仪、皇帝郊祀及出巡礼仪的监察。殿院设殿中侍御史。察院的主要任务之一是对尚书省所属六部的监察、纠弹,“掌分察百僚,巡按州县,纠视刑狱,整肃朝仪”。〔12〕 唐初设监察御史十五人,其中三人专司对尚书省所属吏、户、礼、兵、

〔12〕《唐六典》卷十三。

刑、工六部职官的监察。

对于地方州县的监察任务主要由察院承担。贞观时将全国划分为十“道”，作为相对独立的监察区，后改为十五道，包括京畿道、关内道、都畿道、河南道、河东道、河北道、山南东道、山南西道、陇右道、淮南道、江南东道、江南西道、黔中道、剑南道、岭南道。察院派监察御史到各“道”行使对于各道所属州、县官吏的监察权，同时参与对各州、县重要案件的审理。对于地方官的监察，除察院定期派出监察御史之外，各道还有常设性质的按察使对地方官进行经常性监察。

监察御史行使监察权的主要法律依据为开元时期确定的“六察法”，内容包括：一察官人善恶；二察户口流散，籍账隐没，赋役不均；三察农桑不勤，仓库减耗；四察妖猾盗贼，不事生业，为私蠹害；五察德行孝悌，茂才异数，藏器晦迹，应时行用；六察黠吏豪宗，兼并纵暴，贫弱冤苦不能自申者。[13] 监察御史的监察权自唐初开始呈现出逐渐扩大的趋势，到中唐时期，其权力已自专门的监察权扩展至兼有行政、司法、军事等权力。

唐朝监察制度设立与运行的重要任务在于督察各级官员是否勤政廉洁、是否依据法律规定履行职责，完成与职责相关的各项指标、任务；同时，考查各级官员的品行、民望。在这些具体标准之外，监察制度设置的核心在于考查各级官员是否严格执行中央政令、是否遵行体现统治阶级整体利益与意志的法律，以及在观念、行为等方面是否维护中央集权与皇权。

三、职官制度

在职官管理方面，唐朝进一步完善了对于各级官员的录选、考核、升迁、致仕等制度。

“唐因隋制”，继续实行科举选官制度，并进一步系统化、完备化该制度。唐制，为选录人才，各地每年举行考试。各州县符合条件的平民以及在京国子监生徒均可参加。地方考试合格者再由州县保举送京城，参加由尚书省组织的考试。此种考试每年定期举行，故又称“常举”。常举考试，设有多科，以“明经”“进士”二科最受重视，中进士者是朝廷任用重要官员的主要人选。

在常举之外，皇帝可根据特殊需要或临时需要专门组织考试，录用人才。此种考试由皇帝颁发专门的制诏，故又名制举。制举所确定的项目及日期由皇帝临时决定。唐朝皇帝根据需要先后开设贤良方正、直言极谏科、文辞清丽科等制举名目。制举考中者，随即受到重用：原为平民者立即得以授官，原为有官品者即晋品升职。但由于由制举而为官者未参加常举的考录程序，因此，他们在社会上常被看作非正途出身，多被列为“杂色”。

通过各科考试，即取得为官资格，再经过吏部组织的省试，合格者即可由吏部授以官职。省试主要从四个方面进行考察，“择人有四事：一曰身，取其体貌丰伟；二曰言，取其言词辩正；三曰书，取其楷书遒美；四曰判，取其文理优长。四事皆可取，则先德行，德均以才，才均以劳”[14]。

职官任职应忠于职守，勤于施政，以保证各级政府较高的行政效率及良好的政府形象。唐朝法律确立了严格的职官考绩制度。在时间上，分岁课与定课。岁课在基层机构进行，每年举

---

〔13〕 参见《新唐书·百官志》。

〔14〕《通典》卷一五《选举三》。

行一次。在中央,由各司自行主持对本司官吏的考核;在地方,由各州县主持对本属官吏的考核。定课为全国性的统一考核,每四年举行一次,由吏部统一组织,对于全国各级官吏实施考核。“考功郎中之职,掌内外文武官吏之考课。”[15] 定课之时,吏部主持对于四品以下官的考核;三品以上官则由皇帝亲自考核。

对于官吏的考核,唐朝法律确立了明确的范围和标准。《唐六典·考功郎中》规定,对品官的考核实行“四善二十七最”的标准。“考课之法有四善:一曰德义有闻,二曰清慎明著,三曰公平可称,四曰恪勤匪懈。”“二十七最”为:献可替否,拾遗补阙,为近侍之最;铨衡人物,擢尽才良,为选司之最;扬清激浊,褒贬必当,为考校之最;决断不滞,与夺合理,为判事之最;推鞫得情,处断平允,为法官之最;访察精审,弹举必当,为纠正之最;赏罚严明,攻战必胜,为将帅之最等。考核结果根据被考核对象所符合“善”与“最”的数量,分为上、中、下三等;每等再分为上、中、下三级,共分为三等九级。对于考核结果,区别等级,分别给予奖赏、惩罚的处理。岁课之时,以增加俸禄作为奖赏,以减少俸禄作为处罚手段。由吏部主持的定课,则以升、降职级甚至免官作为奖赏和惩罚的手段。《考课令》规定:考核结果在中上级以上者,给予奖励,增加俸禄;中中级者,继续维持原俸禄标准;中下级以下者,则要给以夺禄的处分。

为提高行政效率,保证各级行政机构在人员上的正常新老交替,唐朝确定了严格的官吏致仕(退休)制度。官吏致仕的法定年龄为七十岁。一般情况下,官吏年满七十岁欲致仕者,本人提出申请,经批准后即可致仕。根据官吏品级的不同,唐律规定了不同的审批程序:五品以上高级官员致仕,直接奏请皇帝批准;而六品以下普通官员致仕,则由本人向尚书省提出申请,经尚书省统一奏请皇帝批准。官吏致仕后,按其品级的不同分别享受不同的政治待遇和经济待遇。

为防止职官利用职务之便谋取利益,法律对于各级官员从事某些行为设置了禁令。例如,州县官不得于在任之时娶辖区内妇女,违者必须离异。[16] 唐朝法律关于录选、考核、升迁、致仕等职官制度的规定及实施在很大程度上保证了唐前期官吏队伍的素质和行政效率,为唐朝的贞观之治、开元之治提供了有效的组织保障。

第三节 刑事法律

唐朝法律在内容上较为完备,在体例上较为健全。唐朝立法者总结此前各朝的立法、司法经验,根据本朝统治需要确立了刑法方面的一系列原则与制度。

一、刑法原则

(一)“十恶”重惩原则

唐朝法律沿用隋朝制度,保留“十恶”罪名,并开宗明义地在“十恶”起首位置提出:“五刑

---

〔15〕《唐六典》卷二《吏部》。

〔16〕“(开元二十五年)诸州县官人在任之日,不得共部下百姓交婚,违者,虽会赦,仍离之。”[日]仁井田陞:《唐令拾遗》,栗劲等编译,长春出版社1989年版,第162页。

之中,十恶尤切,亏损名教,毁裂冠冕,特标篇首,以为明诫。”唐律确立了对“十恶”罪行加重处罚、不适用普通减免的原则。

1. 谋反

“谓谋危社稷。”“社稷”是政权、国家的同义词,此处又是皇帝的代称。忠于皇帝、忠于朝廷是法律对臣下的基本要求。如果预谋反对皇帝、夺取皇位,必将是对国家政权的最大危害。因此,谋反罪被列为“十恶”之首,实际上也是唐律所规定的所有罪名中最为严重的犯罪。《贼盗律》规定:谋反者,不分首从,均处斩刑;父、子年十六以上皆处绞刑;子年十五岁以下及母、女、妻、妾、祖父、兄、弟、姐、妹等没官;伯叔父、兄弟之子均流三千里。即便是实际上并没有具体的行动计划,而只是信口说到要反对皇帝、反对朝廷,也要处以流二千里之刑,所谓“口陈欲反之言,心无真实之计,而无状可寻者,流二千里”。

2. 谋大逆

“谓谋毁宗庙、山陵及宫阙。”宗庙是皇帝宗室祭祀之庙,为供奉皇帝祖先神主牌位的地方;山陵为皇帝祖先安葬之地。按照中国传统观念,祖庙与陵墓是供奉祖先灵魂的场所。保护祖庙与陵墓,既能使祖先安眠,更可获得祖先对现世子孙的庇护。对帝王祖先的保护直接关联对现世皇权的维护,因此,法律给予其特殊保护。宫殿是皇帝居住并召集大臣议决朝政的重要场所,具有特殊的政治意义,因而也是法律重点保护的对象。对于谋大逆罪的处罚,与对谋反罪的处罚基本相同。正犯不分首从,处斩刑;父、母、子、女、妻、妾、兄、弟、姐、妹、及伯叔父等分别受株连治罪。

3. 谋叛

“谓谋背国从伪”,即投敌从伪,包括个人背叛朝廷、投靠他国或投靠伪政权;以所领国土,改易旗帜,归属外邦等。此种行为直接侵害国家主权,侵害现政权的统治,为历朝法律所严禁。犯此罪者,若仅限于“谋”的阶段,首犯处绞刑,从犯处流刑;谋而上道,即已进入实施阶段,不论首犯、从犯,皆处斩刑;其家庭成员则分情况,受到不同程度的株连。

4. 恶逆

“谓殴及谋杀祖父母、父母,杀伯叔父母、姑、兄、姊、外祖父母、夫、夫之祖父母、父母。”基于密切的血缘关系和尊卑关系,对上述亲属实施的殴打、谋杀或杀害行为,即构成此罪。

谋反、谋大逆、谋叛与恶逆(简称“三谋一恶”)严重侵害皇权、国家主权和伦理亲情,在唐律中属于极端犯罪,受到最为特殊的规制。一方面,唐律对其规定了最为严厉的刑罚;另一方面,此四种犯罪不适用唐律所规定的其他一些旨在减免刑罚和程序性限制的条款。例如,唐律规定,国家颁布大赦令时,一般犯罪均可援赦而获免罚,但上述“三谋一恶”不得援引赦令,罪犯仍依常律定罪量刑。另外,唐律规定,立春以后、秋分以前,不得执行死刑,违者构成犯罪;但“三谋一恶”属于“决不待时”应予惩罚者,不受此季节上的限制。

5. 不道

“谓杀一家非死罪三人,支解人,造畜蛊毒、厌魅。”疏议解释:“安忍残贼,背违正道,故曰不道。”此罪虽未侵害受法律重点维护的政治秩序和伦理秩序,但行为本身的后果严重、手段恶劣,因此也受到法律的重惩。上述规定的犯罪行为虽同属“不道”,但具体的刑罚则仍有区别。《贼盗律》规定:杀一家非死罪三人及支解人者,不分首从,皆处斩刑,妻、子流二千里;造、畜蛊毒者，处绞刑，同居亲属流三千里；造厌魅但未致死人者，减谋杀罪二等。

6. 大不敬

"谓盗大祀神御之物、乘舆服御物；盗及伪造御宝；合和御药误不如本方及封题误；若造御膳误犯食禁；御幸舟船误不牢固；指斥乘舆，情理切害，及对悍制使而无人臣之礼。"此罪包括三类：盗窃御用物品、因失误而致皇帝的人身安全受到威胁、不尊重皇帝及钦差官员。

7. 不孝

"谓告言、诅詈祖父母、父母，及祖父母、父母在别籍异财，若供养有阙；居父母丧身自嫁娶，若作乐、释服从吉；闻祖父母、父母丧，匿不举哀；诈称祖父母、父母死。"疏议称："善事父母曰孝。既有违反，是名不孝。"在性质上，"不孝"罪与"恶逆"罪相似，均是对尊卑长幼伦理关系的侵害。但在范围上，"不孝"限于对祖父母、父母的侵害；在侵害程度上，"不孝"罪又较"恶逆"罪为轻。

8. 不睦

"谓谋杀及卖缌麻以上亲，殴告夫及大功以上尊长、小功尊属。"根据服制，亲属按亲疏程度分作五服：斩衰、齐衰、大功、小功、缌麻。法律规定，五服亲属之内应保持良好的和睦关系；若有相犯，则按照当事人之间的尊卑长幼关系，确定与普通人之间相互侵害不同的处罚。

9. 不义

"谓杀本属府主、刺史、县令、见受业师，吏卒杀本部五品以上官长；及闻夫丧匿不举哀，若作乐、释服从吉及改嫁。"主管官与属吏、受业师与学生、地方官与辖内民人、夫与妻之间，虽无血缘联系，但"以义相从"，在道义上具有比其他社会关系更为密切的联系。后者侵犯前者，不仅是一般意义上的侵害行为，而且具有"背义乖仁"的特殊含义，故设此"不义"之罪。

10. 内乱

"谓奸小功以上亲、父祖妾及与和者。"亲属之间发生奸淫行为，不仅一般性地违反社会秩序，而且会导致亲族内部伦常秩序的紊乱。疏议称："若有禽兽其行，朋淫于家，紊乱礼经，故曰内乱。"唐律规定，普通人相奸，徒一年半；而五服之内相奸，最低也得加重三等，处徒刑三年。

"十恶"重罪不同程度地侵害了法律所重点保护的特定社会关系。因此，法律对其加以专门规定，一方面确定了比一般犯罪加重的处罚，另一方面确立了更为严格的适用减免条款的程序，对于其中最严重的"三谋一恶"犯罪，则完全排除适用法定减免条款。

（二）皇亲、官僚减免原则

等级身份制是封建政治制度的重要内容，也在刑事法律方面有充分体现。为保护皇亲、官僚的特殊地位，唐律确立了对于犯罪的皇亲、官僚给予特别减免或适用特殊审理程序的制度，具体包括八议、请减赎、官当、免官等。

1. 八议

《周礼》有"八辟"之制；曹魏时，八议入律；北朝八议制进一步具体化。唐律在此基础上使其完备化。唐律的《名例律》专设"八议"条，规定对于有特殊身份的八种人在法律上给予特别对待。这八种人是：亲、故、贤、能、功、贵、勤、宾，具体包括皇亲国戚、皇帝的故旧、德行高尚的贤人君子、才能突出的重臣、功勋卓著的功臣、高级官僚贵族、恪守臣道的将吏、前朝贵族等。

对于八议之人犯罪，法律区别情况，予以不同处理。若所犯为流以下罪，由司法机关据常律减一等处罚。若所犯为死罪，则适用特别程序：由司法机关将犯人所犯罪行及符合八议范围的身份，上报朝廷，由刑部提出处理意见，再报请皇帝批准。但若所犯为“十恶”重罪，即便是“八议”之人，也不再享受上述减刑或特别程序的权利。

2. 请、减、赎

对于享受“八议”特权法定范围之外的官僚、贵族，唐律又规定了“请”“减”“赎”制度，使已构成犯罪又不享受八议特权的官僚、贵族因其身份而获得宽免刑罚的处理。《名例律》分别设有“请章”“减章”“赎章”，具体确定了请、减、赎的适用范围及宽免方式。

“请”为上报皇帝，奏请定夺，其适用范围包括皇太子妃大功以上亲，应议者期以上亲及孙，文武职事官四品、五品，散官三品至五品，勋官及爵位二品至五品等人。对于犯罪应“请”者的处理，与应“议”者的处理方式相同：所犯为流刑以下，据常律减一等处罚；所犯为死罪，上报朝廷，由皇帝作最后裁定。在地位上，应“请”者较应“议”者低，在享受减刑及特别程序方面，对于应“请”者的例外范围也有所扩大。“请章”规定，应“请”者若犯十恶、反逆缘坐、杀人、监守内奸、盗、略人、受财枉法等罪者，则不再享受减刑及特别程序处理。

“减”为依律减刑，其适用范围包括六品、七品的文武职事官、散官、卫官、勋官，应“请”者的祖父母、父母、兄弟、姊妹、妻、子孙等。上述人等犯流刑以下罪，依常律减一等处罚；若犯死罪，依常律。

“赎”为以铜赎罪，其适用范围包括八品、九品官员，法律所规定的属于议、请、减范围的所有人，七品以上官的祖父母、父母、妻、子孙等。上述人员犯流罪以下，准予以铜赎罪。对于赎铜的数量，唐律在各刑等中分别作了规定。笞十赎铜一斤，每一等加一斤；杖六十赎铜六斤，一等加一斤；徒一年赎铜二十斤，一等加十斤；流二千里赎铜八十斤，一等加十斤；死刑无论绞斩，均赎铜一百二十斤。

3. 官当、免官

官当，即以官当罪，以官品或爵位折抵所应处之刑。官当之制，始于南陈。唐律规定，官员犯罪可以其官阶品级，区别公罪、私罪，分别给予折抵，从而达到减免处罚的目的。以官当罪，若所犯为私罪，五品以上官，一官折抵徒二年；六品至九品官，一官折抵徒一年。若所犯为公罪，五品以上折抵徒三年，六品至九品折抵徒二年。若罪小官大，抵罪后留官收赎；若罪大官小，则抵罪后余罪收赎。因官当而抵罪去官者，一年后可比原官降一等任用。

免官，即撤免官职以抵罪，分作免官、免所居官两种。免官为撤免官职，免所居官则为撤免现任官职。唐律规定，官员犯罪，可以官职抵罪：撤免官职者，抵徒罪二年；撤免现任官职者，抵徒罪一年。因抵罪而免官者，三年以后比原级降二等叙用；免所居官者，一年以后比原级降一等叙用。

“议”“请”“减”“赎”“官当”“免官”等制度的确立，从立法上保证了皇亲、官僚、贵族的特权。唐律旨在维护官贵特权的上述制度为宋、元、明、清律所继承，表现出中国古代法律典型的等级主义特征。同时，议请减制度的实行更有效地保障了皇帝的最高司法权，尤其更有利于皇帝掌握对各级官吏的生杀大权。唐太宗时，通过“议定奏裁”特别程序加强对官吏的管理，加重处罚违法犯罪的官吏，因而导致各级官吏在犯罪后唯恐进入“议请”程序，而希望由法司依常律处断。[17]

（三）其他刑法原则

1. 划分公罪与私罪

秦汉律即已确定公罪与私罪的划分标准，并明确对公罪与私罪在诉讼程序及量刑方面加以区别对待。唐律也界定公罪与私罪：公罪与私罪的犯罪主体均为官吏；官吏在执行职务过程中，由于对法律的理解错误或因行为上的过失，导致触犯刑律而构成的犯罪，即为公罪；官吏非因职务而犯罪或虽因职务，但事关私利、私情而构成犯罪者，则为私罪。[18] 相比较而言，犯公罪者主观恶意较轻，而且所从事行为均与职责相关，因此，唐律对公罪的处罚程度较轻。不仅如此，官吏依法以官抵罪时，若所犯为公罪，则其官职能折抵较重的罪；若所犯为私罪，则只能折抵较轻的罪。

2. 自首减免刑罚

为了更有效、更集中地实现刑事法律在惩罚犯罪、威慑社会方面的实际功能，同时为犯罪之人在特定情况下留悔过自新之路，唐律沿袭前朝法律自首减刑的制度，并使其进一步完备化。唐律规定：犯罪未发而能自首者，免予处罚。自首行为在情节上有一定的复杂性，对此，唐律分别作出规定。第一，罪犯犯有轻重二罪，若轻罪事发，能自首重罪者，则免除重罪之罚。第二，在知道他人要告发的情况下，向官府自首，减其罪二等处理。第三，自首不实不尽，免其所首之罪，而就其不实不尽之罪给以处罚。[19]

罪犯本人向官府坦白其犯罪行为，适用自首规定。唐律又规定，罪犯可委托他人代为向官府自首。由他人代首，在法律上与自己自首一样，亦免予处罚。即使未受罪犯委托，在法定相容隐的范围之内，亲属可代为自首，唐律称"为首"。同样，在法定相容隐的范围之内，亲属还可告发其罪，唐律称其为"告言"。犯罪行为被告言，罪犯本人视作自首而免予处罚。但告言者则区别不同情况，给予不同处理。尊长告卑幼，卑幼同自首免罚，尊长亦无罪。若卑幼告尊长，则视亲疏程度，分别承担不同的法律责任。其中，子孙告父祖，父祖视作自首而免予处罚，子孙则处以绞刑。在代首、为首、告言情况下，如果罪犯本人被追捕而仍不到官府言明罪情者，则不得以自首免罚处理。除向官府陈述罪行之外，在一些与财产相关的犯罪中，罪犯还可以向受害的财主坦白其罪，唐律称为"首露"。唐律规定，首露者，视同向官府自首。[20]

就某些犯罪而言，由于其所造成的损失难以弥补，因此，即使自首也不适用免罚的规定。这些犯罪包括因犯罪而于他人造成损伤，于物不可备偿，事发逃亡，越度、私度关卡，奸淫妇女及私习天文等。

3. 老幼废疾减免刑罚

老幼疾病者，即便犯罪，也易为社会所同情、怜悯；同时，由于生理上的特殊性，其对于社会的危害性也较小。为此，历代法律均对犯罪的老幼疾病者给予一定的减免处罚。唐律规定，罪

---

〔17〕 参见《贞观政要·公平》。

〔18〕《唐律疏议·名例》"官当"："公罪，谓缘公事致罪而无私曲者"；"私罪，谓私自犯及对制诈不以实、受财枉法之类"。

〔19〕《唐律疏议·名例》"犯罪未发而自首"。

〔20〕《唐律疏议·名例》"盗诈取人财物首露"："诸盗、诈取人财物而于财主首露者，与经官司自首同。"

犯在年龄及疾病方面符合一定的条件，可区别不同情况，分别给予减免刑或适用特别程序的对待。第一，犯流罪以下者，若罪犯年龄在七十岁以上、十五岁以下，或身体有废疾者，允许收赎。第二，年八十岁以上、十岁以下，或身体有笃疾者，一般犯罪，不予处罚；犯盗及伤人之罪，允许收赎；即便所犯为谋反、谋大逆、杀人应死等重罪，亦适用“上请”特别程序，上报朝廷，由皇帝决断。第三，年九十岁以上、七岁以下，犯死罪亦不处刑。

唐朝在年龄的计算即确定疾病的时间上也体现了宽免的原则。第一，犯罪时未达到“老”的年龄标准或无疾病，但事发时达到年龄标准或发生疾病，仍按老、疾对待，分别作收赎、减刑、免刑、上请处理。第二，罪犯在服徒刑期间达到年龄标准或发生疾病，依老或疾对待。第三，罪犯在犯罪时尚为年幼，但事发时已长大，仍按年幼对待。

4. 数罪并罚

一人犯有数罪，唐律基本采取并合论罚、重罪吸收轻罪的原则。第一，二罪以上俱发，各罪轻重不等，以重罪论罚，轻罪不论。第二，所犯各罪，其相应的刑罚等级一样，取其一罪作为量刑标准，其他罪不再论处。第三，一罪判决在先，余罪事后发现，仍适用并合论罪、重罪吸收轻罪的原则：所犯各罪相等，或后发现之罪轻于已判之罪，则后发现之罪仍为前罪所吸收，不再加刑；若后发之罪重于前罪，则以后发之重罪确定刑罚，但将前罪判决所定的刑罚并入最后确定的刑罚之中。唐律关于重罪吸收轻罪的数罪并罚原则，体现了立法者在处理一般轻罪方面的“明德慎罚”思想。[21]

对于因赃所犯之罪，唐律规定，不得适用“并合论罚、重罪吸收轻罪”的原则。唐律已对因赃物所犯之罪区别性质与情节，分作六种赃罪：强盗、窃盗、受财枉法、受财不枉法、受所监临、坐赃。所犯数罪为六赃罪中任何一种或不同种均不得以“重罪吸收轻罪”处罚，而专门适用“累科、倍论”以及“重赃并满轻赃、倍论”原则。“累科”为累加赃数；“倍论”为折半论罪；“重赃并满轻赃”为将较重赃罪的赃数计入较轻赃罪的赃数之中，合并论罪。例如，某人犯受所监临罪，一日之中，三次受赃，共得绢十八匹。按累科倍论原则，三次赃数相加，共十八匹；再折半其数，以“受所监临、赃九匹”论罪。再如，某县令犯数罪，包括受财枉法，赃六匹，应徒三年；受财不枉法，赃十四匹，应徒三年；窃盗，赃二十九匹，应徒三年；强盗，赃二匹，应徒三年；受所监临财物，赃四十九匹，应徒三年。上述五罪，各应徒三年。此时，若适用数罪并罚、“重罪吸收轻罪”的规定，对该县令的最终处罚应为徒三年。但根据“重赃并满轻赃、倍论”的规定，则应以五罪中最轻的受所监临罪为基点，将其他四种赃罪的总赃数并入受所监临赃数之中，为赃一百匹；再折半计数，最终按“受所监临、赃五十匹”计罪，处流二千里之刑。

5. 同居相容隐

孔子所提出的“父子相为隐”原则集中体现了儒家关于主宗法、重伦理的精神。儒家这一思想自汉朝开始入于法律，汉律确立了“亲亲得相首匿”之制。唐律的这种制度进一步完备。唐律规定：“诸同居，若大功以上亲，及外祖父母、外孙，若孙之妇、夫之兄弟及兄弟妻，有罪相为隐；部曲、奴婢为主隐，皆勿论。”[22]在容隐范围上，唐律所规定有明显的扩大，既有按服制等

---

〔21〕《唐律疏议·名例》“二罪从重”。
〔22〕《唐律疏议·名例》“同居相为隐”。

级所定的“大功”以上亲，也包括“同财共居”的家庭成员，还包括“服虽轻、论情重”的外祖父母、外孙、孙之妇、夫之兄弟及兄弟妻。在此范围之内，所有人皆可相互容隐犯罪。除此之外，部曲、奴婢还可为主隐。于此范围之外的亲属之间，虽无完全的容隐权，但即使相互隐匿罪行也不同普通人一样治罪，而是“减凡人三等”处理。

亲属犯罪，相互容隐，既是权利，也是义务。如果向官府告发容隐范围之内的亲属犯罪，告发者的行为构成犯罪，而原犯罪之人反而因亲属的告发而免予处罚。唐律规定：告祖父母、父母者，构成属于“十恶”之一的“不孝”罪，不论所告是否属实，告发之子孙均处以死刑；告期亲尊长、外祖父母、夫、夫之祖父母等亲属亦不论所告是否属实，处徒二年刑。[23]

对于亲属容隐制及禁止亲属相告制，唐律也规定了一定的例外。谋反、谋大逆、谋叛等严重危害皇权及国家安全，因而，即便在容隐范围之内也不得相互隐瞒罪行；同样，对于犯“三谋”大罪者，亲属向官府告发，既不构成不孝罪，也不受到法律的惩罚。

6. 加刑与减刑

对于罪犯的量刑，常因具体的情节或因当事人与被害人之间的特殊关系而加重或减轻。如何使这种加重和减轻体现刑等之间的变化以及刑种之间的跨越，唐律对此作了明确的规定。唐朝法定刑有五个刑种，即笞、杖、徒、流、死。每一刑种之中，又分作数个刑等。笞刑有五个刑等：笞十、笞二十、笞三十、笞四十、笞五十。流刑有三个刑等：流二千里、流二千五百里、流三千里。加罪，在原有刑等基础上，增加一等处罚；减罪，在原有刑等基础上，减少一等处罚。但为体现恤刑、轻罚的立法精神，唐律规定，在减刑处理中，死刑与流刑这两个刑种，不论其内部分作几个刑等，一律作为一个刑等对待。原判为死刑，减一等处理，则一律减至流刑；原判为流刑，减一等处理，一律减至徒刑，而不是在原判刑种内部简单地作刑等上的减轻。例如，略人为部曲，处流三千里之刑；而和诱人为部曲者，减一等处罚。若按普通的减等方式，对和诱人为部曲者，减一等处罚应为处流二千五百里之刑，但由于流刑这一刑种在此被视作一个刑等，因此，减一等处罚即由流刑降为徒刑，应处徒三年之刑。[24]

在加刑方面则不适用减刑中死刑、流刑各视作一个刑等的原则。另外，对于加刑还有一些其他限制。第一，犯罪行为满足法定的加刑条件者，可以跨越刑种，即由笞杖刑加至徒流刑，但不得加至死刑。《捕亡律》规定：“宿卫人在值而亡者，一日杖一百，二日加一等。”按此规定，在值的宿卫人逃亡十八日，则得加刑九等，应处绞刑。但由于“加刑不至死”的原则，即便在值的宿卫人逃亡十八日以上，仍只处流三千里之刑。但法律内标明“加者，加入于死”者不在此限。第二，某些条款本身注明“罪止”何种刑者，即使符合其他加刑条件，也不能超过法定“罪止”的刑等。例如，因公事骑乘官马、官牛时，私驮物品不得超过十斤。违者，超一斤笞十，每十斤加一等，罪止杖八十。根据此规定，因公事骑官马而私驮物品，无论超出多少斤，按“每十斤加一等”的加刑标准，加刑后的最终刑罚不得超出杖八十。第三，在对以数额为加刑标准的犯罪的量刑中，该犯罪行为所涉及的数额必须完全达到法定数额，稍有不足也不得加刑。唐律规定：窃盗赃五匹，徒一年；每超出五匹加一等。若某人犯窃盗赃为十匹差一寸，所超出赃数虽仅差

〔23〕《唐律疏议·斗讼》“告祖父母父母”及“告期亲以下缌麻以上尊长”。

〔24〕《唐律疏议·名例》“称加减”。

一寸即达到加刑一等的标准,但对该犯仍只按原罪处理,不得加刑。

7. 举重明轻与举轻明重

为减少律文的烦琐,唐律确定了“举重以明轻”与“举轻以明重”的原则。在不伤法律本意、不至于引起歧义理解的前提下,体现了立法者“律文简约”的精神。唐律规定,在案件审理无严格相对应的法律条款可援引时,如果对该案处理应该减轻时,可引用相关联的重罪条款,以比照确定轻刑;如果对该案处理应加重时,则引用相关联的轻罪条款,以比照确定重刑。[25]法律所规定的某些犯罪,其轻重程度在法律上已有确定的对应关系;同样,与等级制相关的身份性差别,包括官员的品级高低、亲属的亲疏程度等,在法律上也有确定的序列。前者如强盗重于窃盗,致死重于致伤等,后者如一品高于二品,大功亲于小功等。对于某些犯罪,在其他情节相等的情况下,只规定既定的对应关系或既定的序列之中的某一种行为的量刑标准,根据“举重以明轻”及“举轻以明重”的原则,即可准确地确定其他行为的量刑标准。《贼盗律》规定:“夜无故入人家,主人登时杀死者,勿论。”如果主人将夜间无故进入其家的人打伤,如何处理该主人,法律并无规定。但根据上述“杀死者,勿论”的规定及“举重以明轻”原则,打伤夜间无故进入其家者的主人,显然也应“勿论”。《贼盗律》又规定:“盗缌麻以上财物,节级减凡盗之罪。”缌麻以上亲之间相互窃盗财产,比照普通窃盗罪,按亲属关系越近、处罚越轻的原则,减等处罚。若亲属之间诈欺财产罪,是否因当事人之间的亲属关系而减等处理,法律并无明文规定。但依据窃盗重于诈欺及“举重以明轻”的原则,亲属之间诈欺财产,显然也应按当事人之间的亲疏程度,减等处理。

某些情况下,处理同一序列的犯罪,只规定对于轻罪的处理,而对于重罪,则可参照相对应的轻罪处理以及“举轻以明重”的原则,确定处罚标准。《贼盗律》规定:“谋杀期亲尊长,皆斩。”但此处规定仅限于“谋杀”,对于已杀或已伤期亲尊长者作何种处理,法律则无明文规定。依据“谋”杀者尚且处斩的规定以及“举轻以明重”原则,可知对于已杀或已伤者,当然亦处斩刑。《名例律》规定:“殴、告大功尊长、小功尊属,不得以荫论。”依据这一规定及“举轻以明重”原则,可知殴、告大功尊长,当然也不得以荫论。

“举重以明轻”和“举轻以明重”原则的确立在很大程度上保证了律文的简约,体现出唐律在立法技术方面的提高。

8. 本律优于《名例》

唐律在篇幅上分作确定定罪、量刑一般性原则、界定有关专门术语的《名例律》和具体规定犯罪与刑罚的卫禁、职制、户婚等十一篇专项律文。《名例律》作为对于定罪量刑的一般性原则,在司法实践中具有重要的指导意义,但由于具体情节的复杂性,《名例律》所确定的原则与各专项律的具体规定之间常有不尽一致的情形发生,在某些情况下甚至可能发生冲突。疏议通过对原则及具体规定的解释,在很大程度上使这种不一致及冲突的情形得以缓和,但仍然有一些冲突未能解决。对此,唐律确定了“本律优于名例”的原则:《名例律》所确定的原则与某专项律的规定不一致时,以该专项律的规定为准,《名例律》的原则不再适用。[26]

---

〔25〕《唐律疏议·名例》“断罪无正条”:“诸断罪而无正条,其应出罪者,则举重以明轻;其应入罪者,则举轻以明重。”
〔26〕《唐律疏议·名例》“本条别有制”:“诸本条别有制,与《例》不同者,依本条。”

《名例律》规定:“共犯罪以造意为首,随从者减一等。”《斗讼律》规定:“同谋共殴伤人,各以下手重者为重罪,元谋减一等,从者又减一等。”根据《名例律》的规定,共同犯罪分两等处理,即造意为首,随从者减一等。根据《斗讼律》的规定,在同谋共殴伤人的共同犯罪中,对罪犯的处理分作三等:下手重者、元谋、从者。例如,甲、乙、丙、丁谋殴伤人,致人一肢折断。甲为元谋,并为下手重者,依律处徒刑三年;乙、丙、丁三人均为从,减二等处理,各徒二年。这一处理,显然与《名例律》所规定“随从减一等”的处理方式不一致。根据“本律优于《名例》”的原则,此种情形须适用本律,而不再适用《名例律》。

《名例律》规定:“家人共犯,止坐尊长。”但《贼盗律》规定,和卖期亲以下卑幼为奴婢者,减略卖期亲以下卑幼为奴婢罪一等处罚,“其卖余亲者,各从凡人和略法”。而凡人和卖为奴婢者,卖者与被卖者“皆流二千里”。家长与家中卑幼“两共和同”,将该卑幼卖给他人为奴婢,属于“家人共犯”。根据《名例律》的规定,应止坐家长之罪。此处《名例律》与本律的规定又出现冲突。《贼盗律》相关律条的疏议引征“本条别有制,与《例》不同,依本条”的规定,依本律处断。

《名例律》又规定:“九品以上之官……犯流罪以下,听赎。”而《断狱律》则规定:“品官任流外及杂任,于本司及监临犯杖罪以下,依决罚例。”品官犯流罪以下听赎,是《名例律》所确定的官吏特权之一,具有普遍效力。但《断狱律》规定在特定情节下对《名例律》所定原则适用的阻却,体现了本律优于《名例》的原则。

9. 化外人有犯

外国人在中国境内犯罪,区分不同情形,适用不同法律。第一,同一国籍的外国人在中国境内犯罪,适用该国法律。[27] 第二,不同国籍的外国人在中国境内犯罪,包括外国人在中国境内对中国人实施的犯罪,均适用中国法律。[28] 第二,唐朝还作了一些特别规定,专门适用于外国人在中国境内的活动。外国人非法入境,与中国人从事货物交易活动,比照中国人非法出境从事货物交易活动治罪。外国人因出使进入中国境内而从事货物交易活动,计赃准盗论,罪止流三千里。外国人获准在中国境内居住者,可以娶中国妇女为妻妾;但若该外国人回自己国家,则不得携带所娶中国妇女同回,违者治罪。

二、罪名

唐朝刑事法律已形成较为完整的罪名体系。唐律十二篇,除了《名例律》规定定罪量刑的一般原则及界定某些法律术语、概念之外,其余十一篇分门别类,规定了各类犯罪的罪名及相应的刑罚。以内容为标准,唐律所定罪名主要包括六大类。

(一)危害国家罪

皇权是国家政治权力的核心,因此,维护皇权是国家法律的首要任务。唐律所定“十恶”罪中,其第一条“谋反”、第二条“谋大逆”和第六条“大不敬”即为直接侵害皇权的重罪。对于这几项犯罪,唐律规定了极为严厉的刑罚,而且规定,区别于其他犯罪,它们不适用普通减刑、

---

〔27〕《唐律疏议·名例》“化外人相犯”:“诸化外人,同类自相犯者,各依本俗法。”

〔28〕《唐律疏议·名例》“化外人相犯”:“异类相犯者,以法律论。”

免刑条款。

除此之外,唐律还从不同角度确定了对于皇权的维护。

皇帝诏令是行使皇权的重要方式。皇帝关于国家政治、经济、军事活动的决策和计划,各项重大的人事安排,对于各类突发事件的处理等,绝大多数通过诏令、制书的形式实现。因此,诏令、制书的发布渠道是否畅通,接受诏令、制书者是否严格按照皇帝的旨意执行,就直接影响皇权的实际行使。唐律就诏令、制书的誊抄、发布、执行一系列活动中的不规范行为确定了相应的罪名,其中包括"稽缓制书""被制书施行有违""受制忘误""写制书误""受制出使辄干他事""盗制书""诈为制书"等。甚至制书本身有明显错误,"旨意参差,或脱剩文字,于理有失者",其他人也不得擅自改动,否则构成"制书误辄改定"罪。

在国家行政管理体制中,皇帝是最高决策者。所有事关军国大计的事务都必须经过皇帝的批准,方能实行。唐朝法律规定了各级臣僚应奏请皇帝批准的事务种类。与其相适应,法律还确定了一些相关的罪名,包括"上书奏事有误""应奏不奏""不应奏而奏""越言上"等,以此保障各级臣僚在重要事务方面奏请皇帝批准的行政程序。

法律还注重保护皇帝本人的人身安全。皇帝起居生活和议事论政的地方均受到特殊的保护。唐律设有"阑入宫殿""阑入御在所""冒名宿卫""登高临宫中""行御道""向宫殿内射""御在所误拔刀""冲突仪仗"等罪名。另外,法律还有"盗御宝""伪造御宝"等专门保护御玺、皇帝印章的罪名。

在维护国家安全方面,唐律设立了"谋叛""越度缘边关塞""私予外国人禁兵器""烽候不警""举烽燧不当""擅发兵""征人稽留""乏军兴"等罪名。谋叛罪中,即有背叛本朝、投靠他国或以所领国土,改易旗帜,归属外邦,因而对国家安全造成危害的行为。缘边的关塞是与邻国领土相接的重要地段和交通要冲。唐朝政府出于国家安全的考虑,严禁两国之间的民间交往,对于缘边关塞也严格控制。违禁交往,包括违禁进行货物交易,均要受到严惩。不仅如此,唐律在专门适用于外国人的条款中,还规定中国人不得与出使进入中国境内的外国人结伴而行、不得与外国人交谈等。

(二)侵犯财产罪

唐律保护公有财产和私人财产,并确立了以打击盗取财产为核心的罪名体系。

《贼盗律》释"盗":"诸盗,公取、窃取皆为盗。"公取为"公然而取";窃取为"方便私窃其财"。窃盗者,"窃盗人财,谓潜形隐面而取"。窃盗财产,即使窃而未得财,亦处笞五十之刑;所得赃物满一尺者,杖六十;赃物每多一匹,加刑一等;五匹徒一年,每五匹加一等;五十匹加役流。除普通窃盗罪之外,依据窃盗之人及被盗者的身份、被盗财物的性质等因素,唐律还分别规定了不同的罪名,例如,"盗官、私马牛而杀""监临主守自盗""盗所监临财物""亲属相盗""盗园林内草木""盗毁天尊佛像"等。另外,唐律还将很多与财物相关的犯罪"以窃盗罪论处"或"准窃盗罪论处",例如监临主守私自贷出或贷人公物,且没有记录在簿者,"以盗论";恐喝取人财物者,"准盗论,加一等"。

若以威胁的手段或暴力方式获取他人财物,则构成"强盗罪"。唐律对强盗罪的处理,极为严厉。强盗而未得财物,处徒二年之刑;赃物满一尺者,徒三年;赃物满十匹即处绞刑。如果手持武器而实施强盗行为,即使不得财,亦处流三千里之刑;赃满五匹者,即处绞刑。对于强盗罪的严厉处罚还表现在某些减免条款的阻却适用等方面，例如，普通犯罪非特别说明外，一般区别首犯与从犯，而对于从犯给予减等处理，但对于强盗罪，《名例律》则规定，一律不分首从，不予减等处罚。

除了盗取财产类的罪名外，唐律对于其他类型的侵犯财产行为也规定了相应的罪名，包括"卖口分田""占田过限""盗耕种公私田""妄认公私田""在官侵夺私田""盗耕人墓田""盗葬他人田"等。

(三)侵犯人身罪

侵犯人身罪包括杀人罪和伤害罪两大类。

依据杀人者实施杀人行为时的主观状况等情节，唐律将杀人罪分作六种：故杀、谋杀、斗杀、戏杀、误杀、过失杀。对于不同的杀人罪在概念上的解释，唐律多取自西晋张斐在《律表》中的定义，并有所发展。故杀，即故意杀人，"非因殴打，本心故杀"，"不因斗竞而故杀"，区别于因斗而杀人，本意即欲杀死对方。故杀者，处斩刑。《律表》称："二人对议谓之谋。"但唐律所规定的谋杀罪则分两种情况：其一为二人以上，谋划杀人；其二为虽只有一人，但杀人的计划已进入实施过程。《唐律疏议》规定："诸谋杀人者，徒三年；已伤者，绞；已杀者，斩。"斗杀，"元无杀心，因相斗殴而杀人"。与故杀不同，斗杀人者，本来并没有杀人的意图，只是在相互斗殴的过程中，杀死对方。斗杀人者，处绞刑。误杀，指因斗而错杀他人。如甲、乙相斗，甲以器械欲击乙，但却误击中丙，致丙死亡。误杀人者，减斗杀一等，流三千里。戏杀，指"以力共戏"，因而杀人。《律表》称："两和相害谓之戏。"唐律强调，适用戏杀条款，必须是杀人者与被杀者在整个杀人行为过程中自始至终均为"和同"，没有怨恨杀人的动机。戏杀者，减斗杀二等处理。过失杀，《律表》称"不意误犯谓之过失"，唐律进一步解释："谓耳目所不及，思虑所不到。"过失杀人者，以赎论。

为了保护封建政治赖以建立的纲常伦理秩序，唐律依据杀人者与被杀者的身份及其相互关系，确定了不同的加重或减轻处理原则。尊、长、良人等杀死相对应的卑、幼、贱者，一般情况下，法律给予减轻处理；卑、幼、贱者杀死相对应的尊、长、良人，则加重处罚。

伤害罪分作故意伤害、过失伤害、共同伤害、两相伤害、持械伤害等。唐律将伤害的程度分作伤与折伤。"见血为伤"；"折伤，谓折齿以上"，包括"折齿，毁缺耳鼻，眇一目及折手足指，若破骨及汤火伤人"等。谋杀致伤，绞；斗殴致伤，杖六十，致折伤，徒二年；故意伤害，"不因斗竞，故殴伤人者"，加斗伤罪一等；斗殴而误伤旁人，以斗伤论；因戏而致伤，减斗伤二等；过失伤人，以赎论；二人相斗，互致伤害，"各随轻重，两论如律；后下手、理直者，减二等"。伤害人实施伤害行为时若手持兵器或其他器械，均加等处罚。对伤害罪的处理，还因当事人的身份、关系、致伤的程度、实施伤害行为的场所等而有不同。尊、长、良人等伤害相对应的卑、幼、贱者，一般情况下，减轻处理；卑、幼、贱者伤害相对应的尊、长、良者，加重处罚。伤害行为若发生在宫、殿内，均加等处罚。

在对伤害行为的定罪量刑方面，唐律规定了"保辜"制度。伤害行为发生后，由于被害人的伤势未定，是否会因伤势而致死亡，尚难以确定。过早地对该行为定罪量刑，有可能造成罪刑判定不准确的结果。因此，唐律规定：伤害行为发生后，确定一定的时间限度，以时限结束时被害人的死伤状况作为对伤害人定罪量刑的依据。在规定的期限内，伤害人可采取积极措施，挽救被害人的生命，以减轻自己的罪刑。所谓“保人之伤，以保己之罪”。保辜的期限以伤害的方式及伤害的程度而定：“手足殴伤人，限十日；以他物殴伤人者，二十日；以刃及汤火伤人者，三十日；折跌支体及破骨者，五十日。”在期限内被害人死亡者，对加害人以杀人罪论处；期限外死亡或虽在期限内，但不因所伤而死亡者，对加害人以伤害罪论处。

（四）官吏职务犯罪

为保证国家机器的正常、有效运转，唐朝统治者极其重视加强对行政官吏的管理。一方面，贯彻封建等级制原则，区别对待官与民、高品官与低品官，分别给予前者较多的特权。另一方面，要求各级官吏忠于职守，清廉勤勉。唐律分别设立不同罪名，对于守职有阙、未按规程行政以及贪赃枉法的官吏给以重惩。

官吏在任不能忠于职守，无论是否造成不良后果，均构成犯罪。州、县地方官必须在其辖区内守土治民，非因公事不得越出本管地界，违者，构成“刺史、县令等私出界”罪，处杖一百之刑。各州、县地方官府必须严格管理本管地方。如果本管范围之内发生杀人、强盗、窃盗等刑事案件，州、县官亦承担管理不力的责任，并要受到法律的惩罚。本县境内有一人窃盗，不论其窃盗行为发生在何处，或者本县境内发生一起窃盗案件，不论该窃盗之人来自何处，该县令均得受笞三十之刑。若境内发生一起强盗或杀人案件，县令则得处笞四十之刑。各级机构对于上行下发的各种文书由专人签署，各类文案亦由专人制判，若由其他非应签署、制判之人代署、代判，则构成“事直代判署”之罪。另外，唐律还设有“之官限满不赴”“在官应直不直”“官人无故不上”“官人从驾稽违”“稽缓制书、官文书”“公事应行稽留”“事应奏不奏”等与职务相关的罪名。

官吏是否清廉、处理行政事务及审案断狱是否依照法律规定均事关行政机构的社会形象，并直接影响政权的统治效果。唐朝以严刑峻法惩治贪官污吏。唐律设“受财枉法”“受财不枉法”“枉法娶人妻妾”等罪名。监临主司接受当事人的财物，因而对相关案件曲法处断者，构成受财枉法罪，计所受赃量刑：一尺杖一百，每一匹加一等，赃满十五匹，绞。如果虽接受当事人的财物，但并未曲法处断，则构成受财不枉法罪，亦计所受赃量刑：一尺杖九十，每二匹加一等，赃满三十匹，加役流。当事人将自己的妻、妾、女嫁给监临官，且监临官因此曲法判案者，对该监临官以奸罪加二等处罚。监临官因事受财、因事娶妻妾要受到法律的严惩。不仅如此，唐律还规定，各级监临官还不得在所辖范围之内从事普通的受赠、借贷及婚姻等行为。监临官主管一方事务，手中掌握着重要权力，如果允许其在所辖范围之内从事受赠、借贷等行为，极有可能出现以势压人、以权谋私等现象。因此，唐律对于此类行为一概禁止，并设立专门罪名，包括“受所监临财物”“贷所监临财物”“于使所受送遗”“私役使所监临”“从所部借奴婢、马牛等”“监临之官受猪羊馈供”“监临官家人于所部受乞、借贷”“监临官娶所监临女妾”等。

另外，唐律对于违反户籍赋税、驿站驿使、厩库畜产、土木兴造、边塞城防等方面管理规定的行为也都设立了相应的罪名。

（五）破坏家庭秩序罪

家庭伦常秩序是古代法律保护的重点之一。唐律除了对于一般犯罪中因当事人涉及家庭伦理关系而变通处罚外，还规定了一些特别的罪名对家庭伦常秩序给予特殊保护。“十恶”之中，与家庭伦常秩序有直接关系的有五种：恶逆、不孝、不睦、不义、内乱。

家庭秩序的核心是以父权、夫权为基础的家庭关系。相对于子孙,父权是指父、母及祖父、祖母等在家庭中所拥有的特殊权利和特殊身份。唐律重点保护父权、夫权,若有侵犯,即构成犯罪。唐律规定:子孙必须服从祖父母、父母的教令,违者构成“违反教令”罪。子孙对于年老的祖父母、父母,在生活上必须尽心供奉,否则构成“供养有阙”罪。子孙为官,必须为父、祖讳,不得在其名称与父、祖的姓名相同的官府、职务上任职,否则构成“冒荣居官”罪。祖父母、父母年老或有病,符合入侍条件的子孙应居家侍奉;若为贪官位而离家任职,则构成“委亲之官”罪。子孙对于祖父母、父母的“孝”及妻对夫的“从”还表现在对祖父母、父母及夫丧事的态度上。闻祖父母、父母丧,匿不举哀;诈称祖父母、父母死;在为父母服丧期间,嫁夫、娶妻或作乐、释服从吉等行为均构成犯罪。为父母服丧期未满,即参加荐选为官活动,若在正丧二十五个月之内,构成“不孝”罪;即使正丧期已过,但仍处于二十七个月的“禫制未除”时期,则构成“冒哀求仕”罪。

对家庭秩序的保护还表现在对于家庭及五服之内奸淫乱伦行为的严惩。唐律规定,对于普通人之间的和奸罪,男女各处徒一年半的刑罚。但若发生奸淫行为的男女之间有五服亲属关系,则加重处罚,其处罚程度根据双方的亲疏关系而有不同。双方的亲属关系越近,其处罚程度越重。奸缌麻以上亲或缌麻以上亲之妻,比普通和奸罪加三等处理,徒三年;奸从祖祖母姑、兄弟子妻等,则加四等处理,流二千里;若奸父祖之妾、伯叔母、姑、姊妹、子孙之妇、兄弟之女者,处绞刑。

(六)破坏社会秩序罪

稳定的社会秩序是巩固政权、维持统治的前提条件之一。唐律设定了不同的罪名,禁止各种对社会秩序造成危害的行为。

城与市分别是各级行政、军事机构所在地及从事集市贸易的地方。在城与市中,文化相对发达,人口相对集中。为保证城、市的治安秩序,保证行政、军事机构正常开展活动,保证经济贸易活动的正常进行,唐律专设一些罪名:无特殊情况,在城、市内快速行、驶车、马,构成“无故于城内街巷走车马”罪;向城内及官私宅屋射箭、投扔石块者,构成“向城官私宅射”罪;在市内散布流言,以惊扰民众者,构成“在市人众中惊动扰乱”罪;私自越过圈围各州、镇、坊市的城垣、篱栅等,构成“越州镇戍等城垣”罪。

水与火是可能对公共安全构成危害的两大重要因素。唐朝法律要求人们严于防范,防止水、火对社会秩序、人身安全、公私财产造成危害。违反相关规定,即构成犯罪。因失火而烧毁财物者,构成“失火”罪。于每年2月1日以后、10月30日以前的庄稼生长、收获季节,在田野烧火,构成“非时烧田野”罪。在仓库、官府、住宅等地造成火灾,均加重处罚。发现火起,随近之人必须呼喊他人共同灭火,违者构成“见火不告不救”罪。为用水而盗决堤坝者,构成“盗决堤防”罪。为报私仇或为防止自家利益受损而决开堤坝者,构成“故决堤防”罪。唐朝法律要求各级官府及时筑修堤坝,以防水患,违者构成“不修堤防”罪及“修堤失时”罪。

唐朝严禁私人持有武器,禁止私人持有的武器包括甲、弩、矛等。对于这些武器,不仅禁止私人拥有,也禁止盗取及私人制造。另外,民众于道路上拣拾被禁止私人所有的武器也必须上交官府。违反上述规定,分别构成“私有禁兵器”“私造禁兵器”“盗禁兵器”“得阑遗兵器不送官”等罪。

三、刑名

唐朝继承隋朝所确立的五刑制度,并在刑名含义、刑种等级、刑具规格、执行方式等方面作出进一步系统、明确的规定。

笞、杖、徒、流、死五种法定刑,按轻重等级,共分作二十等。

笞刑,五刑之中最轻的一种。笞刑的轻重以次数区分,每十次为一个等级。笞刑分五等,分别为:笞十、笞二十、笞三十、笞四十、笞五十。对于笞刑,允许以交纳赎金的方式,免于实际执行,其数额为:笞十赎铜一斤;每刑重一等,加铜一斤,即笞二十,赎铜二斤;笞五十,赎铜五斤。执行笞刑所用的刑具为两端粗细不等的楚条。依《狱官令》,楚条长三尺五寸,粗的一端为二分,细的一端为一分。执行笞刑时,以楚条抽打被刑者的腿部和臀部,不得抽打人体的其他要害部位。

杖刑,重于笞刑,而轻于徒、流、死刑。杖刑亦以次数区分等级。最低的杖刑为杖六十,每十次为一个等级。杖刑分为五个等级,分别为:杖六十、杖七十、杖八十、杖九十、杖一百。杖刑亦准予以铜赎刑,其数额为:杖六十赎铜六斤;每刑重一等,加铜一斤,即杖七十赎铜七斤,杖一百赎铜十斤。执行杖刑所用的刑具与笞刑刑具一样,也是两端粗细不等的楚条,但在规格上则大于后者。依《狱官令》,杖刑刑具长三尺五寸,粗的一端为二分七厘,细的一端为一分七厘。执行杖刑时,以楚条抽打被刑者的腿部、臀部和背部。

徒刑,剥夺犯人的自由,并强制其从事奴辱性劳役。徒刑以时间区分等级。最低的徒刑为徒一年,每半年为一个等级,共分五等:徒一年、徒一年半、徒二年、徒二年半、徒三年。符合赎刑条件的罪犯,可以铜赎刑。徒一年赎铜二十斤;每刑重一等,加铜十斤,即徒一年半赎铜三十斤,徒三年赎铜六十斤。服徒刑者,“配居作”,在徒刑期间从事劳役。在京城者,于将作监服劳役;妇女犯徒刑者,于少府监从事缝制劳役;在地方各州者,于当地官府服役,或者听从差遣,修理城隍庙、仓库等。徒刑犯从事劳役时皆身戴钳或枷,衣着不得如常人一样,须身着方巾、衣带。

流刑,五刑之中,仅次于死刑的重刑,是一种将罪犯流放远方并强制服苦役的刑罚。流刑以距离区分等级。最轻的流刑为流二千里,每五百里为一个等级。共分三等:流二千里、流二千五百里、流三千里。符合赎刑条件的罪犯,可以铜赎刑。流二千里赎铜八十斤;每刑重一等,加铜十斤,即流二千五百里赎铜九十斤,流三千里赎铜一百斤。服此三等流刑者,均同时服苦役一年。苦役的地点、方式及待遇与服徒刑“配居作”者相同。唐武德年间,将部分死刑改为断趾刑;贞观年间,又以“加役流”之刑替代断趾刑。“加役流”刑是在最高的流刑之上,增加服苦役的时间,为流三千里、服苦役三年。

死刑,剥夺生命之刑,为刑罚之极。死刑分绞、斩二等,斩重于绞。受绞刑者,结束生命,但得以完尸;而受斩刑者,不仅结束生命,而且身首分离。符合赎刑条件者,可以铜赎刑。绞、斩二刑,均赎铜一百二十斤。

第四节 民事法律

对于民事法律关系，唐朝沿袭此前各朝的传统，采取以法律、习惯、礼等数种规范共同调整的方式。

在形式上，唐律是规定犯罪与刑罚的刑事法律，但在内容上，唐律中的条款大量涉及身份、所有权、契约、婚姻、家庭、继承等民事关系，尤以《名例律》《户婚律》《厩库律》《诈伪律》《杂律》等篇多见。唐律中以刑事惩罚手段调整的部分民事法律关系，多涉及婚姻、家庭、身份、亲属关系以及与田产相关的所有权关系。这体现出唐朝法律重宗法伦理的典型特征以及对于稳定土地所有权的重视。唐朝的令、格、式主要为调整国家行政机构、行政程序、职官职责的行政法律规范，但也有相当多的条款涉及民事法律关系。

唐朝经济的发展使民间财产交换活动更为活跃。根据唐朝法律中有关诉讼活动审级管辖的规定，大量涉及财产关系的诉讼案件必须在州、县审级中审理、判决、结案。而州、县官审断此类案件多以本地流行的习惯、传统为依据。从总体上看，唐朝州、县官处理以财产纠纷、家族争端为主要内容的民事案件，除法律有明文规定的以外，多以当地的传统习惯为重要依据。

礼法合一是唐朝法律的重要特征。礼作为一种原则和精神，既贯穿在刑事法律、行政法律中，更以其训条作为处理民事法律关系的依据，从而直接具有民事法律规范的效力。唐贞观、显庆、开元时期，先后几次制定、修改礼典。尤其是开元二十年（公元 732 年）修订的《开元礼》，内容广泛涉及各类民事法律关系，成为各级司法机构处理民事关系的重要依据。

一、身份

唐朝法律注重保护身份性等级秩序。与民事法律关系直接相关的身份性区别首先是人的“良”“贱”之分。“良”指普通百姓。在单纯的民事法律关系中，良人之间具有相互平等的民事主体身份。根据法律，良人身份分为四类：士、农、工、商。开元七年（公元 719 年）所定《户令》规定：“诸习学文武者为士，肆力耕桑者为农，巧作贸易者为工，屠沽兴贩者为商（工商皆为家专其业，以求利者。其织纴组紃之类，非也）。工商之家不得预于士，食禄之人不得夺下人之利。”不同的从业者具有不同的社会地位，也享有不同的社会权利以及在某些方面不同的法律特权。但一般情况下，在单纯的以财产交换为内容的民事法律关系中，他们仍处于同等的地位。

“贱”指贱民。相对于良人，贱民不具备独立的民事法律主体身份。贱民中的某些种类，甚至不具备独立的人格，而只作为一种特殊的财产。根据其身份上的不同，贱民又可分作两大类：官贱民与私贱民。官贱民包括官奴婢、官户、工乐户、杂户、太常音声人等；私贱民包括奴婢、部曲、客女等。同属贱民，但其身份仍有区别。奴婢在法律上不具备独立的人格，只被视作财产。《唐律疏议·贼盗》规定：“部曲不同资财，奴婢同资财。”私贱民可以因“自赎”或主人“放良”而改变其贱民身份，获得良人身份。但贱民“自赎”，须得主人同意；主人“放良”，须经官府备案。

处于家长权之下的家庭成员无独立处分财产的民事权利。法律规定，子孙弟侄不得擅自处理家庭财产；涉及家庭财产的质、举、卖等行为必须得到家长的同意，否则该行为无效。[29]

良人成年者需承担徭役与赋税。法律规定了以成丁为主要内容的丁年制度。在具体的年龄界限上，不同的时间有不同的规定。开元二十五年（公元737年）《户令》规定：良人因年龄而分为老、丁、中、小、黄，其中六十岁以上为老，男子二十一岁以上为成丁，十五岁以上为中，三岁以上为小，三岁以下为黄。男子年二十一岁以上、五十九岁以下为成丁，承担为国家服徭役和交纳赋税的法定义务。

二、所有权

唐律对于所有权的保护涉及不动产和动产。

唐朝实行均田制。根据民人的身份、职业、年龄、身体状况、在家庭中的地位、当地人口与土地的比例等，分别授予不同数量的田地。根据授予依据不同，所授土地又分为永业田、口分田、赐田等。为保证农业生产的稳定性，唐朝禁止土地买卖。唐律设"盗卖口分田"罪，非符合法定条件，不得通过买卖方式转让土地所有权。即使符合法定条件，其买卖行为也必须得到官府批准，并调整与土地相关联的赋税。开元二十五年（公元737年）《田令》规定："诸卖买田，皆须经所部官司申牒，年终彼此除附。若无文牒辄卖买，财没不追，地还本主。"

《唐律疏议·户婚》称："地既不离常处，理与财物有殊。"相对于动产，不动产具有其特殊性，唐律对于其所有权的保护也具有特殊性。法律严惩对不动产所有权的侵害。对土地所有权的侵害主要包括对他人土地的盗卖、盗耕及妄认等。"盗耕种公私田"以及盗卖、盗耕、妄认他人田地，均构成犯罪，要受到刑事处罚。

唐律还规定了一些在特定情况下所有权确定的方式及对所有权的保护。

地下埋藏物的所有权，按唐令规定，原则上属于土地所有人所有。官有土地内的地下埋藏物属官府所有，任何人发现，均应上交官府。私人土地内的埋藏物由该土地所有人所有，但若由他人发现该埋藏物，则由发现人与所有人共同所有该埋藏物。对于在私人土地内发现的具有文物价值的古器具则必须上交官府，而由官府给付报酬。[30]

财物所有人遗失其财物后，仍对于其所遗失财物拥有所有权。他人拣拾到该物，不得据为己有，而必须送交官府。由官府告示，通知物主认领；满一年尚无人认领者，其物收为官府所有。拣拾物品人若在五日之内尚未将所拣物品送交官府，即被视为非法侵犯该物品的所有权，从而构成犯罪。[31]

对于他人在江河中漂散流失的竹木材料，如果有人将其收集并堆放于岸上，因收集人付出了一定的劳动，并阻止了该竹木的流失，故唐律在所有权的归属方面确定了与拣拾阑遗物不同

〔29〕"诸家长在，而子孙弟侄等，不得辄以奴婢、六畜、田宅及余财物私自质举及卖田宅。其有质举、卖者，皆得本司文牒，然后听之.若不相本问，违而与及买者，物即还主，钱没不追。"［日］仁井田陞：《唐令拾遗》，栗劲等编译，长春出版社1989年版，第788页。

〔30〕参见《唐律疏议·杂律》"得宿藏物隐而不送"。

〔31〕参见《唐律疏议·杂律》"得阑遗物不送官"。

的原则。据《杂令》,将他人在江河中漂散流失的竹木材料收集、堆放岸上者,应即向附近官府报告,并在所收集的竹木之上标立文字,说明收集情况,以供原主认领。原主认领时,应将所认领竹木总数的百分之二十至百分之四十赏与收集者。若满三十日无人认领,则所有竹木归收集者所有。[32]

对于生产蕃息,即以家畜活体为主要内容的财物因自身繁殖而新产生的权益,唐律规定了不同的所有权确定方式。马、牛等家畜在被他人所盗后产有驹、犊等,被盗的马、牛及所生的驹、犊均仍归原物主所有。若马、牛等被盗后又被转卖他人之后再产有驹、犊等,此时马驹及牛犊的所有权则区别不同情况而有不同的归属。知道马、牛为所盗物而买入,其所生驹、犊连同原马、牛一起,归还原主;若不知为盗物,则所生驹、犊由后买者保留。唐朝奴婢视同财物,因此,对于奴婢所生子女的所有权,按照马、牛所产驹、犊一样对待。

对于山间野外的自生、无主之物,唐律规定了一种"加功所有"的原则,即对于山野之无主物,由首先对其实施收集性劳动者所有。[33]

三、契约

唐朝民间经济活动中较为广泛地使用契约文书。不动产所有权的转让、重要动产的买卖、财物的借贷、田产的租赁、劳役的雇用等,多以缔结契约的方式确定当事人之间的权利与义务。

契约订立的前提是当事人双方"两情和同",即在双方自愿的条件下订立契约。唐朝民间契约在形式上已基本形成较为统一的格式。契约的内容多包括标的、价金、交割方式、期限、违约处罚、担保等。唐朝契约主要包括买卖契约、借贷契约、租赁契约等。

(一)买卖契约

由于买卖行为而形成的契约关系是唐朝契约关系中最为普遍的一种。根据标的性质不同,买卖行为可分为不动产买卖与动产买卖。

不动产买卖专指以土地、房屋等为标的的买卖。依据法律,一般情况下,禁止土地买卖。《唐律疏议·户婚》设"卖口分田"罪,规定:"诸卖口分田者,一亩笞十,二十亩加一等,罪止杖一百。地还本主,财没不追。"但唐律又规定,符合法定条件者,不在禁止买卖之限。例如,官僚贵族的永业田及赐田可以进入流通领域;百姓因迁徙或因贫而无力丧葬者,可卖其口分田;自狭乡移居宽乡亦可卖口分田等。进行土地交易必须经官府批准,并订立契约。土地买卖契约除包括买卖双方姓名、价金、亩数、担保等一般性条款外,还要特别说明所卖土地的方位、四至等。

部分动产买卖亦必须订立契约。唐律规定,买卖奴、婢、马、牛、驼、骡、驴等必须订立契约。通过订立契约,一方面便于官府从中收税,另一方面确定买卖行为正式生效,进而保护买卖双方当事人的权利和义务。唐律规定,买卖成交后必须于三日之内于市司订立契券,从而使买卖行为在法律上正式生效。订立契券的责任由买卖双方共同承担。如果在法定期限内未订立契

---

〔32〕 参见唐开元二十五年《杂令》。

〔33〕《唐律疏议·贼盗》规定:"诸山野之物,已加功力刈伐积聚,而辄取者,各以盗论。""疏议"解释"山野之物"为山野之中无主的草、木、药、石之类。

券，买卖双方均得承担刑事责任。上述具有生命的活体财产可能带有疾病，但在交易时却未必能被发现。为了防止因此而侵害买方利益，法律规定了三日的瑕疵担保期，即买卖双方交割过户并订立契券后，买方对于所买物可继续观察三日，若发现其有疾病，在此三日之内可提出解除买卖契约，退还所买物，收回价金；但若超过三日，卖方则不再承担这种瑕疵担保责任，买方不得再提出解除买卖契约。

（二）借贷契约

唐朝借贷方式主要分为两种：出举与负债。“出举”是指附加利息的借贷，而“负债”则是无利息的借贷。相较而言，出举的借贷方式更为普遍。

借贷双方结成附息借贷关系，应签订契约，以契约方式确定双方当事人的权利义务关系。即便涉及官府财产，其借贷行为本身仍具民间性质，双方仍以民间契约方式确定权利和义务。唐开元二十五年（公元737年）所定《户令》规定：“诸公私以财物出举者，任依私契，官不为理。”对于出举契约的内容，法律没有明确限制；契约的生效也无须经官府确认。但为防止由于附息借贷行为造成过于悬殊的贫富两极分化，法律对于出举的利率确定了严格的上限。《户令》规定：“每月取利，不得过六分。积日虽多，不得过一倍。”即月利率不得超过六分；借期虽长，利息总数也不得超过本金。唐朝中后期，法定利率的上限有所降低，先后实行五分、四分的法定最高月利率制度。如果违反法定最高利率，法律规定，将不再实行“任依私契，官不为理”的原则，而允许向官府告发，由官府处理。〔34〕另外，法律规定，出举粟、麦等粮食者，以一年为归还期；超过一年者，原本不得继续生利；所生利息亦不得反作为本再生利。

在不计利息的借贷关系即负债关系中，通常也以缔结契约的方式确定双方当事人的权利和义务。与出举关系不同，负债关系可由官府出面，依据法律规定加以调整。在负债关系中，债务人必须按照契约所定时间偿还债务。若违约逾期不偿，计所欠债务的数量及所逾时日，定罪量刑。《唐律疏议·杂律》设“负债违契不偿”罪，“诸负债违契不偿，一匹以上，违二十日笞二十；二十日加一等，罪止杖六十；三十匹，加二等；百匹，又加三等。各令备偿”。

为有效保障债权人的合法权益，法律允许在债务人不按契约所定期限偿还债务的情况下，由债权人向官府提出申请，由官府出面，强制扣押债务人的财物。但法律严禁债权人自行扣押债务人的财物，否则构成犯罪。

（三）赁庸

“庸”是指雇佣关系，即被雇人为雇主提供劳役，而雇主则向被雇人支付雇酬。《广雅》注：“庸，役也，谓役力而受雇直也。”“赁”为特定的租借关系，专指关于邸店、舟船、碾磨等器物的租借关系。租借人在约定期限内使用物主的器物，而物主则向租借人收取赁价。赁和庸均通过契约方式确定当事人双方的权利与义务。为防止各级监临官在所监临范围内与部属、民众因其权势而形成不平等的赁庸关系，唐律禁止监临官在监临范围内私自从事役使、租赁行为。《唐律疏议·职制》规定：“诸监临之官，私役使所监临，及借奴婢、牛马驼骡驴、车船、碾磨、邸店之类，各计庸、赁，以受所监临财物论。”

〔34〕 唐开元二十五年《杂令》：“私契取利过正条者，任人纠告，利、物并入纠人。”

四、婚姻、家庭与继承

唐朝的婚姻、家庭与继承制度集中体现了区别对待尊卑、长幼、亲疏、嫡庶的宗法等级身份原则。

（一）婚姻制度

宗法社会注重家族的血统延续。《礼记》说："婚姻者，将合二姓之好，上以事宗庙，而下以继后世也。"缔结婚姻的直接目的之一是传宗接代。唐朝法律从婚姻关系的建立、夫妻相互间的地位、婚姻关系的解除等方面确立了较为完备的婚姻制度。

在婚姻年龄方面，唐开元二十五年（公元737年）《户令》规定："诸男年十五、女年十三以上，并听婚嫁。"[35]良人与贱民不得为婚。不同的贱民之间也不得结为婚姻。《户令》规定："诸工乐、杂户、官户、部曲、客女、公私奴婢，皆当色为婚。"[36]

建立婚姻关系需订立"婚书"。因尊长享有对于子女的主婚权，故婚书由婚姻当事人双方的尊长合意订立。婚书订立，男女双方的婚姻关系即初步确立，受到法律保护。《唐律疏议·户婚》规定："诸许嫁女，已报婚书及有私约而辄悔者，杖六十。"订立婚书之后，男女之家必须确保依婚书所定正式确立婚姻关系，不得以他人假冒。[37]

依据礼的规定，男女双方正式建立婚姻关系须通过特定的婚姻程序，即所谓"六礼"：纳采、问名、纳吉、纳征、请期、亲迎。履行了六礼程序，婚姻关系即正式形成，男女双方的夫妻法律地位亦即正式确立。

由于当事人之间存在某种特定的关系，因而法律禁止其相互间结成婚姻关系。这种特定的关系既有自然血缘因素，也有社会政治原因。属于自然血缘因素的关系包括同姓同宗以及虽非同姓但有血缘关系的尊卑之间，均属禁止为婚之列。属于社会政治原因者包括不得与逃亡妇女为婚、监临官不得与所监临内的妇女为婚。

婚姻关系中的夫妻双方各具不同的法律地位。"夫者，妻之天也"[38]；"妻之言齐，与夫齐体，义同于幼"。[39] 夫的地位优于妻。妻从于夫不仅是道义上的要求，也是夫妻法律关系的基本原则。夫妻之间若发生相互骂詈、殴打、致伤、杀害等人身侵害时，法律对于夫的处罚实行减免原则，而对于妻的处罚则实行加重处罚的原则。唐朝实行一夫一妻制，[40]已有妻者再娶妻，属于犯罪行为，要受到刑事处罚。[41] 但夫在有妻的情况下，可以另外娶妾。妻与妾的身份上有着明显的差别，若以妻为妾，则构成犯罪。

离婚方式分作强制离婚与协议离婚两种。

强制离婚包括法定强制离婚与丈夫强制离婚。婚姻违反法律规定，即当事人在身份上属

---

〔35〕［日］仁井田陞：《唐令拾遗》，栗劲等编译，长春出版社1989年版，第158页。

〔36〕［日］仁井田陞：《唐令拾遗》，栗劲等编译，长春出版社1989年版，第168页。

〔37〕《唐律疏议·户婚》"为婚妄冒"："女家违约妄冒者，徒一年；男家妄冒者，加一等。"

〔38〕《唐律疏议·名例》"十恶"。

〔39〕《唐律疏议·斗讼》"殴伤妻妾"。

〔40〕《唐律疏议·户婚》"有妻更娶妻"："一夫一妇，不刊之制。"

〔41〕《唐律疏议·户婚》"有妻更娶妻"："诸有妻更娶妻者，徒一年；女家减一等。"

于法律所禁止为婚的范围,构成“违律为婚”。违律为婚者,所缔结的婚姻关系属于无效婚姻,不受法律保护,须强制离异,同时,主婚者还将受到刑事处罚。另外,所缔结的婚姻关系本身合法有效,但由于夫妻一方对对方亲属实施侵害行为,或者夫妻双方亲属之间发生侵害行为,符合法定“义绝”条件者,即必须离异。唐开元二十五年(公元 737 年)《户令》具体规定了“义绝”的条件:“诸殴妻之祖父母、父母,及杀妻外祖父母、伯叔父母、兄弟姑姊妹,若夫妻祖父母、父母、外祖父母、伯叔父母、兄弟姊妹自相杀,及妻殴詈夫之祖父母、父母,杀伤夫外祖父母、伯叔父母、兄弟姑姊妹,及与夫之缌麻以上亲若妻母奸,及欲害夫者,虽会赦,皆为义绝。”婚姻关系存续期间发生上述情况之一者,即构成“义绝”。唐律规定,“夫妻义合,义绝则离”,“义决”必须离异,违者处徒刑一年。[42]

在某些特定情况下,即妻有“七出”之一者,夫有权解除婚姻关系。唐《户令》规定:“诸弃妻须有七出之状,一无子,二淫泆,三不事舅姑,四口舌,五盗窃,六妒忌,七恶疾。”“七出”之条,原本于礼。《大戴礼・本命》规定:“妇有七去……不顺父母去,为其逆德也;无子,为其绝世也;淫,为其乱族也;妒,为其乱家也;有恶疾,为其不可共粢盛也;口多言,为其离亲也;盗窃,为其反义也。”“七出”之条多为由于妻的行为而影响夫家的伦常秩序及一般生活秩序,是礼与法要求妻所承担的单向性义务,集中体现了婚姻关系中夫妻地位的不平等。为防止夫滥用此项权力,法律又规定了一定的限制性条件。第一,以“七出”为理由休弃妻者,必须履行较为严格的法定程序。一方面,必须由丈夫本人亲作书面休弃状,即所谓“休书”;另一方面,休书必须经夫妻双方的有关亲属联名签署,包括夫的父、母、伯、姨、舅,妻的父、母、伯、姨、舅,及左邻右舍等。第二,即使妻的行为已符合“七出”的条件,但若同时存在“三不去”之一者,夫仍不得休弃妻。《户令》规定“三不去”为“一经持舅姑之丧,二娶时贱后贵,三有所受无所归”。[43]

妻无权解除婚姻关系。如果妻擅自离夫出走,即构成犯罪。《唐律疏议・户婚》规定:“妻妾擅去者,徒二年。”

唐朝称协议离婚为“和离”,即两和相离。唐律解释“和离”为“夫妻不相安谐,谓彼此情不相得,两愿离者”。法律允许夫妻双方因“情不相得”而双方自愿解除婚姻关系。

(二)家庭制度

家庭制度的核心是对家长权的维护,通过维护家长权构建以家长为核心的家庭秩序,由家而国,实现整体社会秩序的稳定。法律从教令权、财产处分权、主婚权等方面保护家长在家庭中的特权地位。

唐律规定,子孙必须遵从祖父母、父母的教令,否则构成“违犯教令”罪;祖父母、父母在,子孙不得别立户籍,不得分异财产,违者构成“别籍异财”罪;子孙缔结婚姻关系,由祖父母、父母主婚,子孙不得自专;家庭财产由家长支配,其他成员未经许可,不得处分家庭财产,否则构成犯罪。

家长在家庭中享有较多权力。同时,法律规定,在某些法律关系中,由家长独自承担家庭向国家应尽的义务。家庭成员共同犯罪,一般不依普通的共同犯罪处罚主犯、从犯的原则,而

---

〔42〕《唐律疏议・户婚》“义绝离之”。

〔43〕开元二十五年《户令》。

由家长独立承担刑事责任。

（三）继承制度

继承包括宗祧继承与财产继承。宗是近祖之庙，祧是远祖之庙，联称表示祖庙祭祀，引伸为对祖宗血脉的延续，对宗统的继承。宗祧继承采取单人继承的方式，一家之中只能由一人继承宗祧。唐朝继续实行嫡长子继承宗祧制度。《唐律疏议·户婚》引令文："无嫡子及（嫡子）有罪、疾，立嫡孙；无嫡孙，以次立嫡子同母弟；无母弟，立庶子；无庶子，立嫡孙同母弟；无母弟，立庶孙。曾、玄以下准此。"如果在上述范围之内仍没有继承宗祧之人，法律规定，可收养同宗之人。开元二十五年（公元737年）定令："诸无子者，听养同宗于昭穆相当者。"法律确定这一严密的宗祧继承递补程序的目的在于保证宗统血脉后继有人。

在财产继承方面，唐朝仍实行诸子均分制。开元七年（公元719年）定令："诸应分田宅及财物者，兄弟均分。"在诸子均分制这一总的原则之下，法律还对于一些具体的情形作了专门的规定。财产继承一般在父母双亡之后进行，由兄弟平均分配家庭内所有财产。若兄弟之中有已经死亡且留有儿子者，则采取"子承父份"原则，由其儿子继承其父应得之份，而不论其有几个儿子。如果享有继承权的兄弟已全部死亡，则将财产在各兄弟所有的儿子之间平均分配。若兄弟尚未娶妻，则在得平均份额之外，另定一定数量的聘财，专门用作娶妻之用。姑、姊、妹已出嫁，不再享有继承权，但尚未出嫁，则可比照未娶妻之兄弟应得聘财的数额，减半继承。

第五节　司法思想与司法制度

一、司法思想

唐朝前期统治集团重视法律的严格实施，从皇帝到大臣都在一定程度上形成依据法律开展诉讼活动的司法观念。

在传统社会，皇帝是司法审判最高审级，所有命案及其他重大案件的判决都必须经过皇帝批准。同时，皇帝作为最高审级，在具体的司法审判中对案件的处理也必须遵守相关程序，并且以法律条款作为定罪量刑的依据。唐朝前期统治集团重视法律的统一实施，整个司法活动在一定程度上做到依法审判。

唐律关于"严入罪，宽出罪"的刑罚制度与政策导向，推动"平允审判"司法理念的形成。在审判活动中，囿于对事实把握的欠缺以及对于法律条款理解的偏差，各级官员常常在定罪量刑时可以有轻重不同的多种选择。汉武帝之时，为了强化统治，实施刑事高压政策，"缓深故之罪，急纵出之诛"，[44]鼓励司法官员在两可判决之时，对于案犯一律选择深罪、重罚。这种政策导向使官员在审判案件、定罪量刑之时，宁重毋轻，宁严毋宽。唐朝立法者认识到"缓深急纵"政策导向的重大危害，在立法上确立了"严入罪，宽出罪"的制度原则。唐律规定："断罪失

〔44〕《汉书·刑法志》。

于入者，各减三等；失于出者，各减五等。”[45]对于司法官员而言，因过失导致重判人犯，必须承担更重的刑事责任；因过失导致轻判人犯，虽然也是认定事实或者适用法律错误，但毕竟判决结果使人犯所受痛苦较轻，因而司法官仅承担相对较轻的刑事责任。

中国古代历代王朝在法律制度初建之时，一般能够惩前朝重刑、滥刑之弊，在立法上确立较为宽松的制度规范。但在具体的实施过程中，又常常超出法律规定，以严刑峻罚解决矛盾，处理个案，因而重蹈前朝重刑、滥刑的老路。唐朝统治者不仅注意从立法上确立较为宽松的制度规定，也注意在政治实践、司法审判中保持这种宽松的制度效果。

贞观中后期，法律的实施又渐趋严苛。为何在“以仁义治天下”的治国原则之下出现这种最高统治者力求避免的状况？统治集团内部对此进行了讨论。名臣魏征一针见血地指出，这种状况出现的根源在于君主的用人方针上。魏征说，君主在考查臣下的政绩时，以其是否严厉要求下属、是否及时发现下属的不法行为以及是否经常向君主告发他人等作为好坏的标准，作为判定该臣下对自己忠与不忠的尺度。这实际上就是鼓励臣下实施严刑峻罚。即便有宽平、公允的法律，如果在这种指导思想下仍然会出现与立法本意截然相反的结果。大理寺卿刘德威则认为，法渐严苛、刑网渐密的主要原因在于，君主对于因过失而作出错误判决的官吏所作处理的不同。他征引律条说，司法官吏审判案件，失于入者，减所入罪三等；失于出者，减所出罪五等。但在实际执行中，常常认为失入者是更加严格地忠于职守、履行职责，因而不予追究；而失出者则是对朝廷不忠，至少也是疏于职责，因而要重罪处罚。基于这一判断，官吏断狱宁可重判重罚，而不愿从轻发落，以免自己因而获罪。太宗认可这些分析，并接受这些意见，重新确定考核官吏的标准，并就失出、入人罪问题诏令严格依法处断，对于失入人罪者不得免予处罚。

唐朝关于“出入人罪”宽严有别的法律规定及司法实践，符合正统官学关于“轻刑”“一断于法”的基本主张，既有助于督促司法官树立慎重刑罚、“平允审判”的法律理念，也从整体上实现了缓和社会矛盾、稳定社会秩序的目标。

二、司法机构

中央司法权由大理寺、刑部、御史台三个机构共同行使。在职能上，三机构各有分工。大理寺是最高审判机关，负责审理朝廷文武百官犯罪以及京城徒刑以上案件。对于徒、流刑案件的判决，必须经由刑部复核后，方能生效；对于死刑罪的判决，尚须奏请皇帝批准。刑部是最高司法行政机关，掌理“天下刑法及徒隶勾覆关禁之政令”等司法行政事务，并参加重大案件的审判活动。御史台为最高监察机关，职掌为纠弹百官，并负责监督大理寺、刑部的司法审判活动；另外还参与重要案件的审理。

唐朝还形成了三司会审制度。遇有特别重大案件，由大理寺、刑部、御史台三机构的长官大理寺卿、刑部侍郎、御史中丞共同审理，即“三司推事”。

中央司法权由各自独立的三个机构分别行使，既有利于三机构相互分工，通过机构职能专门化有效地行使职权，又能使三机构相互牵制，保证案件审断能在更大程度上符合法律规定，

---

〔45〕《唐律疏议·断狱》“官司出入人罪”。

同时有利于皇帝对于司法权的直接控制,防止由于臣下擅权专法而形成对皇帝最高司法决定权的侵害。

区别于中央司法机构的专门化,地方上没有设立专门的司法机构。司法权由行政机关行使。但由于诉讼事务的增加,地方行政机构内已增设一些专门的司法佐吏。在州一级行政机构内,设司法参军事、司户参军事之职;府、都督府、都护府设户曹参军事及法曹参军事之职。司户参军事、户曹参军事职责在于"掌户籍计账、道路逆旅、田畴六畜、过所蠲免之事,而剖断人之诉竞。凡男女婚姻之合,必辨其族姓,以举其违;凡井田利害之宜,必止其争讼,以从其顺"。司法参军事、法曹参军事职责在于"掌律令格式、鞫狱定刑、督捕盗贼、纠逖奸非之事,以究其情伪,而制其文法,赦从重而罚从轻,使人知所避而迁善远罪"。[46] 从性质上看,前者为涉及户婚田土类的民事诉讼,而后者则属于定罪量刑类的刑事诉讼。按诉讼性质确定不同机构在职能上的明确分工,这是唐朝地方行政机关行使司法审判权的重要特征。另外,除由地方行政长官主持司法审判并由司法佐吏协助其事之外,与监察制度相关,御史台所属察院派监察御史到各地行使对于地方官的监察权时,可参与各州、县重要案件的审理。

三、诉讼制度

根据当事人诉讼地位的不同,诉讼的提起可分为两种。

第一种是由监察机关或各级官吏代表国家纠举犯罪,提起诉讼,唐律将其称为"举劾"。举劾类似于近代法律中的公诉。举劾犯罪是相关人员的法定义务。一方面,以监察百官为职责的监察官对于所监察对象负有举劾义务;如果知道所监察对象有犯罪行为而不举劾者,即构成犯罪。另一方面,监临、主司对于所监临、主管范围之内的人员犯罪亦承担举劾义务;知有犯罪而未履行举劾职责者要受到法律制裁。此外,唐朝实行"伍家相保"制度。同保之内有人在家犯罪,其他人知道而不向官府纠举者,构成"知而不纠"罪。唐朝通过这种由专职监察官、行政主官、邻居等不同层次的举劾、纠举制度,加强对整个社会犯罪行为的控制。

第二种起讼方式是由当事人就所受伤害或所涉纠纷向官府提起诉讼,唐律将其称为"告诉",类似于近代法律中的自诉。对于告诉案件,当事人可直接诉至官府,也可以由其亲属代为提起。提起告诉案件,告诉人应向官府提交"辞牒",即诉状。当事人自己不能作"辞牒"者,可由官吏代为书写,所谓"不能书者,典为书之"[47],也可由当事人雇请他人书写。唐律还规定,他人受雇书写辞牒必须完全按照当事人所提出的情节及要求,不得夸大其词。[48] 对于告诉权的行使,唐律还作了一些限制,包括卑幼对尊长、奴婢对主人不得行使告诉权,违者构成犯罪,但若告谋反、谋大逆、谋叛等重大犯罪,不在此限;在押囚犯及年八十岁以上、十岁以下、笃疾者对于一般犯罪无告诉权。无告诉权人所告诉的案件,官府不得受理,违者构成犯罪。另外,唐律还规定,不得以匿名方式向官府告发他人犯罪;对于赦以前的犯罪行为,除法律规定须追究者外,不得再向官府告发。

---

〔46〕《唐六典》卷三〇。

〔47〕《通典》卷一〇五。

〔48〕《唐律疏议·斗讼》:"为人作辞牒加状":"诸为人作辞牒,加增其状,不如所告者,笞五十。若加增罪重,减诬告一等。"

无论是举劾案件,还是告诉案件,都必须向当事人直接受管的府衙或主管部门提起。《公式令》规定:“诸辞诉皆从下始。先由本司本贯,或路远而踬碍者,随近官司断决之。”违反这一规定,即构成“越诉”罪。同样,按照法律规定官府应受理案件而不受理者,也构成犯罪,主管官要受到刑事处罚。“诸越诉及受者,各笞四十。若应合为受,推抑而不受者,笞五十。”

四、审判制度

在审级管辖上,唐朝采取基层初审、节级判决制度。所有的刑事、民事案件,不论其重要程度,均首先由基层司法机构立案、审理。经基层司法机构审理后,对于一般民事案件直接作出生效判决;对于刑事案件,则根据罪刑轻重,分别由不同级别的司法机构作出生效判决。在京城,基层司法机构为各部所属诸司;在地方,基层司法机构则为各州县。《狱官令》规定:“诸有犯罪者,皆从所发州县推而断之。在京诸司,则徒以上送大理,杖以下当司断之。”对于笞、杖刑犯罪案件,经县审理后,即作出生效判决。对于徒刑以上的犯罪案件,则由县审理后,作出初步判决,并报州复审。经州复审,对于徒罪案件的判决即正式生效;同时,符合法定赎罪条件者也由罪犯依据法定标准,以铜赎罪。而有关流刑以上的判决以及符合除名、免官、免所居官条件的案件,经州复审后,仍得上报刑部。死刑案件则必须奏请皇帝裁定。

官吏审理案件,对于有据可依但被告不供认者,可实施合法拷讯。唐律在拷讯的方式、次数等方面都作了明确的规定。《狱官令》:“诸察狱之官,先备五听,又验诸证信,事状疑似,犹不首实,然后拷掠。每讯相去二十日。若讯未毕,更移他司,仍须拷鞫者,则验计前讯,以充三度。即罪非重害,及疑似处少,不必皆须满三。”另外,唐律还规定,对于具有一定的身份或符合一定的年龄等条件者,不得实施拷讯。前者如享有议、请、减等特权的贵族、官僚;后者包括老、幼、笃疾、妇女怀孕期间、产后百日之内等。

为保证审判活动的公正,唐朝确定了审判回避制,称为“换推”。凡是主审官与当事人之间具有一定的利害关系,均属换推范围。第一,亲属关系,包括主审官与当事人是五服内的亲属或其大功以上亲之间有婚姻关系;第二,师生关系;第三,曾为本部都督、刺史、县令者;第四,此前曾有仇嫌关系。[49]

唐朝在受理诉讼的时间上也有一定限制。为减少对农田生产的影响,唐律规定,在每年三月三十日至十月一日的农忙季节,官府不得受理涉及田宅、婚姻、债负等方面的民事诉讼。

审判官对各类案件作出判决必须以法律条款的正文为依据。可作为定罪、量刑依据者,限于唐朝的律、令、格、式四种主要的法律形式,此四种法律形式之外均不得作为法律依据,即作为审判案件、定罪量刑的法律依据必须是律、令、格、式的正文。即便是皇帝诏令,若该诏令只是对于某项具体的案件所作专门处断,而并未按照立法程序将其定为正式的“格”,则仍不得作为处断其他案件的法律依据。如果审判官以未定为正式“格”的皇帝敕令作为审理其他案件的依据,导致其处理结果与依律、令、格、式的处理结果不相符者,审判官应承担刑事责任。

唐律要求审判官应正确理解法律条文,切实掌握案情事实,以作出公正、合法的判决。如果因审判官的错误而导致对人犯定罪、量刑不准确,无论是故意,还是过失,均由审判官承担相

---

〔49〕 参见开元七年《狱官令》。

应的刑事责任。唐律将定罪量刑不准确的情况分作两大类:“出罪”与“入罪”。“出罪”为将重罪判作轻罪,或将有罪判作无罪;“入罪”则相反,将轻罪判作重罪,或将无罪判作有罪。对“出罪”“入罪”的处理,又区别故意、过失。故意出、入人罪,对审判官的处理,采取类似于反坐的原则:以其所涉之罪罪之。“若入全罪,以全罪论;从轻入重,以所剩论。刑名易者,从笞入杖、从徒入流,亦以所剩论;从笞杖入徒流、从徒流入死罪,亦以全罪论。其出罪者,各如之。”因过失而致出、入人罪者,对审判官的处理则相对较轻。“断罪失于入者,各减三等;失于出者,各减五等。”[50]

在案件审理过程中,若审判官对案件的定性或对于刑罚的确定不能准确把握,则作为疑狱,由原审官逐级向上级审判机构申报,由上一级审判机构定夺;若上一机构仍不能确定,则继续向上级机构申报,直至尚书省。

对于判决的执行,以刑种的不同而有不同规定。笞、杖刑的判决由县执行。徒刑的执行,在京城,男犯送将作监、女犯送少府监服劳役;在州、县,则送当地官府服劳役。流刑的执行,根据所流里数的不同,分别送指定的地方服劳役。

对于死刑的执行,法律又作出特殊规定,即必须履行特别的“覆奏”程序,报经皇帝批准。京城地区的死刑案件,须经“五覆奏”,先后五次向皇帝奏告,由皇帝批准;地方州县的死刑案件,须经“三覆奏”,向皇帝奏告三次。另外,死刑的执行,在时间上也有一定的限制。唐律规定:每年的立春以后、秋分以前,不得奏决死刑;在每月的朔、望日、上下弦、二十四节气等均不得奏决死刑。但对于一些重大犯罪,如谋反、谋大逆、谋叛等,既不须履行“五覆奏”“三覆奏”特别程序,也不受特定时间不得奏决死刑的限制。

第六节 社会法律思潮

唐朝前期,政治清明,社会稳定,文化繁荣。随着《五经正义》的编纂、颁布,关于儒家经义的阐释趋于统一,儒家思想的官学地位得到进一步巩固。同时,在魏晋南北朝时期得到快速发展、广泛传播的佛学、玄学仍然有着较为深厚的社会基础,甚至庙堂之上,从皇帝到朝廷重臣信奉佛教、践行道教者仍大有人在。就思想理论而言,儒学的优势在于经世致用,在于就国家治理、社会管理提出一些可直接付诸政治法律实践且符合“仁政”“德治”的原则与观点。但是,儒学也有其先天不足:思辨性不强,难以形成逻辑严谨、结构完整、能够全面解读自然、社会、人及其相互关系的理论体系。董仲舒尝试通过“天人合一”“天人感应”理论解决儒学的思想本源与理论根基问题,但被后世谶纬神学恶性利用,形成“诡为隐语,预决吉凶”的庸俗政治理论与社会神秘思想,儒学思想中的理性因素被挤压、排斥。社会思潮的激荡、碰撞推动着新一轮“百家争鸣”。隋朝的短暂统一开启了思想理论再统一的发展进程。进入唐朝,社会各界,特别是思想理论界从不同角度探讨、完善儒家关于国家治理社会管理的政治法律观,并致力于恢

〔50〕《唐律疏议·断狱》“官司出入人罪”。

复、建构儒家政治法律理论的正统地位。

一、韩愈“道统论”

唐朝杰出的思想家、文学家韩愈(公元768—824年),以传承儒学之“道”为己任,提出“道统论”,并以“道统”为基础阐发其政治法律思想。

韩愈提出,儒家之道的发展演变有明晰的脉络谱系,从尧、舜、禹、汤到文武周公、孔子、孟子,一代一代传承。但自秦而下的近千年里,儒学发展的传承脉络中断,“则不得其传焉”[51]。韩愈表示,自己的责任与使命在于承续为孟子之后已中断的脉络,弘扬儒家之“道”,延续儒家之“统”。

韩愈所谈之“道”,既是对于从尧舜到孔孟“圣贤王道”发展进程的概括,也是对于儒家关于自然、社会、人性理论的抽象。韩愈说:“形于上者谓之‘天’,形于下者谓之‘地’,命于其两间者谓之‘人’。形于上,日月星辰皆‘天’也;形于下,草木山川皆‘地’也;命于其两间,夷狄禽兽皆‘人’也。”“天道乱,而日月星辰不得其行;地道乱,而草木山川不得其平;人道乱,而夷狄禽兽不得其情。”[52]

韩愈认为,人类的政治原则、法律规范、社会准则都是“道”的体现。他说:“其文:诗、书、易、春秋;其法:礼、乐、刑、政;其民:士、农、工、商;其位:君臣、父子、师友、宾主、昆弟、夫妇;其服:麻、丝;其居:宫、室;其食:粟米、果蔬、鱼肉,其为‘道’易明,其为‘教’易行也。”[53]人们的言行举止、为人处世应该始终遵循“道”的要求,“以之为己,则顺而祥;以之为人,则爱而公;以之为心,则和而平;以之为天下国家,则无所处而不当”。[54]

韩愈认为,儒家学说重仁义道德,并基于仁义道德的内核构建国家制度,维系社会秩序。在这样一种制度和秩序之中,“仁政”“德治”是国家治理的基础。儒家之仁德不排斥法律,法律同样也是“圣人”所制,体现“道”的内涵。法律通过“锄其强梗”[55],禁暴止非,辅佐道德,达到维护统治、实现秩序的目标。

从维护权力统一的立场出发,韩愈继承了儒家所主张的等级制度以及荀子关于“隆礼尊君”的思想。韩愈提出,君主作为国家最高权力的拥有者,其职责在于“出令”,臣的职责则在于“行令”,民的职责在于“出力”。法律的作用之一在于维护这种等级制度,特别是对于君权的强制保护。如果臣不“行令”,民不“出力”,则要受到法律的惩罚。[56]

韩愈的道统理论从形式上探索构建儒学理论的本源基础,强化了儒家学说的思辨色彩;就其内容而言,它既是中唐时期社会政治法律思潮的集中反映,也为宋明理学的发展提供了理论条件。

---

〔51〕《韩昌黎文集·原道》。

〔52〕《韩昌黎文集·原人》。

〔53〕《韩昌黎文集·原道》。

〔54〕《韩昌黎文集·原道》。

〔55〕《韩昌黎文集·原道》。

〔56〕《韩昌黎文集·原道》:“君者,出令者也;臣者,行君之令而致之民者也;民者,出粟米麻丝、作器皿、通财货以事上者也……臣不行君之令而致之民,民不出粟米麻丝、作器皿、通财货以事上,则诛。”

二、强化中央集权与柳宗元《封建论》

秦汉以后，强化中央集权、保持大国治理的政治格局始终是中国传统社会的重要目标之一。但如何实现中央集权，如何实现稳定、统一的大国治理，在涉及中央地方关系的国家结构、政权体制方面一直存在“郡县制”与“封建制”两种不同的制度与观念。

唐初，政权初定，高祖分封同姓王。太宗即位后，以分封诸王会加重社会负担为由，降低已分封者的等级。但太宗对于分封制是否有利于国家统一与社稷安宁，是否有利于李氏江山的长治久安，既寄予希望，又心存疑虑。贞观二年（公元 628 年），太宗要求群臣就封建制的优劣得失展开讨论。朝廷名臣魏征、长孙无忌、房玄龄、于志宁、李百药、萧瑀、颜师古等纷纷发表意见。其中，有赞成者、反对者，也有折中调和者。

赞成封建制者提出，子弟为血脉骨肉，分封诸侯，治理地方，最值得信任依赖。他们平时镇守一方，对分裂势力形成威慑；一旦朝廷有难，又能出手相救。尚书右仆射萧瑀认为，封建制有利于皇权，有利于中央集权。秦朝废封建，实现郡县制，“二世而亡”；汉朝郡县、分封并行，国祚延续四百年；而魏晋废除封建制，各朝政权的持续时间也不长。

反对封建者则认为，分封制有利于一时，但有害于长久。被分封为诸侯的皇家子弟，极易造成尾大不掉之势，进而侵害皇权，侵害中央集权，甚至导致国家分裂。礼部侍郎李百药提出，分封诸侯，各自为政，不利于国家政治、法律的统一；虽然子弟与皇帝同姓一脉，但几代之后，亲情关系疏远，反而更容易觊觎皇权，“自藩屏化为仇敌”。

对于分封制与郡县制，既有根本对立的观点，也有大臣提出折中之策。中书侍郎颜师古提出，分封制与郡县制各有利弊，关键在于妥当设置，可以采取分封、郡县二制并行，同时采取相应措施：其一，在区域上杂错设置王国与郡县，以相互牵制；其二，控制每一个王国的面积、人口规模，使其难以成尾大不掉之势；其三，各王国由诸子分别统领，但由皇帝及朝廷统一安排各级官吏；其四，在王国境内也统一实施国家法律。[57]

基于边疆防务与管理需要，唐玄宗陆续设置了一些节度使，并在边疆之地驻防重兵。这一政策导致地方藩镇势力坐大，改变了唐初以来为控制地方势力、强化中央集权的“内重外轻”格局。中唐时期，藩镇割据的情况愈演愈烈。具有较大势力的各地藩镇为维护自身利益，竭力反对郡县制，主张恢复分封制。理论界支持分封制的观点也有所抬头。针对这种情况，柳宗元[58]撰写《封建论》，从理论与实践、历史与现实等方面彻底批驳分封制，全面系统论证郡县制的合理性。

对于分封制的批评，此前较多集中于时过境迁、古代良好的分封制不再适应当前社会需要等角度。柳宗元则根本上彻底否定分封制，认为分封制从其产生之日起就缺少合理性，所谓“封建，非圣人意也”，实行封建制，并非圣人本意，而只是不得已而为之。

柳宗元结合秦汉时期处理中央地方关系的政治得失，认为郡县制优于分封制。他说：秦朝末年，社会动荡，众叛亲离，但“有叛人而无叛吏”；汉朝初年，诸王叛乱，但“有叛国而无叛郡”。

---

〔57〕 参见《唐会要》卷四六《封建杂录上》。

〔58〕 柳宗元（公元 773—819 年），曾任礼部员外郎。

柳宗元在比较周朝与秦朝制度实践的基础上提出:“失在于制,不在于政,周事然也……失在于政,不在于制,秦事然也。”周朝末年诸侯蜂起,天子式微,其原因在于制度设计,即分封制的实施;秦朝二世而亡,其原因不在于制度,不在于实行郡县制、强化中央集权的体制,而在于政策法律的执行方式。针对安史之乱,柳宗元也提出,藩镇动乱之时,“有叛将而无叛州”。这说明,与分封制相比,郡县制是维护皇权、维护中央集权的有效制度。

柳宗元的《封建论》代表着从实施郡县制角度维护中央集权的最高理论成就。他对分封制、郡县制优劣得失的精辟分析使持续多年的关于中央与地方关系国家体制的争论告一段落,也对两宋、明、清历朝政治家、思想家产生重大影响。

思考题

1. 简述唐朝的“重法”“慎罚”立法思想。
2. 简述唐朝的刑法原则。
3. 简析唐律关于“严入罪,宽出罪”的立法宗旨。
4. 简评唐朝的死刑“覆奏”制度。

第十二章　宋朝法律

（公元960年至1279年）

本章要点

1. 宋朝立法思想的变化。
2. 宋朝法律体系的变化。
3. 宋朝刑罚制度的变化。
4. 宋朝司法制度的发展。

唐朝末年，"割据"的藩镇纷纷自立，中国历史进入政权分裂的"五代十国"时期。这一时期的法律基本沿袭唐律，编敕成为当时重要的立法方式。与唐律的规定相比，刑罚严酷、恢复肉刑成为这一时期的主要法制特点。经历五代十国时期的分裂和社会动荡之后，公元960年，赵匡胤建立宋朝，史称北宋。1127年，金兵南侵，宋王朝播迁江左临安（今浙江杭州），史称南宋。宋朝共历三百二十年。宋朝法律既在前代法律的基础上有所发展，又具有自己的特色。

第一节　立法思想与立法活动

一、立法思想

宋朝统治者参照汉唐以来关于法律制定、法律实施的基本原则，结合本朝政治统治需要，确立了具有自身特色的立法指导思想。

第一，"事为之防，曲为之制"，从法律上肯定强化中央集权的措施。"事为之防，曲为之制"（语出李焘《续资治通鉴长编》卷十七所载太宗即位诏书），意为制定一些条条框框把人们的手脚加以束缚，并使之互相牵制，以利于强化中央集权。这一指导思想的贯彻表现为两个方面：其一，从理论上总结五代十国以来君权旁落的历史教训，从思想上高度重视法制在加强中央集权方面的重要作用；其二，在立法上，把厉行中央集权的精神贯彻到政治、经济、军事、文化、司法诸方面的制度建设之中，并立为不可移易的"祖宗家法"。

宋朝初建之时，太祖、太宗对五代以来统治者内部的篡夺之风甚为担忧，为防范其重演，宋太祖在政治、军事、财政、经济诸方面的立法都贯穿一个总原则——"以防弊之政，为立国之法”，严密防范文臣、武将、女后、外戚、宗室、宦官擅权独裁，并用法律的形式固定下来。宋朝皇帝的集权措施都立之于法，且日趋严密，充分体现了“强干弱枝”的指导思想。因此，宋朝基本上消除了造成封建割据和威胁皇权的诸多因素，使中央集权达到了前所未有的程度。

第二，临下以简，必务哀矜。宋朝十分注意树立新王朝仁厚宽恕的形象，主要表现为以下三个方面：其一，轻刑薄赋，宽简待民。太祖、太宗在位时十分关心民间疾苦，多次下诏要求地方官吏“薄赋敛”，“诸道州府不得以进奉为名，辄有率敛”，这种思想在刑罚制度上表现为宋初“折杖法”的制定。其二，恤狱慎刑，务存仁恕。据《宋史·刑法志》记载，五代时期，世道衰败混乱，法网繁密严酷。宋朝建立后，削除苛细法令，法官也逐渐改用文人，尽力体现仁慈宽恕的精神。其三，“立法不贵太重，而贵力行”。这是宋仁宗告诫大臣修法时所说的话，意谓立法不崇尚严刑峻法，而贵在能贯彻执行。

第三，重惩贪墨。官吏贪赃枉法既侵害了封建法律所保护的财产关系，又损害了封建统治权威，危害极大，故为历代统治者所重点惩治。宋朝也不例外，处置贪墨官吏的案例在《续资治通鉴长编》中比比皆是。赵翼在《二十二史札记》中说：“宋以忠厚开国，凡罪罚悉从轻减，独于赃吏最严。”

二、立法活动

宋朝重视法典、法规的编修，认为“自古帝王理天下，未有不以法制为首务”。

（一）《宋刑统》

太祖建隆三年（公元962年），乡贡明法张自牧、工部尚书窦仪奏请更定刑统，得到太祖批准，令窦仪主其事。参加刑统制定的还有苏晓、奚屿、张希逊、冯叔向等人，这些人大都具有丰富的司法实践经验且通晓律意。建隆四年（公元963年）律成，颁行天下，即《建隆重详定刑统》，简称《宋刑统》（参见图12），是宋朝最基本的法典，其效力一直延续到南宋，在宋朝法制史上占有重要的地位。

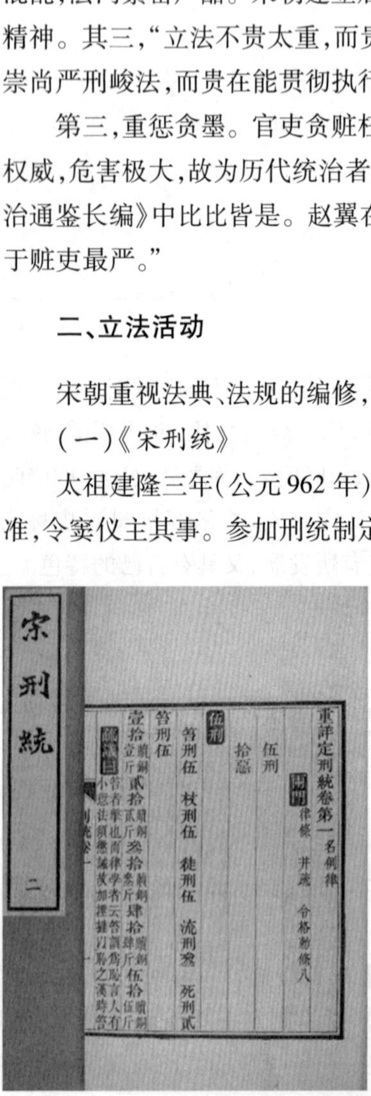

图12 《宋刑统》

《宋刑统》沿用唐末至五代的刑律统类体例，首列律条、律疏，其后按照时间顺序分列敕令格式，分十二篇，三十卷，二百一十三门，律文和疏议基本照录《唐律疏议》。但实际上，与《唐律疏议》相比，《宋刑统》的体例和内容都发生了很大变化。

《宋刑统》在体例方面的变化主要有：

第一，法典不称“律”，而称“刑统”。自商鞅“改法为律”以后，“律”便成为中国封建法典的基本名称，如秦律、汉律、晋律、唐律等。唯宋不称律而称刑统。刑统的意思是以类统编本朝所用的刑事法规。

第二，分门类编。《唐律疏议》篇下不设门，《宋刑统》则将同一性质的法律条文归结为一个单元，称为“门”。《宋刑统》的编纂方式先是将性质相同的条文归为一门，然后引律文和疏议；再在“准”字下按照时间顺序引前朝和宋初的令式格敕表明经过朝廷核准；“敕”有删节处理的,则注"节文"二字,最后是"臣等参详"条,即编纂者窦仪等人所阐释的部分。这种编排方式使律文眉目清晰,便于司法人员检阅。

第三,新增"臣等起请"32条。所谓"臣等起请",指窦仪等修律者为适应宋时形势发展的需要,对前朝行用的敕令格式经过审核详虑后,向朝廷提出的变动建议。这些建议条文特标"起请条"字样,低三格附于敕令格式之后,每条冠以"臣等参详"四字,作为新增条款,与所附令敕相区别。

第四,总括"余条准此"条,附于名例律后。所谓"余条准此",是指具有类推适用性质的条文。《唐律疏议》内原有此类条文44条,散列在有关律文之后。《宋刑统》编纂者虽将此逐条照录,但编辑时总为一门,集中附在《名例律》之后,而不是散列各条中。这是《宋刑统》编撰技术上的一大变化,更有利于司法人员检索。

《宋刑统》在内容方面的变化主要体现在:

第一,在刑罚制度上创设"折杖法"。所谓"折杖法",是用决杖来代替笞、杖、徒、流的刑罚方法。始见于建隆三年(公元962年)的敕节文,建隆四年(公元963年)颁行《宋刑统》时正式列入《名例律》"五刑门"内。对于流刑:加役流决脊杖二十,配役三年;流三千里决脊杖二十,配役一年;流二千五百里,决脊杖十八,配役一年;流二千里,决脊杖十七,配役一年。对于徒刑:徒三年,决脊杖二十,放;徒二年半,决脊杖十八,放;徒二年,决脊杖十七,放;徒一年半,决脊杖十五,放;徒一年,决脊杖十三,放。对于杖刑:杖一百,决臀杖二十,放;杖九十,决臀杖十八,放;杖八十,决臀杖十五,放;杖六十,决臀杖十二,放。对于笞刑:笞五十,决臀杖十,放;笞四十、三十,决臀杖八,放;笞二十、一十,决臀杖七,放。"折杖法"的适用使"流罪得免远徙,徒罪得免役年,笞杖得减决数",体现了宋朝立法缓解社会矛盾、宽减刑罚的精神。

第二,民商性质的内容比唐律更加完善。《宋刑统·户婚律》中的"户绝资产"门、"死商钱物"门、"典卖指当论竞物业"门和"婚田入务"门等都是唐律所没有规定的。"户绝资产"门规定了一般民户的财产继承法;"死商钱物"门规定了商人和外国商人的财产继承法,明确了财产继承人的范围和遗产的分配、处理原则;"典卖指当论竞物业"门规定了典卖和倚当钱物的本户法定人选以及典卖契约、典卖原则、典赎时效等;"婚田入务"门规定了地方官府受理田宅、婚姻和债负等民事诉讼的期限。由于唐宋之际社会生活发生了巨大变化,《宋刑统》所承袭的部分唐律条文已经过时,如奴婢不得与齐民为伍,奴婢、贱人类同畜产等规定在宋朝皆成具文。

(二)规模宏大的编敕

编敕是宋朝重要的立法活动,也是宋王朝调整和变革法律的主要途径。《宋史·刑法志》记载:"宋法制因唐律、令、格、式,而随时损益,则有编敕。"编敕是皇帝发布命令的一种形式。在特定的时间对特定的人或事发布的圣旨,叫作"散敕"。散敕缺乏稳定性,亦不具有普遍的效力。使其上升为一般的法律形式,还须经过一定的编修程序。在宋朝,每过一段时间,统治者便把积年的散敕分门别类加以整理,删去重复,去其抵精,编纂成书,加以颁布,这种活动就是"编敕"。大体说来,神宗以前是律敕并行时期。神宗时敕的地位上升,之后便进入了以敕破律、以敕代律的时期。就其特点而言,宋朝编敕种类之多、规模之大、范围之广超过了历代王朝。据不完全统计,宋朝编敕达二百二十余部,一万四千余卷。这种大规模的编敕活动既是宋王朝强化中央集权的结果,也是这一时期商品经济发达、社会生活日趋复杂的表现。在宋朝的编敕活动中,民商性质的内容占有突出的地位。

(三)南宋时期的条法事类

所谓"条法事类",是指以事为类,统编敕、令、格、式等形成的综合法典。北宋神宗以前,法典的内部结构为律、令、格、式、敕,编纂的原则为"各分门目,以类相从"。神宗时,敕的地位上升,法典编纂不再采取以门统类的方法,而是"各随其罪,厘入诸篇,以约束为令,刑名为敕、酬赏为格,更不分门"。这样,官员检用法律甚为不便,以至于"检用之际,多致漏落"。

南宋自孝宗始,便力矫北宋后期法典编纂之弊,致力于法典的系统化和便捷化。法典的编修最终是为了适用。在如何便于查阅问题上,从编敕到敕令格式,再到条法事类,反映了宋朝探索法典编纂的努力。

三、法律形式

宋朝的法律形式大体上因袭唐律,即律、令、格、式。此外,敕与例也是宋朝重要的法律形式。敕的含义,前述编敕部分已有说明。例在宋朝有三种:一是"条例",即皇帝发布的特旨;二是"断例",即审判案件的成例;三是"指挥",即中央官署对下级官署下达的命令。例最初是临时性的决定,后来被广泛运用于政府活动尤其是司法实践,其地位越来越高,编例也变成重要的立法活动。宋朝的编例主要有《熙宁法寺断例》《元符刑名断例》《崇宁断例》《绍兴刑名疑难断例》《乾道新编特旨断例》《开禧刑名断例》等。

总之,宋朝为了适应社会生活的需要,重视法律在治国安邦中的重要作用,立法频繁而独具特色,在中国法制史上占有重要地位。

第二节 行政法律

宋朝的行政管理表现在两方面:一是在《宋刑统》中设"职制"篇专门加以调整、规制;二是多以敕令及单行法规的形式加以规定。从种类上说,有专门规定官吏考课内容的考课法,如仁宗朝颁布的《嘉祐考绩新书》《庆元条法事类》卷五的《考课》等,也有中书省颁布的《中书省官制事目格》《大观中书敕令格式》等。此外,涉及国家机器的运作,包括皇位继承、皇帝决策机制等方面,还有一些家法祖规(史称"祖宗家法",又称"赵宋家法")发挥重要作用。

与唐朝相比,宋朝的行政法律具有如下特色:

第一,宋朝政治制度的侧重点在于中央集权。从宋太祖开始就注重制定一套集政权、军权、财权、立法、司法权于中央,尤其是集于皇帝一身的家法祖规,这套"赵宋家法"严密防范文臣、武将、女后、外戚、宗室、宦官专权。

第二,确立官僚政治体制,庶族地主出身的士大夫在赵宋政治舞台上占有重要地位。唐末以来,门阀士族退出历史舞台,宋朝建立后,科举制度更加完善,庶族地主出身的士大夫通过考试广泛地参与各级政权,新的由广大庶族地主知识分子参与的士大夫官僚政治体制确立。新官僚政体下的士大夫，作为统治集团的主体，其门第族望观念较为淡漠，“取士不问家世，婚姻不问阀阅”成为流行于宋朝社会的主流价值观念。庶族地主出身的士大夫集政事、吏事、法律素养于一身，关心国家大事与民间疾苦，议论朝政、改革社会是宋朝士大夫当仁不让的价值观和历史责任。宋朝最高统治者也用法律的形式对此加以规定。

第三，规定了从中央决策、权力运作到官员的设置、职权划分、官员的铨选、考课的诸多方面，宋朝的行政法律已达到了相当健全、成熟的程度。

一、行政体制

(一)中央行政体制

宋朝政权初建之时，政治制度的侧重点在于厉行中央集权。因此，宋初至宋神宗元丰改制前. 中央行政体制虽仿效唐朝，有三省六部之名，但无实际职责。具体实行中央行政职权的机关是“二府三司”。元丰改制后，三省六部职权恢复。

所谓“二府”，是指中书门下与枢密院。中书门下是宋朝的最高行政机关，与唐不同的是，它不再是宰相的联合机构，而是脱离三省的独立的行政机构，其长官为“中书门下平章事”，行使宰相职务，一般置二三人。另设“参知政事”为之副。中书门下作为中央的最高行政机构有权对下属行政机关发布命令，下属机关也可直接向中书门下报告工作。史称，中书门下“佐天子，总百官，平庶政，事无不统”。

枢密院为中央最高军事行政机关，其职能是“掌军国机务、兵防、边备、戎马之政令，出纳密命，以佐邦治。凡侍卫诸班直、内外禁兵招募、阅试、迁补、屯戍、赏罚之事，皆掌之”。枢密院长官为枢密使，其品级与宰相等。因此，中书门下和枢密院被称为“二府”。

枢密院虽为中央最高军事行政机关，掌全国军事、调兵之权，但枢密使、枢密副使及院中其他官员俱不统兵。这样，一方面军政移于枢密院，削弱了宰相的权柄，使枢密院与宰相互相牵制，以防专权；另一方面使调兵权与统兵权互相制肘。这便是宋朝中央集权的结果。

宋把晚唐以来的度支使、盐铁司、户部司合而为一，称为“三司”，其长官称“三司使”，副长官为三司副使。三司使统领三司，总管国家财政，地位略低于参知政事，故有“计相”之称。神宗改制后，三司并归户部。

(二)地方行政体制

宋初，地方政权分为州、县两级。州、县长官由朝廷定期派员轮任差遣，或由朝官外补，称作“知州”“知县”，以杜绝地方官员结党揽权。其后，宋朝从集权中央的大处着眼，总的趋向是地方机关职权分散，加强中央对地方的监控，在州以上置路。如此，宋的地方体制是路、州(府、军、监)、县三级。

宋朝的路大约相当于唐朝的道，带有监察区的性质。路置经略安抚使(南宋称帅司)掌管一路军政；设转运使(南宋称漕司)掌财赋。各州除必要的经费支出外，各种税收都要经转运使送交中央。后来转运使职权逐渐扩大，兼理边防、治安、钱粮、监察等项事务，成为府州以上的行政长官。提点刑狱司(南宋称宪司)掌司法；提举常平司(仓司)掌赈灾或盐铁专卖。上述四机关互不统摄，他们之间可互相监督，都对皇帝直接负责，以防止地方长官揽权。

府、州、军、监为路以下的同级机构。府、州大约与秦汉时的郡同，但府的地位略高于州，凡皇帝即位前居住过或任过职的州，在其即位后便升格为府。军在唐时原为军事机构，五代后逐渐演变为行政区。监多设在矿区，一般不管民政。府、州、军、监的长官为知府、知州、知军、知监。由皇帝直接任命的文官充任，以防止过去由武将兼领地方官所造成的拥兵自重现象出现。宋朝还对地方官实行“三岁一易”和本地人不能任本地官的制度，使地方官不得据地自守。为牵制知府、知州的权力，并对其进行监察，还在各州、府设立“事得专达皇帝”的通判。通判除对知府、知州实行监察外，还负责一府或一州的财政。府州内一切政令若无通判联署则无效，通判可以随时向皇帝报告情况，其素有“皇帝耳目”与“监州”的称号。

县以知县为长官，由皇帝任命文官担任，改变了五代以来由节度使委派亲信驻县（称镇将）所造成的武人把持政务的局面，加强了中央对地方的控制。

宋朝行政体制的设置及其变化充分体现了统治者强化中央集权的立法思想。正如宋人范祖禹所言：“收乡长、镇将之权悉归于县，收县之权归于州，州之权归于监司，监司之权归于朝廷。”从此，唐末以来所形成的藩镇割据势力被消灭殆尽。

二、科举制度

科举制度创自于隋唐。此前，官员的选任以荐举为主，以考试为辅，隋唐之后，尤其是宋之后，中国古代的官员选任则以考试为主，以荐举为辅，另有恩荫补官等制度。

（一）科举考试的分类与内容

宋朝科举考试主要分为贡举常科与制科两大类别，考试内容略有差异。

贡举常科有固定的时间（宋太宗时，定为每三年举行一次），在科举考试中地位最重，常科包括进士科、诸科、武举、童子试等。

进士科最受社会重视。就考试内容而言，自唐以来，诗赋即为考试的重要内容，宋真宗时增加策论内容，但仍以诗赋进退，不参考策论。宋仁宗后，社会矛盾激化，宋统治者迫切需要谙吏事、晓法律、明治国大道的综合性人才，故策、论的地位逐步升高。以策论定去留是宋朝科举考试内容的重大变化，科举为宋朝培养了大批通经致用的人才。

诸科在宋初也称明经，其中包括九经、五经、三史、三礼、三传、学究、开宝通礼等。诸科考试内容各不相同，以九经为最难。诸科的考试方式在宋初专试贴经、墨义，其特点是死记硬背。这与宋儒所倡导的义理之学大相径庭，故宋仁宗科举改革后以大义、策论为主，神宗熙宁变法时诸科罢废。

制科又称特科、大科、贤良科。在宋朝，由于进士考试规模的增大，制举几度罢废，科目较唐大为减少，大体上包括贤良方正能直言极谏科、经学优深可为师法科、详闲吏理达于教化科。制举的设置是为了选拔特殊人才，故考试不固定，往往由皇帝亲自考试，其标准主要取决于文辞的优劣和对经史的熟悉程度。制举考试允许内外现任、前任官员及平民百姓参加。

（二）科举制度的发展

科举制度到宋朝才较为完善，科举考试更加公平。宋朝科举制度的发展主要体现在以下方面：

其一，确立殿试制度。唐杜佑曾说：“殿前试人自此始。”[指载初元年（公元690年）武则天亲临洛阳策问贡士]但这种殿试在唐朝很少进行，真正成为制度是在宋朝。宋朝开国后，统治者贯彻文臣治国的原则,皇帝亲自考试录取士人也成为制度,元明清诸朝皆因之。

其二,推行“别头试”,为下层人士提供公平竞争的机会。“别头试”,亦称“别试”,即为主考官的应举亲属及权贵子弟参加应考别置考场,另派考官考试的制度,以防止主考官徇私舞弊。宋朝开国后,最高统治者为吸引更多的下层士人参政,使科举取士更加公平,一开始便推行“别头试”,限制权贵子弟的录用,真宗、仁宗之后开始制度化,别头试不仅包括考评官的应试亲属,请州发解时,地方长官的亲属、婚姻之家及门客,凡应试皆须参加“别头试”。

其三,实行锁院制度。贡举考试期间,贡举官一旦受命,即锁居贡院不得与外人包括家属接触。

其四,创立“糊名”“誊录”之法。“糊名”,又称弥封,就是考试后将试卷上考生姓名、籍贯、家世等贴封起来,以免主考官、评卷人员从中徇私的制度。“誊录”则是对参加应试的举子答卷重新誊录的制度。

三、铨选制度

两宋的铨选制度包括朝廷对官员的选拔、任免、考察制度,包括注授差遣、叙迁、考课、荐举、恩荫等诸多方面。

宋朝实行官、职、差遣分授制度。宋朝的官只是请俸之具、称呼之号,并无实际职掌,只是用以“寓禄秩、叙位著”而已。“职”以待文学之士,只有“差遣”才是实际职务。

在宋朝,重要官员的任用由皇帝亲自进行,称为特旨除授,主要包括宰辅、台谏、侍从、在内诸司及重要的地方长官监司、知州等。特旨除授可以打破官员的资格限制(在宋朝,没有取得进士出身的官员一般不许担任宰相),是朝廷选拔任用优秀人才的重要措施。

宋制,由宰相府或枢密院任用官员,谓之“堂除”。堂指中书门下议政之处的政事堂。元丰改制后,以尚书都堂为政事堂。堂除主要是指非特旨除授的、官阶在五品以上的官员。

除以上两种官员任用方式比较特殊外,宋时全国官僚队伍基层官员的征用,“自朝议大夫五品以下而受常调差遣者,皆归吏部”。这里所讲的官员任用、叙迁、考课制度主要是指吏部铨选制度。

宋初到宋神宗元丰改制前,铨选机构有四:审官东院和流内铨,负责文官;审官西院和三班院,负责武官。神宗元丰改制后,实行吏部四选制,以审官东院为尚书左选,主管文臣寄禄官从朝议大大,职事官从大理正以下,非中书省敕授的官员,也就是承务部以上(京朝官)官员;以审官西院为尚书右选,主管武臣升朝官从皇城使,职事官从金吾阶街杖司以下,非枢密院宣授的官员,也就是武翼郎以上(大使臣)官员;以流内铨为侍郎左选,主管文臣从初仕到幕职州县官,也就是承直郎以下到通仕郎以上官员;以三班院为侍郎右选,主管武臣从借差、监当到供奉官、军使,也就是承信郎、校副尉以上官员。

“铨试”是指获得做官资格的人员再进行考试的制度,文官称铨试,武官称呈试。宋仁宗前,进士、诸科等科举考试入仕者可直接授官,获得差遣;仁宗后,严格铨试法,除进士高科及第外,其余官员初注官必须考试过关,才能取得差遣。

宋朝对官员进行定期或不定期的考核,即考课,是官吏管理制度的重要组成部分。宋朝官吏的考核以日常考核为主,其基本办法是由各级官员所属的长官在其印纸历子上记录优劣功过，初定等级。之后，再交吏部等铨选官司审核或由宰相府裁定。宋初，流内铨注授的幕职州县官承旧制内南曹发给“历子”，以其记录平时功过绩效；进士出身担任幕职官或京朝官出任外官者，则发御前印纸。后来，“历子”“印纸”混称，泛指记载官员功过的书面凭据。两宋时期，考核的内容前后变化不一，但是根据考核优劣，决定官员的升降。宋朝一般分上、中、下三等。考课的实行对改善吏治、强化统治效能起到了一定的作用，但由于冗官泛滥，考课难免流于形式。

四、监察制度

宋初，中央监察机构仍为御史台，以御史中丞为长官，以“纠察官邪、肃正官纪”为任。御史台是集行政监察与司法监督于一身的中央最高监察机构。

御史是天子耳目之臣，“上自宰相，下至百僚，苟有非违，皆得纠劾”。因此，宋朝凡御史中丞及其副贰的选任，“当出圣意”，“必由中旨”，不准“宰相自用台官”。如果新任再执与现任御史有亲嫌关系，“则皆他徙”，即改授其他差遣。对三院御史的选任多采用官员荐举、皇帝御笔点定的方法。皇帝亲自掌握御史的任用权是宋朝监察制度的一个重要变化。

在地方，监察任务由各路“监司”负责，因各“监司”直接对朝廷负责，同时有监察州县活动的职责，因此可以有效地实现对地方的监察。同时，诸监司之间也相互纠举。宋法还允许“本州官吏互相申纠”，知州也可以通过申奏，检举揭发监司的错失和不法行为。

第三节　刑 事 法 律

宋朝刑法的罪名和刑罚原则上承袭唐律。但由于所处社会条件不同，宋朝的刑法也有自己的特色，主要表现在：第一，宋朝加重了对贼盗罪的处罚；第二，官吏犯罪的处罚先严后轻，逐步宽缓；第三，刑罚的种类除沿袭唐律的笞杖徒流死外，另有刺配、安置等刑罚。

一、罪名

中国古代以对社会危害的大小、方式、手段等为标准划分犯罪行为的种类，因此，不同性质的犯罪行为可能被划为同一种类，而同一性质的犯罪行为也有数种罪名。

（一）贼盗罪

贼盗是中国古代刑法中一个古老的犯罪概念，宋朝贼盗罪所涉及的行为十分广泛，主要包括谋反、叛逆、谋杀、造妖书妖言、强盗、窃盗、恐吓取人财物等，本书唐律部分多有论述，这里仅就造妖书妖言及强盗罪略述之。

造妖书妖言罪，又称谋乱罪。依《宋刑统》之规定，该罪是指行为人编造怪力奇异之书、谎称鬼神之语、妄说吉凶、诡言灾祥、专行诳惑，或者利用邪教惑众，特别是“僧俗不辨，或男女混居，合党连夜，夜聚明散，讬宣传于法会，潜恣纵于淫风”等行为要受到严惩。宋朝农民斗争与秘密宗教结合紧密，朝廷法律对“妖教”“妖言”一类行为的镇压也越来越严厉。

强盗罪，又称劫盗罪，是指以暴力胁迫而取财物或伤人、杀人的行为。从《宋刑统》到《盗贼重法》，宋朝法律对劫盗罪的处罚呈加重的趋势，特别是对因劫盗而杀人者，不分首从皆处死。

（二）杀人罪

杀人罪指行为人故意或过失剥夺他人生命的行为。宋朝刑律依据杀人的目的和方式不同，把杀人罪分为多种。《宋刑统》将谋杀和劫杀规定在《贼盗律》中，其他则规定在《斗讼律》中。谋杀，指二人以上合谋杀人，为杀人罪中最为严重的一种，故被列入《贼盗律》之中。劫杀，指以暴力的方式夺取他人财物并剥夺他人生命的行为，犯者皆斩。故杀，指故意剥夺他人生命的行为。知而犯者，谓之故。故杀人者，皆斩。斗杀，指行为人本无心杀人，只是在斗殴中不慎致他人死亡的行为。斗杀，处绞刑。误杀，即行为人虽系有意杀人，但所杀之人本应是甲，却杀死了乙。误杀，流三千里。戏杀，即无杀人之意，只因于互相戏耍中致他人死亡。戏杀，徒二年。过失杀，行为人无杀人之意，但因“耳目所不及，思虑所未至”，而致他人死亡。过失杀一般都依照故杀应得真刑而赎。

需要注意的是，基于杀人者和被杀者的关系不同，同一类杀人行为对杀人者的处罚是不同的，由此派生出各种具体的杀人罪名，如谋杀中的谋杀制使，谋杀周亲尊长、外祖父母、夫、夫之祖父母、父母，谋杀缌麻以上尊长，谋杀故夫之祖父母、父母等，一般皆处死；而尊长谋杀卑幼，依故杀减等，已杀者，依故杀论。

（三）官司出入人罪

官司出入人罪是指司法官员在审判活动中因自己的故意或过失，致使有罪判无罪、重罪判轻罪（出罪），或无罪判有罪、轻罪判重罪（入罪）。司法官员出入人罪，须负刑事责任。

故出入人罪，指司法官员因谋取不当利益（如收受贿赂、接受请托等）或畏惧权势故意使有罪判无罪、重罪判轻罪或无罪判有罪、轻罪判重罪的行为。依《宋刑统》的规定，构成故出入人罪的，分以下几种情况处理：

第一，故意出入人罪，全出全入的，以全罪论，即被告人本无罪，而法官虚构锻炼成罪，则以所虚构罪应得的刑罚论处法官。出罪亦然。

第二，故意从轻入重或从重出轻者，原则上以所剩论，即以法官所增减的刑罚还论法官之罪。如果因此而改变刑罚种类的，笞杖之间和徒流之间仍以所剩论；而笞杖与徒流之间以及徒流与死罪之间的改变，则以全罪论。

第三，在追究法官责任时，凡在文案上签署的官员都要负刑事责任，但分长官、通判、判官和主典四等。其轻重首从要看错判是由谁开始造成的，依次每等递减刑罚一等。主首故意错判而其他几等官不知情者，则只论主首官故出入人罪，其他官为失出入人罪。

失出入人罪，指司法官员因自己的过失而导致出入人罪的行为。按照《宋刑统》的规定：“断罪失于人者，各减三等。失于出者，各减五等。”这里的减等是与故出入人罪相比较。

二、重惩贼盗的思想与《盗贼重法》

《宋史·刑法志》载：“太祖、太宗颇用重典，以绳奸慝。”宋朝统治者偏重于用严刑惩治奸邪顽恶的犯罪行为。贼盗罪严重危及封建国家的稳定，故以重刑惩处，这在宋朝的刑事立法、刑名、罪名中都有所反映。

(一)“临下以简”与重惩盗贼

宋初,太祖鉴于五代刑法残民之甚,曾于建隆年间制定刑统时,提出“临下以简,必务哀矜”的立法方针,因此,与五代相比,《宋刑统》不但减轻了对窃盗、强盗罪的处罚,而且在刑罚方式上首创“折杖法”。当只有严刑才能维持和巩固封建政权时,宋王朝便以重法惩治贼盗。实际上,与唐朝相比,重惩盗贼是宋朝一以贯之的刑事思想,这不仅体现在宋朝的基本法典《宋刑统》中,也反映在作为特别刑事法规的《重法地法》之中。《宋史·刑法志》载:“祖宗仁政,加于天下者甚广。刑法之重,改而从轻者至多。惟是强盗之法,特加重者,盖以禁奸宄而惠良民也。”

(二)《宋刑统》对“强盗罪”加重处罚

与唐律相比,《宋刑统》对“强盗罪”的处罚明显加重。《唐律疏议》规定:“诸强盗……杀人者,斩。其持杖者,虽不得财,流三千里。”而《宋刑统》规定:“准显德五年七月七日敕条:今后一应持杖行劫,不问有赃、无赃,并处死。其同行劫贼内,有不持杖者,亦与同罪。”为了更严格地执行《宋刑统》的规定,以窦仪为首编纂刑统的大臣们又向朝廷建议:凡持杖行劫,一准旧敕,不问有赃无赃一律处死;其余强盗,凡是以暴力取其财,不论是先强后盗或先盗后强,若与人药酒及食,使狂乱而取其财者,一律按强盗罪,计赃处死。这说明,建隆年间的“临下以简”只是减轻对一般刑事犯罪的处罚,对强盗罪则比唐律为重。太宗年间,为了镇压王小波、李顺领导的农民起义,刑罚更趋严苛。太宗曾下诏:“其贼党等或取恣凶顽,或辄行抗拒,即尽加杀戮,不得存留。”

(三)《盗贼重法》

宋仁宗中期以后,社会矛盾加剧,出现了“天下盗贼纵横,郡县悉不能制御”的严重局面。对此,仁宗于嘉祐六年(1061 年)命京畿诸县将有关惩治盗贼的敕令汇编起来,立为“窝藏重法”。自此,有关贼盗的敕令就从编敕中独立出来,成为严惩盗贼的法律依据。随后,又将京畿开封府东明、考城、长垣县划为“重法地”,凡在重法地犯贼盗罪者,加重处罚。

继仁宗之后,英宗于治平三年(1066 年)下令“开封府长垣、考城、东明县并曹、濮、溶、滑州诸县,累有凶恶之人结集,疆劫人户财物,杀害捕盗官吏,须议别立重法”。宋神宗于熙宁四年(1071 年)重新颁布《盗贼重法》,史称:“熙宁四年,立《盗贼重法》。凡劫盗罪当死者,籍其家赀以赏告人,妻子编置千里。遇赦若灾伤减等者,配远恶地。罪当徒、流者,配岭表。流罪会降者,配三千里,籍其家赀之半为赏,妻子递降等有差。应编配者,虽会赦,不移不释。凡囊橐之家(即窝藏之家),劫盗死罪,情重者斩,余皆配远恶地,籍其家赀之半为赏。”至哲宗时,“重法地”又扩大到陕西路和永兴军,总面积约占全国二十四路的百分之七十一,《盗贼重法》已基本上取代了《宋刑统》中的“贼盗律”,其处刑也愈加严酷。

然而,重法并没有有效遏止贼盗的发展,哲宗时大臣范祖禹慨叹:“自行法以来二十余年,不闻盗贼衰止,但闻其愈多耳。”徽宗转而实行军事镇压与抚谕招安两手策略,南宋时期社会形势更加紧张,政府对贼盗的惩治进一步加重,并重赏告奸,但对饥民为盗贼者从轻处罚。终宋之世,重惩贼盗都被作为其一贯方针。

三、刑罚制度的变化

宋朝刑罚基本上沿用唐律。就原则而言，宋朝继续沿用唐律的十恶、八议、区分故意与过失、划分公罪与私罪、自首减刑、共同犯罪加重处罚等刑罚原则。宋朝的刑罚在唐律笞、杖、徒、流、死刑的基础上有所发展变化。其内容主要是：

第一，折杖法。宋开国之初，为行宽仁之治，于建隆四年（公元963年）制定了“折杖之法”，即用脊杖和臀杖分别取代原来的流、徒、杖、笞之刑。此后，隋唐确立的封建制五刑已名存实改。

第二，刺配。刺配是一种混合刑，包括决杖、刺面、流配。最初为杂犯死罪宽贷之刑，后来随着对贼盗罪处罚的加重，凡犯贼盗罪而被流放的犯人也用杖脊、刺面，遂使刺配之人越来越多，刺配之法亦达570余条。

第三，编管。编管即把犯罪之人编入外州户籍，并使其接受监督管制，限制其人身自由的处罚方法，主要适用于朝廷命官而犯重罪者，是宋朝不杀士大夫之祖训在刑罚上的具体表现。根据不同情况，编管又分羁管、编管和编置。羁管以囚禁为主，主要处罚宗室犯罪情节严重者。编置是指将犯人编于外州户籍而安置之，适用于情节较轻的犯罪。

第四，安置。安置是将犯罪者贬谪到远恶之地居住并限制其人身自由的处罚方法，主要适用于官吏犯罪。

此外，宋朝的死刑，除绞、斩外，还有凌迟、杖杀等残酷的刑罚执行方式。

在财产犯罪的定罪量刑标准问题上，宋代较前代发生很大变化。以窃盗为例，唐朝以绢计赃，由于绢价不断变动，宋初改为以钱计赃。《宋刑统》承唐律之旧，仍以绢匹为准，但在敕中又以钱贯为准，形成两个标准并行的局面。绢钱比值和不同种类的钱币之间的比价不断变动，宋朝的盗法对此有详细规定，并在不同时期作出相应的调整。

第四节　民事经济法律

宋朝的社会经济和阶级结构发生了深刻变化，随着租佃制度的普遍确立，客户及手工业者等人的人身依附关系日趋松懈。商品经济的繁荣及私有制的深化使私有财产（包括小生产者的私有权益）的占有、收益、处分以及典当、担保、继承、婚姻、债负等民事法律关系的发生更加频繁，日益活跃。宋朝民事立法较唐朝有了很大发展，并对元、明、清诸朝产生深远影响。此外，商业的发展也推动了商事法律的发展。

一、户籍、身份与人的行为能力

宋朝，民事主体的范围扩大，客户、雇工、人力、女使成为民事主体。由于商品经济的发展与租佃制的兴起，农民的人身依附关系大为削弱，此前的“贱民”在宋朝成为具有权利能力的人，其表现在三个方面：一是部曲上升为佃客或客户并具有国家的正式户口。在唐朝，部曲是地主的私属,不具有独立的地位,不是法律上的民事主体。《宋刑统》虽然仍沿袭唐律,保留了部曲的概念,但在实际生活中,部曲已上升为客户,不再是地主的私属。二是契约关系下的雇工,代替了唐朝轮差劳役制下的工匠,也取得了法律主体的资格。三是家庭中的人力(男仆)和女使(女仆)代替了唐朝的奴婢,同客户、雇工一样成为国家的编户齐民,法律在一定程度上保护他们的利益。当然以上三种人的法律地位与地主相比,还存在一定的差距,远没有取得平等的地位。

在户籍方面,宋朝以有无不动产为准,将户口分为主户与客户。主户承担赋役,分五等。一般来说,四、五等户是自耕农;二、三等户是中小地主,占田为一顷至三顷;一等户是大地主,占田在三顷以上至数百顷。客户主要指租佃地主土地耕种的农民,文书上一般称为佃客。在两宋的户口比例中,主户约为百分之六十五,客户约为百分之三十五。城市的户籍称为"坊廓户"。坊廓户分为十等,各地依据的财产标准不同,上五等户大体与乡村上户一样,"乃从来兼并之家"。主户、客户皆属平民,具有独立的法律人格。

此外,在家庭内部,妇女、卑幼的法律地位也有较大提升。法律承认卑幼在大家庭中的私有财产权利,妇女财产权、离婚权和再适权有所扩大。

一般来说,法律把能负担职役的人称为"丁",即成人之意,类似于现代民法中对具有完全行为能力的人的规定。《宋刑统·户婚律》载:"户令……其男年二十一为丁,六十为老。"实际上,这只是对唐律的形式沿袭,真正执行的是敕令。乾德元年(公元963年),"令诸州岁奏男夫,二十为丁,六十为老,女口不预"。成丁年龄可视为法律规定的成年年龄,类似于现代的民事行为主体。女子虽不计户口,但依惯例,与男子同。

至于诉讼能力,法典并无统一规定。据《宋会要辑稿》载,南宋绍兴十三年(1143年),"大理寺参详:户部所申违法典卖田宅,陈诉者依敕自十八岁理限十年,系谓典卖田宅之时年小,后来长立,方知当时违法之类,即合依自十八岁理限十年陈诉"。这表明,年满十八岁者可在典卖田宅方面独立起诉。

二、物权

中国古代无现代民法意义上的"物权""债权"概念,也不曾对物权进行详细区分。宋朝以物的自然形态为准,将物分为财物和产业。凡可移动的有体物皆称为财物;凡不可移徙的田宅及定着物皆称产业。私人所具有的财物称为私财或私物;国家所有的财物称为官财或官物。动产所有权人称为财主或物主,不动产所有权人称为业主或田主、房主等。

宋朝民事立法中虽然没有物权、所有权等概念,或者说,物权、所有权之类的字眼在宋朝典籍中尚未出现。但是,由于宋朝商品经济的发展,现实生活中的财产关系十分复杂,所有权基础之上的他物权,如水佃权、典权、抵押权等,在社会生活中已是司空见惯。对此,宋朝制定详细法规加以调整,其民事立法比唐朝详备。

(一)所有权

宋时,财物主要包括六畜、生活用品等,有时也包括附着于土地的矿物及植物,还有货币及有价证券等,产业主要指田宅。《宋刑统·户婚律》规定:"器物之属,须移徙其地……地既不离常处,理与财物有殊。"

宋朝,国家土地所有制日趋衰落,地主土地私有制迅速发展,在商品生产和货币流通的作用下,宋朝官田趋于私有化,官租也趋于私租化,封建的租佃制得到广泛发展。土地所有权的取得主要是通过垦田、继承、受赐、买卖等途径。宋朝法律对土地产业的保护主要体现在以下三个方面:

第一,依法承认新垦荒田的所有权,鼓励农民垦辟荒田。太祖登基后曾下诏:"所在长吏谕民,有能广植桑枣,垦辟荒田者,止输旧租。"意即全国所有官员应告诉所辖地区的百姓,如能开垦荒地,广植桑枣则只输旧租,新垦田地不交租赋。太宗时规定,"垦田即为永业",也就是说,谁垦田,谁拥有所有权。

第二,宋律既维护以地主土地所有制为核心的私有权,又对私有资产的原始取得和归属作了补充规定,调整范围比唐律广泛。《宋刑统》原则上照录唐律各条,但对新情况之下土地所有权的归属作了补充规定。《宋刑统·户婚律》规定:"准唐《田令》,诸田为水侵射不依旧流,新出之地,先给被侵之家。若别县界,新出依收授法,其两岸异管,从正流为断。"此规定既保护了被侵者的利益,也增加了土地所有权取得的条件及断其归属的办法。

第三,建立完备的税契制度,强化对不动产所有权转移的干预。其一,不动产所有权的转移需要官府承认,即"皆得本司文牒,然后听之"。其二,以红契作为勘断田宅交易纠纷的法定依据,红契又称赤契,系由官府在当事人已纳税的契约上加盖公章而得名。宋初,法律规定:"初令民典买田土者,输钱印契。"北宋后期,法律规定:"诸以田宅契投税者,即时当官注籍,给凭由付钱主。"凡是以田宅交易签订契约向官府纳税的,签约时须当即向官府登记,由官府向钱主发放凭证。红契是田宅私有权的法律凭证,既保证了封建国家的财政收入,也在一定程度上为劳动人民获得土地所有权提供了法律保证。

宋朝,动产所有权的取得大体上可分为原始取得和继受取得两种方式。原始取得包括生产、先占、强制所得、取得原物之孳息等;继受取得有买卖、互易、赠与、继承等。

第一,无主物的先占。宋朝以前,我国古代法律已有了准许对无主物先占的规定。宋朝法律承认先占权,《宋刑统》承袭唐律之规定:"诸山野之物,已加功力刈伐积累,而辄取者,各以盗论。"凡山野间的物产,如柴草、木料、药材、矿石等,若有人已花费了工夫、力气,或加以刈割、斫伐,或业经积累、聚集,如再有人妄自拿取的,各依盗窃罪论处。《庆元条法事类》规定:"诸系官山林辄采伐者,杖八十,许人告。"这说明法律保护所有人的先占权。

第二,对于阑遗物、宿藏物、漂流物的处理规定。唐律对"得阑遗物",即拾得遗失物,原则上要求拾得人五日内送官府,否则以"丢失器物"罪论处。对于宿藏物,即地下埋藏物则分三种情况处理:一是在一般情况下,凡是有人在别人的土地上得到埋藏物品,依杂令应该与土地的主人平分。倘若隐瞒而不按规定平分送与土地主人,就计应该还给土地主人的一半,按"坐赃罪减本刑三等处罚",判徒刑一年半为止。二是对于借得公家田、宅的人,应以现住、现佃的人为主人,倘若劳作人及耕地人得到埋藏物的应与借佃、借住的主人平分。三是对于私人田宅,各有原来的本主人,借的人并没有花工夫气力,而劳作的人得到埋藏物,自应与田宅的本主人平分。借到的人既不是原来的本主人,又未出过工夫气力,故而不能分得财物。但对于他人私有土地内发现"形制异于常者"(钟鼎之类的器物),送官府后,官方要给发现人一定的报酬。《宋刑统》对上述规定一一照录。

除此之外,《宋刑统·杂律》"地内得宿藏物得阑遗物"门准用唐《捕亡令》《厩牧令》《杂令》的有关内容,并补充了以下规定:

其一,凡得到阑遗物(遗失物),皆送随近县,在市得者送市司。所得之物,皆悬于门外,凡有人认领者,由官府检验后,令其具保给还之。若遗失物无明显记号,但有充足的证据证明其是失主者,亦给还之。若经过二十日,无人认领者,由官府收管,并把物色品种记录在案,通晓所失物附近城乡,经一周年无人认领的,由官府没收。没收之后,其物犹在,若失主前来认领,只要证据充分,仍发还失主。

其二,凡得到官私马骡牛驴羊等,只有官方印记而无私印者,送官府牧养。若无官印,或虽有官印而又有私人印记者,经一年无失主认领,即可由官府重打印记(不得破坏原有印记),收官单独牧养。若有失杂畜者,令失主赴由官府专门牧养遗失牲畜的牧场认领,检验核实后印"还"字,发还失主。各州镇所得阑遗牲畜,须在当界内访主人,经过两季无主识认者,可在当处出卖。卖时,先卖给官府驿站,待入官后,仍有失主前来认领,官府检验核实,发还失主所卖之价。

其三,对于漂流物的取得增加新规定:凡公私竹木为暴水漂失,有能接得者,并积于岸上,明立标榜,于所在官府申请批文。凡有失主前来认领者,江河五分赏二分,其余水流五分赏一分。若三十日,无人认领,归拾得人所有。

可见,宋朝的立法者适应经济的发展和社会生活的需要,对民事法律关系中所有权的认识进一步深化。《宋刑统》不仅主旨明确地保护社会、个人的私有财产权,而且对不同情况下各种所有权的取得或丧失的依据及方法作了详细规定,这反映了宋初民事法律关系的发达及物权立法的充实。《宋刑统》对阑遗物和漂流物的处理,无主物的占有及杂畜物取得的手续、条件及奖赏原则、程序诸方面的规定,是商品经济繁荣及私有制深化在立法上的具体表现,同时表明立法者注意到在一定情况下(如在江河拾到漂流物是有一定代价和危险的),应当给拾得者适当的报酬和奖励,这既弘扬了拾金不昧的精神,又鼓励了他人在特殊、危急情况下积极抢救遗失物、保护社会个人财产的积极性。这种意识既是对唐律的重大发展,也符合民法精神。

(二)典当、倚当、抵当

典当、倚当与抵当皆为所有权基础之上的他物权,可视为宋朝民事法律中的用益物权与担保物权。这些权益反映出宋朝社会生活经济关系的复杂及民事法律关系中所有权的深化。

宋朝的典当是现代民法意义上典权和质权的混合物,既包括不动产(如田宅)的出典,也包括动产的质押。一般来说,在中国古代,典当是以抵押作借贷的经济活动,它的出现是经济生活日趋复杂、商品经济繁荣昌盛的反映。作为以抵押取贷的经济活动,生活用品的典当在唐朝已普遍存在于寺院与民间。杜甫作诗云:"朝回日日典春衣,每日江头尽醉归。酒债寻常行处有,人生七十古来稀。"典当作为不动产转移的独立方式是在宋朝形成和发展起来的。不动产典当主要是指田宅,宋朝一般称典卖,法律对此规定得较为细密。动产的典当一般称为"质",从事此类活动的行业在宋朝民间十分普遍。

《宋刑统》将典当称为典卖,并与"倚当"同视为不动产的转移方式。然而,实际上宋朝法律中的典卖并无"卖"的真实含义,典卖人仍然保留着所有权和回赎权,而典价也是低于卖价的。现实生活中经常出现先典后卖的现象,但此时若典主为买主,必须把典与卖之间的差价向出典人补足。这时,已不是典卖而是买卖了。

以田宅为转移标的的典卖产生典权。《宋刑统·杂律》规定:"收质者非对物主不得辄卖。"典权人对典产负有管理、修缮(如房屋)和交纳赋税的义务,若典权人因故意或过失使典产毁损,要负赔偿责任;典产因天灾而毁灭,典权人不得向出典人索取新的典产。由于田宅既是人们的生产用品,也是人们的生活用品,而且土地的转让还关系封建朝廷的赋税收入,故宋朝法律对田宅的典卖规定了与绝卖相同的法律手续,要求十分严格。一方面,典当田宅须立合同契约,《名公书判清明集·户婚门》载:"在法(即依法之规定):典田宅者,皆为合同契,钱、业主各取其一。此天下所通行,常人所共晓。"另一方面,典当田宅必须办理过割手续。也就是说,双方须到官府办理移交转让手续,并由官府在契约上加公章,然后出典人须把典产移交给典权人。《名公书判清明集·户婚门》还记载:"在法:诸典卖田宅并须离业。又诸典卖田宅投印收税者,即当官推割,开收税租。必依此法,而后为典卖之正。"

在典权关系中,宋朝法律同时维护出典人及典主的权利,对典权的时效、续价交付的时限、价金的种类及典产添附物的归属等作了规定。为保护典主的利益,法律严禁重复典当。《名公书判清明集·户婚门》记载:"诸以己田宅重复典卖者,杖一百,牙保知情与同罪。"对于出典人的回赎权,法律也同样予以保护。《宋刑统》引宋太祖建隆三年(公元962年)十二月敕节文:"今后应典及倚当庄宅、物业与人,限外虽经年深,元契见在,契头虽已亡没,其有亲的子孙及有分骨肉,证验显然者,不限年岁,并许收赎。"关于典权的收赎期限,宋朝规定一般为三十年,对于户绝者,法律允许出典人于典限外半年以本钱收赎。对于赎价的交付时限,法律规定要在典契届满一百二十日内交付典主。由于宋朝商品经济发达,货币流通中不仅有金属铸币,也有纸币,对此,法律规定:民户典卖田宅者,原是现钱者,以现钱(指铜钱)赎;原来是官会(指官府发行的纸币)者,以官会赎;原是钱、会中半者,以中半赎。若典主在典得的土地上栽种树木,其归属如何处置,法律也有规定。北宋天圣八年(1030年),坊州人马固状典得马诞顺田,后添木三百,发生了纠纷。对此,宋廷特下敕令:"自今后如元典地栽木年满收赎之时,两家商量,要即交还价直;不要取便斫伐,业主不得占吝。"

动产典当一般称为"质",典当之动产多是生活用品,如衣物、金银首饰之类。宋时,民间动产典当十分流行,"当铺"遍设全国各地,典当已然成为一个行业,有时人们也称当铺为"解库""质库",寺院中的当铺称"长生库"。在南北朝隋唐时典当契约称为"质契",宋金元时称为"质卷""解帖",明清时称为"当票",是典当行为发生的法律凭证,上面一般须记明典当招牌、地址、抵押期限、利息计算。发生纠纷时,官府以此为断。

倚当是指所有权人将土地、房屋等不动产使用权及部分收益权转让他人,以领取现钱的活动,其法律关系介于典权与抵押权之间。倚当与典当(不动产典当)非常相似,都以不动产即田宅为转移标的,出让其占有、使用、收益权,并且都要签订书面契约,办理过割手续。其区别在于:倚当物的收益只限于约定的利息额内,如有超过,则要归还倚当人,而典当中典产的收益全部归典权人所有。倚当也不同于抵押,倚当必须转移不动产,税负也一并转移。太宗太平兴国七年(公元982年)诏:"民以田宅物业倚当与人,多不割税,致多争讼。起今后应已收过及见倚当,并须随业割税。"倚当的手续与典当相同。

抵当指抵押人为履行债务而向债权人提供不移转占有的不动产田宅作为担保的活动。抵当不同于倚当,南宋吴恕斋说,抵当,不过税,不离业,只是约定日期,还钱取契。因此,抵当具有抵押性质。

此外,宋朝法律还有"指名质举"的概念。"指名质举",又称"契押",指抵押人指定抵押田产而实际上并不交付抵押物,仅将表明抵押物的上手契交付抵押权人。"契押"不是只以契件为标的,而仍然是以契件所指向的不动产为标的。

三、契约制度

宋朝契约关系广泛发生,契约种类很多,包括田宅契约、买卖契约、典当契约、借贷契约、赠与契约、寄托契约等,形成了较完善的亲邻、契纸、契税、交割等制度。

(一)亲邻制度

农业社会聚族而居的状况使财产,特别是田屋产业的变动与家族关系密切相关。郑克说,"卖田问邻,成券会邻,古法也",也就是说,家族和邻里的认可是不动产买卖关系成立的重要条件。唐朝以法律形式明确了亲邻的先买权,宋朝又进一步发展。《宋刑统》规定:"典、卖、倚当物业,先问房亲;房亲不要,次问四邻;四邻不要,他人并得交易。房亲着价不尽,亦任就得价高处交易。如业主、牙人等欺罔邻、亲,契帖内虚抬价钱,及邻、亲妄有遮怪者,并据所欺钱数,与情况轻重,酌量科断。"开宝二年(公元969年)进一步规定:"其邻以东、南为上,西、北次之。上邻不买,递问次邻。"绍圣元年(1094年)又规定:"应问邻者,止问本宗有服亲,及墓田相去百户内与所断田宅接者。"亲邻先买权的规定逐渐细化。据《名公书判清明集》载《庆元重修田令》规定:"诸典卖田宅满三年,而诉以应问邻而不问者,不得受理。"即亲邻先买权的时效为三年,逾期即丧失保护。

(二)契纸制度

宋朝典卖田宅必须在契约内写明当事人的姓名、典卖亩数、坐落、田色、四邻界至、产业来历、典卖原因、原业税钱、交易钱额、追夺担保及悔契责任等。契约订立三日内,会同业主、邻人、牙保、写契人,经官当面按验无误,交纳契税,官府注籍,并给凭由付钱主。

为使契约规范化,宋朝推行"契纸"制度。最初,太平兴国八年(公元983年)规定了标准契约文本。宋徽宗崇宁三年(1104年)规定:"田宅契书,并从官司印卖。除纸笔墨工费用外,量收息钱。"为推行契纸,后又敕令规定:"人户典卖田宅,议定价直,限三日先次请买定贴,出外书填,本县上簿拘催,限三日买正契。"定贴经官审查后再誉抄在正契上。南宋仍实行契纸制度,对契纸的管理也趋于严格。契纸制度对于规范契约秩序、减少纠纷起到重要作用。

(三)契税和交割制度

宋以前就有契税制度的萌芽,但正式的契税制度建立于宋朝。投纳契税的范围包括动产和不动产交易,以交易额按比例征收。宋太祖开宝二年(公元969年)开始征收契税,税率为百分之二,以后有所增加,南宋时增至百分之十,实际交纳各种杂费不止此数。由于契税及各种附加钱过重,民间典卖田宅"文契多是出限不曾经官投税",私立白契成交者相当普遍。

宋朝不动产的转移以过割赋税、业主交业为标志,宋朝割税交业法律更加完善。由于割税与交业可以分离进行，有些典卖可能已交业，得到产业的人为了减轻负担，就沟通官吏不过割赋税，或虽过割，官府却不落实，依旧差科，出现大量产去税存的情况。为此，宋徽宗政和元年(1111 年)规定，凡田宅契投税必须同时"勘验元业税租、免役钱，纽定应割税租分数，令均平取推，收状入案，当日于簿内对注开收"，从而减少相关人等从中渔利的机会。南宋的规定更加严格，须"当日于部内对注开收讫，方许印契"，"如不先经过割，即不许人户投税"，并对"先次印给契赤者，官吏重立法禁"。原业主离业，钱主管业，典卖权利义务才因实现而消灭，如未交业，"虽有输纳钞，不足据凭"。

四、商事法律

宋朝的商事立法，尤其是海外贸易的法规相较于唐朝进一步完善。形式上，多以敕令的形式颁行；内容上，其宗旨在于保护商人的合法权益、促进商品经济的流通、规范市场秩序。因此，宋朝商人的身份地位、商品交易的规模都比唐朝有所提高和扩大。

(一)保护商人合法权益，促进贸易发展

宋朝商人的社会地位比唐朝有所提高。他们有正式的户籍，被编入坊廓户中；取消了唐朝"工商之子不当仕"的规定，允许工商之子参加科举考试，所谓"取士不问家世，婚姻不问阀阅"。商人为官者，遍满州县，史称"一州一县，无处无之"。

宋朝政府还制定法律促进商品经济的发展，保护商人的合法权益。当商人的权益受到侵害时，允许越诉，这类规定在宋朝的海外贸易立法中尤其突出。

其一，严禁留难邀阻商人，保障商品的流通。宋建立后，自太祖建隆年间便开始颁布敕令，严禁留难、勒索商人。太祖建隆元年(公元 960 年)四月诏，"诸州勿得苛留行旅赍装"，"不得辄发箧搜索"。太宗淳化四年(公元 993 年)下诏："禁两京诸州不得挟持搜索，以求所筭之物。"另外，宋朝严格按照法律对商人征税，对非法增加商税的官员严加惩处。

其二，制定市舶法则，鼓励外商来华。就形式而言，两宋的海外贸易立法主要分两大类：一是律，见诸于宋朝的基本法典《宋刑统》；二是单行的法令与条规，统称为市舶条法或市舶法则，散见于朝廷颁布的各类敕令诏书中。上述法令不仅对国内商船出海的手续、物品的种类等作出规定，还对市舶机构的设置、市舶税的征收比例加以规范。值得注意的是，宋朝为鼓励外商来华贸易特别规定：以礼优待外商，设宴犒劳外商及有功人员。《宋史・马亮传》称："(马亮)以右谏议大夫知广州……舶商久不至，使招徕之。明年，至者倍其初，珍货大集。朝廷遣中使赐宴以劳之。"

(二)严格市场管理，保证产品质量

自秦汉以来，历代政府都颁布法令规定生产者、销售者对产品质量应负的责任。如唐律规定，若生产者生产假冒伪劣产品，则杖六十，产品没收。宋朝不仅在《宋刑统》中规定了生产者的责任，而且不断颁布敕令，严禁出售不合格的商品。如宋太祖乾德五年(公元 967 年)十二月诏："自今宜禁民不得辄以纸疏布帛鬻于市，及涂粉入药。吏察捕之，重置其罪。"南宋时，官府承袭上述法令。这些法令虽然不能从根本上杜绝假冒伪劣产品的出现，但对商品经济的保护作用还是值得肯定的。

五、婚姻家庭制度

宋朝社会生活发生了较大变化，反映在婚姻家庭关系中，表现为妇女和子女的地位有所提升。

（一）妇女的婚姻权利有所扩大

宋朝法律承袭了“七出三不去”“义绝”“和离”等离婚原则，同时在立法和实际生活中存在一些新的离婚方式。如南宋法律规定，已成婚而丈夫移乡或编管，其妻愿离者，听；妻子被同居亲强奸，虽未成，而妻愿离者，听。在现实生活中，有因丈夫貌丑而要求离异者，有不堪打骂与夫决绝者，有因丈夫病狂请求离婚者，有因丈夫与人私通而求去者等，这些都对传统礼俗造成冲击，改变了妇女在离婚问题上的被动地位。

妇女再嫁权在宋朝有了法律保障。如宋真宗曾下诏：“不逞之民娶妻绐取其财而亡，妻不能自给者，自今即许改适。”南宋有“夫出外三年不归，亦听改嫁”以及“客户身故、其妻改嫁者，听其自便”的规定。宋朝宗室女再嫁也经历了由严到宽的过程，至哲宗时，“宗女夫亡服阕归宫，改嫁者听”。从皇帝到平民，人们对寡妇再嫁都逐渐表现出积极支持的态度，甚至在传统的女嫁男之外出现了寡妇在夫家招后夫的婚姻形式，即招“接脚夫”。

（二）子女在家庭中的地位有所改变

宋朝法律对子女及其法律地位作了详细的规定。婚生子分为正妻所生之嫡子和妾所生之庶子，在遗产继承上虽然诸子均分，但在宗祧继承上嫡子优先。非婚生子分为奸生子和婢生子，只要其父自认，法律就承认其合法地位，并享有家产份额。遗腹子，即父亲死后才出生的子，其权利与亲生子的相同。别宅子是指没有为其生父在时认领归籍的子，生父死后法律不承认其父子关系。抱养子亦称“过继子”，在我国古代较多见，是指无子者抱养同宗晚辈为子，并须办理转移其户籍。收养子是指养异姓小儿为子，又称“螟蛉子”。《宋刑统》规定：“其遗弃小儿年三岁以下，虽异姓，听收养，即从其姓。”抱养子和收养子的权利同亲生子，但收养子在实际生活中其利益往往受到所收养家族的限制。立继子是指夫亡妻在，妻为亡夫在同宗晚辈中领养之子，地位与亲子同。命继子是夫妻双亡而无子，由近亲尊长为之议立之子，目的是承继香火和继承财产。义子在宋朝法律上是指随母改嫁而与母之后夫形成的父子关系，义子不改姓，不继嗣，也不继承财产，义父死后归宗。赘婿在实际生活中被当作无子之岳父母家的成员，在宋神宗时法律有条件地承认赘婿和义子具有一定财产继承权利。

家产以诸子均分为原则，但女儿在室（未嫁）有一定权利。北宋规定：“未娶妻者，别与娉财。姑姊妹在室者，减男娉财之半。”而在南宋的判例中，未嫁女儿却直接得到相当于其兄弟所得一半的财产。

在同居共财的原则下，宋朝法律承认家庭成员在家庭内部有一定的财产权利。《宋刑统》规定“妻家所得之财，不在分限”，即在夫家析产时，妻的随嫁财产不被作为夫的共同财产分割。《名公书判清明集》记载的判例认为，“私房续置之产，与众各无干预”，“自备钱取赎之田，不在均分之列”。这表明宋朝家庭内部财产分化加速，同居共财原则受到冲击。

第五节　司法思想与司法制度

宋朝由皇帝直接控制司法,司法制度严密,其中“鞫谳分司”与“翻异别勘”制颇具特色,同时注重通过律学考试从文人中选拔司法官吏。

一、司法思想

经历“五代十国”之乱,宋初统治者总结历史教训,采取强化中央集权的各种措施,“强干弱枝”是其基本指导思想,体现在司法活动中也是把司法权集中于皇帝,以加强中央集权统治。

朱熹(参见图13)提出了“以严为本而以宽济之”的司法原则,认为制定法律和执行法律的目的是“存天理,灭人欲”,司法活动中即使造成“伤民之肌肤,残民之躯命”的结果也是合乎义理的,因此司法中不应人为地从轻、从宽。他反对司法审判中“轻”“宽”的主张,认为“轻刑”的结果会适得其反。

图13　朱熹像

二、司法机构

(一)中央司法机构

宋初沿用唐制,中央主要由刑部和大理寺分掌司法。宋神宗官职改革前,刑部的职能主要是复核大理寺所评断的全国死刑已决案件及官员叙复、昭雪等事。元丰改制后,审刑院与在京刑狱司并入刑部,其职能扩大为“掌刑法、狱讼、奏谳、赦宥、叙复之事”。刑部正副长官分别为尚书和侍郎。

宋朝的大理寺为中央最高审判机构,主要负责评断全国各州县报请复审的刑事案件。宋时称复审为“奏谳”。北宋前期,大理寺只负责审理地方上奏的狱案,只作书面审理。《宋史·职官志》载:“凡狱讼之事,随官司决劾,本寺不复听讯。但常断天下奏狱,送审刑院评讫,同署以上于朝。”神宗元丰改制后,大理寺置卿一人为之长,少卿二人为之副,下设正、推丞、断丞、司直、评事、主簿等若干人。寺内审判事务分左、右两部,左断刑、右治狱。史称“凡天下奏劾命官、将校及大辟囚以下疑请谳者,隶左断刑”,凡京师百官刑狱,或皇帝指令审问及追穷官物,由右治狱审理。

太宗于淳化二年(公元991年)八月,置审刑院于禁中。审刑院设知院事为其长,兼设评议官六人。审刑院的主要职责是复核大理寺所裁断的案件,实际上是代表皇帝控制司法。元丰改制时,审刑院罢归刑部。

此外，中书门下省对疑难案件有权论正刑名。枢密院在哲宗后也取得对军事案件的监督权。盐铁、户部、度支“三司”置有推勘检法官，审理各司官员的经济犯罪案件。神宗时，“三司”罢归户部。对于有关钱谷方面的犯罪，杖以下，户部有权定断。这些特点是封建社会行政与司法不分的集中反映。

（二）地方司法机构

宋朝的地方司法机构分路、州（府、军、监）、县三级。开封府是北宋的京师，虽与府、州、军、监同级，但在司法上权力较大。

宋初，未设专管一路的司法监司，对一路的司法监督由路转运使负责。淳化二年（公元991年），始置提点刑狱司。真宗时，以“京朝官”外出充任，称提点刑狱公事，其主要职责是监察本路司法刑狱，并对各州的死刑案件负有评复的责任。《宋史·刑法志》记载：“诸重刑，皆申提刑司详复，或具奏裁，即无州县专杀之理。”

知州作为行政长官兼理司法，但下设专职司法属吏。掌管检法议刑的官吏称为“司法参军”，掌管调查审讯的官吏称为“司理参军”。州有权判决徒刑以上直至死刑的案件，但重大案件和死刑案件必须上报刑部和路的提刑司。

县的审判机构以知县亲审为原则，处断杖刑以下的案件，即“杖罪以下在县断遣”。县级审判机构处理轻微案件，以“笞刑”为限。

开封府除设府尹以外，还设判官四人，分日轮流审判案件。此外，设左、右厢公事干当官，负责检查侦讯和处理某些轻微案件，设左、右军巡事判官各二人，负责京师地方的审讯，还专设司录参军一人，处理户口、婚姻方面的纠纷。

三、审判制度

（一）案件的分级管辖

宋朝，杖以下案件属县管辖。徒以上重案须将人犯、案卷解送至州。州有权判决徒刑以上直至死刑的一切案件。但被判处流以上刑者，须经过路一级主管刑狱的机关送刑部复核。一般情况下，当事人不得越诉。太祖时期规定：“若从越诉，是紊旧章。自今应有论诉人等……不得蓦越陈状，违者，先科越诉之罪。”真宗时期规定：“应论诉公事，不得蓦越，须先经本县勘问，该徒罪以上送本州，杖罪以下在县断遣。”

宋朝沿行击登闻鼓诉冤的直诉制度，设立“登闻鼓院”“登闻检院”，直接受理申告的案件。若出现下属四种情况，法律规定可以越诉：第一，如所诉事涉机密，允许到京向代表皇帝受理申诉的“登闻鼓院”进状。第二，杖刑判处不依法，决罚过多，允许赴尚书省越诉。第三，案件应合理处置，但路的主管官员处置不当，亦许越诉。第四，官吏违反法律科民、侵人物业、勒索客商等皆许越诉。对于婚田之讼，下户为豪强侵夺者，不得以务限为由不受理；如违反，也允许越诉。

（二）皇帝亲审与御笔断罪

宋朝，皇帝经常亲自审理案件，不在诉讼管辖之内，史载：“初，太祖常决系囚，多得宽贷”，“太宗在御，常躬听断，在京狱有疑者，多临决之”。一方面皇帝亲审确实使一些冤案得到重审，另一方面御笔断罪也被朝廷权臣利用作为打击异己的工具，如蔡京就多次“请降御笔”，破坏常法,导致国家法律混乱。

(三)审判时限

为了提高司法机关的工作效率,凡大理寺审判的案件,大事不过二十五日,中事不过二十日,小事不过十日。审刑院复核,大事不过十五日,中事十日,小事五日。所谓大事、中事、小事,是以纸为单位进行划分的,二十纸以上为大事、十纸以上为中事、不满十纸为小事。

(四)鞫谳分司与翻异别勘制度

宋朝,为了防止刑狱宽滥和官吏作弊,除个别人口较少的州外,从州至大理寺一般实行"审"与"判"分离的制度。"在州,司理院的司理参军","掌狱讼勘鞫之事";另设司法参军,掌"检法议刑"(拟判)。大理寺则有"断司"和"议司"之分。这种由专职官员分别负责审与判的制度称为鞫谳分司制。在此制度下,检法断刑的官员无权过问审判,负责审判的官员则又无权检法断刑,二者互相牵制,不易作弊。南宋周林有言:"狱司推鞫,法司检断,各有司存,所以防奸也。"

宋朝,当犯人不服判决临刑称冤或家属代为申冤时,改由另一个司法机关重审或监司另派官员复审的制度称为翻异别勘制,又称翻异别推制。其中,由原审机关的另一官司复审称为"移司别推",由上级机关差派与原审机关不相干的其他机关复审称为"差官别推"或"移推"。依照法律规定,可以翻异三次至五次,但实际执行上较宽,有多达七次者。就其实质来说,这种制度是司法机关自动复审,虽有时会因多次翻异而影响司法机关的审判效率,但该制度的实行在一定程度上能够减少冤假错案的发生,也是宋朝统治者"慎刑"精神的体现。

(五)重视证据和检验

宋朝在审判中十分重视书证、物证、人证、口供等,对不合拷讯者,据众证定罪,"称众者,三人以上,明证其事,始合定罪,违者以故失论"。证人作证不实及翻译人员欺诈都要依据法律予以处罚,即"诸证不言情,及译人诈伪,致罪有出入者,证人减二等,译人与同罪"。对于人命案件更加重视检验与现场勘验活动,在这方面积累了丰富的经验,出现一批法医学名著,如《棠阴比事》《折狱龟鉴》《洗冤集录》(参见图14)等,体现出当时法医学的发达水平。

图14 《洗冤集录》

四、重视律学考试,注重培养司法官吏

宋朝是中国封建社会中一个比较重视法律教育和法律考试的朝代,宋太宗曾言:"夫刑法者,理国之准绳,御世之衔勒……应朝臣、京官及幕职州县官,今后并须习读法书。"为培养和选拔合格的法律人才,宋朝制定和完善了以"法律考试"为中心的一系列有效措施。不仅选拔司法官员要进行律学考试,就连进士、武学、算学、画学等科目也要试律断案。考试有明法科、新科明法、试刑法等。

明法科在唐朝已随着科举制的普通建立而初具规模。宋太祖建隆三年(公元962年)八月就已下诏,规定各道选拔司法参军,"皆以律疏试判"。自太祖乾德年间至宋神宗之前,明法科遂成为制度。考试分为七场,其中“第一场、第二场试律,第三场试令,第四场、第五场试小经,第六场试令,第七场试律,仍于试律日杂问疏义五道”。

神宗王安石变法时创立新科明法。与旧明法科相比,新科明法有两大特点:一是取消经、疏内容,改试《刑统》大义和断案;二是超过了进士科的地位。史称:“新科明法中者,吏部即注司法,叙名在及第进士之上。”

试刑法,又称“试法官”“试刑法官”“试刑名”“试断案”等。试刑法由刑部、大理寺等中央司法机构主持,考试对象是京、朝官、幕职州县官。考试的内容为律令大义和断案。

在宋朝统治者的倡导下,士大夫学律习令蔚然成风,苏轼云,“读书万卷不读律,致君尧舜知无术”,强调了学习法律的重要性。“通吏治,晓法律”成为宋朝士大夫的共识,因此,司法官员的人文素质及法律知识修养大为提高,推动了宋朝法制的发展与完善。

五、讼师与讼学的出现

宋朝经济的发展、诉讼的增多与复杂化促使社会上出现了“讼师”这一职业,见诸史籍的有“珥笔之民”“茶食人”“讼师官鬼”“哗鬼讼师”等称谓,他们的素质参差不齐,以为众提供代写诉状、教人“打官司”为谋生之职业,官府发给“印字”(专门用于开印诉状的纸张),在一定程度上对其活动予以认可。伴随“讼师”这一职业的发展产生了专门教人词讼之学,即“讼学”,民间也出现了“讼学业指社”等讼学机构和各种讼学教材。

六、监狱制度

宋朝的监狱制度规定,吏人要定期清洁牢房,洗涤狱具。囚犯衣食,如“去家悬远绝饷者,官给衣粮”,囚犯贫乏无家供送饮食的,“依法官给”。宋真宗咸平四年(1001 年),在各路还为患病囚犯专设“病囚院”,“官给医药”。

第六节　社会法律思潮

一、商品经济及功利主义思想

宋朝民商法律的发展既是当时商品经济关系的反映,也是统治者及有关人士的功利主义思想的体现。宋朝的商品经济及功利主义思想大致可分为三个阶段。第一阶段是宋初至北宋中期,传统的“重本抑末”思想有所改变,出现了代表商贾利益、要求官府与商人共利的主张。第二阶段是北宋中期以后,随着宋朝社会矛盾的加剧及财政困窘局面的出现,理财成为统治者关注的焦点。王安石变法期间,官营禁榷、摧抑富商的思想有所抬头,同时要求保护工商、反对官营禁榷的思想也有所发展。第三阶段是在南宋播迁江左之后,随着江南商品经济的进一步发展,商品经济的观念进一步深入,功利主义思想也愈加明确,朝廷对宽恤民力、保护个人私有权亦更加重视。

（一）“欲利可言”与“义利双行”

春秋战国时期，社会经济关系处于急剧的动荡变革中，原有的利益关系面临着严峻的挑战，如何正确看待和处理这些利益关系，当时的儒墨道法各派思想家分别表明了自己的立场和见解。孔孟“重义轻利”的思想得到了系统发挥。汉朝的董仲舒在继承先秦儒家思想的基础上明确提出了“正其义不谋其利，明其道不计其功”的观点。

宋朝，由于商品经济的发达，形成了以陈亮、叶适等为代表的反传统的义利观。他们在与理学的争辩中，公然言利，或称“欲利可言”，或主张“义利双行”。就连政治上十分保守的司马光也主张满足商贾求利的要求，赞扬边市及海外贸易，强调追求物质利益的合理性。这些认识在宋朝士大夫中颇具代表性。如苏洵就主张对百姓“利而诱之”，他在《利者义之和论》中说：“利在则义存，利亡则义衰。义利、利义相为用，而天下运诸掌矣。”到了南宋，讲求功利是事功学派的基本主张。在陈亮看来，不计功利，则没有道德仁义的存在，他的思想被概括为“功到成处，便是有德。事到济处，便是有理”。叶适集功利主义之大成，对传统的“重义轻利”思想进行了深刻批判，他说：“既无功利，则道义者乃无用之虚语尔。”宋朝功利主义思想的发展既与哲学上的怀疑精神有关，同时更是商品经济的繁荣发展在宋人价值观念上的反映。

（二）“与商贾共利”及“士农工商皆本”

春秋战国之后，“重本抑末”一直是立国的基本国策。“本”指农业，“末”指工商业。这种“农本工末”的思想经过李悝、商鞅的倡导，到韩非时明确化，进而成为制度。秦汉以降，历魏晋至隋唐，历代都颁布了针对工商业者的法令。在宋朝，重视工商、同情工商、保护工商成为士大夫的普遍共识。范仲淹就是典型的代表人物之一，他在《四民诗》中说：“尝闻商者云，转货赖斯民。……上以利吾国，下以藩吾身。周官有常籍。岂云逐末人。”而抑商政策及历代律令都困辱商人，造成了“鬼神为之劳，天地为之贫”的恶果，他还指出：“此弊已千载，千载犹因循。……吾商则何罪，君子耻为邻。”欧阳修也反对抑制商人，主张“大国之善为术者，不惜其利而诱大商。此与商贾共利，取少而致多之术也”。苏轼则主张“兼利农末”或“农末皆利”。

南宋时期，士大夫反传统的商品经济思想进一步发展，反“抑末”的观点也更加普遍。陈亮认为，农商应互相补允，互为依存。他说：“古者官民一家也，农商一事也，上下相恤，有无相通。民病则求之官，官病则资诸民。商籍农而利，农赖商而行，求以相补，而非以相病。”陈耆卿对“农本工商末”的概念进行了修正：“古有四民，曰士，曰民，曰工，曰商。士勤于学习则可以即爵禄，农勤于田亩则可以聚稼木啬。工勤于技巧则可以易衣食，商勤于贸易则可以积财货。此四者，皆百姓之本业也。”

（三）通商惠工

两宋时期，不仅在士大夫中形成了一股冲击秦汉以来传统的贱商抑末的思想，而且最高统治者皇帝也从唐末五代以来“掊克斯甚，交易不行”的惨痛教训中认识到“通商惠工”、保护商人利益的重要性。宋太宗时因官吏恣意妄为，在规定的赋税外乱加摊派以讨好上级，连小的商品也不放过，盘剥苛刻，致使交易不行，违背了朝廷通商惠工的宗旨。为此，他下令，商人若遇地方官吏刁难，可越级上告。宋朝士大夫及最高统治者对商人地位及社会功能认识的转变极大地促进了宋朝民商法律的发展。

二、"存天理,灭人欲"思想

法律儒家化之后,三纲五常成为封建社会的正统思想。南宋时期,程朱理学在继承传统儒家观念的基础之上,提出了"存天理,灭人欲""存心,去欲"的思想,把儒家维护封建专制的纲常礼教绝对化,认为人类非分的欲望是罪恶的根源,纲常礼教是绝对不能相悖的天理,对犯罪应该采取重刑严厉惩治。这一思潮对宋朝的法制产生了重要的影响,并延及明清时期。

思考题

1. 简述宋朝民事法律的发展。
2. 试述宋朝的刑制变革及其意义。
3. 简述宋朝司法制度的主要特点。
4. 简述宋朝社会法律思潮对法制的影响。

第十三章　辽、金、元法律

（公元 916 年至 1368 年）

本章要点

1. 辽朝的法律概况及其特点。
2. 元朝的主要立法活动。
3. 元朝法律的主要内容及其特点。

第一节　立法思想与立法活动

辽朝是 10 世纪至 12 世纪在我国北方广大地区以契丹族为主体建立的王朝。公元 916 年，契丹族首领耶律阿保机建立融塞北各族于一体的政权，国号契丹。大同元年（公元 947 年）改国号为辽，建都上京，形成与中原的五代以及以后兴起的北宋王朝对峙局面，长达二百余年。在“因俗而治”的指导原则下，采取“以国制治契丹”“以汉制待汉人”的统治方式。

金朝是女真人所建的一个多民族国家，于 1115 年建国，国号大金。太祖阿骨打统治期间仍沿袭女真人旧制，在辽、宋旧地继续维持原有的政治法律制度。金熙宗时期实行一系列政治法律制度改革，确立了封建君主专制政体。

元朝是由居于漠北的游牧部落蒙古族所建。1206 年，成吉思汗统一草原各部落，建立大蒙古国。经过六十多年与西夏、女真和南宋之间的军事战争，蒙古人统一了当时中国境内多个割据政权。至元八年（1271 年），成吉思汗的孙子忽必烈宣布“大元”国号，建立元朝。元朝的政治法律体制是在前代的基础上继承和发展而来，是其民族传统和汉地传统的融合体。一方面，元朝统治者吸收以儒家思想为主导的封建文明成果，参照唐宋旧制，积极进行政权与法制建设；另一方面，元朝统治者仍然保留了落后的统治手段，将各族人民强制分成等级，实行民族歧视和民族压迫。

一、辽、金朝的立法思想和立法活动

以北方少数民族为主体的辽朝在其统治地区实行“以国制治契丹”“以汉制待汉人”的分治政策。所谓“国制”即“治契丹与诸夷之法”，而“汉制”指的是唐律和唐令。契丹“国制简

朴”，在阿保机即汗位之前，处于氏族社会末期的契丹社会还没有刑事审判制度，遇有犯罪行为，临事定刑。契丹立法最早见于阿保机即汗位之初。第一次制定成文法为神册六年（公元921年）制定“治契丹及诸夷之法”。这次修律实际上是将契丹诸游牧部族的习惯法进行统一编纂和整理，所形成的应是一部契丹文法典，遗憾的是律文篇目及其内容均已佚失。兴宗重熙五年（1036年），辽朝整理修订了太祖以来的法令，参考古制，制定《新定条制》，共547条。[1]

道宗时期曾试图彻底统一辽朝的法律制度，如在咸雍六年（1070年），辽道宗因契丹和汉人的风俗差异很大，国家法令实施困难，于是命令惕隐苏、枢密使乙辛等更定《条制》。但由于契丹社会传统经济基础的局限和新定之法令的繁杂，统一法制的尝试最终以失败告终，辽朝南北二元的法律状况没有改变。

金太祖完颜阿骨打建国之时，法律制度简单粗疏，依照旧有的习惯法规定，轻罪用柳条笞之，对于犯杀人罪和盗窃罪者，不仅没收其全部家财，还以残酷的刑罚即击碎脑袋的形式处死，[2]基本上用的是女真习惯法，刑、赎并用。太宗时期，开始吸收和沿用辽朝及宋的法律，以补法律过于疏漏的不足。熙宗始有了明确的立法，皇统年间（1141—1149年），“以本朝旧制，兼采隋、唐之制，参辽、宋之法”，制定了一部一体适用的法典《皇统制》，这是金朝第一部成文法典。之后，海陵王执政期间又颁布《续降制书》，与《皇统制》并行，但由于熙宗、海陵王等君主过于“任情用法”，金朝法制仍显混乱。金朝的法制建设最具成就的是在章宗时期，修订法典，以律为准，并取《宋刑统》的疏文加以诠释，编著成常行的法律，定名为《明昌律义》，但在明昌年间未能修订完成，直至泰和元年（1201年）新法典始修订完成，故最后定名《泰和律义》，共三十卷，十二篇，563条。此外，完成的行政法规主要有《律令》二十卷、《敕条》三卷和《六部格式》三十卷。以此为基础，金朝建立起较为完备的法律制度。

二、元朝的立法思想

民族歧视政策是元朝的基本政策，实行这一政策的直接结果是在政治、思想上给予蒙古族政治主导地位和特权，并突出其传统文化的特色。同时，汉法的先进性和权威性是元朝统治者不能否认的，儒家的纲纪礼义是成为中原之主所必行的“中国之道”，因此，奉行汉法也成为元朝统治者统治的需要。儒臣耶律楚材说：“三纲五常，圣人之名教，有国家者莫不由之，如天之有日月也。”[3]儒臣许衡通过研究历代少数民族政权的兴亡史，指出：“经过考察前代历史，只有历行汉法，才可以长久。后魏、辽金因为这样做，所以历年最多。其他不能实用汉法，皆乱亡相继。”[4]因此，元朝的立法思想可以概括为两个方面：

（一）保存旧制，民族分治

为巩固元朝政权，保障蒙古贵族的特权，蒙古统治者实行种族歧视政策，把人分为蒙古、色目、汉人、南人四等，严格区分蒙、汉之限，分而治之。因此，元朝的法律内容和司法制度中渗透着蒙古族的传统文化精神，呈现出民族压迫的特征。蒙古政权初建时，蒙古占领区“州郡长

---

〔1〕《辽史·刑法志》。
〔2〕《金史·刑法志》。
〔3〕《元史·耶律楚材传》。
〔4〕《元史·许衡传》。

吏,生杀任情,至孥人妻女,取货财,兼土田"[5],甚至认为"汉人无补于国,可悉空其人以为牧场"[6]。元朝初年,舍弃了沿用多年的金朝《泰和律义》,而以习惯法(大札撒)为基本法。对此,沈家本批评说:"《泰和律》其宗旨本于唐,宗旨平允,但元世祖禁止适用《泰和律》,致使蒙、汉之畛域甚深。"[7]元朝在不同民族区域实行不同的法律,使元朝法律体系形成了二元结构。

(二)以夏变夷,立经陈纪

重视汉法的作用始于元世祖忽必烈,早在潜邸开平之时,他身边就有以刘秉忠为首的一批儒家知识分子。称帝后,忽必烈在保持本民族传统的同时,注重学习汉族地主阶级的统治经验:一是重用儒生,推崇儒道。忽必烈曾广召"藩府旧臣及四方文学之士,问以治道"。元初著名儒臣,如耶律楚材、刘秉忠、张德辉、姚枢、窦默、许衡等都极力建议忽必烈要以"儒道为切"。耶律楚材说:"守成者必用儒臣。"[8]许衡则建议要"从《大学》之道,以修身为本"并称"修德、用贤、爱民三者……此谓治本,本立,则纪纲可布,法度可行,治功可必"[9],忽必烈对这些建议十分赞同。二是"附会汉法""参照唐宋之制"。儒生郝经指出,元朝法制是"以国朝之成法(即蒙古旧制),援唐宋之故典,参辽金之遗制,设官分职,立政安民,成一代王法"[10]。后朝统治者对忽必烈推行汉制极为称赞,认为元世祖度量弘广,知人善任,信用儒术,用能以夏变夷,立经陈纪,创制了一整套法律制度。

三、元朝立法活动

(一)"大札撒"的制定

古代蒙古部落首领对众发布的命令称为"札撒"[11]。它来源于蒙古社会长期历史发展过程中形成的社会习惯或行为规范。这些蒙古人早期存在的行为习惯称为"约孙"[12],通常译为"体例"。

蒙古建国之初,铁木真(成吉思汗)曾多次召集大会,颁布札撒和训令,史称"大札撒"。"大札撒"是初创性的法律规范,既不完备,也不系统,原文今已失传,但部分条文散见于中外史籍。例如,规定那颜们[13]除君主外不得投托他人,违者处死,擅离其职守者亦处死;凡发现及收留逃奴不交还其主者,处死。此外,还有一些保护游牧经济和社会秩序的条款。

(二)大蒙古国立法

成吉思汗曾下令郭宝玉制定法律,并批准颁布《条画五章》,其内容有:"如出军不得妄杀;刑狱惟重罪处死,其余杂犯量情笞决;僧道无益于国,有损于民者悉行禁止之类。"这是蒙古政权第一次"汉化"的立法。元世祖即位之后还吸收金朝统治者汉化的经验,治理北方汉人采用

---

〔5〕《元史·耶律楚材传》。
〔6〕《元史·耶律楚材传》。
〔7〕(清)沈家本:《历代刑法考·律令八》。
〔8〕《元史·耶律楚材传》。
〔9〕《元史·许衡传》。
〔10〕郝经《陵川集》卷三二《立政议》。
〔11〕蒙古语 Jasaq 的音译。
〔12〕yosun 意指"道理、规矩、缘故"。
〔13〕蒙语,指贵族、官人。

金朝的《泰和律》，所谓“断理狱讼，循用金律”。另外，中统二年（1261 年）还颁行了《中统权宜条理》。这一时期的立法还有《中统条格》《至元新立格》《科税条画》《设立宪台格例》《户口条画》等。

（三）建元后的立法

《至元新格》是元世祖至元年间颁行的一部诸法合体的综合性法典。世祖至元八年（1271 年）下诏：“禁行泰和金律”[14]，又命精通法律者的大臣参酌古今，重新定制。至元二十八年（1291 年），朝廷准中书右丞何荣祖所请，将公规、选格、治民、理财、赋役、课程、仓库、造作、御盗、察狱十事辑为一书，颁行天下，名曰《至元新格》，共 500 条。其全文今已不存，但相关条文录于《通制条格》与《元典章》中的有近百条，内容主要是以行政法规为主，兼有其他法律条文，基本是取一时所行的事例，编为条格，但是由于疏之过于简单，不能满足社会需要。

《风宪宏纲》是一部有关朝廷纲纪和吏治的法规。《元史·刑法志》载：“仁宗之时，又以格例条画有关于风纪者，类集成书，号曰《风宪宏纲》。”

《大元通制》是元英宗至治三年（1323 年）以《风宪宏纲》为基础制定的一部有关国家政制法程各部类单行法的法律集成，目的在于督责各级官吏遵循国家的政制法程，改变政令不一、同罪异罚的混乱现象。《大元通制》共 2539 条，由制诏、条格、断例、别类四部分组成。《大元通制》的篇目包括二十篇：名例、卫禁、职制、祭令、学规、军律、户婚、食货、大恶、奸非、盗贼、诈伪、诉讼、斗殴、杀伤、禁令、杂犯、捕亡、恤刑、平反。可见，《大元通制》的篇目体系和条文内容沿袭了唐宋法典，可谓“其于古律，暗用而明不用，名废而实不废”。《大元通制》的编成标志着元朝法典基本定型。

《元典章》是元朝地方官吏编制的一部法律汇编，全称《大元圣政国朝典章》，是元朝圣旨条画、律令格例以及司法部门所判案例等资料的汇编。《元典章》以纲、目等编排，分《前集》和《新集》。《前集》约刊布于延祐七年（1320 年），共六十卷，下设 373 目，列诏令（三十五篇）、圣政（二卷 32 目）、朝纲（一卷 2 目）、台纲（二卷 6 目）、吏部（八卷 53 目）、户部（十三卷 75 目）、礼部（六卷 23 目）、兵部（五卷 39 目）、刑部（十九卷 133 目）、工部（三卷 7 目）十项。《新集》约刊布于至治三年（1323 年），不分卷，列国典、朝纲、吏、户、礼、兵、刑、工八大项，其下亦各分目。这种以六部划分法规的体例是《明律》以六部分篇的滥觞。对于《元典章》，《四库全书总目》评价道：“此书于当年法令，分门胪载，采掇颇详，故宜存备一朝之故事。”

《大元通制》颁布后，由于朝廷仍续降诏令，加之司法引用格例，官吏任意解释与取舍，致使法令前后抵牾。因此，元顺帝后至元四年（1338 年），对旧条格重新整理，对《大元通制》进行删修制典，到至正六年（1346 年）编成《至元条格》，颁行于世。其内容包括制诏 150 条、条格 1700 条、断例 1059 条，共 2909 条。

四、辽、金、元法制特点

辽、金、元均是由北方少数民族建立的政权，由于历史的连续性以及民族融合的进一步发展等因素，辽、金、元法制具有不少共性。

---

〔14〕《元史·刑法志》。

第一,辽、金、元的法律都经历了由民族习惯法到成文法的发展过程。契丹、女真、蒙古族在原始社会末期都产生了习惯法,用习惯法规范部落内的生活及部落之间的关系。随着部落间的兼并形成国家,习惯法不再适应形势的需要,以皇帝为代表的统治阶级制定成文法典规范来维持统治秩序。

第二,辽、金、元法律内容反映了维护民族利益的民族政策。作为少数民族建立的王朝,辽、金、元在其统治区域内多民族杂居,民族矛盾复杂,为维护本民族利益,在制定法律的过程中带有典型的民族倾向。这种特殊的历史环境使统治者采取了"因俗而治""各依本俗"的法律政策,但各民族在法律上的不平等势必激化民族矛盾。

第三,辽、金、元法律在发展进程中都表现出汉化的特征。辽、金、元法律发展的核心即为汉化,这是由辽、金、元历史的整体发展趋势所决定的。在其统治期间,中国各民族的融合进入了新的发展阶段,由民族对立到各民族之间接触日益繁多,再到元朝统一,北方民族的政治制度、经济形态、文化风俗、法律制度等都受到汉文化的影响。汉文化中的伦理精神、法律原则等内容渗入各民族的法律,甚至直接被辽、金、元法律采用。

第二节　行 政 法 律

一、辽朝的行政法律

(一)中央行政机构

契丹族在行政管理体制的建制上仍突出了"以国制治契丹,以汉制待汉人"的特色,其中央官制分北院、南院,北面治官帐、部族、属国之政;南面治汉人州县、租赋、军马之事。由此在中央官制系统中形成两个体系:"北面官"和"南面官"。

北面官皆由契丹贵族充任,职权较重。《辽史》记载其主要机构有北、南宰相,北、南枢密院,北、南大王院,宣徽北院,于越等。

在辽朝的北、南面官系统中,北、南宰相,同属于北面官,职掌也相同,所不同的是北府宰相为皇族担任,南府宰相由后族把持。《辽史·百官志一》载:"北宰相府,掌佐理军国大政,皇族四帐世预其选""南宰相府,掌佐理军国之大政,国舅五帐世预其选。"

枢密院是辽朝最高军事、行政机关,兼管立法、狱讼、赋役,负责选拔官吏,所以北、南枢密院相当于辽朝真正的宰辅机关。北枢密院以其牙帐居大内帐殿之北而名,凡军政大事皆由其上达皇帝,北枢密院的长官枢密使等主要官员皆由契丹家室或贵族担任。南枢密院主要掌文铨、部族、丁赋之政,以其牙帐居大内帐殿之南而名,其组织与北院同,但其人选多不用宗室或后族。

北、南大王院初名迭剌部夷离堇(汉语,统军马大官),职权为"均赋役,劝耕稼,部人化之,户口丰殖",主掌民政。

宣徽北院系因袭唐、五代旧制,辽世宗以后,有北、南宣徽,分隶北、南二枢密院,宣徽北院职掌与兵事有关。

于越是契丹“贵官,无所职。其位居北、南大王上,非有大功德者不授”。[15] 唐天复三年(公元903年),遥辇氏痕德堇可汉拜阿保机为于越受禅太祖,“总知军国事”,可看出辽时的于越类似于宰相,但阿保机建辽国后,于越逐渐变成荣誉性的职务。

辽朝南面官多采唐朝行政体制,但已将唐朝的台、省、寺、监等职官系统大大简化。其中,南枢密院(汉人枢密院),主掌汉人兵马之政;中书省兼行典司礼仪之职;此外还有门下省、太常寺、司天监等机构。

(二)地方行政管理体制

辽朝地方实行一种特有的制度——头下州县制,这种州是以被俘掠的汉人或渤海人建立的,契丹人把掠夺的大量俘虏依照唐州县置城以居之,建立起一个隶属于自己的行政单位——州县。这种单位属于皇帝的称为“斡鲁朵”,属于宗室外戚大臣的称为“头下州军”,《辽史·地理志》载:“头下州军,皆诸王、外戚、大臣及诸部从征俘掠,或置生口(奴隶),各团集建州县以居之。”这些头下州县实际上是契丹贵族大大小小的领地,但必须经过皇帝的承认即通过“朝廷赐州县额”给予州名和军号、由朝廷任命节度使之后才能成为正式的头下州军。另外,朝廷对于头下州军的建立也有严格限制,只有横帐诸王、国舅公主许创立州城,其余不得建城郭。头下州军除节度使由中央任命外,刺史以下皆以本主部曲充焉。因此,辽朝这种地方建置区别于隶属国家的地方行政机构。在军事、行政、经济等方面,头下州军有一定的独立自主权力。

二、金朝的行政法律

(一)中央行政机构

金初,由于女真人的社会经济发展水平较低,行政体制实行的是原始的军政合一的猛安谋克组织(女真部族内实行的地区行政组织并兼具军事编制)。中央集权的行政体制到了熙宗时才开始形成,主要是采行汉官制度(三省制)。熙宗天会十四年(1136年)三月,“以太保宗翰,太师宗磐,太傅宗幹并领三省事”[16],建立起宰辅制度,以尚书左丞相兼侍中,以尚书右丞相兼中书令。三省中以尚书省为中心,门下、中书归属尚书省。海陵王正隆元年(1156年),置尚书省一省制,总理国政,为中央最高行政机关,设尚书令,总领纪纲,仪形端揆;设左右丞相,平章政事,职同宰相;宰相通过左、右司统辖六部,其中左司总察吏、户、礼三部受事付事,右司总察兵、刑、工三部受事付事。六部的组织、职权与唐相同。尚书省一省制的政务新体系直到金朝结束时没有改变,对后世影响极大。

金初还仿照辽制置都元帅府,为最高军事机关,设都元帅一人,左右副元帅各一人,后改为枢密院,掌武备机密之事,设枢密使,枢密副使各一人,总领院事。另外,金朝尤为重视对宗族的管理,大宗正府管宗室事务,以防范宗室争权夺位,这也是金朝中央官制的特点之一。

(二)地方行政机构

金朝地方行政机构仿宋制,基本上分为路、府、州、县等级地方政权机构。金朝的路之下可

---

[15] 《辽史·国语解》。

[16] 《金史·熙宗本纪卷》。

以包括一府或数府，各路首府设总管府，统领军兵的兵马都总管，兼任总管府的府尹。各州分为节度州、防御州和刺史州，分设节度使、防御使、刺史为长官，其中节度使为军事将领，兼掌民政，级别比防御使、刺史高，而防御使“掌防捍不虞、御制盗贼，余同府尹”，刺史“掌同府尹兼治州事”。[17] 县令为一县长官，主管民政。金朝的地方制度中仍保留着猛安谋克的社会组织。另外，金朝的基层组织是坊里制，在城市以坊为编制，置坊正司其职；在农村以乡、村为编制，置里正、主首司其职。

三、元朝的行政法律

（一）中央行政机构

蒙古国时期实行军政合一的建制。元世祖中统建元后，元朝采用行政、军事、监察和宗教分立之制，设置了中书省、枢密院、御史台和宣政院等机构各司其职。

中书省是元朝中央的最高行政机关。元建国之初，官制系统相当简要。成吉思汗统治的大蒙古国时代，只有掌政刑的判事官。直到忽必烈初年，设置大断事作为蒙古国最高行政官，既掌管民户的分配，又掌握司法大权，相当于汉族官制的丞相。中统初，建中央机构，其“总政务者曰中书省，秉兵柄者曰枢密院，司黜陟者曰御史台”[18]。元朝中书省长官中，中书令职权级别最高，自世祖以来，唯皇太子守之，不常置，这成为元朝定制。

中书省以下分设吏、户、礼、兵、刑、工六部，是具体管理全国各项事务的执行机关，与六部相关的其他行政管理机关，如院、寺、监、府等基本上沿袭唐朝的九寺五监之制。

枢密院掌军事，是元朝设在中央的最高军事机关。皇太子兼领枢密使，下设枢密副使、同知院事等。汉官在其中任职者，不得过问军事机密。

御史台是最高监察机构，于至元五年（1268 年）设置，职掌纠察百官善恶、政治得失，并负责检查百官奸邪贪秽不职者的贪赃枉法行为。御史台最高长官为御史大夫，副长官为御史中丞，属官有侍御史、治书侍御史等，协助御史大夫署理监察事务。

宣政院掌理全国佛教及吐蕃（西藏）地区军民政教事务，以国师（兼称帝师）总领，设同知、副使、金院等官职。宣政院权势很大，遇重大军事则须会同枢密院商定。

（二）地方行政机构

元朝地方行政建置有行省、宣慰司、路、府、州、县。行省是地方行政的最高一级，源于朝廷中书省的派出机构，后逐渐演变成地方最高官府，确立时间在世祖末年至成宗初年。元行省制是蒙古统治者在行政区划和政治制度上的创制，具有重要意义。这是一种以行省为枢纽、以中央集权为主、辅以部分地方分权的新体制。行省具有地方最高官府和朝廷派出机构的双重性质，加强了中央对地方上政治的统治和军事的控制，地方的钱粮、兵甲、屯种、漕运、军国等事无不受之统领。此外，行省还有作为朝廷“外廷”的“谋议”职司，元朝大都（今北京）附近的今河北、山东、山西等地直接受中书省管辖，称“腹里”。吐蕃因属少数民族聚居地区由宣政院直辖。其他地区分为十一行省，即岭北、辽阳、河南、陕西、四川、甘肃、云南、江浙、江西、湖广、征东。

---

〔17〕《金史·百官志三》。

〔18〕《元史·百官志一》。

行省下有路、府、州、县。路设总管府,以总管为长官,府设知府为长官,州设知州为长官,县设县尹为长官,分掌路、府、州、县各级行政。元路、州、县的长官又皆设管事官,为达鲁花赤。法律规定,达鲁花赤只能由蒙古人充任。

此外,在行省与路之间还设置了两种道:一种是设在边疆少数民族地区、负责军民政务的宣抚使司;另一种是遍设全国各地负责监察的肃政廉访使司(初名提刑按察使司),在性质上是地方监察机关。

(三)监察制度

对于监察机关的重要性,元朝世祖皇帝有着清醒的认识。史载,世祖曾说道,中书是朕左手,枢密是朕右手,御史台是朕之两手。此其重台之旨。历世遵循其道不得变。在最高统治者的重视下,元朝颁布了一系列监察法规,例如元世祖至元五年(1268 年)颁布的《宪台格例》、至元六年(1269 年)的《察司体察》、至元十四年(1277 年)制定的《行台体察等例》、至元二十五年(1288 年)的《察司合察事例》、至元二十九年(1292 年)颁行的《廉访司合行条例》等。

依照上述法规,中央监察机关御史台与中书省地位相同,互不统属,其长官御史大夫由从二品提高到从一品。同时,系统规定了监察机关的职权,包括考察百官、监督司法、参与司法审判等。

元朝分全国为二十二道监察区,各设肃政廉访使常驻地方,负责纠察、督促地方各级官吏,以使他们恪尽职守。廉访司置使、副使、佥使、经历等员,秩正三品。廉访司职责重大且广泛,据《元典章》记载,其职责共有三十余种,主要是纠察地方官员善恶、政治得失,分巡、按覆各路已结案件。具体来说,廉访司对所管各路实行监察,称为“分巡”。每年八月分巡,次年四月还司。凡遇重大案件,须当面复审查实,然后移文本路结案,申刑部待报。另外,它有权断决六品以下官吏轻罪,复审地方已断的有关死刑案件。

为了加强对肃政廉访使的领导,元朝在江南和陕西二地设置御史台派出机构——行御史台,依法对监察官员实行监察。监察官员若有犯赃行为,则加等治罪,即使不枉法也要除名。元朝从中央到地方监察机关体系的形成是与元朝统治的特殊历史条件分不开的。蒙古贵族操纵下的元朝政权,为了实现对全国的统治,客观上不得不利用汉族地主官员,但又害怕他们拥权自重,不利于蒙古贵族的统治,于是采用既利用又防范的政策,通过监察机关严密监察汉族地方官吏的活动。正因如此,元朝才有御史大夫一职“非国姓(蒙古贵族)不以授”的传统规定。

(四)科举制度

元朝首倡以儒术取士的是耶律楚材,但是由于蒙古和色目统治者内部基于民族偏见和自身特权利益的考虑,只是制定了制度,而未施行。从元世祖建元起,科举停废约达半个世纪,直到仁宗延祐二年(1315 年)才开始正式开科取士。元朝科举考试,每三年举行一次,分乡试(行省考)、会试(礼部考)、御试(殿试)三级。考试时,蒙古人、色目人皆与汉人、南人分开。从考试程序到考试题目的难易程度及最后录取的各方面规定都带有明显种族偏见和民族歧视的色彩。元朝科举考试命题不用律赋省题诗小义等,只存留诏诰章表,专立德行明经科;明经内,《四书》《五经》以程氏、朱晦庵注解为主,是格物致知、修已治人之学。这结束了以诗赋取士的历史,首创以程朱理学为程式的经义取士制度。这一制度一直延续至清朝末年。

第三节　刑 事 法 律

一、辽朝的刑事法律

关于辽朝的文献极其贫乏，且其法典均已失传，因此，只能从《辽史》所载犯法治罪的条例和有关叙事中简述其内容。

（一）罪名

辽朝刑事法律的罪名有十恶、盗窃、受赇枉法、走私罪等。

十恶罪。《辽史·圣宗纪》载，统和十二年（公元994年）七月“庚午，诏契丹人犯十恶者依汉律”。为维护皇权统治，辽律对十恶罪严厉惩治，即使皇族太子也不在八议之列。

盗窃罪。辽律刑罚较唐律重，例如，窃盗赃满十贯（后增至二十五贯），为首者处死……从者决流。[19]

受赇枉法罪。辽圣宗太平六年（1026年）下诏称，凡官吏枉法，未经调查核实案情就作出判决及接受请托而为其奏言者，以本犯人罪罪之，[20]即按该犯人之罪给官吏判罪。

职事官犯罪分公罪和私罪，据重熙元年（1032年）诏令，职事官犯公罪允许赎罪，犯私罪仍按原定之法。[21]

走私罪。辽制规定，铜钱、铁、书籍以及羊、马等都禁止与他国私相交易，违禁者处以严刑，例如，持钱十贯（后改为二十贯）出南京（今北京市）即处死。

辽律还有诈敕走递、伪学御书、醉言宫闱事、强掠人为妻、外国贡物、宿卫失职、禁地射鹿、自坏铠甲等属于职制、军事、经济、刑事等方面的罪名。

（二）刑种

辽朝的法定刑有死、流、徒、杖，[22]不同于中原传统的“封建制五刑”笞、杖、徒、流、死。

死刑。死刑的执行方式除绞、斩之外，还有凌迟、射鬼箭、骑践、车裂、生瘗、投崖等，以及死刑的附加刑——籍没之法。沈家本在《历代刑法考》中论道，凌迟之刑始见于此，古无有也。凌迟是起于五代的酷刑，但正式刑名为契丹所创。

流刑。流刑量罪轻重，置之边城部族之地，远则投诸境外，又远则罚之使绝域。契丹流刑的执行，有时与踪刺合并施用。

徒刑。《辽史·刑法志》载，徒刑分为三等：一是判终身服役；二是判服五年役；三是判服一年半役。终身服役者要加判杖击五百，其余依次递减，杖击一百。另外，徒刑与黥刺合并施行。

---

〔19〕《辽史·刑法志》。
〔20〕《辽史·刑法志》。
〔21〕《辽史·刑法志》。
〔22〕《辽史·刑法志》。

杖刑。杖刑使用的主要是契丹所独有的沙袋、铁骨朵、木剑大棒等。“沙袋者,穆宗时制,其制用熟皮合缝之,长六寸,广二寸,柄一尺许”[23],“凡杖五十以上者,以沙袋决之”[24],不得过五百下。铁骨朵,亦曰铁瓜,较沙袋为重,以熟铁打作人片虚合,用三尺长柳作柄,打数不得过七下。木剑大棒者,太宗时制,木剑面平,大臣犯重罪,欲宽宥则击之,打数不得过三十。

辽朝的刑律既受唐宋律的影响,又保留了本族的传统习惯。由上述内容可以看出,辽朝的刑罚既残酷又庞杂,正如《辽史·刑法志》所载:“非常用而无定式者不可弹记”“辽之世,同罪异论者盖多”。

二、金朝的刑事法律

金朝初期的法制,刑制简单,轻罪则用柳树的细枝条笞之,对杀人及盗劫的罪犯则击其脑杀之,没收其家财,以十之四入官,其他六成偿还给原主,并以家人为奴婢。同时,允许犯罪者以马牛杂物自赎,对于犯重罪者还施以劓、刖等刑罚。太宗年间(1075—1135 年),开始采用辽宋徒刑之法。熙宗天眷三年(1140 年)下诏,“约所用刑法皆从律文”。[25] 皇统年间制定《皇统制》,规定杖刑判罚至百,“臀、背分决”。世宗大定八年(1168 年),制定品官犯赌博法,规定赃款不满五十贯的判处杖刑,并允许用钱赎罪。

章宗明昌五年(1194 年)至承安二年(1197 年)所制定的《明昌律义》以前代的刑书编辑而成,并以《宋刑统》的疏议作为官方解释,可见此时金朝的刑律已基本汉化。正是在这一基础上,泰和元年(1201 年)完成了与唐律篇目相同的《泰和律义》。金朝后期的法制已全面汉化,法制水平有明显提高。《泰和律义》现无本传世,据沈家本《历代刑法考·总考四》所载,《泰和律义》的刑律内容如下:

笞刑五:一十,赎铜二斤;二十,赎铜四斤;三十,赎铜六斤;四十,赎铜八斤:五十,赎铜十斤。

杖刑五:六十,赎铜十二斤;七十,赎铜十四斤;八十,赎铜十六斤;九十,赎铜十八斤;一百,赎铜二十斤。

徒刑七:一年,赎铜四十斤,决杖六十,加杖一百二十;一年半,赎铜六十斤,决杖六十,加杖一百四十;二年,赎铜八十斤,决杖七十,加杖一百八十;二年半,赎铜一百斤,决杖七十,加杖一百八十;三年,赎铜一百二十斤,决杖八十,加杖二百;四年,赎铜一百六十斤,决杖九十,加杖二百;五年,赎铜二百八十斤,决杖一百,加杖二百。

流刑三:二千里,赎铜一百六十斤,配役一年;二千五百里,赎铜一百八十斤,配役一年;三千里,赎铜二百斤,配役一年。

死刑二:绞、斩,赎铜二百四十斤。

---

〔23〕《辽史·刑法志》。

〔24〕(宋)王易:《燕北录》。

〔25〕据沈家本考证,此处律文当为唐律。

三、元朝的刑事法律

（一）刑法原则

元朝法律的基本内容主要沿用唐宋律，唐律定罪量刑的通例也基本为元朝法律所沿用，但元朝刑法原则也有其特殊性，主要表现为：

第一，保留蒙古民族的传统习惯，表现出刑罚的野蛮和残酷性。元朝的笞杖刑均以七为基数，以七开始至一百零七，共分十一等，其明显特征是以七为零数，这是蒙古的风俗使然。"世祖时定天下之刑，笞杖徒流绞五等，笞杖罪既定，曰：'天饶他一下，地饶他一下，我饶他一下'，自是合笞五十，止笞四十七，合杖一百十，止杖一百七。"元朝的徒、流、死之刑罚基本上与宋制相同。另外，原施于蒙古人的蒙古习惯法的一些内容也被运用于汉族或其他民族。例如，对偷盗牛马羊畜的蒙古人处以盗一赔九的刑罚。后来，汉人、南人偷盗牲畜也"依著蒙古体例教赔九个"；蒙古人严禁抹喉放血的屠宰法曾使元朝时的不少回人因违反这条禁令而被处死。另外，元朝刑讯常以"酷法虐人"，刑罚甚至允许私刑，五刑之外还采用多种法外酷刑，如黥刑、劓刑、戮尸、剥皮刑等。"法外惨刻，犹不止此"，反映出元朝刑罚制度野蛮落后的一面。

第二，刑法具有民族压迫与民族歧视的性质。在法律上，蒙古族享有种种特权，犯罪后一般不受拘捕，只有犯死罪，才"监禁依常法"。[26] 在刑罚的适用上也"南北异制"，实行公开的不平等。汉人刑事案件由刑部系统管辖，而"蒙古、色目之人犯奸盗诈伪，从大宗正府治之"，[27]由蒙古人把持的"所在官司"只会作出偏袒蒙古人而不利于汉人的判决。依元律规定，"诸正蒙古人除犯死罪监禁，依法有司不得拷掠，仍日给牧食。犯真奸盗者，解束举佩囊散收；余犯轻重者，以理对证，有司勿拘执之"[28]。据此，蒙古人除了犯死罪外，概不监禁，甚至也不拘执，死罪监禁也不准拷掠。而汉人无论犯什么罪，无论罪轻罪重，不仅监禁，还要戴沉重的枷锁，受各种残酷的刑罚。例如，汉人犯窃盗罪，"初犯刺左臂，再犯刺右臂，三犯刺项"，而蒙古人有犯则不在刺字之列。另外，元朝的法律还确认了蓄养奴婢的合法性，大量的汉人、南人论为"罪人"，成为国家奴隶。刑罚适用上突出主奴、良贱同罪异罚的不平等原则，如法律确认奴主有权对奴婢任意施行刺面、铁枷、钉头、劓鼻等残酷刑罚，还可以随意奸淫女奴、奴隶，而不受任何处分。良人杀死贱人也只罚杖刑，赔偿烧埋银了事。

第三，崇信佛僧，赋予执行宗教职务的僧侣种种特权。元朝普遍尊崇佛教，帝师、国师的诏旨与皇帝的敕令具有同等的法律效力，僧侣可以布功德为名，奏释重囚。僧侣犯罪不受普通法律制裁，致使他们"恣意纵囚，以售其奸宄，俾善良者喑哑而饮恨，识者病之"。[29]

第四，有关礼教的罪名处罚大大减轻。在元朝，"君臣之间，唯知轻典之为尚"[30]。例如，元朝诸父谋反，子异籍不坐；唐律则规定"谋反及大逆者，皆斩，子年十六以上皆绞……不限籍

---

〔26〕《元史·刑法志》。

〔27〕《元典章·刑部六》。

〔28〕《元史·刑法志》。

〔29〕《元史·刑法志》。

〔30〕《元史·刑法志》。

之同异”。[31] 元朝对遭父母丧、忘哀拜灵成婚者，杖八十七，并强制离婚；唐律对此行为的处罚，除强制离婚外，还要判徒刑三年。唐宋律还规定，祖父母、父母在不得别籍异财，而根据《元典章》，只要父母允许就可以分居析产，国家并不禁止。

（二）刑事法律的主要内容

第一，元朝极力维护蒙古贵族的统治秩序，将危害政权、皇权的犯罪行为作为刑法重点打击的对象。这方面刑法的内容主要表现为：一是继续沿用唐律“十恶”之名，但处刑较唐律更重。元律规定，“诸谋危社稷者，诛；诸无故议论谋逆，为倡者处死，和者流”；“诸潜谋反乱者处死，宅主及两邻知而不首者同罪”；“诸谋反已有反状，为首及同情者，凌迟处死；为从者处死；知情不首者减为从一等，流远，并没入其家；其相须连坐者，各以其罪罪之”。[32] 元律还规定，妖言惑众，啸聚为乱的人及同谋者处死，没入其家。[33] 如有“议论”“乱言犯上”者处死，妄撰词曲、意图犯上恶官者处死，甚至对词曲以讥议他人或妄谈书者也要处以刑罚。这充分体现出元朝统治者在政治、思想文化领域的极端君主专制主义特色。二是在刑法中特别规定了私藏、私造兵器罪，根据《大元通制》，凡私藏枪、刀、弩、弓箭、盔甲以及可以作为武器的铁尺、铁骨朵和含刀刃的铁柱杖等，均为私藏兵器罪，处以死刑。同时，元朝更不许民间私造兵器，即使有的铁制农具也由元政府设局专卖。制造武器的工匠由元政府严加管理。元律的这些规定主要是针对汉人的，如禁止汉人持弓箭“聚众围猎”“集众祠祷”，即使是神庙仪仗也只准用竹木纸彩，不准用兵器作仪仗。汉人养马者要被拘没入官，自世宗至顺帝几十年间被没收入官的民间所养之马竟达七十余万匹。

第二，重刑惩治抢劫、盗窃等犯罪行为。元律规定，诸强盗持杖且伤人者，虽不得财，皆死；不曾伤人且没有得到财物，徒二年半；如果得到了财物，徒三年；至二十贯，为首者死，余人流远。[34] 即使谋而未行的窃盗罪也要施以刑罚。另外，对有些盗窃行为，如偷盗牲畜还要处以肉刑，如对盗牛马者刺，盗驴骡者黥额，再犯劓；盗羊豕者墨项，再犯黥，三犯劓，劓后再犯者死。[35]

第三，对强奸、贪污等犯罪处罚作出了较为细密、具体的规定。《新元史·刑法志》开篇就指出，元朝刑法的最大弊端莫过于没有形成整齐划一的法规，没有制成一代之刑典。但元律在有关奸罪和贪污罪规定上比唐、宋法律更为具体和细密。例如，凡强奸有夫之妇者处以死刑，强奸无夫者杖一百零七，还对强奸幼女作出特别规定：“凡称幼女，止十岁以下。”强奸幼女者处死刑，年老（七十岁以上）和未成丁男（十五岁以下）强奸幼女，依律受刑，不得适用其他犯罪行为可以适用的赎法。此外，还规定了职官犯奸的种种刑罚。这反映出元朝法律在奸罪类的规定和立法技术方面的完备。对职官贪污犯赃行为，元律还具体列举了取受、侵盗、侵占、回钱、过钱、首赃、赃罚等罪名和犯罪特征，刑罚规定也较为细密。但元朝的法律编纂多在宋朝敕令格式的基础上补充断例而成，整个法律体系中的条格、断例较多，造成元朝法制的混乱，律、

---

〔31〕《唐律疏议·贼盗》。
〔32〕《元史·刑法志》。
〔33〕《元史·刑法志》。
〔34〕《元史·刑法志》。
〔35〕《元史·顺帝本纪二》。

令、条格及断例对一种犯罪的规定不仅有惩罚轻重的差别，而且条目琐碎繁多，导致每罚一辜或断一事，有司引用不能通奉，奸贪之吏可乘机以出入人罪。[36] 在这种情况下，法律规定往往流为具文。

第四节　民事法律

一、辽、金的民事法律

辽、金的民事法律经济受到前代民事法律影响，同时也具有自己的特色。

（一）土地所有权

辽朝在建国前后极其野蛮地掠夺其他民族和地区的土地和财产，掠夺来的大量土地相当一部分作为国有土地：一是分给军队为"屯田"，"戍兵易田积谷以给军饷……在屯者力耕公田，不输税赋"[37]；二是由皇帝或皇后赏赐给皇亲、贵族大臣。另外，在掠夺的主要是汉族的土地和人口的基础上形成了"头下州军"，即属于宗室、外戚大臣私产，构成相对独立的作为军事、行政、经济单位的州县。分配给士兵的屯田仍属于公田，士兵仅有占有、使用、收益的权利，不得自由处分，但可以继承。

金朝的屯田制度始于熙宗时期，在猛安谋克内实行"计口授田"制，这样的土地因按正户牛具数授予，故又称为"牛头地"："其制，每耒牛三头为一具，限民口二十五受田四顷四亩有奇，发输粟大约不过一石，官民占田无过四十具。"[38] 这是女真族奴隶制土地分配和占有的一种主要方式，其土地为国有，不得买卖，女真贵族和各家庭只能从国家分得、占有或使用。但辽金入主中原后，契丹和女真社会逐渐开始封建化，土地制度逐渐发生重大变化，出现了封建地主阶级、封建的租佃剥削形式及受封建剥削的农奴、佃户。私有土地及私田买卖也不断出现，民田业各从其便，卖质于人也不再禁止。

（二）社会的等级划分

辽金统治境内生活着诸多民族，作为统治者的契丹族和女真族的法律都不同程度地体现了民族不平等以及民族歧视和民族压迫的倾向。从现存的史料可以较清楚地看到，金朝社会存在类似元朝划分的民族等级，即女真、渤海、契丹及奚、汉人、南人。不同等级的民族在政治、法律、经济上有着不同的地位，政权主要由女真人把持。蒙古定宗二年（1247 年），张德辉面对忽必烈"或云辽以释废，金以儒亡"的诘问，答曰："辽国的事情臣知道的不是很清楚，但金则是亲眼所见，朝中执政的大臣中虽有一二个儒臣，但大部分是武臣，且在商讨军国大计时，又不允许儒臣参与，其余的内外杂职，儒臣仅占三十之一，且其职责不过阅簿书、听讼理财而已。国之

---

〔36〕（清）沈家本：《历代刑法考》。

〔37〕《辽史·食货志上》。

〔38〕《金史·食货志》。

存亡，当然要归则于任其责者，儒臣有什么过错呢！”[39]

金朝社会不仅存在民族等级和歧视，在各民族内部还存在阶级划分，存在奴婢、农民、牧民、工匠、商人、奴隶主、地主等。

（三）户籍和赋役制度

金朝有关户籍制度的法律规定主要有《泰和律》中的户婚律和《律令》中的《户令》66条，[40]但均已佚失。从现有史料看，金朝的户口大致可分为州县民户、猛安谋克户和乣户。其中，州县民户主要由汉人和渤海人构成，其分布区域遍及全国十九路，占全国人口的80%以上。猛安谋克户以女真人为主，杂以契丹、奚等族人户。乣户是生活在金朝北境和西北边境地区的诸游牧部落。以上三类户口，又分别按上、中、下三等户制征发赋役。金朝户等简化为三等，主要原因是其许多赋都直接与物力挂钩，户等的作用已大大下降。

金朝人户成丁年龄已有明确规定，“男女二岁以下为黄，十五以下为小，十六为中，十七为丁，六十为老”[41]。因此，十七岁作为成丁年龄可以视为金朝法律承认有独立民事行为能力的年龄。

金制，以民户内有物力者为课役户，无物力者为不课役户。物力主要包括三个方面：土地、奴婢和其他各种资财。对于猛安谋克，其人户物力主要是牛具、土地（牛头地）、奴婢，以此征收的税收为牛头税，比汉人负担的两税轻很多。对于汉人的两税，《金史·食货志》载：“大率分田之等为九而差次之，夏税亩取三合，秋税亩取五升，又纳秸一束，束十有五斤。”

二、元朝的民事法律

（一）身份

元朝按种族及归属元朝统治的先后将全国所有居民划分为四个社会等级，即蒙古人、色目人、汉人、南人。从《元典章》《通制条格》等书中所载有关敕旨条令来看，元朝的等级划分是法定的，蒙古人、色目人、汉人、南人的政治地位、法律地位以及其他权利义务等方面都有不同的规定，在民事法律中表现为汉人和南人的生命、财产没有保障，而蒙古人和色目人则是特权阶层，在民事法律上享有免税、免役等特权。

元朝平民的主体是农民，一般民间习称有财有势的地主及官宦子弟为“秀”，而一般贫穷农民则称“郎”。无地农民佃种地主土地的佃户，法律上仍作为平民。但佃户的法律地位低下，元律规定，地主不仅享有收二分之一以上地租的权力，对佃户还可以“鞭笞驱使，视为奴仆”，甚至有时可以将佃户连同土地一起出卖、赠人，但佃户不许私自逃走。元朝平民中身份较为特殊的有匠户和站户。匠户是蒙古人在征服中掳获的手工业工匠，编为特种户籍。元统治者还在大都、涿州、苏、杭等地设置了各种管理手工业和官手工业的机构，如诸色匠人总管府和各种局，其中有毡局、银局、染局、铁局、织造局等，匠户没有脱籍迁徙的自由，所谓“匠不离局”，世袭为匠，连婚配也受官府控制，匠户的工作属于无偿劳役。仅元朝廷各机构所属局、院

---

〔39〕《元朝名臣事略》卷一〇《张德辉传》。

〔40〕《金史·刑法志》。

〔41〕《金史·食货志一》。

等处役使的这类工匠就达近百万。站户是专供“站赤”（驿传）的人户，在各地设提领所管辖，一所辖户五六百至二三千。站户也不得自由迁徙脱籍。

元朝社会还存在大量的奴隶，被称为“驱口”或“驱户”。驱口源于蒙古族奴婢之意，故蒙古、色目皆以此称奴婢。元朝的奴婢包括家奴、军奴、寺奴、勃兰奚等，他们可以被主人随便买卖，被当作会说话的牲畜。奴隶的身价只相当于一头驴的价格。元律规定：“主人杀死无罪的奴婢，杖八十七，酒醉而杀，可以减一等。”若因奴婢打骂奴主而杀之者，无罪。良人因斗殴杀死别人奴婢，杖一百七，赔偿奴主烧埋银五十两，但奴婢无论在任何情况下杀伤奴主，甚或控告奴主，都要处以死刑。元朝奴婢的获得一般为战争掳获和买卖所得以及奴婢的子女“家生孩儿”，但元律禁止买良为娼。

（二）所有权

在民事权利意义上，元朝的民事法律规范中的所有权具有占有、使用、收益和处分四项权能，但其处分权能受到若干限制，主要表现在对牲畜的不完全处分，盖因凡耕佃备战，负重致远，军民所需，牛马是其根本。〔42〕 世祖中统二年（1261 年）五月圣旨规定：“今后官府上下公私饮食、宴会，并屠肆之家，不得宰杂，如有违犯者，决杖一百。”〔43〕

元朝关于所有权的法律沿用唐宋之制，其中较具特色的是元朝无主物规定中的有关阑遗物的规定，这方面的立法条文较多。阑遗物在蒙语中称“不兰奚”（或孛兰奚），主要指奴婢和牲口。依《通制条格·杂令·阑遗门》的规定，阑遗的奴婢、牲畜，若公告十天，无人认领，即由官收，较唐宋的三十天公告期大为缩短。被“不兰奚”总管府（阑遗监）收系的阑遗人口头匹如有主人识认，仍还本主。“诸阑遗奴婢私相配合，虽生育子女，有主识认者，各归其主，无本主者，官与收系。”〔44〕元朝较为特殊的阑遗物是蒙古贵族巡游狩猎用的鹰犬。依据规定，获得阑遗鹰犬应即刻护送至就近官府，若隐匿，笞三十七，没其家财之半。

对于宿藏物，《大元通制·禁令门》规定：“诸锄获宿藏之物，在他人地内者，得与地主平分；在官地内者，一半纳官，在己地内者，即同业主。”

（三）契约关系

1. 买卖契约

元朝的不动产买卖必须具备“经官给据”“先问亲邻”“印契税契”“过割赋税”四个法定要件才能生效。元朝独创契尾制度，即在买卖土地时，卖主必须将税票（或税给）粘连契尾一并交给买方的制度。实行契尾制度的目的在于防范因土地所有权的转移而使国家税收落空。契尾是国家验证土地买卖契约是否合法的主要标记。这一制度对明清时期产生影响，据《清朝文献通考·征榷考·杂征敛》记载，“止铃契纸，不连用契尾者”为违法。

2. 典当契约

元朝的典卖称典质、典当。法律要求典当土地须与买卖土地契约同样具备经官给据、先问亲邻、印契税契、过割赋税等程序，而且要求必须以书面合同的形式进行。典卖的标的物除田

〔42〕《元典章·刑部十九》。

〔43〕《元典章·刑部十九》。

〔44〕《元史·刑法志》。

宅外,也包括动产。典当动产须至"解典库",立有"解帖",依法取利。《元史·刑法志》称:"诸典质不设正库,不立信帖,违例取息者,禁之。"典主负有保管之责,亡失毁损,则要赔偿。

3.借贷契约

借贷契约是元朝债发生的基本形式。借贷契约除借贷双方当事人外,还须有中人、见证人画押。元律明确规定以本金数额为借贷利息总额的上限,即"一本一利",禁止高利贷盘剥,但这一规定在实践中并无普遍的约束力。蒙古贵族、达官、回回人放高利贷是元朝社会生活中经常出现的现象,史称"其年则倍之,次年则并息又倍之,谓之羊羔利,积而不已,往往破家散族,至以妻子为质,然不能偿"。[45]

4.租佃契约

元朝租佃契约对象主要是土地和房屋,土地租佃可分为官田租佃和私田租佃。官田租佃虽然不是纯粹的契约关系,但表现出契约的特征。私田租佃关系通过两种合法形式建立:一是通过签订租佃契约;二是国家通过封赐土地,划拨领户,受封赐者与领户形成租佃关系。房屋租赁的对象包含官房和民房。官房租赁的范围仅限于迁转官员"往坐"后的剩余部分房屋。

(四)婚姻与继承制度

蒙古族肇起于大漠以北,逐水草而生,以游牧为基本生活方式,入主中原后受到儒家思想文化的影响,但仍保持着蒙古族原有的传统,在元朝的婚姻与继承制度上突出体现了"蒙汉糅杂"特色。

1.婚书制度

元朝法律规定,婚书即书面婚约是婚姻关系成立的要件。至元六年(1269年)法律规定:"今后但为婚姻,须立婚书,明白该写元议聘财,若招召女婿,指定养老或出舍年限,其主婚、保亲、媒妁等人画字,依理成亲,庶免争讼。"[46]对于婚书的内容,法律也有明文要求,凡婚书须要明写聘财、礼物,婚主及媒人各各画字,嫁回书亦写受到聘礼数目,嫁主其媒人亦合画字,仍将两下礼书背面大书合同字样,分付各家收执,如有词语朦胧,别无各各画字并合同字样,争告到官,即同假伪。

2.收继婚

收继婚,即未婚男性收娶家中的寡妇为妻。这是蒙古"旧俗","父死则妻其母,兄弟死则收其妻"。蒙古人入主中原后,收继婚仍被允许,但是一般禁止汉人、南人采用收继婚。

3.婚姻关系的解除

元朝法律没有唐宋法律关于"七出""义绝"的规定;相反,法律允许不和睦的夫妻自由离婚,所谓"夫妇不和睦,合离者,不坐。写立休书赴官告押执照,即听改嫁"[47]。此外,订婚后,男方五年无故不娶者,皆听改嫁。如果未婚夫是盗及犯流远者也可以改嫁。但法律规定禁止寡妇带产改嫁,即离婚妇女和寡妇如果再婚,就要丧失原先从父母处继承得到的妆奁和亡夫家中的财产。

---

〔45〕(元)苏天爵:《元文类》卷五。

〔46〕《通制条格·户令·婚姻礼制》。

〔47〕《大元通制·户婚部》。

4. 绝户女儿的继承权

元朝法律规定，母亲、妻子无权继承家庭财产，丈夫亡故，家庭财产归子女继承，无子女可由侄子女继承，无侄子女即为绝户产。关于绝户产，元律规定在室女也可以继承全份遗产，《元典章》和《大元通制》中均有规定。这可以说是元朝继承法的一个特色。

第五节　司法思想与司法制度

一、辽、金、元司法思想

辽圣宗十分注重在司法活动中贯彻儒家的道德伦理观念。他曾下令："民间有父母在、另籍异居者，听邻里觉察，坐之；有孝于父母、三世同居者，旌其门闾。"[48]元朝有人评论："国初制法，有出于五服三就之外者。兵势方张，礼之用未遑也。子孙相继，其法互有轻重。中间能审权宜，终之以礼者，惟景、圣二宗为优耳。"[49]

为巩固女真贵族的统治，金世宗提出明慎刑罚、严于治吏的思想。他认为，治理一个国家，法律固然重要，但法律也是靠人执行的。官吏的优劣与法律能否实施关系重大，因此，他非常重视司法官吏的监管，"今有圣旨、条理、复有制条，是使奸吏得以轻重也"[50]。

元初名臣耶律楚材主张统一司法、禁止滥杀，认为国家的统一和司法的统一是密不可分的。元初司法权由各军事首领掌握，"皆是自专生杀"，因此，他"议请肆宥"，始定赦宥之制。[51]

二、辽朝的司法机构及审判制度

依辽朝"蕃汉分治"的原则，契丹人的案件由北枢密院审理，置相当于刑部的夷离毕院，掌刑狱、南枢密院设刑房（以后成为刑部）。另仿唐宋旧制，设大理寺，设提点大理寺、大理正等官，还设有平议案牍的详覆院。

辽朝地方司法工作由州县行政长官兼理，州县为初审，道为终审或第二审级。州县、诸道须以审判经过及判决，向枢密院申报复核。

辽朝的钟院制始于太祖，初为直接喊冤控诉者设，后来演变成不服北枢密院判决时上告御状的转达机关，可以通过击钟直奏皇帝。保宁三年（公元971年）正月，"置登闻鼓院"，这属于南面官。南面官中还设分司官，"平理庶狱，采摭民隐"，置分决诸道滞狱使，以分决诸道滞狱。此外，还置按察诸道刑狱使，分路按察刑狱。

---

〔48〕《辽史·圣宗上》。
〔49〕《辽史·刑法志》。
〔50〕《金史·世宗纪》。
〔51〕《元史·耶律楚材传》。

三、金朝的司法机构及审判制度

金朝中央司法机构设有刑部、大理寺、御史台,与唐制相同。

刑部为最高司法行政机关,隶属尚书省,主要是主管立法及刑事案件的覆审,即"掌律令格式,审定刑名"〔52〕。

大理寺掌审断天下奏案,详谳疑狱,为最高司法审判机关。凡移送到大理寺审理案件,一般分"审断""参议""检断"三步骤。从大理寺覆审一般案件所适用的程序看,金朝的诉讼制度具有一定的规范性。

另外,金朝各级地方行政官兼管司法,负责审判,其中高级地方官之下专门设有专管刑狱的官员。诸总管府与诸府设有推官和知法,诸防御州、刺史州设有判官、知法。

四、元朝的司法制度

元朝确立了一套由蒙古贵族地主垄断司法的制度,上层司法与监察机关的长官多由蒙古人担任。中央司法机关中的宗正府、刑部、御史台及各道的提刑按察司(后改为肃政廉访司)的长官皆以蒙古人为主,御史台长官御史大夫更是非国姓不授。汉人只能担任司法机关中的副职。在中央司法机关中,隋唐以来专理审判的大理寺被取消(曾有短暂的恢复)。刑部是主要的审判机关,内史府、枢密院等机关的断事官也负有审判职责。

(一)司法机构

元朝的中央司法机构主要有大宗正府、刑部、宣政院等。

元初置大宗正府,内设"断事官",称为"达鲁花赤",其职责有二:一是理诸王、驸马、投下、蒙古、色目人刑名词讼等事;二是审理汉人奸盗、诈伪、蛊毒厌魅、诱拐逃驱(奴隶)等案件。但其职责屡有变化,致和元年(1328年)后,宗正府只管两师(上都与大都)的蒙古人以及集赛(管理喇嘛的事务机关)、军站、色目人与汉人相犯的词讼案件。

刑部是元朝中央主要司法行政及审判机构。据《元史·百官志》,刑部掌管全国的刑名律令,包括死刑复核、已捕罪犯的覆审、没收财产的账簿、逮捕缉拿罪犯的奖励制度、冤案和疑难案件的审判、狱具制度等。

宣政院是元朝最高的宗教管理机关与宗教审判机关,也在一些地方(吐蕃、浙江)置"行宣政院"。宣政院内位居帝任之下的宣慰使必以僧侣担任。凡各地涉及僧侣的奸盗、诈伪、人命重案虽也由地方官审理,但必须上报宣政院。这形成了宗教与世俗权力共存的特殊司法制度。

在驻蒙古军和军户的地方设立由枢密院统辖之"奥鲁"(老小营),兼管军民婚姻、负债、斗殴、私奸、杂犯等民事诉讼。其他"干碍人命重刑、利害公事、强窃盗贼、印造伪钞"等较严重的犯罪行为则由管军官与行政官共同审理。

元朝的地方机构大体上分行省、路、府、州、县。吐蕃地区设有行宣政院和宣慰司使。路、府、州、县的掌印总辖官达鲁花赤有权审断案子。达鲁花赤一般由蒙古人担任,只有那些蒙古人不愿去的地方才允许汉人担任。地方的司法审判由路、府、州、县的行政长官负责。路是一

---

〔52〕《金史·百官志》。

级重要审判机构,设有总管府审断案件,又设推官专职掌推刑狱,平反冤滞,督理州县刑名之事。

路、府、州、县可自行断决杖罪以下案件,徒、流、死罪则由司法监察机构审复,无冤则移文本路,然后申奏刑部。不过,在司法实践中,蒙古人犯罪常由其所属的千户或蒙古法官审断。

(二)诉讼审判制度

根据《元典章》《事林广记·刑法类·大元通制》《元史·刑法志》的记载,"诉讼"已在元朝的法律中独立成篇,与唐律的《斗讼》《断狱》相比,至少有两点新变化。第一,民事纠纷与刑事诉讼、程序法与实体法已出现了初步分离的趋势。例如,对民事诉讼当事人一般不允许羁押,军官巡检出使人不得接受民词,推官专管刑狱,正官专理词讼等。第二,规定了一套颇为严格的诉讼制度,如"诉状"的格式、老年少幼残疾之人的代诉等。

据《事林广记》所载,诉状的格式等方面包括如下内容:其一,告状人必须在抬头注明姓名;其二,正文部分;其三,署名呈送诉状的司法机关;其四,写出甘结,保证所告是实,"所告若虚,甘罪不辞";其五,请求司法机关作出决断;其六,署名状的年月日以及告状人的姓名。

法律规定,一般情况下不得越诉,越诉者,笞五十七。如果陈诉有理,路、府、州、县不行,则诉之省部台院,省部台院不行,可乘舆诉之。与唐律相比,元朝对越诉的处罚更重。若官吏受贿不法,允许径赴宪司直告,不依越诉论。另外,本管官司对陈诉应受理而不受理或受理后而故意拖延不决、听断偏信,则允许告状人直赴上司陈告。

法律规定有两种情况可由他人代诉:一是七十岁以上、十五岁以下、笃废疾、法度不合加刑者;二是闲居官与百姓争论,也可令子侄代诉。但是,妇人、典客、干人不得为人代诉。若妇人寡居无依及有男子干碍,事须告理者,可不拘此例。

元朝由于民族的不同以及各色户籍的隶属系统有异,所以遇到不同户计(籍)、不同民族及僧侣之间发生刑名词讼,由政府将有关户计的直属上司请来后共同审理,即"约会"制度。"约会"制度仅限于轻微的刑名词讼。据《元典章·诉讼·约会》,凡诸色户计,儒道僧官、医户、乐人、投下、畏吾儿、军民、都户府、投下并探马赤、龟户等与不同身份的人发生纠纷,须约会审理。

(三)民事诉讼中的调解

据《至元新格》,因婚姻、家财、田宅、债负等发生纠纷,若不涉及重大违法情事,应当先由社长以理调解,以免荒废农务,官府也免受讼累。调解的方式有两种:一是司法机关调解;二是民间调解,即由社长负责对邻里间的民事纠纷"以理谕解"。调解的结果对当事人具有法律效力,诉讼双方一般不得再依同样的事实和理由重新提起诉讼。《元典章》规定:"凡告婚姻、土地、家财、债负不违法者,若已拦告,所在官司不许轻易再接词状归问,如违从廉访司照刷究治。"

元朝调解的广泛运用是与民讼繁多的社会历史条件分不开的。统治者力图通过调解缓和社会矛盾,减轻司法机关的压力。元人张养浩在《牧民忠告》中说:"亲族相讼,宜徐而不宜亟,宜宽而不宜猛。徐则或悟其非,猛则益滋其恶。第下其里中开谕之,斯得体矣。"元朝的调解制度对明清产生了重大影响。

第六节 社会法律思潮

一、佛教对法律的影响

元朝崇尚宗教,奉佛教为"国教",奉其领袖八思巴为"国师"。佛教主张不杀生和因果报应,佛教首领经常以修佛事为名干预司法,以所谓"放生"为名,随意释放重罪囚犯,乃至死囚犯,引起司法混乱。《元史·刑法志》说:"赦令历代所同,独以修佛事而释重囚,则惟蒙古有之。"

这种观念对一般民众和朝廷官吏都产生了极大影响。执法之吏畏惧诛及无辜,得到恶报,常常一意从宽,不肯刑杀,谓"救生不救死",积其阴德,以图福报。这种司法宽纵之风,一方面使犯罪行为愈演愈烈,另一方面也使无辜被害者无处申冤,有失公允。

二、耶律楚材的法律思想

元朝法制的确立和完善过程中,耶律楚材作出了突出贡献。他的法律思想不仅见于其言论,更多见于其施政之中。

第一,定朝议,明君臣上下之分。蒙古族原来没有明确君主与臣下的朝廷礼仪,太宗即位后,耶律楚材"定册立仪礼",[53]促进了以"合罕"为核心的等级特权制度的形成,为在政体上完成向中央集权君主制的转型提供了法制保障。

第二,开文治,任用汉族儒臣。耶律楚材认为,"天下虽得之马上,不可以马上治",治国不能"偏仁武夫"。[54] 在他的建议下,元朝开始取用汉儒和金朝官员,逐渐形成了任用文臣的常制。

第三,秉公执法,不畏权势。耶律楚材秉公执法,首先表现在不私亲属,他为官近三十年,从未任用亲戚,太宗称赞:"楚材不较私仇,真宽厚长者。"[55]他不怕得罪权势之家,更不受贿赂,太宗后朝,温都尔哈玛尔因受皇后宠信而骄横,但其"惟惮公沮其事"。[56]

思考题

1. 简述元朝法制的指导思想与立法概况。
2. 简述辽、金、元法制的共同点。
3. 试述元朝民事法律中的契约关系。
4. 试论元朝诉讼审判制度的特点。

---

〔53〕《元朝名臣事略》卷五《中书耶律文正王》。
〔54〕《元史·耶律楚材传》。
〔55〕《元朝名臣事略》卷五《中书耶律文正王》。
〔56〕《元史·耶律楚材传》。

第十四章　明朝法律

（公元 1368 年至 1644 年）

本章要点

1.“刑乱国用重典”与“刑罚世轻世重”的立法思想。

2. 明朝的立法活动。

3. 明朝的司法制度。

4. 社会法律思潮在明朝的新变化。

第一节　立法思想与立法活动

明太祖本淮右布衣，率军驱逐蒙元，建立大明帝国。在中国史上，对前朝的借鉴或反思直接影响新王朝的思想意识形态和制度建设。在朱元璋等“明朝开国集团”看来，蒙元之所以败亡，在法制上主要是失之于宽，且没有系统化的法典，因此不能很好地约束各级官吏，放纵他们欺压百姓，以致民众揭竿而起。有鉴于此，明朝建立后采纳汉、唐、宋等朝代在法政思想和制度建设上的成功经验，开始进行大规模的法制建设，以实现王朝的长治久安。朱明王朝自太祖朱元璋起，到思宗朱由检亡国，共二百七十六年。

任何一种法制的背后皆有特定的思想作为制度建设之指导和依据；制度的建设和演进反过来又会引发思想的演变。明朝的立法思想具有一些不同于其他朝代的内容。

一、立法思想

（一）“刑乱国用重典”与“刑罚世轻世重”

元朝是一个以蒙古族为主体所建立的少数民族政权，推行较为严格的种族制度，各民族之间地位不平等，南宋所统治下的汉人地位最低。[1] “明朝开国集团”多属于此社会最低等级，对元之不纲，体会尤深。

---

〔1〕 钱穆：《国史大纲》（下册），商务印书馆 1996 年版，第 638 页。

明朝建立后采纳了“刑乱国用重典”的理论，严刑整肃各级官吏。[2]“刑乱国用重典”语出儒家经典《周礼·大司寇》：“大司寇之职，掌建邦之三典，以佐王刑邦国，诘四方，一曰刑新国用轻典，二曰刑平国用中典，三曰刑乱国用重典。”在明朝开国君臣看来，大明新建，须用重典治理天下。

明朝颁行《大诰》以重典治吏，推行严刑峻罚。在朱元璋看来，“刑乱国用重典”已经达到了维护皇权稳定的目的，接下来可根据“刑罚世轻世重”理论来灵活运用。“刑罚世轻世重”出自《尚书·吕刑》，“刑罚世轻世重，惟齐非齐，有伦有要”，当国者需要“观世而制刑”。

早在推行严刑峻法的洪武年间，刘基即建议朱元璋推行宽大之政。据载：“帝尝手书问天象。基条答甚悉而焚其草。大要言霜雪之后，必有阳春，今国威已立，宜少济以宽大。”[3]经过“刑乱国用重典”之后，民生凋敝，[4]也需要改弦更张。所以，当他的皇位继承人太孙朱允炆劝告他应减轻刑罚时，他说他治理的是乱世，刑罚不得不重；而孙将来治理的是平世，当然应该以《大明律》为指针，减轻刑罚。这就是古人所告诫的“刑罚世轻世重”。所以，《明史·刑法志》说：“太祖用重典以惩一时，而酌中制以垂后世，故猛烈之治，宽仁之诏，相辅而行，未尝偏废也。建文帝继体守文，专欲以仁义化民。”总之，根据社会情势判断当时是处于乱世还是平世以采取相应的或严或宽的刑罚举措，是明王朝立法的重要指导思想。

(二)“明刑弼教”

朱元璋认为，经过元朝的异族统治，汉族沾染上了不少胡人恶俗，传统的治道和治术逐渐模糊不清，应该尽可能恢复中华传统的治国之道及其制度，在政法领域就是要重点强调“明刑弼教”。

“明刑弼教”一词来源于《尚书·大禹谟》“明于五刑，以弼五教”，经后人概括为“明刑弼教”。一般而言，“德主刑辅”的重点是德主，强调教化，一般与轻刑主张联系在一起。“明刑弼教”的重点在明刑，强调的是刑罚对于教化的必要性，所谓“刑罚立而后教化行”，这就为当政者在“弼教”的口号下实施严刑峻法、以重典治世提供了思想依据。所以，“明刑弼教”往往和重刑政策联系在一起。按照朱元璋的说法，“明刑弼教”即“明礼以导民，定律以绳顽”，从正面申明礼教，对臣民百姓实施正确的引导，同时运用法律和刑罚严惩冥顽不灵之徒来推进教化。

在《大明律》制定和修改的过程中，太孙朱允炆即向太祖朱元璋请求说“明刑所以弼教，凡与五伦相涉者，皆宜屈法以伸情”[5]，太祖亦数宣仁言，不欲纯任刑罚。他曾经对刑部尚书刘惟谦说：“仁义者，养民之膏粱也；刑罚者，惩恶之药石也。舍仁义而专用刑罚，是以药石养人，岂得谓善治乎？”[6]在这方面，朱元璋力图将以礼为核心的教化真正落实到社会中。

---

〔2〕《草木子》谓：洪武年间，“京官每旦入朝，必与妻子诀。及暮无事，则相庆以为又活一日”。故其时文人多不愿出仕。这种情形史所罕见。就是汉武帝任用酷吏、打击宰相亦不能与之相比。《资治通鉴》载：以太仆公孙贺为丞相，封葛绎侯。时朝廷多事，督责大臣，自公孙弘后，丞相比坐事死。石庆虽以谨得终，然数被谴。贺引拜为丞相，不受印绶，屯首涕泣不肯起。上乃起去，贺不得已拜，出曰：“我从是殆矣！”

〔3〕《明史·刘基传》。

〔4〕据《明史》记载，在郭桓案中，“自六部左右侍郎下皆死，赃七百万，词连直省诸官吏，系死者数万人。核赃所寄借遍天下，民中人之家大抵皆破。”

〔5〕《明史·刑法志》。

〔6〕《明史·刑法志》。

洪武五年(1372年),朱元璋下令在全国设置"申明亭",亭里悬挂榜板,定期张贴朝廷的文告,将本地犯有罪错人员的姓名及其罪错内容公布出来,从而予以惩戒,同时还让民间自行推举一年高德劭之"里老人"主其事。"里老人"的职责主要有二:一是"掌教化",即向民众宣读并讲解《大诰》《大明律》《教民榜文》,使民众知法畏法,不敢犯法。二是"理词讼",即在申明亭主持调解民间细微纠纷,对于本地品行不端者可直接予以责罚。与侧重于惩恶的申明亭相对,各地还普遍设立了"旌善亭",同样设置榜板,定期公布本地的孝子贤孙、贞女节妇的事迹,以表彰劝善。

朱元璋还创造了"教民榜文"之类的普及政教法令的制度,力图让民众明白那些最基本的礼义内容,并首次让"里老人"宣讲简明扼要的"圣谕",即"孝顺父母,尊敬长上,和睦乡里,教训子孙,各安生理,毋作非为",并把这些内容刻石立碑以教民。明初统治者希望通过种种方式将"明刑弼教"这一治国思路普及于民间,最终实现秩序安定。

(三)法贵简朴

明初统治集团认为,元朝没有采用传统的以法典为核心的法律形式,而是以各类单行法规及其汇编为主,造成其法律过于繁杂,连司法官员都不能精通掌握,更遑论普通百姓,这便利了贪官污吏从中上下起手,因此,他们建立政权后的立法特别重视简朴。

所谓简,就是条文简便、集中、重点突出,即以律令为中心;所谓朴,就是法律条文通俗易懂,尽量避免使用普通人不懂的专业法律术语。明太祖在颁布《大明令》的圣旨中即重点强调了这一立法指导思想:"朕惟律令者,治天下之法也。令也教之以先,律也齐之于后。古者律令至简,后世渐以繁多,甚至有不能通其义者,何以使人知法意而不犯哉?人既难知,是启吏之奸而陷民于法。朕甚悯之。今所定律令,芟繁就简,使之归一,直言其事,庶几人人易知而难犯。《书》曰:刑期于无刑。天下果能遵令而不蹈律,刑措之效亦不难致。"[7]

明朝中晚期多次修订《问刑条例》,其宗旨之一是力求法司所适用的例条"经久可行,明白易晓,务祛苛纵之弊,以协情法之中"[8]。法律简明易懂、避免不教而诛的虐政是明朝统治者在制定法律时的重要指导思想。

二、立法活动

明朝重视立法活动。在朱元璋建立明朝之前的1367年,就已开始议定律令。这与元朝相对忽视系统立法,仅仅"取所行一时之例为条格而已"大不相同。

(一)制定《大明律》

《大明律》一共修订过四次,都是太祖朱元璋在位时进行的,分别在吴元年(1367年)、洪武七年(1374年)、洪武二十二年(1389年)和洪武三十年(1397年)。1367年,朱元璋称吴王,下令制定律令,但该律未能保存下来。明朝建立后,左丞相李善长认为:历代律典皆以九章律为宗,到唐律则集其大成,明朝制定法典应该遵循唐律。[9] 以恢复汉家故物为职志的朱元璋

---

[7] "颁行律令敕"(洪武元年正月十八日),载《皇明诏令》卷一"太祖高皇帝上"。

[8] "重修问刑条例题稿",载黄彰健:《明代律例汇编》,我国台湾地区中研院史语所专刊1979年版,第15页。

[9] 徐世昌:《唐明律合编序》,载薛允升:《唐明律合编》,怀效锋等点校,法律出版社1998年版。

对此非常感兴趣，让人将唐律写成大字条幅挂在宫殿里，每次上朝后，就召集儒臣和刑部官员讲解唐律，一起讨论如何参照唐律为本朝定律。经过几年的准备，洪武七年（1374 年）正式颁布了以唐律为蓝本的《大明律》（参见图 15）。之后又进行修订，洪武二十二年（1389 年），经刑部建议，朱元璋对《大明律》进行了全面修订。但当时《大诰》等特别法令是当时最主要适用的法律，《大明律》并没有正式颁布施行。洪武三十年（1397 年），朱元璋正式颁布《大明律》。洪武三十年（1397 年）的《大明律》成为祖制，其子孙未再进行修订。按照《明史・刑法志》的记载，朱元璋在颁布《大明律》时，曾下令其子孙继位为君的，必须严格遵守这部律典，若有大臣建议修改此律典的，就按“变乱祖制”的罪名处罚。和之前的历代律典比较，《大明律》具有以下几个方面的特点：

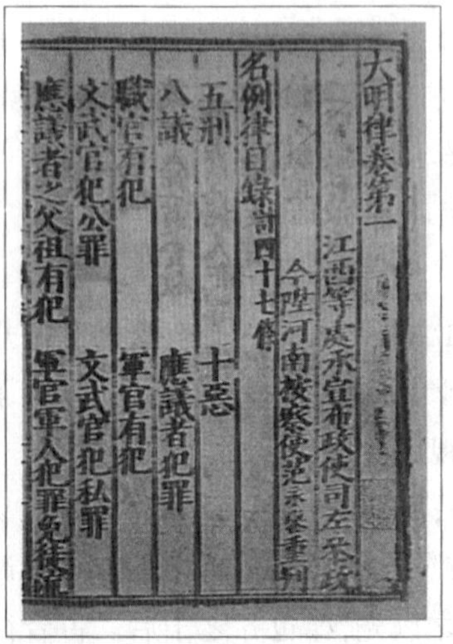
大明律卷第一
江西等處承宣布政使司左參政
今陞河南按察使范永鑾重刊
名例律目錄計四十七條
五刑　十惡
八議　應議者犯罪
職官有犯　軍官有犯
文武官犯公罪　文武官犯私罪
應議者之父祖有犯　軍官軍人犯罪免徒流

图 15 《大明律》

第一，在编排体例上创立了以六部分类的体例，这适应明朝废除宰相制度后将中央政务分属六部的政治体制，吸收了《唐六典》《元典章》以职官分类的法典布局格式的优点。[10] 《大明律》共七篇，除“名例律”外，共有六篇，分别为吏律、户律、礼律、兵律、刑律和工律。律后还附有包括“五刑之图”“狱具之图”“丧服总图”“本宗九族五服之图”“例分八字之义”“六赃图”“纳赎例图”等一系列跟适用法律紧密相关的图表。

第二，《大明律》在定罪量刑上侧重尊君，与尊君相悖者，加重处罚，同时增加新罪名，如明律所规定的“奸党”罪、“上言大臣德政”罪等都为之前的律典所无。[11] 而与尊君无关者，明朝的处罚则相对较轻，如“子孙违反教令”，唐律的处罚是徒二年，明律减轻为杖一百；又如“居父母丧生子”，唐律的处罚是徒一年，明律则删除此条。

第三，《大明律》在定罪量刑上也有自己的特点，且文字浅显、通俗易懂，实用性较强。《大明律》是除之前的唐律和之后的清律以外，又一部具有代表性的中华传世法典，关于《大明律》之得失，《明史・刑法志》的总体评价是“大抵明律视唐简核，而宽厚不如宋”。清朝律学家薛允升著有《唐明律合编》一书，对后世产生很大影响。经过他的比较研究，认为评价律好坏之标准，是遵守君臣、父子、夫妇之经，而使事事物物各得其宜。理想的法典是既要尊君，又知礼臣，明律是只知尊君，而不知礼臣，失之于偏：不应宽者故意从宽，不应严者恣意从严。[12]

---

〔10〕 怀效锋点校：《大明律》，法律出版社 1999 年版，“点校说明”第 2 页。

〔11〕 《大明律・奸党》规定：“凡奸邪进谗言、左使杀人者，斩。若犯罪律该处死，其大臣小官，巧言谏免、暗邀人心者，亦斩。若在朝官员，交接朋党、紊乱朝政者，皆斩。妻子为奴，财产入官。若刑部及大小各衙门官吏，不执法律，听从上司主使出入人罪者，罪亦如之。如有不避权势，明具实迹，亲赴御前执法陈诉者，罪坐奸臣。言告之人，与免本罪。仍将犯人财产，均给充赏。有官者，升二等；无官者，量与一官，或赏银二千两。”《大明律・上言大臣德政》规定：“凡诸衙门官吏及士庶人等，若有上言宰执大臣美政才德者，即是奸党。务要鞫问，穷究来历明白，犯人处斩，妻子为奴，财产入官。若宰执大臣知情，与同罪。不知者，不坐。”

〔12〕 薛允升：《唐明律合编》，怀效锋等点校，法律出版社 1998 年版，第 821～822 页。

（二）颁行《问刑条例》

条例是单行法规，一般简称为例。明朝的条例指的是司法机构在案例的基础上抽象出来拟定的单行法条，经皇帝批准而颁布。按照朱元璋的意见，律是治国之常经，条例只是一时之权宜，不能因为一时之权宜就来改变常经，也就是说，“例以辅律，非以破律也”。

《大明律》为不能变更的祖制，但历经百余年的社会发展，到明朝中期，《大明律》的许多条文已经不能适应变化了的社会，条例在实际司法中发挥的作用越来越大。为了让各级司法机构和民众对法律有所预期、增加司法判决的确定性，明孝宗于弘治十三年（1500 年）下令群臣集中讨论《问刑条例》，将经久可行的条例进行辑录整理，也按“六部”分类并规定这次制定的《问刑条例》以后不得废除，条例由“一时之权宜”变为和律一样具有效力的“常法”。

弘治《问刑条例》施行了五十多年后，嘉靖年间进行修改，万历年间又对《问刑条例》进行修改，并且朝廷及地方官府在刊刻律典时将《问刑条例》和《大明律》一起编排，称为《大明律附例》。这种律例合编的新法典编排体例直接影响了清朝的立法。

（三）《大诰》与榜文

《大诰》一词来源于《尚书·大诰》篇，是周公东征平定管叔、蔡叔叛乱时所发布的布告，重点是说明此次武力镇压之必要性。明朝的《大诰》是明太祖在 1385—1387 年陆续发布的文告之总称，共 236 条，包括《御制大诰》（74 条）、《御制大诰续编》（87 条）、《御制大诰三编》（43 条）和《大诰武臣》（32 条）。朱元璋用《大诰》作为特别法的名称，是为了说明用重典治乱世的必要性。从结构上看，《大诰》大体包括案例、法令和朱元璋的训诫三部分，按照“取当世事善可为法，恶可为戒”的原则来系统编辑。[13]《大诰》中规定了很多为历代法典所无的酷刑，如前面提到的剥皮揎草、族诛、凌迟等刑罚；也规定了历来法典所没有的新罪名，如前面提及的“寰中士夫不为君用”罪等；即使是以前的律典有此罪名，《大诰》也加重处罚，如滥设官吏罪，律条罪止杖一百徒三年，《大诰》则规定：“的当人、管干人、干办人，并有司官吏，族诛。”[14]

《大诰》以残酷著称，且内容庞杂，涉及社会生活的方方面面，具有以下特色：

第一，《大诰》是重典治吏而非直接治民。根据学者的研究，《大诰》236 条，有 155 条左右是直接针对官吏的，有 26 条是惩治官民共同犯罪的。所以，《大诰》矛头所向最主要的是各级官吏，其次是豪强富户和无业游民。[15]

第二，《大诰》是律外用刑，用的还是严刑。自汉朝统治者总结秦用严刑峻法二世而亡的教训后，强调“德主刑辅”，后代相因成习，无论是刑用轻典还是重典治世，皆以“仁政”自居。可是，朱元璋在《大诰》中以“杀人为威”，大谈特谈律外用刑的必要性和正确性。朱元璋倡导治臣民用严刑峻法的理由主要有下述三点：一是刑用重典是在“乱世”和“民不从教”的情况下不得已而为之的；二是施加酷刑于罪犯是神的意志，因为恶顽者之犯罪行为是“神人共怒”，天理不容，受酷刑是罪有应得；三是严刑峻法的目的是让臣民引以为戒，是为了保全臣民。总之，

〔13〕 参见杨一凡：《明大诰研究》，江苏人民出版社 1988 年版，第 19 ~ 22 页。

〔14〕 沈家本：《历代刑法考·明大诰峻令考》。

〔15〕 参见杨一凡：《明大诰研究》，江苏人民出版社 1988 年版，第 20 ~ 21 页。

朱元璋对此反复宣传,力图把他的律外用刑合理化、神圣化。[16]

第三,《大诰》的普及性非常高。朱元璋把《大诰》视为对臣民进行教育的教科书,采取了很多措施,强迫全体臣民讲读,一体遵守。朝廷规定,每家每户都要有一本《大诰》。有人触犯死罪之外的刑罚,如果其家中有《大诰》,可以减刑一等;反之,家里没有《大诰》,则要将其处罚加重一等,甚至还规定,如果家里不收藏《大诰》、不遵守《大诰》,要"迁居化外,永不令归"。此外,还要求读书人要在民间向普通百姓宣讲《大诰》,并把《大诰》作为各级学校的必修课程,科举考试也要从中出题。

到洪武三十年(1397 年),朱元璋认为天下已基本太平,遂将《大诰》中的 147 条死罪条款编为《大明律诰》,和《大明律》一起颁行天下,废除了《大诰》中的种种酷刑和罪名。总之,《大诰》盛行于洪武,延续于永乐,之后不再具有法律效力。在明朝,家中有《大诰》,罪犯只要不犯死刑,一般皆可获得减刑一等的优待。

除《大诰》外,明太祖、成祖时期还有一种文告形式的单行法规,即榜文。它是把皇帝的谕旨或经皇帝批准的官府告示、法令、案例等在榜上公示出来,悬挂在各衙门门前和申明亭内。这些榜文涉及的内容很广,但其有效期很短。成祖以后的历代皇帝很少采用这种文告形式的特别法令。

(四)颁行《大明令》

1367 年,朱元璋下令同时制定律、令,制定完成的令典被称为《大明令》。它和《大明律》一样,按照六部分篇,其中《吏令》20 条、《户令》24 条、《礼令》17 条、《兵令》11 条、《刑令》71 条、《工令》2 条,总共 145 条。

《大明令》是传统社会最后一部令典,[17]在中国法制史上具有重要地位。和以前的汉令、晋令和唐令比较来看,《大明令》条文简略得多,可见令在中国传统法律体系中的地位下降。

令典制定之时,正在起草中的律典没有单独列出具有总则性质的"名例"篇,起草者遂将这类规范放置在《大明律》的《刑令》里,如关于"五刑""十恶""赎刑"等条文。及至《大明律》经修订,有了"名例"篇且正式颁布后,《大明令》中这些条文因而大多失效。总体来说,《大明令》在明朝的法律体系里面所占的地位并不是特别重要。

(五)编撰《大明会典》

会典综合记载某个朝代的官署职掌制度,可上溯至《周官》(《周礼》)。《周官》以汇编方式编纂国家典章制度的做法对后世产生重要影响。南宋的《庆元条法事类》和元朝的《元典章》,虽未用会典之名,但都是综合性法律汇编,从实质内容上皆可归入会典之范畴。但《会典》之名始于明朝。

明朝的会典共有三部,即武宗正德六年(1511 年)颁布的《正德会典》、嘉靖二十八年(1549 年)编纂的《嘉靖续纂会典》和神宗万历十五年(1587 年)编纂的《万历重修会典》。《大明会典》的编纂始于孝宗弘治年间,武宗正德四年(1509 年)告成,史称《正德会典》,全书共一百八十多卷,详细记载了明太祖到孝宗时期的各项法规和典章制度,创建了《大明会典》之基

---

〔16〕 参见杨一凡:《明大诰研究》,江苏人民出版社 1988 年版,第 63 ~ 64 页。

〔17〕 怀效锋教授点校的中华传世法典《大明律》(法律出版社 1999 年版)收有《大明令》全文。

本体例。《正德会典》在世宗嘉靖朝经过两次续修,史称《嘉靖续纂会典》,但未颁行。到神宗万历朝,对原有会典予以重修,史称《万历重修会典》,题为申时行等修,共二百二十八卷。该会典"辑累朝之法令,定一代之章程,鸿纲纤目,灿然具备"。[18]

第二节　行政法律

一、重典治吏

中国传统思想强调"明主治吏不治民",元朝官吏贪纵,导致明太祖开国之初采取"重绳赃吏""重典治吏"政策。本来,加强对官吏的管束与监察,并严格惩处贪官污吏,是王朝长治久安的必要举措。但明太祖的做法一方面独出心裁,如将犯法官吏的画像和名字挂在申明亭上以示众;命令刑部把其过误写下来,悬挂在曾犯罪但已被宽宥复职官员的门上,让这些官员时刻自省;如果没有改正,即按律严办。[19] 另一方面以"谋反"的罪名诛杀数以万计的官吏,且手段残忍,如洪武年间的空印案、胡惟庸谋反案、蓝玉谋反案,所诛杀的官吏都在数万以上。对有些贪官污吏甚至采用"剥皮揎草"的酷刑,即把贪官的皮剥下来罩在草人上,悬挂在官员公座旁,以警惕官员。

在朱元璋看来,好的吏治必须从源头抓起,而官吏之来源就是知识分子——士;同时,"明太祖则觉胡元出塞以后,中国社会上比较可怕的只有读书人",但政治治理又不能不用读书人,"遂不惜时时用一种严刑酷罚,期使士人震慑于王室积威之下,使其只能为吾所用而不足为吾患"[20]。除了传统王朝对读书人的笼络、威慑措施外,朱元璋还发明了特别针对读书人的"寰中士夫不为君用"罪。按照《明史·刑法志》的说法,"溪儒士夏伯启叔侄断指不仕,苏州人才姚润、王谟被征不至,皆诛而籍其家。'寰中士夫不为君用'之科所由设也"[21]。在明朝做隐士而拒绝朝廷征召是灭族重罪。

二、官吏管理

明朝建立了以儒生为主体的文官体系。1370 年,朱元璋颁布《开科取士诏》,希望通过科举选取贤才,但他发现科举未能取得理想效果,于是下令暂罢科举,转而寄望于察举,但察举弊端更多,十年后又恢复科举。

明成祖时,朝廷钦定《四书大全》《五经大全》《性理大全》为科举命题作答的依据。成化年间,为防止考官舞弊,将科举命题和答案标准化,要求考生写八股文,开始八股取士。明朝多数高层官员乃科举出身,万历、崇祯两朝,都察院官员、六部尚书侍郎全为进士出身,六部官员,进

---

[18] 《拟御制重修大明会典序》,黄洪宪:《碧山学士集》卷二十,明万历刻本。

[19] 《明史·刑法志》。

[20] 钱穆:《国史大纲》(下册),商务印书馆 1996 年版,第 668 ~ 669 页。

[21] 《明史·刑法志》。

士、举人出身的占百分之七十以上。他们很多出身于平民之家,保证了社会流动性。但八股文题目、内容、格式都限制太严,考生们只是按照题目的字义敷衍成文,故扼杀了作者的创意,成了文字游戏,导致思想和思维的僵化。

明初借鉴宋元制度,设有中书左、右丞相。1380年,朱元璋以左丞相胡惟庸谋反被诛一案废除宰相制度,且在令后世子孙“一字不可改易”的《皇明祖训》中立下规矩:今我朝罢丞相,设五府、六部、都察院、通政司、大理寺等衙门,分理天下庶务,彼此颉颃,不敢相压,事皆朝廷总之,所以稳当。以后子孙做皇帝时,并不许立丞相。臣下敢有奏请设立者,文武群臣实时劾奏,将犯人凌迟,全家处死。[22]

到明朝中晚期,内阁首辅张居正大刀阔斧推行了改革,其重心即在整顿吏治。为此,他创制了“考成法”,不仅对各级官吏定期考察,且具体考核该官员所办各事,根据考核结果予以相应的奖惩,从而加大官员管理的力度。

三、监察制度

自秦朝开始,中国逐渐形成了较完备的监察制度,主要有三部分:御史纠察、言官谏诤、地方监察。言官谏诤主要是言官根据君道向皇帝提出劝谏,御史纠察主要监察中央官员,地方监察侧重监察地方官员。历朝设计监察制度很注重这三个职能如何能较好地行使。

明朝将御史台改为都察院,与六部并列,其御史分为两类:一是左右都御史、副都御史和佥都御史,为都察院的主管官员,常在本院中任事,谓之坐堂官;二是监察御史,为都察院直接行使监察的专职监察官。另设六科给事中监督六部。六科给事中与都察院不相统属并可相互纠举,共同作为“天子耳目风纪之司”。

都察院设十三道监察御史。监察御史虽隶属都察院,但具有较强的独立性,有事可单独进奏,可收互相纠绳监察之效。明朝还创设了监察御史充任巡按之制度,巡按御史“代天子巡狩,所按藩服大臣、府州县官诸考察,举劾尤专,大事奏裁,小事立断。按临所至,必先审录罪囚,吊刷案卷,有故出入者理辩之……凡政事得失,军民利病,皆得直言无避”[23]。

六科给事中对应六部,分吏、户、礼、兵、刑、工六科,各科设都给事中、给事中等官职。六科给事中为独立机构,直属皇帝,有进谏、封驳和纠弹之大权。当六部奏请实行之事或是内廷旨下,均要经六科给事中的审核,如有违误,则可驳回修正,如无误,则分发六部执行,圣旨或票拟亦不能例外。如问题未达到驳回的程度,就以“科参”的形式使旨章通过,但六部在施行过程中必须注意“科参”,并按其指示执行;六科给事中还利用注销大权检查诏旨批文下达后的执行情况。

给事中和监察御史权力如此之重,但品秩很低,多为七品小官,这使他们能勇敢地纠察、弹劾和劝谏。同时,御史犯罪,加三等治罪;如犯赃罪,处罚更重。

总之,明朝监察权相对独立、监察范围极广,对百官和地方的监察权力很大,有利于皇权统治。

---

〔22〕《皇明祖训》“首章”,北京图书馆出版社2002年版。

〔23〕《明史·职官二》。

第三节　刑 事 法 律

明朝刑事法律制度的很多内容沿袭了前代,但也有一些新的变化。

一、定罪量刑原则的变化

将《大明律》“名例”部分有关定罪量刑原则和唐律进行比较,有几处较大的变化:

(一)“比附”原则的确立

按照一般的法律适用规则,在法有明文规定的情况下,司法机关应直接适用;如法无明文,则需要运用一定的技术或原则来发现法律,以适用于当下案件。唐、宋两代的成文法皆明确规定,“诸断罪而无正条者,其应出罪者,则举重以明轻;其应入罪者,则举轻以明重”。到明朝,《大明律》在“断罪无正条”之下确立了比附制度,规定“凡律令该载不尽事理,若断罪而无正条者,引律比附。应加应减,定拟罪名,转达刑部,议定奏闻。若辄断决,致罪有出入者,以故失论”。虽然在《唐律疏议》中已经出现“比附”一词,但把“比附”作为一种法无正条的定罪量刑原则,则是从明朝开始。

所谓比附,是指在法律没有明文规定的情况下,可以比照最相类似的条款或先前案例来定罪量刑。明朝的比附制度,先由初审官根据比附原则定拟罪刑,然后转达刑部,由刑部作出意见后上报皇帝圣裁,基本上否定了官吏擅断罪刑,而使比附援引完全操在皇帝手中,适应了明朝君主专制日渐强化的需要。但每个比附案件都要上报朝廷,让皇帝裁定,可能会让皇帝不胜繁难。因此,朝廷逐渐将一些具有典型意义的比附方式编排在一起,下发给各级官府作为比附案件定罪量刑的参考。嘉靖年间的《问刑条例》即收录了六十多条的“比引律条”。皇帝出于从严治吏的需要,在律典编撰时采纳了绝对确定法定刑原则,因为要遵循罪刑相适应原则,导致传统律条抽象程度不够,罪名极为个别且具体,难以规范现实生活中发生的各种犯罪情形,故司法官吏不得不运用比附等量刑办法,以加强律例的弹性。但若法吏和君主修养较好,能达到加强律例弹性之功效;若法吏和君主修养不够,则容易为司法擅断大开方便之门。

(二)管理“化外人”属地原则的确立

关于化外人犯罪的管辖原则,《唐律疏议》规定“诸化外人,同类自相犯者,各依本俗法;异类相犯者,以法律论”,是属人法和属地法的结合。《大明律》则规定“凡化外人犯罪者,并依律拟断”,确立了完全的属地原则。化外人既来归附,即是王民,所谓王者无外也。这也与君权强化的趋势相一致。

二、刑罚体系

明朝虽然采用了唐律的五刑体系,但在五刑之外还有一些刑罚,如凌迟、充军、枷号、刺字、廷杖等,是明朝刑事法制之弊,其中充军和廷杖是明朝所正式创立的刑罚。

（一）充军

充军指的是把不杀的重罪犯押解到边远地区补充军伍罚作苦役的刑罚。唐朝有加役流，但无充军之制。宋沿五代制度，于流罪配役之外，其罪重者，刺配充军。元制，盗贼应流者，有充军之例。但“充军”刑名的确定始自明朝。明朝的充军一开始仅适用于军人，将犯重罪的军人流放到边远部队中服苦役，后来也适用于老百姓犯重罪的情况。根据期限之不同，充军可以分为两种，一是终身，二是永远。所谓终身，是终罪犯本人之身；所谓永远，是罪犯世代相袭，即罪犯本人及其子孙永远在军队服苦役。

明朝的充军刑适用非常广泛。在《大明律》中，适用充军的条款有 46 条，而到明朝后期万历年间制定的《问刑条例》中，适用充军的条款已达 189 条，差不多占到一半的条款，罪名更达到二百五十二种。充军的罪名多了，等级划分也越来越细，明初《大明律》中只有附近和边远两个等级；到《问刑条例》就有了附近、近卫、口外、沿海、边远、烟瘴和极边七个等级。充军既残酷，且在执行该刑罚的过程中扰民太甚，弊端颇多。《明史・刑法志》评价：“明初法严，县以千数，数传之后，以万计矣。有丁尽户绝，止存军产者，或并无军产，户名未除者，朝廷岁遣御史清军，有缺必补。每当勾丁，逮捕族属、里长，延及他甲，鸡犬为之不宁。论者谓既减死罪一等，而法反加于刀锯之上，如革除所遣谪，至国亡，戍籍犹有存者，刑莫惨于此矣。”

（二）廷杖

朱元璋建立明朝后，认为对朝廷威胁最大的莫过于士大夫，尤其是那些做官的士大夫，但在传统中国，长治久安之道是君主必须与士大夫共治天下。朝廷用士大夫，在于士大夫的学识；忌惮士大夫，在于士大夫的尊严或野心。所以，朝廷就要想办法利用士大夫治国而又对其防范于未然。明朝皇帝所采取的重要办法就是廷杖。廷杖是帝王在朝廷上当众责杖大臣的做法。作为常刑，始于明初。朱元璋为巩固政权，强化皇权专制，尽杀功臣宿将，并以严酷刑罚控制臣下，始有廷杖大臣之举。《明史・刑法志》记载：洪武十三年（1380 年），永嘉侯朱亮祖因事获罪，其父子皆被鞭死，其后工部尚书薛祥亦被毙杖下。洪武以后，明朝历代帝王相沿不改，而且愈演愈烈，更加残酷。英宗正统年间，宦官王振擅权，殿陛行杖，习为故事。宪宗成化年间，宦官汪直诬陷侍郎马文升、都御史牟俸等，诏责给事御史李俊、王浚辈五十六人容隐，廷杖每人二十，开廷臣集体受杖的先例。正德、嘉靖、天启年间皆有集体廷杖大臣的事例。

大臣被廷杖往往无须具体罪名，只要皇帝觉得这些大臣们冒犯了自己的威严即可。一般程序是：先由皇帝发出“驾帖”，载明应责打大臣名单和应杖责的数目，经刑科给事中签押登记，下令锦衣卫行刑。锦衣卫将“驾帖”上列名的大臣带到皇宫前，大臣在面向宫殿叩头谢恩后，再解衣趴下受杖，完毕再谢恩。甚至有个别残暴的皇帝，不解大臣朝服则杖责。在执行廷杖时，皇帝另派东厂太监到场监刑。在廷杖时大臣经常被杖毙。

（三）赎刑

明朝刑事法制总体上很严厉，但广泛运用赎刑，在一定程度上减轻了刑事法制的严酷性。赎刑历代皆有，但宽严不一。宋朝对赎刑限制很严，将赎刑对象严格限定在八议者范围内。明朝的赎刑适用宽泛，因此相应的法条甚多。律、例内很多条款皆有“收赎”“纳赎”字样，其原因主要有两点：一是太祖主持制定的《大明律》与历代相比较严，因此借助赎律和赎例，以减少法律的严酷性；二是利用赎刑在不加重百姓负担的情况下增加财政收入。

三、犯罪与刑罚的主要特点

明朝关于犯罪与刑罚的最鲜明特点就是"重其所重,轻其所轻",即对朝廷所认为的重罪加重处罚,对其所认为的轻罪则将处罚变得更轻。朝廷所认为的重罪主要是两类:一是官民直接威胁、冒犯君权的犯罪;二是官员蠹国害民的犯罪。

官民直接威胁皇权的犯罪,最有代表性的是谋反罪。《唐律疏议》规定:谋反者本人处斩;谋反者之父或十六岁以上的儿子处以绞刑;谋反者十五岁以下的儿子、母亲、女儿、妻妾、祖父母、孙子女、兄弟姐妹皆没为官奴婢,但男子八十岁以上、妇人六十岁以上和重等残疾之人都免于这种缘坐之处罚;谋反者伯叔父、兄弟之子则处于流三千里的刑罚。《大明律》则把处罚加重为:谋反者,只要有预谋,不管是否已实施,已否产生实际危害,全部不分首从凌迟处死;谋反者之祖父、父亲、子、孙、兄弟、伯叔父、兄弟之子以及所有同居共财年满十六岁以上的男子,无论是否与谋反者同姓氏,无论是否有严重残疾,都一律处斩;谋反者在前述范围内的女性亲属以及未满十六岁的男性亲属全部给付功臣之家为奴为娼,且没收所有这些罪犯的全部财产。

官员蠹国害民之罪,最为典型的是通常所说的官员贪污罪。贪污罪包括很多类型,其中有一种就是"监守自盗"罪。《唐律疏议》规定,加凡人盗窃二等治罪,凡人盗窃五十匹加役流,官员监守自盗三十匹拟绞刑。元朝监守自盗三百贯处于死刑。《大明律》规定:凡官员贪污自己所管的财物,不分首从,并赃论罪,四十贯即处以斩刑。何谓并赃论罪?例如,十人一起共盗窃四十贯,每人虽然只分得四贯,但以四十贯定罪处罚;并且还要在犯官的右小臂刺上醒目的三个大字"盗官钱(或粮或物)"。对官员监守自盗罪加重处罚是重典治吏思想的集中体现,因为"监临主守,俱系在官之人,非官即吏,本非无知愚民可比,乃居然潜行盗窃之事,有何情节可原之有?"[24]

朝廷所认为的轻罪主要是在民间发生的一些轻微触犯儒家伦常的犯罪,如"别籍异财""子孙违犯教令""居父母丧生子"等。对于"子孙别籍异财",《唐律疏议》的处罚是徒三年;《大明律》则规定,凡祖父母、父母在,子孙别籍异财处杖一百;如果是在父母居丧期间,儿子别籍异财,在期亲尊长亲告的情况下,处以杖八十的处罚。对于"子孙违犯教令",《唐律疏议》处以徒二年的刑罚,须祖父母、父母告乃坐;《大明律》的处罚是杖一百。"居父母丧生子",《唐律疏议》的处罚是徒一年;《大明律》则不以为罪,不予刑事处罚。对于民间的这类轻罪,《大明律》处罚减轻,有的甚至不予处罚,这并不是说明王朝不关心、不重视儒家伦理纲常;而是在朝廷看来,这更多的是属于教化范畴,较好的办法是通过家族和乡村内部通过教化、调解等方式来解决。

---

〔24〕 薛允升:《唐明律合编》,怀效锋等点校,法律出版社 1998 年版,第 527 页。

第四节 民 事 法 律

一、身份法制

作为一个等级社会,明朝的贵族、士大夫和官员构成了特权阶层,军、民、匠、灶等户构成了平民阶层,奴婢、雇工人和贱役构成了贱民阶层。这三个阶层的地位或多或少都有一些不同于前朝的地方。

关于特权阶层,贵族尤其是宗室贵族人数的庞大是明朝的一大特色。本来,朱元璋将宗室男性分为亲王、郡王等八等爵位,女性分为公主、郡主等六等爵位,还规定了特殊的爵位继承制度:除实行嫡长子继承制、其余诸子降等封爵外,明确规定第八等的奉国中尉爵位无限制继承下去,可以享用“宗室禄米”。这样,明朝宗室享有爵位和朝廷相应待遇的人数到王朝中后期已经是非常庞大,成为国家的沉重负担。

关于平民阶层,军户、匠户和灶户制度是明朝不同于其他朝代的重要制度。军户是时代为朝廷承担兵役的人户。洪武二十一年(1388 年)建立了军户制度;非经皇帝特许,军户不得自行改籍。军户可在驻所附近分得一小块屯田,平时耕种,农闲则加以军事操练。由于军户世袭,且社会地位实际低于民户,负担较重,因此,逃亡现象非常严重。明朝匠户隶属于工部,分轮番匠、住坐匠二类。明初规定:轮番匠须一年或五年一班轮流到官手工作坊服役,每班平均三个月;住坐匠则是每月赴官手工作坊中服役十天,若不赴班,则须月出银一钱由官府另雇他人。这两类匠户在当值以外的其余时间可以自由工作,在一定程度上摆脱了终年拘禁在官手工作坊中劳动的束缚。但是,匠户在身份上仍是父死子继,役皆永充。灶户是为朝廷生产食盐的专业人户。明朝实行食盐专卖,禁止私人生产食盐,因此朝廷就把产盐区的民户编为灶户,每年上缴定额食盐来代替其赋徭和其他差役。

与前朝相比,贱民阶层中奴婢的地位并未得到太多改善,但数量有所减少。奴婢数量少了,特权等级的人数增加,导致为特权等级服务的人手不够。这人手不够的部分多由雇工人来补充。所谓雇工人,是与主人及其近亲属存在一定人身依附关系的贱民,但地位略高于奴婢。雇工人是以“投靠文书”向主人出卖人身自由,他们可以有自己的家庭,主人不能随意将其出卖,但在法律地位上有别于平民。明朝法律规定:他们和平民发生人身、财产等方面的侵害都同样处理,而不像奴婢和平民之间要加重或者减轻处罚;但雇工人和主人之间存在“主仆名分”,其有加害主人及其尊亲属的行为都要加等治罪,主人及其尊亲属伤害或杀死雇工人的行为则可减轻处罚。明朝另一种贱民是乐户。乐户是娼妓和优伶的专业户籍,世代承袭。明初即将在京师的罪犯以及俘获的元朝及各地割据政权君臣的妻女编为乐户,外地州县则编入“丐户”,专门设立教坊司管理这些乐户,乐户不得和平民通婚,其后代不得参加科举。总之,明朝减少了奴婢的数量,增加了雇工人,产生了一些新的贱民团体。

二、婚姻与家庭法律

明朝婚姻与家庭法律的变化主要有以下几个方面：

第一，平民娶妾的限制。中国传统的婚姻形态是一夫一妻多妾制，《大明律》“妻妾失序”条则明确规定：“其民年四十以上无子者，方许娶妾。违者，笞四十。”这条法律虽然是禁止性规定，但处罚甚轻。其立法之目的显然不是要严禁平民娶妾，而是凸显平民和特权阶层的身份差异。由于它在处罚中没有强制“离异”，所以平民违法娶妾之后，最多是笞四十，娶妾行为依然有效。所以，该法条在实际生活中不久即成具文。

第二，夫为妻纲在法律上进一步强化。唐、宋律妻子殴打丈夫，皆处以徒一年，伤重者加凡人三等。明律则规定只要妻子殴打丈夫，不论有伤无伤，皆处杖一百，折伤以上加凡斗三等，至笃疾者则处以绞刑；殴打丈夫至死者处以斩刑；如果是故杀，则处以凌迟。如果是丈夫殴打妻子，唐、宋律规定减凡人二等。明律则规定折伤以下属于丈夫正常管教范围，法律勿论；折伤以上才处以减凡人二等的处罚；殴死妻子则处以绞刑。在这种地方，足见夫妻地位更为悬殊。同时，明律还规定，妇女犯罪，除了奸罪、死罪之外，其他罪都由丈夫“收管”。在离婚方面，妻子殴打丈夫，不问有伤无伤，只要有殴打的行为便可作为丈夫主张离婚的条件，折伤以上即达到了法律强制离异的“义绝”条件。丈夫殴打妻子，必须要到折伤以上，妻子才可提出离婚的要求，并且妻子单独的意思尚不足以完全构成离婚要件，还需征求丈夫的同意。不仅在丈夫生前，妻子处于不平等地位，即便在丈夫死后，朝廷还立法鼓励妻子为丈夫守寡。

三、财产法制

明朝虽然经济比较发达，但关于契约制度的立法比唐朝简略。《明律》只在“田宅”门“典卖田宅”条下规定土地房屋买卖必须订立书面契约，且该契约必须加盖官印并交纳契税，将土地的税负转移之后，成为“红契”才具有法律效力。除了经官府认可的“红契”外，还有大量的“白契”存在，以规范社会生活。由于在社会上的普遍运用，到明朝中后期，官府也承认在发生纠纷时，白契具有法律效力。

第五节　司法思想与司法制度

一、司法思想

明朝当政者的司法思想主要体现在两个方面：一是大力强化以皇帝为首的中央司法集权；二是承天道以司法。

（一）强化以皇帝为首的中央司法集权

朱元璋废除了传统中国存在一千多年的宰相制度，并相权于君权。洪武十三年（1380年），朱元璋以左丞相胡惟庸谋反被诛杀一案，随即废除宰相制度；为了防止宰相制度死灰复燃,洪武二十八年(1395 年)敕谕群臣:"国家罢丞相,设府、部、院、寺以分理庶务,立法至为详善。以后嗣君,其毋得议置丞相。臣下有奏请设立者,论以极刑。"皇帝集权势必要求强化对百官的监察,在制度上的表现之一就是将司法审判权收归中央,确立三法司会审制度;地方司法机构则相对削弱。在中央的司法机构中,除了常规的司法机构外,特务机构——厂卫也承担了相当的司法职能。

(二)承天道以司法

朱元璋信服传统的"天人合一"思想,推崇承天道以治民理政。在司法方面,他法天道而建三法司,希望能通过三法司对案件的审理,最终达到刑无枉滥的目的。洪武十七年(1384 年),建三法司于金陵太平门外钟山之阴,命之曰贯城。建在太平门外是因为太平门在京城之北,在方位上属水,主阴肃、刑罚。为什么名为"贯城",朱元璋在建三法司的敕言中解释道:"贯索七星如贯珠,环而成象名天牢。中虚则刑平,官无邪私,故狱无囚人;贯内空中有星或数枚者即刑繁,刑官非其人;有星而明,为贵人无罪而狱。今法天道置法司,尔诸司其各慎乃事,法天道行之,令贯索中虚,庶不负朕肇建之意。"〔25〕

二、司法制度

(一)普通司法机构

作为中央司法机构的三法司是刑部、都察院和大理寺。按照《明史·刑法志》的说法,刑部掌天下刑名,都察院主管纠察,大理寺负责驳正。由御史台发展而来的都察院,其职能并非单纯纠察,而且对文武官员犯罪案件具有司法审判权。故明朝的都察院不但是监察机关,也是司法审判机关。

三法司制度创始于唐朝,仅适用于少数特别案件。宋朝以后,"三司推事"逐渐成为常态。明朝进一步将其制度化,"三司推事"演变为"三法司会审"。

自明成祖迁都北京,明朝遂有二都,三法司也有两套机构。大致在正统六年(1441 年)之前,北京的三法司前加"行在"二字,以与南京的三法司相区别。正统七年(1442 年),明廷建三法司于北京宣武街西,三法司之重心最终完全移到北京三法司,南京三法司的管辖地区仅限于南京及应天府。

按照《大明会典》"刑部一"的规定,刑部的主要职能包括司法审判和司法行政两方面,"掌天下刑名"指的是复审各省徒罪以上案件、审理京师笞罪以上案件、复核各省及京师斩绞监候案件,属于司法审判职能。其他"徒隶"(指徒、流、充军等刑的执行和监督)、"勾复"(指死罪重囚之处决)和"关禁"(监狱之管理和监督)都属于司法行政方面的职能。刑部设尚书一名,正二品,为刑部长官;副长官侍郎二名,正三品。其下按照省份设立十三个清吏司,每司设有郎中、员外郎、主事等官职,负责各该省上报案件的复审。另外还设有司狱司,有司狱六人,负责监狱管理。

洪武十五年(1382 年)由御史台改设都察院。按照《大明会典》记载:长官为左右都御史各一名(正二品),下设左右副都御史各一名(正三品),左右佥都御史各二名(正四品)。都察

〔25〕《明史·刑法志》。

院有十三道监察御史,共一百一十名,虽官只是七品,但职权很大。明朝有派遣监察御史巡按地方的做法,《明史·职官志二》载:"巡按则代天子巡狩,所按籓服大臣、府州县官诸考察,举劾尤专,大事奏裁,小事立断。按临所至,必先审录罪囚,吊刷案卷,有故出入者理辩之。"具体言之,直隶及各省职官犯罪,如涉五品以上官,须奏闻皇帝裁决;如六品以下官,巡按御史得直接逮问,审理完结后,申报都察院或大理寺复核,奏闻皇帝裁决。至于民人案件,或亲自审录,或交由提刑按察司等衙门审理。

在明朝,都察院是职官犯罪案件的司法审判机构。京师、直隶及各省的职官犯罪案件,绝大多数由都察院初审或复审。除职官犯罪案件外,都察院作为三法司之一,亦得委官复核京师、直隶及各省的斩绞监候案件。刑部与都察院皆设有监狱,监禁待审人犯。它们各自审理案件完结后,均应将案件移送大理寺复核。刑部和都察院是两个平行的司法审判系统。原则上,刑部审理完结的案件无须送都察院复核;都察院审理完结的亦无须送刑部复核,只是在三法司会审案件时例外。

洪武年间,大理寺时存时废,到永乐初年固定设置直到明末。《大明会典》记载:大理寺的长官为大理寺卿,一人,正三品;副长官左右少卿,共二人;之下有左右寺丞、评事等官员。大理寺基本上是一个慎刑复审机关,主要是平反冤狱。大理寺主要是复核刑部及都察院移送过来的直隶、各省及京师案件,同刑部、都察院共同复核京师斩绞监候案件。

明朝中央司法机关,除了三法司外,还有其他一些部门也具有一定的司法权力。首先是内阁及其大学士。朱元璋罢中书省及其宰相,但到明朝中期出现了内阁及首辅制度,部分承担了宰相功能。内阁大学士,尤其是首辅行使了宰相的某些职权,其中包括司法审判。内阁大学士的主要职掌是为皇上处理题本,大多数有关司法审判之题本(内外衙门的公事文书)均经由内阁大学士处理。通过票拟(内阁大学士对题本之内容所出具的处理意见),内阁大学士得以审核三法司所拟之判决是否允当或合法。在票拟及其"批红"(皇帝对内阁票拟所进行的御笔亲批或司礼监秉笔太监代皇帝所为的批示)的公事最终处理过程中,皇帝及其代理人司礼监也参与中央的司法审判活动。

除此之外,其他一些中央机构也有部分司法权。比如,负责接收各地各机构给皇帝奏章的"通政使司"可以受理各地上诉的冤枉或者告发地方官员的案件,并直接向皇帝报告。六科给事中,尤其是刑科给事中,每十日一次奏进法司原报及续收实在罪囚人数,凡斩绞、决不待时及秋后处决人犯,在行刑前,都要由刑科三次复奏,才能最后执行;每当三法司、九卿奉旨在午门前鞫问罪囚,六科给事中掌科官均须参与。另外,每日各科轮官一员值班于登闻鼓楼,如有申诉冤枉或陈告机密重情者,科臣要受状具题本到御前。决囚之日,如果有喊冤的,科臣接收诉状后,有权传令暂时停止处决,以等候皇帝意旨。[26] 由朝廷的六部尚书、都察院的都御史、通政使司的通政使、大理寺卿组成被称为"大九卿"的会审法庭,奉旨审理重大案件。五军都督府设置的五军断事官则负责审理军人诉讼案件。因为皇帝集权强化,不希望在中央由哪些机构或哪个机构垄断某种权力的行使,而是要各个机构之间互相牵制和制约。因此,几乎所有的中央部门都程度不同地参与到司法审判活动中。

---

〔26〕 张显清、林金树主编:《明代政治史》,广西师范大学出版社2003年版,第501~502页。

地方司法机构大致可分为省、府、州县三级。全国分为十三个行省，均设置提刑按察使司，作为一省最高的司法审判机构，长官为正三品的按察使，有权终审徒刑案件。主要负责行政、民政的承宣布政使司也设有理问所，审理那些关于赋税、田土钱债等方面的诉讼案件。

明朝全国有一百五十九个府，每府一般下辖七八个县，设有正七品的推官一员辅佐知府审理司法案件。按照明朝法律所规定，府一级本身并没有任何种类案件的终审权，所以其司法职能仅限于承上启下、复审州县上报的案件。

和其他朝代一样，州县是明朝的基层政府机构，也是基层的司法机构。明朝全国共有234个州，分为直属于省的"直隶州"和受府管辖的"属州"，知州都是从五品；有1171个县，县的长官为知县，正七品。作为正印官的知州、知县，负责辖区的司法审判工作，且不得推给其他副职。其工作非常繁杂，从案件之受理、勘验现场、侦查、审讯、判决都要亲力亲为。[27]

（二）特殊司法机构——厂卫

明朝君主创设一些特务机构，参与司法审判工作。厂卫制度即因此而出现。《明史·刑法志》对此评价道：厂卫"创之自明，不衷古制。是数者，杀人至惨，而不丽于法。踵而行之，至末造而极。举朝野命，一听之武夫、宦竖之手，良可叹也！"厂，即东厂、西厂和内行厂；卫是锦衣卫。因为它们都是常规法司之外、直接受命于皇帝的特务机构，且对案件的侦查、缉捕、审讯等方面皆有相近之处，习惯上合称为"厂卫"。

锦衣卫本是警卫京师和宫廷的二十二个卫之一，负责保护皇宫安全，隶属于皇帝亲兵系统。其长官为指挥使，由皇帝亲自任命，下有千户、百户、校尉力士等，在明朝被俗称为"缇骑"。《明史·职官志》载，锦衣卫"掌侍卫、缉捕、刑狱之事"。跟司法直接相关者，是"缉捕"和"刑狱"。从朱元璋开始即经常派遣锦衣卫来监视臣民，故锦衣卫侦查、缉捕的对象是除皇帝以外的所有人，罪行主要是以重罪为主。本来侦查、缉捕有一定的程序性限制，但实际上，锦衣卫作为皇帝心腹，即便出错，也容易得到皇帝宽免，因此弊端累累。《明史·刑法志》载："缇骑四出，海内不安"，"官校纷纷而出，所在有如豺虎，破家亡身者，郡县相望"。[28]

东厂是太监统领的特务机构，设立于永乐十八年（1420年），由负责皇帝日常事务、整理传递文书的"司礼监"派出提督太监掌管之。提督太监因为持有"钦差总督东厂官校办事太监"关防，故可随时向皇帝报告。东厂设有掌刑千户、理刑百户等，并有内外勤役长数百人，分别率领十二班"番役"轮流出动，监视文武百官的日常生活，刺探社会各阶层的动态，即"打事件"。通过"打事件"所获得的情报被不分昼夜送入宫内汇报给皇帝。设立东厂是为了提防包括锦衣卫在内的外官之间相互瞻徇，且太监离皇上更近，容易获得皇帝信任，故在多数时候，东厂的地位高于锦衣卫。

东厂以外，明朝还曾设立西厂和内行厂。西厂在宪宗和武宗年间几度存废，总共存在了大约十年。宦官刘瑾当权时期还设立了内行厂，"虽东、西厂皆在伺察中"。内行厂虽存在时间不长，但为害不少。

"厂卫"在制度上只有侦查和缉捕的权力，而锦衣卫下设俗称为"诏狱"的北镇抚司。本

---

〔27〕《明史·职官志四》。

〔28〕《明史·刑法志》。

来，卫所都设有镇抚司，专门受理本卫的刑狱。因为锦衣卫地位特殊，永乐年间在本有的镇抚司之外又设立了新的镇抚司。原有的镇抚司被称为南镇抚司，专理本卫的刑狱；新设的镇抚司被称为北镇抚司，专门审理钦犯。厂卫侦缉破获的案件逮捕的人犯，直接送到北镇抚司进行预审。宪宗成化年间规定北镇抚司审理案件直接向皇帝报告，锦衣卫指挥不得插手，这样北镇抚司就获得了自己作为"诏狱"的独立地位。尽管在理论上，北镇抚司在预审结束后应将案卷、人犯等移交三法司，以便作出正式判决，但实际上三法司不敢得罪作为皇帝亲信的北镇抚司，多数情况下只能按照北镇抚司所拟定的预审意见正式宣判。而且，北镇抚司有时可以直接根据皇帝的旨意绕过三法司处置罪犯。

厂卫特务机构罪恶累累，因此不少臣工上言要求废除，但皇帝借助特务机构更有利于操控臣工，施其生杀予夺之权。

（三）诉讼制度和程序

明朝统治者深受儒学，尤其是程朱理学的影响，认为百姓"兴讼""健讼"现象是教化不行的表现，为此设计了一些独具特色的"息讼"制度。

一方面，对某些轻微案件推行带有强制性的半官方调解制度。从洪武年间开始，乡里普遍推行里甲制度，设立老人这一乡职。"从古至今，所在有司，凡公事有大者，非高年耆宿不备……以其高年，历事也多，听记也广，其善恶、易难之事，无不周知，以其决事也必当。凡诸有司，用是耆宿，无不昌焉。"〔29〕民间细故和轻微刑事纠纷必须先经本里老人在申明亭断决。百姓未经里老人断决而直接告官的，要以越诉论罪，处以杖六十的刑罚，仍发回里老人断问，擅自受理的官员也要治罪。

到明朝中期，老人本身严重腐化，"正直无一二，贪昧常千万，富者利其财，豪者徇其势，虽曲而必使之直"，导致越诉甚至京控频繁，因此规定即便是细故案件和轻微刑事案件，只要证据确凿的，就不准官府委托里老人审断，而直接由州县官审理，尽快作出判决。〔30〕里老人制度的衰落不仅既成事实，且得到朝廷认可。在里老人制度渐渐失效之后，明朝又在民间推行"乡约"制度，由各约的约正、约副每半个月主持调解一次本约内的细故和轻微刑事案件。除了乡约调处外，随着家族制度的完善和成熟，家族内纷纷制定家法族规，多规定了细故案件的族内调解，只有重案才要求官府审理。

另一方面，为了达到息讼之目的，明朝还在法律上直接限制诉讼。例如，加大对越诉、诬告等行为的惩罚力度。《大明律》"越诉"条规定，"凡军民词讼，皆须自下而上陈告。若越本管官司，辄赴上司称诉者，笞五十。若迎车驾及击登闻鼓申诉而不实者，杖一百"。《明史·刑法志》记载，洪武末年，小民多到京师越诉，但很多都是不实的，因此朝廷加大了对越诉的处罚力度。历代对诬告罪的处罚都是以所诬之罪反坐，但明律则是在反坐的基础上加等处刑，具体而言，诬告人笞罪的，反坐加重二等；诬告人杖、徒、流罪的，反坐加重三等；诬告人死罪，处以杖一百，流三千里；如果诬告人死罪，被诬告人因此而被处死或毙于狱中，诬告人也应处死。

---

〔29〕《御制大诰续编》"耆宿第八"，载杨一凡：《明大诰研究》，江苏人民出版社 1988 年版，第 269 ~ 270 页。

〔30〕《在外问刑衙门官员务要亲理词讼不许辄委里老人等保堪例》，载杨一凡主编：《中国珍稀法律典籍集成（乙编 第五册）·皇明条法事类纂（卷十六至卷五十）》，科学出版社 1994 年版，第 517 ~ 519 页。

明律除了命盗重案可以不拘时间随时陈告外,细故和轻微刑事案件有时间限制,即应在农闲期内。明中期以后,各地方官府为了息讼,逐渐形成了“放告”制度。官府每月皆有固定的日期来接受细故和轻微刑事案件诉状,其他时间一律不准,这被称为“放告”。放告的具体时间各地有差别,但以每月的逢三、逢六、逢九日共九天为放告日期的居多。这些追求息讼的制度成为明朝司法制度的重要特点。

明朝的司法审判决定权越来越向上级官府集中,特别是中央集中。由于所有的案件都必须从州县基层官府开始,所以严格地推行逐级复审制度。明朝的州县只能审结所谓的“自理词讼”,也就是户婚田土等细故案件和杖一百以下的轻微刑事案件。自理词讼审结后,州县官将卷宗存档并登记于“循环簿”,供上级衙门以及巡按御史、分巡道等随时抽检;对于徒罪以上案件,则须报送上级衙门复审。但在报复审之前,州县官仍必须受理,并进行侦查、勘验,在查清事实的基础上拟出定罪量刑的初步意见,然后将全案卷宗、人犯、主要证佐转送上级衙门复审。

州县的直接上级衙门是府。明朝的府并无权力审结任何种类的案件,只是单纯负责复审工作。当州县审理了徒罪以上案件上报到府以后,如果人犯或证佐没有翻供情事,知府对州县官所拟的看语也没有异议的情况下,就在州县官的看语后加上自己的看语,再将卷宗、人犯、证佐转送其上级衙门;如果有翻供的情况出现,或知府本人对州县官所拟之看语认为不妥,可以将案件发回重审,或者发给其下属的其他州县官另行审理,知府本人一般并不会直接改判。当州县官审理结束后,再到知府这里开始同样的程序,直到知府初步认可为止。

与知府的复审类似,各行省的按察使有权终审徒刑案件,对于流刑、充军和死刑案件要在复审之后加上自己的“看语”上报刑部或都察院。如果认为下级拟律不当或有翻供情事,一般也是发回重审,并不径自改判。需要指出的是,罪犯并不随着复审转到京师,而是关押在省会的监狱里,等待判决确定。

这些徒罪以上的案件经通政使司奏闻皇帝后,由皇帝经司礼监、内阁转发给刑部(民人案件)或都察院(职官案件)。经刑部或都察院复核后,再交大理寺第二次复核(明人称为“审录”)。至此,流刑、充军案件即定案,可以向关押罪犯的官府发出执行命令。如果是死刑案件,还要经三法司或其他官员会审,上报皇帝作最终的复审决定,经皇帝“勾决”后才得以确定。

(四)会审制度

集合众多朝廷高级官员来会同审理疑难案件是历代的通行做法。明朝将这种会审制度化,详细规定哪些案件应该会审、哪些官员参加会审、会审中判决如何作出、会审判决效力如何等。

在刑部、都察院和大理寺共同参与的三法司会审中,自永乐年间以后,刑部渐渐成为会审案件的主要承审机关。例如,三法司的判决意见以及领衔具题奏闻皇帝裁决都是刑部的工作。所以,从明朝开始,刑部之权特重。

除三法司会审外,其他的制度化会审主要有朝审、热审和大审等。

朝审是朝廷最高级别的官员会审已被判秋后处决的死囚犯制度。据《明史·刑法志》记载,明英宗天顺三年(1459年),朝廷规定在每年霜降节气之后,由三法司奏请复审所有在押经判处以秋后处决的囚犯,经皇帝批准后,下旨召集公侯伯爵、驸马、内阁学士、六部尚书、侍郎、都御史、大理寺卿、通政使司、五军都督、锦衣卫指挥使等最高级官员,由刑部尚书主持,在承天门(今天安门)外举行会审。如果会审官员认为案件有可疑或死囚有可矜之情节,可奏请皇帝暂时不处决,再加详细审讯。如认为判决无误,就在当年秋后处决。关于朝廷罪囚之范围,以关押在京师监狱的为限,大致包括两类:一是案件发生在京畿附近的;二是重大疑难案件,经刑部和都察院将案犯由各省提到京师来讯问因此而被关押在京师监狱里的。

热审是在暑热季节到来前由朝廷官员会审京师在押未决囚犯,以提高审判效率、减轻囚犯痛苦的制度。它始于明成祖永乐二年(1404 年),于孝宗弘治元年(1488 年)形成定制。在每年的小满节气后十多天内,由司礼监传达皇帝举行热审的旨意,除三法司派员外,还有锦衣卫参与,共同审理京城各监狱在押囚犯,笞杖刑囚犯从速判决执行,徒流囚犯减等发落,尽快押解到服刑地点;事实不清的案件请旨裁决。热审一般到六月底之前结束。

大审是皇帝定期派出代表(司礼监太监),会同三法司长官,共同审理在押罪囚的制度。《大明会典》"刑部十九"载,成化十七年(1481 年),命司礼监太监一员会同三法司长官于大理寺审录,以后每五年一次,著为令。可见,大审成为制度,始于 1481 年,由代表皇帝的司礼监太监召集三法司长官到大理寺会审京城在押的待决犯。大审以司礼监太监为主审官,因为他代表皇帝。三法司长官在此多以司礼监太监之意见是从。

总之,明朝的会审制度将诸多朝廷高官显要汇聚一起审录案件,表明了朝廷对司法案件及其罪囚生命之重视,是恤刑、仁政思想的表现。但会审结果只是皇帝作最后裁决之建议,反映了君权的强化。但是,太监参与会审,且在有些会审中还作为主持者更是明朝的司法弊政。

第六节　社会法律思潮

自宋朝以降,君主专制体制日渐强化,明太祖废相将君主专制推向极端。同时,官方推崇的程朱理学日渐教条化,加以八股取士,束缚了读书人的思想。在这一大背景下,自宋朝发端,以程颢、陆九渊为代表的心学,到明朝中期,由王阳明发扬光大。王阳明(参见图16)因对庙堂的深深失望,悟出了知行合一、致良知为核心理念的心学体系,经其后学,尤其是泰州学派的传播而风行天下,影响明清之际的思想界。阳明心学以每个人内在的良知作为判断是非的标准,促进了个体的自觉和思想的解放。王阳明曾明确讲:"夫学贵得之心,求之于心而非也,虽其言之出于孔子,不敢以为是也,而况其未及孔子者乎。求之于心而是也,虽其言之出于庸常,不敢以为非也,而况其出于孔子者乎……夫

图16　王阳明像

道，天下之公道也。学，天下之公学也，非朱子可得而私也，非孔子可得而私也。”[31]这在一定程度上可缓解纲常名教的僵化教条，同时也冲击了对包括法制在内的外在规范，王学末流中的许多人放荡不羁，以处于礼法之外而自得就是明显的例子。另外，王阳明因对庙堂行道的失望而将注意力转向民间，以宗族、乡党等社会关系为基础，以族田、义田等为载体，通过民间宗教崇拜、撰修族谱、制定家法族规、乡规民约等手段，贯彻其“觉民行道”之使命。王学中人的努力促进了家法族规等民间“自治”规约的发达。

到明朝中后期，政治、经济、思想各领域都在其长期积聚的基础上或酝酿或进行着新的变化。政治上，君主专制政体显示出自身无法克服的弊端，引发农民起义，以致清兵入关，明王朝的统治被摧毁。这些历史原因和社会剧变引发思想家们对政治、国家和法律的思考。

综上，明朝的社会法律思潮大致可分两大部分：一是在君权强化背景下、受程朱理学影响下的正统法律思想，丘濬是其中的代表人物；二是在明末清初因社会巨变，针对正统法律思想进行较为彻底反省的理论思想，黄宗羲为其代表。

一、丘濬的法律思想

丘濬（1421—1495 年），字仲深，别号琼台，广东琼山人，世称琼台先生。幼孤，母亲李氏教之读书，聪颖异常。1454 年中进士，授翰林院庶吉士，任编修。宪宗时期历任侍讲学士、礼部侍郎，掌国子监。在此期间，精研历代治道和治术，卓然有得。鉴于宋朝大儒真德秀《大学衍义》在儒家的八条目中只到修身齐家为止，缺少治国平天下的条目，乃博采群书，而有《大学衍义补》之作。孝宗年间以文渊阁大学士参与机务。丘濬精通经史，洞悉历代典章制度，兼以长期在庙堂供职，遍游各地周知民间疾苦，故能明瞭其实际运作情形。故他能对正统法律制度和思想进行较为深入全面的分析和总结。因丘濬在庙堂之日，正阉寺横行，《大学衍义补》“独无一语”予以抨击，据此，《四库全书》编撰者对其人其书有这样的评价：“濬学本淹通，又习知旧典，故所条列，原原本本，贯串古今，亦复具有根柢。其人虽不足重，其书要不为无用也。”[32]

丘濬在立法上，主张儒家经义，尤其是伦理纲常是法律的根本，法律应以“便民”为旨归。治国之道，应以整饬纪纲为先，“纪纲既正，天下大定……人君为治，欲正天下之纪纲，先正一家之纪纲。家之纪纲，伦理是也。伦理既正，则天下之事如挈纲然”[33]。因整饬纪纲，故而偏重教化，以保民为先，但刑法亦不可废弛，“礼乐刑政四者，王道之治具也……人君以此四者以为治于天下，不徒有出治之本，而又有为治之具，而又有为治之法，本末兼该，始终相成”[34]。法律在内容上应本乎礼义、人情，如此才合乎中道；[35]在表现形式上应简明划一，即便是粗通

---

〔31〕（明）王阳明：《传习录》“答罗整庵少宰书”。

〔32〕《钦定四库全书总目》（整理本）（上册），中华书局 1997 年版，第 1225 页。

〔33〕丘濬：《大学衍义补》（第一册），吉林出版集团有限责任公司 2005 年影印版，第 62 页。

〔34〕丘濬：《大学衍义补》（第二册），吉林出版集团有限责任公司 2005 年影印版，第 1818 页。

〔35〕“经者，礼义之所自出，人必违于礼义然后入于刑法。律令者，刑法之所在也。议而校定，必礼义、法律两无歉焉。本是以立天下之法，用是以酌生民之情，无间然矣。”“先王因情以立法，如衡之于轻重，少者不可多，大者不可小，物有多少大小，而衡一以无心待之，随其多少大小而权之也。”“治民之道，无有过于中者也，是故先王立法制刑，莫不用中。中则无过无不及，可以常用而无弊。”（丘濬：《大学衍义补》（第二册），吉林出版集团有限责任公司 2005 年影印版，第 1193—1194、1312、1317 页。）

文义者,也能“开卷即了其义”,制定法律时,尽量做到内容确定不移:“于本文之下,分书其所犯之罪,所当用之刑,或轻或重,或多或少,或加或减,皆定正名,皆著实数。读律者不用讲解,用律者不致差误耳。”[36]

有治法尤贵乎有治人。法立之后还要有好的司法官执行法律。在法有明文的情况下,司法官应“以律从事”,律所不载,而后用例。律例皆无规定,可以比附科刑,但司法官须有恤刑恤狱之心。“天下之情无穷,刑书所载有限,不可以有限之法而尽无穷之情,又在用法者斟酌损益之。古者任人不任法,法所载者任法,法不载者参以人。”[37]

丘濬的法律思想内容非常丰富,上面所归纳的,只是其要点。他在广泛汇辑前人资料基础上予以分析,结合其阅历,对中国历代法律进行了详尽的分析和评介,对中国正统法律思想作了系统总结和发挥。

二、黄宗羲的法律思想

在明末清初的思想家中,思想鲜明而锐利、地位突出的当数黄宗羲。黄宗羲(1610—1695年),字太冲,号南雷,浙江余姚人,世称梨洲先生。他一生经历了明清改朝换代,这对他的思想发展产生了重要影响。他的父亲黄遵素是“东林”名士,后因弹劾魏忠贤而被下狱致死。黄宗羲幼受熏陶,自小就养成勇于抗争的精神,十九岁时袖藏长锥入都讼冤为父报仇,后来师从阳明心学大师刘宗周,又曾参加“复社”。中年时正值清兵南下,他曾召募义兵进行抵抗。明亡后拒绝清廷征召,隐居著述。他留下的著作主要有《宋元学案》《明儒学案》《明夷待访录》《南雷文案》等。

(一)抨击君主专制和限制君权

明朝君主专制较之前朝强化很多,其弊端也得以充分凸显,黄宗羲在他的《明夷待访录》的《原君》篇中批判了传统法律所维护的君主专权对天下的危害:“后(三代以后)之为人君者不然,以为天下利害之权皆出于我。以天下之利尽归于己,以天下之害尽归于人。”皇帝运用手中的权力任意地宰割人民,指出“然则为天下之大害者,君而已矣”,概括出一个很重要的命题:“天下为主君为客”,即君主当以利民、养民、服务天下苍生为职分所在。维护君主的绝对权力是传统法律的主要价值,对君主暴行的揭露和批判、提出“天下为主君为客”命题是对传统法律这一价值的深刻批判。

君主大权独揽严重损害了君臣和君民关系。“天下之是非,一出于朝廷,天子容之则群趋以为是,天子辱之则群挞以为非。”[38]黄宗羲大胆批判以君主个人的主观好恶作为是非曲直的判断标准。法律制度对社会具有一定的引导作用导致在明朝现实社会中,许多“俗儒”一旦出仕,成为迎合皇帝好恶而丧失正义感和不讲道义的小儒,不能担当治理国家的大任。黄宗羲认为,君民之间的和谐是国家得以治理的重要保障。在三代以前,人民对君主爱戴有加,现今因君主为一家之私利而野蛮专制,导致人民对君主充满怨毒之情。改变的关键是要限制君权。

---

〔36〕 丘濬:《大学衍义补》(第二册),吉林出版集团有限责任公司2005年影印版,第1199页。

〔37〕 丘濬:《大学衍义补》(第二册),吉林出版集团有限责任公司2005年影印版,第1186页。

〔38〕 (明)黄宗羲:《明夷待访录·学校》。

黄宗羲的主张大致有三点:第一,重新设立宰相制度,宰相要、能与天子“同议可否”,以相权制约君权。第二,学校议政。学校不仅是培养人才的地方,还应该成为反映民意、评议是非的议政机关。第三,主张地方应该有独立于中央的实际权力。

(二)以“天下之法”取代“一家之法”

黄宗羲详细对比了“一家之法”和“天下之法”,主张以后者取代前者,建立体现天下民众利益、维护天下民众权利的新法律。维护君主专制的法律是“一家之法”,而非“天下之法”。三代以上的法律是为维护天下人民利益而设立的“天下之法”,法律虽粗疏却能收到良好的统治效果,可以称为“无法之法”。三代以下的法律是为保护君主独享天下而存在的“一家之法”,法令虽详却并非为天下民众而设,只能称为“非法之法”。

“有治法而后有治人”是黄宗羲的基本法制原则,是“天下之法”的重要组成部分。先秦儒家中荀子最明确地提出了“有治人无治法”的观点,成为之后正统法律思想的主要内容。黄宗羲主张“有治法而后有治人”是立足于“天下之法”取代“一家之法”的基础上,其“治法”正是“天下之法”,而不是用于维护统治者一己之私的专制法律,这打破了正统儒学的“人治”论,在民众立场上赋予“治法”以新的含义。他认为,天下有才智之人困束于“非法之法”“一家之法”,只能“安于苟简”,而如果确立起来“先王之法”“天下之法”,就可以发挥“能治之人”的才干,还能够限制贪婪残忍之徒,使其不能危害天下,所以他坚持“有治法而后有治人”。[39]

黄宗羲的法律思想是明末清初社会矛盾、王朝鼎革的产物,富有时代色彩。他的理论开启了后来者的思维,为中国的近代转型提供了重要的思想资源。

思考题

1. 简述明朝立法思想的变化。
2. 简述明朝刑事法律的变化。
3. 简述厂卫、三法司会审制度在明朝司法运作中的影响。
4. 简述丘濬、黄宗羲的法律思想。

---

〔39〕 (明)黄宗羲:《明夷待访录·原法》。

第十五章　清朝法律(上)

(公元1636年至公元1840年)

本章要点

1. 清朝立法活动和法律体系。
2. 清朝刑法制度的特点和刑种变化。
3. 清朝的司法思想。
4. 清朝中央司法机构和地方司法机构的运作。

第一节　立法思想与立法活动

清朝是继元朝之后少数民族所建立的一个统一王朝。在努尔哈赤建立后金之后,1636年,皇太极改国号为大清;1644年,定鼎北京。到1912年清帝逊位,清朝历经二百六十八年。在康雍乾盛世之后,清朝盛极而衰,面对西方列强,中国历史进入了近代转型时期。

一、立法指导思想

作为少数民族入主中原的统一王朝,清朝在立法方面维护满族利益,赋予旗人以特权;为了更好地统治人数百倍于己的汉人,清廷极力推崇以程朱理学为主的传统儒学,强化三纲五常对法律的指导作用。

(一)赋予旗人在法律上的特权

清朝在政治方面极力保障满人的优先权,推行满汉复员制,中央部院的正副长官(堂官),分为满汉两班,共同管事;时有亲王或军机大臣管部,位在该部堂官之上。各省督抚,在清朝中叶以前,多为满人担任;汉人出任封疆大吏仅为少数。驻防要地的“将军”例由满人担任,非但汉人不能担任,就是汉军旗人都不行。此外,清廷权力中心的辅政大臣,不论是早期的内阁,抑或雍正以后的军机处,一般都由亲王负责。

清朝的行政区划实行“双轨制”。关内十八行省主要是汉人居住区,按照传统官制治理。关外地方为“龙兴之地”,遍地是皇室亲贵、旗下人员的庄园,由主人委派庄头经管。关外不对汉人开放,仅留少数地方作为汉人罪犯的流放地。到清朝晚期,因日俄对关外的巨大威胁,才有大量山东移民闯关东,很大程度上改变了东北的人口格局。总之,在清朝,由将军、都统管理关外广大地区成为封闭的国中之国。

在清朝,绝大多数皇帝以天下共主自居,但基于满洲入主中原的事实,一直采取带有种族性质的法律政策,赋予旗人以法律特权。旗人包括满洲八旗、蒙古八旗和汉军八旗,是清廷统治的基础。在刑罚方面,《大清律例》虽同样适用于满人与汉人,但为优待旗人,专列"犯罪免发遣"条,规定,"凡旗人犯罪,笞杖照数鞭责,军流徒免发遣,分别枷号。徒一年者枷号二十日,每等递加五日;总徒准徒,亦递加五日。流二千里者枷号五十日,每等亦递加五日;充军附近者枷号七十日,近边者七十五日,边远沿海边外者八十日,极边烟瘴者九十日"。甚至杂犯死罪者也可以枷号。基于这种"易刑"规定,旗人可免于服苦役、离乡流放发遣。此外,旗人有"消除旗籍"的处罚,即将旗人降为汉民,是旗人特有的处罚方式,可见民族之间的不平等。

(二)更加强调伦理纲常对法律的指导性作用

为了稳固统治,从康熙开始,重新确立程朱理学为官学,"今之论学者无他,亦宗朱子而已。宗朱子者,为正学;不宗朱子者,即非正学"[1]。儒家伦理纲常,尤其是三纲,对清朝法律影响很大。以君为臣纲为例,满臣对皇帝自称奴才,汉臣连称奴才的资格都没有。雍正朝推行密折制度,加强皇帝对群臣的操控,皇帝集权登峰造极,反映在法律领域是扩大谋反、谋大逆的适用范围,文字狱即为典型。尽管在《大清律例》中找不到任何直接关于文字狱的法律条文,但皇帝或亲自审理,或对审理官员作出直接间接的指示,大都比照谋反、谋大逆来处理,罪犯及其家属被处以凌迟、枭首、戮尸、发遣等严刑。

二、立法活动

清朝的主要法律形式是律和例,其立法较多沿袭明朝,亦有一些自己的发展,最主要是例的地位上升。

(一)《大清律例》的撰修

顺治二年(1645年),清廷设立律例馆,开始修律工作。次年,修律工作完成,定名为《大清律集解附例》。这是清朝第一部完整的成文法典,共三十卷,459条。"集解附例"是将律及相关的例、注解予以合编。这部法典从编排体例到内容都沿袭明朝后期立法。

《大清律集解附例》编撰时,清朝立国未稳,修律仓促,因此康熙年间做过一些修正工作,但没系统撰修。雍正时期将《大清律集解附例》和康熙朝修成的《现行则例》予以系统编辑,于雍正六年(1728年)以《大清律集解》颁行。为了司法官定罪科刑的便利,《大清律集解》附编了《大清律总类》,即以笞杖徒流死五种刑名为标准,将各种罪行分别归入其下,使之一目了然。这种编排方法为乾隆朝所沿袭。

随着清王朝统治的稳固,社会情势的变化使清初所制定的律例中的某些条文已不适应;一些已施行的新例也没能进入法典之中。雍正朝的《大清律集解》未能全面有效地解决此问题,因此,乾隆时期全面系统地撰修法律。乾隆元年(1736年),朝廷以大学士徐本、礼部尚书三泰主持撰修新律事宜,对《大清律集解》重新加以考订,删除了总注,逐条加以详校,保留了历朝

[1] 唐鉴:《国朝学案小识》(卷一),上海中华书局四部备要本1936年版,第13页。

关于《大清律》的谕旨和奏疏。此次撰修成果,即乾隆五年(1740年)颁行的《大清律例》。(参见图17)

图17 《大清律例》

该法典在体例上分为名例、吏、户、礼、兵、刑、工七篇,四十七卷30门,包括律文436条、例文1409条、比引律条30条。律首沿袭明律,载有六赃图、五刑图、狱具图、丧服图,另外增加了赎刑图、纳赎诸例图、过失杀伤收赎图、徒限内老疾收赎图、诬轻为重收赎图,以表达清廷对刑犯的"矜恤"。这部法典是清朝具有代表性的成文法典。

《大清律例》继承了汉、唐以来形成的中华法系的法典编纂传统,成为中国历代成文法典宝库中的重要一部。在编撰新例时,纂修者废除了明朝及清初以时间为序的分类方法,改为按具体条例的内容与性质分类附入律条,对传统法典编纂方式有所创新,最终完成了律例合体的法典编纂模式,即将同样性质的条例分别编在相应律条的后面。在律例体系下,这种编排方式既方便司法者运用,又有助于解决法律施行过程中律例相抵牾的矛盾。

《大清律例》颁行后,清廷多次重申其稳定性,将这部《大清律例》的律文定为不可变动的祖制。为解决法律与社会的适应性问题,规定每隔一段时间可以删修条例,按照《大清会典》的说法,条例五年一小修,十年一大修。[2]

(二)律例关系

清朝在沿袭明朝制例、编例的基础上多有新创,特别是在则例制定方面成绩斐然。清朝的例在广义上主要包括条例、则例和事例;狭义上专指条例。清朝沿袭明制,又有所变革,其条例主要用以表示刑事法规,当时《大清律例》中的附例和续纂的刑例被称为条例。

"则例"之名起于唐、五代时期,"则"是法则、准则或规则之意,"例"是指先例、成例或定例。明朝以前,则例不是主要的法律形式。明朝时,则例作为国家各项事务管理中与钱物和财政收入、支给、运作相关的法律实施细则被广泛适用于行政、经济、军政管理等领域。当时朝廷颁行的则例种类甚多,有赋役则例、商税则例、捐纳则例、赎罪则例、宗藩则例、军政则例、官吏考核则例及钱法、钞法、漕运、救荒等方面的则例。清朝,则例的适用范围更为广泛,其法律地位有所提高,成为国家机关运行和重大事务管理的规则。不仅有《六部则例》、各部院则例,中央机构各司制定的各类细则也多以则例为名,则例成为规范清朝中央各衙门活动规则的主要法律形式。[3]

"事例"作为法律用语,其确切起源尚不明确。明朝时,在例的体系中,以事例制定最多、变革最繁,围绕着事例的立法和执法活动也最为活跃。事例是经皇帝裁定、颁布的作为有司行

〔2〕 郑秦、田涛点校:《大清律例》,法律出版社1998年版,"点校说明"。

〔3〕 参见杨一凡:《重新认识中国法律史》,社会科学文献出版社2013年版,第297~346页;王旭:《则例沿革稽考》,中国民主法制出版社2016年版,第37~304页。

事规范的某一具体事项或单个的案例,条例即是在事例的基础上编纂的。事例的产生和颁布都有严格的程序:刑事事例多通过司法审判活动产生,其他涉及广泛社会生活的事例则是经官府的治理活动产生的;所有事例无论是通过朝臣奏请方式提出,还是中央衙门议定的,都必须由皇帝批准。清朝在事例的制定方面,基本沿袭明朝的做法。

大体而言,作为重要的法律形式,清朝例的存在形态有四种。一是定例,立法中最初制定的事例或因一时急需制定的单个则例、条例,一般是分条而未必成册,是例的原生形态。二是定例汇编,由中央机构或者地方官府纂辑成册,但编纂体例尚不统一。三是会典事例,其在例的编选方面有所取舍,自成体系,但对于不同时期形成的定例的内容未加修改。四是经朝廷精心修订的则例、大清律纂修条例,它们是经整理和删改定例而成的,编纂体例比较严谨,内容更为规范。〔4〕

关于律例之关系,学界大致有两种观点:一是以例破律,有例不用律;二是例以辅律,补律之不足不备。明朝永乐初至弘治年间,曾围绕律例关系问题进行了长达近百年的争论,最后形成了一套有时代特色的律例关系理论,基本观点是:既重律,又重例,律例并行,"例以辅律,非以破律也"。〔5〕 清朝继承和发展了明朝的律例关系理论,并将其作为立法和司法的指导思想。清朝制例的基本要求是,"立例以辅律,贵依律以定例"〔6〕,例一方面当与律义相合,另一方面应可补律所不备。清末薛允升把清朝律例的关系概括为:"律为一定不易之成法,例为因时制宜之良规。凡律所不备,必藉有例,以权其小大轻重之衡。使之纤悉比附,归于至当。"〔7〕

跟律相比,例的规定跟社会生活更为接近,所以在司法审判中,出现了"有例不用律,律既多成虚文"〔8〕的现象。如律文禁止娶姑舅两姨姊妹,但例却规定"听民自便";律文规定祖父母父母在,禁止子孙别籍异财,但例则云:"其父母许令分析者,听"。〔9〕 但是,例的增多,有时甚至达到泛滥的地步,前后抵触、相互矛盾的情况屡见不鲜,使司法人员有上下其手的空间,从而破坏了法制的统一性和公平性。

(三)《大清会典》

清朝继承了明朝编纂会典的做法,康熙、雍正、乾隆、嘉庆、光绪五朝都有会典编纂和续修。其中,康熙、雍正两朝会典在体例上基本沿袭了《大明会典》,典、例合一,两者未分开,将有关制度的具体事例附于该制度之后。到乾隆朝修会典时,认为应区别"纲"和"目":会典正文是纲,记述基本制度;会典的例是目,按年编排,以考察该制度的递嬗沿革。乾隆朝所编成的会典,其中乾隆《大清会典》一百卷,乾隆《大事会典则例》一百八十卷。嘉庆时期编纂会典,将"则例"改成"事例",有《会典事例》九百二十卷。光绪朝会典有《会典事例》一千二百二十卷。这些卷帙浩繁的事例主要来自皇帝的谕旨、中央各衙门和督抚所上条陈以及历年成例。

清朝还有作为地方法规的省例。在乾隆时期的法律文书中,已有"省例"的称谓出现。一

---

〔4〕 参见杨一凡:《历代例考》,社会科学文献出版社 2012 年版,第 182 ~ 185 页、第 300 页。
〔5〕 舒化:《重修问刑条例题稿》,转引自沈家本:《历代刑法考》。
〔6〕 (清)沈家本:《历代刑法考 · 万历大明律跋》。
〔7〕 薛允升著述、黄静嘉编校:《读例存疑重刊本》(第一册),台北,成文出版社有限公司 1970 年版,第 68 页。
〔8〕《清史稿 · 刑法志》。
〔9〕 郑秦、田涛点校:《大清律例》,法律出版社 1998 年版,第 187 页、第 209 页。

般而言,“省例”指的是清朝行省一级官府制定的以地方性事务为规范对象的成文法规汇编,其中包含了少量朝廷颁布的地区性特别法规,今天保存下来的《省例》,较著名者如《湖南省例》《江苏省例》《广东省例》等。

第二节　行政法律

清朝在明朝政治和行政制度的基础上又有进一步发展,但也存在一些不合理的现象。第一,皇帝“寄信上谕”由军机大臣承皇帝意旨拟定后,不经相关部、院大臣过目,直接送到受命人。第二,各部尚书满汉各一人,皆向皇帝论事,侍郎亦直接向皇帝论本部事,不受尚书节制,一切听皇帝指挥。第三,除中央的部、院长官与地方之督、抚、藩、臬外,他人不能专折言事,翰林院亦不例外,庶民更无上言之可能。第四,大臣任命由皇帝个人决定,吏部不知道,也没有“廷推”之制。下级官员由吏部授任,但须引见,表示出于皇恩授予。给事中虽有其官,但已无封驳权。第五,府州县学明伦堂置卧碑,规定:生员不得言事,不得立盟结社,不得刊刻文字。

与强化君主专制相应,清朝还设置军机处。清初入关仍袭明制,以内阁为总理政务机关。雍正时又在内阁之外的南书房另添军机处。最初皇帝为要保持军事机密,有许多事不经内阁,径由军机处发出。后来,政府实际重要政令都在军机处。军机大臣由皇帝从内阁大臣里挑选出来,到南书房协同皇帝办事。所以,清朝的军机处大致与明朝内阁相似,不过清朝皇帝鉴于明朝太监当权的教训,把军机大臣调入宫内议事,保持君臣之间交流的畅通。军机处作为皇帝的私人秘书,有权代表皇帝草拟上谕,故有权修改内阁的票拟。军机处经皇帝认可草拟上谕有两种,即明发上谕和廷寄上谕,前者先下内阁,再即各部科衙署,晓谕中外;后者由军机处自己密封,交兵部递给各直接当事官员,其内容包括诰诫臣工、指授兵略、查核政事、责问刑罚之当否等方面的政务。因此,军机处为清中期以后的政务中枢,军机大臣亦俗称“枢臣”。

一、官僚制度

清朝官员的选拔大致有科举、荐举、捐纳、荫授等途径,其中以科举为正途,地位尊贵,上升空间较大。据《科场条例》,科考分乡试、会试和殿试三级,三年举行一次。乡试在省城举行,考取者为举人,获得授官资格;会试在礼部举行,考取者为贡士,录取者大致在二三百人之间;殿试由皇帝亲临,对贡士亲策。其结果为:一甲三名,赐进士及第;二甲若干人,赐进士出身;三甲若干人,赐同进士出身。一甲直接授予翰林院修撰、编修等官职;其余进士均通过朝考后,授予翰林院庶吉士、六部主事、内阁中书和地方州县官。荐举是推荐贤才授予官职的选拔方式,其标准是德行和才能。捐纳是捐纳钱粮购买职衔或出身。到乾隆时期,捐纳成为定例,以补财政之不足。荫授是高级官员之子孙直接由朝廷授予低级官员之做法。捐纳和荫授被视为官员出身之异途,不为社会所重视。

在清朝,旗人入仕还有笔帖式这一特殊途径。笔帖式,满文作 bithesi,直译为“有学问的人”。清入关后,国家制度日臻完善,政务活动急剧增加,文书档案工作也日渐繁杂,清政府遂在各衙门广置笔帖式。笔帖式为国家正式官员，有品级，早年有五、六品者。雍正以后除极少数主事衔笔帖式为六品外，一般为七品、八品、九品。笔帖式升迁较为容易，速度较快，被称为“八旗出身之路”或“满员进身之阶”。[10]

关于官员之任职，清朝有卷帙浩繁、规定严密的《吏部处分则例》，“专言文职考成，其间权衡轻重，斟酌宽严”[11]。该则例所规范的官员遍于六部，其内容涉及官员的铨选、处分、升迁、举劾、事例等，是清朝皇帝“严以治吏”在法制领域的集中体现。

二、监察制度

清沿明制，设都察院负责监察官员。但清朝的都察院跟明朝相比，一是将六科给事中合并于都察院，与十五道监察御史构成都察院的主体，被统称为“科道官”；二是取消了监察御史的巡按制度；三是总督巡抚变成了最高级地方官员，即封疆大吏，另外还设置了道台来监督州县。同时，清朝也发展了一些有利于监察权行使的制度，如清朝非常重视御史的选拔，凡曾降级、革职的官员概不选取，必须是科举考试正途出身，京官三品以上以及总督、巡抚子弟不准考选科道官等。又如，肯定科道官风闻言事，即便所奏不实，纠弹不当，只要出于公心而不是别有用心，亦不坐罪；为防被人打击报复，允许科道官密折上奏；科道只要称职，就升迁较快。

清朝重视监察方面的立法，其中以《钦定台规》和《都察院则例》为要。《钦定台规》始纂于乾隆八年(1743 年)，后经嘉庆、道光和光绪朝多次增修，由都察院汇辑有关监察制度方面的上谕及皇帝批准的奏议、条例等，分类编辑，分为训典、宪纲、六科、五城、各道、稽查、巡察和通例等八类。《钦定台规》称得上是帝制中国监察法规的集大成者。《都察院则例》是《钦定台规》的实施细则，其内容包括御史封驳、陈奏、京察、大计等事项的具体处理规则。

第三节 刑事法律

清朝的刑法制度继承了前代刑法严惩侵犯君父、重典打击盗贼、准服制治罪等方面的成果，采纳了历代已逐渐发展成熟的累犯加重、自首减刑、区分首从、从新兼从轻等原则，同时又有自己的一些特点，主要包括：

一、维护满人法律特权

清朝的立国基础是满人优先基础上的满汉一家，凡是旗人皆有法律上的特权。这种特权所涉及的范围很广。凡旗人犯罪，在刑罚上皆有优待：笞杖改为鞭责，流刑充军予以期限不等的枷号即可免予发遣；杂犯死罪，亦可折枷；真犯死罪当斩立决者亦可减为斩监候；罪当刺字者，只刺臂而不刺面。旗人犯罪案件由特定司法机关审理，具体而言，京师旗人案件由步军统

---

〔10〕 参见赵郁楠：《清代笔帖式之特色》，载《满族研究》2006 年第 4 期。

〔11〕《钦定重修六部处分则例》，光绪十三年刻本，沈贤书等“叙”。

领衙门、内务府慎刑司审理,地方旗人案件由专管旗人事务的理事厅审理,州县官可以会审,但不能独审。这种司法管辖特权,到咸丰朝以后才逐步取消。对旗人的法律特权保护典型地体现为清初实行的圈地、逃人法以及《督捕则例》。

清军入关之后,大量的满蒙亲贵、八旗将士、官吏、随军家属以及包衣(奴仆)等涌入北京,朝廷亟待解决其生计问题。以摄政王多尔衮为首的清廷决定圈占京郊的土地,于顺治元年(1644 年)下令将近京各州县的“无主荒田”“尽行分给东来诸王、勋臣、兵丁人等”,称为“圈地”。不久又将圈地之范围扩大到直隶境内七府七十多个州县,圈占了数量庞大的土地。名义上圈占的是“无主荒田”,实际上是强行圈占民田,造成了大批农民失去土地。被圈占土地的农民不仅失去了土地,还没有了人身自由。如不甘心投充到八旗牛录下为奴,或已为奴但不堪忍受虐待,就只有流亡一途。这些流亡者就成为“逃人”。“逃人”数量大了,自然严重影响到旗人生计,进而威胁到清廷统治。为严惩此种逃亡行为,清廷制定了严苛的逃人法。

早在关外时期,满洲政权就制定有逃人法。入关之后,清廷将之进一步系统化。顺治十年(1653 年),清廷设立了兵部督捕衙门,置督捕侍郎满汉各一人,下设左右理事官等以及专门的刑狱。摄政王多尔衮和顺治皇帝先后发布了十余次诏令,修订、扩充严惩逃人的法令。这些法令总称为逃人法。

兵部督捕衙门设立后,对零散的逃人法进行编纂整理,成为《督捕则例》,其主要内容包括:(1)严厉惩办窝主。窝主即是窝藏逃人者。之所以要严惩,“逃人之多,因有窝逃之人,故立法不得不严”。凡隐匿逃人者,庶民“正法,家产入官”;文武官员“将本官并妻、子流徙,家产入官”,生员、僧道皆不能免。对窝主的惩罚严厉程度,与谋反谋逆无殊。当时即有一些高官因窝逃而被处死,如广西巡抚郭肇基等,甚至平南王尚可喜、靖南王耿仲明亦被议削王爵和罚银,耿仲明畏罪自杀。(2)惩罚逃亡者。包衣逃走一次者,鞭一百,交还原主;二次者处罚依旧;三次者,正法。凡被拿获的逃人均在脸上刺字。很离奇的是,窝主所得惩罚较之逃人本犯还重。(3)奖励告奸。拿获逃人者,赏银二两;告发窝逃者,将窝主家产三分之一赏给告发者。(4)奖惩有关官员。拿获逃人者奖赏,隐匿、贻误者重罚。

逃人法制定以后,缉拿追捕,株连牵引,逃人饥民无人敢收留,地方官惧怕逃人法严而不得自保,而地痞无赖则大兴告奸,借举报逃人而讹诈。许多汉官抵制反对逃人法,但清廷为巩固政权,推行起来更变本加厉,成为清初较大的弊政。直到康雍乾时期,朝廷才对《督捕则例》多次更改重修,施行也不如当初严格。康熙三十八年(1699 年),督捕衙门由兵部改隶刑部,成为刑部督捕司。即便如此,《督捕则例》一直保留到清末。

二、刑种变化

清律中的刑种为笞、杖、徒、流、死五刑。笞刑五等,从十到五十;杖刑五等,从六十到一百;徒刑五等,以半年为差,刑期从一年至三年;流刑三等,以五百里为差,从二千里到三千里;死刑分斩、绞二等,更有立决、监候之别。立决即“决不待时”,只要皇帝核准,即可执行;监候即将罪犯暂行关押,等到秋审之后再定是否执行死刑。

除了律文所规定的五刑外,还有一些派生刑和附加刑。主要有:(1)死刑类的凌迟、枭首和戮尸。凌迟即通常所谓的“千刀万剐”,为死刑最重者,一般适用于谋反、谋大逆等;枭首是悬挂头颅于城门或街市以示众警戒,多适用于强盗罪;戮尸是脔割罪犯的尸体以示众,多适用于恶逆、强盗应枭首而先身故者。(2)流刑类的充军和发遣。清朝的充军刑乃沿袭明朝弊政,初为发配边疆戍所充军役,后并不真正入军营服役,与流刑无异。充军分为附近、近边、边远、极边和烟瘴五等,乾隆时制定《五军道里表》规定远近处所。"发遣"即"发给批甲人为奴",常见的有发遣到尚阳堡、宁古塔和乌拉等地。(3)附加刑类的枷号和刺字。枷号是罪犯戴枷在衙门口或城门口示众,多为盗匪奸淫罪犯的附加刑,期限有一日数日、一月二月、半年一年,甚至有永远枷号。刺字即附加墨刑,初犯刺臂,惯犯刺面,多适用于盗贼。

清朝对于罪犯的处罚所用的刑制还因其所犯之罪为"真犯"和"杂犯"而有别。真犯即实犯,一般是"有心故犯";杂犯是过误或牵连致罪者。具体而言,"真犯死罪",一般是以十恶、故杀人、反逆缘坐、监守自盗、略人略卖人、受财枉法等严重且为法定死刑的犯罪;"杂犯死罪"指的是以过失杀人、误杀人、斗殴杀人及某些职务犯罪等虽法有死刑但恶性不太严重的犯罪。流刑亦有真犯、杂犯之别。"真犯流罪"一般指的是因谋反、谋叛、谋大逆等犯罪者的亲属应流及不道杀人会赦犹流者;"杂犯流罪"一般是过失杀人、误杀人及某些职务犯罪处流刑或因牵连而被处以流刑者。真犯一般处以实刑,杂犯一般用折易替代执行,比如杂犯死罪一般不执行死刑,照例减等为五年徒刑,即"杂犯死罪准徒五年";杂犯流罪一般折为徒刑,即"杂犯流罪总徒四年"。

三、特定罪名

为维护社会秩序,清朝制定了一些前代所未有的条例,重点打击盗贼,予以严惩。明律规定一般强盗罪最重处流刑三千里,清律加重处罚,规定强盗已行虽不得财,处杖一百流三千里;只要得了事主财产,不分首从皆斩。康熙年间,刑部参酌明末《问刑条例》,议复安徽巡抚题准定例,规定:凡响马强盗,执有弓矢军器,白日邀劫道路,赃证明白者,俱不分人数多寡,曾否伤人,依律处决,于行劫处枭首示众。其江洋行劫大盗,俱照此例立斩枭示。到咸丰年间,更有对强盗就地正法之规定。

为对付"恐吓取财"的凶恶棍徒,清朝还有两则条例:一是"徒棍生事扰害例";二是"光棍设法索诈官民例"。关于前者,"凡凶恶棍徒,屡次生事行凶,无故扰害良人,人所共知,确有实据者,发极边足四千里者安置。如并无凶恶实迹,偶然挟诈逞凶,及屡次藉端索借,赃数无多,尚非实在凶恶者,仍照所犯之罪,各依本律本例定拟,不得滥引此例"。关于后者,"凡恶棍设法索诈官民,或张帖或捏告各衙门,或勒写借约,吓诈取财,或因斗殴,纠众系颈,谎言欠债,逼写文券,或因诈财不遂,竟行殴毙,此等情罪重大实在光棍事发者,不分曾否得财,为首者,斩立决;为从者,俱绞监候。其犯人家主父兄,各笞五十;系官,交该部议处。如家主父兄首者免罪,犯人仍照例治罪"[12]。虽然明朝《问刑条例》也有"光棍"字样,但处罚未及于死。这种严刑峻法实际上并未达到预期的效果。

因南明残部据东南海疆抗清,清廷以严刑禁阻沿海外贸。清初曾颁行《禁海令》,规定沿海居民"寸板不得下海";旋即颁布《迁海令》,强制沿海居民内迁五十里,越界者斩。海外贸易

---

〔12〕 薛允升著述、黄静嘉编校:《读例存疑重刊本》(第四册),台北,成文出版有限公司1970年版,第709~712页。

遂被完全阻绝。平台一统之后,海禁依然,仅留广州一口通商。《大清律例》中有不少关于严惩违禁下海的条文。乾隆五年(1740年)的《大清律例》有“私出外境及违禁下海”律条,规定:“若将人口军器处境及下海者,绞监候,因而走泄事情者,斩监候。”其后有多条例文予以具体规定且加重处罚。如“私造海船”条例:“凡沿海地方,奸豪势要及军民人等,私造海船,将带违禁货物下海,前往番国买卖,潜通海贼,同谋结聚,及为向导劫掠良民者,正犯比照谋叛已行律,处斩枭示。其父兄、伯叔与弟知情分赃,杖一百、流三千里。如不知情之父兄,仍照不能禁约子弟为盗例,杖一百。”[13]此种情况,直至鸦片战争后才改变。

第四节 民事经济法律

清朝在民事经济法律方面多承继前代,也有一些新变化。清朝的民事法源大致包括三个方面:一是《大清律例》中的户律部分,习称“户婚田土”条文;二是各种则例,尤以《户部则例》为最集中;三是《大清通礼》中所包含的以礼义为指导的民事规范。

一、永佃制

宋朝以后,朝廷将土地管理的重心由分配上的均田转向税负上的均平,土地兼并而导致的所有权集中就更加明显,越来越多的农民没有自己的小块土地,只能租种地主的土地,于是佃农的数量大幅度增加。故从宋朝开始,出现了永佃制。到清朝,永佃制更为发达和普及。

永佃制的出现须满足下述条件:开垦荒地,投入工本;改良农田,提高土地收益;交纳押租钱;抵价典卖土地,而保留耕作权;长期“守耕”,地主认定;通过“霸耕”等斗争形式。其内容大致包括:佃户负有按约定交租的义务;在履行义务的前提下,佃户能够“永远耕作”,地主则不能“增租夺佃”;地主的变动不影响佃户地位,即所谓“换东不换佃”“倒东不倒佃”;佃户可以随时退佃,但不得自行转佃。清朝各地都实行过永佃制,只是普及程度有别。大体来说,东南和华南较为盛行。

在永佃制盛行的地方还出现了“一田两主”的习惯。在永佃制中,佃户私相转佃、转卖、转典,至后来地主亦予承认,即产生了该习惯。把一块田地分为上下两层,上地(称田皮、田面等)与底地(称为田根、田骨等)分属不同人所有,这种习惯上的权利关系就是“一田两主”。“底地所有人的权利,是每年可以从享有土地使用收益权的上地所有人那里收租(固定的得利),但是欠租一般不成为解约原因。而且,上地底地的所有人,各自处分其土地时,互相间没有任何牵制,这是通例。也就是说,即使对上地转让出租,也可以任意作为,底地所有人的同意不是转让出租的要件。从而上地底地所有人的异同变化,不会引起其他一方权益的任何消

---

〔13〕 薛允升著述、黄静嘉编校:《读例存疑重刊本》(第三册),台北,成文出版有限公司1970年版,第506页。

长。”[14] 在永佃制及其与之相关的“一田两主”习惯具有两项重要的功能：一是此种土地产权的分化，使地权分配趋向平均，从而在一定程度上抑制土地兼并的危害，多少弥补朝廷将土地管理的重心转向税负均平而不是以前侧重均分土地的缺失。二是促进农民对土地的开发和利用。因为田皮的买卖不需要跟官府和地主直接打交道，其交易市场比普通土地交易市场为灵活，交易手续更为简便，佃户一般是将买来的田面自己耕种，有动力对田地进行整合。

二、典与卖

清朝的民间土地转让，一般会签订书面的契据文书。根据该契据文书的内容，大致可将土地转让方式分为“典”和“卖”。典大致相当于活卖，可回赎。卖一般指绝卖，不能回赎，立契据文书时标题用“杜”“绝”“断”等字，契内书有“永无找赎”“永断葛藤”“听凭买主永远管业”等，所谓“一卖千休，寸土不留”。[15] 典是古代中国长期存在的一种独具特色的土地转让普遍方式，因土地随着人口增加成为稀缺资源且价值较为昂贵，中国人家族观念强，土地一般为祖遗，不会绝卖，而是“典”，即一种随时或定期可赎回土地的制度。所以，典是出典人将土地出典于人，收取一定的典价，在约定期限内赎回，属于一种活卖。一般而言，在典契或活卖契中附有时间，时间届满方能回赎；如无时间规定，则出典人或卖方随时可以回赎，典人或买主不得阻挠。出典人过期不赎，则由承典人向出典人一次性支付“找贴”（土地时价与典价的差额）之后便获得土地的完全所有权。

由于之前的土地交易契约中，一般没有“绝卖”或“活卖”、“典卖”等字样，典、卖之间的界限难免模糊不清，易发生找价回赎上的争议。雍正八年（1730 年）定例：“卖产立有绝卖文契，并未注有找贴字样者，概不准贴赎。如约未载绝卖字样，或注定年限回赎者，并听回赎。若卖主无力回赎，许凭中公估找贴一次，另立绝卖契纸。若买主不愿找贴，听其别卖，归还原价。倘已经卖绝，契载确凿，复行告找告赎及执产，动归原先尽亲邻之说，借端掯勒，希图短价，并典限未满而业主强赎者，俱照不应重律治罪。”[16] 尽管有此规定，但典契超期未赎而业主索要找贴纠纷仍不断，乾隆十八年（1753 年）朝廷再行定例予以规范：“嗣后民间置买产业，如系典契，务于契内注明‘回赎’字样；如系卖契，亦于契内注明‘绝卖永不回赎’字样，其自乾隆十八年定例以前，典卖契载不明之产，如在三十年以内，契无‘绝卖’字样者，听其照例分别找赎；若远在三十年以外，契内虽无‘绝卖’字样，但未注明‘回赎’者，即以绝产论，概不许找赎。如有混行争告者，均照不应重律治罪。”[17]

三、家长、族长的权责

清朝将程朱理学视为意识形态正统，特别强调齐家对于治国平天下的重要性，大力倡导宗

---

〔14〕［日］仁井田陞：《明清时代的一田两主习惯及其成立》，载刘俊文主编：《日本学者研究中国史论著选译》（第八卷），中华书局 1992 年版，第 411 页；［日］寺田浩明：《田面田底惯例的法律性——以概念性的分析为主》，载杨一凡、寺田浩明主编：《日本学者中国法制史论著选·明清卷》，中华书局 2016 年版，第 349 页。

〔15〕“以田宅质人而取其财曰典，以田宅与人而易其财曰卖。典可赎，卖不可赎也。”（应槚：《大明律释义》卷五“典卖田宅”，明嘉靖刻本。）

〔16〕薛允升著述、黄静嘉编校：《读例存疑重刊本》（第二册），台北，成文出版有限公司 1970 年版，第 281 ~ 282 页。

〔17〕薛允升著述、黄静嘉编校：《读例存疑重刊本》（第二册），台北，成文出版有限公司 1970 年版，第 281 ~ 283 页。

族和睦以维护社会秩序的安定。让宗族在维护秩序中发挥更大的作用就需要赋予宗族尊长更多的权力。《大清律例》沿袭历代的规定,承认家长、族长对家族、宗族的领导权,且更正式承认家长、族长以一定的司法审判权。雍正七年(1729年)在"编排保甲"条下定例:"地方有堡子村庄,聚族满百人以上,保甲不能编查,选族中有品望者,立为族正。若有匪类,令其举报。倘徇情容隐,照保甲一体治罪。"[18]族正也就是族长,在家族聚居之地,获得与保甲长类似的权责。在清朝,律例和谕旨实际上认可家长、族长主持家族祭祀、劝谕教化族人、受官府委托调处家族内的纠纷、惩处家族内轻微犯罪、维护家族内部秩序、将家族内严重犯罪报官并扭送罪犯、主持立嗣、监督保管族产制止盗卖、防止家族间的械斗等权责。

四、继承制度

清朝承袭前代做法,将家族视为一个永恒相续的实体,"继承"是家族内部的身份和财产在家族成员内部之间的变更,是以男性家庭为中心的家族香火之传递。继承的目的是往下传递家族成员对家族以及家族对社会的责任和义务。因此,继承法主要是一种身份继承,财产继承居于辅助地位,是因身份继承而生的一种家庭财产分割,俗称"分家析产"或"分析家产"。身份承继的核心是宗祧继承,以嫡长子继承为原则。"祧"是远祖之宗庙,"宗祧"即宗庙之谓。与身份继承不同,财产继承一般由诸子均分。

由于为后者有身份继承的义务,因此对于户绝之支、房有强制立后(继嗣)的规定,即某男子因无直系卑属子孙,而无承继人时,得于生前立同宗昭穆相当之侄子为继子;如其生前未能立继子,死后其寡妻、父母、族长等要为其立嗣。这种强制立嗣的做法,尤其是该人死后由别人为其立嗣,因立嗣行为牵涉财产分配,容易引发纠纷。即使无子孙可立继也不得收养异姓为义子以承继,这是"异姓乱宗"之禁。为解决立同姓昭穆相当之子孙以立继不使绝后,清朝创立了"兼祧"制度。所谓"兼祧",即一子可以同时承继两个不同房分的变通办法。乾隆四十年(1775年)朝廷定例,"可继之人亦系独子,而情属同父周亲,两相情愿者,取具阖族甘结,亦准其承继两房宗祧"[19]。兼祧之独子可以对两房均娶妻生子以传续香火。

第五节 司法思想与司法制度

一、司法思想

清朝在司法领域的核心观念价值主要体现为保留民族特色、强化君主的最高司法权以及天人合一观念对司法的影响。

(一)保留民族特色

不同于汉民族建立的全国性统一政权,清朝的立国基础是以满蒙为主体的旗人,尽管清朝

---

〔18〕 薛允升著述、黄静嘉编校:《读例存疑重刊本》(第四册),台北,成文出版有限公司1970年版,第757页。

〔19〕 薛允升著述、黄静嘉编校:《读例存疑重刊本》(第二册),台北,成文出版有限公司1970年版,第248页。

帝王们都宣称“满汉一家”。早在努尔哈赤建立后金时,即编立八旗,各旗由主旗贝勒握有司法审判权,司法审判适用部族习惯法。皇太极改国号为清之后,尽管为强化皇帝集权,削弱了主旗贝勒的权力,但主旗贝勒仍然保留了较大的司法审判权。入关后,其司法审判制度虽多承明制,但为保留满蒙旗人的司法特权,赋予了八旗衙门、理藩院、内务府、步军统领衙门等部分的司法审判权,掌理满蒙藏司法审判事务,形成清朝司法审判的民族特征。

入关后的顺治、康熙两朝,八旗都统对于纯粹旗人间的案件拥有完全的司法审判权。雍正元年(1723 年),朝廷建立八旗都统衙门,为适应皇权集中的趋势,其司法审判权能有所减弱,其司法职掌限于审理旗人之间的户婚田土案件和笞杖徒流案件,命盗重案需要会同刑部审理。到雍正十三年(1735 年),朝廷定例,八旗徒流罪以上案件俱由刑部审理,剥夺了八旗都统对这类重案的审判权。

理藩院职司外藩事务,于顺治元年(1644 年)设立,其司法权责主要是负责审理蒙古案件,会同复核蒙古秋审案件。

内务府于顺治初设立,是管理宫廷事务的机构,所属人员包括上三旗包衣和太监。其下设有慎刑司,负责司法审判事务,其司法职掌大致有:审理上三旗包衣笞杖罪、旗民交涉、太监案件,初步审讯上三旗包衣徒罪以上案件,有时还奉旨审判重大案件。

步军统领俗称九门提督,统率八旗兵中的步军营、巡捕营等,职司京师治安、缉捕盗贼,位高权重。步军统领衙门拥有较广泛的司法权,包括审理京师笞杖罪案件之权,对京师徒罪以上案件有初步审讯之权;京师旗人犯奸,朝廷认为属于寡廉鲜耻事情的特定案件由步军统领衙门审理。另外,关于民人京控案件,步军统领衙门需收受呈词。步军统领虽非九卿,但地位崇隆,皇帝经常指派其审判重大案件。

上述机构都享有范围各异的司法权,实际上赋予了满蒙旗人特殊的法律地位,是民族特色司法理念的集中体现。

(二)强化君主的最高司法权

清朝君主集权在明朝的基础上更加强化,强调国家重大政务须由君主裁决,司法权也包括在内。内阁大学士和军机大臣都是皇帝之幕僚或者秘书,其职权限于协助皇帝处理包括司法审判在内的重大政务。清朝各省死刑案件,督抚审理完结后,须奏闻皇帝裁决。京师死罪案件,刑部或三法司处理完结后,也需奏闻皇帝裁决。斩、绞立决案件,只有奉旨依议之后,才执行死刑;斩、绞监候案件奉旨依议后,尚要等待秋审或朝审复核;经秋审或朝审复核后,仍需奏闻皇帝裁决。因此,臣民的生杀予夺权力掌握在皇帝手中。

即便皇帝因为时间和精力有限,不得不将重大司法权力事实上交给臣僚行使,皇帝也通过最后的核准来行使最高司法审判权,同时通过设立各种会审制度让更多的机构或臣僚参与到司法审判过程中,互相牵制,以免一家一人独大,确保皇帝的最高审判权不致旁落。

(三)强调天人合一观念

天人合一是古代中国的重要思想观念,是现世政治和法律的合理性依据之一。清朝君主多以此训诲臣下重视刑狱,以免招致上天责罚。比如,雍正曾告诫臣下:“刑名为国家之要务,上关天和,下系民命。若刑狱未能清理,即为天时亢旱之由。”[20]清朝的秋审制度反映出“秋冬行刑”的思想影响。

清朝将死刑犯人分为立决和监候两种。立决就是立即执行(重罪立即处决的有凌迟、斩立决、绞立决),监候则缓决(罪行较轻或案情可疑的判为斩监候、绞监候),等待当年秋审再决定是否执行死刑。晚清律学大家吉同钧即讲:“古律无秋审之名,唐宋元明律中言斩绞死罪者,均系立决,并无监候、秋后处决之制。然考之《月令》,孟秋之月,审决断,始用戮。唐律亦有立春、秋分前不决死刑之条,可见古者行刑必于秋冬,所以顺天地肃杀之气也。”[21]秋审制度是慎重民命理念在天人合一思想影响下的一种制度设计。

二、司法制度

(一)司法机构

在清朝,皇帝习惯于将包括刑名在内的重大日常政务交给多个衙署、多个官员共同行使,以收牵制之效,从理论上说,中央各部院皆有一定的司法权,可称为兼理司法审判机关,大致包括议政衙门、内阁、军机处、吏部、户部、礼部、兵部、工部、理藩院、通政使司、八旗都统衙门、步军统领衙门、五城察院、宗人府、内务府等;但“三法司”是专门的司法机构。

清朝的三法司沿袭明朝,为刑部、都察院和大理寺。刑部于顺治元年(1644年)设立,为天下“刑名总汇”,主掌司法审判权。《清史稿·刑法三》载:“外省刑案,统由刑部核复。不会法者,院寺无由过问;应会法者,亦由刑部主稿。在京讼狱,无论奏咨,俱由刑部审理,而部权特重。”刑部的司法审判职掌大致包括:复核各省徒罪以上案件;审理京师徒罪以上案件;会同复核各省秋审案件;会同复核京师朝审案件。刑部所属机构十八司,以秋审处和律例馆特别重要。秋审处专门核办秋审事宜;律例馆有提调满汉各四人,任稽核律例之事,凡刑部各清吏司所办理之案件有应驳或应更正者,由刑部堂官交律例馆稽核;该馆还掌修条例,五年汇辑,十年重编。

都察院虽是监察衙门,也兼有司法审判方面的职能。其审判权大致包括会同复核各省死罪案件、会同审理京师死罪案件、会同复核各省秋审和京师朝审案件。

大理寺是清廷入关后沿袭明朝官制所设的机构,设卿、少卿满汉各一人,是纯粹的慎刑机关,其司法审判职掌与都察院差不多,即会同复核各省死罪案件、会同审理京师死罪案件、会同复核各省秋审和京师朝审案件。相比较而言,都察院在职官犯罪方面有更大的发言权。

内阁,清初沿袭明制,设置殿阁大学士组成内阁。顺治、康熙、雍正三朝,在军机处设立之前,内阁地位崇隆,掌理“议天下之政”,包括司法审判在内。在通常情况下,内阁并不直接进行司法审判,而是通过票拟参与司法审判,审核法司所定拟之判决是否允当或合法;此外,内阁大学士经常以个人身份,也可说是国家重臣身份奉旨审判重大案件、参与秋审和朝审。这里需要解释一下内阁的票拟权。清朝公文书主要有两种,一为题本(或称本章),二为奏折。清朝前期,朝廷政务多以题本方式处理。乾隆初年以后,奏折逐渐成为正式公文书。因其使用及处

---

[20]　《世宗宪皇帝圣训》卷二十四“雍正二年甲辰二月壬申”,乾隆五年刻本。

[21]　吉同钧:《秋审条款讲义序》,载闫晓君整理:《乐素堂文集》,法律出版社2014年版,第88页。

理较为便捷,所以使用范围日渐扩大,逐渐取代题本,成为公文书的主要形式。光绪二十七年(1901年),清廷废除题本,完全以奏折取代之。内阁的主要职掌是帮助皇帝处理题本,所有关于司法审判的题本均由内阁处理,内阁因此直接参与到司法审判中。内阁对题本的票拟权即是内阁写出所定拟之处理意见。就司法审判而言,对三法司的题本,内阁可依照其实际情形拟出不同处理意见,或拟准,或拟驳,或以其他方式处理。

军机处,全称为"办理军机处",设于雍正年间。《清史稿·军机大臣年表一》载:"军机处名不师古,而丝纶出纳,职居密勿。初只秉庙谟商戎略而已,厥后军国大计,罔不总揽。自雍、乾后百八十年,威命所寄,不于内阁而于军机处,盖隐然执政之府矣。"清朝的公文书,题本由内阁处理,奏折则由军机处办理。所有关于司法审判之奏折均由军机处办理。法司所上奏折奉朱批"另有旨"或"即有旨"及未奉朱批者,军机处须拟写谕旨。谕旨分为两类,一为明发上谕,二为寄信上谕;前者简称"明发",后者称为"廷寄"。除了拟写谕旨外,军机处还有奏折的处理建议权。皇帝将奏折发交军机大臣后,军机大臣须共同研议处理意见,奏闻皇帝;有时皇帝召见军机大臣独对,征询其处理意见。军机大臣对奏折的处理建议权实际上类似于内阁的票拟权。军机处通过奏折处理建议权和拟写谕旨参与重大的司法审判事务。

清朝的地方司法、行政合一,特别强调地方主官对于司法的独任权责,在逐级审转制度下,各级地方衙门都要承担司法审判事务,大致有下述层级:(1)县(还包括厅和散州),负责审理辖区内所有的案件;其中有权审决自理词讼(包括处罪犯以笞杖刑的轻微刑事案件和关于户婚田土等案件),对徒刑以上的重大刑案须完成勘验、审理、初步判决,写作供上司阅看的"看语"等司法事务,然后将相关案卷和人犯移交给上级官府。(2)府(直隶州),主要负责审转,即复审州县报上来的徒罪以上刑案。认为审理有问题,即发回州县重审或指定其他州县再审;如认为没问题,即加上自己的看语予以上报。(3)省按察司,主要是对府报来的刑案予以复审,如无异议则加上自己的看语上报督抚;如有异议则驳回重审或改发别的州县再审。(4)督抚,其主要司法职掌包括:对按察司复核无异的徒刑案件批准执行;复核充军流刑案件,如同意按察司意见则转咨刑部;对死刑罪案则当堂亲审,确认无异后具题向皇帝上报,将副本咨送都察院和大理寺(给皇帝的题本会奉旨送达刑部);如有异议则驳回重审或改发其他衙门再审。

(二)司法人员

清朝各级地方主官专门负责司法案件的审理工作,不得将之推给佐贰属员。清廷严禁"佐杂擅理词讼",坚持"官非正印者,不得受民词"。[22] 州县官被称为亲民官,地位尤其重要。清朝名幕汪辉祖指出,"国家布治者,职孔庶矣,然亲民之治,实惟州县。州县而上,皆以整饬州县之治为治而已"[23]。辖区里的一切政务,无论大小种类,都由知州或知县负责,其司法职责大致包括:查勘检验、缉捕人犯、管押或监禁人犯、审理词讼和执行判决。州县官多致力儒家经典之研读体悟而不太熟悉国家律令,但坐堂问案事关考成,直接影响着州县官的升迁黜陟。所以,个别州县官通过系统阅读相关书籍获取司法知识;一般州县官则聘请精通刑名钱粮的幕

〔22〕 参见文孚纂修:《钦定六部处分则例》,载沈云龙主编:《近代中国史料丛刊》(第三十四辑),光绪十三年奉吏部重修颁行,文海出版社据光绪十八年上海图书集成印书局本影印,第973~974页;嘉庆《大清会典》卷五十二。

〔23〕 汪辉祖:《学治臆说·序》,载杨一凡编:《古代折狱要览》(第九册),社会科学文献出版社2015年版,第417页。

友以帮助其更好地履行相关职责。

清朝幕友是在各级地方衙门中应主官之聘请,作为主官的私人顾问,帮其处理公务。这种聘请幕友的做法在清朝特别盛行,一个地方官上任,必聘请幕友,少则三五人,多则十多人,督抚之幕府往往聘请数十人。幕友又称师爷,由主官付给其薪水。师爷大多来自浙江绍兴,俗称"绍兴师爷",民间有"无绍不成衙"之说。

在清朝,学幕做幕友是一种职业。他们必须经过专门的学习,具备他人所没有的律学专长。这种学问在父子师友中传授,俗称"幕学"。除了专业的律学知识外,幕友还需具备其他一些知识或阅历:久居官府,熟谙官场规矩;来自民间,洞察人情世故;机灵善变,老谋深算;对复杂的事务性工作得心应手,游刃有余。

幕友不是国家官吏,没有品秩俸禄,但因为主官之聘请礼遇,得自由出入衙门,襄助主官办理地方公务。地方事务以钱谷、刑名为重,幕友亦以钱谷师爷和刑名师爷为尊,尤其是刑名师爷,办理刑案。刑幕虽然名义上只是地方官刑名方面的参谋或助理,但因地方官一般没有充足的时间精力,也无专业律学知识,故辖区内发生较重大刑案,不能不格外倚重刑幕,利用其所学专业律学知识,代理行使司法权,他们常常以主官的名义写作批语和判词。从保存下来的巴县档案、顺天府档案来看,案卷上的判牍批词多为幕友代拟,主官在上面画个"行"字予以签发。

因此,幕友的道德操守和专业素养影响到清朝司法。总体来说,清朝幕友品质和律学知识不一,有的仗义执言、将主官之事当作自己的事来办;有的与上下幕友勾结,把持公事,从中获利,甚至挟持主官,难以一概而论。幕友制度一个最大的问题就是权责分离、名实不符。幕友实际行使司法权,但在制度上不用承担责任;主官仅在名义上行使司法权,需要承担制度上的后果。

(三)会审制度

清朝会审名目较多,主要有三法司会审、秋审、朝审等。

1. 三法司会审

各省的死刑案件须督抚专门用题本具奏皇帝,皇帝一般会发出"三法司核拟具奏"的旨意。在奏折成为主要的公文书程式之后,各省死刑案件亦由督抚专折具奏,奏折到达皇帝后,多奉旨:"刑部议奏"或"三法司核拟具奏"。如奉旨"三法司核拟具奏",案件即进入三法司会审程序。三法司会审的一般情形如下:(1)刑部主稿。刑部先由各司定拟判决,呈交刑部堂官核定后,将谳语(刑部之判决)分送都察院和大理寺。(2)都察院会核。各省死罪案件,先有副本到都察院,各道御史即开始案件的审判工作。待收到刑部谳语,都察院如认为刑部谳语稿内有酌议改易之处,限五日内,将应酌议改易之处,用印文声明缘由,送回刑部查核定拟。刑部仍用印文,将应否改易之处,再送都察院,直到取得一致意见。(3)大理寺会核。各省死罪案件也有副本送到大理寺。大理寺在收到刑部谳语后,如认为刑部谳语有酌议改易之处,限五日内,将应酌议改易之处,用印文声明缘由,送回刑部查核定拟。刑部仍用印文将应否改易之处,再送回来,以期获得一致意见。关于三法司画题合议之期限,雍正年间限十日,道光年间缩短至八日。

各省死罪案件题本(或奏折)奉旨三法司核拟具奏后,绝大多数案件判决按照刑部主稿的意见上奏,即刑部定拟判决后,都察院和大理寺如无不同意见,即可画题上奏,刑部所拟之判决即为三法司会审后的判决。三法司即以题本或奏折的方式奏闻皇帝,恭请裁决。如都察院和大理寺认为刑部所拟判决有不妥需要改易,刑部可参酌其意见,再行定拟判决,然后以三法司的名义上奏。还有一种很少见的情况,即三法司经协商仍不能就判决意见最终达成一致,即应"两议"奏闻,让皇帝最终裁决。"清朝之三法司合议审判系数司法机关之合议审判,中国传统司法审判制度采行三法司合议审判,一则为避免司法审判大权集中于一衙门,使其权力过大;二则期望三法司相互制衡,防止营私舞弊。"[24]

2. 秋审

清朝将死刑犯人分为立决和监候两种。立决就是立即执行(重罪立即处决的有凌迟、斩立决、绞立决),监候则缓决(罪行较轻或案情可疑的判为斩监候、绞监候),等待秋审再决定是否执行死刑。明初,死罪尚无监候、立决之别,孝宗弘治十年(1497 年)始有此区别,到清朝正式有此规定。所有死刑案件,经三法司复核,内阁票拟或军机大臣会商拟办后,由皇帝裁决。皇帝对题本或奏折的裁决主要有以下几种:依法司定拟判决之裁决、依督抚所拟判决完结之裁决、法司再行复核之裁决、九卿会议之裁决和另行处置的裁决。经皇帝决定为监候的案件即进入秋审程序。

秋审是针对已判处斩、绞监候的案件,由三法司每年一度对斩、绞监候案犯,在全国范围内进行复核,主要程序包括:(1)初审:对各省奏报的秋审题本,先由刑部审录,摘叙案件原由,写出具体结论。(2)会审与题报:由大学士、九卿、詹事、科道等在京三品以上官员齐集,进行会审,然后由刑部领衔分情实、缓决、可矜、留养承祀四本向皇帝题报。秋审仪式一般持续三天,审理男犯是在金水桥外搭棚子,审理女犯是在午门外搭棚子。(3)皇帝批示:奉旨缓决、可矜、留养承祀案犯的秋审程序即告结束,奉旨情实者,仍要复奏。(4)复奏和勾决:死刑执行前复审官员向皇帝复奏,以示慎重。复奏本上,由皇帝用朱笔在应立决案犯名上打勾,称为"勾决",意思是"一旦勾到,即行处决"。勾决仪式由皇帝亲自主持,以示"生杀予夺之权操之自上"。

"秋审"最主要的工作就是把在押监候死囚分为"情实""缓决""可矜""留养承祀"四类。"情实",即情真罪当,可执行死刑;"缓决",即罪行较轻,继续监候,留待下年秋审再行复核;"可矜",即罪行属实,但情有可原者,可减等免死发落;"留养承祀",即斩绞重囚法无可贷者,因独子而父母老疾无人奉养,可特恩免死。在实际审判中,"可矜""留养承祀"两类情况较少。缓决案犯本年不执行死刑,仍然监押,等待明年再次秋审决定命运,如再次缓决就监押至来年秋审,直至减等改判或改情实为止,最终处罚才确定下来;但实际上已形成惯例,经三次缓决的案犯可得减等发落。但也有例外,如官犯、贪赃等经三次缓决也不能获减。

清朝皇帝非常重视秋审。在勾决之时,皇帝和百官皆素服,皇帝还要事先斋戒,一般是在名字旁画一个类似于繁体中文引号那样的符号,最后还要在题本头几页上用红笔把勾决的名字抄录一遍,以免误勾,以示慎重。勾决之前,先由钦天监决定具体时间。乾隆十四年(1749年)曾发布上谕:"秋审为要囚重典,轻重出入,生死攸关。直省督抚,皆应详慎推勘,酌情准法,务协乎天理之至公,方能无枉无纵,各得其平。朕于情实招册,皆反复审览,再三究极情状,

〔24〕 那思陆:《清代中央司法审判制度》,北京大学出版社 2004 年版,第 220 页。

毫不存从宽从严之成见。所勾者必其情之不可恕,所原者必其情之有可原。惟以一理为权衡,而于其人初无爱憎好恶之见者存也。”乾隆所说难免有溢美夸张之处,各个皇帝对秋审的尽心程度也未必相同,但清朝对死刑的执行更为慎重则是事实。

因之前的各级审理多严格按照法律规定进行,故秋审就不再是一种简单的法律审查,主要是根据特定的时势,注重政策的调整,力争在综合天理、国法和人情的基础上作出妥当的判决。秋审制度使死刑复核被纳入了前所未有的严格法律程序中,保证了皇帝对死刑的控制权,在全国最大可能地做到了司法的统一,限制了地方各自为政和擅杀滥杀。据统计,大致有四分之三的死刑监候犯人在经历一次或若干次秋审后,被免于死刑处罚。

秋审是清朝重要的司法制度,经顺治、康熙和雍正三朝的发展,到乾隆朝以后成为定制。《大清律例》中并无有关秋审的律文,关于秋审的规定附于《大清律例》第411条“有司决囚等第”律下的例文中。经晚清变法修律,秋审受到严重冲击。中华民国建立后,皇帝不再存在,在当时的制度框架下,秋审被废除。

3.朝审

朝审是就京师斩绞监候案件加以特别复核的制度,大致可分两个步骤:先在刑部复核,然后由九卿会审。京师死刑案件经三法司会审具题上奏后,皇帝裁决斩绞监候秋后处决的案件,即进入朝审这一复核程序。刑部应就京师朝审案件先行定拟看语。因为这类案件以前经刑部审理过,为避免刑部固执己见,皇帝又特派大臣复核。刑部看语经该大臣复核过后,由“(刑部)摘叙紧要情节,刊刷招册,送九卿、詹事、科道各一册”。案件复核即进入九卿会审程序。“九卿”包括六部尚书、大理寺卿、都察院左都御史、通政司通政使等九个重要的官员。九卿会审的程序与秋审类似,即于每年八月初,在金水桥西,会同详审。审理结束后,由刑部领衔会同全体参与朝审的官员以“情实”“缓决”“可矜”“留养承祀”四类具题,请旨裁夺。

第六节　社会法律思潮

一、晚明清初的启蒙思潮

历史上的新旧政权嬗替之际,为保证国家机器迅速恢复运转、发挥其统治效力,新王朝往往继承或沿袭前一朝代的政法体制,并根据需要逐渐对其进行改革和完善,清朝的许多制度基本沿袭明朝的制度,即“清承明制”。

如果从社会政法思潮层面上来观察,可能情况就有所差别。从明朝中期开始,思想出现了新发展。一是士农工商四民之间的界限进一步模糊,“四民异业而同道”,原先地位悬殊的士商之间频繁互动;二是有些士大夫带着对皇权专制的失望将改造社会的希望由寄托于庙堂转向民间。随着阳明学说的风行,这种观念的影响与日俱增。王艮、李贽、黄宗羲为其代表。[25]

---

[25] 参见《余英时文集》(第三卷),广西师范大学出版社2004年版,第155～212页。

尤其在黄宗羲那里,对皇权专制政体进行了深刻反思和批判,主张君应为天下谋利益;臣是辅助君主为天下谋利之人,而非一姓一人之家奴;法也是要为天下兴利制暴,否则是非法之法;要求公是非于天下,学校书院应有议论朝政得失,促使朝廷实行之权。这种启蒙思潮发展下去有可能会成为制度变革的契机。

二、清初的科场案与文字狱

清军入关之后在北方稳固了统治,却在江南人文经济发达之地受到了顽强抵抗。清军入江南时,顺治二年(1645 年)颁布剃发改服命令,受到激烈抵抗,遂有扬州十日、嘉定三屠、江阴八十三日抵抗等。及至统治稳定,黎民百姓生活稍微安定,民间反清复明的心理和情绪仍在。反清起事多以“朱三太子”为号召,吕留良弟子曾静曾游说岳钟琪以岳飞后代身份为兴复之举。民间还传播诸多清皇室的流言,如孝庄下嫁、顺治与董小宛的恋情和出家、雍正得位不正、吕四娘刺杀雍正、乾隆为汉人陈氏之子等。这些故事扑朔迷离、真伪难知,但反映了汉人对清朝统治的态度。对此,清朝采取严厉措施,用科场案和文字狱等手段重新确立程朱理学的正统地位。

顺治十四年(1657 年)发生的丁酉江南科场案是中国自有科举以来甚为严厉的作弊处罚事件之一。受到刑罚的文人甚多,如吴兆骞、方拱乾等被流放到宁古塔,处境凄苦。孟森先生曾评论道:“至清代乃兴科场大案,草菅人命,甚至弟兄叔侄,连坐而同科,罪有甚于大逆,无非重加其网民之力,束缚而驰骤之。”[26] 顺治曾下令禁止文人士子会盟结社聚众讲学,但只有禁令还不足以打击反清排满思想,于是大兴文字狱。清朝的文字狱主要集中在康熙、雍正、乾隆三朝,前后百多年间,大小案件一百多起,两百多人被判处死刑,受到株连的不可胜数。朝廷的政策是揭发有功,隐匿不报或办理不力者有罪,告密诬陷之风因而大盛。有人牵强附会、断章取义,从而告密邀功;有人挟嫌诬陷,凭空捏造,以图报复。文网密布,冤狱迭起,文人士子人人自危,唯恐一不小心陷入文网,或是受到株连,祸从天降。[27] 刘师培对比明清学术时论道:“清代之学迥与明殊,明儒之学用以应事,清儒之学用以保身;明儒直而愚,清儒智而谲;明儒尊而乔,清儒弃而湿。盖士之朴者,惟知诵习帖括以期弋获,才智之士惮于文网、迫于饥寒,全身畏害之不暇,而用世之念汨于无形,加以廉耻道丧,清议荡然,流俗沈昏,无复崇儒重道,以爵位之尊卑,判己身之荣辱,由是儒之名目贱,而所治之学亦异。”[28]

立法力求“法令省略”、司法企望“几于刑措”是历代王朝的理想。王朝初建时,统治者颁布新法令,以荡除繁苛,但之后法网日密,讼狱繁多。《清史稿·刑法志》讲:“嘉庆以降,按期开馆,沿道光、咸丰以迄同治,条例乃增至一千八百九十有二。盖清代定例,一如宋时之编敕,有例不用律,律既多成虚文,而例遂愈滋繁碎。其间前后抵触,或律外加重,或因例破律,或一事设一例,或一省一地方专一例,甚且因此例而生彼例,不惟与他部则例参差,即一例分载各门者,亦不无歧异。展转纠纷,易滋高下。”由于成文法条繁密芜杂、弊端丛生,清朝法制几

---

〔26〕　孟森:《心史丛刊一集》,中华书局 2006 年版,第 24 页。

〔27〕　参见孔立:《清代文字狱》,中华书局 1980 年版,第 2 ~ 5 页。

〔28〕《刘师培史学论著选集》,上海古籍出版社 2006 年版,第 417 ~ 418 页。

乎没有良性革新的可能。及至海禁大开,面对社会巨变,清朝法律开始步入近代转型的新阶段。

思考题

1. 论述清朝的律例关系。
2. 简述《大清律例》对家族秩序的规范内容。
3. 简述清朝的三法司会审制度及其变化原因。
4. 论述秋审制度的内容和价值。

第十六章　传统与变革:中国法律近代化

本章要点

1. 中国法律近代化的基本内涵。
2. 中国法律近代化的历史进程。
3. 中国法律近代化的成就与失败的原因。

第一节　法律近代化的基本内涵

第一次鸦片战争是中国第一次与西方国家的整体碰撞,也是中国人第一次开始全面认识近代世界。自1842年《中英南京条约》开始,列强各国与中国政府先后签订了九百多项条约,条约制度涉及内政、外交、财政、经济、军事、司法、文化等各个方面,中国开始陷入条约体系之中。在条约体系中,西方各国以缔约国的身份,在中国攫取了巨大的物质利益和众多的法律特权,严重侵害了中国的民族利益,也严重侵害了中国的国家主权。不平等条约造成中国内部政治、经济与社会文化危机加剧,迫使睁眼看世界的中国知识分子在近代体系中思考本国问题的解决方案,开始研究、参照西方发达国家的经验来设计本国近代化法律改革方案。同时,西方列强入侵的扩大、民族危机的加重促使中国政府不得不进行法律改革,以救亡图存。因此,法律近代化改革的动因既有内部的动因又有外部压力。

中国法律近代化表现为对传统法律体系的扬弃,对西方法律理论和法律制度的移植,以全面确立以各项法典为主干的近代化法律体系为形式目标,以实现国家富强和近代法治秩序为实质目标。中国法律近代化的展开方式体现为由中央政府推行的自上而下的全方位的立法改革,但由于思想理论准备的不足,近代法律实践经验的缺失,法律近代化以移植西方法律制度为主要手段,具有"超前立法"的特点,即在社会政治、经济、文化条件还不具备的情况下,试图以移植来的"先进"的法律制度推动社会发展。就历史进程而言,中国法律近代化始于清末法制改革,南京国民政府"六法体系"的确立标志着近代化形式目标的达成,但实现富国与法治秩序的实质目标未能实现。

第二节　法律近代化的历史进程

从1840年到1949年的一百多年里,面对内忧外患,近代中国欲求振作与自新,在清末、民国初期、南京国民政府时期都开展了法律近代化的改革。对于这三个阶段的法律近代化改革,当时的政府要么坐失良机,要么欲进趑趄,虽然在南京国民政府时期完成了法律近代化的形式目标、确立了近代化的"六法全书"体系,但最终没有实现近代法治秩序,没有实现国家富强、民族振兴。

一、清末法律近代化改革的机遇与挫败

清末自第一次鸦片战争至清帝逊位的七十余年,或迫于内外压力或因于适应近代化的自觉,清政府曾有四次启动近代化改革的机会,由于统治集团对近代化认识的局限、认识的不统一,对改革机遇把握能力的不尽相同,近代化改革的侧重点与成效也各不相同。

第一次近代化改革的历史机遇在1840年至1856年,即从第一次鸦片战争到第二次鸦片战争开始。在鸦片战争之前,钦差大臣林则徐已派人翻译海外报纸,收集清帝国之外世界其他主要国家的资料,特别注重翻译国际公法以及国际贸易规则。如果清政府重视林则徐的工作成果,对整个世界的图景就会看得更清晰。遗憾的是,在第一次鸦片战争战败之后,林则徐被发配到新疆,魏源编撰的《海国图志》没有受到政府决策阶层的重视,清政府没有从此走向开放的世界,而是继续努力关闭被列强打开的国门。战后清政府向英、法、美等国家开埠通商,更多的西方国家掠取了在华领事裁判权和开埠通商的特权。不过清朝并未伤及元气,实力犹存。在此后的十多年里,清政府并未主动地去深入而全面地了解西方,甚至仍然认为西方是可以逃避的夷蛮,采取了保守主义,并未主动融入正在一体化的世界。可以说,清政府对西方的无知,导致了其天朝大国自大心理难以改变,而盲目自大的政治心理,直到第二次鸦片战争爆发,错失了一个进行近代化改革的重要历史机会。

第二次近代化改革的历史机遇在1856年到1895年,即从第二次鸦片战争到中日甲午战争结束。在将近四十年的时间里,清政府经历了第二次鸦片战争、英法联军侵占北京、太平天国运动,还遭遇了甲午战争的惨败。英国和法国的侵略战争使清政府多少清醒了一些,深刻认识到了当时西方器物的先进,在镇压太平天国运动的时候,开始大量引进西方的火器来提高军队的战斗力。但是对西方当时的政治法律文明,清政府并未全面深入地了解。这一时期以洋务运动为主流的改革,采取了技术改良主义,开设近代化工厂,设立翻译学校、军事学校,翻译西方书籍,采用西方的科学技术,但仍固守中国固有的礼教纲常。在这四十年间,清政府近代化改革的条件已不如第一阶段,在日益严重的内忧外患压力之下,这一时期清政府开展了一系列制度改革,李鸿章等人移植了大量的外国军事法律,特别是英国海军法律法规、德国的陆军法律法规。但经历中日甲午战争,三十余年的新政改革,无论是近代化海军还是近代军工企业,大多归于失败。特别是1895年签订的《马关条约》,使清政府背上了巨额债务,此后中国

的法律近代化改革注定在经济困窘中命运多舛。

第三次近代化改革的历史机遇在 1895 年到 1898 年,即甲午战争之后至戊戌变法。甲午之战惨败于日本,使朝野有识之士开始对西方法律制度有了新的认识:日本一个蕞尔小国能够战胜泱泱大国,根本原因在于其近代化政治法律改革。清朝年轻的光绪皇帝欲励精图治,以康有为、梁启超为代表的维新人士奔走呼吁,倡导维新变法,在保留固有文化根基的前提下,接受外来先进政治法律制度,实行君主立宪。因为文人治国的不切实际,更因为以慈禧太后为代表的保守势力发动政变,年轻的皇帝与壮志酬国的维新志士推行了一百多天的戊戌变法半途而废。这次变法看似因保守派与维新派的权力冲突而失败,实则反映了一个大国变法的艰难,既有新旧利益集团的冲突,又有文明转型的艰难。《马关条约》签订之后的清政府已背负巨额债务,时局本已维艰,统治集团内部又自我羁绊,再次失去了近代化改革的良机。

第四次近代化改革的历史机遇在 1898 年戊戌变法失败之后,直到辛亥革命爆发、清政府灭亡。八国联军的入侵使中国遭受了空前的危机,首都被占领、外国军队可以合法地在华驻屯、本息高达 9.8 亿两的对外赔款,清政府已濒于经济破产、主权丧失的阽危境地。清政府这一次可谓痛下决心,虽然坚持中国文化为根本,但也不再拒绝接受外来政治法律文化,全面推行"中体西用"的近代化法律改革。清政府以预备立宪为主导,折中新旧、务期中外通行的法律改革推行了十余年,先后制定并颁行了《钦定宪法大纲》《大清暂行刑律》《大清刑律》[1]《大清商律》《法院编制法》以及商事单行法等,起草了《大清民律草案》《大清刑事诉讼律草案》《大清民事诉讼律草案》等,一个以法典为主体的近代化法律体系已初具雏形。晚清十年改革虽然成效显著,然而为时已晚,1911 年 10 月辛亥革命爆发,腐朽的清王朝在未完成的近代化法律改革中覆亡。

二、民国初期的法律近代化改革

从 1912 年元旦中华民国成立,到 1928 年民国北京政府的终结,是民国初期重要的近代化改革机遇。这期间经历了南京临时政府革命与改革,以及民国北京政府在动荡中的改革。孙中山为南京临时政府乃至整个民国政府确立了以三民主义为指导的建国方略,在改造中国固有文化的基础上,建立自由、平等、博爱的共和法制,制定颁布了中国近代第一部资产阶级共和国性质的宪法文件——《中华民国临时约法》,在短短数月推行了一系列制度改革。1912 年至 1915 年是民国初期的重要改革机遇期,当时袁世凯被推举为中华民国临时大总统,后被选举为正式大总统。袁世凯为大多数新旧人士所接受,甚至孙中山也以"中国的华盛顿"相期许。然而,作为民选总统的袁世凯在改革过程中私心自用,掌握国家权力之后走上了复辟帝制的不归路,也断送了来之不易的统一政局,从而使中国失去了又一次法律改革的历史机遇。袁世凯之后,北洋系群龙无首,民国北京政府政局动荡。此时的新文化运动,开创了近代文化的新纪元,民主与科学的文化精神在批判传统的过程中得到普遍认同,然而如何创造性改造固有文化,把新文化与固有文化相融合,贯彻在近代化法律制度之中,仍然是一个没有解决的根本性问题。北洋政府时期,援用清末已颁布的法律,并加以修订使之适应政治与社会发展的需要,

---

〔1〕 即《钦定大清刑律》,也称"大清新刑律",文中统称《大清刑律》。

延续了清末以来的近代化改革。

三、南京国民政府时期的法律近代化改革

南京国民政府统治期间,继续推进法律近代化进程。1927 年至 1931 年,南京国民政府为了维系其政治统治,在此前法律改革成果的基础上,加快立法进程,初步构建了以法典为核心的近代化法律体系,唯独宪法典没有最后完成[2]。1932 年开始着手起草宪法典,1936 年公布了宪法草案,拟审议通过后即予以颁行,但 1937 年全面抗日战争爆发,系统的法律改革被迫中止。这十年的法律改革看似由于外因而归于失败。其实,内在因素更值得反思。南京国民政府为了维护其政治统治,反对革命,抵制进步力量,所采取的自上而下的法律改革,全面西化,严重脱离国情,缺乏社会民众基础。

1937 年,全面抗战爆发。中国共产党为了中华民族的独立与自由,与国民党结成抗日民族统一战线,坚持抗战。1943 年年初,英勇的中国人民以抗日战场上的巨大牺牲赢得了以美国和英国为代表的西方国家的尊重,他们放弃了在华行使了一百年的领事裁判权。领事裁判权的废除不是中国法律改革的直接成果,而是靠人民在反法西斯战争中的流血牺牲换来的。抗日战争胜利后,国民党反动派背信弃义,为了维护其统治,悍然发动内战。中国共产党领导全国人民,浴血奋战,推翻了国民党统治。1949 年 10 月 1 日,中华人民共和国成立,中国法律的发展进入新的历史阶段。

第三节　法律近代化的成就与失败的原因

鸦片战争后,中国被迫对外开放市场,本国的自然资源受到列强各国的大肆掠夺,在西方的掠夺与冲击之下,中国经济迅速半殖民地化。在对外开放的过程中,随着民族经济的发展,中国经济开始从自然经济向近代工商业经济转变。商品经济从通商口岸、沿海地区逐渐向内地发展,从城市向广大农村渗透。经济模式的转变引发职业结构的调整,直接从事商品生产、商业经营以及其他与近代产业相联系的社会群体逐渐扩大。外国势力的入侵、中外交往的扩大也促进了西方先进的科学技术以及政治、法律理论的输入与传播。近代中国政府在对外交涉和变法自强的过程中,从拒斥西方转向学习西方,从最初学习器物进一步深化到学习新制度、新思想。

西方政治法律理论的输入与接受,促进了中国政治法律观念、国家治理体系的近代化转型,对西方法律制度的系统仿制又促进了中国近代化法律体系的形成。早在林则徐处理中英贸易纠纷时,有识之士就开始收集西方社会的各种信息,已开始关注西方国家的政治法律制度。鸦片战争之后,魏源完成了《海国图志》,向国人揭示"海国时代"的到来,可惜并未唤醒清政府,只是在有限的范围内产生了影响。直到第二次鸦片战争战败,清政府在总理衙门之下开

---

〔2〕 当时实施的是国民党政府颁布的《训政纲领》和《训政时期约法》。

设同文馆，开始大量翻译传播西方近代自然科学图书，其中也有部分如《法国律例》这样的政治法律书籍。1863年后，主持新政的大臣又在上海和广州设立“广方言馆”，介绍西方科学技术。在翻译西方自然科学知识、近代工业技术的同时，翻译了大量西方法律文献，其中有《美国合邦盟约》(1797年《美国联邦宪法》)、《拿破仑立国律》(《法国宪法》)、《拿破仑齐家律》(《拿破仑法典》)等西方著名法典。1901年《辛丑条约》签订以后，清政府面临亡国的危机最终决心开展全面法律改革。1902年，清政府在与各国修订商约时，英、美等国表示如清政府将现行法律与西方“改同一律”、改良司法现状，则可以放弃在华领事裁判权。西方列强的虚言承诺极大刺激了清政府修律的积极性，力图“参酌各国法律”，修订现行律条，“务期中外通行”。此后，清政府先后设立了修订法律馆、考察政治馆(后改为“宪政编查馆”)，为起草各项法律草案和宪法性文件，系统翻译了外国主要法律文献，法国、德国、日本的“六法全书”均有整体编译。清末翻译的西方主要国家的法律文献后来相继出版，成为新式法律学堂、法律家讲授和研究外国法律的重要资料。

在清末不到十年的时间里，为达到变法图强、稳定社会的目的，清政府删修旧律并先后制定实施了《大清商律》《大清现行刑律》《大清刑律》《大理院审判编制法》《各级审判厅试办章程》《法院编制法》等法律，还起草了《大清商律草案》《大清民律草案》《刑事民事诉讼法草案》《刑事诉讼律草案》《民事诉讼律草案》等，近代化的法典体系的格局初步奠定。南京临时政府存续时间虽短，但是革命政府通过革命法令移风易俗，变革旧制度、旧体制，并颁布了《中华民国临时约法》，开创了资产阶级共和国的民主法制。民国北洋政府时期，除了对清末已经颁行的法律加以修订、沿用，对诉讼律草案、民律草案加以进一步完善之外，这一时期法律近代的成就还在于大理院通过判例和解释例对固有法和继受法加以解释适用，传承适合近代社会需要的固有法，调适继受法使之适应中国的现实需要。南京国民政府时期，制定实施了包括宪法、民法、刑法、刑事诉讼法、民事诉讼法、各主要行政法律法规，最终完成了近代化的“六法全书”体系，法律近代化的形式目标基本达成。

清末以来的法律近代化改革造就了近代化的法律体系及与之配套的执法、司法制度，充其量是实现了法律形式上的近代化，却没有实现近代化的实质目标，没有造就一个法治国家，甚至可以说，在建设法治国家方面是失败的。究其失败原因，主要有以下几方面：

其一，政府与法律精英合作的法律近代化改革未能从中国实际出发，未能传承发展符合中国国史民情的固有法，而是带着近代化的理想主义色彩，认为近代化的法制就可以造就近代化的法律秩序。在推进法律改革的过程中，先是迟缓贻误改革机遇，再而急进，欲求速成。清末七十年，拖延贻误了很多次改革良机，在最后十年全面推行立法改革，然而国民革命已经压倒了迟缓的改革。南京国民政府在1927年至1930年短短几年将除了宪法以外的重要法律全部公布实施，这些西方化的法律大多是全新的制度，割断了与中国传统秩序的联结，很难在短时间内为社会大众所接受，特别是在广大乡村所发挥的规范作用极为有限。

其二，立法者缺少中国文化的自觉和实践的积累，缺少从中国法律实践到理论的法学积淀。在快速的立法进程中，普遍存在惟新是求、模仿国外“最新立法例”的问题。正如蔡枢衡所深刻批判的那样，“(清末修律以降)三十年来的中国法，起初完全是在比较各国立法的氛围中产生出来的。后来的立法理由中虽常常可以发现‘斟酌中国实际情况’的语句，事实上，实在没有斟酌过什么,也没有多少可以斟酌的资料。所以事实上依然没有超出‘依从最新立法例’的境界。这种情形,从现象上看,比较的法例一多,采择自然容易乱。结果不仅每一条文的继承,不能和各该国家的学说、判例、历史或批评之间取得联络,加以考虑。就是连条文和条文之间的关系,原则和例外间的境界,也不容易把握正确。因此,法规成立之后,解释上常可发现主观上出于立法者意料之外,客观上近于笑话的矛盾,不平衡和不一致的现象。若从本质上看,惟新是求的精神实在是无我的表现,也就是次殖民地的反映"[3]。这些看似赶上世界最新潮流的法律,既不符合中国实际要求,内部又多混杂矛盾,仅仅是形式上近代化的法律制度。

其三,法律近代化改革是与中国社会转型密切相关的一个漫长进程,在这个长时段的过程中需要一个稳定的、权威的、与时俱进的社会组织来整合各种社会力量,持续推进政治民主化、国家治理法治化、教育普及化、乡村城镇化、经济发展与产业不断升级。从世界范围的近代化来看,能承担这一近代化政治法律使命的社会组织只能是真正代表人民利益的全国性政党。清末民国时期,无论是慈禧太后,还是袁世凯都以代表少数人利益的政治集团作为法律近代化改革的领导力量;孙中山虽然建立并改组了国民党,但未能完成政党的改造;蒋介石等继任者背弃人民立场,代表着大地主、大资产阶级的利益,放弃了政党的自我规制,最终被代表全国人民利益、代表历史发展正确方向的中国共产党所取代。清末民国时期的法律近代化改革在法治层面的失败,虽有社会经济文化发展不充分、法制配套工程未完善等多种原因,但根本的政治原因是近代化改革的领导者不能代表民族、国家与社会的整体利益,不能坚持以人民为中心,不能坚持历史发展的正确方向。

思考题

1. 简述中国法律近代化的阶段性特征。
2. 简述中国法律近代化的推进方式与取得的成就。
3. 试论中国法律近代化失败的原因。

〔3〕 蔡枢衡:《中国法理自觉的发展》,清华大学出版社 2005 年版。

第十七章　清朝法律(下)

(公元1840年至1911年)

本章要点

1. 清末的变法方针与法律改革。
2. “预备立宪”的主要活动。
3. 《大清民律草案》的编纂及其篇章结构与特点。
4. 《大清现行刑律》与《大清刑律》。
5. 清末司法改革。
6. 不平等条约与司法半殖民地化。

第一节　立法思想与立法活动

一、立法思想

在遭受太平天国运动的沉重打击之后,加之第二次鸦片战争失败后签订的一系列不平等条约,清政府在内忧外患的危局中不得不发起以“富国强兵”为目标的“洋务运动”,开始引进西方军工技术,建立中国近代工商业,编练新式军队,开办新式学堂,派学员出国留学。1894年中日甲午战争爆发,清政府空前惨败,证明了器物层面和局部制度层面的近代化改革的失败。1898年虽有短暂的“百日维新”,旋即改革派被慈禧太后所镇压,这表明清政府在近代化改革方面还没有形成共识,尚未做好全面改革的准备。

1900年八国联军的入侵,创剧痛深,清政府不得不下定决心实行变法。1901年,清廷颁布《变法自强谕》,砥定变法基本政策。1902年,清廷发布变法上谕,称:“现在通商交涉,事亦繁多,著派沈家本、伍廷芳,将一切现行律例,按照交涉情形,参酌各国法律,悉心考订,妥为拟议,务期中外通行,有裨治理,俟修订呈览,候旨颁行。”[1]清政府的这个变法上谕明示了两个重要问题:其一,修订新律的一般方法应是“将一切现行律例,按照交涉情形,参酌各国法律,悉心考订,妥为拟议”,即要求立法者注重研究、参考外国法;其二,清政府变法的目标是“务期中外

〔1〕《大清光绪朝实录》卷四九八。

通行”,即修订新律既要符合国际通行标准,能够得到外国的承认,又要符合中国实际情况,不能一味仿效外国法。

1902 年以后,修订法律大臣沈家本、伍廷芳开始删修旧律,翻译外国法律典籍,起草刑律、诉讼律等新近代化法典;但如何“参酌各国法律”？什么样的新律能做到“中外通行”？修订法律大臣与部院大臣分歧极大,特别是在讨论新刑律草案和刑事民事诉讼法草案的过程中发生了激烈的论争。1907 年 6 月,大理院正卿张仁黼连上《修订法律请派大臣会奏折》《修订法律宜妥慎进行不能操之过急片》两道奏折,法部尚书戴鸿慈随后上奏《修订法律办法折》。两位部院长官主张,应该由法部、大理院来领导修律工作,将“参酌外国与坚持礼教”的论争转变为修订法律权之争。同年 10 月,清政府批准宪政编查馆大臣奕劻等上奏的《议覆修订法律办法折》,明令修订法律大臣及其所领导之修订法律馆独立于法部、大理院等行政与司法机关,同时强调修律之政策“于守成、统一、更新三主义兼而有之”。最终,明确了调和新旧“中体西用”思想,必须做到“兼采列邦之良规,无违中国之礼教”。

二、主要立法活动

宪政编查馆与修订法律馆为清末重要的法律起草机关,它们起草的宪法性法律或者法律草案交资政院讨论之后由皇帝颁布。1905 年 10 月,为考察西方各国政治、收集政治与宪法资料,同时调查国内政情,清政府设立考察政治馆。1907 年 8 月,改考察政治馆为宪政编查馆,直属军机处,下设编制、设计、官报三局,庶务、译书、图书三处。宪政编查馆负责调查、议复有关宪法奏报,负责起草宪法草案,考核修订法律馆起草的各项法律草案,考核各部院、各省编订的单行法草案、行政法规。除考核修订法律馆和部院的法律、单行法、规章等法律草案以外,宪政编查馆起草并经清政府审定、颁行了《钦定宪法大纲》《咨议局章程》《资政院章程》,以及“预备立宪”的《逐年筹备事宜清单》,并起草宪法草案。1911 年 5 月,清政府内阁成立,裁撤宪政编查馆。武昌起义后,由资政院起草了《宪法重大信条十九条》,并由清政府审定颁布。

1902 年 5 月,清政府初设修订法律大臣,由沈家本、伍廷芳兼任。1904 年 5 月,修订法律馆开馆办事。1907 年后,修订法律馆改组成立,由修订法律大臣(初设三人,后来增至六人)主持馆务,下设提调二人禀承大臣总司馆务,分设二科(分别负责民律商律的调查起草、刑事民事诉讼律的调查起草)三处(译书处、编案处、庶务处)。该馆职掌奉旨交议的各项法律,拟定各项法典草案及附属法律。清末,从兼任的修订法律大臣到独立的修订法律馆,其立法计划分为三步:修订旧律、制定过渡性法律、颁布全新的法典。修订法律大臣沈家本从删修旧有律例开始,之后修订颁布了简易性质的商法,如《商人通例》《公司律》、过渡性质的《大清现行刑律》以及《大理院审判编制法》《各级审判厅试办章程》;制定并颁布的近代化法律有《大清刑律》《法院编制法》等。《刑事民事诉讼法草案》和后来的《刑事诉讼律草案》《民事诉讼律草案》《大清民律草案》《大清商律草案》等,都没有最终完成。

第二节 “预备立宪”与宪法性法律

一、“预备立宪”的启动

1904 年的日俄战争，以小国日本战胜大国沙俄而告终，这一结果令世人震惊。有识之士皆以为“立宪”是小国战胜大国的根本原因，“立宪”是 20 世纪世界发展的潮流。日本战胜沙俄之后，取得了在东北的驻军、开矿等权益，对清政府的威胁已在卧榻之畔。加之清廷朝野上下纷纷要求立宪，一方面挽救国家危亡，不为列强所瓜分；另一方面唯有立宪才能上下同心，在体制上保障国家达致富强。在各方面的压力之下，1905 年清廷不得不接受“仿行立宪”。为推进“仿行宪政”，清政府于 1905 年 10 月成立“考察政治馆”，12 月派五大臣出洋考察日本与欧美各国政治。五大臣分为两路，戴鸿慈、端方为一路，载泽、李盛铎、尚其亨为另一路，1905 年 12 月出发，1906 年 7 月返回。在半年的时间里，两路考察大臣先后考察了日本、美国、英国、法国、德国、意大利、俄国等十四个国家。考察大臣及其随员带回了大量的政治法律书籍，并向清廷报告了东西洋各主要国家的宪法制度。此时，国内局势日趋动荡，统治阶层内部君主立宪派势力逐渐壮大，资产阶级革命派和立宪派的活动都极为频繁，清政府迫于政治压力，于 1906 年 9 月颁预备立宪上谕，以“大权统于朝廷，庶政公诸舆论”为立宪根本原则。1907 年 8 月，“考察政治馆”更名为“宪政编查馆”，作为统筹仿行宪政的专门机构。1907 年 11 月，再次派达寿、于式枚分别考察日本、德国政治。考察归来，考察大臣认为，立宪对于清廷有三大利：一曰皇位永固；二曰外患渐轻；三曰内乱可弥。考察政治大臣还提出，预备立宪应以德国、日本为榜样，因为德国、日本均实行的是二元君主制，君主的地位和权力得到宪法确认；德国、日本的宪法模式具有集权和高效率的特征，德国宪法颁布后一跃成为欧洲大陆最强大的国家，日本 1890 年实施宪法之后，先是战胜清政府，继而打败俄国，在短短十几年里跻身于世界强国之列。为推进预备立宪，1908 年 8 月 27 日，清政府公布了由宪政编查馆与资政院共同拟定的《逐年筹备事宜清单》，即“预备立宪”为期九年的具体计划。

二、《钦定宪法大纲》

在近代法律体系中，宪法规定国家权力的来源，保障公民的基本权利，是国家根本大法。清政府既已确定君主的权力源于上天所受，宪法由君主钦定，国会及其他国家机构的权责均由君主钦定宪法而定，臣民权利义务亦以宪法为定衡。因此，清末预备立宪的重要步骤之一是确定宪法的纲目与原则，并作为正式宪法的基础。1908 年 8 月，清廷颁布了由宪政编查馆制定的《钦定宪法大纲》，成为中国近代第一部宪法性文件。大纲仿照 1889 年日本帝国宪法，确立二元君主立宪体制，大纲分为正文“君上大权”和附录“臣民权利义务”两部分，共 23 条。宪政编查馆对大纲的结构曾有明确说明：“首列（君上）大权事项，以明君为臣纲之义。次列臣民权利义务事项，以示民为邦本之义，虽君民上下同处于法律范围之内，而大权仍统于朝廷。”

“君上大权”共14条，开宗明义规定：“大清皇帝统治大清帝国，万世一系，永永尊戴”“君上神圣尊严，不可侵犯”；并具体规定皇帝行使最高行政权、召集和解散议会之权、总揽司法等最高权力，皇帝拥有统率陆海军的军权，以及代表国家对外交往的权力等。区别于专制政体中皇帝权力的无限制性，《钦定宪法大纲》对皇权的行使也作了一些限制：皇帝总揽司法权，主要体现为审判官的委任权，但在司法审判活动中，审判官以已颁布生效的法律为审判依据；皇帝以发布命令的方式，行使最高行政权；但不得以行政命令更改或废止法律。

“臣民权利义务”共9条，规定了臣民享有的权利，包括担任官吏和议员的权利；在法律范围内，有言论、著作、出版、集会、结社等自由；臣民非依法规定，不受逮捕监禁处罚，以及进行诉讼、专受司法机关审判等权利。臣民在享受权利的同时，必须承担纳税、服兵役、遵守法律等义务。

《钦定宪法大纲》以近代的宪法形式，确认和维护了君主的专制权力，臣民并非国家的主人，仅仅是君权的服从者，其权利义务仅仅是君上大权的附录。然而，这部中国近代第一部宪法性文件，第一次以法律限制了至高无上的君权，是中国法律史上的一大进步。

三、资政院与谘议局

(一)资政院

1906年7月，清廷下诏宣布预备立宪，便参考日本的做法，在宪法颁行前设立资政院作为预备立宪时期的中央“咨询机关”。1907年皇帝诏令在中央筹设资政院，作为今后设立议院的基础。至1909年8月，清政府公布《资政院院章》。《资政院院章》第1条规定：“资政院钦尊谕旨，以取决公论，预立上下议院基础为宗旨。”根据院章规定，资政院的权力主要包括三项：一是立法权，制定各项法典，以及对各项法律的修改；二是财政议决权，议决国家财政预、决算，议决政府公债等；三是对行政机构的监督权。从资政院的职掌可以看到，资政院已具备西方宪法体制下议会的部分职能。但是，资政院的一切决议，须会同军机大臣或各部行政大臣“请旨裁夺”，议决事项的决定权仍然掌握在皇帝手中。而且，皇帝可以发布特旨谕令责令资政院停会，乃至解散。资政院的议员包括“钦选”与“民选”各一百名。所谓“钦选”议员大部分是宗室成员、满汉王公、高官显贵、硕学通儒以及纳税额多者；但审判官、检察官及巡警官不在其列。“民选”议员则是由各省咨议局议员“互选”产生，但最后要由各省督抚“圈定”。

1910年9月23日，资政院召集议员，举行成立会议。10月3日，资政院举行开院大典与第一次常年会。在资政院存在的一百天里，提出了一系列重大议决案，包括：商办铁路非经国会协赞不得收为国有案，划一刑律案，弹劾军机大臣案，速开国会案，速设责任内阁案，昭雪戊戌冤狱案，著作权律案，报律案，剪发易服案，速立官制案等。资政院虽然是“取决公论”的“咨询机关”，没有国会的实际权力，可是资政院却被清政府内部的立宪派所主导，在一定程度上发挥了“准国会”的作用。

(二)谘议局

谘议局是清末“预备立宪”过程中清政府设立的地方咨询机构，各省谘议局筹建于1907年。1908年，清政府颁布设立谘议局的上谕，颁行《各省谘议局章程》《谘议局议员选举章程》，并要求各省于一年之内设立谘议局。到1909年秋，全国除了新疆外，各省谘议局陆续成立。

根据《各省谘议局章程》,谘议局设立的宗旨是“钦尊谕旨为各省采取舆论之地,以指陈通省利病,筹计地方治安”,其职权主要包括:议决本省应兴应革事件;议决本省之预算决算、税法、公债及担任义务之增加,权利之存废事件;议决本省单行章程规则之增删修改;选举资政院议员;申复资政院及督抚咨询事件;收受本省自治会或人民陈请建议事件;公断和解本省自治会之争议事件。谘议局会议也分常年会与临时会两种,但均由本省督抚召集。谘议局所议定事项,可决权全在本省督抚。本省督抚对于谘议局,不仅有监督、裁夺的权力,而且有令其停会及奏请解散之权。各省谘议局成为立宪派的聚集地,使他们可以合法地参政议政,这为立宪派组织“速开国会运动”,以及辛亥革命后各省的独立奠定了组织基础。

四、《重大信条十九条》与“预备立宪”的终结

“预备立宪”在被清政府推进的过程中,遭到资产阶级革命派的坚决反对,同时,各地革命党组织的武装暴动不断发生;而依托资政院、省谘议局不断聚集、壮大的立宪派,在参政议政的过程中对清政府改革的迟缓、筹备召开国会的拖延越发不满。从 1909 年 12 月到 1911 年 1 月,立宪派组织了三次声势浩大的国会请愿活动,要求尽快制定颁行宪法,迅速召开国会。资产阶级革命派的武装起义,立宪派的请愿活动,以及各省督抚的联名电请,对清政府造成了巨大的政治压力。清政府被迫将预备立宪期限从九年改为五年,并决定首先组建新内阁。1911 年 5 月,清廷颁布《内阁官制暨内阁办事暂行章程》,组织成立新内阁,以奕劻为内阁总理大臣,那桐、徐世昌为协理大臣,外务大臣梁敦彦、民政大臣善耆、度支大臣载泽、学务大臣唐景崇、陆军大臣荫昌、海军大臣载洵、司法大臣绍昌、农工商大臣溥伦、邮传大臣盛宣怀、理藩大臣寿耆,共十三人,其中满族大臣八人、汉族大臣四人、蒙古族大臣一人,满族大臣中又有五人为皇族,因而新内阁又被称为“皇族内阁”。“皇族内阁”暴露了清政府独裁的本质,遭到资产阶级革命党和立宪派的一致抨击,也令全国人民大失所望。

1911 年 10 月 10 日,辛亥革命爆发,各省纷纷宣布独立。在内外压力下,清政府于 10 月 30 日下“罪己诏”,并令资政院迅速草拟宪法,仅用了三天便制定和通过了《宪法重大信条十九条》(以下简称“十九信条”)。11 月 3 日,清政府公布实施“十九信条”。与二元君主模式的《钦定宪法大纲》相比较,“十九信条”改为英国模式,扩大国会的权力,采取责任内阁,对皇权作出法定限制:皇帝的权力以及皇位继承,均以宪法规定为依据;皇帝拥有对内阁总理大臣及国务大臣的任命权,但总理大臣的人选,由国会公举,国务大臣人选,由总理大臣推举;皇族成员不得担任总理大臣、国务大臣、各省行政长官;国际条约的缔结、官制官规的制定等权力,均由国会行使。作为重要的宪法性文件,关于人民基本权利,在匆忙之间,“十九信条”却未提及。

“十九信条”是在辛亥革命的巨大压力下,清政府为挽救危局被迫制定颁布的宪法文件。根据“十九信条”,由资政院投票选举袁世凯,再由皇帝任命其为总理大臣。“十九信条“未能挽回清廷覆亡的命运,1912 年 2 月 12 日清帝溥仪宣布退位,前后经历六年多的预备立宪宣告终结,中国经历了两千多年的封建帝制也就此结束。

第三节　官制改革与行政法律

改革官制是清末新政的重要内容之一,在改革中形成了新的政府组织机构和行政法令体系。1906年清廷发布预备立宪上谕,提出"预备立宪"之推行,需以官制改革为基础,从而进入了全面官制改革、制定各部门组织法与各种行政法令的时期。

一、中央官制改革

清廷宣布实行"新政"之后,为适应新政推进的需要,不断有新设政府机构与改组成立的政府机构。1901年3月,清廷设立督办政务处,作为筹划官制改革的专门机关,该机构最初附属军机处,继而转属内阁。其政务大臣除多由军机大臣兼任外,也有由内阁大学士兼任者。直至1911年责任内阁组织成立后,督办政务处才撤销。1901年6月,总理各国事务衙门改为外务部;1903年7月,设立商部;1905年12月,设立学部。同时,对宗人府、军机处、翰林院、吏部等机构进行内部调整。

1906年8月,刚刚考察归国不久的戴鸿慈等上《奏请改定全国官制以为预备立宪折》,仿照日本预备立宪的先例,提出八项官制改革的措施,包括略仿责任内阁制,以求中央行政之统一;定中央、地方之间的权限;内外各重要衙门皆宜设辅佐官,中央各部主官之事权归于统一;中央各官宜酌量增置、裁撤、归并;宜变通地方行政制度;裁判与收税事务,不宜与地方官合为一职;内外衙署,宜皆以书记官代吏胥;宜更定任用、升转、惩戒、俸给、恩赏诸法及官吏体制。[2] 同年11月,奕劻、孙家鼐等奏进《厘定中央各衙门官制缮单进呈折》,提出以三权分立原则为官制改革的基本方针,以奠定预备立宪之基础。清廷随即发布《裁定奕劻等覆拟中央各衙门官制谕》,官制改革的内容包括:各部尚书均充任参预政务大臣;内阁、军机处照旧,外务部、吏部、学部仍旧;巡警部改为民政部;户部改为度支部,以财政处并入;礼部著以太常、光禄、鸿胪三寺并入;兵部改为陆军部,以练兵处、太仆寺并入;应行设立海军部及军咨府,未设之前,暂归陆军部办理;刑部改为法部,专任司法;大理寺改为大理院,专掌审判;工部并入商部,改为农工商部;轮船、铁路、电线、邮政应设专司,著名为邮传部;理藩院改为理藩部;除外务部堂官员缺照旧外,各部堂官均设尚书一员,侍郎二员,不分满汉;都察院改设都御史一员,副都御史二员;六科给事中改为给事中,与御史各员缺均暂如旧;资政院、审计院均著设立;其余衙门毋庸更改。[3] 此次公布的中央官制,共设置十一部,后来又增设海军部,改礼部为典礼院。在"毋庸更改"的衙门中,包括清廷明令"五不议"的事项,即"军机处事不议""内务府事不议""旗事不议""翰林院事不议""太监事不议"。涉及"五不议"的衙门及其职事,都与皇帝的权力与切身利益密切相关,因此"预备立宪"体系下的官制改革,只不过是增设、调整、合并了一

---

〔2〕 故宫博物院明清档案部编:《清末筹备立宪档案史料》(上册),中华书局1979年版,第367~383页。

〔3〕 故宫博物院明清档案部编:《清末筹备立宪档案史料》(上册),中华书局1979年版,第367~383页。

些政府机构。皇帝集权的旧体制并没有实质性的改变。

二、地方官制改革

中央官制改革方案确定后,清廷次第开展地方官制的改革。中央政府试图借地方官制改革之机,削弱地方督抚的权力,特别是将地方督抚的军事权、财政权收归中央。地方官制改革涉及地方督抚权力的消长,各省督抚对此反映强烈。清政府遂以东三省为试点,再行推广。由东三省先行开办,直隶、江苏两省试行,其他各省则限十五年一律办齐。自 1907 年 4 月起,东三省开始改革地方体制。同年 6 月,清廷发布《总核官制大臣奏改订外省官制折并清单》,仍以总督巡抚统领地方政务,除东三省外,各省均置布政司、提学司、提法司;省以下设府州县各级政府。为维护治安、发展经济,各省普遍增设巡警、劝业两道。

三、行政法律法规

在官制改革过程中,增设、调整或者合并成立的各部院,在奉旨开办之初即拟定章程,明定机构职责、内设部门、各部门编制、岗位任职条件等。地方政府依照《各省官制通则》,对既有各级政府机构加以改革。随着中央和地方官制改革的开展,各级政府、政府部门的行政组织法体系逐渐形成,政府机构行使职权的法令依据也不断丰富。清末推行官制改革仅五六年,与新官制相适应的行政法律法规体系只是初具规模,难以称得上完备。

第四节　民商事法律

中国传统社会以自然经济为主体,加之地域广阔、区域差异大,很难形成统一的贸易体系,因而在固有法律体系中没有发达而统一的民法。清末新政以降,为国家富强计,又为了适应对外通商和收回领事裁判权的需要,清政府最先开始编纂的近代法律就是商法。在近代法律体系中,无论是学说基础还是条文规模,民法最为复杂、最为庞大,清政府最后启动编纂工作的就是民法。

一、商事法律

19 世纪后半期,海禁大开,对外贸易首先在通商口岸迅速发展起来,随后商品经济不断扩展,向内地辐射渗透。然而,中国传统法律体系缺少统一的商事规范,既不能保障商民的合法权益,也不利于维护商事交易秩序,难以适应新兴商品经济的需要。自甲午战争之后,更有有识之士看到近代国家的竞争不仅在战场上,不仅比拼的是军事力量,决定军事胜败的更在于国家的经济基础,因而提出了商战最终决定国势。1901 年,清廷发布变法上谕之后,张之洞、刘坤一在《江楚会奏变法折》中提出,国家没有商律,商业活动无章可循,国家对商业活动不能给予保护和支持,导致商业力量不能有效地发展、壮大,因此,应该尽快制定《商律》。

1903 年 4 月,清政府令载振、伍廷芳等主持编订《商律》。同年 7 月,清政府设立商部,继续由该部推进《商律》的编订。鉴于商法典内容庞杂,短期内难以完成全部编订任务。而当务之急在于对商事主体和近代的公司加以规范,因此决定首先编订《公司律》,同时编订具有《商律》总则性质的《商人通例》。1904 年 1 月 21 日,《商人通例》与《公司律》编订完成,经清廷核准后定名为《大清商律》,并正式公布。由《商人通例》9 条和《公司律》131 条组成的《大清商律》作为清末法制改革中正式出台的第一部法律,其内容基本仿效外国商法。

为保护商业发展,维护商业秩序,1906 年,清政府颁布实施《破产律》69 条。根据《破产律》,商人因贸易亏损或因意外事件而资不抵债者,可申请破产。商人申请破产后,经商会审核并经地方官批准后,由商会组织债主会议,清算财产,确定清偿比例。

为编订一部完整的商法典,1908 年,修订法律馆聘请日本法学家志田钾太郎等起草《大清商律草案》。该草案包括《总则》《商行为》《公司法》《海船法》《票据法》五编,共 1008 条。该草案几易其稿,但并未最终完成。

1910 年,各地商会以志田钾太郎等起草《大清商律草案》基本仿照日本法,与中国的社会现实不相符合,且未能兼顾中国固有商事习惯,因此自行组织调查本国商业习惯,并吸收西方商事立法的最新成果,编纂完成《商法调查案》。新成立的农工商部以其为基础,略加修改完善,改名为《大清商律草案》,提交资政院审议。但很快辛亥革命爆发,《大清商律草案》尚未完成立法程序,清政府即已覆亡。

二、《大清民律草案》

(一)《大清民律草案》的编纂

按照"预备立宪逐年筹备事宜清单",民律草案应当由修订法律馆在 1911 年呈交审核,于 1913 年颁布施行。可是在清末修律的进程中,民律草案的编纂启动最晚。民律草案迟迟未能开展,主要有两方面的原因:一方面,由于我国固有法中没有独立的民法规范体系,清末国内也没有可以独立承担民法起草工作的专家,不得不聘请日本法律家帮助起草,选聘日本民法专家的工作耽搁了很多时间;另一方面,修订法律馆计划以民事调查作为编订民律草案的事先预备,在民事调查的基础上再进行民律的编订工作。1907 年 11 月,沈家本上《修订法律大臣奏拟修订法律大概办法折》,提出应先行开展"民事调查",以为编纂民律草案的基础,他所谓的"民事调查"实际包括了三方面的内容:调查外国民事法律资料、调查本国礼制、调查全国各地的民事习惯。[4]

清政府最初选聘的理想人选是日本民法学家梅谦次郎,但并未能如愿聘得。至 1908 年,修订法律馆最后确定,聘请日本法学家松冈义正起草前三编,由章宗元、朱献文、高种、陈箓等四位留学归国的法律家起草《亲属》《继承》两编。至 1911 年年初,也就是清政府所定的最后期限,修订法律馆编纂完成了民律草案五编的"条文稿",只有条文 1596 条,没有详细的立法理由。由于"条文稿"只有一个总的说明,各编、各章、各条均无具体说明,宪政编查馆难以考核。因此,宪政编查馆责成修订法律馆继续完成"详细说明",这等于给修订法律馆宽展了编订民律草案的期限。又经过九个月的编纂,修订法律馆在"条文稿"的基础上,完成了民律草

---

〔4〕《修订法律大臣奏拟修订法律大概办法折》,载《政治官报》1907 年第 19 号。

案前三编的“说明稿”;由于《亲属》《继承》两编因关涉本国礼教风俗,需由修订法律馆会商礼学馆共同修订完成,一时未能如期完成。1911年10月,修订法律馆奏呈《修订法律大臣俞廉三等奏编辑民律前三编草案告成缮册呈览折》,此时将“民律草案”正式定名为《大清民律草案》。

为了将本国优良民事习惯纳入民律之中,1910年2月,修订法律馆制定《民事习惯调查章程》10条和《调查民事习惯问题》213问[5],以推进民事习惯调查。但是,全国各省民事习惯调查进度差异极大,有些省份至1911年年底仍未完成调查任务。当时民律草案条文基本已经起草完成,全国范围的民事习惯调查对民律草案的编纂所发挥的作用远不及预期,

(二)《大清民律草案》的内容与特点

《大清民律草案》为我国近代第一部完整的民法典草案,分为《总则》《债权》《物权》《亲属》《继承》五编,共三十六章,1569条。编订者称:该草案“注重世界最普通之法则”,“原本后出最精之法理”,“求最适于中国民情之法则”,“期于改进上最有利益之法则”,[6]似乎完全符合清政府“兼采列邦之良规,无违中国之礼教”的要求。

由日本法学家松冈义正起草的《总则编》《债权编》《物权编》三编,体现了大陆法系近代民法“私权神圣”“契约自由”“过失责任”的基本原则,绝少有中国固有法。仅在《总则编》第一章“法例”规定了民律未规定者,可以适用习惯法和条理(第1条);第二章“人”规定了妻的行为能力、附属于夫的地位,如第9条“达于成年兼有识别能力者,有行为能力。但妻不在此限”的规定和第46条“妻以夫之住址为住址”的规定;以及在《物权编》第四章规定了“永佃权”(第1086—1101条)。这些内容似乎“符合中国民情”,但这些规定都来自《日本民法》,并非出自中国固有法。因此日本法学家所起草的前三编,从体系结构到具体规范均继受于外国法。有鉴于此,曾在清末修订法律馆从事编修工作的江庸批评《大清民律草案》的缺点道:“(一)前案仿于德日,偏重个人利益,现在社会情状变迁,非更进一步,不足以应时势之需求。(二)前案多继受外国法,于本国固有法源,未甚措意。如民法债权篇于通行之‘会’,物权篇于‘老佃’‘典’‘先买’……而此等法典之得失,于社会经济消长盈虚,影响极巨,未可置之不顾。”[7]

《大清民律草案》后两编由中国法律家起草,被认为最能体现“求最适于中国民情之法则”。修律大臣在奏折中也指出:“亲属、婚姻、继承等事除与立宪相背酌量变通外,或本诸经义,或参诸道德,或取诸现行法制,务期整饬风纪以维持数千年民彝于不敝。”当时《亲属》编、《继承》编的说明稿尚未完全完成,亲属、继承两部分草案条文都是独立从第1条开始,并未与前三编统编一体,仍由修订法律馆与礼学馆共同商定中。亲属法体系不采“个人主义”,而采“家属主义”,《亲属法草案》第1条依照传统三族之范围,将亲属分为“宗亲”“外亲”“妻亲”;第2条并沿袭服制图所定亲等礼仪。《亲属法编》第二章先定家制,第三章再规定婚姻,以家与家族之团体为中心,与前三编的“个人主义”大相径庭。固有法之规则多被直接采用,在家

---

[5] 分别载于《江苏省自治公报》1911年第51期至第60期。

[6] 故宫博物院明清档案部编:《清末筹备立宪档案史料》(下册),中华书局1979年版,第912页、第913页。

[7] 江庸:《五十年来中国之法制》,载《申报最近之五十年》1924年(五十周年纪念专刊)。

制方面,“凡隶于一户籍者,为一家。父母在欲别立户籍者,须经父母允许”(第7条),“家政统于家长”(第11条);在婚姻制度方面,规定“同宗者不得结婚”(第17条),“结婚须有父母允许”(第22条),“关于同居之事务由夫决定”(第35条);亲子关系方面,“亲权”,子女嫡庶有别,特重嗣子之选立,承继家族血统(第70—86条)。上述这些来源于“经义道德”和《大清律例》的固有法,不免与前三编“个人主义”大相抵牾,形成了家属主义与个人主义的二元结构,且与社会的发展趋势相抵牾。因此,亲属、继承两编仍遭到猛烈批评:“旧律中亲属、继承之规定,与社会情形悬隔天壤,适用极感困难,法曹类能言之,欲存旧制,适成恶法,改弦更张,又滋纠纷,何去何从,非斟酌尽美,不能遽断。”[8]

第五节　刑事法律

在中国固有法律体系之中,律典居于重要地位,其编纂技术也最为成熟。然而,在与西方交往的过程中,刑律往往被指责为“刑罚野蛮残酷”“违背人道主义”,成为列强主张领事裁判权的重要理由。清廷自1902年正式决定变法修律开始,便把修订刑律作为新政的重点工作,一方面,适应近代化的社会转型需要,强化社会治安;另一方面,去除“野蛮”之污名,寄希望通过刑法的文明化收回领事裁判权。刑律的修订由沈家本亲自主持其事,本着循序渐进的原则,以“兼采列邦之良规,无违中国之礼教”为指导,从删改旧律着手,继而修订过渡性法典,最后编纂全新的近代化刑法典。

一、《大清现行刑律》

考虑到骤然编纂新律恐扞格难行,修订法律大臣沈家本于1903年奏请先将《大清律例》加以修订,作为编纂施行新律之过渡。

在修订《大清律例》的过程中,沈家本对《大清律例》中不适宜近代社会的部分内容作了删修。删修的内容包括三方面:第一,删除凌迟、枭首、戮尸等酷刑,并适当减少《大清律例》所规定的死刑罪;第二,对于“缘坐”条款,除了保留知情者治罪条款,其余一律废止;第三,废除兼有肉刑和人格羞辱作用的“刺字”刑。

对《大清律例》的整体修订于1909年年初完成,修订之后的律例称作《大清现行刑律》,并于1910年颁布。《大清现行刑律》共三十篇,389条,附条例1327条,另附《禁烟条例》12条,《秋审条款》165条。《大清现行刑律》是一部介乎于《大清律例》与新刑律之间的过渡性法典,对《大清律例》的删修订主要体现在四个方面。第一,改“律例”为“刑律”,删除吏、户、礼、兵、刑、工六部之名,设刑律总目,自“名例”至“河防”分为三十门,分为三十六卷。第二,改革刑罚,确认清末删修旧律的成果,删除凌迟、枭首、戮尸、缘坐、刺字等酷刑,将充军改为安置,将流刑、徒刑改为习艺劳动,确定新的五刑制:罚金、徒刑、流刑、遣刑、死刑。第三,区分刑事规范与

[8]　江庸:《五十年来中国之法制》,载《申报最近之五十年》1924年(五十周年纪念专刊)。

民事规范，对于婚姻、继承、钱债、买卖等民事行为不再科刑。第四，增加部分内容，删减例文，删除不合时宜的内容。为适应近代社会发展的需要，增加了破坏铁路、电讯等新罪名，删改旧律“良贱有别”的内容，将条例从1800多条，删减到1300多条。《大清现行刑律》颁布不久，清政府即为辛亥革命所推翻，只有“现行律民事部分”在民国初期被继续援用。

二、《大清刑律》

《大清现行刑律》仅仅是刑事法改革的一个过渡形态，清政府的目标是颁行近代化的刑法典，因此在修订旧律的同时即开始网罗人才、翻译外国法律，为编纂新的刑律草案做准备。1905年沈家本全面启动刑律草案的编纂，次年延聘日本法学博士冈田朝太郎参加编纂工作，至1907年9月刑律草案编纂完成。沈家本等在《奏进呈刑律草案折》中指出刑律草案对旧律所作变革主要包括五个方面：其一更定刑名，其二酌减死刑，其三死刑唯一，其四删除比附，其五惩治教育。宪政编查馆遂将刑律草案交部院大臣和各省疆吏签注评议，以符合中国社会现实之需要。在评议过程中，各部院大臣和各省疆吏多指责草案违背中国固有礼教，其中反对最烈的为张之洞、劳乃宣等人。随后宪政编查馆按照多数意见，将草案交由法部会同修订法律大臣加以修订。修订法律馆将草案重加修改，再交法部会商修订。法部尚书廷杰增加关涉纲常名教的5条内容，作为《暂行章程》。宪政编查馆对法部与修订法律馆会奏的修正草案再加审核后，交资政院审议。资政院于第一期会议通过总则，分则尚未议决，因预定颁行期限已到，遂将总则、分则一并奏呈，定名为《大清刑律》（参见图18）。1911年1月内阁奉谕旨颁布《大清刑律》，未及确定具体施行日期，辛亥革命就已经爆发。

图18 《大清刑律》

《大清刑律》分为总则、分则两编，五十三章，共411条，附《暂行章程》5条。它是中国近代第一部专门的刑法典，抛弃了《大清律例》诸法合体的编纂形式，以罪名和刑罚等专属刑法范畴的条文作为刑法典的唯一内容；在体例上抛弃了旧律的结构形式，将法典分为总则和分则。《总则》包括十七章，《分则》以罪名分章，分三十六章。《总则》采用了德国、日本等外国刑法原则和近代刑法学术语，确立了罪刑法定、法律面前人人平等等刑法原则，规定了缓刑、假释、正当防卫等制度，删除了旧律中八议、十恶等名目，增加了一些新的罪名。在刑罚制度方面，设置主刑五种：死刑、无期徒刑、有期徒刑、拘役、罚金；从刑二种：褫夺公权和没收。整个刑罚体系以自由刑为主体，删除了违反人道主义的酷刑，死刑一般采取绞刑，只有少数罪大恶极的适用斩刑。

《分则》规定了各种具体犯罪及相应的法定刑罚。罪名的设立及界定，既体现对西方刑法理论和刑法制度的吸收，也体现对于固有传统的继承。《分则》所规定的罪名分为五类：侵犯皇室罪，政治犯罪及破坏行政秩序的犯罪，危害社会公益及司法秩序的犯罪，正风俗、防止社会生活受破坏的犯罪,以侵害国民个人的生命、身体、财产等权利的危害国民私益的犯罪。仿照德国、日本等外国刑法,创设了“妨害选举罪”“妨害交通罪”“妨害卫生罪”“妨害国家罪”,适应了中国社会的近代化,以及保护列强在华利益的需要。

传统法律在律例中对于罪名一般不作构成要件的详细界定,而采取对犯罪方式与犯罪过程的描述,或以附加文字对罪名作进一步解释。《大清刑律》借鉴外国近代刑法的立法技术,对于各种罪名一般先作概括性定义,明确该罪名的具体内涵和构成要件。在量刑方面,传统法律采取绝对确定法定刑原则,即对于每一犯罪,确定唯一的法定刑。《大清刑律》则采取相对确定法定刑为主、绝对确定法定刑为辅的原则,对不同的犯罪一般规定一个量刑幅度,审判官可以根据具体情节,在法定刑范围之内量刑。

《大清刑律》所附《暂行章程》5 条,是在“列邦之良规”之外挂上的中国传统“纲常名教”,体现了“兼采列邦之良规,无违中国之礼教”修律思想。《暂行章程》主要内容包括:加强对于君权、父权、夫权的保护;对侵犯尊亲属的行为,不得适用正当防卫;增设“无夫奸罪”,与无夫妇女通奸者,通奸双方均构成犯罪;加重处罚毁弃、盗取尸体罪以及发掘尊亲属坟墓等罪;加重对于严重危害国家统治、危害社会安全等犯罪的处罚。

第六节　司法思想与司法制度

一、司法思想

清末变法之初,对于近代化司法改革尚缺少明确的计划。1902 年 9 月,清政府与英国签订了《中英续议通商行船条约》,1903 年 10 月其分别与美国、日本签订了《中美通商行船续订条约》《中日通商行船条约》。签约各国允诺,一俟中国之法律及施行该项法律之办法并他项事宜皆能满意时,即预备放弃其领事裁判权。与列强议定商约,使清政府开始明确司法改革的方向:将本国固有体制与外国司法制度改同一律,务期中外通行。仿效外国司法制度,具体指导近代化改革的思想原则大体有以下方面。其一,贯彻司法独立之原则与思想,司法独立首先是审判机构独立于行政机构、立法机构,其核心又是法官独立。法官只服从法律,根据法律进行裁判,而不受任何干涉。其二,司法独立旨在维护公正的社会秩序,保护合法民众的权益,民众接受普通司法机构的审判而不受特别审判,是其一项重要基本权利。其三,区分程序法与实体法,程序法中又区分民事诉讼、刑事诉讼与行政诉讼,中国传统法律体系中并没有实体法与程序法的区分,因而近代化改革意味着以专门的程序法,规定不同种类的诉讼。其四,为保障司法公正,法律职业有法定资格要求,法官、检察官、律师须有明确的法定资格标准,实行司法专业化、职业化,以保障司法的水准。其五,司法改革既是实现司法制度的近代化、文明化,同时也是与列强交涉,收回领事裁判权的条件。

二、诉讼制度

在中国传统的法律体系中,以官统事,官府职事并不区分实体与程序。清末法制改革,仿效外国法律制度开始区分实体法与程序法，起草独立的程序法。从1905年开始，清政府曾多次派大臣赴欧洲、美国、日本等地考察法律制度，已涉及对外国诉讼制度的学习。1910年，清廷派京师高等检察厅检察长徐谦、奉天高等审判厅厅丞许世英等人赴发达国家专门考察司法制度。考察团归国之后在提交的考察报告中，从司法行政、审判、监狱管理、感化院、司法警察五个方面系统陈述了近代化司法制度，为全面学习西方国家司法制度与推进司法改革确定了基础。清末为建立近代化诉讼制度，起草了三部诉讼法草案和《各级审判厅试办章程》。

(一)《刑事民事诉讼法草案》

鉴于中国古代并无专门的诉讼律，刑事诉讼与民事诉讼也没有严格区分，1905年修律大臣提出先行制定一部简明诉讼法，将刑事诉讼与民事诉讼规定在一部法律之中，随即开始诉讼法的起草。1906年5月，修订法律馆进呈《刑事民事诉讼法草案》，并认为刑律和民律为主法，诉讼程序为辅助之法，应在刑律、民律颁布之前议定实施。

《刑事民事诉讼法草案》共260条，分为总纲、刑事规则、民事规则、刑事民事通用规则、中外交涉案件五章，末附《施行条例》3条。该草案吸收西方近代诉讼原则，并直接采纳其先进的诉讼制度，包括诉讼活动中的平等、公正原则以及公开审判、律师辩护、陪审等制度。诉讼法草案奏进后，清廷为慎重起见，责成将草案交由各将军、督抚、都统等悉心研究，探讨究竟于民情风俗能否通行。至1907年，各地先后复奏，多数地方疆吏认为该草案应暂缓施行。张之洞、劳乃宣等朝廷大臣及封疆大吏对于该草案提出诸多批评意见，认为草案所确立之制度与中国传统习俗多有扞格，全新的陪审制度、律师制度等，缺少现实基础。部院大臣及封疆大吏还建议，将该草案交法部核定。法部则提出，各级审判厅试办在即，应拟定试办章程，最终将该草案搁置。

(二)《刑事诉讼律草案》与《民事诉讼律草案》

在《刑事民事诉讼法草案》被搁置之际，修订法律馆已有另行分别起草刑事、民事诉讼律的计划，不采取当事人主义的对抗式诉讼模式，转而仿效德国、日本的以审判衙门为主导的诉讼模式。修订法律馆在吸收部院大臣及封疆大吏意见的基础上，参照德国、日本相关立法例，重新修订刑事、民事诉讼律。1910年12月，《刑事诉讼律草案》和《民事诉讼律草案》修定完成，新的诉讼律草案改变了集刑民诉讼为一体的模式。

《刑事诉讼律草案》共515条，分为总则、第一审、上诉、再审、特别诉讼程序、裁判之执行六编。该草案主要借鉴日本1890年《刑事诉讼法》，采用告劾式诉讼方式，实行审判公开原则和三审终审制；刑事诉讼一般由检察官公诉，预审权也归于检察官；采取干涉主义，审判官为查明案件法律事实，可以依职权进行调查，不受当事人言辞拘束。《民事诉讼律草案》共800条，分为审判衙门、当事人、通常诉讼程序、特别诉讼程序四编。民事诉讼程序及相关规定，多以德国、奥地利等国制度为参照，规定采用了“当事人主义原则”与“法院不干涉原则”，以及“辩论原则”等。与1906年《刑事民事诉讼法草案》相比，《刑事诉讼律草案》与《民事诉讼律草案》更多地吸收了德国、日本等大陆法系国家的诉讼原则和诉讼制度，仍保留了备受部院大臣和封疆大吏批评的陪审、律师辩护等制度。草案呈交宪政编查馆核议尚未有定论，因辛亥革命爆发而未及公布。民国北京政府不仅援用了《刑事诉讼律草案》《民事诉讼律草案》的部分条文，还在其基础上修订了《刑事诉讼条例》514条、《民事诉讼条例》755条，加以公布施行。

(三)《各级审判厅试办章程》

1906年以后,京师和天津已开始试办新式审判厅。1907年3月,直隶总督袁世凯公布实施《天津府属试办审判章程》,在天津开展地方司法改革。当时法部正需要一部全国通行的诉讼法,以规范全国地方各级审判厅。法部参考了沈家本奏呈的《法院编制法草案》和《天津府属试办审判章程》,于1907年12月完成了《各级审判厅试办章程》,并经宪政编查馆详核后,于1909年12月颁行。

《各级审判厅试办章程》共120条,分为总纲、审判通则、诉讼、各级检察厅、附则五章。该章程是一部关于法院组织和民事刑事诉讼的综合性法律,是法院编制法和民事刑事诉讼律颁行前的过渡性法典。该章程明确区分了刑事案件与民事案件:刑事案件指"因诉讼而审定犯罪之有无者",民事案件为"因诉讼而审定理之曲直者";刑事案件实行公诉为主的起诉原则,除了"亲告乃论"案件,所有其他案件,无论是因被害人告诉案件,还是他人告发或警察移送的案件,都必须由检察官提起公诉;对于民事案件,则由当事人本人或代理人提起诉讼。

《各级审判厅试办章程》确立了检察官制度,检察官代表国家,在诉讼活动中为国家利益和社会利益执行职务;检察官相对于审判机构,独立行使职权。

三、司法制度改革

1906年,清政府在官制改革的上谕中,改刑部为法部,"专任司法",为执掌司法行政权;改大理寺为大理院,"专掌审判",作为全国最高审判机构。此后,司法制度改革在全国范围内渐次展开,先后颁布了《大理院审判编制法》(1906年,仅限京师地区适用)、《各级审判厅试办章程》(1909年)、《法院编制法》(1910年)等法律。在地方层面,1907年直隶总督袁世凯颁行《天津府属试办审判章程》,1908年奉天高等审判厅、高等检察厅先后建立。至1911年,全国十八个省均已建立高等审判厅和高等检察厅,多数省会城市及部分大的商埠、城市,也已成立地方审判厅和地方检察厅。在有些地方,还设立了专门审判机构,如奉天高等审判厅筹备在承德地方审判厅内设立"幼年审判庭",并制定《奉天高等审判厅幼年审判庭试办简章》,作为审理十六岁以下犯罪者的专门机构。

(一)《大理院审判编制法》

1906年12月,清政府公布由法部拟定的《大理院审判编制法》。该法共45条,分为总纲、大理院、京师高等审判厅、城内外地方审判厅、城谳局五节。根据《大理院审判编制法》的规定,采行"四级三审制""审检合署制""审判合议制"。"城谳局"作为第一审级,对于轻微刑事案件及小额民事案件实施管辖。"城内外地方审判厅"作为城谳局的上一级审判机构,对于不服城谳局判决而上诉的刑、民事案件,以及不属于城谳局管辖的刑、民事案件实施管辖。"京师高等审判厅"作为京师地方审判机构,对于不服城内外地方审判厅判决而提起上诉的刑、民事案件实施管辖。大理院作为全国最高审判机构,对于国事犯案件、官犯案件、地方各省的京控案件、不服京师高等审判厅判决而提起的上诉案件等实施管辖。

(二)《法院编制法》

因《大理院审判编制法》仅限于在京师地区适用,并且只是部分规定了大理院内部的运作机制,对于司法行政权与审判权的界定不够清晰,导致法部与大理院为争夺"司法权",发生了

“部院之争”。为进一步明确司法行政权与审判权的关系，确立全国的法院组织体系，修订法律馆于1907年9月奏呈《法院组织法草案》。经宪政编查馆核定，由清廷1910年2月颁行《法院编制法》。《法院编制法》共164条，分为16章。根据《法院编制法》，司法审判实行四级三审制，四级审判机构为初级审判厅、地方审判厅、高等审判厅、大理院。《法院编制法》较为全面地吸收西方近代司法原则和制度，规定实行审判独立、审检分立、民刑分理、律师辩护、公开审判、废除刑讯逼供等制度。

四、司法制度的半殖民地化

由于腐败无能，清政府在和列强签订的不平等条约中接受了领事裁判权条款和会审公廨制度，以及在事实上承认了外国领事官员的观审权，这些司法特权严重侵犯了中国的司法主权，侵害了中国人民的合法权益。而废除这些列强司法特权，也成为中国近代司法改革的外在驱动力。

（一）领事裁判权

列强在中国获得的领事裁判权制度，不是源于平等互惠的习惯，而是根据不平等条约。通过一系列的不平等条约，清政府丧失了对于中国境内外国侨民的司法管辖权。外国侨民利用这一特权肆意欺压中国人民，而清政府却无法依照本国法律给予管辖和制裁。依照条约在中国享有领事裁判权国家的公民，如果在中国境内成为民事、刑事诉讼的被告，由其本国领事依据其本国法律进行审理，不受中国司法机构的管辖，也不适用中国的法律。

领事裁判权始于1843年中、英两国签订的《五口通商章程》，该章程第13条规定：中英两国国民在中国境内发生诉讼纠纷，由英国领事出面劝息；对于英国国民作为刑事被告的案件，“其英人如何科罪，由英国议定章程、法律，发给管事官（即领事）照办”。其后，美国、法国、瑞典、挪威、俄国等国又迫使中国与其签订一系列不平等条约，先后有十九个国家在中国获得领事裁判权。列强各国通过不平等条约攫取领事裁判权的理由之一，是中国法律落后、野蛮，为保护本国侨民权益而在条约中设立该条款。列强国家提出，如果中国修改法律，使法律与西方国家法律相一致，即可放弃领事裁判权。1902年，中英签订《中英续议通商行船条约》，其第12条规定：“中国深欲整顿本国律例，以期与各西国律例改同一律，英国允愿尽力协助以成此举。一俟查悉中国律例情形及其审断办法及一切相关事宜皆臻妥善，英国即允弃其治外法权。”[9]美国、日本、葡萄牙等国也先后作出类似表示。

对清政府和普通中国人而言，领事裁判权的存在，不仅扰乱了中国的司法秩序，而且使中国政府和人民饱受屈辱。因此，尽快废止领事裁判权成为朝野上下的一致诉求。清末变法修律，引进西方法律体系和司法制度，“以期与各西国律例改同一律”，其直接原因和动力即来自对废止领事裁判权的期待。

中国有识之士在改法修律过程中，已看到收回领事裁判权制度的症结所在：收回领事裁判权与否，不在于中国是否“与各西国律例改同一律”，而是要看国家实力对比，看中国是否实现近代化、能否实现富强。历史证明，后来的南京国民政府虽然全面建立具有近代意义的六法体

---

〔9〕《光绪朝东华录》“光绪二十八年八月”。

系,但列强并没有因此放弃领事裁判权,直到1943年因中国在抗日战争中付出巨大牺牲、发挥重大作用,美英等国才最后放弃领事裁判权。

(二)会审公廨

会审公廨又称会审公堂,是1864年清政府与英、美、法三国驻上海领事协议在租界内设立的特殊审判机关。按1868年《上海洋泾浜设官会审章程》的规定,租界内凡涉及外国人的案件,必须有领事官员参加会审;凡中国人与外国人之间的诉讼案,若被告系为有约国人,由其本国领事裁判;若被告为无约国人,也须由其国领事陪审。从形式上,中国会审官在会审公堂中居于主要地位,会审领事不过是陪审。而实际上所谓"会审",只是空有其名,甚至租界内纯中国人之间的诉讼,也须外国领事"观审",判决进程、和裁判结果受其左右。会审公廨制度的确立,是外国在华领事裁判权的扩充和延伸,进一步损害了中国的司法主权。在公共租界内还有工部局作为管理机构,工部局由外国驻上海领事团每年选举三人组成一个领事法庭,管理特定案件。

第七节　社会法律思潮

一、律学的传承发展

清末律学在继承清朝前期律学的基础上进行了发展。清末律学家们将关注的重点从单纯对法律条文和概念作出比较,转向对现实法律问题的评判。此时清廷正处于内外交困的时局中,有识之士开始反思社会制度的合理性,批判性的律学著作便应运而生。其中最具代表性的当属《刑案汇览》和《唐明律合编》。

《刑案汇览》是清朝刑事案例的汇编,由清人祝庆祺编写而成。祝庆祺是清道光时人,曾在地方各级衙门担任幕僚。《刑案汇览》分为两编,前编六十卷,收入案件二千八百余件,时间跨度为乾隆四十九年(1784年)至道光十三年(1833年);续编为十六卷,收入道光十四年(1834年)至道光十七年(1837年)的一百八十七件案件。至光绪年间,沈家本延续《刑案汇览》的体例,将道光十八年(1838年)至同治十年(1871年)经过刑部驳议的一千一百八十六件案件收录进《刑案汇览》三编,进一步完善了该书的体系和内容。《刑案汇览》所收录的案件皆为经过刑部驳议的重大疑难案件,此书还原了案件的全貌,再现了司法官审断案件时对各种因素进行考量的过程,是研究清朝律例和司法实践的重要文献资料。

薛允升撰写的《唐明律合编》是清朝最重要的律学著作。薛允升出生于清嘉庆二十五年(1820年),光绪二十七年(1901年)逝世,曾担任刑部主事、山西按察使、山东布政使、刑部尚书等职务,博闻强识,精通律学。《唐明律合编》一书效仿《永徽法经》的体例,对唐律和明律的所有条文逐一进行对比,梳理彼此的异同并加以细致深入的评析。在薛允升看来,唐律"绝无偏倚踳驳之弊"[10],无论是立法技术,还是在全律的统一性方面,唐律都是优于明律的。而清律也是因袭明律而来,该书表面上是对明律进行否定,实则暗含了对清律的批判。《唐明律合编》的成书,是清朝律学发展历程中的重要转折,律学不再是简单地注释律文,而是上升到对现行律例的评判。该书在当时社会备受推崇,表明已有相当一部分人清醒地认识到有必要对清朝的律例体系进行全面系统的改革,这也为清末变法修律活动做了思想上的准备。

二、鸦片战争时期的变法思想

清嘉庆、道光年间,时局越发动荡,社会危机日益深重,一大批进步的政治家、思想家大力倡导"经世致用"的思想,力求改革以救亡图存。以林则徐、龚自珍、魏源为代表的先进知识分子针砭时弊,试图为毫无生机的社会注入思想上的活力,挽救国家和民族于危亡。

(一)林则徐的法律思想

鸦片战争爆发于中西两种社会制度碰撞所产生的巨大冲击之中。鸦片战争之前,中国一直是闭关自守,英国鸦片和坚船利炮的入侵使清政府在"天朝上国"的陈梦中为之惊醒。这一时期涌现了大批仁人志士,他们以国家的安危存亡为己任,奋勇抵御西方列强的侵略。伟大的爱国者林则徐便是其中之一。他亲眼目睹鸦片对中国社会产生的巨大危害,领导了震惊中外的"虎门销烟"。其严禁鸦片的态度十分坚决,"若鸦片一日未绝,本大臣一日不回,誓与此事相始终,断无终止之理"。林则徐提出了"师敌之长技以制敌"的主张,认为对外国侵略者要坚决抵御,但是不排斥学习敌人先进的技术以富国强兵。他还是向西方学习的思想先驱者。在广州任职期间,林则徐组织幕僚翻译了英国人慕瑞的《世界地理大全》,撰成《四洲志》一书。该书内容涵盖四大洲三十几个国家的历史、地理和政治情况,被誉为"近代中国最早的百科全书",林则徐也被称为近代中国"睁眼看世界的第一人"。

(二)龚自珍的法律思想

龚自珍的法律思想主要有两方面的体现。一方面他痛批现实,强烈表达对腐败吏治的不满和期望整顿吏治的愿望;另一方面他主张"更法改图",内心充满对人才的渴求和对美好未来的向往。龚自珍将"世道"分为三种,"治世为一等,乱世为一等,衰世别为一等"。[11] 鸦片战争前期的中国封建社会经济落后,民生凋敝,正是处于"衰世"阶段。在龚自珍看来,"衰世"主要是由专制腐朽的政治体制和繁苛的法律导致的,而人才也在这样的环境中被隐藏埋没。因此,龚自珍大声疾呼要求变革。他曾在《已亥杂诗》中写道:"九州生气恃风雷,万马齐喑究可哀。我劝天公重抖擞,不拘一格降人才。"龚自珍热切期盼天降人才来力挽狂澜,将国家民族从危亡中拯救出来,改变"万马齐喑究可哀"的境况。他渴求人才、力求变革的思想之形成,标志着近代史上思想启蒙序幕的开启,也对资产阶级维新派产生了深远影响。康有为将龚自珍的公羊经文学进一步发展并取得了显著的成果。然而,龚自珍的思想也存在局限性,他"更法改图"的方案大多仿照古制,力求恢复古制以变革当下,显然未能触及封建统治制度的核

---

〔10〕(清)薛允升撰:《唐明律合编》,怀效锋、李鸣点校,法律出版社1999年版。

〔11〕《龚自珍全集》,上海人民出版社1975年版,第6页。

心,仅仅是"药方只贩古时丹"。[12]

(三)魏源的法律思想

魏源和龚自珍同为19世纪地主阶级改革派的进步思想家。魏源受林则徐的嘱托,以林则徐的《四洲志》一书为基础编成了《海国图志》。《海国图志》成书于1842年,是中国近代史上第一部介绍世界各国历史、地理、政情的完备著作。其中提出的"师夷长技以制夷"的主张,是对林则徐"师敌之长技以制敌"思想的延续和发展。在魏源看来,"师夷长技以制夷"应当分为两个部分,其中"师夷"是"制夷"的前提和基础,也是"制夷"的手段,而"制夷"是"师夷"的目的,是学习夷之长技需要达到的目标。"善师四夷者能制四夷,不善师外夷者外夷制之",这一爱国主义思想不仅表达了近代思想家们坚决抵抗外国侵略的精神,也为提升自身国力以抵御外侮提供了方法。

魏源认为,外国对中国进行侵略,依靠的不仅是坚船利炮。"人但知船炮为西夷之长技,而不知西夷之所长,不徒船炮也。"魏源将"夷之长技"总结为"一战舰,二火器,三养兵练兵之法"。[13] 在他看来,需要借助西方先进的军事和工业技术,来发展中国近代的军事工业和民用工业。《海国图志》中有大量篇幅详细介绍了轮船、火器、火车、火轮机等的制造工艺。魏源不仅对中国近代工业赶上世界先进水平怀有信心,对社会变革也充满抱负和希望。他和龚自珍一样,对腐败吏治极为不满,认为应当整顿官僚体制,使人才在社会改良中真正地发挥作用。魏源社会变革的思想具有进步意义,但是因为其代表了地主阶级改革派,实际上对封建统治制度是拥护的,他所期待的社会变革程度还是非常有限的。

三、洋务运动时期的变法思想

19世纪60年代,清政府处于"岌岌乎皆不可以支日月"的深重危机时期,此时清廷在内部遭到太平天国农民起义的沉重打击,外部面对的是英法联军的疯狂入侵。为了抵抗帝国主义的侵略和平息农民革命,学习西方、主张改革的洋务派由此诞生。洋务派清醒地认识到,要挽救清朝政府的封建统治,清廷必须从"天朝上国"的美梦中醒来,利用西方的先进技术来提升国力,实现富国强兵的目标。

(一)以"自强"为核心的军事法律思想

洋务派的主要代表人物多是清政府的军政大员,他们提出"自强以练兵为要,练兵又以制器为先"的方针,将增强军事作为"自强"的重点。1861年,曾国藩设立安庆内军械所;1862年,李鸿章设立上海制造炮局,之后江南制造局、金陵机器局、福州船政局和天津机器局等军工企业也陆续兴建成立。19世纪70年代中期以后,为抵御日本从海上入侵,洋务派开始创建近代海军以加强海防。1888年海军衙门颁布施行了《北洋海军章程》,该章程仿效于英国海军章程,其内容完备,对船制、升擢、俸饷、军规、武备等各方面都作出了详尽的规定。

---

〔12〕"药方只贩古时丹"出自龚自珍的《己亥杂诗》,全诗为:"霜豪掷罢倚天寒,任作淋漓淡墨看。何敢自矜医国手?药方只贩古时丹。"

〔13〕《海国图志》卷二"筹海篇三(议战)"。

（二）以"求富"为目的的经济法律思想

以"欲自强，必先裕饷，欲浚饷源，莫如振兴商务"为理念，〔14〕曾国藩、李鸿章等人逐渐冲破中国传统社会"重农抑商"的藩篱，开始兴建近代民用企业。由于晚清政府需要持续偿还对外国的大量赔款，已经没有足够的经费支撑洋务派兴建实业，而民间资本又非常有限，洋务派萌生了引进外资的想法。李鸿章认为，"若论切实办法，必筹造铁路，而后能富能强"，〔15〕因此这一想法首先在兴建铁路上付于实践。洋务派的经济法律思想为刺激近代新式工商业的发展提供了新思路，对改变中国古老的封建经济结构起到了推动作用。

（三）以培养近代法律人才为目标的法律教育思想

洋务派非常重视实务人才的培养。李鸿章曾在《筹议海防折》说，"用人最是急务，储才尤为远图"。1862年7月，清政府在李鸿章的倡议下批准设立了京师同文馆、上海广方言馆等，这些"洋务学堂"皆以教授外语为主要任务。除了培养精通外语的人才，同文馆还担负着翻译西方著作的任务。张之洞曾说，"尝考讲求西学之法，以译书为第一义，欲令天下人皆通西学，莫若译成中文之书，俾中国百万学人，人人能解，成为自众，然后可供国家之用"。〔16〕除了自然科学的图书之外，同文馆还翻译了不少外国法律和法学著作，包含《公法总论》《佐治刍言》《各国交涉公法论》等。这些翻译著作的问世，为传播西方法律知识和新式法学人才的培养都发挥了积极作用。此外，洋务派还向西方派遣了大量的留学生，他们学成归国后应用所学技艺，推动了中国社会的进步，促进了西方法律知识的传播。

四、"戊戌变法"时期的法律思想

甲午海战失败后，中华民族面临的危机日益深重，中国社会中的爱国知识分子强烈表达了维新变法、救亡图存的思想意愿。1895年由康有为等发动的"公车上书"，揭开了维新变法运动的序幕。1898年6月11日，光绪皇帝颁布"明定国是"的诏书，标志着变法运动的正式开始，到9月21日，以慈禧太后为首的顽固派发动政变，"戊戌变法"历时一百零三天，史称"百日维新"。以康有为、梁启超为代表的维新派，其变法思想主要包括以下几个方面：

（一）设议院

康有为是正式、直接地向清帝上书要求设立议院的第一人。他认为，设议院是"立国自强之策"，应当作为变法的核心内容。设立议院之后，就能达到"君民同体""休戚与共""君与国民共议一国之政法"的政治目的。但是，康有为所提倡设立的议院，是保证君主掌握至高无上权力的议院，与西方资产阶级国家的议院有本质上的不同，并不能完全实现民众的参政议政。

（二）制定宪法

康有为希望借鉴日本制定明治宪法的成功经验，将制定宪法作为维新运动的重要举措。他认为，"各国之一切大政皆奉宪法为圭臬"。梁启超也是立宪的积极拥护者。他们二人皆赞同通过立宪来限制君权、保障民权的观点，君主的权力不是被臣民限制，而是被宪法限制，而臣

〔14〕《李文忠公全集·朋僚函稿》卷三九。

〔15〕《李文忠公全集·译署函稿》卷一二。

〔16〕张之洞：《上海强学会章程》。

民的权利则由宪法来保障,“宪法与民权,二者不可相离,此实不易之理,而万国所经验而得之也”。[17]

(三)实行三权分立

康有为和梁启超都在理论上拥护孟德斯鸠的分权论,认为当时的中国也应当效仿西方国家实行三权分立的体制。康有为曾说,“近泰西政论,皆言三权:有议政之官,有行政之官,有司法之官。三权立,然后政体备”[18],即认为构建三权分立的体制是实现完备政体的前提和基础。梁启超借用西方国家的三权分立原则,结合当时中国社会的实际情况,形成了自己独特的三权分立学说。在他看来,由国会行使立法权、国务大臣行使行政权、独立审判厅行使司法权是具有合理性的。

以康有为、梁启超为代表的戊戌维新派也曾呼吁学习当时西方先进的法律制度,构建新的法律体系,他们组织翻译了大量西方国家的政治学和法学理论著作,将资产阶级民主主义启蒙思想和法理思想引入中国,详尽地论证了借鉴西方政体和制度的优越性。维新派所勾画出的君主立宪制蓝图试图帮助中国民众实现民主富强,但最终不敌强大的守旧势力,“戊戌变法”以失败告终。

五、清末修律时期的法律思想

(一)张之洞、刘坤一与《江楚会奏变法三折》

光绪二十六年(1900年)十二月初十,在“庚子事变”中流亡西安的慈禧太后以光绪皇帝的名义发布新政改革的上谕,清末全面的近代化法律改革自此开始。作为对清廷新政变法的覆奏,光绪二十七年(1901年)五月至七月,张之洞和刘坤一上奏了《江楚会奏变法三折》,其中提出了一系列改革措施,具体包括以下建议:

第一折:设文武学堂、酌改文科、停罢武科、奖励游学。

第二折:崇节俭、破常格、停捐纳、课官重禄、去书吏、去差役、恤刑狱、改选法、筹八旗生计、裁屯卫、裁绿营、简文法。

第三折:广派游历、练外国操、广军实、修农政、劝工艺、定矿律、路律、商律、交涉刑律、用银圆、行印花税、推行邮政、官收洋药、多译东西各国书。

《江楚会奏变法三折》中所提出的各项建议切实可行,契合中国近代化的需求,成为清末新政的重要纲领。这些改革措施反映出张之洞和刘坤一的变法思想。1898年,张之洞撰写了《劝学篇》,全面阐发了“中学为体,西学为用”的宗旨,对维新变法运动作出了思想上的回应。《江楚会奏变法三折》延续了“中体西用”的精神,将之应用到处理中西文化关系的问题上。张之洞强调的“中学”以孔孟之道为核心,是儒家经典所倡导的纲常名教,“西学”是西方先进的政治学说、制度、技术、文化等。张之洞认为,要坚持“中体西用”,就应该向西方学习,取西方之长以补中学之短,但是绝不能使其成为统治制度的核心,撼动“中学”的地位。“中体西用”既表明“中学为体”和“西学为用”是紧密联系的,又明确阐述了这两者的地位,即“西学”是为

[17]　梁启超:《立宪法议》,载《饮冰室合集》(第1册)。

[18]　康有为:《应诏统筹全局折》。

“中学”服务的。

（二）修订法律大臣沈家本的法律思想

图 19　沈家本

沈家本（1840—1913 年），字子淳，又作子敦，别号寄簃，清朝归安（今浙江吴兴县）人。（参见图 19）沈家本在主持修律活动中的指导思想，可以概括为“折衷世界各国大同之良规，兼采近世最新之学说，而仍不戾乎我国历世相沿之礼教民情”。沈家本认为，将世界各国之法、近世各国最先进的法律学说和中国相沿数千年的礼教民情结合起来，能够制定出最良善的法律，以适应清末社会的现实需要。以此法律思想为指导，沈家本主持了一系列的变法修律活动，是清末法制变革中的关键人物。

1.“采近世最新之学说”

沈家本认为，欲学习西方先进的法律制度，首要的是翻译西方国家的法律法规和法学著作，“参酌各国法律，首重翻译”，“欲明西法之宗旨，必研究西人之学，尤必编译西人之书”。[19] 沈家本组织了大量的翻译工作，广泛地吸纳人才，翻译各国最新最先进的法律文献。为使所译之书能最准确地表达原书之意，沈家本与翻译人员逐字逐句进行探讨和琢磨，并延聘外国法律家以备顾问。

在法律体系的建构方面，沈家本深感以传统刑律为主的法律体系难以适应新的社会现实，应当仿照大陆法系国家的法律体系，对我国相沿数千年的诸法合体之法典体例作出调整。沈家本担任修订法律大臣后，在修订法律馆内分设专科，主持制定了民律、商律、民事诉讼律、刑事诉讼律、法院编制法等部门法典，并在清朝覆亡之前编纂完成了中国近代第一部近代化刑法典——《大清刑律》。

沈家本认为，“法律为专门之学，非俗吏所能通晓，必有专门之人”[20]，遂奏请清廷开设法律学堂，培养专业的法律人才，光绪三十二年（1906 年）九月，中国第一个专门法律学堂——京师法律学堂在北京成立。沈家本聘请日本法学家冈田朝太郎、松冈义正等日本教习为学员讲授课程。之后，各省纷纷开设法政学堂，培养了一大批专业的法政人才。

2.“不戾乎我国历世相沿之礼教民情”

沈家本自幼熟读儒家经典，尤其精通经学和文字学。因为深受儒家思想的影响，沈家本推崇儒家经典所倡导的三纲五常。在变法修律活动中，沈家本以开放包容的态度接受了西方法治文化，并没有完全忽视中国传统法律的重要地位。中国历史悠久，“礼教风俗不与欧美同，即日本为同洲之国，而亦不能尽同，若遽令法之悉同于彼，其有阻力也”[21]。宣统二年（1910 年）正月，沈家本奏请派员分赴各省调查民事、商事习惯，并着手制定《调查民事习惯章程十

〔19〕（清）沈家本：《新译法规大全序》，载《寄簃文存》卷六。

〔20〕（清）沈家本：《寄簃文存》卷一。

〔21〕（清）沈家本：《裁判访问录序》，载《寄簃文存》卷六。

条》。民商事习惯是传统礼教习俗的承载形式,而民商事习惯调查本身及整理成果都体现了立法者对传统文化的敬畏和尊重。沈家本所主持的民商事习惯调查,对清末修律活动中赓续传统法律文化起到了重要作用,同时为中华民国时期民法典的制定奠定了基础。

(三)伍廷芳的法律思想

伍廷芳(1842—1922年),字文爵,号秩庸,广东新会县人。洋务运动时期广派留学生出洋学习西方先进的技术和文化,伍廷芳便是优秀的留学生代表。伍廷芳在英国学习期间,深受资产阶级法律思想的影响。归国之后,他积极投身变法修律活动,将自己的法律思想付于法律改革的实践之中。

伍廷芳和沈家本同为修订法律大臣期间,参与修订了新刑律草案、民律草案,以及刑事民事诉讼律草案等。伍廷芳坚决抨击清朝的专制政体,对变法图强表达了明确的态度。他认为,清政府腐朽的政治法律制度亟待改革。唯有变革才能使社会自上而下呈现出崭新的面貌。然而,清廷统治者对伍廷芳的主张抱有漠视的态度,对变法改革也采取消极的措施,导致伍廷芳对清王朝逐渐失去信心,在民国时期转而支持孙中山领导的资产阶级革命。在伍廷芳看来,人民应当享有平等和自由的权利。他所倡导的平等,是法律范围内的平等,即法律面前人人平等,而自由是法律赋予的,守法是自由的前提,这也是资产阶级的法制原则之一。在改良司法方面,伍廷芳认为,欧美国家强胜于中国的根本原因在于优越的政治制度,“中国政治,欲有所进步,须先从司法一门入手”〔22〕,因此应当变革司法,按照资产阶级三权分立的原则,实行司法独立。他主张改良审判制度,废除刑讯制度,重视证据和情理在断案中的作用,实现司法文明、审判文明。伍廷芳是资产阶级民主与法制的拥护者,在将西方资本主义法律原则和制度与中国法律的融合方面贡献了毕生精力。

(四)劳乃宣的思想与“礼法之争”

清廷开展的变法修律活动,实际上是以慈禧太后为首的统治集团在内外交困时局中的自救行为。统治者们并没有做好全面变革法制的准备,仍然将“纲常名教”作为不可变革的国之根本。在以沈家本为首的修订法律大臣看来,相较于中国传统法律,当时西方的法律制度和文化是更加文明和进步的。这一想法显然超越了统治集团固守传统礼教的界限,中国近代史上最大法律论争——“礼法之争”由是展开。“礼法之争”的双方是以沈家本、杨度为代表的法理派和以张之洞、劳乃宣为代表的礼教派。双方的争议主要集中在光绪三十二年(1906年)修订法律馆上奏的《大清民事刑事诉讼律》及次年上奏的《大清刑律草案》。对于中国的纲常名教是否应当在新律中加以体现这一问题,“法理派”从西方近现代法学理论出发,引入了“罪刑法定”“正当防卫”等概念和制度,试图将“干名犯义”“存留养亲”等制度以及一些因亲属身份等级关系而设立的罪名和制度删除,并且对道德和法律作出区分。而“礼教派”的观点是,“三纲五常”是立国之本,变法修律应当以“中学为体,西学为用”为指导。西方的法律术语可以被引入中国的法律中,但是法律的基本原则和精神不能超越传统纲常名教的范围。

劳乃宣反对将中国固有的法律全盘西化,主张在“道不变”的基础上进行变革。〔23〕他认为

---

〔22〕(清)伍廷芳:《中华民国图治刍议》。

〔23〕劳乃宣:《桐乡劳先生(乃宣)遗稿》,台北,文海出版社1969年版,第85页。

古圣先贤的思想应当成为变法修律的指导。“礼法之争”的焦点在于,新刑律中是否应当保留亲属相犯加重或减轻处罚的条文,以及刑法是否应当惩罚无夫妇女和奸的行为。劳乃宣认为,在《大清刑律》中保留这些“干名犯义”的条款,是对中国传统习俗的尊重。礼教派的观点代表了清朝廷、社会上层官僚、士大夫等保守势力对变法的态度,宣统元年(1909年)正月二十七,清廷针对变法修律过程中的争议,正式发布上谕:“惟是刑法之源,本乎礼教。中外各国礼教不同,故刑法亦因之而异。中国素重纲常,故于干犯名义之条,立法特为严重。良以三纲五常,阐自唐虞,圣帝明王,兢兢保守,实为数千年相传之国粹,立国之大本。今寰海大通,国际每多交涉,固不宜墨守故常,致失通变宜民之意,但祗可采彼所长,益我所短。凡我旧律义关伦常诸条,不可率行变革,庶以维天理民彝于不敝。该大臣务本此意,以为修改宗旨,是为至要。”[24]“礼法之争”最终以法理派的妥协退让而告终,变法修律被限定在中国传统礼教伦常的框架中,干名犯义的条款也在新刑律中得以保留。

思考题

1. 试述“兼采列邦之良规,无违中国之礼教”原则在变法中的体现。
2. 评述清末预备立宪的主要活动。
3. 试述《大清民律草案》的篇章结构与主要特点。
4. 比较《大清现行刑律》与《大清刑律》的区别。
5. 试述清末司法改革的主要内容。

〔24〕 载故宫博物院明清档案部编:《清末筹备立宪档案史料》(下册),中华书局1979年版,第858页。

第十八章　南京临时政府时期的法律

（公元1912年1月至1912年3月）

｜本章要点｜

1.《中华民国临时约法》的内容、特点及其历史意义。

2. 宋教仁的资产阶级共和国法制方案。

3. 南京临时政府推进社会改革的法令。

第一节　立法思想与立法活动

一、立法思想

孙中山认为，欲建立四万万国民为主人的资产阶级共和国，必须要构建良好的法制，他说："立国于大地，不可无法也。立国于20世纪文明竞进之秋，尤不可以无法，所以障人权，亦所以遏邪辟。"[1]民主政治的根本在于法律，而人民的权利也需要法律来保障。在南京临时政府中，许多精通法律的人士担任政府要职，如王宠惠任外交总长、伍廷芳任司法总长、宋教仁任法制局局长等，这些资产阶级法律家们将自身的法学知识付诸资产阶级法律实践中。王宠惠主张尽快议定宪法性法律、健全各项法律制度，以奠定革命政府的合法性基础，并积极争取外国政府对刚刚成立的中华民国政府的承认。伍廷芳极力倡导西方国家的司法独立原则，一方面积极推进法院的制度建设，另一方面尽力排除军事机构和行政官厅对司法审判的干涉。宋教仁则提出了较为系统的资产阶级共和国的法制方案。

二、立法活动

宋教仁（1882—1913年），字遁初，号渔父，湖南常德桃源人，青年时留学日本，先后在法政大学、早稻田大学学习，广泛阅读关于资本主义政治学说和社会制度方面的书籍，对当时世界上先进国家的政治、军事和经济制度都有系统深入的了解。在中华民国南京临时政府成立后，他担任法制院院长，草拟了《中华民国鄂州约法》，在《中华民国临时约法》的制定工作中也起

---

〔1〕《孙中山全集》（第八卷），中华书局1981年版，第355页。

到了重要作用。他的著作主要有《我之历史》《间岛问题》,翻译作品包含《日本宪法》《俄国之革命》《英国制度要览》《俄国制度要览》《美国制度概要》《各国警察制度》等。宋教仁的共和法制方案主要体现在以下几个方面:

(一)以宪法确立和保障共和国体

在宋教仁看来,清廷大肆宣传的"预备立宪"不过是巩固专制统治的手段,《钦定宪法大纲》中对皇帝至高无上权力的保护,显然与西方资本主义国家的立宪宗旨不同,"即能行之,亦必非真正立宪"[2]。宋教仁坚定地反对清政府的封建统治,积极提倡民主立宪,并且主张在革命后尽快制定宪法,以宪法这一权威性的形式来设定资产阶级民主共和国的框架。他认为宪法是共和政体之保障,"中国为共和政体与否,当视诸将来之宪法而定,使制定宪法时为外力所干涉,或为居心叵测者将他说变更共和精义,以造不良宪法,则共和政体不能成立"[3]。宋教仁起草的《中华民国鄂州约法》是一部具有近代意义的宪法性文件,虽然最终没有得到完全实施,但是其所确立的资产阶级共和国法制方案为推翻清政府的统治起到了推动作用。

(二)三权分立与责任内阁制

《中华民国鄂州约法》完整地表达了宋教仁"三权分立"的法治构想。宋教仁认为,建设共和政体应当首选三权分立的政府架构,"夫政府分三部,司法可不必言,行政则为国务院及各省官厅,立法则为国会"[4]。在立法方面,他主张将议会作为国家最高权力机关和立法机关,"立宪政体之国,必有议会为监督政府机关,而行决议、质问、弹劾等之权"[5]。宋教仁重视议会的作用,期待制定出一部好的宪法,以建立真正的共和,而扩大议会的权限,可以达到对总统的权力约束和限制的效果。

在行政方面,宋教仁认为资产阶级共和国应当采取责任内阁制。"盖内阁不善而可以更选之,总统不善则无术变易之,如必变易之,必致摇动国本,此吾人不取总统制,而取内阁制也。"[6]以内阁制为国家政体,对总统的权力有相当的限制作用,"则总统政治上之权力至微,虽有野心者,亦不得不就范"。这一构想正表达了宋教仁力图建立施行良好政策、真正为人民谋取自由平等之政府的决心。

(三)实行司法独立和司法统一

根据三权分立的原则,《中华民国鄂州约法》详细规定了行政、立法和司法三机关的各自权限,它们之间形成相互牵制又彼此独立的格局。《中华民国鄂州约法》第六章"法司"规定,"法司之编制及法官之资格,以法律定之","法司以鄂州政府之名,依法律审判民事诉讼及刑事诉讼",这便从制度上明确了司法权得以不受立法权和行政权干涉。之后的《中华民国临时约法》也延续了这样的模式,其中"法官独立审判,不受上级官厅之干涉""法官在任中不得减俸或转职,非依法律受刑罚宣告,或应免职之惩戒处分,不得解职。惩戒条规以法律定之"等条文,都是对司法独立原则的宣告。宋教仁还主张司法既要独立,又要统一,应当将全国的司

---

〔2〕 宋教仁:《清太后之宪政谈》,载陈旭麓主编:《宋教仁集》,中华书局1981年版,第16页。
〔3〕 宋教仁:《国民党沪交通部欢迎会演说辞》,载陈旭麓主编:《宋教仁集》,中华书局1981年版,第460页。
〔4〕 宋教仁:《国民党沪交通部欢迎会演说辞》,载陈旭麓主编:《宋教仁集》,中华书局1981年版,第459~460页。
〔5〕 陈旭麓主编:《宋教仁集》,中华书局1981年版,第281页。
〔6〕 宋教仁:《国民党沪交通部欢迎会演说辞》,载陈旭麓主编:《宋教仁集》,中华书局1981年版,第460页。

法体制划一,在各省实行四级制的审判模式。

在反抗清政府专制统治和创建中华民国的艰苦斗争中,宋教仁贡献自己毕生精力,描绘出资产阶级共和国的蓝图,其法律思想和法治实践值得后人深思。

第二节　宪法性法律

一、《中华民国临时政府组织大纲》

(一)《中华民国临时政府组织大纲》的制定

1911年10月10日,武昌起义爆发,湖北革命党人组织成立中华民国鄂州军政府,并颁布《中华民国鄂州临时约法》。武昌起义和革命政府的建立,推动了全国革命形势的发展,南方各省纷纷脱离清政府宣布独立。

为统一革命力量,自1911年11月15日,独立各省都督府代表先后在上海、汉口、南京集会,商议成立统一革命政府事宜。各省代表联合会推选江苏代表雷奋、马君武,湖北代表王正廷,起草《中华民国临时政府组织大纲草案》。同年,12月3日,各省代表议决通过了《中华民国临时政府组织大纲》(以下简称《临时政府组织大纲》),此后又进行了三次修改。

(二)《临时政府组织大纲》的内容和特点

《临时政府组织大纲》分为四章,共21条。第一章"临时大总统、副总统(修正案增入'副总统')",规定中华民国临时政府大总统和副总统由各省都督府代表选举产生,以及临时大总统的各项职权、缺位时由副总统代行职权。第二章"参议院",规定参议院的组成以及职权、表决办法。第三章"行政各部",规定临时政府设立外交、内务、财务、军务、交通五个行政部门。第四章"附则",规定临时政府组织大纲的施行期限——至中华民国宪法成立。

作为宪法文件,《临时政府组织大纲》具有以下特点:(1)以西方三权分立原则组织临时政府,总统为最高行政机构,下辖行政各部;参议院为立法机关;在组织大纲中没有规定司法机关。(2)为了凝聚革命力量,该组织大纲仿效美国1787年宪法模式,采取了总统制。(3)因为清政府仍然占据着北方各省,南北处于战争状态,临时政府无法进行直接选举,所以临时政府的立法机关也仿效美国独立战争时期的大陆会议,仅设立一院制的参议院,并且参议院议员由各省选派。(4)组织大纲还不是一部完整的宪法,其中对国体问题、人民基本权利义务未加规定。

《临时政府组织大纲》是资产阶级共和国第一个宪法性文件,虽然在法律形式上并不十分完备;但是它反映了武昌起义后革命发展的需要,为建立统一的资产阶级政府奠定了法制的基础。1911年12月29日,孙中山当选为临时大总统,并依据《临时政府组织大纲》组织成立了中国近代第一个资产阶级共和政府——南京临时政府。

二、《中华民国临时约法》

图 20 《中华民国临时约法》

（一）南北议和与《中华民国临时约法》的制定

武昌起义爆发以后，清政府为了扑灭革命，授权袁世凯总理政务，并负责统兵镇压南方革命。在掌握清政府的大权之后，袁世凯认识到清政府已经朽不可支，因此他一方面以军事优势向南京革命政府施加压力；另一方面秘密派出代表与南方革命政府进行谈判，要求以逼迫清朝皇帝退位为条件，换取共和国总统的权位。

袁世凯既是汉人，又是北洋新军的首领，他愿意服从共和，使南京临时政府的一些革命党人欢欣鼓舞，他们"幼稚"地认为：南方革命政府的首要革命目标就是推翻清政府，袁世凯反正，即可达到革命目的。于是在袁世凯的威逼与欺骗之下，南方革命政府与袁世凯的代表达成协议，在袁世凯服从共和、逼迫清帝退位的条件下，革命政府当推举他为临时大总统。

迫于国内迅猛发展的革命形势，加上袁世凯及其北洋系军人的威逼，清朝皇帝溥仪于1912年2月12日下诏"辞位"。次日，临时大总统孙中山向参议院提出辞职，但是为了防范袁世凯独裁，孙中山同时向参议院提出了袁世凯继任临时大总统的三个条件：(1)临时政府设在南京；(2)新总统必须到南京就职；(3)新总统必须遵守即将公布的《中华民国临时约法》及南京临时政府所颁布的一切法律法规。2月15日，根据孙中山的提议，参议院议决：(1)推举袁世凯为第二任临时大总统；(2)袁世凯必须来南京任职，在袁世凯未到任之前，仍由孙中山执行临时大总统职务。

以孙中山为代表的清醒的革命党人，并不完全相信袁世凯真心拥护民主共和，因此要对袁世凯加以限制。可是袁世凯以维持北方发生兵变为由，拒绝来南京就任临时大总统。在迫使袁世凯脱离北洋集团的努力落空以后，《中华民国临时约法》就成为革命党人保证共和民主政体的唯一一道防线。

《中华民国临时约法》的起草始于1912年1月初。当时各省都督府代表会议行使立法权，该会议推选景耀月、张一鹏、吕志伊、王有兰、马君武五人为起草委员，负责起草《中华民国临时约法》。1月28日，参议院成立以后，由参议院负责审议通过《中华民国临时约法草案》（参见图20）。3月8日，参议院完成对草案的三读程序，并交临时大总统孙中山公布施行。

（二）《中华民国临时约法》的主要内容与特点

《中华民国临时约法》（以下简称《临时约法》）共56条，分为七章：总纲，人民，参议员，临时大总统、副总统，国务员，法院，附则。其主要内容如下：

1. 明确宣示中华民国为统一的共和国

《临时约法》没有对国体问题用专条加以规定，但是"总纲"部分明确宣示，"中华民国由中华人民组织之"；"中华民国之主权，属于国民全体"。由此可知，中华民国之国体为民主共和国。由于列强的侵凌、瓜分,清末以来中国边疆危机不断;《临时约法》对领土问题加以明确规定,以维护中国之统一:“中华民国领土,为二十二行省、内外蒙古、西藏、青海”。

2. 规定人民享有广泛的权利及应尽的义务

《临时约法》第二章“人民”,首先规定了人民依法享有的权利。人民可享有的权利极为广泛,第 5 条规定:“中华民国人民,一律平等,无种族、阶级、宗教之区别。”第 6 条规定人民的七项自由权:人身自由,保有财产及营业自由,言论、著作、刊行及集会结社之自由,书信秘密之自由,居住迁徙之自由,信教之自由。除平等与自由这些国家不得侵犯的权利以外,《临时约法》第 7—12 条还规定了人民的权利:请愿于议会之权;陈诉于行政官署之权;诉讼于法院,受其审判之权;对于官吏违法损害权利之行为,陈诉于平政院之权。同时,《临时约法》规定,人民有依法律纳税和服兵役的义务。

3. 采取三权分立的政府组织原则

《临时约法》在“总纲”部分概括规定:“中华民国以参议院、临时大总统、国务员、法院,行使其统治权。”在其他各章分别规定立法机关、行政机关、司法机关的权能,其中,第三章“参议院”规定,“中华民国之立法权,以参议院行之”,以及参议院的选举组成、职权、议事规则等;第四章“临时大总统副总统”、第五章“国务员”规定,“临时大总统代表临时政府,总揽政务,公布法律”,以总理为首的国务员,“辅佐临时大总统负起责任”,并于临时大总统行使行政权力时副署之;第六章“法院”规定,“法院依法律审判民事诉讼及刑事诉讼”,“法官独立审判”。

4. 规定严格的修改程序

为防止临时大总统专权,擅自修改根本法。《临时约法》在“附则”部分规定,在宪法未施行以前,本约法之效力与宪法同。本约法由参议院议员三分之二以上或临时大总统之提议,经参议员五分之四以上出席,出席院四分之三之可决,得增修之。

(三)《临时约法》的历史意义及其缺陷

《临时约法》是中国近代第一部全面的资产阶级宪法文件。它确立了“主权在民”“平等、自由”的民主原则,建构了三权分立的政权体制,全面树立了民主共和的法制标准,成为人民反对专制、保护民主共和的重要法律武器。《临时约法》确认了资本主义私有制和生产方式,对打破封建生产关系的桎梏、摆脱外国资本的压迫、推进民族资本主义的发展都起到了积极作用。

《临时约法》的制定,具有因人立法的缺陷,体现了中国资产阶级民主派的软弱性。中华民国创立之初,需要重新整合各派力量、树立统一的政治权威,采取权力相对集中的总统制比较符合客观形势的需要;但是革命党人对袁世凯并不放心,深恐他利用北洋系的军事实力实现个人独裁。正是为了限制袁世凯个人独裁,立法者因人立法,将南京临时政府实行的总统制改为责任内阁制;同时,在三权分立的体制中,加强参议院的权力,以削弱和限制行政机关的权力。如此一来,彼此平衡、互相制约的分权体制遭到破坏。

第三节 推进社会改革的法令

孙中山所领导的南京临时政府在1912年1月到4月初，颁行了一系列旨在保障民权、改革司法制度的法令。

一、保障民权的法令

孙中山根据中国的国史民情和西方"天赋人权"的理论，提出"天赋人权，胥属平等"的民权思想，并认为在共和国之中，人民"对于国家社会之一切权利"，"均一体享有，勿稍歧异"[7]。孙中山任临时大总统期间，先后发布《大总统令内务部禁止买卖人口文》《大总统令广东都督严行禁止贩卖"猪仔"文》《大总统通令开放蛋户惰民许其一律享有公权私权文》等，禁止买卖人口，废除各种贱民身份。

财产权为基本民权之一，是人民赖以生存的基础。为保障该项权利，孙中山督责临时政府内务部发布《保护人民财产令》5条，以保护人民财产为急务。该令规定：(1)凡在民国范围内之人民，所有一切私产，均应归人民享有，非经正式裁判宣告，不得擅自充公或查封；(2)前为清政府官产，现在民国势力范围内者，应归国民政府所有；(3)前为清政府官吏者，其私产区别对待，如无反对民国之行为者，民国承认并保护其私产，如有反对民国、虐杀人民之行为者，其私产应一律查抄，归民国所有。

二、移风易俗、革除陋习的法令

孙中山曾指出，社会风俗亦关系到人民健康与民族存亡，"若于旧染痼疾，不克拔涤净尽，虽有良法美制，岂能自存"[8]。因此，南京临时政府在内外交困的条件下，仍十分重视移风易俗，涤荡国民旧染陋习。在各种陋习之中，以吸食鸦片为害最深，"小足以破业殒身，大足以亡国灭种"[9]。为使国民戒除吸食鸦片的痼疾，临时大总统孙中山两次颁布戒烟令。

此外，孙中山还颁布了其他一些肃正风气的法令，如《命内务部晓示人民一律剪辫令》《令内务部通饬各省劝禁缠足文》等；临时政府内务部曾发布《内务部报告禁赌呈》《内务部令江宁府知事示禁各乡演戏赛会文》等，以禁止赌博及其他有害博戏。

三、厉行司法改革的法令

刑讯逼供是中国古代官吏断案的重要手段，为革除数千年的弊政，孙中山发布《大总统令内务司法两部通饬所属禁止刑讯文》，严令："不论行政、司法官署及何种案件，一概不准刑讯；

---

〔7〕《孙中山全集》(第二卷)，中华书局1981年版，第244页。

〔8〕《孙中山全集》(第一卷)，中华书局1981年版，第155页。

〔9〕《孙中山全集》(第一卷)，中华书局1981年版，第183页。

鞫狱当视其证据充实与否，不当偏重口供；其从前不法刑具，悉令焚毁。”司法部根据临时大总统的训令，公布了《咨各省都督禁止刑讯文》，电促各省都督，责令下级官署废除刑讯制度。

虽然清末修订法律时已经开始摒弃体罚酷刑，但专制酷吏仍在，体罚制度禁而不绝。为实现法律制裁手段的文明化，孙中山发布了《大总统令内务司法两部通饬所属禁止体罚文》，明令：“司法、行政各官署审理及判决刑民案件，不准再用笞、杖、枷号及他项不法刑具，其罪当笞、杖、枷号者，悉改科罚金、拘留。”

为保障人民的合法权利，南京临时政府曾计划建立律师制度。临时大总统在训令中指出：“律师制度与司法独立相辅为用，夙为文明各国所通行，现各处纷纷设立律师公会，尤应制定法律，俾资依据。”[10]为实现司法公正，“大小讼务，仿欧美之法，立陪审人员，许律师代理，务为平允”[11]。若不是南京临时政府为时甚短，律师制度几见成效。

思考题

1. 简述《中华民国临时约法》的内容、特点及其历史意义。
2. 试述宋教仁的资产阶级共和国法制方案。
3. 简述南京临时政府推进社会改革的法令。

〔10〕《孙中山全集》(第二卷)，中华书局1981年版，第274页。
〔11〕《孙中山全集》(第一卷)，中华书局1981年版，第194页。

第十九章　北洋政府时期的法律

（公元 1912 年至 1928 年）

本章要点

1. 北洋政府时期的制宪活动。
2. 北洋政府时期刑法的发展。
3. 北洋政府时期的民事法律。
4. 北洋政府时期的司法制度。

第一节　法律思想与法律修订

一、近代化的动荡与折中新旧的法律思想

辛亥革命之后，以袁世凯为首的北洋军阀政府窃取了革命的胜利果实。从 1912 年 3 月北洋政府成立，到 1928 年 6 月北伐军进占北京，在北洋政府执掌政权的十六七年里，中国社会经历了跌宕起伏的近代化变迁。其中，政治的变迁最为剧烈，共和的根基并不稳固，遭到了两次帝制复辟的冲击，又有军阀专政的困扰，北洋政府的合法性常处在危机之中。政治动荡与军阀混战使得社会经济只是出现了短暂的繁荣，各项社会改革与建设大多没有取得实质性成效。城市与乡村的发展极不均衡，新兴的通商口岸有了较快的发展，广大乡村处在缓慢变化和衰败的状态之中。在这一时期，由于政府控制力相对较弱，思想文化呈现出多元化发展。

与清末法律近代化的理想主义相比较，民国前期的法律思想有着鲜明的折中特色：大陆法系与英美法系的折中，移植自外国的法律与中国固有法律的折中，制度理想与现实需要的折中统一。清末和民国初期出国留学的大批法科学生陆续归国，虽然留学日本的法科学生占据数量的优势，但在群体上涵盖了英国、美国、法国、德国等发达国家。这些留学生通过法学期刊论文、学术著作的学习，通过法律起草工作、司法工作的实践，将大陆法系和英美法系的法律制度折中融合，推进了法学的发展，提高了立法、司法工作的质量。清末改法修律之际，相关部门收集和翻译了大量的外国法律资料，唯其时间仓促、法律起草任务紧迫，对外国法律的选择移植未能与本国固有法相融通。民国前期在适用刑法、法院编制法以及援引民律草案的过程中，不断根据社会现实调适移植而来的法律，同时运用西方法学理论阐释本国固有法，在司法裁判和

法律修订工作中将固有法纳入现行法律体系，与移植而来的外国法折中融合为一体。

大陆法系与英美法系的折中、移植自外国的法律与中国固有法律的折中、制度理想与现实需要的折中统一都需要法律家的学理阐释和学说建构，董康和黄右昌是民国前期具有代表性的两位法律家。

（一）董康“拓展新知”与“借鉴旧制”相结合的法律思想

董康（1867—1947年），字授经，号涌芬室主人，江苏武进人。高中进士之后入清朝刑部工作，历任刑部主事、郎中。1900年擢升刑部提牢厅主事，总办秋审、兼陕西司主稿。1902年修订法律馆成立后，先后任法律馆校理、编修、总纂、提调等职，成为修律大臣沈家本的主要助手，参与清末旧律的修订和新律的起草工作。1905年后曾多次东渡，调查日本监狱制度、裁判所制度，撰有《调查日本裁判监狱报告书》《监狱访问录》等。1911年辛亥革命爆发，董康再次东渡日本留学，专修法律。北洋政府成立后，董康回国，先后任北京政府中央高等文官惩戒委员会委员长、全国选举资格审查会会长、法律编查会副会长兼署大理院院长、司法总长、财政总长、地方捕获审查厅厅长、法官训练所所长、广东高等法院院长等要职。抗战爆发后，董康犬从于日本侵略者，沦为汉奸，历任华北伪中华民国临时政府委员、司法委员会委员长、最高法院院长等职。1940年改任汪伪国民政府华北政务委员会委员、汪伪国民政府委员。抗战胜利后，董康被以汉奸罪逮捕，1947年病死。

清末任职于修订法律馆之际，董康主张废除旧律中的严刑峻法，全面仿效德国、日本刑法制定新律。在北洋政府职司立法、司法职务期间，董康先后发表《匡救司法刍议》《民国十三年司法之回顾》《接收会审公廨刍议》《新旧刑律比较概论》等，其思想从激进革新转变为借鉴旧制，从效法日本、德国转变为兼采英制，逐渐形成“拓展知新”与“借鉴旧制”相结合的法制改革思想。1914年8月1日，董康实授大理院院长，兼任法典编纂会副会长，同年发表《匡救司法刍议》，提出匡救司法之意见：一减审级，二甄别法官，三编刑律施行法，四强盗从严，五立审限，六疏通监狱，七行秋谳，八定民事取债法。[1] 其借鉴旧制之倾向，在《匡救司法刍议》中已有体现。董康指出：“新刑律采大同主义者，固多依据唐以来旧制，亦复不少果能于旧律研究有素，自易融会贯通。第法曹诸彦率皆昧己国法制之源流，拘泥外国之判例、学说，适用之际，凿枘诚多。亟宜筹沟通之法，拟请将旧律沿用，未能骤废，及新律所未详者，另辑施行法并详加诠释颁行。法庭树之准的，以杜出入，庶议新律者，知编辑方针，初无戾弼教之本旨也。”[2] 1915年董康主持制定的《刑法修正案》中已借鉴诸多旧制因素，1918年《第二次刑法修正案》更直接明确“以旧草案偏重理想，乃凭事实为修正之标准。刑法废徒刑等差，伤害罪详分细目，强盗外并著抢夺之条，盖采暹罗及意大利新制，其实皆旧律之精神也”[3]。

1923年前后，董康“漫游英伦，调查其司法系统”，并在英国发表谈话，认为“中国司法采取欧陆制度，实属错着，以中国之情势，当采英国制度也”[4]。1924年谈及在新法施行后旧法是否还有研究价值时，董康就已经指出，“旧法废止，新法颁行，则旧法似无研究之必要，而抑知

〔1〕 董康：《匡救司法刍议》，载《庸言》1914年第2卷第1、2期合刊。

〔2〕 董康：《匡救司法刍议》，载《庸言》1914年第2卷第1、2期合刊。

〔3〕 董康：《民国十三年司法之回顾》，载《法学季刊》1925年第2卷第3期。

〔4〕 《世界要闻：董康在英之谈话》，载《时兆月报》1923年第18卷第1期。

不然……奉行之后,颇感困难,欲速之讥诚所难免。依今日情形,则研究旧法,亦所必要"〔5〕。1925 年,在收回上海会审公廨的计划书中,董康提出:"自清以前诉讼法附见于列代刑律之内,极为简略,大旨与英制相近,将来改良司法,必须有若干部分稍复故步。"〔6〕董康在司法实践中,日渐清晰地意识到旧制仍有社会的适应性,应该加以继承借鉴;德国、日本刑法的制度体系难于全面搬用,英国的判例法制度却有助于解决具体问题,将外国法的视野拓展到"英制"。后来,董康将"拓展新知"与"借鉴旧制"相结合的思想加以总结论述:"至纂修事业,须经历二之时期:一、知新时期。凡成就必由于破败,即法律何莫不然。为表示改革之决心,荟萃各法案,甄择所长,无论何国皆然,不能执以为起草者之咎。二、温故时期。民族随生聚而成习惯,故成王之诰康叔,于文轨大同之日,犹许用殷罚殷彝,此出于经验后之认定,不得嗤之为墨守旧章。"〔7〕

董康自 1914 年开始逐渐呈现法制改良思想的转变,其总体上体现了"拓展新知"与"借鉴旧制"的融合统一。在董康的法律思想中,"新"与"旧"是两种相互对立同时可以相互转换的二元,即在一定条件下,"新"将退化为"旧",而"旧"则可以发展出"新",这正是一种辩证的"新旧观"。值得注意的是,董康一方面继续细化对欧陆、英国法制的认识,明确两种法律制度与我国国情的契合度,另一方面并没有抹杀晚清法律移植的既得成果,全面移植英美法制也并不现实。董康的思想转变标志着民国法律家已从"被动无意识继受欧陆法系"之状况,转变为"主动有意识拓展新知与借鉴传统法制",并能将移植的外国法与本国旧制相融合,构筑一个有机的适应中国现实需要的法律体系。

(二)黄右昌对近代民法学的贡献

黄右昌(1885—1970 年),字黼馨,湖南醴陵人。他天资聪明,十二岁中秀才,十七岁中举人。后入湖南时务学堂,因成绩优异,被选送日本盐仓铁道学校留学,不久转入早稻田大学。回国后任湖南法政学校教授、校长及省议会会长等职。二十七岁任北京大学法律系教授兼系主任,教授民法、罗马法等课程,同时兼任清华大学、法政大学、朝阳大学等校教授。黄右昌精研民法,尤其对罗马法的研究成就卓著,著有《罗马法与现代》《法律之革命》《民法(物权)》《民法诠解总则篇》《民法诠解物权篇》《民法亲属释义》等,有"黄罗马"之美称。在民国《民律草案》的起草中,负责物权编的编纂。南京国民政府期间,历任立法委员、大法官等职。中华人民共和国成立后,黄右昌曾任中国文史馆馆员,1970 年于北京病逝。黄右昌对中国近代民法学的贡献主要体现在以下三个方面:

一是对于罗马法的研究和介绍,奠定中国近代民法学的基础。黄右昌于 1915 年出版了《罗马法》一书,是第一本由中国学者撰写的研究罗马法的学术著作。黄右昌在《罗马法》第一、二版的基础上修订完成了《罗马法与现代》〔8〕一书,"论断精审,文笔流畅","引证中外,简而得要"〔9〕,是研究罗马法的经典著作。《罗马法与现代》一书分为绪论和本论两个部分。绪

---

〔5〕 董康:《新旧刑律比较概论》,载何勤华、魏琼:《董康法学文集》,中国政法大学出版社 2005 年版。
〔6〕 董康:《接收会审公廨刍议》,载《国闻周报》1925 年第 2 卷第 29 期。
〔7〕 董康:《从吾国社会实际需要略论刑法》,载《社会科学季刊》1936 年第 6 卷第 1 期。
〔8〕 京华印书局出版的《罗马法与现代》,初版于 1915 年、二版于 1918 年、三版于 1930 年。
〔9〕 《罗马法与现代》,京华印书局 1915 年版,陈官桃"序"。

论主要阐述了罗马法上的民族主义、民权主义和民生主义，罗马法发展的时期，研究罗马法的学派，并探查了罗马法背后的宗教、历史、政治。本论详细论述了罗马法的人法、物法、诉讼三个部分。在内容上，对于罗马法具体制度和民法精神的展示资料翔实，论述精当，有清本溯源之功；在立意上，致力于"从罗马法以观察现代"，或揭示罗马法在现代的发展，或梳理罗马法与现代法的关系，并指出民国民事立法的误区。

二是对大陆法系物权法的深入阐释，对物权与债权加以界分。在西学东渐的历史潮流之下，黄右昌接受了系统的日本民法学的教育，致力于将大陆法系民法学尤其是物权法介绍进入中国。特别是在物权契约上，黄右昌倡导"契约目的说"，以契约行为的目的作为界定物权契约的标准。在他看来，与债权契约的"发生债权关系为目的"相对应，物权契约也就相应为"以发生物权关系为目的"的契约。同时，他认为物权契约的事实，最早源于罗马法时期的"交付"行为，后来，法国、德国继承自罗马法并根据各自的习惯，对物权契约分别采取了物权移转意思主义和物权移转形式主义。

三是对本国固有法的学术阐释和立法传承。在《大清民律草案》的修订中，清廷聘用的日本法学家将中国固有的"典"理解为不动产质，把"典"纳入担保物权的范畴。作为起草民国《民律草案》物权编的负责人，黄右昌在学说上将传统"典"解读为限制物权，纠正了日本法学家的观点，将固有法中的"典"概括为"典权"，并定义为"典权人因支付典价，占有他人不动产而为使用"，将传统的"典"表达为一种权利，利用大陆法系的物权理论将固有的"典"纳入民法学体系，并作为独立一章规定在民国《民律草案》中。

二、法律修订与法律解释活动

北洋政府时期，是中国法律由传统向近代转变的一个重要时期。在清末改法修律的基础上，北洋政府继续修订各项法典，推进法律的近代化。但是因为受到政治纷争和军阀专制的冲击，这一时期修订的法律草案大多未能公布施行。北洋政府的法律体系实际上主要由两部分组成：制定法和司法解释。制定法既包括援用的清末法律，也包括新颁行的大量单行法令。1912 年 3 月，袁世凯在北京就任中华民国临时大总统之初，一方面开始援用清末颁行的法律，另一方面对清末以来的法律草案进行修订，法律近代化事业得以继续发展。司法解释包括当时最高审判机关——大理院创制的判例和解释例。在法典不完备、单行法令多有抵触的情况下，大理院的判例和解释例起到了统一司法依据、补充法律漏洞的作用，成为这一时期法律体系的重要组成部分。1913 年以后，共和民主政制为军阀专制所破坏，大小军阀恣意妄为，已公布的法律多成为具文，改订之刑法修正案、民律草案均未能付诸施行。

在立法方面，北洋政府注重近代法律体系的完善，但共和民主立法体制却遭到彻底破坏。北洋政府建立之初，在法制局之下设立法典编纂会，负责起草、修订除宪法以外的各项法律草案。1914 年，法典编纂会更名为法律编查会，改归司法部统属。1918 年，又改法律编查会为修订法律馆，仍以起草、修订各项法律为其职责。但民选立法机关——国会却不断遭到破坏，立法权转由政治会议、约法会议、参政院等御用机关行使。1914 年 1 月，经全国选举产生的国会（又称"第一届国会第一期常会"）被袁世凯解散；1916 年 8 月该国会曾恢复开会，被称作"第一届国会第二期常会"，在 1917 年 6 月又被黎元洪解散。此后，还出现过第二届国会（1918 年

2月至1919年8月，又称“安福国会”）和第一届国会第三期常会（1922年10月至1924年10月，又称“贿选国会”），后来的两期国会均已沦为皖系军阀和直系军阀的御用工具，完全丧失了民意机关的人民代表性。

北洋政府比较注重制定宪法，以粉饰政权。同时，这一时期，特别法盛行，刑事法律蜕变为专制政府的统治工具。北洋政府在《暂行新刑律》的基础上，分别于1915年、1919年完成了两个刑法修正案，但是没有真正付诸施行。北洋政府时期的各种立法及司法解释活动，一定程度上为后来的南京国民政府六法体系的建立打下了基础，提供了一些可资借鉴的经验和教训。

在法律技术方面，法律近代化取得了很大的成就。这不仅表现在对清末法律的修订，而且还表现在大理院通过判例和解释例的方式，完善了整个法律体系。清末以来的制定法，主要取法于欧美及日本，与中国的实际情况难以完全符合。因此，大理院在适用制定法的时候，往往需要通过判例或解释例对其加以变通；在制定法出现空白或漏洞的情况下，又以判例或解释例予以补充，从而形成了制定法与司法解释（判例、解释例）相结合的复合型法律体系。

第二节　宪法性法律与法统的废弃

一、“天坛宪草”的起草与搁置

1913年4月国会召开以后，由于当时国民党籍议员占据多数，他们认为《临时约法》内容过于简单，未能将国会的权力详加规定，不能有效限制总统专权，因而主张制定一部正式的宪法。而袁世凯则认为《临时约法》对总统的权力束缚过甚，也主张制定一部确认总统大权的宪法。7月12日，国会参、众两院各选举三十名议员组成了“宪法起草委员会”，负责拟定宪法草案。为郑重起见，7月下旬，宪法起草委员会的起草工作改在北京天坛祈年殿进行，因此该草案又被称作“天坛宪草”。至10月24日，宪法起草委员会对宪法草案进行三读。

“天坛宪草”共113条，分为十一章：国体，国土，国民，国会，国会委员会，大总统，国务院，法院，法律，会计，宪法之修正及解释。

“天坛宪草”继承了《临时约法》的立法精神，以限制总统权力为宗旨，但其内容更加完备，成为北洋政府时期历次制宪的基础。“天坛宪草”试图从三个方面限制总统实行个人专制：第一，确立责任内阁制，限制和削弱总统的权力。“天坛宪草”第80条规定：“国务总理之任命，须经众议院之同意。”第81条规定：“国务员赞襄大总统，对众议院负责任。”国务总理的任命以及全体国务员的责任关系，均系于众议院，而与总统无关，实际的行政权力由总理和各部部长行使，总统仅处于虚位国家元首的地位。第二，设立国会委员会，限制总统的紧急处分权。“天坛宪草”第65条规定：“大总统为维持公共治安，或防御非常灾患，时机紧急，不能召集国会时，经国会委员会之议决，得以国务员连带责任，发布与法律有同等效力之教令。”为防止总统通过行使紧急处分权而实行个人独裁，“天坛宪草”设立了国会的常设性机关——国会委员会，以便在国会闭会期间限制总统滥用紧急处分权。第三，设立独立于行政机关的审计院。依

“天坛宪草”规定，审计院对国家财政收入、支出的决算，行使审核权；对财政支出的支付令，行使核准权。审计院之审计长、审计员，由国会选举产生，超出总统任命的行政官吏之外。

在“天坛宪草”编订过程中，袁世凯曾派出八位代表陈述总统对宪法草案的意见，遭到宪法起草委员会的拒绝。在不能通过合法手段影响宪法制定的情况下，袁世凯进一步采取破坏制宪的手段。1913 年 10 月 25 日，“天坛宪草”已经过宪法委员会三读通过，袁世凯通电各省军政长官，要他们对宪法草案逐条研究，在五日内发表评价意见。属于北洋系的地方军政长官，立即对袁世凯的通电作出反应，他们指斥“天坛宪草”“为暴民专制之宪法”，要求解散国会，另行制定“中华民国万世不易之宪法”。同年 11 月 4 日，袁世凯下令解散国民党，取消国民党籍议员的资格，导致国会不足召集会议的法定人数，国会对宪法草案的议决程序不能进行。1914 年 1 月 10 日，袁世凯又以参、众两院均不符合《国会组织法》规定的集会人数、无法行使职权，下令解散国会，“天坛宪草”被彻底搁置。

二、《中华民国约法》(“袁记约法”)

(一)袁世凯专制与《中华民国约法》的炮制

1914 年 1 月国会被解散之后，已经没有直接限制总统权力的机关，形成了袁世凯独揽统治权的政治格局。为了使总统独裁合法化，并为复辟帝制做准备，1914 年 3 月，袁世凯提出了《增修临时约法大纲案》。袁世凯假借孙中山所定革命方略，将国家建设分为“训政时期”和“宪政时期”：“为目前建设国家计，根本法上之关系，宜有两种时期，盖增修约法为一时期，制定宪法又为一时期”；当前为国家开创时代，当实行约法。

为确保“合法”地制定约法，北洋政府令各省及主要社会团体推选出五十七名代表，组成约法会议。约法会议依照袁世凯的意见议定了《中华民国约法》，并由政府于 1914 年 5 月 1 日公布。至此，民主共和国的基础——民选国会和《临时约法》，均被袁世凯破坏，代之以形式上民主、实质上个人独裁的专制政府。

(二)《中华民国约法》的内容

《中华民国约法》分为十章，共 68 条。从内容结构上，该约法可以分为三部分：

第一部分，包括第一章、第二章，规定“国家”与“人民”，在形式上确认共和国体和人民的民主权利。第一章“国家”，规定“中华民国，由中华人民组织之”；“中华民国之主权，本于国民之全体”；并规定中华民国领土范围。第二章“人民”，规定人民的基本权利与义务，其内容大体与《临时约法》的规定相同。

第二部分，包括第三章至第八章，规定了以“总统”为核心的国家机构。第三章“大总统”，赋予总统极为广泛的宪法权力：大总统既为国家元首，又为行政首长，总揽统治权，他仅对国民之全体负责；在危机情况下，可以发布与法律有同等效力的“教令”，经参政院之同意，甚至可以解散立法机关。第四章“立法”，以人民选举之议员组织立法院，立法院行使议决法律、议决预算之权，并可以对大总统提起弹劾。第五章“行政”，规定“以大总统为首长，置国务卿一人赞襄之”；国家行政事务，设立外交、内务、财政、陆军、海军、司法、教育、农商、交通各部分别管理。第六章“司法”，规定“司法以大总统任命之法官组织法院行之”，“法院依法律独立审判民事诉讼、刑事诉讼，但关于行政诉讼及其他特别诉讼，各依其本法之规定行之”；还规定“法官在任中不得减俸、转职,非依法律受刑罚之宣告或应免职之惩戒处分,不得解职”。以上内容大体上确立了司法独立原则以及二元司法体制。第七章“参政院”,规定参政院为总统咨询机关,“应大总统之咨询,审议重要政务”。第八章“会计”,规定国家租税制度、预算决算制度,以及大总统的财政权;同时规定设立审计院,“国家岁出岁入之决算,每年经审计院审计后,由大总统提出报告书于立法院,请求承诺”。

第三部分,包括第九章、第十章,规定有关制定宪法、施行约法的问题。第九章“制定宪法程序”,因为该约法并非正式宪法,所以对将来制定宪法的程序加以规定。在约法所规定的“制定宪法程序”中,体现了大总统的巨大影响力:(1)由大总统的咨询机关——参政院推举之委员组成宪法起草委员会,宪法起草委员会负责起草宪法;(2)宪法草案起草完成以后,仍交参政院审议;(3)参政院审议之后的宪法草案呈交大总统,由大总统提交于国民会议议决;(4)约法特别规定,“国民会议,由大总统召集并解散之”。第十章“附则”,主要说明了有关约法施行的四个问题:(1)本约法自公布之日起施行,其效力与宪法相同,1912 年 3 月 11 日公布的《临时约法》,于本法施行之日废止;(2)1912 年 2 月 12 日“大清皇帝辞位”后公布的清皇室优待条件、满蒙回藏各族优待条件,“永不变更其效力”;(3)规定了极为严格的修订条件:“本约法由立法院议员三分之二以上或大总统提议增修,经立法院议员五分之四以上之出席,出席议员四分之三以上之可决时,由大总统召集约法会议增修之”;(4)特别申明,“立法院未成立以前,以参政院代行其职权”,为日后取消民选的立法机关制造借口。

(三)《中华民国约法》的特点

与《临时约法》相比较,《中华民国约法》具有以下特点:

第一,形式上规定国体为民主共和国。辛亥革命以后,民主共和的政治理念不仅为革命党人所坚持,全国知识界也对清朝君主立宪的骗局有了清醒的认识,普遍倾向民主共和。因此约法不得不顺应民意,在“国家”和“人民”两章确立共和国体,保障人民基本民主权利,在形式上确立了民主共和国体。

第二,形式上采取三权分立原则,实际上总统独揽国家统治权。约法大体规定了立法、行政、司法三权分立的国家政权组织原则;以立法院为人民代表机关,行使立法权;以总统为行政首脑,统帅国务卿及行政各部,执掌行政权;由法院独立审判民事、刑事诉讼案件,彰显司法权。在三权分立的国家机构中,立法院由民主选举产生,行使立法权和弹劾总统的职权;然而,正是因为立法院可以制约总统的权力,所以立法院在袁世凯执政期间始终没有被选举成立,其职权一直由总统的御用机关——参政院代行。总统实际上集立法权、行政权于一身。同时,根据 1914 年 5 月公布的《修正大总统选举法》,总统每届任期十年,可以连选连任,并可以选定继承人。这无异于确定了总统的终身制和世袭制。因此可以说,“袁记约法”的颁行,标志着北洋军阀专制的确立;《临时约法》所确立之资产阶级民主共和政体遭到了挫折。

第三,增修约法和未来制定宪法的权力都掌握在总统手中。约法确认该法与宪法效力等同,其他法令不得与之相抵触。同时,规定修订约法的程序极为严格,与《临时约法》的规定相同;所不同的是,增修《临时约法》的权力属于民意代表机关——参议院,而增修约法的权力则归于总统。未来议订宪法,宪法起草委员会的组成、宪法草案的拟定、宪法的审议与公布也都由总统决定。总统试图通过掌握修订国家根本法的权力,来控制国家的政治命运。

1915 年 12 月,在所谓“国民代表”的一再推戴之下,袁世凯下令改共和国体为帝国,定次年为洪宪元年。袁世凯复辟帝制的活动遭到全国人民的反对,云南首先宣布独立,发兵讨伐,全国各省纷纷响应。至 1916 年 2 月,袁世凯不得不下令取消帝制,试图保存共和国总统的职位。然而,独立各省一致要求袁世凯辞去总统职位,以谢天下。1916 年 6 月,袁世凯羞愤交加,病重死去。

三、1923 年《中华民国宪法》(“贿选宪法”)

(一)曹锟贿选与《中华民国宪法》的制定

1923 年 6 月,直系军阀首领曹锟,将当时任总统的黎元洪驱赶出北京,图谋自任总统。因为国会议员多有不愿附和直系军阀者,造成参、众两院达不足法定开会人数,无法进行总统选举。曹锟为“合法”当选总统,命令直系军人暗中运动,凡参加总统选举的议员,每人奉送五千元支票。10 月 5 日,参、众两院议员召开总统选举会,议员五百九十三人出席,曹锟以四百八十票当选为总统。

在筹办总统选举的过程中,为掩饰贿选丑行,曹锟于 1923 年 7 月发布促成制定宪法的通电。但是,由于国会不足法定人数,宪法会议流会四十四次。直到 10 月 5 日贿选开始,宪法会议才凑够法定人数。宪法会议以“天坛宪草”的讨论稿为底本,迅速完成了《中华民国宪法草案》。10 月 8 日,宪法会议匆忙完成宪法草案条文的三读程序。10 月 10 日,在辛亥革命十二周年之际,曹锟就任大总统,宪法会议同日举行《中华民国宪法》的公布典礼。因为该宪法由曹锟贿选而产生,所以又被称作“贿选宪法”。

曹锟当选为总统之后,孙中山在南方发布讨伐曹锟的通电,并通缉参加贿选的国会议员。1924 年 10 月,由于直系将领冯玉祥与奉系将领达成妥协,直系军阀全线溃败。1924 年 11 月 2 日,曹锟被迫退位。随后,段祺瑞组建临时政府,皖系军人控制了北京政府。

(二)“贿选宪法”的内容与特点

“贿选宪法”是中国近代法律史上第一部正式公布的宪法,该宪法共 141 条,分为十三章:国体,主权,国土,国民,国权,国会,大总统,国务院,法院,法律,会计,地方制度,宪法之修正解释及效力。

从条文上看,这是北洋政府时期最民主的一部宪法。该宪法以 1913 年“天坛宪草”为基础,又经过宪法学者十年的研讨与修订,立法技术已较为成熟。其第 1 条规定,中华民国永远为统一民主国;第 2 条规定,中华民国主权,属于国民全体。这是对复辟帝制以及各种专制政体的彻底否定。该宪法还规定了人民广泛的民主权利,以及代议制、责任内阁制、司法独立、财政审计制度等内容。这些条文对民主制度的建构远胜于 1912 年颁行的《临时约法》。然而,贿选总统曹锟和贿选国会,并非以维护民主共和为己任,他们只不过是各得其所:宪法似乎可以佐证曹锟总统权位的“合法性”,贿选议员们通过宪法掩饰了中饱私囊的贪婪。这部宪法的民主性条文仅仅是他们实现各自利益的工具,不具有任何实在价值。

名义上实行地方自治,实则确认大小军阀的利益格局。该宪法第五章“国权”,将国家权力分为“国家事项”和“地方事项”,以宪法为依据,实行中央与地方的分权体制。该宪法第十二章“地方制度”,更为详尽地规定了省、县两级地方的自治权,主要包括:省、县依照宪法可以自行组织地方议会，可以自行制定自治法，省、县实行分税制，中央政府不得违反法律而干涉地方政务，省政府也不得非法干涉县级政务。民主国家实行地方自治制度，赖于中央与地方共守宪法；曹锟政府之所以能接受地方自治制度，则是大小军阀利益分配的需要。曹锟要坐稳总统的宝座，就必须制衡皖系、奉系这些大军阀，为此就需要拉拢各地方的小军阀与之合作。曹锟与小军阀合作的基础是，曹锟在北京任总统，小军阀在地方当土皇帝。贿选宪法成了大小军阀实现利益分配的账单。

四、国会的蜕变与法统的废弃

国会与宪法相互维系，构成了共和政府的法统。自1912年3月以来，北洋政府遵守《临时约法》，以参政院行使国会的代表权，奠定共和政府的法统。可是，由于民主的国会和宪法与独裁体制不能相容，因此军阀政客首先破坏了民主的国会和宪法，进而变造出掩饰独裁政体的国会和宪法。1914年，袁世凯解散民选国会（1913年4月至1914年1月之第一届国会第一期常会），废弃“天坛宪草”，以约法会议炮制出《中华民国约法》，并以此取代《临时约法》。袁世凯之后，共和法统得以恢复，但是没有维持多久，黎元洪再次解散国会（1916年8月至1917年6月之第一届国会第二期常会），国务总理段祺瑞再次废弃《临时约法》。及至1923年，直系军阀统治北京政府，曹锟召集贿选国会、公布贿选宪法，国会与宪法的合法性与权威性被彻底败坏。直系军阀溃败以后，1925年4月，段祺瑞执掌北京政府，宣布“法统已为陈迹”，解散第一届国会第三期常会（贿选国会），废除曹锟的“贿选宪法”，《临时约法》也不再恢复。至此，西方的代议制模式在中国以失败而告终。

第三节　刑 事 法 律

北洋政府成立之初，《大清刑律》即被略加修订，改称《中华民国暂行新刑律》，仍然作为刑事基本法加以援用。1915年以后，政府虽然两次完成刑法修正案，但都没有将其正式颁行。北京政府主要通过颁行各种刑事特别法，来满足强化社会秩序的需要。大量适用刑事特别法成为这一时期刑事法律的主要特点。

一、《中华民国暂行新刑律》与刑事特别刑法

1912年3月，北洋政府公布《临时大总统宣告暂行援用前清法律及〈暂行新刑律〉令文》，该命令宣称：“现在民国法律未经议定、颁布，所有从前施行之法律及《新刑律》，除与民国国体抵触各条应失效力外，余均暂行援用，以资遵守。”1912年4月颁行的《删修新刑律与国体抵触各章条》，确定了对《大清刑律》删修的内容：删除分则第一章“侵犯皇室罪”十二条；删除暂行章程五条；修改律文中与帝制相关的名词、术语，改“帝国”为“中华民国”，改“臣民”为“国民”，改“复奏”“恩赦”为“复准”“赦免”。经过删修，《大清刑律》改称《中华民国暂行新刑律》。

1913年,袁世凯镇压"二次革命"之后,继而解散国会,逐步实现了个人独裁统治。为进一步强化专制统治,他提出"以礼教号召天下,重典胁服人心",于是在1914年12月公布《暂行新刑律补充条例》15条。该补充条例一方面恢复了《大清刑律》的暂行章程,以加强对伦常礼教秩序的维护,严明尊卑长幼的等级秩序;另一方面加重对"内乱""外患"等重大犯罪的处罚,体现所谓"治乱世用重典"的精神。《暂行新刑律》及其补充条例,共同构成了北洋政府的刑事基本法。

北洋政府颁行的刑事特别法令数量繁多。这些刑事特别法令是为了变通和补充《暂行新刑律》,以弥补其不足。《暂行新刑律》由《大清刑律》改订而来,大体仿照德国、日本刑法,多有与中国国情不相适应之处,于是需要以特别法令辅助而行。1916年3月,司法部公布的《妇女犯轻罪特别处理通饬》,对于犯轻罪的妇女,不依《暂行新刑律》的规定加以处罚,而是根据以前清朝的律例予以宽免,而责成其丈夫或父亲保释管束。1920年,北洋政府公布《科刑标准条例》9条,该条例由司法总长董康拟定,列举推事裁判案件时应注意之事项,以帮助司法人员理解刑法条文的内容,避免定罪量刑漫无标准。

多数特别刑事法令是为了强化社会治安而颁行,因此特别法令的科刑重于《暂行新刑律》。北洋政府于1914年6月颁行《官吏犯赃条例》10条(1916年7月废止),1920年10月颁行《办赈犯罪惩治暂行条例》4条,1921年3月颁行《官吏犯赃治罪条例》7条。以上各法令均加重官吏犯赃罪,公务人员贪赃枉法或侵吞赈款,达到五百元者即处以死刑。1914年7月,总统以教令公布《惩治盗匪法》11条,同年12月又公布《惩治盗匪法执行法》5条。北洋政府以惩治盗匪为名,赋予地方军政长官对"盗匪"就地枪决的权力。原定《惩治盗匪法》施行五年,1919年施行期满之际,再延期三年;1922年应行废止之时,由于各省军政长官强烈要求继续施行,政府只得明令沿用。实际上,《惩治盗匪法》成为地方军政长官以法杀人的依据。北洋政府于1914年7月、10月,还分别颁行了《徒刑改遣条例》《易笞条例》,对于犯内乱、外患、强盗等重罪,处五年以上有期徒刑者,得将徒刑改为发遣;对于犯轻罪,应处以三月有期徒刑、拘役或一百元以下罚金折易监禁者,凡属十六岁以上、六十岁以下之男子(曾任官员或有其他特殊荣誉身份者除外),可以将监禁折易笞刑。如此一来,北洋政府假借疏通监狱之名,恢复了封建专制时期的发遣刑和笞刑,进一步加重了刑罚的残酷程度。

二、两次刑法修正案

北洋政府在《暂行新刑律》的基础上,又于1915年完成了《修正刑法草案》,于1919年完成了《刑法第二次修正案》。两次刑法修正案虽然都没有正式颁行,却反映了中国近代刑事法律的发展历程。特别是《刑法第二次修正案》立法水平较高,成为1928年南京国民政府制定刑法的基础。

(一)1915年《修正刑法草案》

1914年,北洋政府法律编查会成立,专门负责修订各项法律。该会成立之初,即认为民国初年援用《暂行新刑律》本为权宜之计,刑法为国家重要法典,自应重加编纂。于是,以《暂行新刑律》为基础,由董康主持其事,并聘请日本法学家冈田朝太郎参与修订工作。至1915年4月完成《修正刑法草案》,共分总则、分则两编,共432条,章节大致与《暂行新刑律》相同,其内容上的重大修改有三个方面：

第一，秉承“立法必依乎礼俗”的原则，将中国古代刑律“亲族加重”的规定纳入修正案之中，“对于直系尊亲属犯罪者，加重本刑二等，对于旁系尊亲属犯罪者，加重本刑一等”；因亲属身份而加重刑罚，“许其加至死刑”。将《暂行新刑律补充条例》中的“限制正当防卫”和“无夫奸”两条采纳为修正案条文。

第二，增加“侵犯大总统罪”，列为分则第一章。中国古代刑律有保护皇帝、优待皇室的专设条文。本于中国礼教尊尊原则，修正案的起草者认为，大总统为国家主权之代表者，应设立专章。“侵犯大总统罪”一章的设定，反映了当时立法者迎合袁世凯复辟帝制的需要，为刑事立法的一大倒退。

第三，为保障国家盐税收入，将《私盐治罪法》的内容并入刑法修正案，增加私盐罪一章。

（二）1919年《刑法第二次修正案》

1918年7月，北洋政府撤销法律编查会，改设修订法律馆，以著名法律家董康、王宠惠为总裁。修订法律馆成立后，该馆人士多认为，法律编查会编订《修正刑法草案》时，方处袁氏专制之下，不免迎合意旨，或有顾及，时势变迁，则刑事政策自有变更之必要。遂决定由王宠惠、董康负责编纂第二次刑法修正案。1919年在王宠惠的主持下，《刑法第二次修正案》最后定稿，全案共393条。

《刑法第二次修正案》名为修正案，实则在立法原则、立法体例方面并未因袭《暂行新刑律》和1915年《修正刑法草案》，以往刑法典（或草案）之缺点得到全面改正。民国时期法界人士在评价该修正案时，称“《刑法第二次修正案》实较前有显著之进步，为民国以来最完备之刑法法典”。

《刑法第二次修正案》较以往刑律及修正案，有以下几方面的重大改进：

一是以明文规定故意及过失之范围。《暂行新刑律》对故意与过失未加界定，第二次修正案为防止歧误，仿照各国晚近立法例，明文规定故意与过失；并依照1902年万国刑法学会议决议，规定犯人只对其能预见之结果负责。

二是提高刑事责任年龄。《暂行新刑律》规定刑事责任年龄为十二岁，第二次修正案参照多数国家立法例，将刑事责任年龄改为十四岁。十四岁以上、未满十六岁者，得减轻刑罚，并增加由监护人交纳保证金自行监督的管束方法。

三是废除有期徒刑的等级制度。《暂行新刑律》将有期徒刑分为五等，加重处罚或减轻处罚，必以一等为限，往往造成量刑畸轻畸重。第二次修正案在总则部分废除刑期等级制度，分则各条以加重或减轻若干分之几为准，以免量刑失当。

四是对缓刑制度加以改革。第二次草案将原定的三年缓刑考察期限，缩短为两年。《暂行新刑律》的缓刑制度不适用于罚金，为促进受罚金处罚的罪犯改过自新，第二次修正案规定对处以罚金刑者可以适用缓刑。

五是对分则各章加以合理地分析、整合。《暂行新刑律》将杀人、伤害两罪合为一章“杀伤罪”；鉴于杀人与伤害两者轻重悬殊、性质各异，第二次修正草案将一章分为两章，分别规定杀人罪与伤害罪。《暂行新刑律》将放火、决水及妨害水利罪，危险物罪，妨害交通罪，妨害饮水罪，妨害卫生罪各分一章，分别加以规定；第二次修正案仿照荷兰、挪威、意大利等国刑法，以及瑞士、德国等国刑法准备案,将上述各罪并为一章,定名为“公共危险罪”。

由于当时西南各省施行的是《暂行新刑律》,若将第二次修正案颁布施行,独立倾向十分明显的西南各省未必遵行,全国的法律适用将有分裂之危险。从政治上考虑,北洋政府未将第二次修正案颁布施行。

第四节　民商事法律

一、民事法律体系

1912年3月,北洋政府司法部曾呈请援用《大清民律草案》,但是参议院以该草案“前清时并未宣布,无从援用”,并议定“嗣后凡关民事案件,应仍照前清现行律中规定各条办理”。否决了援用《大清民律草案》,而以清末《大清现行刑律》中的“民事有效部分”(以下简称“民事有效部分”)作为民事基本法。

“民事有效部分”是大清律例中有关民事问题的规范,条文甚为简略,不足以规范日渐纷繁复杂的民事法律关系。在没有颁行民法典的情况下,北洋政府只得公布一些民事单行法令以解决社会生活中出现的新问题,如1914年1月公布的《验契条例》、1915年10月公布的《管理寺庙条例》、1917年10月公布施行的《清理不动产典当办法》、1922年5月公布施行的《不动产登记条例》等。

“民事有效部分”和各种单行民事法令构成的民事制定法体系,仍然十分简陋,难以满足民事司法的需要。大理院不得不在具体的民事判例和解释例中解释法律,消除其内在矛盾、补充其缺漏。1913年,大理院在上字第六十四号判决中,明确指出:“判断民事案件应先依法律所规定;法律无明文者,依习惯法;无习惯法者,依条理。”从而确认习惯法和条理是补充性的法律渊源。

总体而言,北洋政府时期的民事法律渊源包括以下四种:制定法(作为民事基本法的民事有效部分,以及各种单行民事法令),大理院的民事判例、解释例,民事习惯,条理。在多种民事法律之中,大理院的民事判例、解释例发挥着极为重要的作用。后来的法学家曾认为:“民事法规,既缺焉未备,于是前大理院,乃采取法理,著为判例,以隐示各级法院取法之矩矱,各级法院遇有同样事件发生,如无特别反对理由,多下同样之判决,于是于无形中形成大理院之判决而有实质的拘束力之权威。”

二、民商事法律的修订

1914年2月,北洋政府裁撤法典编纂会,设立法律编查会,对清末以来的各重要法律草案加以修订。1915年法律编查会对《大清民律草案》最欠妥当的亲属编加以修订,编纂完成《民律亲属编草案》七章、141条,试图使清末的民法典草案得以完备。由于处在袁世凯独裁时期,国会已被解散,《民律亲属编草案》未能交付立法机关审议。

1921年秋，华盛顿会议召开，北洋政府的代表在会议上提出收回领事裁判权问题，西方列强的答复是，各国组成调查团考察中国司法状况，然后再根据考察结果决定是否撤废领事裁判权。北洋政府为应付列强的考察，责成修订法律馆迅速编纂民法典。修订法律馆即着手汇编各省民商事习惯，汇集国内著名民法学者，起草民法典草案。当时负责起草民法总则的是大理院院长余棨昌，债编由修订法律馆副总裁应时、总纂梁敬錞共同起草，物权编由北京大学教授黄右昌起草，亲属、继承两编由修订法律馆总纂高种和起草。至1925年，编纂完成总则、债编、物权编，1926年完成亲属编、继承编。整个民法典草案称作《民律草案》，为使该草案与《大清民律草案》相区别，学者多将其称作"第二次民律草案"。

民国《民律草案》编纂完成之际，正值军阀混战，因此该草案未能履行立法程序，只是在1926年11月，由北洋政府司法部通令各级司法机关作为条理加以适用。民国《民律草案》分为总则、债、物权、亲属、继承五编，共计1522条。该草案是在《大清民律草案》基础上编纂完成的，同时也有一些重要变化：

第一，在立法的价值取向上，采取民法社会化之原则，试图调和个人主义与家族主义。时任修订法律馆总裁的江庸曾指出，《大清民律草案》的一个严重缺陷是，"前案仿于德日，偏重个人利益，现在社会情状变迁，非更进一步以社会为本位，不足以应时势之需求"。民国《民律草案》摒弃个人主义价值取向，采取社会本位，对绝对的个人权利加以限制。例如，在"物权编"中，权能最为强大的所有权，须受社会公共利益的限制，行使该项权利不得损及第三人合法权益。草案第二编由"债权编"改称"债编"，以兼顾债权人和债务人的利益。契约自由是个人主义重要的司法原则之一，民国《民律草案》虽然也承认契约自由，但是特别强调签订契约、履行契约须无悖于诚实信用原则。诚实信用原则成为限制契约自由的一般条款，旨在维护社会公益。

第二，《大清民律草案》多继受外国法，对本国固有法未甚措意；民国《民律草案》则注重采纳本国固有法和司法经验，将现行律民事有效部分，及大理院历年民事判例、解释例采纳为法典条文。典权制度在《大清律例》中已有规定，民间习惯中更是存在着形态各异的典权规则，然而，《大清民律草案》却未予规定。民国《民律草案》在"物权编"中，则专设"典权"一章详加规定，以适应社会生活之需要。民国《民律草案》采纳固有法最多的是亲属、继承两编。该草案"亲属编"共243条，较《大清民律草案》增加100条；"继承编"共225条，较《大清民律草案》增加115条。

第三，在继受外国法方面，民国《民律草案》也更显成熟。《大清民律草案》债权编中有关于"发行指示证券""发行无记名证券"的规定，民国《民律草案》将这些属于商法的条文删除，改在商法中另行规定。《大清民律草案》物权编对于主物和从物，未加区分；民国《民律草案》特为增入。在民国《民律草案》亲属编"婚姻效力"一节，仿照瑞士民法增设"夫妻之权利义务"和"夫妻财产制"，以更好地保护妇女在家庭中的合法地位和财产权益。《大清民律草案》仿照日本民法，对于限制行为能力人分别规定禁治产和准禁治产；而民国《民律草案》则仿照德国民法，只规定禁治产制度，更加简明、妥当。

北洋政府曾拟议编纂民商统一的法典，但为了迅速编订完成各项法典，以利于收回领事裁判权，最终放弃了民商法合编的计划，分别编纂民、商法典。法律编查会在1915年修订完成

《破产法草案》337 条,次年完成《公司法草案》259 条;在 1913 年至 1925 年,先后修订了五个《票据法草案》。北洋政府时期,虽完成了多项商事法律草案,但均未付诸施行。

第五节　司法思想与司法制度

一、司法思想

民国初期,在推进司法改革、致力于收回领事裁判权的过程中,统一司法、调和解释法律的思想得以形成。袁世凯任总统期间,虽然实现了形式的统一,但地方势力实际上各行其是。为推进司法近代化改革,司法部通过全国司法工作会议推进统一的司法改革规划、加强司法专业化的统一标准、试图统筹司法经费。同时,大理院作为终审法院,以其权威的判例、解释例统一法律适用标准。司法部和大理院统一司法裁判的努力收到议定效果,却未能彻底改变现实局面。

民国初期的执法和司法还面临着法律与现实冲突的局面。民国北洋政府援用了清末以来公布、施行的新法律,将未公布的法律草案也有条件地加以援用,于是产生了仿效于外国的近代化法律制度与本国现实相脱离的问题。在刑事、民事领域都普遍存在这种问题,如民国初期施行的《暂行刑律》即《大清刑律》奉行以自由刑为主体的轻刑化模式,需要以近代教育普及、产业发达为条件,以近代化习艺所和监狱作为配套设施。中国虽有近代化刑法,却没有近代化的社会条件,因此司法机关只能尽量调和超前的近代化制度与现实之间的差距。在民事领域,援用脱胎于旧律的"现行律民事有效部分"与社会发展不相适应;将《大清民律草案》作为条理加以援用,新制度又脱离社会现实。当此之际,大理院以民事判例为具体解释、以解释例为抽象解释,调和制度与现实之间的冲突,弥合法律制度与现实规范需要之间的差距。

二、司法机关

北洋政府成立之初对清末颁行的《法院编制法》略加删改,更名为《暂行法院编制法》,继续援用。1914 年 3 月又公布《平政院编制令》,从而形成了二元司法体制:由普通法院系统负责民事、刑事案件裁判,平政院职掌行政案件的裁判。普通法院系统实行四级三审制,在中央设立大理院为最高法院,在地方分设高等审判厅、地方审判厅和初级审判厅。

《暂行法院编制法》实行审检分立制度,各级审判机关对应设立检察厅。与大理院对应设立总检察厅,与高等审判厅对应设立高等检察厅,与地方审判厅对应设立地方检察厅,与初级审判厅对应的是初级检察厅。各级审判机关与检察机关分别独立行使职权。

三、审判制度

1. 在中央推行司法独立

北洋政府以三权分立作为国家机构的基本组织原则,司法独立则是三权分立的重要内容

之一。《暂行法院编制法》为贯彻实行司法独立原则,设定了各种相关制度,主要包括:

第一,严定推事(法官)的选任条件。出任各级审判厅推事者,一般都必须符合一定的教育条件,并通过国家司法考试。大理院推事的任职资格最为严格,须具备国内外修习法律三年以上,经过两次司法考试合格,并具备十年以上的司法实践经验。有此资格者,还需要有优秀的司法工作记录,由司法部推荐、得到总统任命,才能出任大理院推事。

第二,保障推事的职位、俸禄安全,严明其职业操守。《临时约法》第52条规定:"法官在任中不得减俸或转职,非依法律受刑罚宣告或应免职之惩戒处分,不得解职。惩戒条规,以法律定之。"《暂行法院编制法》对于推事的职位、俸禄安全有更为周详的保障,该法第125条、第126条规定,非依法律规定,各级官署不得对推事进行调任、降职、停职、免官、减俸;推事虽在惩戒或刑事控告期间,薪俸仍应照给。推事的职禄在得到特别保障的同时,其道德操守、业余兼职也受到严格限制。《暂行法院编制法》以及相关法令规定,推事不得参加各种政治团体,不得被选任为各级议会议员,不得经营商业、不得兼职有报酬的报社编辑等职,也不得沾染不良嗜好。

第三,保证推事独立行使审判权。为保证推事独立进行裁判,《临时约法》第51条规定:"法官独立审判不受上级官厅之干涉。"又依照《暂行法院编制法》的有关规定,纵然是大理院院长,也"不得指挥审判官所掌理各案件之审判""(合议庭)评议判断时,庭员须各陈述意见""判断之议决,以过半数意见定之"。

北洋政府时期的宪法性法律、法院编制法以及众多的单行法令,都确认和保障独立的司法体制。可是,由于军阀混战、政治纷争不断,加之当时的国家财政收入主要用于军费开支,司法经费极为匮乏,司法人才短缺,致使司法独立仅为司法界向往之理想而已。

2. 地方行政官兼理司法

依照《暂行法院编制法》规定的四级三审制,在各县应设立初级审判厅,管辖第一审民事、刑事案件。但是由于司法经费拮据,专门司法人才短缺,全国各县级地方难以设立独立审判机关。1913年3月,北洋政府不得不采取变通办法,在应设初级审判厅的县级地方先行设立审检所。审检所内以具有一定法律知识的人出任帮审员,负责审理民事、刑事案件,以该县县知事兼任检察官。审检所虽然是一种过渡形态的审判机关,但它的设置剥夺了地方官吏的审判权,因而遭到地方的抵制。

1914年4月,鉴于既无法设立初级审判厅,又无法全面推行审检所制度,北洋政府决定裁撤初级审判厅,也废止审检所制度,分别不同情况,在各县设置不同的司法组织。在条件较为成熟的各县设立地方审判厅分庭或地方刑事简易庭;在条件较差的各县实行县知事兼理司法,同时还公布了《县知事兼理司法事务暂行条例》。此后,县知事兼理司法实际上成了县级地方的主要司法模式。

1917年5月,北洋政府公布《县司法公署组织章程》,试图改变县知事兼理司法的体制。根据《县司法公署组织章程》,在未设立独立司法机关的各县,应设立司法公署掌管审判职权。该章程第3条规定:"设司法公署地方所有初审民、刑案件,不问事务轻微、重大,概归司法公署管辖。"县司法公署由审判官和县知事组成,该章程第6条规定:"关于审判事务,概由审判官完全负责,县知事不得干预。"县知事负责检举犯罪、缉捕罪犯、刑事执行等司法事务,其司法职权仍较为广泛。县司法公署的设立,在体制上向实现司法独立的目标前进了一步。但是到1926年年底,将近十年,全国两千多个县仅设立司法公署四十六所,百分之九十以上的县级地方依旧实行县知事兼理司法。

3. 军阀假借军法审判干涉司法

大小军阀利用军法审判干涉司法是北洋政府时期司法制度的一大弊病。当时的中央政府为大军阀所把持,地方政府为小军阀所掌握,大小军阀的军队中都设有军政执法处。军政执法处为专门军事司法机关,管辖军人违法案件,可是大小军阀利用其"口衔刑宪,意为生杀"。例如,武昌起义的功臣张振武就是被京畿军政执法处所杀。1912年8月15日夜,张振武在北京被京畿军政执法处秘密逮捕,三小时后,没有经过任何司法程序即被枪决。处死张振武的依据仅仅是黎元洪在一封密电中的指控以及袁世凯所发的一纸军令。实际上,黎元洪与张振武结有私怨,袁世凯惧怕张振武鼓动革命,于是假借军法任意杀人。再如,1925年12月5日,山东军阀张宗昌命令军政执法处,未经审判程序就捕杀了山东高等审判厅厅长张志,随即以军阀长官继任高等审判厅厅长的职位。北洋政府时期,军阀利用军法杀人的案例不胜枚举,军法审判成了军阀干涉司法的重要手段。

思考题

1. 试述"天坛宪草"的主要内容及其被搁置的原因。
2. 简述北洋政府时期刑事法律的发展。
3. 简述北洋政府时期的民事法律体系。
4. 评述北洋政府时期大理院在法律发展方面的贡献。

第二十章　南京国民政府时期的法律

（公元1927年至1949年）

本章要点

1. 南京国民政府时期的立法思想。
2.《中华民国民法》的基本原则。
3. 南京国民政府的“六法”体系。
4. 南京国民政府时期的司法制度。

中华民国南京国民政府在其统治时期，继续推进清朝末年开始的法律改革，制定相关法律，构建“六法体系”，在一定程度上推动了法律进步，在形式上完成了中国法律近代化进程。

第一节　立法思想与立法活动

一、孙中山的立法思想

孙中山虽未直接参与武昌起义，但他的思想影响了当时的革命党人，关于政治、宪法及法制建设的构想直接影响了南京国民政府时期的法制。国民政府在南京建立后，以孙中山提出的“权能分治”“五权宪法”“建国三时期”等思想为理论基础致力于全国范围的法制建设。

（一）“权能分治”思想

对民国法律制度影响颇大的是孙中山的“权能分治”思想。孙中山认为，国家权力分作“政权”与“治权”两种。“政权”即是民权，体现国家根本权力属于人民的最高原则。“治权”即管理权，表现为政府对国家各项事务的管理。“政权”是权力，体现权力所有人对于对象的主导、支配；“治权”则是一种功能，表现为不同机构履行自己的职能。人民享有对国家的支配权和管理权。政府则处理国家各项具体事务，进而实现对国家的治理。“政权”决定“治权”，“治权”受制于“政权”；人民有“权”，政府有“能”，“权”“能”分治，以实现真正的民权，实现国家的长治久安。

集合众人之事的力量由人民享有，从而保证人民做主人。人民管理国家的权力，即政权可分作四方面的直接民权:选举权、罢免权、创制权、复决权。孙中山充分认识到在国家政治中"人"与"法"两大因素的重要作用。在国家机构运作中,"人"的因素体现为各级国家机构的组成,主要是各级官吏的作用;"法"的因素则主要体现为法律与制度。

孙中山认为,人民行使政权,首先要实现对官吏、制度的控制和支配。政权中的选举权与罢免权,即针对官吏职务的任用和免职而言。人民有权选举自己信得过的人充当国家或地方的立法、行政机构官吏;人民对于信不过的官吏有权直接罢免。政权中的创制权与复决权是针对法律与制度的设立与废止而言。人民有权创设一项法律或制度,并直接交由政府执行,这就是创制权。对于专门立法机构通过的法律,如果人民不满意,可以废除,这是复决权。人民有了分别针对官吏和法律的四种权力,就能够有效地管理国家,实现真正意义上的人民主权。

(二)"五权宪法"理论

孙中山在"三权分立"基础上创立了"五权宪法"理论,即在立法、司法、行政三权之外,借鉴中国数千年科举与监察御使的传统,将监察权、考试权独立出来,提出建立五权分立的共和政体。政府处理国家事务所拥有的职能,即"治权",包括立法权、司法权、行政权、监察权、考试权五种权力。

孙中山指出,西方国家的实践表明,立法、行政、司法三权分立体制在加强权力制衡、防止专制方面是有成效的。结合中国传统政治体制的运作机制,孙中山认为,更为理想的政权结构应该是在立法、行政、司法三权之外,增设考试、监察二权。政府在人民的控制之下,通过五个各自独立的机构分别行使各项权力,履行各自的职能,相互制约,相互配合,实现对国家的有效治理。对于人民权利的保护及对政府权力的限制,最终都依赖于宪法的力量,以"五权宪法"保障"五权体制"的确立和运作。

(三)"建国三时期"理论

孙中山认为,建国过程分作三个阶段:军政时期、训政时期和宪政时期。三个阶段内分别实行军法之治、约法之治、宪法之治。军政就是通过革命,摆脱满族统治,军队与人民在军法统治之下,成立军政府,一般是以三年为限,之后进入训政时期。在训政时期,地方实行自治,国事由军政府总揽,军政府与民众之间设立约法,相互负有明确的权利、义务,一般以六年为限。这两个阶段的国家领袖皆非民选产生。之后,进入宪政时期。在这一时期,解除军政府的兵权、行政权,国民公举大总统、议员以组织国会,实行宪法之治。

应当说,在中国传统思想土壤极为深厚的状况下,分步骤、有计划地推行不同的治理方式有其合理性。根据孙中山的设计,出于对民众智力和素质水平的考虑,"三民主义"被确立为立法的指导思想。

二、立法活动

南京国民政府建立之后,致力于构建新的法律体系。在清末以来将近三十年的立法研究和实践的基础上,建立起"六法体系"。南京国民政府的立法活动分作三个阶段。各阶段分别有不同的立法重点和立法特征。

(一)"六法体系"初建阶段(1927年至1931年)

南京国民政府建立后,在名义上成为统一全国的中央政权。为了稳定长期处于混乱状态的社会秩序，巩固国民政府的统治基础，国民党统治者迅速开始新的法律体系的建立过程。其间，南京国民政府继承了清末法制改革所确立的引进大陆法系的原则，并吸取了从清末法制改革到南京临时政府及历届北洋政府法制建设的成果和经验。大陆法系的法国继1804年制定《拿破仑法典》之后，于1810年之前相继制定《民事诉讼法典》《商法典》《刑事诉讼法典》《刑法典》四部法典，因而有"五法典"体系之称。日本明治维新时，进行法制改革，引进大陆法系，制定各项法典，并名之以"六法体系"。南京国民政府初期的法制建设，以制定各项法典为主要任务，逐步形成以宪法、民法、刑法、民事诉讼法、刑事诉讼法、行政法六大类法律为主体的"六法体系"。

（二）"六法体系"的修订完备阶段（1932年至1945年）

"六法体系"经过第一阶段的初建，基本格局形成。但由于初建阶段时间仓促，所制定法典、法规在内容上多有不适；尤其是一部分法典、法规直接采用北洋政府时期的法典、法规草案，其部分内容不再适应社会关系新的变化。另外，初建阶段所形成的"六法体系"在某些方面仅限于结构性框架的确立，对于社会关系的法律调整尚存在一些盲点。基于这一现实，第二阶段民国政府立法活动的重点放在两个方面：一是对于已制定法典、法规的修订；二是制定一些新的法典、法规。在内容上，第二阶段的立法重点主要是诉讼法和行政法两大类。

（三）制定宪法及"六法体系"废除阶段（1946年至1949年2月）

1946年11月15日，国民政府在南京召开国民大会。由于此前国民党、共产党、民盟等党派已就召开国民大会、制定宪法等问题达成协议，国民党却撕毁协议，径自召集国民大会，因而此次国民大会带有重大政治缺陷。11月28日，《中华民国宪法草案》经过国民大会审议并通过，由国民政府于1947年1月1日公布，并于1947年12月25日正式施行。

南京国民政府在这一阶段还制定了宪法特别法，如《动员戡乱时期临时条款》等，在行政法、刑法、诉讼法等方面也制定了一些单行法规，主要有《货物税条例》《标准法》《国家标准制定办法》《电业法》《专科学校法》《戡乱时期邮政抽查条例》《维持社会秩序暂行办法》《勘乱时期危害国家紧急治罪条例》《惩治走私条例》《羁押法》《监狱行刑法》等。

1949年2月，中国共产党中央委员会发表《关于废除国民党的六法全书与确定解放区的司法原则的指示》，全面废除南京国民政府确立的"六法体系"，而代之以"在无产阶级领导的工农联盟为主体的人民民主专政的政权下"的新法律制度。至此，自1927年开始逐步建立的国民政府"六法体系"被彻底废除。

第二节　宪法与宪法性文件

南京国民政府通过大量引进西方资本主义国家的法律，把近代中国半殖民地半封建社会的法制建设推向一个新的阶段。南京政府时期的立法吸取了许多大陆法系的原则，同时也继承了一些中国固有法的特征。

一、《中国国民党训政纲领》

1928年年底张学良“改旗易帜”，宣布归顺南京国民政府。国民党二届五中全会宣布结束“军政时期”，进入“训政时期”。为此，国民党中央常务委员会通过具有宪法性质的《中国国民党训政纲领》（以下简称《训政纲领》）。

根据《训政纲领》，训政时期的主要任务是“训练国民使用政权”，为实现建国第三阶段做准备。《训政纲领》全文共6条，主要内容有三个方面：其一，训政期间不成立全国国民大会，全国国民大会的职权由国民党全国代表大会行使；在国民党全国代表大会闭会期间，全国国民大会的职权由国民党中央执行委员会行使。其二，训政时期国家权力（“立法”“司法”“行政”“考试”“监察”）“托付给国民政府总揽而执行之”。其三，“指导、监督国民政府重大国务之施行，由中国国民党中央执行委员会政治会议行之”，确立起国民党中央执行委员会政治会议的特殊地位。

以《训政纲领》为依据，1928年10月国民党中央执行委员会通过了《中华民国国民政府组织法》。该法共48条，分七章：国民政府、行政院、立法院、司法院、考试院、监察院、附则。根据该法，国民政府采取委员制与五院制相结合的组织原则。1928年10月至12月，行政院、司法院和立法院先后成立；1929年12月，考试院成立；1931年2月，监察院成立。至此，国民政府五院全部成立。1929年3月，国民党第三次全国代表大会宣布，训政时期正式开始。

二、《中华民国训政时期约法》

1930年，国民党党内与南京国民政府相对峙的汪精卫、谢持等人，联合冯玉祥、李宗仁等地方实力派，宣布在南京召开的国民党“三大”为非法，另行组织召开了“国民党第三次全国代表大会”，并打起“训政”的旗帜，成立以汪精卫为首的“约法起草委员会”，于同年10月在太原完成《训政时期约法》草案的起草，史称《太原约法》。在这种特定情况下，蒋介石再次提出应迅速制定约法，并宣布于1931年2月颁布约法。对此，胡汉民表示坚决反对。一方面，通过新闻媒介发表谈话，使其争论公开化；另一方面，于1931年2月28日辞去国民政府立法院院长职务。蒋介石此时亦采取断然措施，对胡汉民施以软禁。一场政治论争在武力的镇压下被平息。1931年3月2日，国民党中央常务会议通过蒋介石提出的“召开国民会议，制定《训政时期约法》”的提案，成立“《训政时期约法》起草委员会”。1931年5月5日，在蒋介石的推动下，国民会议通过《中华民国训政时期约法》（以下简称《训政时期约法》），6月1日由国民政府公布，同日施行。

《训政时期约法》全文共89条，分为八章。第一章“总纲”规定领土、主权、国体、国旗、国都等。第二章“人民之权利义务”列举人民的权利义务，但在每一人民权利条款之后均规定“非依法律不受限制”，隐含着政府必要时可依法律限制人民权利与自由。第三章“训政纲要”规定国民党行使中央统治权，国民政府行使五种治权，并训导四种政权的行使，五院共同听命于国民党中央执行委员会，再次确认了国民党掌握统治权。第四章“国民生计”规定发展实业，以劳资双方协调互利为原则。第五章“国民教育”规定三民主义为教育根本原则。第六章“中央与地方之权限”规定中央与地方的分权，采均权主义。第七章“政府之组织”规定中央采五权制度,地方分省县两级。第八章“附则”规定约法效力及其解释权所属;并议订宪法草案的机关与决定宪法颁布的时期。[1]

《训政时期约法》说明制定和实施约法的目的时表示:“公布约法,共同遵守,以期促成宪政,授权于民选政府。”作为国民党内政治论争的产物,其制定和发挥效力都受到诸多限制。从其产生之初就受到“因人设制”“因人改法”的限制,比如在 1931 年年底蒋介石被迫“隐退”,辞去国民政府主席职务后,约法规定的“国民政府主席”权力就大为虚化。

三、《中华民国宪法草案》(“五五宪草”)

日本帝国主义发动“九一八”事变之后,中国陷入深重的民族危机之中。南京国民政府消极抗日、积极反共的态度遭到了全国上下的一致反对。社会各界纷纷要求尽快结束训政,制定宪法,实施宪法之治。国民党中央于 1932 年 12 月召开四届三中全会,同意起草宪法草案,并开始具体筹备。

《中华民国宪法草案》的起草经历了较为严格的程序。1933 年 1 月,立法院成立由四十名立法委员组成的宪法起草委员会。起草委员会委员吴经熊、张知本、陈肇英、陈长蘅等分别起草宪法草案稿,并以个人名义在报纸上公开发表,供全社会讨论,征求意见。宪法起草委员会参考各草案稿及社会各界提出的意见,正式确定宪法起草委员会的《中华民国宪法草案初稿》,于 1934 年 3 月 1 日正式公布,提交立法院审查。立法院成立了由三十六名立法委员组成的“宪法草案初稿审查委员会”。经对宪法草案初稿的研究和审查,形成《中华民国宪法草案初稿审查修正案》,再次向社会公布。1934 年 9 月,立法院召开全体会议,审议宪法草案初稿。1934 年 10 月 16 日,立法院全体会议三读通过,从而完成立法院审查程序,进入国民党中央审查阶段。自 1934 年 10 月开始,先后经过国民党四届五中全会、四届六中全会、第五次全国代表大会、五届一中全会四次会议审查,至 1936 年年初审查完毕,发回立法院。1936 年 5 月 1 日,立法院通过宪法草案,完成立法程序,1936 年 5 月 5 日公布。该草案原定公布之后,征求意见进一步修改,再提交国民大会正式通过。由于 1937 年全面抗战爆发,不具备召开国民大会的条件,故此宪法草案未完成全部立法程序,无法生效,史称“五五宪草”。

“五五宪草”全文共 148 条,分八章:总纲、人民之权利义务、国民大会、中央政府、地方制度、国民经济、教育、宪法之施行修正。虽然“五五宪草”标榜实施宪法之治,但与之前的《训政约法》相比,并无实质性差别。其中虽然名义上取消了“训政”的名称,也改变了“由中国国民党全国代表大会代表国民大会行使中央统治权”的规定,改国民政府主席为中华民国总统,但同时赋予总统凌驾于五院之上的权力,总统既是国家元首,又是行政首脑,实施总统独裁体制。在中央和地方关系上,背弃了孙中山先生要求实行的均权主义主张,采取中央集权制度。这部宪法草案在政权体制设计上仍然是党国一体、集权严重,所以其公布之后,遭到了中国共产党和全国人民的反对。陈茹玄在《增订中国宪法史》一书中对此宪法草案有这样的评价:“政府大权可谓已尽量集中,其集权趋势实超过现代任何行总统制之民主国家。”

---

〔1〕 参见谢振民:《中华民国立法史》,中国政法大学出版社 2000 年版,第 333 页。

四、《中华民国宪法》

抗日战争胜利以后，结束训政、制定宪法再次为全国人民所关注。在中国共产党等民主力量的推动下，国民政府启动制定宪法的具体程序。1946 年 1 月 10 日，以“协商国事，讨论和平建国方案及召开国民大会各项问题”为主要任务的各党派政治协商会议于重庆召开，通过了《宪法草案案》《和平建国纲领》《国民大会案》《政府组织案》等决议案。1946 年 6 月，国民党悍然发动内战。同年 11 月 15 日，国民党召开共产党和其他一些民主党派未参加的“国民大会”，11 月 28 日审议通过《中华民国宪法》，1947 年 1 月 1 日由国民政府公布，于 1947 年 12 月 25 日正式施行。（参见图 21）《中华民国宪法》共 175 条，分十四章：总纲、人民之权利与义务、国民大会、总统、行政、立法、司法、考试、监察、中央与地方之权限、地方制度、选举罢免创制复决、基本国策、宪法之施行与修改。

图 21 《中华民国宪法》

从《中华民国宪法》的制定、颁布过程来看，带有很大的缺陷。1946 年以制定宪法为主要目的的国民大会是在没有共产党及民主同盟等主要民主党派参加的情况下召开的。而当时由于国民党军队的主动进攻，国家已经处于全面内战状态。在这种非常时期，国民党急于建立一个既能由自己控制又具有合法身份的新政权；同时，又试图改变长期实施“训政”、以党代国的不良形象，通过实施宪法之治、还政于民的方式，改变形象，扩大号召力。就此而言，这部《中华民国宪法》的产生，其主要意义不在于“还政于民”本身，而在于国民党期望能对提高自身的号召力和凝聚力产生积极作用。政治意义高于法律价值。

从《中华民国宪法》的内容来看，与“五五宪草”相比，一些法律条文具有一定的进步性。《中华民国宪法》第 1 条规定：“中华民国基于三民主义，为民有、民治、民享之民主共和国。”以三民主义为整部宪法的指导精神，确立五权宪法的构造，对“五五宪草”中具有党国一体性质的“中华民国为三民主义共和国”的规定作了一定的修改。此外，舍弃了“五五宪草”规定的总统制，对总统权力予以一定的限制。虽然总统仍然拥有较大的权力，但在行使这些的权力的时候要受到立法院、行政院、监察院等机构的制约。

第三节 行 政 法 律

广州、武汉国民政府初立时，主要行政法律尚来不及制定。南京国民政府建立后，行政法制体系才真正开始建立。行政法律为规范行政组织及其行政职权的法律规范总和，由诸多单行法律、法规组成,繁多杂乱。行政法的内容主要包括官制、官规、军政、经济、财政、交通、地政等一系列法规。

一、《国民政府组织法》

1928 年 10 月,国民党中央执行委员会通过《国民政府组织法》。该法规定国民政府及五院的组织与职权,国民政府采取委员会制,以国务会议处理国务;国民政府主席为国务会议主席。国民政府公布法律、发布命令必经国务会议议决,因此五院职权内的事项仍须经国务会议作决定,所谓五权分立实为一权主义。[2]

国民党三届四中全会在 1930 年 11 月 17 日修正通过了《国民政府组织法》。此次修改的主要变化在于国务会议和行政院会议的改称,规定国民政府的国务会议改称国民政府会议,其职权削减为仅议决五院间不能解决之事项。如此,作为五院汇集的总枢纽的国民政府的地位仍旧,而其行使职权的会议的职权却缩小了。行政院的行政院会议改称国务会议,职权规定虽然仍与 1928 年 10 月 3 日通过的相同,可是实际地位提高了。

国民党三届五中全会在 1931 年 6 月 14 日再次修正通过国民政府组织法,共十章 52 条。同前两者相比,有如下不同:

其一,制定的依据不同。前两者的卷首语均声称,国民党"谨本历史上所授予本党指导、监督政府之职责,制定国民政府组织法"。一方面表明如前面所说确立了国民党高于政府的地位,另一方面表明组织法是国民党制定的。而此次修正的组织法则无卷首语,其第一章声称:"国民政府依据中华民国训政约法第七十七条之规定,制定中华民国国民政府组织法。"训政约法第 77 条规定:"国民政府及各院、部、会之组织,以法律定之。"这表明此次组织法是政府以约法为根据制定的,而约法标榜的是由国民会议批准的,即由所谓"人民"召开会议批准的。换句话说,此次组织法是根据"人民"意愿制定的,所建立的政府是"人民"的政府,蒋介石的权力也就是"人民"授予的了。这正是蒋介石所需要的。因此,此次组织法的第一章与前两者的卷首语相比,国民党高于政府的地位在组织法中取消了,正如时人指出:"文字与形体之不同,亦既各有其蕴蓄之意味,开宗明义,大书特书,自有其价值。"[3]

其二,关于国民政府、国民政府主席和委员、国务会议的规定变化极大,其总的宗旨是加强主席权力。前两次组织法关于国民政府的规定共有一章 4 条,此次则变为三章 19 条,这是变化的最大之处。1928 年 10 月通过的组织法以国民政府本身为国民政府的唯一主体,处理国务之权属于国务会议,国民政府主席的地位与职权限于对外代表国家、兼任军队总司令和主持国务会议三项;1930 年 11 月通过的将国民政府会议职权削减,国务会议地位提高;此次则规定国民政府中以主席为主体,主席权力除了前两者所具有外,尚有提请国民政府任免五院正副院长、国民政府直属各机关长官、署名公布法律、发布命令而无副署之权。

《国民政府组织法》分别于 1931 年 12 月 30 日、1932 年 3 月 15 日以及 1934 年 10 月 17 日又修订了三次。总体来说,行政院的职能基本保持不变,行政院的地位逐步提高。

---

〔2〕 参见谢振民:《中华民国立法史》,中国政法大学出版社 2000 年版,第 217 页。

〔3〕《国民政府之更张》,上海时事新报 1931 年 6 月 18 日社评,载潘公弼编:《时事新报评论集》,四社出版部 1931 年版。

二、其他行政法律法规

1932 年 11 月,南京国民政府公布《行政法院组织法》。依该组织法,行政法院于 1933 年成立,掌全国行政诉讼审判事务。与北洋政府的平政院一样,南京国民政府的行政法院仍采用大陆法系体制,行政法院只设于首都。自 1933 年至 1939 年 7 月,行政法院只收到案件 1091 件,有些省份,如云南、察哈尔、宁夏与甘肃甚至多年无一件案件起诉到行政法院。[4]

此外,南京国民政府制定的行政法律法规还包括《国籍法》《勋章条例》《违警罚法》《麻醉药品管理条例》《国军剿匪条例》《监督慈善团体法》《商会法》《出版法》《海陆空军惩罚法》《矿业法》《营业税法》《农会法施行法》《遗产税法》《户籍法》《邮政法》《土地登记规则》《行政诉讼法》《国家总动员法》等。

第四节　刑 事 法 律

南京国民政府的刑事法律主要包括刑法典和大量的刑事特别法。

一、刑法典的编纂

南京国民政府先后制定、实施了两部刑法典,即 1928 年制定颁布的《中华民国刑法》(1928)(以下简称"二八刑法")与 1935 年制定颁布的《中华民国刑法》(1935)(以下简称"三五刑法")。南京国民政府建立后,沿用北京政府的《中华民国暂行新刑律》及部分刑事特别法。1927 年,以北京政府的《第二次刑律修正草案》为基础,由王宠惠负责拟成刑法草案,提交国民党中央执行委员会审定,国民政府于 1928 年 3 月公布。但是,这部刑法由于制定仓促,诸多内容不符合国情,在施行过程中问题较多,国民政府对这部刑法不甚满意。立法院遂于 1931 年 12 月成立刑法起草委员会,开始新的刑法典起草。

刑法起草委员会一方面参考最新刑法学说,另一方面研究原刑法实施中存在的种种问题。委员们先后赴各地调查司法状况及监狱情形,呈请各司法实践部门及各省律师公会拟具改订刑法意见。刑法起草委员会编写《刑法修正案》分送各报馆、各大学及各地律师公会等机构,征集对该稿的修订意见。[5] 新的刑法("三五刑法")于 1935 年 1 月 1 日颁布。"三五刑法"分总则、分则二编。总则计 99 条,分十二章:法例、刑事责任、未遂犯、共犯、刑名、累犯、数罪并罚、刑之酌科及加减、缓刑、假释、时效、保安处分;分则共 258 条,分三十五章,分别规定了各种罪名。

二、两部刑法典的主要内容与特色

(一)"二八刑法"

"二八刑法"以北京政府时期的刑法第二次修正案为蓝本,吸收德国、日本刑法典相关内

---

〔4〕 参见司法院编译处编:《司法年鉴》,商务印书馆 1941 年版,第 309 ~ 311 页。

〔5〕 参见谢振民:《中华民国立法史》,中国政法大学出版社 2000 年版,第 920 ~ 921 页。

容编纂而成。分总则、分则二编，共四十八章，凡387条。总则共十四章，分别为法例、文例、时例、刑事责任及刑之减免、未遂罪、共犯、刑名、累犯、并合论罪、刑之酌科、加减例、缓刑、假释、时效。分则共三十四章，分别为内乱罪、外患罪、妨害国交罪、渎职罪、妨害公务罪、妨害选举罪、妨害秩序罪、脱逃罪、藏匿犯人及湮灭证据罪、伪证及诬告罪、公共危险罪、伪造货币罪、伪造度量衡罪、伪造文书印文罪、妨害风化罪、妨害婚姻及家庭罪、亵渎祀典及侵害坟墓尸体罪、妨害农工商罪、鸦片罪、赌博罪、杀人罪、伤害罪、堕胎罪、遗弃罪、妨害自由罪、妨害名誉及信用罪、妨害秘密罪、盗窃罪、抢夺强盗及海盗罪、侵占罪、诈伪及背信罪、恐吓罪、赃物罪、毁弃损毁罪。

该法因以北京政府时期第二次修正案为蓝本，故而其特点与前者基本一致。第一，采用最新法例，如法原则上不溯及既往，但如果从新更轻，则从新，亦即“从旧兼从轻原则”。该法采世界通行标准，同时照顾中国国情，比如在亲等关系上，虽然该刑法和第二次修正案一样采亲等计算法，但与通行的罗马亲等法不同，中国采寺院亲等法，亲属范围与服制范围大体相同，其立法理由为：“中国直系亲，由己上数至高祖，下数至元孙，均以四世为止。旁系亲则族兄弟与再从侄，亦认其在亲属范围内。若取罗马法计算法，其直系亲以一世为一等，应以四等亲为限，至旁系亲则须依八等亲为限，于理殊为不合，故不如采用寺院法计算法，直系旁系均以四等亲为限，则与旧律服制宗亲之范围适合。”[6]第二，注意在刑法条款中体现国民党党义纲领。国民党以孙中山三民主义为党义纲领，是以旧刑法中专设妨害农工商业专章，加大对劳工的保护，这是三民主义“民生”主义在刑法中的典型体现。第三，注意区分犯罪性质，来制定章节条款，更加注重立法的科学性。如骚扰罪与妨害秩序罪都是对秩序的妨害，原来通行的法典将其分成两章，旧刑法则将之合为一章。又如杀人罪与伤害罪，危害结果差异巨大，但原来合为一章，旧刑法则分列两章，照顾到犯罪的危害性和两者行为的差异性。

图22 《中华民国刑法》

(二)“三五刑法”

该刑法分总则、分则二编，共四十七章，凡357条。(参见图22)其中总则共十二章，分别为法例、刑事责任、未遂犯、共犯、累犯、数罪并罚、刑之酌科及加减、缓刑、假释、时效、保安处分等。分则共三十四章，分别为内乱罪、外患罪、妨害国交罪、渎职罪、妨害公务罪、妨害投票罪、妨害秩序罪、脱逃罪、藏匿人犯及湮灭证据罪、伪证及诬告罪、公共危险罪、伪造货币罪、伪造有价证券罪、伪造度量衡罪、伪造文书印文罪、妨害风化罪、妨害婚姻及家庭罪、亵渎祀典及侵害坟墓尸体罪、妨害农工商罪、鸦片罪、赌博罪、杀人罪、伤害罪、堕胎罪、遗弃、妨害自由罪、妨害名誉及信用罪、妨害秘密罪、窃盗罪、抢夺强盗及海盗罪、侵占罪、诈伪背信及重利罪、恐吓及掳人勒赎罪、赃物罪、毁弃损毁罪。

“三五刑法”对“二八刑法”的修订主要表现在，由“客观主义”改为“侧重于主观主义”，强

〔6〕 郑爰诹等编：《最新增订刑法集解》，世界书局1931年版，第30～33页。

调以犯罪人行为性质而不是客观后果为依据来定罪量刑，由“报应主义”改为“侧重于防卫社会主义”，强调发挥刑法“保全与教育功能”，进而引进了保安处分制度。“保安处分”理论认为，社会上有一部分人由于先天和后天的原因，必然会犯罪。因此，对这些人应在其未给社会造成危害前，采取以限制其人身自由为主要手段的防卫措施。“三五刑法”增设“保安处分”专章，目的是加强对于特定犯罪和犯罪之人的特别预防。其保安处分的种类有七种：感化教育处分、监护处分、禁戒处分、强制工作处分、强制治疗处分、保护管束、驱逐出境处分。保安处分既不是刑事处罚，也不是一般意义上的行政处分，重在对于某些具有特定情形的犯罪和罪犯给予特别处理，以弥补普通刑罚达不到的目的。

三、刑事特别法

南京国民政府制定了大量的刑事特别法，用于维护和巩固其政治统治。这些刑事特别法可以不受一般刑法原则的限制，规定普通刑罚不便规定的内容。其特点分析如下：

第一，补充和扩大刑法典关于特定犯罪的内容和范围。《暂行反革命治罪法》《危害民国紧急治罪法》规定的内容和范围都超出了刑法典中“内乱罪”和“外患罪”的规定，大大补充和扩大了刑法中“内乱罪”的认定范围。国民党统治者注重利用刑事特别法，镇压不同政见者，尤其是注重利用这一手段打击共产党人。

第二，刑罚苛重。刑事特别法采用重刑主义，对于认定的政治性犯罪人一般都处以死刑或者无期徒刑。如《戡乱时期危害国家紧急治罪条例》规定，不论是否首谋者，一律处死刑或无期徒刑。

第三，多由军事机关、军法机关或者特种刑事法庭审理。触犯了刑事特别法的案件不按一般的诉讼程序审理，而是实行特别军事审判。如《修正危害民国紧急治罪法》规定：犯本法所定各罪者，由该区域最高军事机构审判之。《妨害国家总动员惩罚暂行条例》规定：犯本条例之罪者，由有军法审判权之机构审判，呈于中央最高军事机关核准执行。

第四，刑事特别法的效力高于普通刑法。刑事特别法在适用时，效力高于普通刑法，从而大大强化和发展了刑法典的内容，加大了对政治性行为的打击力度。刑事特别法成为国民党镇压革命、打击异己分子的重要手段。

第五节　民商事与经济法律

一、民法典的编纂

自清末法律改革以来，民法典的编纂一直处于滞后的状态，从《大清民律草案》到北洋政府的民律草案，始终未颁布正式的民法典。1928 年 12 月，南京国民政府立法院成立，次年 1 月即成立由傅秉常、焦易堂、史尚宽、林彬、郑毓秀为起草委员的民法起草委员会。民法典的制定采取分编起草、分别通过的方式。立法者就各编立法原则、各编全文和每条附有说明书（立法理由书)。(参见表1)这些理由书日后均公布,对理解和研究民法很有帮助。在民法各编公布后,随即公布了各编施行法,旨在解决法在施行过程中出现的具体问题。

表1 民法典各编概况

民法典各编	时间	条文数量	结构
《民法·总则编》	1929年4月20日立法院通过,5月23日公布,10月10日施行	152条	七章:法例、人、物、法律行为、期日及期间、消灭时效、权利之行使
《民法·债编》	1929年11月5日立法院通过,11月23日公布,1930年5月5日施行	604条	二编:通则、各种之债
《民法·物权编》	1929年11月19日立法院通过,11月30日公布,1930年5月5日施行	211条	十章:通则、所有权、地上权、永佃权、地役权、抵押权、质权、典权、留置权、占有
《民法·亲属编》	1930年12月3日立法院通过,12月26日公布,1930年5月5日施行	171条	七章:通则、婚姻、父母子女、监护、扶养、家、亲属会议
《民法·继承编》	1930年12月3日立法院通过,12月26日公布,1930年5月5日施行	88条	三章:遗产继承人、遗产之继承、遗嘱

民法典各编的起草以大陆法系各国民法为主要参考,尤其是参照德国民法、瑞士民法中的制度和条文,同时也参考了法国、日本及苏联的民法规定。此外,还吸收了自清末法制改革至南京临时政府、北洋政府法制建设的成果和经验,其中包括对中国固有法律中某些传统的保留。当时的民法学家梅仲协评价:"现行民法,采德立法例,十之六七,瑞士立法例者,十之三四,而法、日、苏联之成规,亦有十之一二。"

二、民法典的内容特点

这部民法典的颁布实施,改变了我国无民法典的历史,是近代立法史中的重要成果。

第一,在确定无法可依的情况下,习惯及法理可作为审理民事案件的依据。尽管民法的规范十分详密,但是它也并不能完全将所有的民事关系纳入其调整范围内。对此,民法典第1条规定:"民事法律未规定者,依习惯;无习惯者,依法理。"

第二,人格平等与男女平权。《中华民国民法》废除了一些几千年来的陈规陋习,主要有:(1)男女平等。情感纽带的存在使家庭成员之间的人格平等显得格外复杂、特殊,也使家庭成员之间的人格平等追求更加艰难。衡量一个社会人格平等实现的程度最重要的依据是家庭成员之间达到了何种意义上的平等。民国民法取消了当时许多国家限制已婚妇女的民事行为能力(诸多国家将已婚妇女列入限制行为能力人)的规定,使妇女在权利能力和行为能力方面完全与男子同等地位。比如,"我国女子,于个人之财产,有完全处分之权,复规定已结婚之妇人,关于其个人之财产,有完全处分之能力。至其他权义之关系,亦不因男女而有轩轾"[7]。这是中国有史以来在男女身份方面的最大改革。(2)废除嫡子、庶子、嗣子及私生子称谓。历次民法草案均保留了这些称谓,民国民法将私生子女改称非婚生子女。(3)废除大家族制、宗

〔7〕 谢振民:《中华民国立法史》,中国政法大学出版社2000年版,第756页。

法的亲属制。传统中国维护封建宗法制，依宗亲服制设定亲等，民国民法将之全部废除，改为血亲和姻亲，废除宗法制，不设族长，只设家长，尽量削弱家长权力，妻与夫一样，享有成为家长的身份与资格。〔8〕在亲等计算方法上，亦采用罗马法的亲等计算法，从法律上废弃对于宗祧继承的制度性保护，对于社会的发展及法律自身的进步都有着积极意义。

第三，社会本位与私法原则。基于20世纪以后西方国家民事立法在私法原则方面的变化和调整，《中华民国民法》以吸收西方近代私法原则为主，同时对于相关原则的实施，又在立法上作了一系列的限制和修改。胡汉民在阐释这一思想时说："中国向来的立法是家族的，欧美向来的立法是个人的，而我们现在三民主义的立法乃是社会的。"〔9〕史尚宽论述《民法》的立法基础："故现今立法既不宜于立足于家族制度，尤不宜袭取个人主义之糟粕，而应以全民族之利益为基础……个人之利益于全民族利益之中，始受其保护。故既非从前家族本位之立法，亦非欧西个人本位之立法，而为全民本位之立法矣。"〔10〕这表现为对近代民法中的绝对意思自治、契约自由、所有权绝对、过失责任等多有限制，如规定有背于公共秩序或善良风俗的法律行为无效等。

第四，采先进立法例，又兼顾本国国情。民法典各编的起草以大陆法系各国民法为主要参考，同时吸收了自清末法律改革以来的成果和经验，保留了中国固有法中的一些传统，如物权编中规定本国固有的典权（支付典价占有他人不动产，而为使用收益之权）；特别规定永佃权人因不可抗力致其收益减少或全无者，可减少或免除佃租；亲属编中对结婚依据公开仪式而不行登记制度；继承篇中采行限定继承等。

三、商事法律

在商事立法方面，南京国民政府时期依据当时的立法潮流，采取民商合一原则。清末法律改革时效仿德国、日本等国，采取民商分立制，分别制定民法典和商法典。民国北京政府也继续沿用民商分立的立法模式。南京国民政府最初设计立法体系也包括独立的商法典。1929年5月，时任立法院院长的胡汉民提出，采用民商合一的方式，制定民商统一法典。胡汉民等以"民商分立"的立法形式不符合中国国情和民族传统为由，提出应采取"民商合一"的编纂体例："查民商分编，始于法皇拿破仑法典，维时阶级区分，迹象未泯，商人有特殊地位，势不得不另定法典，另设法庭以适应之……吾国商人本无特殊地位，强予划分，无有是处。此次订立法典，允宜社会实际之状况，从现代立法之潮流，订为民商统一法典。"国民党中央政治会议讨论后，决定采纳胡汉民的建议，不再制定单独的商法典。自此，民商分立的立法模式改为民商合一。

这一时期的商法大多是在北洋政府时期纂修的商法基础上加以增、删、改而创制的。1929年12月3日，南京国民政府公布了《公司法》，同样是在无限公司、两合公司、股份有限公司和股份两合公司的四分法基础上进行规范，只是较之于此前的公司法，更加侧重于在公司的内部治理形式和公司的社会责任这两方面加以完善。

---

〔8〕《中华民国民法·亲属》第1124条规定："家长由亲属团体中推定之。无推定时，以家中最尊者为之。尊辈同者，以年长者为之。"

〔9〕胡汉民：《国民政府立法院开会辞》，载立法院秘书处编：《立法专刊》（第一辑），上海民智书局1929年版，第8页。

〔10〕史尚宽：《民法总论》，中国政法大学出版社2000年版，第55页。

1929 年 10 月 30 日，国民政府公布《票据法》，共五章 139 条，第一章“总则”界定了相关票据种类，规定了相关的票据行为；第二章“汇票”，详细规范了发票及款式、背书、承兑、参加承兑、保证、到期日、付款、参加付款、追索权、拒绝证书、复本、誊本等票据行为和票据形式；第三章“本票”和第四章“支票”，主要规定了不同于“汇票”的具有各自独立特征的内容；最后一章是附则，对附带问题进行规范。

1929 年 12 月 30 日，国民政府公布《海商法》，分为“通则”“船舶”“海员”“运送契约”“船舶碰撞”“救助及捞救”“共同海损”“海上保险”八章，但与传统海商法不同的是，限于时代因素，国民政府有意通过制定该法加强航运管制。为此，还特别设立了《船舶法》《船舶登记法》等一系列配套法律。

1929 年至 1930 年，国民政府颁布《保险法》，但这部法律在制定之初并不完善，一直到 1937 年才修改完善。该法分“总则”“损失保险”“人身保险”三章 98 条，对于保险人、投保人、险种、保险费、保险责任、保险金额等内容有着详细规定。

至 1930 年，商法大体完备，此后，国民政府又陆续地推出商法的实施法或施行细则，另外还颁布了《商标法》《商业登记法》《商业会计法》《专利法》《证券交易法》《保险业法》《土地法》《银行法》等一系列商业法规。

四、经济法律

南京国民政府时期的经济法没有纳入“六法体系”，也没有实现法典化。经济法与国家的经济生活密切相关，南京国民政府在土地、赋税和市场管理等方面制定了一系列相关法规。

（一）土地立法

土地立法的内容包括土地法、土地施行法、城市公有土地清理、公有土地管理和督垦荒地等一系列规定，是经济立法中的主要组成部分，先后颁布有《土地征收法》《清理荒地暂行办法》《督垦原则》《奖励辅助移垦原则》《公有土地处理规则》《土地法》《土地法施行法》《城市公有土地清理规则》《土地登记规则》。

（二）赋税立法

赋税制度针对赋税的征收、减免及其程序作出规定。南京国民政府时期的赋税立法以税法为多，先后颁布有《交易所税条例》《洋酒类税暂行章程》《征收卷烟统税条例》《征收麦粉特税条例》《进口税则暂行章程》《棉纱火柴水泥统税条例》《营业税法》《财政部征收啤酒税暂行章程》《矿产税条例》《出口税则暂行章程》《整理平税办法》《印花税法》《汽水征税暂行办法》《火酒统税征收条例》《土地赋税减免规程》《遗产税法》《屠宰税法》《房捐条例》等。

（三）市场管理立法

市场管理法涉及市场管理的诸多方面，包括度量衡、商品的标准、商品的检验、特殊商品的合格标准、不可销售的商品等。南京国民政府先后颁布《度量衡法》《糖品进口检验规程》《桐油检验规程》《茶叶检验标准》《商品检验法》《豆类检验合格标准》《商品检验法》《豆类检验合格标准》《取缔火酒规则》《取缔棉花掺水掺杂暂行条例》《人造肥料取缔规则》《盐专卖条例》《惩治走私条例》等。

第六节　司法制度

南京国民政府推进司法制度近代化进程，在一定程度上保留固有传统的同时，构建起较为完备的近代司法体制。

一、刑事、民事诉讼法及相关法律

（一）刑事诉讼法及相关法律

南京国民政府先后颁布实施过两部刑事诉讼法典。第一部《刑事诉讼法》是在北京政府《刑事诉讼条例》的基础上拟定的，经国民党中央政治会议讨论通过，于 1928 年 7 月 28 日公布，同年 9 月 1 日起实施；第二部于 1935 年 1 月 1 日颁布，同年 7 月 1 日起实施。两部刑事诉讼法典分别与两部刑法典配套。

1928 年《刑事诉讼法》共分为九编。第一编为总则，第二编为第一审，第三编为上诉，第四编为抗告，第五编为非常上诉，第六编为再审，第七编为简易程序，第八编为执行，第九编为附带民事诉讼。该法的要旨为，采取四级三审制；采取国家诉追主义，即以检察官代表国家行使刑事原告职权；采用公设辩护人制度；取消诉讼费用的规定等。〔11〕

在内容上，1928 年《刑事诉讼法》对北京政府的《刑事诉讼条例》主要进行了以下几个方面的修订：

第一，采用四级三审制。因为广州政府当时的实际控制区域仅仅限于一两个省，所以采用了中央、地方二级二审制。而到了南京国民政府时期，南京国民政府已经是一个全国性的政权，因此采用了清末民初《法院编制法》规定的四级三审制。1932 年 10 月 28 日颁布，1935 年 7 月 1 日施行的《法院组织法》将四级三审制改为三级三审制。

第二，实行国家追诉主义，由检察官代表国家行使对犯罪分子的追诉权。除了少数属于轻微刑事犯罪的自诉案件外，刑事案件的受害人或者是案件的告发人必须向检察官告诉，对于不是终审判决的案件，检察官有独立的上诉权。

第三，废除指定辩护人制度，采用公设辩护人制度。指定辩护人制度是由司法机关指定律师为当事人辩护。由于被指定的律师没有报酬，所以出庭辩护时往往敷衍应付。为了保护刑事诉讼当事人的合法权利，由国家设专职人员为没有委托辩护人的当事人进行辩护。

第四，废除预审制度。根据该法，预审是侦查程序的组成部分，纳入侦查制度之内，不再单独规定。

第五，明确规定再审制度。“为受刑人利益起见，提起再审之案件，论知科刑之判决者，不能重于原判决所论之刑。”〔12〕

---

〔11〕　参见谢振民：《中华民国立法史》，中国政法大学出版社 2000 年版，第 1019～1021 页。

〔12〕　谢振民：《中华民国立法史》，中国政法大学出版社 2000 年版，第 728 页。

整体而言,《刑事诉讼法》的内容与形式趋于协调,法典的结构也更加合理,是对清末民初前三部刑事诉讼法律的发展。与1928年《刑事诉讼法》相比,1935年《刑事诉讼法》主要是增加了"保安处分"的实施办法。

南京国民政府还制定颁布了一系列单行诉讼法规,主要有《提审法》《各省高级军事机关代核军法案件暂行办法》《特种刑事案件诉讼条例》《特种刑事法庭审判条例》《反革命案件陪审暂行法》等。

(二)民事诉讼法及相关法律

以北洋政府的《民事诉讼条例》为蓝本,司法部于1928年拟定《民事诉讼法草案》五编,呈送国民政府交法制局审查后,送中央政治会议审议。1930年12月26日,国民政府制定并公布《民事诉讼法》第一编至第五编第三章,随着《民法》亲属编和继承编的颁布,至1931年2月13日《民事诉讼法》全部公布。此后,经过修订,于1935年2月1日颁布了第二部《民事诉讼法》,同年7月1日起实施。

1931年公布的《民事诉讼法》共600条,设有总则,第一审程序,上诉审程序,再审程序,特别诉讼程序五编。总则编分四章,分别为第一章法院,第二章当事人,第三章诉讼标的之价额及诉讼费用和第四章诉讼程序。第一审程序编分通常诉讼程序和简易诉讼程序两章。上诉审程序编分第二审程序、第三审程序和抗告程序三章。第四编再审程序下不分章。第五编特别诉讼程序分四章,分别为督促程序、保全程序、公示催告程序和人事诉讼程序。

1932年5月,南京国民政府公布《民事诉讼法施行法》(以下简称《施行法》)。该《施行法》共13条,内容主要规定了新法施行前民事诉讼案件适用旧法的情形以及新旧诉讼法在司法实践过程中的衔接问题。如该法第2条规定,"新法实施前系属之诉讼事件,其法院依新法有管辖权者,应有管辖权。其依新法无管辖权,而依旧法有管辖权者,仍有管辖权";第4条规定,"诉讼行为,新法定有期间者,其期间之进行,自新法施行日起算"。[13] 但新法施行前依旧法法定期间已进行者,其期间依旧法之所定第9条、第10条规定,新法施行前对于诉讼上之和解已提起再审之诉者,仍依旧法终结之新法施行前以请求之原因为正当之中间判决,仍得依旧法提起上诉。[14]《民事诉讼法施行法》总体上是关于新旧法适用的溯及力的规定,为规范民事诉讼法的实施奠定了制度基础。

南京国民政府颁布的民事诉讼特别法主要有两类:一是《民事诉讼法》规定的某一程序的施行细则,如《民事诉讼法》的关系法规《民事调解法》《提存法》《强制执行法》《公证法》《民事诉讼费用法》。二是非常时期对民事诉讼的某些程序根据实际情况所作的变通,一旦特定背景消失,其效力即行废止,如1940年7月公布的《非常时期民事诉讼法补充条例》、1945年12月公布的《复员后办理民事诉讼补充条例》。

二、司法机构

南京国民政府的司法审判机构分为三类,即普通法院、兼理司法法院和特种刑事法庭。

〔13〕 吴经熊编:《中华民国六法理由判解录编》,上海法学编译所1948年版,第1001页。
〔14〕 吴经熊编:《中华民国六法理由判解录编》,上海法学编译所1948年版,第1001页。

（一）普通法院

1932 年 10 月，国民党政府公布《法院组织法》，1935 年 7 月 1 日起施行，确立了南京国民政府普通司法机关三级三审的基本体制。根据该法的规定，法院分为三级，即地方法院、高等法院和最高法院。地方法院设在县或市，“但其区域狭小者，得合数县、市设一地方法院。其区域辽阔者，得设地方法院分院”。高等法院设在省或特别区或“首都”或院辖市。“但其区域辽阔者，应设高等法院分院。”最高法院设在国民党中央政府所在地。各级法院皆设院长及民事、刑事庭。庭设庭长和推事若干人，负责案件审判工作。该组织法还规定，各级法院内均配置检察机关，负责检察工作。最高法院设检察署，设检察长一人，检察官若干人。“其他法院及分院各置检察官若干人，以一人为首席检察官，其检察官员额仅有一人时，不置首席检察官。”

（二）兼理司法法院

依据 1944 年《县司法处组织条例》规定，“凡未设法院各县之司法事务，暂于县政府县司法处处理之”。司法处设审判官，由县长兼理检院官的检察职务，由审判官负责刑事民事案件的审判业务。

（三）特种刑事法庭

特种刑事法庭是国民党为了镇压革命，打击共产党员、革命人士及爱国民主人士专门设立的审判机构。1927 年 12 月，国民党政府公布《特种刑事临时法庭组织条例》。根据该条例的规定，在南京设立“特种刑事中央临时法庭”，各省市设立“特种刑事地方临时法庭”。1928 年 11 月，国民党威力镇压革命运动，决定由军法机关来执行此项职能，暂时裁撤特刑庭。1948 年 4 月，在国民党将要崩溃的情况下，又颁布《特种刑事法庭组织条例》。依该条例规定，又在南京设立“中央特种刑事法庭”，隶属于司法院，与最高法院等级相同，置庭长一人，审判官若干人，检察官一人至三人，主任书记官一人，书记官若干人。在司法行政部指定地点设高等特种刑事法庭，地位与高等法院相同，置庭长一人，审判官若干人，检察官一人至三人，主任书记官一人，书记官若干人。

此外，检察机关也是南京国民政府司法机构的重要组成部分。南京国民政府时期实行审检合一体制，检察机关设于审判机构内。审判机关中也设立相应的检察机关。最高法院设检察署，由检察官若干人组成，设一名检察长；高等法院和地方法院设检察官若干名，其中一名为首席检察官。检察官独立行使检察权。其职权包括：提起公诉；实行公诉；协助自诉；担当自诉；指挥刑事裁判的执行。

三、司法审判

南京国民政府建立之初，沿用北京政府时期的司法体制，实行四级三审制。中央设最高法院，地方分别设立高等法院、地方法院和初级法院。1930 年国民党中央政治会议第 231 次会议议决“《法院组织法》立法原则”，决定改变审判机构的四级制为三级制，取消“初级法院”的建制，实行三级三审制。根据这一决定，1932 年实施的《中华民国法院组织法》正式确立三级三审的诉讼体制。

第一，设立三级三审的司法审级制度。法院组织法规定，国民党政府的司法审级制度形式上为三级三审，即地方法院为第一审时，高等法院为第二审，最高法院为终审。当高等法院为第一审时，最高法院为终审。但实际上并非如此，在法院组织法规定此制度后，国民党政府又颁布了一系列单行法规，对此项制度进行限制或否定。如 1944 年 1 月公布的《特种刑事案件诉讼条例》规定："对于依本条例所为之判决不得上诉。"1948 年 4 月颁布的《特种刑事法庭审判条例》第 5 条规定："对于依本条例所为之裁判，不得上诉或抗告。"同时，在国民党司法实践中普遍实行"官无悔判"的原则，上级法院对下级法院的判决，一般不予改判。

第二，强调司法独立原则。南京国民政府吸收了资本主义的司法独立原则。宪法第 80 条规定："法官须超出党派以外，依据法律独立审判，不受任何干涉。"

法院组织法也规定，法官对"审判权之行使"，不受任何干涉。但实际上该原则在司法实践中时很难得到保障的。其一，就国民党与之关系来看，地方和高等法院院长、推事，由司法行政部任免，并受该部部长监督。司法行政部是行政院的一个单位，受该院领导。最高法院隶属司法院，是该院的一个机构。而行政院、司法院皆隶属于南京国民政府，该政府受国民党政治会议的指导和监督。其二，就国民党司法官员来看，依据法院组织法的规定，法院的推事在任职期间，要分批分期到特务组织控制的国民党司法行政部法官训练班受训，进行军事和党化教育，并在其中发展党员和特务组织。

第三，确认辩护制度。当时的刑事诉讼法第 27 条规定："被告于起诉后得随时选任辩护人。被告之法定代理人、配偶、直系或三亲等内旁系血亲或家长、家属，得独立为被告选任辩护人。"第 29 条又规定："辩护人应选任律师充之，但非律师经审判长许可者，亦得选任为辩护人。"从表面上看，被告都可以聘请律师，享有辩护权，其实不然。因为当时的律师绝大多数是以"捞钱"为目的，往往都要求高额律师费，普通老百姓是无法承受的，辩护制度在实践中无法真正落实。

第四，法外施法的特务机关。为了镇压国内革命，国民党除了司法制裁外，还实施特务统治。以"中统"和"军统"为代表的特务机构行使审判权，广泛采用法外制裁的方式，体现了司法审判的法西斯色彩。

四、废除领事裁判权

清末以来的领事裁判权严重侵害了中国的司法主权。1928 年 7 月，南京国民政府宣布废除领事裁判权，但当时未得到西方国家的承认。第二次世界大战中，中国作为参战国，为世界反法西斯斗争作出了巨大贡献和牺牲。1943 年 1 月，英美两国分别与中国政府签订了《关于取消在华治外法权及其有关特权的条约与换文》，此后又与其他相关国家签订协议，逐步废除了各国在华领事裁判权。

1949 年 2 月，中国共产党中央委员会发表《关于废除国民党的六法全书与确定解放区的司法原则的指示》，指出："在无产阶级领导的工农联盟为主体的人民民主专政的政权下，国民党的六法全书应该废除，人民的司法公正不能再以国民党的六法全书为依据，而应该以人民的新的法律文件作依据。"以国民党"六法体系"为基础的南京国民政府法律体系被彻底废止。

第七节　社会法律思潮

民国时期的知识分子是传统文化和近代文化的重要承载者，作为一个特殊的社会群体，近代知识分子一般都具有一定的传统国学根基，学习并吸收了西方文明成果。

一、章太炎的法律思想

章太炎（1869—1936 年），又名章炳麟，民国时期著名的国学大师，近代中国著名的史学家、思想家、革命家。他学贯古今，贯通中外，对政治与法律有独到的见解。

章太炎法律思想的重要内容是重视法治。在章太炎看来，法治是国家稳定繁荣的保证，认为，“以法律为诗书者，其治必盛，而反是者，其治必衰”[15]。章太炎此处所称“诗书”，意指中国历史的文化经典，“以法律为诗书”就是把法律视为经典，严格遵守。

章太炎推崇商鞅和法家，“赞扬先秦法家以法治国，执法严明，信赏必罚。比如：‘管子治齐，首主法律。以此创业垂统，则中主可持国矣’；商鞅、韩非‘不逾法以施罪，不劓民以任功’，‘政令出内，虽乘舆亦不得违法而任喜怒’”。章太炎认为，严法重刑有其合理性，因为这种重刑不以处罚百姓为目的，也不是为了迎合君主之意念，而是把重刑作为一种手段，保证法律的实施，以达到促进国家发展的目的。故章太炎引太史公的话称赞商鞅在秦国执政达到的理想效果：“行法十年，秦民大说，道不拾遗，山无盗贼，家给人足。”[16]

章太炎认为，制定法律应遵循的根本原则应是“法律者，因其俗而为之约定俗成，案始有是非之剂”[17]。所以，制定法律之时“当问是非，不当问利害，今以改律为外交之币，其律尚可说哉？”[18]章太炎不仅反对在中国照搬西方的法律制度，而且反对在中国恢复所谓汉唐盛世的法律，“汉、唐二律皆刻深，不可施行”[19]。他认为主张西法或汉、唐之律者都是不切实际。章太炎中意的法律则是人们经常忽视的五朝法律（魏、晋、宋、齐、梁），“求宽平无害者，上至魏，下讫梁，五朝之法而已”[20]。这五个朝代的法律虽然残缺不全，但“举其封略，则有损上益下之美；抽其条目，则有抑强辅微之心”。因此，他从“重生命”“恤无告”“平吏民”“抑富人”四个方面出发，主张“以五朝之法为主干，再略采它方诸律，彼此揉合，制定出既可‘庇民’又可‘持国’的好法律”[21]。时过境迁，古代的法律未必符合近代的社会现实要求。他意在说明，在制定新的法律时要综合参照传统法律，重视旧律与新律，采纳两者的合理之处，如谈及赎买制度时认为：“今

---

〔15〕　张国华编：《中国法律思想史新编》，北京大学出版社 1998 年版，第 359 页。

〔16〕　汤志钧编：《章太炎政论选集·商鞅》，中华书局 1977 年版，第 71 页。

〔17〕　章太炎：《章太炎全集·五朝法律索隐》，上海人民出版社 1985 年版，第 78 页。

〔18〕　章太炎：《章太炎全集·五朝法律索隐》，上海人民出版社 1985 年版，第 78 页。

〔19〕　章太炎：《章太炎全集·五朝法律索隐》，上海人民出版社 1985 年版，第 79 页。

〔20〕　章太炎：《章太炎全集·五朝法律索隐》，上海人民出版社 1985 年版，第 79 页。

〔21〕　张国华编：《中国法律思想史新编》，北京大学出版社 1998 年版，第 353 页。

世赎罪，其数至省，令人人可以自尽。是则贤于旧制者。因又滥及官吏，则不如旧律便。”[22]

章太炎主张立法必须“依俗而治之”“因时立法”“诸妄主新律者，皆削趾适屦之见，虎皮蒙马之形，未知法律本依习惯而生，非可比傅他方成典。故从前主张新律者，未有一人可用”[23]。对于那些主张革命成功之后立即实行新法，全盘引进西方法律的观点极力驳斥。对此，章太炎给出了自己的理由：“中国本因旧之国，非新辟之国，其良法美俗，应保存者，则存留之，不能事事更张也。”[24]

章太炎认为中国是一个有着悠久历史的国度，悠久的历史孕育了中国的现在，必须沿着历史的轨迹向前发展，所以思考中国的发展不能只向前看，还要时时向后看一下，这样才能更深刻地理解中国，找到合适的发展道路。对当时一些推崇美国、法国制度的观点，章太炎提出反对意见，指出中国与美国、法国的不同之处在制定制度的时候也要有不同考虑，“美为新建之国，其所设施，皆可意造，较中国易，无习惯为之拘束也；与法亦悬殊。法系破败之国，推翻一切。而中国则不然，如悉与习惯相反，必不能行”[25]。章太炎认为，我们在确立国家制度时，不能仅仅让制度“看起来很美”，也要追求它在现实社会适用中的价值；借鉴他人经验时不仅要关注“经验”本身的“美与否”，也要考察该“经验”生长的环境和我们土壤的相似度，依此来预测该“经验”可能的适应度。

章太炎不仅重视政治法律制度的建设，还提出要重视道德的建设。在《革命之道德》一文中，他在开篇就提出了法律与道德的重要性，“旷观六合之邦家，虽起废不常，盛衰相复，若其沦于异族，降为台隶者，则亦鲜有；有之，必素无法律政治与愚昧无知之民也”[26]。法律是国家的根本，有了法律，即使不能保国家长盛不衰，也能保国家不致覆亡。“中国之学术，章章如彼，其民不可谓愚。秦、汉以降，政虽专制，非无宪章著于官府，良治善法，足以佐百姓者，亦往往而有”。[27] 章太炎考究历史之后认为是道德问题所致，“吾于是知道德衰亡，诚亡国灭种之根极也”。[28] 而当时正值中国社会动荡之际，章太炎认为革命党人更应该有道德才能够赢得革命的胜利。

二、居正的法律思想

居正（1876—1951 年），字之骏，号觉生，又号梅川居士，湖北广济人。1905 年东渡日本，就读于法政大学。后追随孙中山加入中国同盟会。辛亥革命胜利后，就任南京临时政府内务次长。1932 年，居正代理司法院院长，并兼任最高法院院长，是中国近代有重要影响的政治活动家和法律思想家。

居正认为，“三民主义是国父集古今中外的学说之大成，并就古今中外的政治法律等制度

〔22〕 章太炎：《章太炎全集·五朝法律索隐》，上海人民出版社 1985 年版，第 85 页。
〔23〕 汤志钧编：《章太炎政论选集·宣言九》，中华书局 1977 年版，第 529 页。
〔24〕 汤志钧编：《章太炎政论选集·中华民国联合会第一次大会演说辞》，中华书局 1977 年版，第 532 页。
〔25〕 汤志钧编：《章太炎政论选集·中华民国联合会第一次大会演说辞》，中华书局 1977 年版，第 532 页。
〔26〕 汤志钧编：《章太炎政论选集·革命之道德》，中华书局 1977 年版，第 309 页。
〔27〕 汤志钧编：《章太炎政论选集·革命之道德》，中华书局 1977 年版，第 309 页。
〔28〕 汤志钧编：《章太炎政论选集·革命之道德》，中华书局 1977 年版，第 310 页。

而发明的一个伟大崇高的主义,继往开来,承先启后。纵的方面,继承尧舜禹文武以来先圣先贤一脉相传之道统;横向联合的方面,博采世界群哲的学说,更从而折衷斟酌之”。因此,“吾国以三民主义立国,所有一切政治经济司法之建设,胥以此为最高原则”。居正认为,法律“匪唯不得悖乎主义,尤应发挥主义之精神”[29]。1929 年,在居正等人的推动下,中国国民党“三全大会”通过了《确定总理遗教为训政时期中华民国最高根本法决议》,确立三民主义为一切建国工作的最高原则和立法方针,中华民国制定的一切法律法规都应该贯彻三民主义。“三民主义共和国,宪法上之开宗明义也。凡违反三民主义者,即违反宪法,违宪即国家之大罪人,国人皆曰可杀也。”[30]为了证明三民主义作为法治精神核心的合理性,居正提出了法律时空性观念。他认为,法律是“随时代环境的循变,而演成社会的反映物”,“某时某地所制定的法律,只能是适用于该时该地的社会生活,而某时某地的社会生活,又须遵守当时当地的法律”。居正显然是受到了社会法学派思想的影响。

居正倡导以法治国,认为“俾庄严灿烂之中华,成三民主义之法治国。”[31]。“吾国以三民主义立国,所有一切政治经济司法之建设,谓以此为最高原则。”他认为,“非厉行法治,不足以建设国家”[32],“现代政治与现代国家,莫不以法治为本”[33]。他既主张吸纳西方先进法律思想,又认为不能忽视宗教、习俗、道德的作用。

此外,居正重视本土因素在法律变革中的重要作用。居正在提及建立中华法系的原因时提到,综观世界各国的立法构建,在遵照法律学本身的原则以及世界发展的走向之外,另外需要考虑的重点在于本国之国情,包括本国之风俗习惯、传统习俗等。他分析了我国历来的家族本位与欧美个人主义的利弊,并对欧美彼时出现的“社会本位”思想进行考量,认为社会本位的范围难以确定,囿于一县或一地方则不切实际,放眼全世界则不能满足国家当时之真正需求。居正从孙中山先生的“三民主义”中的“民族主义”出发,提出“我们一方面不能像一盘散沙地自由,另一方面也不可以只知有家族而不知有国族”。[34]

思考题

1. 简评《中华民国宪法》。
2. 试析社会本位原则在《中华民国民法》中的体现。
3. 简析《中华民国民法》对中国固有法律传统的保留。
4. 简述章太炎法律思想。

---

〔29〕 罗福惠、萧怡编:《居正文集》,华中师范大学出版社 1989 年版,第 504 页。
〔30〕 罗福惠、萧怡编:《居正文集》,华中师范大学出版社 1989 年版,第 711 页。
〔31〕 参见罗福惠、萧怡编:《居正文集》,华中师范大学出版社 1989 年版,第 680 页。
〔32〕 罗福惠、萧怡编:《居正文集》,华中师范大学出版社 1989 年版,第 668 页。
〔33〕 罗福惠、萧怡编:《居正文集》,华中师范大学出版社 1989 年版,第 855 页。
〔34〕 参见居正:《为什么要重建中国法系》,载范忠信、尤陈俊、龚先砦编:《为什么要重建中国法系——居正法政文选》,中国政法大学出版社 2009 年版,第 312 页。

第二十一章　新民主主义革命时期人民民主政权的法律

本章要点

1. 新民主主义革命时期的立法思想。
2. 人民民主政权的主要法律。
3. 新民主主义革命时期的司法制度。
4. 马锡五审判方式。

新民主主义革命时期人民民主政权的法律是新民主主义革命时期中国共产党领导人民在革命根据地创建的,它揭开了中国法制史的新篇章。新民主主义革命时期的法律发展历经二十多年,主要可以分为四个历史发展阶段:萌芽阶段为中国共产党成立后至第一次国内革命战争时期(1921—1927 年);奠基阶段为工农民主政权时期(1927—1937 年);巩固发展阶段为抗日战争时期(1937—1945 年);全国胜利阶段为解放战争时期(1945—1949 年)。为适应政权建设和革命斗争的需要,不同的历史阶段法律发展的侧重点各有不同,各具特色。新民主主义革命时期民主政权的法律不仅为巩固民主政权、夺取革命胜利奠定了坚实基础,而且为中华人民共和国成立以后法律制度的建设提供了宝贵经验。

第一节　立法指导思想与立法活动

一、立法指导思想

(一)以马克思列宁主义为指导

新民主主义革命是马克思列宁主义的普遍原理同中国革命具体实践相结合的产物。马克思列宁主义是创建人民政权的思想基础,也为新民主主义革命时期的法制建设指引着方向。中共七大以后,马克思列宁主义与中国革命具体实践相结合的产物——毛泽东思想成为中国革命的指导思想,也成为其后的立法指导思想。

(二)人民利益至上原则

新民主主义革命时期人民民主政权的法律体现的是人民大众的意志和利益。以工农联盟为基础的人民大众是新民主主义革命的基础动力，人民大众的根本利益和要求就是人民民主政权法制发展的方向和目标。对人民实行民主，是人民民主法制的一个基本内容。新民主主义革命时期人民民主政权的法律，逐步建立了以人民代表大会为核心的政治制度，赋予了人民广泛的民主权利。

二、立法活动

新民主主义革命时期人民民主政权的法律在不同的历史发展阶段分别有不同的立法重点和立法特征。根据地人民民主政权为了适应人民革命战争不同时期形势发展的需要，进行了一系列的立法活动，制定和颁布了大量的法律、法令、条例、训令。

（一）中国共产党成立后至第一次国内革命战争时期（1921—1927 年）

1921 年 7 月，中国共产党第一次全国代表大会召开，宣告中国共产党诞生，自此，中国革命进入了一个崭新的历史时期。中国共产党成立以后，在 1921—1923 年先后通过了《中国共产党第一个纲领》《中国共产党第一个决议》《中国共产党第二次代表大会宣言》《中国共产党党纲草案》等文件，提出了革命统一战线的思想和反帝反封建的纲领。为了实现革命纲领，中国共产党进行了一系列立法运动，制定了各种具有人民民主主义性质的革命法规。如 1922 年中国共产党第二次代表大会决定在全国开展劳动立法运动，并制定了《劳动立法原则》和《劳动法案大纲》。1924 年第一次国共合作之后，中国共产党在第一次国内革命战争时期领导发动了轰轰烈烈的工人运动和农民运动。1925 年省港罢工委员会成立后，相继制定了《省港罢工委员会章程》《省港罢工工人代表大会会议规则》《省港罢工工人代表大会组织法》《省港罢工委员会组织法》等法规。在农民运动中，革命农民也通过了关于惩办土豪劣绅和贪官污吏、取缔高利贷等众多决议案，制定了如《湖南省民会议组织法》《江西省第一次全省农民代表大会组织法》等法规。1927 年，上海工人经过了三次武装起义后建立了上海市民代表大会和上海临时市政府，通过了《上海特别市市民代表政府组织条例草案》等法规。

（二）工农民主政权时期（1927—1937 年）

第一次国内革命战争失败后，中国共产党意识到了武装斗争的重要性，通过 1927 年党的“八七”会议纠正和结束了陈独秀的“右倾”投降主义，确立了土地革命和武装反抗国民党反动派的总方针。1927 年秋至 1928 年前后，中国共产党先后领导了一百多次武装起义，在全国范围内创建了众多革命根据地，建立了工农民主政权，各革命根据地制定了一系列法律、法令和法规，建立起工农民主政权的法制。1927 年至 1931 年，由于尚未形成统一的中央政权，各革命根据地的工农民主政权主要依据中共中央关于土地革命、武装斗争的路线、方针和政策制定地方性的法规，如地方政权组织法和土地法。1931 年至 1935 年，中华苏维埃共和国成立，统一了苏区法律制度，颁布了宪法大纲、政权组织法、选举法、土地法、劳动法、婚姻法、刑事法规和诉讼法规等一系列法律和法规，初步建立起新民主主义法律体系。1935 年至 1937 年，为了适应抗日民族统一战线的需要，中共中央和中华苏维埃共和国中央政府发布了改变选举权和被选举权，改变对富农、地主以及民族工商业资本家等多方面的重要政策和决定。

（三）抗日战争时期（1931—1945 年）

1931 年 9 月 18 日，日军在沈阳柳条湖发动侵华事变，不久就攻占了整个华北，之后陡然在天津、上海等地挑起战争。1937 年“七七事变”后，抗日战争全面爆发，抗日民族统一战线建立，国共两党实现了第二次合作。1937 年 9 月，原中华苏维埃共和国西北办事处更名为陕甘宁边区政府，同时，红军主力部队被改编为八路军、新四军，赴敌后开辟抗日根据地，建立抗日民主政权，确立了一系列抗日所必需的法律法规。1937 年至 1940 年，各抗日民主政权颁布了各自的施政纲领、选举法、政权组织法、法院组织条例、减租减息条例等，初步确立了根据地的大政方针。1941 年至 1942 年，在抗日战争最困难的时期，抗日民主政权充分发挥民主，健全革命法制，积极开展立法活动。包括实行三三制、人权保障条例、劳动保护条例、发展工业和商业以及文化教育的内容等，法律体系初具规模。1943 年至 1945 年，各根据地总结政权与法制建设经验，进一步完善了各项法律制度。抗日战争时期的民主法制建设继承和发扬了苏区法制的优良传统，并在内容和形式上形成了很多新经验，新民主主义法制建设日益巩固完善。

（四）解放战争时期（1945—1949 年）

抗日战争胜利后，解放区人民民主法制随着全国的政治形势和阶级关系的变化而不断发展。在全面内战未爆发之前，解放区人民政权继续实行抗日战争时期的政治法律制度，如继续实行“三三制”政权政策、减租减息政策等。除此之外，1945 年解放区人民政权还相继制定了如《苏中区惩治战争罪犯及汉奸暂行条例》《苏皖区惩治叛国罪犯（汉奸）条例》等有关刑事法规，以惩办汉奸卖国贼和日本帝国主义分子。1946 年 4 月，陕甘宁边区颁布了《陕甘宁边区宪法原则》，准备制定宪法。1946 年全面内战爆发后，解放区人民民主法制建设发生了一些变化。譬如，如停止了制宪工作；内蒙古解放区建立的民族区域自治政府开创了民族区域自治制度的先河；减租减息的土地政策变为没收地主土地分给农民的土地政策等。随着解放战争形势的发展，革命根据地由小变大，各个解放区迅速扩大，连成一片，先后建立大行政区的人民政府。与此相适应，各解放区制定或修订了宪法原则、施政纲领，从政权法制、土地立法、经济立法、刑事立法、劳动立法、婚姻立法、司法制度等各方面对人民民主政权法制进行充实和完善。例如，颁布了关于惩治战争罪犯、破坏土地改革罪犯、土匪罪犯、盗窃罪犯等刑事法规、法令；1947 年 10 月公布《中国土地法大纲》；1949 年 2 月颁布《中共中央关于废除国民党的六法全书与确定解放区的司法原则的指示》等。解放战争时期民主法制的建设为中华人民共和国成立之后的法制建设奠定了基础，指明了方向。

第二节 宪法性文件

一、第一次国内革命战争时期的宪法性文件

1921 年 7 月中国共产党成立以后，制定了早期的革命纲领，这些纲领是中国共产党为制定人民宪法而进行的探索。1921 年，党的第一次代表大会通过了《中国共产党第一个纲领》和《中国共产党第一个决议》。1922 年，中共中央发布了《中国共产党对于时局的主张》和《中国共产党第二次全国代表大会宣言》。1923 年 6 月，党的第三次全国代表大会通过了《中国共产

党党纲草案》。此后还有1925年第四次、1927年第五次党的代表大会决议案等。这些宪法性文件规定了党的长远奋斗目标、党的革命斗争任务、提出反帝反封建的革命纲领和保障人权的基本主张，基本内容可概括如下：

第一，提出党的革命纲领。《中国共产党第二次全国代表大会宣言》和若干重要决议案提出，党的最高纲领是“组织无产阶级，用阶级斗争的手段，建立劳农专政的政治，铲除私有财产制度，渐次达到一个共产主义的社会”。反帝反封建的革命纲领为“推翻国际帝国主义的压迫”，“打倒军阀”，统一中国为“真正民主共和国”而奋斗。

第二，实行民主政治，保障人民自由权利。如1922年《中国共产党对于时局的主张》提出采用无限制的普通选举制，保障人民结社、集会、言论、出版自由权，废止治安警察条例及压迫罢工的刑律。[1]

第三，实行男女平等的原则。如1923年《中国共产党党纲草案》第6条规定，公私法上男女一律平权；第18条又特别提到，女工与男工之工资待遇一律平等。

第四，改革财政经济制度。如《中国共产党第二次全国代表大会宣言》提出制定关于工人和农人以及妇女的法律，废除丁漕等重税，规定全国城市及乡村的土地税则。

第五，改良教育制度。推进教育普及，实行义务教育，教育和宗教分离。

第六，改革司法制度，废止肉刑。

中国共产党成立后及第一次国内革命战争时期颁行的纲领性文件，虽然内容并不完善，却宣告了新民主主义政治法律制度的开端，为人民民主法制的创建奠定了基础。

二、工农民主政权时期的宪法性文件

1927年党的“八七”会议后，中国共产党在全国范围内创建了众多革命根据地，建立了工农民主政权。各革命根据地根据自身的情况制定了一系列宪法性文件。如《江西省苏维埃临时政纲》《湘鄂赣边革命委员会革命政纲》《湖南省苏维埃革命政纲》《赣东北特区苏维埃政府施政大纲》《广州苏维埃宣言》等。1931年11月，第一次全国苏维埃代表大会在江西瑞金召开，宣告中华苏维埃共和国成立，通过了《中华苏维埃宪法大纲》；1934年，第二次全国苏维埃代表大会对《中华苏维埃宪法大纲》进行了修正。《中华苏维埃宪法大纲》是工农民主政权时期最具代表性的宪法性文件，共17条[2]，主要内容如下：

第一，确定了宪法的任务和工农民主专政的目的。“中华苏维埃共和国的基本法（宪法）的任务，在于保证苏维埃区域工农民主专政的政权和达到它在全中国的胜利。”工农民主专政的目的“是消灭一切封建残余，赶走帝国主义列强在华的势力，进行苏维埃的经济建设，提高无产阶级的团结力与觉悟程度，团结广大贫农群众在它的周围，同中农巩固的联合，以转变到无产阶级的专政”。

第二，确定苏维埃共和国的政权性质。《中华苏维埃宪法大纲》确定中华苏维埃共和国的

---

〔1〕参见张晋藩主编：《中国法制通史》（第十卷），法律出版社1999年版，第6页。

〔2〕参见韩延龙、常兆儒：《中国新民主主义革命时期根据地法律文献选编》，中国社会科学出版社1981年版，第12～16页。

政权性质是工农民主专政。“中华苏维埃所建设的,是工人和农民的民主专政国家。苏维埃政权是属于工人、农民、红色战士及一切劳苦民众的,在苏维埃政权下,所有工人、农民、红色战士及一切劳苦民众都有权选派代表掌握政权的管理。”“军阀、官僚、地主、豪绅、资本家、富农、僧侣及一切剥削人的人和反革命分子,是没有选举代表参加政权和政治上自由的权利的。”

第三,确定苏维埃政权的组织形式。与政权性质相适应,中华苏维埃共和国的政权组织形式为工农兵苏维埃代表大会。“中华苏维埃共和国之最高政权为全国工农兵苏维埃代表大会,在大会闭会期间,全国苏维埃临时中央执行委员会为最高政权机关,在中央执行委员会下组织人民委员会,处理日常政务,发布一切法令和决议案。”

第四,确定苏维埃公民的各项基本权利。《中华苏维埃宪法大纲》规定,在苏维埃政权领域内,工人、农民、红色战士以及一切劳苦民众和他们的家属,不分男女、种族、宗教,在苏维埃法律面前一律平等,皆为苏维埃共和国的公民。公民享有选举权和被选举权、劳动权、婚姻自由权、受教育权和信教自由权,少数民族享有民族自决权。《中华苏维埃宪法大纲》还宣布八小时工作制,规定最低限度的工资标准。取消一切反革命统治时代的苛捐杂税,征收统一的累进税。解放妇女,使其能“参加全社会政治的、经济的、文化的生活”。

第五,规定涉外政策的基本方针。《中华苏维埃宪法大纲》宣布,中华苏维埃政权不承认帝国主义在华的一切政治、经济特权,宣布一切与反革命政府订立的条约无效,否认反革命政府的一切外债。军事方面,“在苏维埃境内,帝国主义的海、陆、空军不允许驻扎”。经济方面,“帝国主义的租界、租界地无条件地收回,帝国主义手中的银行、海关、铁路、商业、矿山、工厂等,一律收回国有”。对于居住在苏维埃区域内从事劳动工作的外国人,“一律使其享有苏维埃法律所规定的一切政治上的权利”。

三、抗日战争时期的宪法性文件

为适应抗日战争形势的发展,1937 年 8 月 25 日,中国共产党公布了《抗日救国十大纲领》。各抗日民主政权根据该纲领,结合本地区的具体情况,先后制定和颁布了各自的施政纲领。其中影响较大的有:1939 年 4 月《陕甘宁边区抗战时期施政纲领》、1941 年 5 月《陕甘宁边区施政纲领》、1940 年 8 月《晋察冀边区目前施政纲领》、1941 年 9 月《晋冀鲁豫边区政府施政纲领》、1942 年 10 月《对于巩固与建设晋西北的施政纲领》以及 1944 年 2 月《山东省战时施政纲领》等。这些施政纲领具有抗日民主政权根本法的性质,其中,1941 年 11 月陕甘宁边区第二届参议会通过的《陕甘宁边区施政纲领》,在各根据地纲领中具有示范意义,是抗日战争时期具有代表性的宪法性文件。其主要内容如下:

第一,规定了抗日民主政权的总任务。《陕甘宁边区施政纲领》第 1 条便明确了抗日民主政权的总任务,即“团结边区内部各社会阶级、各抗日党派,发挥一切人力、物力、财力、智力,为保卫边区、保卫西北、保卫中国、驱逐日本帝国主义而战”。

第二,规定了抗日民主政权的性质。《陕甘宁边区施政纲领》明确规定,“坚持与边区境外友党友军及全体人民的团结,反对投降分裂倒退的行为”。“本党愿与各党派及一切群众团体进行选举联盟。”这些规定表明,抗日民主政权的性质是一切抗日阶级和党派反对日本帝国主义和汉奸的联盟,这与工农民主政权的性质是不同的。

第三,规定了抗日民主政权的民主政治制度。《陕甘宁边区施政纲领》第 5 条规定:“在候选名单中确定共产党员只占三分之一,以便各党各派以及无党派人士均能参加边区民意机关之活动与边区行政之管理。在共产党员被选为某一行政机关之主管人员时,应保证该机关之职员有三分之二为党外人士充任。”这就是抗日民主政权组织实行的“三三制”,即在政权机关的人员分配上,共产党员占三分之一,党外人士占三分之二。“三三制”的政权组织形式,对于保证共产党在政权中的领导地位,同时团结各党派及无党派人士,有着重要意义。

第四,保障抗日人民的各项基本权利。《陕甘宁边区施政纲领》“保证一切抗日人民(地主、资本家、农民、工人等)的人权、政权、财权及言论、出版、集会、结社、信仰、居住、迁徙之自由权”。此外,陕甘宁边区《施政纲领》还确定了保障人权的原则,规定“除司法系统及公安机关依法执行其职务外,任何机关、部队、团队不得对任何人加以逮捕审问或处罚,而人民则有用无论何种方式,控告任何公务人员非法行为之权利”;“改进司法制度,坚决废止肉刑,重证据不重口供”。除《陕甘宁边区施政纲领》确立了人权保障原则外,部分抗日民主政权还制定了保障人权的专门法规,如 1940 年《山东省人权保障条例》、1941 年《晋冀鲁豫边区保障人权的条例》、1942 年《陕甘宁边区保障人权财权条例》等。这些施政纲领和人权条例的出台,使抗日人民各项基本权利得到了切实的法律保障。

第五,规定了有利于团结抗战的经济政策。《陕甘宁边区施政纲领》号召发展经济,确定了一系列有利于团结抗战的经济政策。农业方面,“发展农业生产,实行春耕秋收的群众动员,解决贫苦农民耕牛、农具、肥料、种子的困难”。“在土地已经分配的区域,保证一切取得土地的农民之私有土地制,在土地未分配区域,保证地主的土地所有权及债权……政府对东(地主)佃(雇农)关系及债务关系加以合理的调整。”工业与商业方面,“发展工业生产与商业流通,奖励私人企业,保护私有财产,欢迎外地投资,实行自由贸易,反对垄断统制,同时发展人民的合作事业,扶助手工业的发展”。此外,《陕甘宁边区施政纲领》还规定了调解劳资关系,实行十小时工作制、实行合理的税收制度等经济政策。

抗日战争时期抗日根据地政权的施政纲领在抗日民族统一战线的基础上紧紧围绕着抗日、团结、民主的中心任务,促进了各地政治、经济、文化的发展,为抗战胜利作出了巨大的贡献。

四、解放战争时期的宪法性文件

在解放战争时期,要求和平、捍卫革命胜利果实成为全国人民的迫切愿望。边区政府为了适应新的形势和任务,在解放战争的不同阶段,制定了大量符合需要的宪法性文件,如 1946 年 4 月《陕甘宁边区宪法原则》、1945 年 9 月《晋察冀边区行政委员会施政要端》、1945 年 12 月《苏皖边区临时行政委员会施政纲领》、1946 年 8 月《东北各省(特别市)民主政府共同施政纲领》、1947 年 4 月《内蒙古自治政府施政纲领》、1948 年 8 月《华北人民政府施政方针》、1949 年《中共中央关于废除国民党的六法全书与确定解放区的司法原则的指示》等。除了宪法原则、施政纲领或施政要端,中国人民解放军根据革命战争发展的要求,按照中共中央的战略决策发布的宣言和布告也是解放区宪法性文件的来源。《陕甘宁边区宪法原则》、《中国人民解放军宣言》、《中国人民解放军布告》、《华北人民政府施政方针》以及《中共中央关于废除国民党的六法全书与确定解放区的司法原则的指示》等，是这一时期具有代表性的宪法性文件。

（一）《陕甘宁边区宪法原则》

《陕甘宁边区宪法原则》由1946年4月召开的陕甘宁边区第三届参议会第一次会议通过，是解放战争初期具有代表性的宪法文件。该文件共分为五个部分26条，主要内容如下：

第一，政权组织方式方面，由抗日战争时期的“三三制”逐步过渡到“议行合一”的人民代表会议制度。规定边区、县、乡人民代表会议为人民管理政权机关；人民普遍直接平等无记名选举各级代表，各级代表会议选举政府人员；各级政府对各级代表会议负责，各级代表对选举人民负责；乡代表对各级政权有检查、告发及随时建议之权，每届选举时则为大检查；各级代表会议每届大会应检查上届大会决议执行的情况；各级政府人员，违反人民的决议或怠于职务者，应受到代表会议的斥责或罢免，乡村则由人民直接罢免等。

第二，人民权利方面，规定人民在政治上行使各项自由权利，受政府的指导和物质帮助。政府应该减租减息与交租交息，改善工人生活与提高劳动效率，大力发展经济建设、救济灾荒、扶养老弱贫困，保证人民免于经济上的偏枯与贫困；实行免费的国民教育和高等教育，优等生受到优待，同时普施为人民服务的社会教育、发展卫生教育与医疗设备，保证人民免于愚昧及不健康。人民享有武装自卫的权利。边区人民不分民族，一律平等。妇女除与男子平等外，其特殊利益也得到照顾。

第三，司法制度方面，改变以往司法工作由政府直接领导的做法，提出司法机关独立行使职权的原则。规定各级司法机关独立行使职权，除服从法律外，不受任何干涉；除司法机关、公安机关依法执行职务外，任何机关、团体不得有逮捕审讯的行为；人民有不论用任何方法控告失职的任何公务人员之权；对犯人采用感化主义。

第四，经济方面，确立“耕者有其田”的制度，保障劳动者有职业，企业者有发展的机会；用公营、合作、私营三种方式组织所有的人力、资力为促进繁荣、消灭贫穷而斗争；欢迎外来投资，保障其合理利润；设立职业学校，培养技术人才；有计划地发展农工矿各种实业。

第五，文化卫生方面，规定应普及并提高一般人民之文化水平，消灭文盲，减少疾病与死亡现象；保障学术自由，致力科学发展。

《陕甘宁边区宪法原则》既是边区政府的施政纲领，也为起草边区宪法提供了指导。边区政府根据该宪法原则，于1946年拟制了《中华民国陕甘宁边区自治宪法草案》。后因内战全面爆发，制宪工作被迫停止。

（二）《中国人民解放军宣言》和《中国人民解放军布告》

1947年10月10日，中国人民解放军根据党中央的战略决策，发布了《中国人民解放军宣言》，宣言提出了“打倒蒋介石，解放全中国”的口号，概括了中国共产党在当时历史阶段的基本任务和奋斗目标，其主要内容有：(1)联合工农兵学商各被压迫阶级、各人民团体、各民主党派、各少数民族、各地华侨和其他爱国分子，组成民族统一战线，成立民主联合政府；(2)逮捕、审判和惩办内战罪犯；(3)废除独裁制度，实行人民民主制度，保障人民言论、出版、集会等各项自由；(4)废除腐败制度，肃清贪官污吏，建立廉洁政治；(5)没收四大家族和其他首要战犯的财产，没收官僚资本，发展民族工商业；(6)废除封建剥削制度，实行耕者有其田的制度；(7)承认中国境内各少数民族有平等自治的权利；(8)否认独裁政府的一切卖国外交，废除一切卖国条约,否认“内战”期间蒋介石所借一切外债,同外国订立平等互惠通商友好条约,联合世界一切以平等待我之民族共同奋斗。

1949 年 4 月 25 日,为了配合中国人民解放军的顺利进军,毛泽东和朱德发布了《中国人民解放军布告》,其主要内容包括:(1)宣布对国民党军政人员区别对待,对于所有国民党政府大小官员,凡不持枪抵抗、不阴谋破坏者,一律不加俘虏,不加逮捕,不加侮辱;(2)规定要有准备、有步骤地废除农村的封建土地所有制;(3)规定了保护人民合法权益的具体措施;(4)规定要保护外国侨民生命财产的安全。

(三)《华北人民政府施政方针》

随着解放战争的顺利推进,各解放区得到迅速发展,纷纷召集人民代表会议,选举成立人民政府。1948 年,原晋察冀边区与原晋冀鲁豫边区合并成立了华北人民政府,并通过了《华北人民政府施政方针》。其主要内容为:

第一,规定了华北人民政府的主要任务,即继续进攻敌人,为解放华北而奋斗,继续以人力、物力、财力支援前线,以争取人民革命在全国的胜利;有计划、有步骤地进行各种建设工作,恢复和发展生产;继续建设为战争和生产建设服务的民主政治,继续培养为战争和生产建设服务的各种干部,参加各种建设工作,以奠定新民主主义新中国的基础。

第二,军事方面,规定要继续消灭国民党反动派残留在华北的军事力量,进一步配合全国人民解放军的胜利进攻;继续建设和建全人民武装组织;继续加强边沿区、接敌区的游击战争;自觉地、有计划地配合主力,主动打击敌人,保田、保家、保粮、保丁;继续发挥地方兵团、游击队、武工队高度对敌坚决斗争的精神;继续动员华北的人力、物力、财力,更有计划地、有效率地支援前线。

第三,政治方面,整顿区村组织,建立各级人民代表会议制度。强调在各级人民代表大会及人民政府,特别是县以上的决策和行政机构中,必须使工人、农民、独立劳动者、自由职业者、知识分子、自由资产阶级和开明绅士,尽可能地参加进去。规定华北人民政府应提高行政效率,加强行政能力,严格执行行政纪律,反对地方主义和山头主义。厉行简政便民政策,保障人民合法的民主自由权利,包括言论、出版、集会、结社、信仰、迁徙、旅行等自由,保障人民的身体自由和安全以及政治权利。贯彻男女平等原则,提高妇女在政治生活和社会生活中的地位,发挥妇女在经济建设上的积极性。禁止买卖婚姻,男女婚姻自由自主,任何人不得干涉。贯彻民族平等原则,保障居住在华北解放区内的蒙、回以及其他少数民族,在政治、经济、文化等方面与汉族享有平等权利,尊重蒙、回民族的宗教信仰和风俗习惯。外国人在华北解放区居住或游历者,只要尊重中国主权和遵守华北人民政府法令,一律加以保护。

第四,经济方面,努力恢复和发展农业生产。在土地改革业已完成的地区,应发放土地证,确定地权;土地改革尚未完成的地区,应适当调节土地。在发展生产、繁荣经济、公私兼顾、劳资两利的总方针下努力发展工商业:国营工业应该领导私营企业;在国营经济外,应该有计划、有系统、有步骤地组织供销合作社,促进小生产者的生产。改革税制,整顿税收。在土地改革已经完成的区域一律废除农业统一累进税,实行按土地常年应产量计算的比例负担制。工商业税以不妨碍一切有益于国民生计的工商业发展为原则。严禁任何人以任何名目摊派募捐,强迫慰劳等非法行为。

第五,文化教育和卫生保健方面,整顿各级学校教育,根据必要性和可能性,建立各种正规教育制度。继续加强社会教育,以提高人民大众的文化水平和政治觉悟。推广卫生行政,团结中西医,减少人民的疾病和死亡。建立广泛的统一战线,团结和教育一切知识分子,共同为华北解放区的建设服务。

《华北人民政府施政方针》是解放战争后期具有代表性的宪法性文件,为其他解放区的法制建设提供了经验。

(四)《中共中央关于废除国民党的六法全书与确定解放区的司法原则的指示》

1937年抗日战争全面爆发,国共实行了第二次合作。各抗日民主政权与陕甘宁边区政府在名义上都隶属于国民政府,并接受南京国民政府的"六法"体系。随着抗日战争和解放战争的胜利,新民主主义法制建设的发展不断完善。1949年2月,中国共产党中央委员会专门发布了《中共中央关于废除国民党的六法全书与确定解放区的司法原则的指示》,宣布"国民党的六法全书应该废除,人民的司法工作不能再以国民党的六法全书为依据"。该指示指出,六法全书的实质是保护地主与买办官僚资产阶级反动统治的工具,是镇压与束缚广大人民群众的武器。虽然在抗日战争时期,各根据地曾经个别地利用国民党法律中有利于人民的条文来保护与争取人民群众的利益,但是六法全书不是解放区能适用的法律,在无产阶级领导、工农联盟为主体的人民民主专政的政权下,人民司法工作应该以人民制定的新法律作为依据,在人民的新法律尚未系统发布以前,应该以共产党政策以及人民政府与人民解放军已发布的各种纲领、法律、条例、决议作为依据。该指示还要求各司法机关要学习和掌握马克思列宁主义、毛泽东思想的国家观、法律观及新民主主义的政策、纲领、法律、命令、条例、决议,并以此教育和改造司法干部。

解放战争时期,解放区的各个宪法性文件最终走向统一,发展为1949年制定的《中国人民政治协商会议共同纲领》。最终,国民党的法律、法令和司法制度被废除,保护人民的法律、法令以及人民司法制度建立起来,新民主主义革命时期民主政权的法律建设取得了胜利。

第三节 刑事法律

我国新民主主义革命的刑事法规,最早产生于第一次国内革命战争时期的工农运动中,以及国民政府为促进国内革命斗争而制定的某些刑事立法中。[3] 新民主主义革命过程中,中国共产党和革命人民十分重视刑法的建设。刑事法律随着革命形势的发展变化而不断发展完善。

一、第一次国内革命战争时期的刑事法律

第一次国内革命战争时期的刑事立法主要包括惩治反革命犯罪、破坏反帝罢工罪及惩治

〔3〕 张晋藩主编:《中国法制通史》(第十卷),法律出版社1999年版,第77页。

土豪劣绅等有关规定。惩治反革命罪最早源于省港罢工运动中关于间谍侦探罪的规定,1925年11月15日《会审处办案条例》规定,“侦探罢工消息报告敌人者”作为重要罪犯,解送“特别法庭”审判。该规定将帝国主义派遣的间谍侦探认定为重要反革命分子。农民运动兴起后,反革命罪得到了进一步发展。1927年1月《湖南省惩治贪官污吏暂行条例》规定:“勾结帝国主义军阀,为反革命行为,或反抗革命运动者,处死刑或无期徒刑,并没收其财产。”1927年3月《湖北省惩治土豪劣绅暂行条例》规定:“反抗革命或阻挠革命及作反革命宣传者”,“处死刑或无期徒刑,并得没收其财产”。最终,1927年武汉国民政府公布了《国民政府反革命罪条例》,运用刑事立法,对反革命罪进行正式确认。

破坏反帝罢工罪最早由1925年省港工人代表大会公布的《会审处办案条例》规定,是为了满足工人运动的需求而产生的,对于坚持长期反帝大罢工有着重要作用。除此之外,1927年农民运动发展到高潮时,土豪劣绅勾结反动军僚军匪,组织反革命团体进行破坏活动。为了打击土豪劣绅,1926年年末至1927年年初,湖南省制定了《湖南省惩治土豪劣绅暂行条例》;1927年3月,湖北省也制定了《湖北省惩治土豪劣绅暂行条例》。惩治土豪劣绅条例规定了“土豪劣绅”的定义及其主要罪行。“土豪劣绅”指凭借政治、经济、门阀身份以及一切封建势力或其他特殊势力,在地方犯有条例所规定的十一项罪行的人。对于土豪劣绅,根据其罪行轻重分别规定了各种刑罚,主要刑种有死刑、无期徒刑、有期徒刑、罚金、剥夺公权、没收财产、拘役。

二、工农民主政权时期的刑事法律

为了保卫和巩固新生的革命政权,镇压反革命的破坏活动,工农民主政权以惩治各类反革命行为为主要宗旨,颁布了一系列惩治反革命犯罪的刑事法规,如1930年《闽西苏维埃政府布告——惩办反革命条例》《鄂豫皖区六安县肃反条例》,1932年《湘赣省苏区惩治反革命犯暂行条列》等。1934年颁布的《中华苏维埃共和国惩治反革命条例》在全苏区适用,是这一时期最具有代表性的刑事法规。在惩治反革命犯罪的宗旨下,工农民主政权时期的刑事法律在立法原则、犯罪种类、刑法制度上都有其自身的特点。

工农民主政权在刑事立法的过程中需遵循以下原则:(1)不平等原则,按阶级成分定罪量刑。这一原则深受王明“左”倾机会主义路线的影响,违背了法律面前人人平等的原则。(2)分清首要和附和,实行区别对待的原则。严肃与谨慎相结合,正确区分敌我界限,对于政治异己分子,争取多数,打击少数;坚持首犯从重,附和从轻的原则。这有利于争取拥护者,解决打击面过宽的问题。(3)罪刑法定和类推原则。根据地的刑事法律基本贯彻罪刑法定原则,并实施类推原则。《中华苏维埃共和国惩治反革命条例》规定,“凡本条例所未包括的反革命行为,得按照本条例类似的条文处罚之”。(4)对自责、自新、自首者减免刑罚原则。这一原则对于分化和瓦解敌人,争取自首自新者具有重要意义。(5)废止肉刑原则。苏维埃中央政府明令宣布废止肉刑,对犯罪者实行革命人道主义原则。(6)罪责自负,反对株连的原则。1930年《闽西苏维埃政府裁判条例》规定:“刑法只及罪犯人本身,不得株连家属。”1930年6月《六安县第六区肃反条例》规定:“凡犯以上各条之罪者,其家属若无反动情形又无剥削压迫者,不得株连。”

工农民主政权的刑事法律规定的犯罪种类主要有两种，反革命罪和一般形式犯罪。其中，反革命罪是与该时期的形势发展需求紧密相关的。一般刑事犯罪是指不具有反革命目的的犯罪。以此区分，反革命犯罪有两个必要构成要件：一是反革命行为所危害的客体是革命根据地的苏维埃政权及工农民主革命所得到的权利；二是反革命的主要目的是意图保持或回复旧阶级的反动统治。[4]

工农民主政权的刑罚主要可以分为七种，散见于中央和各地的刑事法规中：(1)死刑。为了严厉打击反革命犯罪，死刑多适用于地主豪绅中的反革命分子及杀人犯。(2)监禁，或称有期徒刑。《中华苏维埃共和国惩治反革命条例》规定最高刑期为十年，最低刑期为六个月。监禁期自逮捕之日起算。(3)拘役和强迫劳动。拘役一般是"一月未满，一日以上"。强迫劳动最短为三日，最长不得超过一年。(4)褫夺公权。是指剥夺参加政权、群众组织、选举、充当红军的资格和权利。适用于被处于监禁以上的罪犯，多数作为附加刑，有时也作为独立刑。(5)没收财产。一是没收犯罪所用、所得之物；二是没收犯罪者本人财产的一部或全部。(6)驱逐出境。将反革命分子赶出苏区。1930 年闽西《裁判条例》、1932 年《中华苏维埃共和国国家政治保卫局组织纲要》中都有对"驱逐出境"的规定。(7)罚金。对犯罪分子可以罚金，在苏区大多作为单独刑使用。如闽西《禁止私人收买金银首饰》的布告中规定了"处以十倍以上罚金"的条款。

三、抗日战争时期的刑事法律

抗日战争时期，为了同汉奸以及其他破坏抗战的罪犯作斗争，保卫抗战的顺利进行，各边区政府制定了大量的刑事法规。主要有：1939 年《抗战时期惩治汉奸条例》《抗战时期惩治盗匪条例》《惩治贪污条例》《禁烟禁毒条例》，1941 年《破坏金融法令惩罚条款》《禁止敌伪钞票暂行办法》，1942 年《破坏坚壁财物惩治办法》《汉奸财产没收处理暂行办法》，1945 年《汉奸自首自新暂行条例》等。1942 年，陕甘宁边区还起草了《刑法总则草案》。这一时期刑事立法追求民族利益至上，扩大了调整范围，在立法原则、犯罪种类以及刑罚制度方面都有重要的发展。

为适应抗战时期刑法任务的变化，抗日民主政权对刑事立法的方针和原则进行了一定的调整。其一，实行镇压与宽大相结合的原则。中共中央于 1942 年 11 月发布了《关于宽大政策的解释》，表明"镇压与宽大是必须同时注意，缺一不可的"，"对敌人、汉奸及其他一切破坏分子等，在被俘被捕后，除坚决不愿改悔者外，一律实行宽大政策，予以自新之路"。该原则有利于区别对待，分化瓦解敌对分子，但是在实行过程中应注意区分首要分子和胁从分子，对于主要分子要着重镇压惩办，对于胁从分子则给予宽大政策。其二，实行法律面前人人平等的原则。与苏维埃时期刑法适用不平等原则相反，各抗日民主政权的刑事立法纠正了极"左"的倾向，始终贯彻法律面前人人平等的原则。如晋冀鲁豫边区《暂行司法制度》规定："在人民法庭上，不论贫富男女，一律平等，没有等级。"其三，实行感化教育原则。1941 年陕甘宁边区高等法院《对各县司法工作的指示》指出"教育争取已经违反法律的犯罪行为人"。

抗日战争时期刑事法律法规主要可以分为两大类：一类规定特种刑事犯罪或重大刑事犯

[4] 参见马作武编：《中国法制史》，中国人民大学出版社 2016 年版，第 230 页。

罪,包括汉奸罪、盗匪罪、破坏坚壁财物罪、妨害军事罪、烟毒罪、贪污罪等;另一类规定普通刑事犯罪,包括杀人罪、伤害罪、盗窃罪、侵占罪、妨害家庭婚姻罪等。其中,汉奸罪、盗匪罪、妨害军事罪、破坏坚壁财物罪为重点惩治危害抗战和边区秩序的犯罪,与当时的革命任务紧密相关。

汉奸罪。又称叛国罪,抗日战争胜利前后,有的地区将其中的一些罪恶严重者定为战争罪犯。为了惩治汉奸,抗日战争时期颁布了众多与汉奸罪相关的法律。如1937年《陕甘宁边区锄奸委员会组织条例》、1939年《抗战时期惩治汉奸条例(草案)》、1943年《晋察冀边区处理伪军伪组织人员办法》、1944年《处理汉奸军事间谍办法》、1945年《苏中区惩治战争罪犯及汉奸暂行办法》等,对汉奸罪的罪行和惩治办法进行了较为全面的规定。

盗匪罪。抗战初期,各地匪患猖獗,治安混乱,为保护边区人民生命财产安全,维护边区秩序,各根据地抗日民主政府颁布了许多惩治盗匪犯罪的规定。凡以抢劫为目的,聚众持械抢劫,暴力抢夺他人财物,掳人勒赎,藏匿贩运及买卖军火,窝藏分赃,伤毙人命,趁机强奸妇女,纵火焚烧房屋,破坏阻塞交通,抢夺武器,勾结军队为匪等行为,均构成盗窃罪。

妨害军事罪。1942年《危害军队及妨害军事工作治罪暂行条例》规定,凡以破坏边区为目的捕杀抗日军人及军属,煽惑抗日军人逃判通敌者;组织暴动、捣毁机关,抢劫军用品、公物者;趁战争混乱迫害军队伤病员者;组织鼓动群众破坏军事者;经常制造谣言破坏抗日军队之威信、抗日秩序及主动挑拨离间军民关系者;殴打辱没抗日军人,趁危急状况对军人进行非法要挟者;偷盗军用器材者,均构成妨害军事罪。

破坏坚壁财物罪。这是抗日战争时期特有的罪名。坚壁清野财物是指"因防止敌寇汉奸之破坏与抢夺而移藏于地窖山沟以及其他隐蔽处之衣被粮秣公文器具等类之一切公私财物与用土石堵塞的建筑物"。打击破坏坚壁财物罪,对于保障反扫荡的胜利、保护边区财力物力,有着重要的作用。

这一时期的刑罚主要分为主刑和从刑两类。主刑包括死刑、无期徒刑、有期徒刑、拘役、教育释放、当庭训诫。从刑包括褫夺公权、没收财产、罚金。此外,在刑罚执行方面,还规定了缓刑和假释制度。

四、解放战争时期的刑事法律

解放战争时期刑事立法的首要任务是摧毁一切反革命组织,惩办反革命罪犯,以保障人民解放战争的顺利进行。解放区的刑事法律在刑事罪名和刑罚制度方面具有特色。

1947年《中国人民解放军宣言》明确提出:"逮捕、审判和惩办以蒋介石为首的内战罪犯。"1948年《惩处战争罪犯命令》对于战争罪犯的各项罪行和惩治措施作了具体的规定。惩办战争罪犯和反革命分子要遵循"首恶者必办,胁从者不问,立功者受奖"的原则。

解放战争时期反动组织的破坏行动,严重威胁了人民的人身财产安全,镇压反革命罪犯成为解放区主要的任务之一。各种反革命分子和反革命组织如反动党团和特务组织、土匪、恶霸分子、反动会道门的首要分子,都是严厉打击的对象。1947年10月《中国土地法大纲》规定:"对于一切违抗或破坏本法的罪犯,应组织人民法庭予以审判及处分。"根据此规定,各解放区政府制定了有关破坏土地改革的治罪法规。如1948年《晋冀鲁豫边区破坏土地改革治罪暂行条例》对蓄意破坏土地、企图妨碍土地财产公平分配等破坏行为进行了规制,制定了相应的惩治措施。解放战争时期,人民民主政权在刑罚制度方面取得新的突破,创制了一个新刑种——管制,即对反动党团各级负责人员进行登记后,对其中少数分子"实行管制,每日或每星期须向指定的机关报告其行动"。该刑种充分发动群众对敌人实行改造,是人民民主法制的创新。

第四节 民事经济法律

一、婚姻家庭法律

中国共产党早期的政纲中,有很多关于妇女解放和婚姻家庭制度的基本原则。例如,1922年《中国共产党对于时局的主张》提出"承认妇女在法律上与男子有同等的权利";1923年《妇女运动决议案》规定"结婚离婚自由",同年中国社会主义青年团第二次代表大会决议案中又提出"反对蓄婢,反对买卖人口,反对纳妾及重婚,反对童养媳的恶俗"的主张。这些原则性规定对于婚姻家庭制度的改革具有重要指导意义。第一次国内革命战争时期关于婚姻家庭制度的规定更加具体全面了。

1927年《上海特别市临时市政府政纲草案》明确规定,"保障结婚离婚自由,废除童养媳及奴婢纳妾制度,改良计良所","设立育儿院,保护私生子,并使无力养育儿女或母亲工作关系须暂寄儿女者,得享此育儿院得权利"。1926年、1927年湖南省农民代表大会和江西省农民代表大会都通过的《农村妇女问题决议案》规定,"严禁虐待女孩及溺毙女婴,反对恶姑残害媳妇丈夫虐待妻子,禁止童养媳,反对虐待童养媳,禁止妇女缠足、穿耳等恶习","反对买卖婚姻,取消聘金制度。婚姻须得女子之同意,再婚妇在社会上须一律待遇,不得蔑视"。

随着工农民主政权的建立,新的婚姻关系开始形成,婚姻家庭立法得以进一步发展。该时期婚姻家庭立法的发展以中华苏维埃共和国临时政府的成立为分界,前期主要是摧毁封建主义婚姻制度,初步制定有关婚姻制度的基本原则。中华苏维埃临时中央政府成立以后,1931年制定了《中华苏维埃共和国婚姻法》,后期的婚姻立法则以此为依据。工农民主政权时期婚姻立法的主要内容如下:(1)确立婚姻制度的基本原则为实行男女婚姻自由,禁止包办买卖婚姻;实行一夫一妻制,禁止重婚纳妾;重视保护妇女儿童的合法权益,把因离婚而引起的义务和责任,更多地交由男方承担。(2)规定结婚的要件。结婚的实质要件是:男女结婚必须双方自愿;双方必须达到法定年龄;必须符合一夫一妻制;无禁止结婚的血族关系;无禁止结婚的疾病。结婚的形式要件是必须到乡苏维埃或城市苏维埃进行登记,领取结婚证。(3)关于离婚的规定。确立离婚自由原则,规定离婚须向乡苏维埃或市区苏维埃登记。离婚后男女双方各自处理婚前的财产和债务,婚后财产由男女双方及子女按人口平分。婚后所负的共同债务,由男方负责清偿。离婚后女方如未再婚,并缺乏劳动力或没有固定职业,男子须给予帮助。子女的抚养权由女方决定,抚养费由男方承担三分之二。对年长的子女要尊重其本人的意见。保护非婚生子的合法权益。(4)保护军婚。规定红军战士之妻要求离婚的,必须征得其夫同意。

在通信方便的地方，经过两年其夫无信回家者的，在通信困难的地方，经过四年其夫无信回家的，其妻才可以向当地政府请求登记离婚。

抗日战争时期的婚姻立法，在继承工农民主政权时期婚姻立法的同时，参考民间习惯和国民政府婚姻法规中的内容，结合具体情况，作了一定的调整，更加成熟和灵活。主要内容如下：(1)实行男女平等原则。在坚持原有原则的基础上，提出男女平等原则。如《陕甘宁边区抗战时期施政纲领》规定"实行男女平等，提高妇女在政治上、经济上、社会上的地位"。(2)增加了关于婚约的规定。规定婚约应由男女当事人自行自愿订立，男未满十七岁，女未满十五岁不得订立婚约。婚约订立之后除出现规定的情形，否则不能随便解除。解除婚约应向县区政府提出请求，并规定无过失一方得向有过失一方请求赔偿其因此所受的损失。(3)结婚条件的变化。各地根据具体情况制定了不同的最低结婚年龄限制，而且与工农民主政权时期的结婚年龄相比有明显的下降趋势。亲属间的结婚限制更加严格。(4)离婚后有关财产处理和子女抚养的规定更加合理。规定离婚后，夫妻双方在共同债务原则上共同负责处理。在婚后子女抚养的问题上，由主要由男方承担责任转变为以一切有利于子女为原则。(5)保护抗日军人的婚姻。更加严格地保护抗日军人的婚姻。凡抗日军人之配偶，除确知其丈夫已经死亡、逃跑和投敌之外，未经抗日军人的同意，不得离婚。妻子请求离婚时，政府和司法机关应尽力说服。坚决不同意者，则按照年限的规定，准予离婚。对于破坏抗日军人婚姻的犯罪行为，规定了相应的刑罚处罚。

解放战争时期的婚姻家庭制度基本上沿用抗日战争时期的婚姻法规，但针对一些新出现的问题，在离婚的条件、干部婚姻、军人婚姻等方面有不少新规定。(1)对城市婚姻问题的处理政策。针对城市部分人对婚姻自由的误解和歪曲，解放区人民政府重申各根据地曾颁布的妨害婚姻治罪条例仍然有效。凡挑拨他人夫妻不和而鼓动离婚者，或与有配偶的人通奸者，如一方告发，证据确实，得处一年以下有期徒刑，并酌处罚金。对城市离婚后的财产处理，法律也作了具体规定。(2)离婚的阶级条件。各解放区法律针对因阶级地位、社会成分、政治思想观点不同而造成的感情意志根本不合等离婚的问题作了相应的规定，原则上不准许因上述原因提出的离婚要求。[5] (3)干部离婚的原则和程序。干部离婚必须遵照"夫妻感情意志根本不合"的标准。对于一方坚持离婚，另一方坚持不离的情况，应进行调解，并批评教育有过错的一方，限期改正。对以威胁、利诱、欺骗等手段制造离婚理由的，原则上不准离婚。在离婚后的财产分割上应该照顾非干部一方。对于干部离婚的具体程序，各解放区也作了相应的规定。对于干部提出离婚的，一律向被告所在地之县政府提出。自愿离婚也必须向县政府申请。当事人须服从县政府的判决，不服判决可以上诉。

二、土地法律

中国是农业大国，农民占全国人口的绝大多数。因此，土地问题是新民主主义革命时期民主政权不可回避的重要问题。党在不同的历史时期制定了相应的土地政策，颁布相关的土地法律法规，土地立法相关的内容十分丰富。

---

〔5〕 张晋藩主编：《中国法制通史》(第十卷)，法律出版社1999年版，第574页。

中国共产党自成立后，就积极发动农民运动，制定了一系列与土地相关的纲领和政策。如，1921 年 7 月中国共产党第一个纲领提出没收土地，“归社会所有”。1922 年 6 月《中共中央对于时局的主张》规定“没收军阀官僚的财产，将他们的田地分给贫苦农民”，制定“限制租课税率的法律”，“废除厘金及其他额外的征税”，“征税累进率的所得税”。1923 年《中国共产党党纲草案》强调了农民问题和土地革命的重要意义，1925 年 10 月，中国共产党提出“耕者有其田”的口号等。除了以上原则性的规定，1926 年下半年开始，各省还制定了“阻禁”“平粜”，减租减息、减压、废止苛捐杂税，改善雇工待遇等较为具体的关于土地问题的政策和方案。

“八七”会议后，中国共产党领导农民进行了轰轰烈烈的土地革命。该时期的土地立法发展曲折，主要可以分为三个阶段。1927—1931 年为第一个阶段，该阶段的主要立法有 1928 年 12 月《井冈山土地法》、1929 年《兴国土地法》；1931—1934 年为第二个阶段，主要立法有 1931 年《中华苏维埃共和国土地法》；1934—1937 年为第三个阶段，主要立法有 1935 年《关于改变对富农政策的命令》、1936 年《关于土地政策的指示》等。综观这一时期的土地立法，在没收土地财产的对象和范围、土地分配的对象和办法、土地所有权的归属以及对待地主和富农的政策等方面，各阶段内容都有其特点。（1）没收土地财产的对象和范围。《井冈山土地法》规定“没收一切土地”；《兴国土地法》改为“没收一切公共土地及地主阶级的土地”；《中华苏维埃共和国土地法》规定没收“所有封建地主、豪绅、军阀、官僚及其他大私有主”的土地，即没收富农的全部土地；《关于改变对富农政策的命令》则规定只没收富农用于出租的土地。（2）土地分配的对象。最初的土地法令，明确规定了雇农、贫农、红军战士、富农、地主及其家属均享有分配土地的权利。《中华苏维埃共和国土地法》则规定了“地主不分田，富农分坏田”的政策。1935 年《关于对富农政策的命令》，取消了“富农分坏田”的政策。（3）土地分配的办法。早期土地法规如《井冈山土地法》等，规定以乡为单位、按人口平均分配。但也有规定按人口和劳动力混合平均分配的。《中华苏维埃共和国土地法》规定，按最有利于贫农、中农利益的方法，或以劳动力和人口混合的标准，或中农、贫农、雇农以人口平分，富农以劳力与人口标准分配。1935 年土地革命后，重新按人口平均分配。（4）土地所有权的归属。1930 年 9 月以前的土地法令规定没收后的土地属于国家所有，农民对分得的土地只有占有、使用和收益权。此后的土地立法，则逐步承认了农民的土地所有权。《中华苏维埃共和国土地法》则在实际上承认了农民的土地私有权。

为了维护抗日民族统一战线，中国共产党对工农民主政权时期“没收地主土地，分配给农民”的指导方针进行了调整。实行“减租减息”的土地政策。各抗日民主政权颁布了一系列有关减租减息的土地法规。如 1938 年《晋察冀边区减租减息单行条例》、1939 年《陕甘宁边区土地条例》、1940 年《晋西北边区减租减息条例》、1941 年《晋冀鲁豫边区土地使用暂行条例》以及 1944 年《陕甘宁边区地权条例》等。该时期土地立法的主要内容如下：（1）保护土地所有权。土地所有权分为两类：一类是公有土地，其所有权属于各个抗日根据地的边区政府；另一类是私有土地，其所有权则属于依据合法程序及方法取得土地的私人。土地登记与土地所有权制度是确认人民土地所有权的重要方式。对于侵犯土地所有权的行为须予以处理。（2）减租交租。在各边区的土地法规中，都明确规定了地主出租土地的租额原则上实行“二五”减租，即地主出租土地的地租必须比抗战前减轻百分之二十五。但由于各个根据地的租佃关系发展不尽相同，租佃形式不一致，在“二五”减租的基本原则之下，各根据地关于减租规定的具体内容也有差别。除了减租政策以外，土地法规也对交租政策进行了规定。原则上承租人应按减租后的租额依法如期交纳地租，不得短少。承租人有能力交租而故意不交的，出租人有权收回租地。(3)保障佃权。为调动农民抗日与生产积极性，各边区土地法规都规定了对承租人佃权加以保护的条款。规定出租人不得任意收回租地，如欲收回租地必须具备严格的法定条件。出卖人出卖、出典及收回租地再行出租时，承租农民有优先承买、承典及承租权。部分抗日根据地的土地法规还利用传统的永佃权制度来保障农民的佃权。(4)实行减息，保障低利借贷。减息的利息标准为年利一分半，即百分之十五。同时限制利息的总额，规定在减息政策出台之前的旧账，债务人付息已超过原本一倍的，停利还本；超过两倍的，视为债务已经清偿。在借贷方面，规定“凡新订之借贷契约，其利率得由双方自由约定之”，以活跃金融市场，但是禁止各种形式的高利贷剥削。

抗日战争胜利以后，解放区的土地法规发生了重大变化。1946 年 5 月 4 日《关于土地问题的指示》(“五四指示”)决定把减租减息政策改变为没收地主土地分配给农民的政策，实现“耕者有其田”。该政策有力推动了各解放区土地改革运动的普遍开展，但也存在对地主富农照顾过多、具有过渡性、不彻底性的缺陷。在此之后，1947 年 10 月 10 日公布的《中国土地法大纲》成为各解放区实行土地改革的法律依据。其主要内容包括：(1)规定废除封建土地制度，实行耕者有其田制度的基本原则。(2)规定没收、征收土地财产的对象和范围。没收土地财产的对象是地主，不论大中小，他们的土地财产都实行没收。征收多余土地财产的对象则是富农。(3)确定土地与财产的分配方法。一是按人口平均分配，在土地数量上抽多补少，质量上抽肥补瘦；二是以乡为分配土地的区域标准，便于农民就近耕田；三是分配财产采取填坑补缺的原则和方法，即财产不实行平均分配，只给缺乏财产的农民及其他贫民分配；四是分配的土地归个人所有。(4)保护工商业者的财产及其合法营业。新民主主义革命只消灭封建主义和垄断资本主义，不是一般地消灭资本主义，因此《中国土地法大纲》规定，“保护工商业者的财产及其合法营业，不受侵犯”。(5)确定改革土地制度的执行机关和实施土地法大纲的保障措施。《中国土地法大纲》规定，改革土地制度的合法执行机关是乡村农民大会及其选出的委员会，乡村无地少地的农民所组织的贫农团大会及其选出的委员会，区、省、县等各级农民代表大会及其选出的委员会。规定要“依靠贫农，团结中农，有步骤、有分别地消灭封建剥削制度，发展农业生产”。

第五节　司法制度

一、司法机构

在省港大罢工中，为了镇压反革命分子和惩治破坏罢工的工贼，建立了军法处、会审处和特别法庭等司法机关。军法处直接隶属省港罢工委员会纠察队委员会，设主任一人，下设询问员、录事员，差遣若干人。会审处直属于省港罢工委员会，初期负责"审判破坏罢工，私运粮食，偷卖仇货之走狗的机关，并有监狱，拘禁犯人"。特别法庭是省港罢工委员会同广州国民政府共同建立的专门审理破坏罢工案件的司法机关，是会审处的上诉审级。

随着农民运动和惩治土豪劣绅制度的发展，农民运动中审判土豪劣绅的司法机关得以建立。如《湖北省审判土豪劣绅委员会暂行条例》规定设立省、县两级审判委员会，都由十人组成。由省县两级的党部、政府和农民协会各派出委员二人，另由工会、商民协会、妇女协会、学生联合会各派委员一人。县农民协会在审判委员会中占有重要的地位，保证了审判委员会的人民性和革命性。

中华苏维埃共和国成立以前，早期的司法机构因地而异，名称不一，主要有裁判肃反委员会、裁判部、革命法庭、惩治反革命委员会、裁判委员会等。1931 年中华苏维埃共和国建立后，构建了比较系统的司法组织。中央设立临时最高法庭，地方设立省、县、区三级裁判部。武装部队中也设立三级结构、四种形式的军事裁判所。实行"审检合一"原则，检察机关附设在审判机关内，不单独建立专门的检察机关。实行审判权和司法行政权在中央分立、在地方合一的制度，不设立单独的司法行政管理机关，司法行政事宜由各级工农民主政府及其审判机关自行处理。

抗日战争时期的司法机构由各抗日民主政权设立。陕甘宁边区司法组织体系的构成是这一时期抗日民主政权的一个典型样本。陕甘宁边区设立的司法机构包括高等法院、高等法院分庭和边区政府审判委员会。高等法院作为边区最高司法机关，掌理全边区的司法审判事务，负责管理全边区的司法行政工作，还兼行全边区最高检察权。高等法院分庭是高等法院的派出机关，代表高等法院受理不服边区地方法院或县司法处的第一审判决而上诉的刑民事案件。边区政府审判委员会负责审理不服高等法院第一或第二审判决的刑事上诉案件，以及不服高等法院第一审判决的民事上诉案件、行政诉讼案件、婚姻案件和死刑复核案件。地方设立地方法院或县司法处，负责审理初审民刑诉讼案件。实行"审检合一"制，检察机关附设于法院内，独立行使检察权。

随着解放战争形势的发展，解放区司法机构的设立有了较大的发展变化。土地改革运动中设立了人民法庭，作为专门审理土改运动中案件的司法机关。大中城市实行军事管制的地区设立了军事法庭。解放区连成片形成大解放区并成立人民政府后，逐步设立完善三级人民法院系统，为中华人民共和国成立后的司法体制建设奠定了基础。

二、审判制度

第一次国内革命战争时期，相关的审判原则和诉讼制度主要有：(1)审判合议制。确定司法审判工作采用合议制的原则。如 1925 年《会审处细则》规定"至少须出席三人以上，方得开审"，1927 年《湖北省审判土豪劣绅委员会暂行条例》规定"县、省审判委员会之公开审判，须有过半数委员出席，其审判结果须有过半出席委员同意，始得判决"。(2)陪审员制度。省港罢工委员会自 1925 年 10 月起建立陪审员制度。1927 年《上海特别市临时市政府政纲草案》规定："法院取陪审制，由各界陪审。"(3)公开审判原则。省港委员会会审处实行公开审判。1925 年《会审处细则》规定，"会审处得准工友旁听，以昭大公"。1927 年《湖北省审判土豪劣绅委员会暂行条例》规定县、省审判委员会实行公开审判。(4)复核制和复审制。复核制是指对已判决的案件交权力机关或上级司法机关进行审核。复审制是指已经判决的案件,上级司法机关认为必要时可提审进行复审。1926 年《纠察队纪律》规定:“凡纠察队人员如有包运粮食、盗卖截货……得以处枪决。但此项处罚,须经省港罢工工人代表大会通过,方能执行。”1927 年《湖南省审判土豪劣绅特别法庭组织条例》规定:“第一审审判后,五日内附具全案,报由第二审复核……第二审核准后,交县署执行。但认为有疑义时,应提案复审。”(5)上诉制度。如省港罢工委员会《会审处组织法》规定:“会审处判决人犯。如不服判决时,得向特别法庭上诉。”

工农民主政权时期主要的诉讼和审判制度如下:(1)人民陪审员制度。1932 年《中华苏维埃共和国裁判部暂行组织及裁判条例》颁布后,人民陪审员制度得以建立。陪审员是各级法庭的法定组成人员。法庭由裁判部长或裁判员为主审,其余二人为陪审员。陪审员由职工会、雇农工会、贫农团以及其他群众团体选举产生,军事裁判所的陪审员由士兵选举产生。(2)公开审判制度。审判案件必须公开进行,审判后必须张贴判决书,宣布案由和判决内容。对于涉密的案件,允许采用秘密审判的方式,但宣布判决必须公开。(3)巡回审判制度。该制度规定各级审判部可以组织巡回法庭,到案发地点调查研究审判,在群众参与的情况下就地解决案件。在工农民主政权时期,巡回审判制度正处于萌芽时期。(4)二审终审制。实行二审终审制,即限于初审、终审两级。任何案件经过两审之后,不能再上诉。(5)死刑审批制度。凡判决死刑的案件,即使被告人不提起上诉,审理案件的裁判部也应把判决书以及该案件的全部案卷报送上级裁判部审批。1934 年,死刑审批制度被废止,一律实行上诉制度。

抗日战争时期主要的诉讼和审判制度如下:(1)审级制度。陕甘宁边区最初实行三级三审制。县裁判员为第一审级,边区高等法院为第二审级,国民政府最高法院为第三审级。到1942 年发展为县司法处和地方法院为第一审级,边区高等法院为第二审级,边区政府审判委员会为第三审级。1944 年撤销边区政府审判委员会后,开始实行二级二审制。(2)人民陪审制度。该制度是实现司法审判民主化的重要标志之一。这一时期人民陪审制度适用于审判机关审理普通民事及刑事案件,也可以适用于特别刑事案件,但以不涉及机密的一审案件为限。(3)辩护与代理制度。刑事案件中实行辩护制度,民事诉讼中实行代理制度。1942 年陕甘宁边区试行的《刑事诉讼条例草案》规定,“原告或被告均得向法庭请求其亲属为辅佐人到庭辅佐陈述”,《民事诉讼条例草案中》规定,“当事人得委托代理人代理诉讼,明确代理权限”。(4)人民公审制度。选择典型刑事案件,组织一定规模的群众大会,进行公开审判,其形式包括群众会审会公审、群众代表公审、巡回公审宣判大会等。(5)死刑复核程序。对于死刑判决,不论被告人是否上诉,原审机关均必须将该判决报请上级司法机关复核,经批准后方可执行。

图 23　马锡五

在此期间,司法官员将司法原则落实到地方法院,为抗日战争时期的司法审判作出了贡献。马锡五(参见图 23)在担任陕甘宁边区高等法院陇东分庭庭长期间,将马克思主义群众路线创造性地运用到了新民主主义司法审判实践中，深入基层，依靠群众解决疑难案件，形成了具有代表性的灵活实用的审判方式，被称为“马锡五审判方式”。“马锡五审判方式”的特点有：实事求是，深入基层进行客观全面的实地调查；贯彻党的群众路线，依靠群众、尊重群众意见，教育群众；采用审判与调解相结合的方法，发动群众与司法机关共同处理案件；审判案件不拘形式，实行简便利民的诉讼手续。马锡五审判方式贯彻群众路线，把司法民主落到实处，解决了人民群众的实际问题，对发展完善边区司法制度有着重要意义和作用。

解放战争时期主要的诉讼和审判制度有其自身的特点：(1)划分检察机关与公安机关的职权。依据案件性质、起诉的方式等，划分检察机关与公安机关的权责，各司其职。(2)刑事复核制度的发展。解放战争时期颁布了一系列的法律，进一步发展与完善了刑事复核制度。比如，1946 年《晋冀鲁豫边区关于审级及死刑核定的暂行规定》、1948 年华北人民政府发布的《关于确定刑事复核制度的通令》、1949 年《内蒙古自治政府关于确定死刑审核及上诉制度的命令》等。

三、人民调解制度

人民调解是依靠群众解决民间纠纷的一种形式。工农运动兴起后，部分农民协会以及工人组织中就建立起了调解机构，以工农推举的代表主持调解工作，以共产党的革命纲领、工农运动中制定的规约禁令以及风俗习惯作为主要依据，在一定时期内发挥了较大的作用。

人民调解在抗日战争时期得到了空前的发展。调解制度有利于促进人民内部矛盾的解决，有利于团结，有助提高办案效率，节约司法资源。解放战争后期，大城市相继解放，人民调解制度开始由农村向大城市推行，进一步得到发展。

思考题

1. 简述《中华苏维埃共和国宪法大纲》的主要内容。
2. 比较不同革命时期的刑事立法特点。
3. 简述“马锡五审判方式”。

附录　中国法律史大事年表

前1046至前771年　周武王时作《九刑》；周公制礼；司寇吕侯制《吕刑》（西周）

前536年　郑国子产“铸刑书于鼎，以为国之常法”（周景王九年）

前407年　魏国李悝制《法经》六篇（周威烈王十九年）

前356年　秦国商鞅变法，改法为律（周显王十三年）

前221年　秦始皇统一六国，“法令由一统”（秦王嬴政二十六年）

前206年　刘邦入咸阳，与民“约法三章”，除秦苛法（汉高祖元年）

前201年　丞相萧何受命作律，增“户”“兴”“厩”三篇，为《九章律》（汉高祖六年）

前167年　汉文帝下诏进行刑制改革，废除肉刑（汉文帝十三年）

前140年　汉武帝下诏“举贤良文学之士”，之后采纳董仲舒的建议，“罢黜百家，独尊儒术”（汉武帝建元元年）

前136年　汉武帝时“初置五经博士”（汉武帝建元五年）

268年　西晋《泰始律》（“晋律”）颁行，张斐、杜预为之作注，经晋武帝批准后一并颁行，又称“张杜律”（晋武帝泰始四年）

495年　《北魏律》二十篇制定完成（北魏孝文帝太和十九年）

564年　《北齐律》制定完成，确立十二篇的体例结构（北齐武成帝河清三年）

583年　《开皇律》颁行（隋文帝开皇三年）

607年　《大业律》颁行（隋炀帝大业三年）

624年　《武德律》颁行（唐高祖武德七年）

637年　《贞观律》颁行（唐太宗贞观十一年）

651年　《永徽律》颁行（十二篇）（唐高宗永徽二年）

653年　《永徽律疏》（元朝以后称为《唐律疏议》）颁行，为我国现存最早、最完整的一部法典（唐高宗永徽四年）

737年　《开元律》颁行（唐玄宗开元二十五年）

738年　《唐六典》颁行（唐玄宗开元二十六年）

963年　《宋建隆重详定刑统》（简称《宋刑统》）颁行，为我国历史上第一部刊印颁行的法典（宋太祖建隆四年）

1291 年　《至元新格》颁行，为元朝统一后颁布的第一部法典，为诸法合体的综合性法典（元世祖至元二十八年）

1323 年　《大元圣政国朝典章》（《元典章》）制定完成（元英宗至治三年）

1323 年　《大元通制》颁行（元英宗至治三年）

1346 年　《至正条格》颁行（元顺帝至正六年）

1374 年　以唐律为蓝本的《大明律》颁行，篇目上“一准于唐”（明太祖洪武七年）

1385 年　《御制大诰》颁行（明太祖洪武十八年）

1389 年　洪武二十二年《大明律》，名例律下以吏、户、礼、兵、刑、工六部分类（明太祖洪武二十二年）

1397 年　《大明律》“颁示天下”，“中外决狱，一准于三十年所颁”（明太祖洪武三十年）

1502 年　《大明会典》制定完成，但未颁行（明孝宗弘治十五年）[明武宗、明世宗、明神宗三朝相继续纂重修，分别为《正德会典》（1509 年）、《嘉靖会典》（1549 年）、《万历会典》（1587 年）]

1647 年　《大清律集解附例》制定完成并“颁行中外”，为清朝第一部综合性法典（清顺治四年）

1690 年　《康熙会典》制定完成，为清朝颁行的第一部具有行政法性质的法典（清康熙二十九年）（其后，雍正、乾隆、嘉庆和光绪朝四次修订，分别为《雍正会典》、《乾隆会典》、《嘉庆会典》和《光绪会典》，后人统称为《大清会典》或“五朝会典”）

1727 年　《大清律集解》颁行（清雍正五年）

1740 年　《大清律例》“刊布中外，永远遵行”（清乾隆五年）

1853 年　太平天国颁布《天朝田亩制度》（清咸丰三年）

1859 年　洪仁玕的《资政新编》刊行（清咸丰九年）

1898 年　6 月 11 日　光绪皇帝颁诏“明定国是”，宣布变法，至 9 月 21 日慈禧太后发动政变止，史称“戊戌变法”（或“百日维新”）（清光绪二十四年）

1901 年　1 月 29 日　清廷发布“变法”上谕（清光绪二十六年）

1902 年　设立修订法律馆（清光绪二十八年）

1903 年　《大清商律》（包括《商人通例》与《公司律》）颁布实施（清光绪二十九年）

1905 年　7 月 16 日　清廷发布“考察政治上谕”，决定派五大臣出洋考察政治（清光绪三十一年）

8 月 20 日　中国同盟会在日本东京正式成立，提出“驱除鞑虏，恢复中华，创立民国，平均地权”的主张

1906 年　9 月 1 日　清政府发布“宣布预备立宪”上谕，行“官制改革”（清光绪三十二年）

1907 年　9 月 20 日　清廷谕令设立资政院

10 月，命各省筹设谘议局（清光绪三十三年）

1907 年　日本法学家冈田朝太郎协助起草的《大清刑律草案》编纂完成，后由法部增《附则》5 条（《暂行章程》），由资政院通过，1911 年颁布为《大清刑律》（清光绪三十三年）

1908 年　7 月 22 日　清廷颁布《各省谘议局章程》及《谘议局议员选举章程》,限定各省谘议局一年内办齐(清光绪三十四年)

8 月 27 日　清廷明定召开国会年限,并颁布中国历史上第一部宪法性文件——《钦定宪法大纲》,以及《议院法要领》《选举法要领》等

1909 年　8 月 23 日　清廷颁行《资政院院章》(清宣统元年)

12 月 28 日　颁行《各级审判厅试办章程》

同年,编纂完成《大清现行刑律》

1910 年　10 月　资政院在北京正式开会,谘议局代表举行第三次请愿(清宣统二年)

12 月　新的《刑事诉讼律草案》与《民事诉讼律草案》分别完成

1911 年　5 月 8 日　清廷裁撤原内阁、军机处、会议政务处,设立内阁,颁布《内阁官制》,授奕劻为总理大臣(清宣统三年)

8 月　由修订法律馆和礼学馆分别起草的《民律草案》的总则、债权、物权、亲属、继承五编完

10 月 10 日　武昌起义爆发,成立中华民国军政府,并制定颁布《中华民国军政府暂行条例》《中华民国鄂州约法》等纲领性文件

11 月 3 日　清廷颁布《宪法重大信条十九条》(简称《十九信条》)

1911 年　12 月　各省都督府代表联合会议决议宣布《中华民国临时政府组织大纲》,采行总统制

1912 年　1 月 1 日　孙中山宣誓就任临时大总统,亚洲第一个民主共和国诞生(民国元年)

3 月 11 日　参议院决议通过《中华民国临时约法》,采行责任内阁制,对总统权力颇多限制

3 月 11 日　北京政府发布《临时大总统宣告暂行援用前清法律及〈暂行新刑律〉令》

1913 年　3 月 20 日　国民党代理理事长宋教仁在上海火车站遇刺,两日后不治身亡,终年仅 31 岁(民国二年)

4 月 8 日　中华民国第一届国会开幕

7 月 12 日　国会宪法起草委员会正式成立,起草宪法

10 月 31 日　宪法起草委员会三读通过《中华民国宪法草案》(又称“天坛宪草”),袁世凯即解散国民党,解散国会,宪法草案被搁置

1914 年　5 月 1 日　袁世凯公布《中华民国约法》(又称“袁记约法”),同时废止《临时约法》,改行总统制(民国三年)

12 月 29 日　袁世凯公布《修正大总统选举法》,实际确认大总统终身制和世袭制

1915 年　8 月 14 日　杨度、孙毓筠、严复、刘师培等六人组织“筹安会”,鼓吹帝制(民国四年)

1916 年　6 月 29 日　黎元洪继任大总统后申令恢复民国元年约法,继续召集国会,裁撤拥立帝制的参政院

1920 年　湖南省宣布自治,开始制定省宪(民国九年)

1923 年　10 月 10 日　曹锟就任大总统,同时举行宪法公布典礼,正式颁布《中华民国宪法》(又称“曹锟宪法”“贿选宪法”)

1928 年　3 月 10 日　南京国民政府颁布《中华民国刑法》（又称“二八刑法”）

7 月 28 日　南京国民政府颁布《中华民国刑事诉讼法》

8 月 8 日　国民党二届五中全会通过《中国国民党训政纲领》，宣布军政时期结束

10 月　南京国民政府改组为五院制政体

1929 年　4 月 20 日　南京国民政府立法院通过《民法・总则编》，其他各编亦陆续制定通过

1931 年　5 月 12 日　在南京召开的国民会议三读通过《训政时期约法》

11 月 7 日　中国共产党第一次全国工农兵代表大会通过了《中华苏维埃共和国宪法大纲》《中华苏维埃共和国土地法》《中华苏维埃共和国劳动法》等法律

1935 年　1 月 1 日　南京国民政府公布第二部《中华民国刑法》（又称“三五刑法”）和第二部《刑事诉讼法》

1936 年　5 月 5 日　南京国民政府公布《中华民国宪法草案》（又称“五五宪草”）

1941 年　11 月　陕甘宁边区第二届参议会通过了带有根本法性质的《陕甘宁边区施政纲领》

1944 年　3 月 13 日　《解放日报》发表题为《马锡五同志的审判方式》的评论，“马锡五审判方式”成为一种新的人民民主审判方式

1946 年　4 月 23 日　第三届边区参议会第一次大会在延安召开，通过《陕甘宁边区政府宪法原则》

12 月 25 日　国民党主导的制宪国民大会通过《中华民国宪法》

1947 年　1 月 1 日　国民政府公布《中华民国宪法》

9 月　中国共产党在西柏坡举行全国土地会议，通过了《中国土地法大纲》，并于 10 月 10 日公布

1949 年　2 月 22 日　中共中央发布《关于废除国民党的〈六法全书〉与确定解放区的司法原则的指示》

图书在版编目(CIP)数据

中国法律史 / 朱勇主编. -- 北京 : 法律出版社,
2021(2025.7 重印)
ISBN 978-7-5197-5506-5

Ⅰ. ①中… Ⅱ. ①朱… Ⅲ. ①法制史-中国 Ⅳ.
①D929

中国版本图书馆 CIP 数据核字(2021)第 059858 号

中国法律史
ZHONGGUO FALÜ SHI

朱 勇 主编

责任编辑 刘 琳
装帧设计 乔智炜

出版发行 法律出版社
编辑统筹 法律教育出版分社
责任校对 郑怡萍
责任印制 胡晓雅
经　　销 新华书店

开本 787 毫米×1092 毫米 1/16
印张 23.5 **字数** 540 千
版本 2021 年 6 月第 1 版
印次 2025 年 7 月第 2 次印刷
印刷 三河市兴达印务有限公司

地址:北京市丰台区莲花池西里 7 号(100073)
网址:www.lawpress.com.cn
投稿邮箱:info@lawpress.com.cn
举报盗版邮箱:jbwq@lawpress.com.cn
销售电话:010-83938349
客服电话:010-83938350
咨询电话:010-63939796

书号:ISBN 978-7-5197-5506-5
定价:52.00 元